贺州学院新增硕士专业学位授予单位立项建设
项目：中国语言文学

贺州语言文化博物馆建设丛书
丛书主编 邓玉荣

灵川平话语料集（上）

刘宗艳 著

世界图书出版公司
广州·上海·西安·北京

图书在版编目（CIP）数据

灵川平话语料集. 上/刘宗艳著. —广州：世界图书出版广东有限公司，2019.6
ISBN 978-7-5192-6408-6

Ⅰ．①灵… Ⅱ．①刘… Ⅲ．①平话方言—方言研究—灵川县 Ⅳ．①H178

中国版本图书馆CIP数据核字（2019）第124308号

书　　名	灵川平话语料集（上）
	LINGCHUAN PINGHUA YULIAO JI（SHANG）
著　　者	刘宗艳
责任编辑	魏志华　李　婷
装帧设计	苏　婷
责任技编	刘上锦
出版发行	世界图书出版广东有限公司
地　　址	广州市海珠区新港西路大江冲25号
邮　　编	510300
电　　话	020-84451969　84453623　84184026　84459579
网　　址	http://www.gdst.com.cn
邮　　箱	wpc_gdst@163.com
经　　销	各地新华书店
印　　刷	广州市迪桦彩印有限公司
开　　本	787 mm×1 092 mm　1/16
印　　张	18.25
彩　　插	2
字　　数	333千
版　　次	2019年6月第1版　2019年6月第1次印刷
国际书号	ISBN 978-7-5192-6408-6
定　　价	68.00元（随书附送MP3光盘）

版权所有　侵权必究

（如有印装错误，请与出版社联系）

咨询、投稿：020-34201910　weilai21@126.com

本书口述人秦新保（秦文成　摄）

本书口述人秦新保（右）（唐友生　摄）

序

广西壮族自治区是多民族聚居区，有汉、壮、瑶、苗、侗、仫佬、毛南、回、京、水、彝、仡佬等 12 个民族。广西的汉族和回族使用汉语和方言，包括西南官话、粤语、平话土话、客家话、湘语、闽语，这些汉语方言都有名称各异的次方言。广西的少数民族大都能说汉语及其各种方言，但也有属于他们自己的民族语言。这些语言涉及汉藏语系的所有语族，如有属于壮侗语族的壮语、侗语、仫佬语、毛南语、拉珈语、水语、仡佬语、茶侗语、布央语、标话；属于苗瑶语族的苗语、勉语、布努语、巴哼语、炯奈语、优诺语；属于藏缅语族的彝语。其中有的是属于近年来新发现的语言。此外，还有属于南亚语的京语和俫语。部分少数民族语言还有方言次方言，如壮语有南部方言、北部方言；勉语有金门方言、标敏方言。广西壮族自治区极其丰富的语言资源，成为了广西特色文化的载体和津梁，不仅是不可多得的特殊的非物质文化遗产，还是广西独特的地方文化优势，也是中华优秀传统文化的重要组成部分。

我们把眼光移到令人神往的贺州。这里山峦叠嶂，溪水潺潺，峻秀的姑婆山、幽丽的黄姚古镇、质朴的临贺故城、神秘的福溪古寨等吸引着无数游人流连忘返。而这里丰富的语言资源更是吸引了不少语言研究者！

贺州在广西东部，地处湘粤桂三省交界处。秦汉以来，都庞岭与萌渚岭之间，连接潇水与贺江的潇贺古道，是北方与岭南的重要交通要道，也是海上丝绸之路在岭南陆上的重要连接点。在以舟楫为主要交通工具的古代，古道南边的贺州作为交通要冲，商旅骚客、戍边士卒、迁徙流民往来于此。多民族、多族群聚居，湘楚文化、中原文化与百越文化碰撞交融。经千百年来的历史沉淀，在这块土地上逐步形成了种种语言与方言。在只有 1.18 万平方千米的贺州，按照民间通俗的说法，有本地话、土白话、六州声、铺门话、街话、七都话、八都话、九都话、瑶家话、民家话、百姓话、鸬鹚话、富阳话、正话、五华声、河婆声、长

乐音、霸佬话、宝庆话等几十种。他们分属《中国语言地图集》(第2版)划分的中国十大汉语方言中的粤语、客家话、官话、湘语、闽语、平话土话等六大方言，另外还有壮语、勉语、标话等三种少数民族语言。丰富的语言资源构筑了极其丰富多彩的地域文化，贺州成了广西乃至全国语言方言生态多样性的难得样本，是一个自然的语言方言博物馆，也是一个语言研究的"天然实验室"，可为语言史的研究提供宝贵的素材。

然而近几十年来，语言濒危成了全球大部分语言面临的共同危机，我国也不例外，广西贺州不少方言土话也处于濒危的边缘。语言是不可多得的资源，是文化的载体，语言方言的消失就意味着其承载的口传文化的消失。在 21 世纪初举行的一次"土话平话学术研讨会"上，中国社会科学院语言研究所张振兴研究员有感于汉语方言存在的濒危事实，特别是湘粤桂三省区土话平话的濒危与消失的情况，强烈呼吁加强土话平话的调查研究，在有条件的地方建设土话平话博物馆。2009 年北京语言大学曹志耘教授也撰文提出要建设语言博物馆。基于贺州乃至广西丰富的语言资源，在广西壮族自治区语工处及学校的支持下，我们在 2014 年开始筹建贺州学院语言博物馆，并于 2016 年 4 月正式建成开馆，成为我国最早成立的实体语言博物馆。三年来，参观人数达到 3 万多人次，受到专业人士以及社会各界的广泛欢迎。

语言博物馆馆藏什么？如何展示？是摆在我们面前的一个重要课题。语言的存在形式与其他有形之物不同，决定了我们的馆藏品以记录语言方言及相关的民俗文化的音像制品为主。首先进入我们馆藏的是历年来我校语言研究团队田野调查得来的第一手资料，有调查点的纸笔记录材料，也有音像材料，当然也包括与语言有关的各种实物。2012 年广西启动了中国语言资源有声数据广西库的建设工作，2015 年教育部、国家语委启动"中国语言资源保护工程"，贺州学院语言研究团队有幸参与了这两项工作，除接受一般调查点的调查任务之外，还参与了语保工程的标志性成果《中国语言文化典藏》《中国濒危语言志》的编写工作，我们这些工作的成果无疑成了语言博物馆的主要藏品。

当然这是远远不够的，因而，我们策划了这套"贺州语言文化博物馆建设丛书"，把贺州及周边丰富的语言方言的口头文化，包括民间习俗、歌谣、谚语、故事等长篇语料，特别是列入各级非物质文化遗产的以语言传承的项目，以纸笔和音像结合的形式记录下来，作为馆藏系列出版。每一本都以材料为主，只作国际音标标注、方言转写，不好理解的地方做适当的普通话注释。此丛书可利于语言保存，也可作为语言研究的基本材料。其实，第一手的语言资料，取之于广袤的田野，录之于民间口头，不仅语言学家视为珍宝，对于跟语言资源具有密切联系的相关学科，如民族学、社会学、文化学、民俗学、新闻学等其他领域的研究或应用也是非常有用的。各级教育机构也可以把这些原始材料转化为合适的教材，对学生进行继承优秀传统文化的教育。

是为序。

邓玉荣

2019年6月于贺州

目录

绪 论 /1

第一章 时令、节庆  /7

一、报春 / 8

二、二月八女人节 / 10

三、二月十九赶庙会 / 14

四、清明会 / 20

五、风雨节 / 34

六、四月初二大水节 / 37

七、端午节 / 40

八、夏至节 / 48

九、六月六 / 51

十、七月七水 / 55

十一、七月十五 / 58

十二、中秋祭月 / 63

十三、轮流过中秋 / 67

十四、重阳节 / 75

十五、甘蔗开榨节 / 77

十六、冬至节 / 82

I

十七、过年　/ 86

十八、前三后四　/ 113

第二章　婚事 /117

一、相亲　/ 118

二、过定　/ 124

三、□扔中堂壁　/ 129

四、唱歌酒　/ 132

五、哭嫁酒　/ 135

六、起亲　/ 139

七、关门　/ 142

八、拜岳母娘岳头子　/ 143

九、挑面条，盖头巾　/ 145

十、送嫁　/ 147

十一、媳妇娘入屋　/ 150

十二、拜堂　/ 152

十三、敲门帘布　/ 154

十四、担水洗面　/ 156

十五、闹茶　/ 159

十六、回门　/ 162

十七、舅爷盘=外甥　/ 164

十八、寡婆子改嫁　/ 172

第三章　生育、寿辰 /177

一、报喜　/ 178

二、狗畏=酒　/ 182

三、满月酒 / 184

四、出月子 / 186

五、百日酒 / 189

六、出花园门酒 / 190

七、生日酒 / 192

八、寿酒 / 194

九、寿称和寿酒 / 196

第四章 丧 葬　203

一、守生孝 / 204

二、落气和买水 / 207

三、入木 / 209

四、摆灵堂 / 216

五、报丧和奔丧 / 218

六、守灵和烧香 / 224

七、选墓地 / 228

八、吊孝 / 230

九、哭丧 / 232

十、停丧 / 234

十一、装仓瓶 / 236

十二、封棺出门 / 239

十三、送到停丧地 / 243

十四、停丧地敲子孙钉 / 246

十五、停丧地发封包 / 247

十六、送上山 / 249

十七、送葬后打扫 / 251

十八、包坟 / 253

十九、复生 / 255

二十、吃冷豆腐 / 258

二十一、赶师行 / 262

二十二、送安饭 / 268

二十三、出脚 / 271

二十四、看怄气 / 273

二十五、孕妇去世 / 275

二十六、上社坟 / 279

参考文献 / 282

绪 论

一、本书写作的缘起和意义

　　语言方言是珍贵的非物质文化遗产，也是文化的载体。语言多样性是保持文化多样性的重要条件。随着现代化和城镇化进程的推进，我国汉语方言和少数民族语言正在以前所未有的速度发生变化，有的正趋于濒危。语言方言濒危将导致民族文化和地域文化走向衰亡。在这样的背景下，我们在邓玉荣教授的倡议和带领下建设了中国第一座实体语言博物馆——贺州学院语言博物馆。在这个平台上，我们将积极探索如何有效地利用现代化技术手段采录、保存，和展示语言方言中丰富的口头文化语料，并进行科学地转写和整理。本书以广西壮族自治区桂林市灵川县灵川镇的大面村为调查点，选取时令节庆、婚事、生育寿辰和丧葬等四个方面的民俗内容，在建设语言资源库方面做一个尝试。

　　在语言博物馆建设的平台上探索如何科学地采集、转写、保存，以及展示方言土语中的民俗口述材料，我们相信会有一定的学术价值与应用价值。第一，保护语言资源需要有政府和大众的共同参与，语言博物馆可以起到连接二者的桥梁作用，让全社会对语言及文化多样性的关注在这里聚焦，从而培养民众保护语言资源的自觉意识。第二，语言博物馆将多地的语言材料集中保存，并且同时采用纸本、音频和视频等多种手段，为语言类型学研究提供一个浓缩的模拟田野，为语言研究提供大数据的材料基础。第三，本书所采录的民俗口述材料中反映出的衣、食、住、行等日常生活行为的细节，生动地体现了一座正在消失的精神家园。一切习俗都在变化中，大部分都只存于讲述者的记忆中了。对所有民俗是否有存在的必要性，或者是否为文化传统中的精华部分，我们暂且不讨论。它们既然真实地存在过，就是人类文明的一部分，我们忠实地记录下来，并进行科学的整理，为民俗学、社会学和人类学等语言学以外的学科研究提供参考。

二、灵川县灵川镇大面村平话概况

　　灵川县灵川镇的大面村位于桂林火车北站附近，民居沿漓江分布，村庄全长

约3公里。大面村这个行政村下辖13个自然村,全村人口4000多,基本上为汉族。大面村大致可以代表灵川镇的口音,村内还有几种有代表性的口音。总的来说,大面村平话的声母、韵母都比较少,声调也不多。与中古音系比较,演变以合流为主,而韵母的合流最为突出,相当一部分中古时期相配的阳声韵与入声韵字都读同一个开尾韵母,因此,来源不同的同音字较多。另外,个体差异也比较大,即使是同一家庭的成员之间差异也很明显,甚至是同一个体的自由音变也比较多。80岁以上的部分老人还保留分尖团。

三、大面村平话的声韵调系统

本书的口述人:秦新保,1941年生,男,自幼生活在大面村中部的新宅里这个自然村。秦先生的声韵调系统如下:

(一)声母17个,包括零声母

p 八边爬平皮	pʰ 怕派配片批	m 马毛明问忘	f 风肥灰活海
t 多毒长柱竹	tʰ 土讨天替听	n 南年老连热	
ts 早寺茶床鏊	tsʰ 草吹抄拆清		s 酸事山顺城
tɕ 酒纸九权主	tɕʰ 取悄起齿川		ɕ 想船书十县
k 高瓜江镜经	kʰ 开看敲确轻		x 饭好行闲兴
ø 味软熬安王药			

说明:

1. n 和 l 为自由变体,统一记作 n。
2. f 在韵母 u、ua、uai、uaŋ、uəŋ 前间或读成 x。
4. x 在 uo 前有时会读成 f。
5. 疑、影母今开口呼字前的零声母常会有 ŋ 变体。

(二)韵母30个,包括自成音节的 ŋ

| ɿ 刺丝自师事 | i 米急纸二泪汁 | u 歌苦短官盒辣活骨托 | y 猪雨出局 |
| a 鞋根硬争白 | | ua 排快横白国 | |

ə 设儿	iə 甜年接十热节		yə 靴权月冤
	io 爷野夜姐老惹老	uo 茶南单答鸭法八饭罚	
ai 来灯蒸病北直	iai 囗龛	uai 盖开爱海兄	
əi 赔对飞灰		uəi 味尾新规位	
au 宝饱走各壳	iau 笑桥药学		
əu 抽手东谷	iəu 油六绿足		
aŋ 忙糠床讲	iaŋ 娘长响降投~	uaŋ 王双光黄	
əŋ 深本寸准白	iəŋ 心新云用重轻~	uəŋ 分滚横文共白准文	yəŋ 均军文
oŋ 共文	ioŋ 雄		
ŋ 我鱼五入			

说明：

1. io、uo 的实际音值后面略带一个 ə 韵尾。

2. ŋ 的实际读音舌位稍靠前。

3. f 后面以 u 开头的复元音中 u 韵头不稳定，时有脱落，比如，方 fuaŋ^{12} 可能会读成 faŋ^{12}。

4. 音位 ə 有 3 个典型变体：单独做韵母时为 ə，在 i 韵尾前的实际音值接近 e，在韵母 iə、yə 中实际音值接近 ɛ。另外，在 u 和 ŋ 前舌位稍靠后。

（三）声调 6 个

调类	调值	例字	调类	调值	例字
阴平	12	帮东通风春	阴去	24	冻怪痛寸去
阳平	22	糖门寻握昨	阳去	31	地卖白罚动文
上声	33	懂讨有柱动白	入声	55	谷哭拍六月

四、本书体例

本书正文共四章，每章下面以不同的风俗内容分条目，每个条目的标题均以方言字标写。标题中除方框和同音字外均不加注释，其余需要注释的形式会在正文中出现。每个条目均配有同步的音频文件，音频转写的第一行为国际音标，第

二行为方言汉字。一般情况下，每个汉字和它相应的音标对齐，但当一个词语需要注释的时候，则这个词语内的所有汉字之间没有空格，第一个汉字与音标对齐，注释以小字加在词语的右下角。每一个条目的最后均配有该条目内容的普通话梗概。

变调比较复杂。阴平字如果有变调，则先标本调12，后标变调33，本调和变调之间用"–"连接，例如："喜欢"这个二字组联合式合成词后字阴平需变调，标作"çi³³fuaŋ¹²⁻³³"。少数高频使用的阴平字会有12和33两个自由变调，例如："他""也""都"，本书统一标单字调12。入声字的单字调为55，连读中有两种变调情况：一定条件下的固定变调和一定条件下的自由变调。一定条件下的自由变调可以变为22，根据音频的实际读音有两种表示法：标为"55/22"时表示实际读了本调55，也可以变读22调；当标为"55/22"时，表示在当时的语境中，可以读本调55，实际读音为变调22。例如："物件"当标为"Øua⁵⁵/²²tçi³¹"时表示前面的"物"字在当时读了本调，当标为"Øua⁵⁵/²²tçi³¹"时，"物"字读的是变调22。也就是说，"物件"中的"物"字为自由变调，读55调和22调是任意的。入声字在一定条件下的固定变调则标为"55–22"，表示本调为55，当时的条件下一定要读变调22，例如："农历"标作"nəŋ²²nai⁵⁵⁻²²"，这个二字组的偏正式合成词中，后字"历"需读变调，也就是说，入声字在这个条件下要读变调22。阳平、上声、阴去和阳去暂未发现明显的变调。轻声的实际调值有时接近22，有时接近33，统一标作"0"。本书只提供原始语料并如实转写，暂不概括详细的变调规律。

声母和韵母的连读变化表示法为：先标出变化后的整个音节的实际读音，然后再在括号里注出本音。例如："去"字在快读时，声母常会由塞擦音变为塞音，标作"kʰy²⁴（＜tçʰy²⁴）"；"个"字在快读时，韵母常会由"uo"变成"ə"，这时就标写为"kə²⁴（＜kuo²⁴）"。如果除了声母或韵母的变化之外，还兼有变调的变化，也是先标出变化后的整个音节的实际读音，然后再在括号里注出本音。例如："老人家"这个词语中最后的"家"字，在快读时兼有变韵和变调，词语的标音为"nau³³niəŋ²²kə³³（＜kuo¹²）"。

合音的表示先用"□"标出合音字音节，在后面的括号中标出合音来源，并在中间用"＋"连接，例如：□[nuo²⁴]（那＋个）。省音的表示则直接在省略的位置用括号标出所省略的音节，例如："□（个0）情况[ka¹²（kuo⁰）tsai²² kʰuaŋ²⁴］"表示"（kuo⁰）"是在较快的语流中省略了的音节。如果是临时夹入了当地的西南官话音，就在音标行的该音节后面注上"（官）"字，例如："扫地出门［sau³³（官）ti³¹tɕʰy⁵⁵′²² mən²²］"中的"扫"字在这里临时读了西南官话音，而不是稳定的文读音。如果一个词语或更长的语音形式都是西南官话音则采用脚注说明。

方言字在无本字可写或本字不确定的情况下，如果能找到同音字的就以同音字右上角加"="表示，并在右下角加小字注，例如，"ni⁵⁵"这个音表示"一些"或"些"的意思，但本字不确定，则表示为立⁼些。同音字如果在词语中不便单独注释，就注释所在的词语，例如，"墨⁼吃子叫花子"中的"墨⁼"不单独注释。选用同音字的基本原则是避免选用多音字，不选用读音会随语境变化的语气词等。如果找不到恰当的同音字，就用"□"代替，并在右下角加小字注，例如，"□尚未［Øia²²］"表示［Øia²²］这个音为"尚未"的意义时无字可写，语气词"呀"字虽然一般也读这个音，但不宜作为同音字，因此，用方框表示。如果无字可写但出现频率很高的语气词，就选用一个表音字，比如完成体标记"［tiə⁰］"这个音，就选用"嗲"字。如果无字可写的单个音节没有意义或者在词语中不便单独注释，就在它所在词语的左下角加小字注，例如，"□个［ti⁵⁵ kuo⁰］一点儿"这个联绵词不能逐个音节进行注释，"□［Øia²²］得没有"这个词语的第一个音节虽然有意义但不便单独加注。被注词语内部的汉字间没有空格。多次出现的同一形式意义单一的，不一定每次出现都加注，适当间隔。多义词与普通话用法一致的义项不加注，与普通话不一致的义项则每次出现都加注。一般采用随文注，如果注释较长，影响排版，就改用脚注，需要作脚注的形式一般只在第一次出现时注释一次。

"个"字有多种用法。第一种表示"个子"的意思，例如，"细个咂小孩［ɕi²⁴kə²⁴ti³¹］"。第二种是量词的用法。这两种用法与普通话一致，本书不加注。第三种用法标作"个₁"，大致相当于普通话的指示代词，表示"特指"，可以单独作句法成分，也可以用于名词前，例如，（1）"个₁就讲制叫做'亲人会面'"；（2）我咂们个₁地方。有的慢读时可以体会出是"个"前面省略了"箇"字。第四种用法标作"个₂"，表示"类指"或"泛指"，可以用于名词前，如"个₂新房在过去是讲制叫做'帐房'"；后面也可接名词化的动词结构，如"八月十五待客以个₂杀鸭为主。"这种情况基本上无法用普通话直接对译，翻译时干脆省略。

第五种用法相当于普通话的结构助词"的"或"地",或表陈述语气的语气词"的",我们统一表示为"个0",大多数已读轻声。"个0"在人称代词定语后或同位性定语后作定语标记时,也可以不读轻声,也就是说可以有轻声和非轻声两种读法,调值表示为"24/0",然后用下画线标出录音中的实际读音,例如:"我哩们个0［kuo$^{\underline{24}/0}$］漓江河""它个0［kuo$^{24/\underline{0}}$］皮子"这两例中,前者在采录的当时读了本调24,我们就给"24"加下画线;后者在采录时读了轻声,我们就给"0"加下画线。

第一章

时令、节庆

一、报 春

xuo³¹ miə²⁴ kaŋ³³ Øi⁵⁵⁻²² kuo²⁴ ŋ³³ tiə³¹ kuo²⁴ ti³¹ fuaŋ¹²⁻³³ nəŋ²² tsʰəŋ¹²⁻³³ Øi⁵⁵ ²² tsəŋ³³ Øa²²,
下 面 讲 一 个 我 哋们个₁ 地 方 农村 一 种 啊,
fəu¹² su²² çi⁵⁵ᐟ²² ku²⁴, xuo³³ tsɿ²⁴ "pau²⁴ tsʰəŋ¹²". ku²⁴ tçʰy²⁴ nə³³, nəŋ²² tsʰəŋ¹²⁻³³
风 俗 习 惯, 喊制叫做 "报 春"。 过 去 呢, 农 村
kə⁰(<kuo⁰) tiə²² ti³¹ Øa²², tu¹² su²² Øy⁵ sɿ¹² niəŋ²² su³³ Øiəu³³, kuo²⁴ niəŋ²² su³³ Øiəu³³.
个₀ 田 地 啊, 都 属 于 私 人 所 有, 个 人 所 有。
çi³³ Øia²², Øuəi³¹ tiə⁰ tçiəu²² kuo²⁴ Øa²², taŋ¹² niə²² kə⁰(<kuo⁰) niə²² kai³³ xau³³, tsai³³
是 呀, 为 嗲 求 个 啊, 当 年 个₀ 年 景 好, 在
çiəŋ¹²——tsai³³ kə²⁴(<kuo²⁴) çiəŋ¹² tsʰəŋ¹²⁻³³ tau²⁴ nai²² kə⁰(<kuo⁰) çi²² ka¹²⁻³³ nə³³,
新—— 在 个₂ 新 春 到 来 个₀ 时 间 呢,
tçiəu³¹ çi³³ ni⁵⁵ᐟ²² tsʰəŋ¹² nuo³¹ Øi⁵⁵⁻²² ni⁵⁵ᐟ²² nə³³, tau²⁴ nai²² kuo⁰ çi²² ka¹²⁻³³ nə³³, Øiəu³³
就 是 立 春 那 一 日 呢, 到 来 个₀时间 呢, 有
kuo²⁴ tau²⁴ tiə²² tau²⁴ tçʰy²⁴ pau²⁴ tsʰuəŋ¹² kə⁰(<kuo⁰) fəu¹² su²² çi⁵⁵ᐟ²² ku²⁴。
个₁ 到 田 头 去 报 春 个₀ 风 俗 习 惯。
tsai³³ ku⁵⁵ᐟ²² Øi⁵⁵⁻²² ni⁵⁵ᐟ²² nə³³, nau³³——nau³³ niəŋ²² kə³³(<kuo¹²) ti³¹ Øa²², məi³³
在 箇 一 日 呢, 老—— 老 人 家 哋们啊, 每
niəŋ²²——məi³³ niə³³ tsai³³ kuo²⁴ ni⁵⁵ᐟ²² tsʰuəŋ¹² ku⁵⁵ᐟ²² Øi⁵⁵⁻²² ni⁵⁵ᐟ²² kə⁰(<kuo⁰) tsau³³
人—— 每 年 在 个₁ 立 春 箇 一 日 个₀ 早
səŋ²², çi³³ Øia²², tu¹² Øiau²⁴ Øiəŋ³¹ kuo²⁴ tçiəu¹² tsɿ³³, ŋ³³ tiə³³ kuo²⁴ ti³¹ fuaŋ¹²⁻³³ tuo¹²——
晨, 是 呀, 都 要 用 个₂ 揪꞊子畚箕, 我 哋们个₁ 地 方 担——
tuo¹² Øua⁵⁵ᐟ²² tçi³¹ kuo⁰, tuo¹² fuaŋ²⁴ kə⁰(<kuo⁰) tçiəu³¹ xuo³³ tsɿ²⁴ tçiəu¹² tsɿ³³ Øa³³,
担 物件东西 个₀, 担 粪 个₀ 就 喊制叫做 揪꞊子畚箕 啊,
tuo¹² saŋ²² Øi⁵⁵⁻²² tuo²⁴ niəu²² nuo fuaŋ²⁴, çi³³ Øia²², tau²⁴ tsʰəŋ¹² paŋ²² piə¹²⁻³³ kə⁰(<kuo⁰)
担 上 一 担 牛 栏 粪, 是 呀, 到 村 旁 边 个₀,
tsɿ³¹ tçi³³ kə⁰(<kuo⁰) Øiəŋ¹² tiə²² ni³³ tçʰy²⁴, piəŋ²⁴ tau²⁴ pa²², pa³³ ku⁵⁵ᐟ²² tuo²⁴ fuaŋ²⁴
自 己 个₀ 秧 田 里 去, 并 倒 吧, 把 箇 担 粪

nə³³, tau²⁴ tsai³³ tiə²² ni³³ tau²² tɕʰy²⁴ Øi³³ xau³¹ Øa²², tsai³³ kuo²⁴ fuəŋ²⁴ saŋ³¹ nə³³, Øa²²,
呢, 倒 在 田 里 头 去 以 后 啊, 在 个₁ 粪 上 呢, 啊,
sau¹² sa¹² tɕi³³ ɕiaŋ¹², sau¹² sa¹² pi²² tɕiə²² tɕi³³。sau¹² Øy²² tiə⁰ Øi³³ xau³¹ nə³³, xa²² Øiau²⁴
烧 三 支 香, 烧 三 匹 钱 纸。 烧 圆完 嗲 以 后 呢, 还 要
fuaŋ²⁴ Øi⁵⁵⁻²² tɕʰy²⁴ pʰau²⁴, Øa²², kuo²⁴ Øi²⁴ sɿ¹²⁻³³ tɕiəu³¹ ɕi³³ kaŋ³³ nə³³, kʰuai¹² tsʰəŋ¹²
放 一 串 炮, 啊, 个₁ 意 思 就 是 讲 呢, 开 春
tiə⁰, ɕi³³ Øia²², tsʰai³³ ku⁵⁵/²² kuo²⁴ tʰu³³ ti³¹ nau³³ Øio²² Øa²², nai²² pau³³ Øiəu³¹ ŋ³³ tiə³¹,
嗲, 是 呀, 请 箇 个 土 地 老 爷 啊, 来 保 佑 我 呬们,
tɕiəu²² tɕi³³ nə³³, tɕi¹² niə⁴ ɕi²² Øia²², fəu¹² tiau²² Øy³³ suəŋ³¹, Øu²² tsai¹² Øu²² xua³¹, tsuo⁵⁵
求期祈求 呢, 今 年 时 呀, 风 调 雨 顺, 无 灾 无 害, 作
Øu²² tɕʰy³³——ta⁵⁵/²²tau⁰ fəu¹² səu¹²⁻³³, niəu⁵⁵ tɕʰy⁵⁵/²² xai¹² Øuaŋ³¹, niəŋ²² niəŋ²² tʰuai²⁴
物 取—— 得 □着丰 收, 六 畜 兴 旺, 人 人 太
pai²²。 kuo²⁴ tɕiəu³¹ ɕi³³ kuo²⁴ pau²⁴ tsʰəŋ¹² kə⁰ (<kuo⁰) ɕi⁵⁵/²² su²²。
平。 个₁ 就 是 个₁ 报 春 个₀ 习 俗。

普通话梗概

过去人们为了求得有个好收成,在立春那一天,就去田间报春。每年的这一天早晨,老人们会用畚箕从牛栏里挑一担牛粪倒在村边的育苗田里,然后在粪上点三支香,烧三张纸钱,烧完以后再放一串炮。意思是,开春了,请土地老爷保佑今年风调雨顺,无灾无害,作物丰收,六畜兴旺,人人太平。这就是报春的习俗。

二、二月八女人节

kaŋ³³kə²⁴（<kuo²⁴）øi³¹øyə⁵⁵⁻²² puo⁵⁵ny³³niəŋ²² tɕiə⁵⁵⁻²²kə⁰（<kuo⁰）ɕi⁵⁵⁻²²ku²⁴。
讲　个　　　　二　月　八　女　人　节　　个₀　　习　惯。

ku²⁴tɕʰy²⁴kuo⁰ məi³³øi⁵⁵⁻²²niə²²kuo⁰øi³¹øyə⁵⁵⁻²²tsʰu¹²—tsʰu¹²puo⁵⁵ku⁵⁵⁻²²øi⁵⁵⁻²²ni⁵⁵⁻²²nə³³,
过　去　个₀ 每　一　年　个₀二　月　　初——初　八　箇　一　日　呢,

tsəu³¹ɕi³³xuo³³tsɿ²⁴"ny³³niəŋ²²tɕiə⁵⁵⁻²²"。ku⁵⁵⁻²²kuo²⁴ɕi²²ka¹²⁻³³nə³³, ɕiə³¹tsai²⁴kaŋ³³
就　是　喊制叫做 "女　人　节"。　箇　个　时　间　呢, 现　在　讲

nə³³, tɕiəu³¹ɕi³³sa¹²øyə⁵⁵⁻²²puo⁵⁵xau³¹øuəi²²fu³¹ny³³tɕiə⁵⁵⁻²², øa²², məi³³niə²²kuo⁰
呢,　就　是三　月　八　号　为　妇　女　节,　啊, 每　年　个₀

nəŋ²²nai⁵⁵⁻²²øi³¹øyə⁵⁵⁻²²tsʰu¹²puo⁵⁵ku⁵⁵⁻²²øi⁵⁵⁻²²ni⁵⁵⁻²², fuaŋ²²ɕi³³tɕiə⁵⁵⁻²²ku²⁴fuaŋ¹²
农　历　二　月　初　八　箇　一　日,　凡　是　结　过　婚

kə⁰（<kuo⁰）, pu²²tsai²²øiaŋ³³ɕi²⁴kə²⁴（<kuo²⁴）ti³¹kə⁰（<kuo⁰）fu³¹ny³³nə³³,
个₀,　　　　不　曾　养　细个咄小孩　　　个₀　　　妇　女　呢,

tu¹²øiau²⁴øiəu²²øi⁵⁵⁻²²kuo²⁴nau³¹fu³¹niəŋ²²kuo¹²⁻³³tuai²⁴—tuai²⁴tɕʰi³³tɕʰy²⁴tɕiəŋ²⁴ɕiaŋ¹²。
都　要　由　一　个　老　妇　娘　家妇女　带——带　起　去　敬　香。

tɕʰy²⁴kə⁰（<kuo⁰）ɕi²²nə³³, øiau²⁴tsuaŋ³³pi³¹xau³³ɕiaŋ¹²tɕi³³nuo⁵⁵tsu²², xa²²øiau²⁴
去　个₀　　时　呢, 要　准　备　好　香　纸　蜡　烛, 还　要

tsəŋ³³pi³¹øi⁵⁵⁻²²pai²²ɕiaŋ¹²øiəu²², ku²⁴tɕʰy²⁴nə³³, øi⁵⁵⁻²²paŋ¹²tu¹²ɕi³³øi³³ku⁵⁵⁻²²kuo²⁴
准　备　一　瓶　香　油,　过　去　呢,　一　般　都　是　以　箇　个

tsuo²²øiəu²²øuəi²²tɕy³³, øa²², øiəŋ¹²øuəi²²kuo²⁴øiəu²²nə³³, kai²²tau²⁴kuo²⁴miau³¹ni³³
茶　油　为　主,　啊, 因　为　个₁ 油　呢,　□带到 个₁ 庙　里

tau²²tɕʰy²⁴nə³³, ɕi³³tɕyə¹²məŋ³¹øiaŋ³¹nai²²tiə³³ku⁵⁵⁻²²kuo²⁴tiaŋ²²mai³³tai¹²⁻³³kə⁰（<kuo⁰）,
头　去　呢, 是　专　门　用　来　点　箇　个　长　明　灯　个₀,

suai³³kə⁰（<kuo⁰）, su³¹øi³³pi⁵⁵ɕy²⁴øiau²⁴tuai²⁴tɕʰy²⁴。
□用 个₀,　　　　所　以　必　须　要　带　去。

tɕʰy²⁴——tɕʰy²⁴nə³³, øi⁵⁵⁻²²paŋ¹²tɕiəu³¹ɕi³³tɕʰy²⁴kuəi²⁴niəŋ²²øiau²⁴suo¹²⁻³³ti³³
去——去　呢,　一　般　就　是　去　桂　林　尧　山　底

第一章 时令、节庆

xuo³¹Øa²², Øiau²²suo¹²⁻³³tɕiau⁵⁵ti³³nə³³, Øiəu³³kuo²⁴ni²²ku¹²⁻³³Øaŋ¹²⁻³³, tɕiəu³¹xuo³³tsʅ²⁴
下 啊， 尧山 脚 底 呢， 有 个 尼 姑 庵， 就 喊制叫做
"mau²²Øuo¹²⁻³³ni³³", ɕi³³Øia²²。tɕiəu²²səŋ²²pua²⁴fu²², xuo⁵⁵⁄²²tɕia³³ɕi³³ɕy³³Øyə³¹,
"茅 庵 里"， 是 呀。 求 神 拜 佛， 或 者 是 许 愿，
tsʰu¹²tsʅ²⁴tɕʰy²⁴kə⁰(<kuo⁰)niəŋ²²niə³³, tu¹²Øiau²⁴tsai³³Øa⁵⁵pu²²suo³¹miə³¹tɕiə²²,
初 次 去 个₀ 人 呢， 都 要 在 阿 菩 萨 面 前，
Øa²², kuəi³¹pua²⁴ɕy³³Øyə³¹, xau³³tɕiaŋ³¹——xau³³pi³³ɕi³³Øia²², Øiau²⁴tɕiəu²²
啊， 跪 拜 许 愿， 好 像—— 好 比 是 呀， 要 求——
tɕiəu²²tɕi²²nə³³, sʅ²⁴tɕi²⁴pai³³Øuo¹², tsau³³Øiaŋ³³ɕi²⁴kuo²⁴ti³¹, Øa²², xuo⁵⁵⁄²²tɕia³³ɕi³³
求期祈求 呢， 四 季 平 安， 早 养 细 个崽孩子， 啊， 或 者 是
nə³³, Øiəu³³pai³¹tʰəu²⁴, tsau²⁴Øi⁵⁵⁻²²ni⁵⁵⁄²²kʰaŋ¹²fu⁵⁵⁻²², xau³³。Øy²²ku³³Øa²², kuo²⁴
呢， 有 病 痛， 早 一 日 康 复， 好。 如 果 啊， 个₁
Øuəi²²nai²²Øi³³xau³¹, kuo²⁴Øyə³¹Øuaŋ³¹sʅ²²ɕiə²⁴tiə⁰, ɕiə³¹xa²²tiə⁰, tsai³³ti³¹Øi³¹niə²²
回 来 以 后， 个₁ 愿 望 实 现 嗲,实行=实现嗲， 在 第 二 年
kə⁰(<kuo⁰) Øi³¹Øyə⁵⁵⁻²²tsʰu¹²puo⁵⁵ku⁵⁵⁄²²Øi⁵⁵⁻²²ni⁵⁵⁄²²nə³³, Øa¹²Øi⁵⁵tai¹²Øiau²⁴tɕʰy²⁴
个₀ 二 月 初 八 箇 一 日 呢， 也 一 定 要 去
miau³¹ni³³tɕʰy²⁴Øuo²²Øyə³¹, tɕi²⁴səŋ²²pua²⁴pu²²suo²²。
庙 里 去 还 愿， 祭 神 拜 菩 萨。

pua²⁴Øuaŋ²²tiə⁰kuo²⁴pu²²suo²²Øi³³xau³¹Øa²², Øa⁵⁵——Øa⁵⁵——Øa⁵⁵ni²²ku¹²⁻³³nə³³,
拜 完 嗲 个₁ 菩 萨 以 后 啊， 阿—— 阿—— 阿 尼 姑 呢,
ɕi³³Øia²², tɕiəu³¹fəi¹səu²⁴kʰy²⁴(<tɕʰy²⁴)ta⁵⁵⁻²²məi³³kuo²⁴niəŋ²²Øi⁵⁵⁻²²tsaŋ¹²xuo³¹
是 呀， 就 会 送 去 得给 每 个 人 一 张 画
xau³³tiə⁰——suo³³xau³³tiə⁰kuo⁰pai¹²Øuo¹²⁻³³——pai¹²Øuo¹²⁻³³fu²², tuai²⁴Øuəi²²tɕʰy²⁴,
好 嗲—— 写 好 嗲 个₀ 平 安—— 平 安 符， 带 回 去,
Øia⁵⁵tau⁰tsai³³tsʅ³¹tɕi³³suəi³¹kə⁰(<kuo⁰)tsaŋ²²tau²²ti³¹xuo³¹。ka¹²Øiaŋ³¹tsʅ³³nə³³,
压 □着在 自 己 睡 个₀ 床 头 底 下。 □样子这样 呢,
səŋ²²niəŋ²²nə³³, tsəu³¹fəi³¹pau³³Øiəu³¹Øi⁵⁵⁻²²tɕʰiə⁵⁵⁄²²kə⁰(<kuo⁰)sʅ³¹tsai²²tu¹²
神 灵 呢， 就 会 保 佑 你 一 切 个₀ 事 情 都
Øy²²Øyə³¹。ku⁵⁵⁄²²Øi⁵⁵⁻²²ni⁵⁵⁄²²niə³³, sʅ²⁴miə³¹puo⁵⁵⁄²²fuaŋ¹²⁻³³kuo⁰niəŋ²²Øa²², tu¹²
如 愿。 箇 一 日 呢， 四 面 八 方 个₀人 啊， 都

fəi³¹ tɕʰy²⁴ miau³¹ məŋ²² tɕiə²²——miau³¹ ni³³ tau²² ∅a²², tɕiəu²² səŋ²² pua²⁴ fu²²。niəŋ²² suo¹²
会　去　庙　门　前——　庙　里　头　啊，求　神　拜　佛。人　山
niəŋ²² fuai³³ ka¹² ni³³, xau³³ tu¹² kuo⁰ niəŋ²², xau³³ nau³¹ niə⁵⁵⁻²² kuo⁰。kuo²⁴ miau³¹ məŋ²²
人　海　□里的，　好　多　个₀人，　好　闹热热闹　个₀。个₁ 庙 门
tɕiə²² nə³³, xuo⁵⁵/²² tɕiə³³ ɕi³³ miau³¹, tɕʰy²⁴ miau³¹ saŋ³¹ ku⁵⁵/²² ∅i⁵⁵⁻²² tɕiə⁵⁵/²² nu³¹ saŋ³¹
前　呢，　或　者　是　庙，　去　庙上庙里 箇　一　截　路　上
∅a²², ∅iəu³³ mua¹² ɕiaŋ¹² tɕi³³ nuo⁵⁵ tsu²² kuo⁰ ∅a³³, ɕi³³ ∅ia²², ∅iəu³³ kʰuo²⁴ ɕiaŋ²⁴
啊，　有　卖　香　纸　蜡　烛　个₀啊，　是　呀，　有　看　相
kə⁰ (< kuo⁰) ∅a³³, su²⁴ mai³¹ kə⁰ (< kuo⁰) ∅a³³, xa²² ∅iəu³³ nə³³, ∅iəu³³ ni⁵⁵ niəŋ²²
个₀　　　啊，算 命 个₀　　　啊，还 有 呢，有 立=些人
ɕi³³ tu⁵⁵ ∅i³¹ tɕʰy²⁴ kʰuo²⁴ nau³¹ niə⁵⁵⁻²² kə⁰ (< kuo⁰) ∅a³³。ku⁵⁵/²² ∅i⁵⁵⁻²² ni⁵⁵/²² nə³³,
是 □二=特意去 看 闹热热闹 个₀　　　啊。箇 一 日 呢，
kuo²⁴ mai⁵⁵ tɕʰiə⁵⁵⁻²² tsʅ³³ ∅a¹² tʰə⁵⁵ piə³¹ tu¹², ∅iəŋ¹² ∅uəi²² tʰuo¹² tiə³¹ ɕiau³³ ta⁵⁵⁻²² ∅a²²,
个₂墨=吃子叫花子　也　特　别　多，因　为　他 哋们 晓 得 啊，
kuo²⁴ tɕiəu²² fu²² pua³³ pu²² suo²² kə⁰ (< kuo⁰) niəŋ²² niə³³, ∅uai²² ɕiəŋ²² kuo²⁴ saŋ²⁴ ɕiəŋ¹²⁻³³
个₁ 求　佛　拜　菩　萨　个₀　　　人 呢，爱 行 个₂善 心
∅a²², ɕiəŋ²² saŋ²⁴ tɕi⁵⁵/²² tai⁵⁵, fəi³¹ tu¹² ta⁵⁵/²² tɕiə²² ta⁵⁵⁻²² ku⁵⁵/²² ni⁵⁵ mai⁵⁵ tɕʰiə⁵⁵⁻²² tsʅ³³,
啊，行　善　积　德，会 多 得给 钱 得给 箇 立=些墨=吃子叫花子，
ɕi³³ ∅ia²², ∅iəŋ¹² tɕʰi¹³ nə³³, ku⁵⁵/²² ∅i⁵⁵⁻²² ni⁵⁵/²², kuo²⁴ mai⁵⁵ tɕʰiə⁵⁵⁻²² tsʅ³³ tʰə⁵⁵ piə³¹
是　呀，　因　此　呢，　箇　一　日，　个₂墨=吃子叫花子　特　别
tu¹²。kuo²⁴ ∅i⁵⁵⁻²² tsʅ²² nə³³, tau²⁴ pai ∅io³¹, tsai²² ɕi³³ tɕiə⁵⁵ su²², xau³³ nau³¹ niə⁵⁵⁻²² kuo⁰。
多。个₁一　直　呢，　到 平夜傍晚，才　是　结　束，　好 闹 热 个₀。

普通话梗概

每年的公历3月8日为妇女节，而在灵川，过去每年农历的二月初八为"女人节"。每年的这一天，那些已婚却未曾生育的妇女，都要由一个老年妇女带着去敬香。首先准备好香、纸、蜡烛和一瓶香油，香油是必不可少的，以茶油为主，专门用来给庙里长明灯添油的。敬香一般是去桂林尧山脚下叫"茅庵里"的尼姑庵。

初次去的人都要在菩萨面前跪拜许愿,比如说祈求四季平安、早生贵子之类的。如果是有病痛,就祈求早一天康复。回来以后,如果所许的愿实现了,那么第二年农历的二月初八这一天一定要去庙里还愿。敬香拜完菩萨以后,尼姑就会给每人送一个平安符。人们领了平安符,带回去压在自己的枕头底下,相信这样做神灵就会保佑一切如愿。这一天,四面八方的人都会去庙里求神拜佛,人山人海的,非常热闹。庙门前,还有去庙里的一路上,有卖香、纸、蜡烛的,有看相算命的,还有看热闹的。这一天,叫花子也特别多,因为他们知道求神拜佛的人乐于行善,会施舍给他们。一天的热闹要到快天黑才结束。

三、二月十九赶庙会

kaŋ³³ øi⁵⁵⁻²² kuo²⁴ kuo³³ miau³¹ fəi³¹ kə⁰ （＜kuo⁰） fəu¹² su²²。ku²⁴ tɕʰy²⁴ øa²², niəŋ²²
讲　一　　个　赶　庙　会 个₀　　　 风　俗。过　去　啊， 人

mai²² ɕiəŋ²⁴ kuo²⁴ mi²² ɕiəŋ²⁴, øa²², tsəŋ²² pua²⁴ kuo²⁴ kuəi³³ səŋ²²。məi³³ niə²²——məi³³
民　信　 个₂迷　信， 啊， 崇　拜　个₂鬼　神。每　年——　每

øi⁵⁵⁻²² niə²² nə³³, tu¹² øiəu³³ tɕiəu²² səŋ²² pua²⁴ fu²², kuo³³ miau³¹ fəi³¹, tɕʰy²⁴ miau³¹ fəi³¹
一　年　 呢， 都　有　 求　 神　 拜 佛， 赶　 庙　 会， 去　庙　 会

nə³³, øa¹² kaŋ³³ tsʅ²⁴ "tɕʰy²⁴ miau³¹ fəi³¹ saŋ³¹" ku⁵⁵⁻²² øi⁵⁵⁻²² kə²⁴ （＜kuo²⁴） ɕi ⁵⁵⁄²² ku²⁴。
呢， 也 讲 制叫做"去　 庙　 会　 上"，箇　 一　 个　　 习 惯。

kau⁵⁵ mai²² tɕʰi²⁴ ɕiau²⁴ tua³¹ kə⁰ （＜kuo⁰） tsʅ³¹ miau³¹, xau³³ tɕiaŋ³¹ kuo²⁴ kuəi²⁴ niəŋ²²
个₁名　气　 较　 大　 个₀　　　 寺　庙， 好　 像比如个₁桂　 林

tɕʰi⁵⁵ sai¹²⁻²³ øuo²² kə⁰ （＜kuo⁰） tɕʰi³³ ɕia²² tsʅ²⁴, kuəi²⁴ niəŋ²² øiau²² suo¹²⁻³³ tʰiə¹² tsʰʅ²⁴
七　 星　 岩 个₀　　　 栖　 霞 寺， 桂　林　 尧　山　 天　赐

tiə²² kə⁰ （＜kuo⁰） ku³³ miau³¹, təŋ³³ təŋ³³。məi³³ niə²² kə⁰ （＜kuo⁰） øi³¹ øye⁵⁵⁻²² ɕiə³¹
田　 个₀　　　 古　 庙， 等　 等。每　年　 个₀　　　 二　月　 十

tɕiəu³³ ku⁵⁵⁄²² øi⁵⁵⁻²² ni ⁵⁵⁄²² øa²², tu¹² øiau¹² tɕy²⁴ xa²² kuo²⁴ miau³¹ fəi³¹。tsəŋ²² tɕiə²² nə³³,
九　 箇　 一　 日 啊， 都　要　 举　 行　个₂庙　 会。 从　 前　 呢,

kau⁵⁵ miau³¹ fəi³¹ øa²²——kau⁵⁵ miau³¹ øa²²——kau⁵⁵ tsʅ³¹ miau³¹ tu¹² øiəu³³ miau³¹ fəi³¹ tiə²² øa²²。
各　庙　 会 啊——各　 庙　 啊——各　寺　庙　 都 有　 庙　 会 田 啊。

kuo²⁴ miau³¹ fəi³¹ tiə²² nə³³, tsəu³¹ tɕʰy⁵⁵⁄²² tsu¹² ta⁵⁵⁻²²——ta⁵⁵⁻²² piə³¹ kə²⁴ （＜kuo²⁴）——
个₂庙　 会　 田　 呢，就　　出　　租　得给—— 得给别　 个别人——

piə²⁴ kə²⁴ （＜kuo²⁴）——piə³¹ kə²⁴ （＜kuo²⁴）——ta⁵⁵⁻²² niəŋ²² tsəŋ²² øa³³, məi³³ niə²²
别　个——　　　　　别　个——　　　　　得给人　 种　 啊， 每　 年

tʰuo¹² tiə³¹ səu¹² tɕʰy³³ øi⁵⁵ tai³¹ kə²⁴ （＜kuo⁰） tsu¹² kəu⁵⁵⁻²² øa²², kuəŋ¹² kʰy²⁴ （＜tɕʰy²⁴）
他　 他们收　取　 一　定　个₀　　　 租　谷， 啊，　供　 去

ta⁵⁵⁻²² ku⁵⁵⁄²² ni⁵⁵⁄²² øu²² saŋ³¹ xuo²² ku⁵⁵⁄²² ni⁵⁵ ni²² ku¹²⁻³³ tɕʰiə ⁵⁵⁄²² øa²²。øa¹² øəi³¹ kuo²⁴
得给箇　 立些和　尚　 和 箇　 立些尼 姑　 吃，　 啊。 也 为　个₂

miau³¹ fəi³¹ nə³³, tsuaŋ³³ pi³¹ xau³³ tɕy³³ puo³¹ kuo²⁴ miau³¹ fəi³¹ kə⁰ （＜kuo⁰） tsʅ¹² tɕiəŋ¹²,
庙 会 呢, 准 备 好 举 办 个₂ 庙 会 个₀ 资 金,
Øa²², Øi⁵⁵⁻²² niə²² Øi⁵⁵⁻²² tu³¹ kuo⁰ miau³¹ fəi³¹ kə⁰ （＜kuo⁰） kʰuai¹² tɕi³³ nə³³。məi³³ niə²²
啊, 一 年 一 度 个₀ 庙 会 个₀ 开 支 呢。每 年
kə⁰ （＜kuo⁰） Øi³¹ Øyə⁵⁵⁻²² ɕiə³¹ tɕiəu³³ ni⁵⁵ᐟ²², ɕi³³ Øia²², tɕyə²² suo²² kaŋ³³ nə³³, ɕi³³
个₀ 二 月 十 九 日, 是 呀, 传 说 讲 呢, 是
ku¹² Øiaŋ¹²⁻³³ nau³³ mu³³ kə⁰ （＜kuo⁰） sa¹² ni⁵⁵⁻²² Øa²², ɕiaŋ¹² ɕiəŋ²⁴——ɕiəŋ²⁴ ku⁵⁵ᐟ²²
观 音 老 母 个₀ 生 日 啊, 相 信—— 信 箇—
ɕiəŋ²⁴ səŋ²² ɕiəŋ²⁴ fu²² ku⁵⁵ᐟ²² ni⁵⁵ ɕiəŋ²⁴ tu²² məŋ²² Øa²², ku⁵⁵ᐟ²² Øi⁵⁵⁻²² ni⁵⁵ᐟ²² nə³³, tu¹²
信 神 信 佛 箇 立ᵀⁱᵉ 信 徒 们 啊, 箇 一 日 呢, 都
fəi³¹ Øiau¹² tɕʰi³³ niəŋ²², ɕi³³ Øia²², Øi⁵⁵⁻²² tɕʰi³³ tɕʰy²⁴ pua²⁴ miau³¹, pua²⁴ pu²² suo²² Øa²²。
会 邀 起 人, 是 呀, 一 起 去 拜 庙, 拜 菩 萨 啊。
ku⁵⁵ᐟ²² ni⁵⁵ tɕʰy²⁴ kə⁰ （＜kuo⁰） niəŋ²² niə³³, Øiau²⁴ tuai²⁴ saŋ³³ kə²⁴ （＜kuo²⁴） ɕiaŋ¹²、
箇 立ᵀⁱᵉ 去 个₀ 人 呢, 要 带 上 个₂ 香、
tɕiə²² tɕi³³、ɕiaŋ¹² Øiəu²², ɕi³³ Øia²², Øi³³——Øi³³ kuo²⁴ tsuo²² Øiəu²² Øuəi²² xau³³, Øiəŋ¹²
钱 纸、香 油, 是 呀, 以——以 个₂ 茶 油 为 好, 因
Øuəi²² kuo²⁴ tsuo²² Øiəu²² nə³³, ɕi³³ kuaŋ¹² tɕʰy²⁴ ta⁵⁵⁻²² kuo²⁴ miau²² ni³³ kuo²⁴ pu²² suo²² miə³¹
为 个₂ 茶 油 呢, 是 供 去 得给 个₂ 庙 里 个₂ 菩 萨 面
tɕiə²² nuo³¹ kə²⁴ （＜kuo²⁴） Øa²², tiaŋ²²——tiaŋ²² mai²² tai¹²⁻³³, niə²² ni⁵⁵ᐟ²² niə²² Øio²²
前 那 个 啊, 长——长 明 灯, 连 日 连 夜
tiə³¹ tau⁰ nuo³¹ kuo²⁴ Øa²², tsuo²² Øiəu²² tai¹²⁻³³ suai³³ kə⁰ （＜kuo⁰）。xa²² Øiau²⁴ pua³³ ɕiə¹²⁻³³
点 □着那 个 啊, 茶 油 灯 □用 个₀。 还 要 摆 些
suai³³ ku³³ Øa²², ɕi³³ Øia²², xuo²² tuai²⁴ Øi⁵⁵⁻²² tuai²⁴ nə³³ kuo²⁴ kəu¹² tai⁵⁵ tɕiə²², tɕiəu³¹ ɕi³³
水 果 啊, 是 呀, 和 带 一 带带一点 呢 个₂ 功 德 钱, 就 是
kaŋ³³ tɕyə¹² kə⁰ （＜kuo⁰） tɕiə²², tɕyə¹²——tɕyə¹² ɕiə²⁴ kuo² tɕiə¹², tɕʰy²⁴ sau¹² ɕiaŋ¹²
讲 捐 个₀ 钱, 捐—— 捐 献 个₀ 钱, 去 烧 香
pua²⁴ fu²²。Øuo²², xa²² Øiəu³³ niə³³, Øiəu³³ ni⁵⁵ niəŋ²² niə³³, tɕiəu³¹ ɕi³³ tau niə²² Øa²²,
拜 佛。哦, 还 有 呢, 有 立ᵀⁱᵉ 人 呢, 就 是 头 年 啊,
tɕiəu²² fu²² pua²⁴ səŋ²² tiə⁰ kuo⁰ nə³³, tɕʰy²⁴ Øuo²² Øyə³¹ kuo⁰, Øa¹² ɕi³³ tsai³³ ku⁵⁵ᐟ²² Øi⁵⁵⁻²²
求 佛 拜 神 嗲 个₀ 呢, 去 还 愿 个₀。也 是 在 箇 一

ni⁵⁵⁾²² ,Øi³¹ Øyə⁵⁵⁻²² ɕiə³¹ tɕiəu³³ ku⁵⁵⁾²² Øi⁵⁵⁾²² ni⁵⁵⁾²² tɕʰy²⁴ 。tɕʰy²⁴ kuo⁰ niaŋ²² Øa²² , Øa²² ,
日, 二 月 十 九 箇 一 日 去。 去 个₀ 人 啊, 啊,
ku⁵⁵⁾²² ni⁵⁵ Øuo²² Øyə³¹ kə⁰ (< kuo⁰) niəŋ²² niə³³ ,Øiau²⁴ tau²⁴ sʅ³¹ tsaŋ²² saŋ³¹ tɕʰy²⁴ mua³³
箇 立⁼些还 愿 个₀   人 呢, 要 到 市 场 上 去 买
Øu¹² kuəi¹²⁻³³ Øa³³ 、tu²² ŋ²² Øa³³ 、ni³³ ŋ²² Øa²² , xuo⁵⁵⁾²² tɕia²⁴ ɕi³³ muo²² tɕʰiau⁵⁵⁻²² tiau³³
乌 龟   啊、团 鱼 啊、鲤 鱼 啊, 或 者 是 麻 雀   鸟
Øa³³ , Øi⁵⁵⁻²² tɕʰi³¹ tɕʰy²⁴ sau²⁴ ɕiaŋ¹² pua²⁴ fu²² , piaŋ²⁴ tɕʰiə²⁴ nə³³ , taŋ¹² tsaŋ²² Øiau²⁴ fuaŋ²⁴
啊, 一 起 去 烧 香 拜 佛, 并 且 呢, 当 场 要 放
sa¹²。pa³³ kuo²⁴ Øua⁵⁵⁾²² tɕi³¹ fuaŋ²⁴ fəi¹² xuo²² fuaŋ²⁴ sa¹² tɕʰy⁵⁵⁾²² tɕʰy²⁴ 。kuo²⁴ tsʅ³¹ miau³¹
生。 把 个₁ 物 件 东西 放 飞 或 放 生 出   去。 个₂ 寺 庙
ni³³ tau²² kuo⁰ Øu²² saŋ³¹ Øa²² , tɕiəu³¹ Øuəi²² tʰuo¹² tiə³¹ nə³³ , Øa²² , tsʰuəi¹² tsʰuəi¹² tuo³³
里 头 个₀ 和 尚 啊, 就 为 他 哋们 呢, 啊, 吹 吹 打
tuo³³ , kə²⁴ (< kuo²⁴) Øiau⁵⁵ təi²⁴ Øia²²。tsai³³ miau³¹ məŋ²² tɕiə²² xuo⁵⁵⁾²² tɕia³³ ɕi³³ tsai³³
打, 个₂   乐 队 呀。在 庙 门 前 或   者 是 在
miau³¹ ni³³ tau²² ky³³ (< tɕy³³) xa²² ku⁵⁵⁾²² kuo²⁴ fuaŋ²⁴ sa¹² kə⁰ (< kuo⁰) Øi²² sʅ²⁴ , Øa²² ,
庙 里 头 举   行 箇 个 放 生 个₀   仪 式, 啊,
niə³¹ kai¹² , tsʅ²⁴ xuo⁵⁵ sʅ³¹ , Øə²² tɕʰiə²⁴ nə³³ , pa³³ ku⁵⁵⁾²² kuo²⁴ ŋ²² Øa³³ 、tu²² ŋ²² Øa³³ , ɕi³³
念 经, 制做法事, 而 且 呢, 把 箇 个 鱼 啊、团 鱼 啊, 是
Øia²² , fuaŋ²⁴ tau²⁴ suəi³³ ni³³ tau²² tɕʰy²⁴ Øiaŋ³³ tau⁰ , Øiaŋ³³ tau⁰ tɕiau²² , tiau³³ nə³³ , tɕiəu³¹
呀, 放 到 水 里 头 去 养 □着, 养 □着 桥⁼先, 鸟 呢, 就
taŋ¹² ɕi²² tɕiəu³¹ fuaŋ²⁴ fəi¹² , niaŋ³¹ tʰuo¹² fəi¹² tiə⁰ kʰy²⁴ (< tɕʰy²⁴) tiə⁰ 。
当 时 就 放 飞, 让 它 飞 嗲 去   嗲。
xuo⁵⁵ sʅ³¹ tsʅ²⁴ Øyə²⁴ tiə⁰ Øi³³ xau³¹ nə³³ , tsai²⁴ Øiəu²² kuo²⁴ Øu²² saŋ³¹ , ɕi³³ Øia²² , pa³³
法 事 制做圆完嗲 以 后 呢, 再 由 个₂ 和 尚, 是 呀, 把
ku⁵⁵⁾²² kuo²⁴ ŋ²² Øa²² , Øu¹² kuəi¹²⁻³³ kai²² tau²⁴ kuo²⁴ Øa²² , ni²² kaŋ¹²⁻³³ fu²² kuo²⁴⁾⁰ paŋ²²
箇 个 鱼 啊, 乌 龟 □拿 到 个₁ 啊, 漓 江 河 个₀ 旁
piə¹²⁻³³ tɕʰy²⁴ fuaŋ²⁴ tau²⁴ kuo²⁴ fu²² ni³³ tɕʰy²⁴ , kuo²⁴ xuo³³ tsʅ²⁴ "fuaŋ²⁴ sa¹²" 。Øa²² , kuo²⁴
边 去 放 到 个₁ 河 里 去, 个₁ 喊制叫做 "放 生"。啊, 个₂
miau³¹ ——tsʅ³¹ miau³¹ ni³³ tau²² Øa²² , Øi³¹ Øyə⁵⁵⁻²² ɕiə³¹ tɕiəu³³ ku⁵⁵⁾²² Øi⁵⁵⁻²² ni⁵⁵⁾²² nə³³ ,
庙 —— 寺 庙 里 头 啊, 二 月 十 九 箇 一 日 呢,

xa²² Øiau²⁴ tsʰai³³ tçy²² ——tçy²² sʅ¹²⁻³³ nai²² paŋ¹² maŋ²² Øa²², Øuəi²² ku⁵⁵⁄²² kuo²⁴ tçʰy²⁴ sau
还 要 请 厨 —— 厨 师 来 帮 忙 啊, 为 箇 个 去 烧
çiaŋ¹² pua²⁴ fu²² kuo⁰ niəŋ²² niə³³, tsuəŋ³³ pi³¹ miə³³ fəi²⁴ kə⁰ (＜ kuo⁰) Øuo²⁴ tsʰuo¹²⁻³³。
香 拜 佛 个₀ 人 呢, 准 备 免 费 个₀   晏餐午餐。
kuo²⁴ Øuo²⁴ tsʰuo¹²⁻³³ nə³³, tçy³³ Øiau²⁴ çi³³ Øi³³ tsua¹² miə³¹、tsua¹² xuo³¹ Øuəi³³ tçy³³, su³³
个₂ 晏餐午餐   呢, 主 要 是 以 斋 面、斋 饭 为 主, 所
tçʰy²⁴ kə⁰ (＜kuo⁰) niəŋ²² niə³³, niəŋ²² niəŋ²² ——kuo²⁴ kuo²⁴ təu³³ Øiəu³³ fuəŋ³¹, kuo²⁴
去 个₀   人 呢, 人 人 —— 个 个 都 有 份, 个
kuo²⁴ tu¹² kʰu³³ Øi³³ tçʰiə⁵⁵⁄²². çi³³ Øia²², Øio²² çi³³ Øiəu³³ tçi³³ kuo²⁴ niəŋ²², Øi⁵⁵⁻²² fu³³ niəŋ²²
个 都 可 以 吃。 是 呀, 若 是 有 几 个 人, 一 伙 人
niə³³, xa²² kʰu³³ Øi³³ sau³³ Øuəi²² tçiau¹² ti⁵⁵ kuo²⁴ tçiə²², tçiəŋ³¹ kʰu³³ Øi³³ ta⁵⁵⁄²² tau²⁴ Øi⁵⁵⁻²²
呢, 还 可 以 稍 微 交 □个₀点 钱, 就 可 以 得 到 一
tsau⁵⁵⁄²² ——Øi⁵⁵⁻²² kuo²⁴ ——Øi⁵⁵⁻²² tsau⁵⁵⁄²² kə⁰ (＜ kuo⁰) su²⁴ tsʰai²⁴ tçiəu³³ çi⁵⁵⁻²²,
桌 —— 一 个 —— 一 桌 个₀   素 菜 酒 席,
çi³³ Øia²², niəŋ³¹ ku⁵⁵⁄ Øi⁵⁵⁻²² fu³³ niəŋ²² Øa²², tçi³³ kuo²⁴ niəŋ²² Øi⁵⁵⁻²² tçʰi³³, kuəŋ¹²
是 呀, 让 箇 一 伙 人 啊, 几 个 人 一 起, 供
tʰuo¹² tçʰiə⁵⁵⁄²²。
他 吃。

tsai²⁴ Øiəu³¹ nə³³, tçiəu³¹ çi³³ fəu²² kuo²⁴ miau³¹——fəu²² kuo²⁴ tsʅ³¹ ni³³ tau²² Øa²², məi³³
再 有 呢, 就 是 逢凡是个₂ 庙—— 逢凡是个₂ 寺 里 头 啊, 每
fəu²² çiə³¹ niə²²——məi³³ ka⁵⁵⁄²² çiə³¹ niə³¹ nə³³, tsəu³¹ Øiau²⁴ Øuəi²² ku⁵⁵⁄²² kuo²⁴ sau¹² çiaŋ¹²
逢 十 年—— 每 隔 十 年 呢, 就 要 为 箇 个 烧 香
pua²⁴ fu²² kuo⁰ niəŋ²² niə³³, miə³³ fəi²⁴ ka¹² ni¹³³ puo³¹ tçiəu³³ çi⁵⁵⁻²², puo³¹ kuo²⁴ su²⁴ tsʰai²⁴
拜 佛 个₀人 呢, 免 费 □里⁼地 办 酒 席, 办 个₂ 素 菜
tçiəu³³ çi⁵⁵⁻²²。 kuo²⁴ su²⁴ tsʰai²⁴ tçiəu³³ çi⁵⁵⁻²² nə³³, Øa¹² çi³³ puo⁵⁵ kuo²⁴ niəŋ²² Øi⁵⁵⁻²² tsau⁵⁵⁄²²,
酒 席。 个₂ 素 菜 酒 席 呢, 也 是 八 个 人 一 桌,
tsʰai²⁴ nə³³ çi³³ puo⁵⁵ tsʰai²⁴——puo⁵⁵ kə²⁴ (＜kuo²⁴) tsʰai²⁴, Øi⁵⁵⁻²² kə²⁴ (＜kuo²⁴) tʰaŋ¹²。
菜 呢 是 八 菜—— 八 个   菜, 一 个   汤。
taŋ¹² Øiəŋ²² ku⁵⁵⁄²² ni⁵⁵ tu¹² çi³³ ni⁵⁵ su²⁴ tsʰai²⁴ nuo³³, Øia²² ta⁵⁵⁻²² fuəŋ¹² tsʰai²⁴ kuo⁰ Øa²²,
当 然 箇 立⁼些都 是 立⁼些素 菜 啰, □得 没 有 荤 菜 个₀, 啊,

Øia²² ta⁵⁵⁻²² Øiəŋ⁵⁵ nə²², Øia²² ta⁵⁵⁻²² fuaŋ¹² tsʰai²⁴ kuo⁰。Øa²², su³³ Øi³³ Øa²², tsai³³ miau³¹ □得没有 肉呢, □得没有 荤 菜 个₀。啊, 所以呀, 在 庙 fəi³¹ ku⁵⁵∕²² Øi⁵⁵⁻²² ni⁵⁵∕²² Øa²², niəŋ²² suo¹² niəŋ²² fuai³³ ka¹² ni³³, tua³¹ tɕi²² kuo¹²⁻³³ nə³³, 会 箇 一 日 啊, 人 山 人 海 □里的, 大齐⁼家 大家 呢, tu¹² ɕiaŋ³³ tɕʰiaŋ³³ ɕiə¹², sa¹² pʰuo²⁴ nau⁵⁵ xau³¹ tiə⁰ nə³³, tɕʰy²⁴ pua³³ fu²²、sau¹² ɕiaŋ¹²、都 想 抢 先, 生 怕 落 后 嗲 呢, 去 拜 佛、烧 香、ɕy³³ Øyə³¹。Øa²², tsai³³ ku⁵⁵∕²² Øi⁵⁵⁻²² ni⁵⁵∕²² nə³³, kuo²⁴ miau³¹ məŋ²² saŋ³¹, xuo²² kuo²⁴ 许 愿。啊, 在 箇 一 日 呢, 个₂ 庙 门上 门口, 和 个₂ miau³¹——kʰy²⁴（<tɕʰy²⁴） miau³¹ ni³³ kuo⁰ Øi⁵⁵⁻²² nu²⁴ nə³³, ɕi³³ Øia²², tu¹² pua³³ mau³¹ 庙 —— 去 庙 里 个₀ 一 路 呢, 是 呀, 都 摆 冒满 tiə⁰ kuo⁰ ɕiau³³ tʰuo¹² tsɿ³³ nuo³³。Øiəu³³ ni⁵⁵ ɕi³³ mua³¹ kə²⁴（<kuo²⁴） tɕiə²² tɕi³³ ɕiaŋ¹² 嗲 个₀ 小 摊 子 啰。有 立⁼些 是 卖 个₂ 钱 纸 香 kə⁰（<kuo⁰） Øa³³, Øiəu³³ kʰuo²⁴ ɕiaŋ²⁴ kə⁰（<kuo⁰） Øa³³, su²⁴ mai³¹ kə⁰（<kuo⁰） 个₀ 啊, 有 看 相 个₀ 啊, 算 命 个₀ Øa³³, ɕi³³ Øia²², kau⁵⁵ tsəŋ³³ kau⁵⁵∕²² Øiəŋ³¹ kə⁰（<kuo⁰） niəŋ²² tu¹² Øiəu³³。tɕiəu³¹ niə²² 啊, 是 呀, 各 种 各 样 个₀ 人 都 有。就 连 kuo²⁴ mai⁵⁵ tɕʰiə⁵⁵⁻²² tsɿ³³ niə³³, ku⁵⁵∕²² Øi⁵⁵⁻²² ni⁵⁵∕²² Øa²², Øa¹² Øiau²⁴ tʰə⁵⁵ piə³¹ tu¹², Øiəŋ¹² 个₂ 墨⁼ 吃子 叫花子 呢, 箇 一 日 啊, 也 要 特 别 多, 因 Øuəi²² tʰuo¹² tiə³¹ ɕiau³³ ta³³ ku⁵⁵∕²² ni⁵⁵ tɕiəŋ²⁴ ɕiaŋ³¹ pua²⁴ fu⁰ kuo⁰ niəŋ⁰ niə³³, Øa²², tu¹², 为 他 咂们 晓 得, 箇 立⁼些 敬 香 拜 佛 个₀ 人 呢, 啊, 多, Øuai²⁴ ku⁵⁵∕²² kuo²⁴ ɕiaŋ²² saŋ²⁴, ɕi³³ Øia²², sɿ¹² sə³³, ta⁵⁵∕²² tɕiə²² ta⁵⁵⁻²² ku⁵⁵∕²² ni⁵⁵ mai⁵⁵ 爱 箇 个 行 善, 是 呀, 施 舍, 得给 钱 得给 箇 立⁼些墨⁼ tɕʰiə⁵⁵⁻²² tsɿ³³, Øa²², su³³ Øi³³ nə³³, ku⁵⁵∕²² Øi⁵⁵⁻²² ni⁵⁵ kuo²⁴ mai⁵⁵ tɕʰiə⁵⁵⁻²² tsɿ³³ Øa¹² 吃子叫花子 啊, 所以 呢, 箇 一 日 个₂ 墨⁼ 吃 子 也 tʰə⁵⁵∕²² piə³¹ tu¹², xau³³ nau³¹ niə⁵⁵⁻²² kə⁰（<kuo⁰）。 特 别 多, 好 闹 热 个₀。

普通话梗概

过去的人们崇拜鬼神，每年都有求神拜佛赶庙会的习俗。各名气较大的寺庙，比如说桂林七星岩的栖霞寺、桂林尧山天赐田的古庙等，每年的二月十九这一天都要举行庙会。从前，各寺庙都有庙会田，出租给别人种，收取一定的租谷，供和尚、尼姑吃，或者为举办庙会筹备资金。二月十九传说是观音菩萨的生日，这一天信徒们都会相约一起去庙里拜菩萨。去的时候要带上香、纸、香油，其中香油以茶油为好，是用于点亮菩萨面前的长明灯。另外还要摆些水果，并捐一些功德钱。

如果当年许了愿，第二年就得去还愿。信徒们先要到市场上去买乌龟、甲鱼、鲤鱼或麻雀之类的，在庙门前将这些动物放生。寺庙里的和尚就吹打乐器、念经、做法事，为放生仪式助兴。放生仪式上，鱼和甲鱼之类的就放到水里养着，鸟就当场放飞。仪式结束以后，再由和尚把那些鱼和乌龟带到漓江旁边放生。

二月十九这一天，寺庙里还要请厨师来帮忙，为烧香拜佛的人准备免费午餐。午餐主要是以斋面、斋饭为主，人人都有一份。如果象征性地交点钱，就可以得到一桌素菜酒席。每隔十年，寺庙就要为那些烧香拜佛的人提供免费的素菜酒席。酒席是八个人一桌，有八菜一汤，当然全是素菜。寺庙内全天都是人山人海的，大家都想抢先，生怕落后。庙门口和去寺庙的路上，摆满了小摊，有卖香纸的，有看相的，叫花子也特别多，因为他们知道烧香拜佛的人都乐意行善施舍。赶庙会真的非常热闹。

四、清明会

（一）清明会的钱粮

kaŋ³³ Øi⁵⁵⁻²² kuo²⁴ niə²² tsəŋ¹² tçi²⁴ tsu³³，Øa¹² tsəu³¹ çi³³ tsʰai¹² mai²² fəi³¹ kuo⁰ Øi⁵⁵⁻²² kuo²⁴
讲　一　个　年　中　祭　祖，也　就　是　清　明　会　个₀一　个
fəu¹² su²² çi⁵⁵⁄²² ku²⁴。ku²⁴ tçʰy²⁴ Øa²²，tsai³³ ŋ³³ tiə³¹ kuo²⁴ ti³¹ fuaŋ¹²⁻³³ nə³³，məi³³ Øi⁵⁵⁻²²
风　俗　习　惯。过　去　啊，在　我　咄们个₁ 地　方　呢，每　一
kuo²⁴ tua³¹ kuo¹² tsəu³¹ Øa²²，təu¹² sai²² Øiəu³³ kuo²⁴ tsʰai¹² mai²² fəi³¹ —— tsʰai¹² mai²² fəi³¹
个　大　家　族　啊，都　成　有　个₂ 清　明　会——清　明　会
ku⁵⁵⁄²² kuo²⁴ tsu³³ tçi³³。tsʰai¹² mai²² fəi³¹ kuo⁰ fəi³¹ tsaŋ³³ —— kuo²⁴ fəi³¹ səu³³ nə³³，Øa²²，
箇　个　组　织。清　明　会　个₀会　长—— 个₁ 会　首　呢，啊，
Øi⁵⁵⁻²² paŋ¹² nə³³，tsəu³¹ çi³³ Øiəu²² Øi⁵⁵⁻²² kuo²⁴ tsʰəŋ¹²，xuo⁵⁵⁄²² tçia¹³ çi³³ təu²² sai²²，təu²²
一　般　呢，就　是　由　一　个　村，或　者　是　同　姓，同
kuo²⁴ kuo¹² tsəu³¹ kuo⁰ tçi³³ kə²⁴（＜kuo²⁴）tsʰəŋ¹² kə⁰（＜kuo⁰）nau³³ tçiə²² pəi²⁴ Øa²²，
个　家　族　个₀几　个　　　　　村　个₀　　老　前　辈　啊，
Øi⁵⁵⁻²² paŋ¹² nə³³，təu¹² çi³³ Øi⁵⁵⁻²² çiə¹²⁻³³ xəŋ³³ Øiəu³³ Øuəi¹² maŋ³¹，kaŋ³³ xuo³¹ xəŋ³³ Øiəu³³
一　般　呢，都　是　一　些　很　有　威　望，讲　话　很　有
Øuəi¹² sai²⁴ kə⁰（＜kuo⁰）niəŋ²²，çi³³ Øia²²，kə⁰（＜kuo⁰）nau³³ —— nau³³ tçiə²² pəi²⁴
威　信　个₀　　　人，是　呀，个₀　　老——老　前　辈
nə²²，xuo²² Øi⁵⁵⁻²² çiə¹²⁻³³ Øa²²，nuo⁵⁵⁄²² Øi³¹ —— tsəu³¹ çi³³ kaŋ³³ —— Øa¹² çi³³ kaŋ³³ kuo²⁴
呢，和　一　些　啊，乐　意——就　是　讲——也　是　讲　个₂
Øuai²⁴ ku³³ xuo²² sɿ³¹ —— Øuai²⁴ ku³³ xuo²² sɿ³¹ ti⁵⁵ kə⁰（＜kuo⁰）kuo⁰ tsʰai¹² niə¹² niəŋ²²，
爱　管　闲　事——爱　管　闲　事□个₀一点　　个₀青　年　人，
tçi³³ kə²⁴（＜kuo²⁴）niəŋ²² tsu³³ sai²²。Øa²²，kuo²⁴ tsʰai¹² mai²² fəi³¹ nə³³，tçy³³ Øiau²²
几　个　　　　　人　组　成。啊，个₁ 清　明　会　呢，主　要
tçiəu³¹ çi³³ fu²⁴ tsa⁵⁵ ku³³ ni²⁴ kuo²⁴ tsʰai¹² mai²² fəi³¹ saŋ³¹ Øi³¹ niəu³³ xuo²⁴ nai³³ kuo⁰ tçiə²²、niaŋ²²，
就　是　负　责　管　理　个₁ 清　明　会　上　遗　留　下　来　个₀钱、粮，

第一章 时令、节庆

çi³³ Øia²², xa²² fu²⁴ tsa⁵⁵ tsu³³ tçi²² məi³³ Øi⁵⁵⁻²² niə²² Øi⁵⁵⁻²² tsʅ²⁴ kuo⁰ tsʰai¹² mai²² tçi²⁴ tsu³³
是 呀， 还 负 责 组 织 每 一 　 年 一 　 次 个₀ 清 明 祭 祖

kuo⁰fu⁵⁵⁄²²təu³³。 ku²⁴ tçʰy²⁴ kuo²⁴ tsʰai¹² mai²² fəi³¹ nə³³, çi³³ Øia²², Øiəu³³——Øiəu³³
个₀ 活　 动。 过 去 个₀ 清 明 会 呢， 是 呀， 有—— 有——

Øiəu³³ tiə²² tsʰuo³³。səŋ²² muo³³ tiə²² tsʰuo³³ nə³³? tçiəu³¹ çi³³ pau¹² kua²² Øiəu³³ tiə²² Øiəu³³
有 田 产。 什 么 田 产 呢？ 就 是 包 括 有 田 有

ti³¹, Øa²², Øiəu³³ ti³¹, Øiəu³³ ŋ²² taŋ²²。çi³³ Øia²², tiə²² ti³¹ ŋ²² taŋ²², tu¹² kʰu³³ Øi³³ tçʰy⁵⁵⁄²²
地， 啊， 有 地， 有 鱼 塘。 是 呀， 田 地 鱼 塘， 都 可 以 出

tsu¹² ta⁵⁵⁻²² piə³¹ kə²⁴（ ＜kuo²⁴ ）——ta⁵⁵⁻²² piə³¹ niəŋ²², Øa²², məi³³ Øi⁵⁵⁻²² niə²² nə³³,
租 得给 别 个 　 　 　 ——得给 别 人， 啊， 每 一 　 年 呢，

səu¹² tçʰy³³ kuo²⁴ tsu¹² kəu⁵⁵⁄²²。Øiəu¹² Øuəi²² nuo³¹ kuo²⁴ çi³³ ka¹²⁻³³——ku²⁴ tçʰy²⁴ nuo³¹
收 取 个₂ 租 谷。 因 为 那 个 时 间—— 过 去 那

kuo²⁴ çi²² ka¹²⁻³³ Øa²², kuo²⁴ tsu¹² tçiəŋ¹² Øa²², Øia²², Øi⁵⁵⁻²² paŋ²² çi³³ Øia²² Øiəŋ³¹ kuo²⁴
个 时 间 啊， 个₂ 租 金 啊， 呀， 一 　 般 是 □不用 个₂

tçiə²² tçʰi²⁴ su²⁴, tu¹² çi³³ Øiəŋ³¹ kuo²⁴ kəu⁵⁵⁄²² tsʅ³³ nai²⁴ su²⁴ kuo⁰, çi³³ Øia²², su³³ Øi³³
钱 计 算， 都 是 用 个₂ 谷 子 来 计 算 个₀， 是 呀， 所 以

nuo³¹ kuo²⁴ çi³³ ka¹²⁻³³ tu¹² çi³³ səu¹² kəu⁵⁵ tsʅ³³。Øa²², kuo²⁴ tsʰai¹² mai²² fəi³¹, kuo²⁴ fəi³¹
那 个 时 间 都 是 收 谷 子。 啊， 个₁ 清 明 会， 个₁ 会

səu³³ Øa²², pa²² kə²⁴（＜kuo²⁴）kəu⁵⁵⁄²² tsʅ³³ səu¹² saŋ³³ nai²² Øi³³ xau³¹, Øa²², Øiau²⁴
首 啊， 把 个 　 　 谷 子 收 上 来 以 后， 啊， 要——

Øiau²⁴ puo³¹ sʅ³¹ Øa³³, Øiau²⁴ puo³¹ tsʰai¹² mai²² tçiəu³³ Øa³³, tsəu³¹ kʰu³³ Øi³³ mua³¹ kəu⁵⁵ tsʅ³³,
要 办 事 啊， 要 办 清 明 酒 啊， 就 可 以 卖 谷 子，

Øiəŋ³¹ kəu⁵⁵ tsʅ³³ tçʰy²⁴ tʰiau³³——tçʰy²⁴ tʰiau³³ Øua⁵⁵⁄²² tçi³¹ Øuəi²² nai²²。suai³³ pu²² Øyə²²
用 谷 子 去 斢换取—— 去 斢 物 件东西 回 来。 □用不圆完

kə⁰（＜kuo⁰）kəu⁵⁵ tsʅ³³ nə³³, tçiəu³¹ fəi³¹ tsuo²⁴ tçʰy²⁴ ta⁵⁵⁻²² nuo³¹ ni⁵⁵ pəŋ³³ kuo²⁴ kuo¹²
个₀ 　 　 谷 子 呢， 就 会 借 去 得给 那立⁼些本 个 家

tsəu³¹ ni³³ tau²² kə⁰（＜kuo²⁴）niəŋ²², nuo³¹ ni⁵⁵ kau²⁴ pu²² ta⁵⁵⁻²² tçʰiə⁵⁵⁄²² kə⁰（＜kuo⁰）
族 里 头 个₀ 　 　 　 人， 那立⁼些够 不 得 吃 个₀

niəŋ²², çi³³ Øia²², fu²² tsu³¹ tʰuo¹² tiə³¹。kuo²⁴ nə³³, tsʰai¹² mai²² fəi³¹ saŋ³¹ kə⁰（＜kuo⁰）
人， 是 呀， 扶 助 他 咄们。 个₁ 呢， 清 明 会 上 个₀

kəu⁵⁵ tsɿ³³ nə³³，tɕy³³ Øiau²⁴ ɕi³³ Øi³³ tɕiəu²⁴ niəŋ²² Øuəi²² tɕy²²。ɕi³³ Øia²²，tɕi⁵⁵⁻²² ɕi³³ səu¹²
谷 子 呢， 主 要 是 以 救 人 为 主。 是 呀， 只 是 收
tɕʰy³³ tɕi⁵⁵⁻²² sau³³ niaŋ³¹ sau³³ niaŋ³¹ kə⁰（＜kuo⁰）ni³¹ kəu⁵⁵⁻²²，pu²² ɕi³³ xuo³³ tsɿ²⁴ "tsu¹²
取 极 少 量 少 量 个₀ 利谷， 不 是 喊制叫做 "租
kəu⁵⁵⁻²²"。səŋ²² muo³³ xuo³³ tsɿ²⁴ "ni³¹ kəu⁵⁵⁻²²"？tsəu³¹ ɕi³³ kaŋ³³ Øi⁵⁵⁻²² pa⁵⁵ tɕiəŋ¹²⁻³³
谷"。 什 么 喊制叫做 "利谷"？ 就 是 讲 一 百 斤
tɕi³³ ɕiə³³ səu¹² tɕʰy³³ tɕi³³ tɕiəŋ¹²，xuo⁵⁵⁻²² tɕia³³ ɕiə³³ tɕiəŋ¹²⁻³³ puo⁵⁵⁻²² tɕiəŋ¹²⁻³³ kəu⁵⁵⁻²²
只 是 收 取 几 斤， 或 者 十 斤 八 斤 谷
tsɿ³³，səu¹² ta⁰ xəŋ³³ kʰai¹²，tɕiəu³¹ ɕi³³ xuo³³ tsɿ²⁴ "ni³¹ kəu⁵⁵⁻²²"。
子， 收得 很 轻， 就 是 喊制叫做 "利谷"。

niə³¹ Øuai³¹ nə³³，fəu²² ɕi³³ kuo¹² tsəu³¹ ni³³，pu²² kuaŋ³³ nuo³¹ Øi⁵⁵⁻²² fu³¹ niəŋ²² kuo¹²⁻³³。
另 外 呢， 逢是凡是 家 族 里， 不 管 那 一 户 人 家。
fəu²² Øiaŋ³³ xuo³³ Øi⁵⁵⁻²² kə²⁴（＜kuo²⁴）nuo²² tsɿ³³——Øiaŋ³³ xuo³³ Øi⁵⁵⁻²² kuo²⁴ nuo²² kuo⁰
逢凡是养 下 一 个 男 子—— 养 下 一 个 男 个₀
ɕi²⁴ kə²⁴（＜kuo²⁴）ti³¹，Øa²²，tsəu³¹ ta⁵⁵⁻²²——tsəu³¹ Øiau²⁴ tɕiau¹² Øa²²，tsʰai¹² mai²²
细 个 哋孩子， 啊， 就 得—— 就 要 交 啊， 清 明
fəi³¹ Øi⁵⁵⁻²² tuo²⁴——Øi⁵⁵⁻²² tuo²⁴ kəu⁵⁵ tsɿ³³，tɕiəu³¹ ɕi³³ Øi⁵⁵⁻²² pa⁵⁵ tɕiəŋ¹²⁻³³ kəu⁵⁵⁻²² tsɿ³³，
会 一 担—— 一 担谷子， 就 是 一 百 斤 谷 子，
nuo³¹ kuo²⁴ ɕi²² ka¹²⁻³³ kaŋ³³ Øi⁵⁵⁻²² tuo²⁴ tɕiəu³¹ ɕi³³ Øi⁵⁵⁻²² pa⁵⁵ tɕiəŋ¹²⁻³³ kəu⁵⁵ tsɿ³³，tsai²²
那 个 时 间 讲 一 担 就 是 一 百 斤 谷 子， 才
ɕi³³ nai²² kə²⁴（＜kau²⁴）ŋ⁵⁵⁻²² tsu³³ tɕi⁵⁵⁻²²，Øa²²，kuo¹² ŋ⁵⁵⁻²² ku⁵⁵⁻²² kuo²⁴ tsu³³ tɕi⁵⁵⁻²²。
是 能 够 入 祖 籍， 啊， 加 入 箇 个 祖 籍。
nuo³¹ kuo²⁴ ɕi²² ka¹²⁻³³ nə³³，xa²² Øiəu³³ kuo²⁴ tɕiəu³¹ ɕi³³ Øia²²，fuaŋ²² ɕi³³ Øəu⁵⁵ ni³³ tau²²
那 个 时 间 呢， 还 有 个 就 是 呀， 凡 是 屋里头家里
Øia²² ta⁵⁵⁻²² tsai³³ kuo⁰，tɕiə⁵⁵⁻²²——tɕiə⁵⁵⁻²² tiə⁰ tsai²² kuo⁰，Øa²²，Øəu⁵⁵ ni³³ tau²² Øia²² ta⁵⁵⁻²²
□得没有 崽儿子 个₀， 接—— 接 嗲 崽 个₀， 啊， 屋里头家里 □得没有
tsai³³，kai²² ny³³ tsau¹² tiə⁰ naŋ²² kuo⁰，ku⁵⁵⁻²² ni⁵⁵ niəŋ²² kə³³（＜kuo¹²）Øa²²，su³³ tsau¹²
崽儿子，□用女 招 嗲 郎 个₀， 箇立˭些 人 家 啊， 所 招
nai²² kuo⁰ niəŋ²²，su³³ tɕiə⁵⁵⁻²² nai²² kə⁰（＜kuo⁰）niəŋ²² nə³³，tɕy²² tiə⁰ ka³³ mai²² Øi³³
来 个₀ 人， 所 接 来 个₀ 人 呢， 除 嗲 改 名 以

Øuai³¹ ——ka³³ mai²² ka³³ sai²⁴ Øi³³ Øuai³¹, xa²² Øiau²⁴ tɕiau¹² məi³³ niəŋ²² Øi⁵⁵⁻²² tuo²⁴, Øa¹²
外—— 改 名 改 姓 以 外， 还 要 交 每 人 一 担， 也
ɕi³³ Øi⁵⁵⁻²² pa⁵⁵ tɕiəŋ¹²⁻³³ tau³¹ ——kəu⁵⁵ tsʅ³³ Øa²², ta⁵⁵⁻²² tsʰai¹² mai²² fəi³³, tsai²² ɕi³³ nai²²
是 一 百 斤 豆—— 谷 子 啊， 得给 清 明 会， 才 是 能
kau²⁴ ŋ⁵⁵′²² tau²⁴ kuo²⁴ kuo¹² tsəu³¹ ni³³ kuo¹² tsu³³ tɕi⁵⁵⁻²² ni³³ tau²² nai²², Øi³³ xau³¹ nə³³ tsai²²
够 入 到 个₂ 家 族 里 个₀ 组 织 里 头 来， 以 后 呢 才
ɕi³³ nai²² kau²⁴ tsʰuo¹² kuo¹²⁻³³ ku⁵⁵′²² kuo²⁴ kuo¹² tsəu³¹ ni³³ tau kə⁰（＜kuo⁰）Øi⁵⁵⁻²² tɕʰiə⁵⁵
是 能 够 参 加 箇 个 家 族 里 头 个₀ 一 切
kə⁰（＜kuo⁰）fu⁵⁵′²² təu³³。
个₀ 活 动。

普通话梗概

过去在灵川，每个大家族都有清明会，会长一般是由一个村，或者是同属于一个家族的几个村中有威望的老前辈组成，当然还有一些乐意管事的青年人。清明会主要负责清明会上的钱粮，并组织一年一度的清明祭祖的活动。清明会是有田产的，有些地方还有鱼塘。田产都可以出租，收取租谷。因为那时候的租金不用钱计算，而是用稻谷来计算的，所以都是收稻谷。如果要办事，比如说举办清明会，那么清明会的会长就可以卖稻谷，去换取所需的东西。用不完的稻谷，可以借给缺粮的人，只收取少量的"利谷"。什么叫做"利谷"呢？就是借出一百斤稻谷，日后只是象征性地收取几斤作为利息，比如说十斤或八斤，这几斤利息形式的稻谷就叫做"利谷"。

清明会规定，家族里凡是添男丁的家庭都要向清明会交一担即一百斤的稻谷才能够入祖籍。如果家里没有儿子，就收养一个儿子。如果家里没有儿子，上门女婿除了改名改姓以外，还要向清明会交一百斤稻谷，只有这样才能够加入家族的组织，并参加这个家族的一切活动。

(二)"老家"和"新村"

xa²² ɸiəu³³ kuo²⁴ nau³³ ɕi⁵⁵⁄²² ku²⁴ɸa²², tɕiəu³¹ ɕi²² ka¹²⁻³³ kaŋ³³, fuaŋ²² ɕi³³ tsəŋ²² nau³³
还 有 个 老 习   惯   啊, 旧 时间过去 讲, 凡 是 从 老

kuo¹²⁻³³——səŋ²² muo³³ xuo³³ tsʅ²⁴ " nau³³ kuo¹²⁻³³ " nə³³? tɕiaŋ³¹ ŋ³³ tiə³¹ kuo²⁴ kuo¹² tsəu³¹
家—— 什 么 喊制叫做 "老 家"   呢? 像 我 咄们 个₁ 家 族

nai²² kaŋ³³, tsəu³¹ ɕi³³ tsəŋ²² kaŋ¹² ɕi¹²⁻³³ pai²⁴ nai²² kə⁰(<kuo⁰) ti³¹ ɸi⁵⁵ kə²⁴(<kuo²⁴) nau³³
来 讲, 就 是 从 江 西 □搬来 个₀ 第 一 个   老

tsu³³ tsəŋ¹²⁻³³, ɸa²², kuo²⁴ tɕiəu³¹ ɕi³³——kuo²⁴ tsʰəŋ¹² nə³³, ŋ³³ niə³¹(<tiə³¹) tɕiəu³¹
祖 宗, 啊, 个₁ 就 是—— 个₁ 村 呢, 我 咄们 就

kaŋ³³ tsʅ³¹ " nau³³ kuo¹²⁻³³ " 。tsəŋ²² nau³³ kuo¹²⁻³³——fəu²² ɕi³³ tsəŋ²² nau³³ kuo¹²⁻³³ pai²⁴
讲制叫做 "老   家"。 从 老 家—— 逢是凡是 从 老 家 □搬

tɕʰy⁵⁵⁄²² tɕʰy²⁴ kuo⁰——tɕiə³¹ tɕʰy⁵⁵⁄²² tɕʰy²⁴ kuo⁰, təu²² sai kuo⁰ kuo¹² tsəu³¹ niəŋ²² nə³³,
出   去 个₀—— 迁 出   去 个₀, 同 姓个₀ 家 族 人 呢,

məi³³ niə²² kuo⁰ tsʰai¹² mai²² tɕiə²² ɸa²², tu¹² ta⁵⁵⁄²² ɸiau²⁴ ɸuəi²² nai²²——ɸuəi²² nau³³ kuo¹²⁻³³
每 年 个₀ 清 明 节 啊, 都 得 要 回 来—— 回 老 家

nai²², ɸa²², tɕi²⁴ pua²⁴ kuo²⁴ ɕi³³ tsu³³ pa³¹ kəu¹²⁻³³, kuo²⁴ tsəu³¹ kaŋ³³ tsʅ²⁴ " tɕʰy⁵⁵⁄²² suəi³³
来, 啊, 祭 拜 个₁ 始 祖 白 公,   个₁ 就 讲制叫做 "出   水

ɸiau²⁴ tɕiəŋ²² ɸyə²² " 。
要 寻   源"。

kuo²⁴ nau³³ kuo¹² tsəu³¹ ni³³ tau²² ku⁵⁵⁄²² ni⁵⁵ niəŋ²² nə³³, kuo²⁴ nau³³ tsʰəŋ¹² ni³³ tau²²
个₂ 老 家 族 里 头 箇 立=些 人 呢, 个₂ 老 村 里 头

ku⁵⁵⁄²² ni⁵⁵ niəŋ²² nə³³, təu²² ɕi²² ɸa²² fəi³¹ ka⁵⁵⁄²² ta⁵⁵⁻²² tɕi³³ niə³³, tsəu³¹ tɕʰy²⁴ pai²⁴ tɕʰy²⁴
箇 立=些 人 呢, 同 时 也 会 隔 得 几 年, 就 去 □搬 去

kuo⁰ ɕiəŋ¹² tsʰəŋ¹²⁻³³, tɕʰy²⁴ kʰuo²⁴ ɸi⁵⁵⁻²² xuo³³, ɸa²², təu²² ɸi⁵⁵⁻²² tsəu⁰ niəŋ²² ma²²,
个₀ 新   村,   去 看 一   下, 啊, 同 一 族 个₀ 人 嘛,

tɕʰy²⁴ kʰuo²⁴ maŋ³¹ ɸi⁵⁵⁻²² xuo³³, piəŋ²⁴ tɕiə³³ nə³³, təu²² tʰuo¹² tiə³¹ ɸi⁵⁵⁻²² tɕʰi³³ ɸa²²,
去 看 望 一   下,   并 且 呢, 同 他 咄们 一 起 啊,

tɕʰy²⁴ saŋ³¹ tsu³³ fuəŋ²² , Øa²² 。kuo²⁴ tɕiəu³¹ ɕi³³ nə³³ kaŋ³³ tsʅ²⁴ "niəŋ³¹ tsu³³ kuəi¹² ka¹²"。
去　上　祖　坟，　啊。　个₁　就　是　呢　讲制叫做　"认　祖　归　根"。

普通话梗概

　　有一个老习惯就是，凡是从老家迁出去的同姓的村庄，村民每年清明节都要回老家祭拜始祖白公。什么叫做"老家"呢？以我们秦姓家族为例，就是从江西搬来的第一个老祖宗所在的村。"新村"指的是从老家搬出去后新建的村。从新村回老家祭祖叫做"出水寻源"。老家的人每隔几年也要去新村看望一下，然后一起去祭祖坟。这些活动叫做"认祖归根"。

（三）上众坟

Øa²², saŋ³¹ —— saŋ³¹ tsu³³ fuəŋ²² kə⁰（< kuo⁰）ɕi²² ka¹²⁻³³ nə³³, fəu²² ɕi³³ nai²²
啊，　上——　上　祖　坟　个₀　　　时　间　呢，　逢是凡是能

kə²⁴（< kau²⁴）xa²² ta⁰ təu³³ kə⁰（< kuo⁰）nuo²² kə⁰（< kuo⁰）, tu¹² pi⁵⁵⁄²² ɕy¹²⁻³³
够　　　行走得动　个₀　　　男　个₀男子，　都　必　须

Øiau²⁴ tɕʰy²⁴ tsʰuo¹² kuo¹²⁻³³ Øa²² 。taŋ¹² ɕi³³ Øia²², saŋ³¹ fuəŋ²² ku⁵⁵⁄²² Øi⁵⁵⁻²² ni⁵⁵⁄²², tsʰai¹²
要　去　参　加　啊。当　时　呀，上　坟　箇　一　　日，清

mai²² fəi³¹ ——fuəŋ²² ku⁵⁵⁄²² Øi⁵⁵⁻²² ni⁵⁵ Øa²², taŋ¹² niə³³ tɕʰy⁵⁵⁄²² sa¹² kuo⁰ nuo²² kuo⁰ ɕi³³
明　会——　坟　箇　一　日啊，当　年　出　生　个₀男　个₀细

kə²⁴（< kuo²⁴）ti³¹ nə³³, ku⁵⁵⁄²² kuo¹² Øa²², Øiau²⁴ tuo³¹ Øi⁵⁵⁻²² tsai²⁴ səu¹² kau¹² ɕi³³
个哋孩子　　　呢，箇　家　啊，要　□舂一　甑　松　糕，是

Øia²², xa²² Øiau²⁴ mua³³ Øi⁵⁵⁻²² kə²⁴（< kuo²⁴）tsai³³ ty¹² tau²², kai²² tɕʰi³³ tɕʰy²⁴ tsʰai¹²
啊，还　要　买　一　个　　　　整　猪　头，□带　起　去　清

mai²² fəi³¹ saŋ³¹ tɕʰy²⁴ tɕi²⁴ nau³³ tsu³³。saŋ³¹ fuəŋ²² kə⁰（< kuo⁰）ɕi²² ka¹²⁻³³ nə³³, ɕi³³
明　会上　去　祭　老祖。上　坟　个₀　　　　时　间　呢，是

Øia²², tɕiəu³¹ Øiəu²² kuo²⁴ nau³³ tɕiə²² pəi²⁴, Øa²², tuai²⁴ tau²² ——tuai²⁴ nu³¹, xa²² tau²⁴ kau⁵⁵
呀， 就 由 个₂ 老 前 辈， 啊， 带 头—— 带 路， 行走到 各

kuo²⁴ fuəŋ²² miə³¹ tɕia²², ɕi³³ Øia²², tsʰai¹² tsuaŋ²⁴ niə²² niəŋ²² nə³³, tsəu³¹ fu²⁴ tsa⁵⁵ ku⁵⁵⁄²²
个 坟 面 前， 是呀， 青 壮 年 人 呢， 就 负 责 割

kuo²⁴ fuəŋ²² tau²² ——fuəŋ²² tau²² saŋ³¹ kə⁰ (<kuo⁰) tsʰau³³ Øa³³, fu²⁴ tsa⁵⁵ kʰuo⁰ tiau²⁴ kuo⁰
个₂ 坟 头—— 坟 头 上个₀ 草啊， 负 责 砍 掉 个₂

tsɿ³¹——tsuo³¹ ɕy³¹ tsɿ³³ Øa³³, ɕi³³ Øia²², tsʰɿ²⁴ pa³¹ Øa³³, fu²⁴ tsa⁵⁵ tʰiə⁵⁵ ti⁵⁵ kuo⁰ ɕiəŋ¹²——
自⁼(口误)——杂 树 子啊， 是 呀， 刺白⁼荆棘丛啊， 负 责 添 □个₀点 新——

məi³³ kə²⁴ (<kuo²⁴) fuəŋ²² tau²² saŋ³¹ tʰiə¹² ti⁵⁵ kə⁰ (<kuo⁰) ɕiəŋ¹² kə⁰ (<kuo⁰) tʰu³³
每 个 坟 头 上 添 □个₀一点 新 个₀ 土

Øa³³, ɕi³³ Øia²²。nau³³ niəŋ²² kə³³ (<kuo¹²) ti³¹ nə³³, tsəu³¹ pua³³ tɕi²⁴ pʰiə³³。Øa²²,
啊， 是 呀。 老 人 家 佢们呢， 就 摆 祭 品。 啊，

ɕi²⁴ kə²⁴ (<kuo²⁴) ti³¹ tsəu³¹ sau¹² ɕiaŋ¹², tsʰuo⁵⁵⁄²² tɕi³³ piau¹²⁻³³ tsɿ³³ Øa²², kuəi³¹ tau⁰
细 个佢孩子们 就 烧 香， 插 纸 标 子啊， 跪 □着

kʰu⁵⁵⁄²² tau²² Øa²², tɕiəu³¹ kuo²⁴ nau³³ tsu³³ tsəŋ¹²⁻³³ pau³³ Øiəu³¹, ɕi³³ Øia²², kuo²⁴ nau³³
磕 头 啊， 求 个₂ 老 祖 宗 保 佑， 是 呀， 个₂ 老

tɕiə²² pəi³³ nə³³, piəŋ²⁴ tɕʰiə²² xa²² Øiau²² tsai³³ kuo²⁴ fuəŋ²² miə³¹ tɕia²², ka²⁴ sau²⁴ kuo²⁴ fuəŋ²²
前 辈 呢， 并 且 还 要 在 个₂ 坟 面 前， 介 绍 个₁ 坟

mua²² tau⁰ nuo³³ kuo²⁴, Øa²², ɕi³³ kə²⁴ (<kuo²⁴) səŋ²² muo³³ mai·tsɿ³¹, ɕi³³ səŋ²² muo⁰
埋 □着哪 个， 啊， 是 个 什 么 名 字， 是什么

pəi³¹ fuəŋ³¹——pəi²⁴ fuəŋ³¹ nə³³, tʰuo¹² su²² Øy²² nuo³³ Øi⁵⁵⁻²² pəi⁰ kuo⁰, ta⁵⁵⁄²² xau³¹ pəi²⁴
辈 分—— 辈 分 呢， 他 属 于 哪 一 辈 个₀， 得让 后 辈

ti³¹ Øa²² ɕiau²⁴ ta⁵⁵⁻²², Øa²², ɕiau²⁴ ta⁵⁵⁻²²——Øi³³ xau²⁴ niəŋ³¹ ta⁵⁵⁻²² kuo²⁴ fuəŋ²², ɕi³³ ŋ³³
佢们啊 晓 得， 啊， 晓 得—— 以 后 认 得 个₁ 坟， 是 我

tiə³¹ Øəu⁵⁵ ni³³ tau²² kə⁰ (<kuo⁰) niəŋ²² kə⁰ (<kuo⁰) fuəŋ²²。 ku²⁴ tɕʰy²⁴ nə³³, saŋ³¹ fuəŋ²²
佢们屋 里头家里个₀ 人 个₀ 坟。 过 去 呢， 上 坟

nə³³ ɕi³³ tsʰuo⁵⁵⁄²² tɕi³³ piau tsɿ³³ Øa²², tsəu³¹ ɕi³³ Øiəŋ³¹ Øi⁵⁵⁻²² tɕi⁵⁵⁄²² ɕi²⁴ kə⁰ (<kuo⁰)
呢 是 插 纸 标 子， 啊， 就 是 用 一 截 细 个₀

tiəu⁵⁵ kuəŋ²⁴——tiəu⁵⁵ pʰiə²⁴ tsɿ³¹ nə³³, Øi⁵⁵⁻²² tɕiə³¹ nə³³ kuo⁵⁵ saŋ³³ Øi⁵⁵⁻²² tsaŋ¹²⁻³³ xəu²²
竹 棍—— 竹 片 子 呢， 一 截 呢 夹 上 一 张 红

tçi³³, çi³³ Øia²², məi³³kə²⁴（<kuo²⁴）fuaŋ²² tau²² saŋ³¹ nə³³ tsʰuo⁵⁵/²² sa¹² tçi³³ tau²⁴ tçiəu³³
纸， 是呀， 每个 坟 头 上 呢 插 三 支 到 九

tçi³³。 Øia²² ta⁵⁵⁻²² tiəu⁵⁵ tsʅ³³ tʰuo⁵⁵/²² nə³³， xuo⁵⁵/²² tçia³³ çi³³ Øiəŋ³¹——Øiəŋ³¹ sa¹² tau²⁴
支。 □得没有 竹 子 插 呢， 或 者 是 用—— 用 三 到

niəu⁵⁵ tsaŋ¹²⁻³³， tçiəŋ³³ tsaŋ¹²⁻³³ xəu²² tçi³³ Øia²²（<Øa²²），Øia⁵⁵ tau⁰——kai²² kuo²⁴ ni²²
六 张， 九 张 红 纸 啊， 压 □着—— □用个 泥

pa³³ xuo²² tçia³³ çi³³ sai³¹ tau²² ku³³ Øia⁵⁵ tau⁰ tsai³³ kuo²⁴ pəi¹² tçi²⁴ saŋ³¹， çi³³ ta⁵⁵⁻²² ku²⁴ Øuaŋ³³
巴 或 者 是 石头古⁼石头 压 □着在 个₂ 碑 记 上， 使得 过 往

kə⁰（<kuo⁰） niəŋ²² kʰuo²⁴ tiau²⁴ kuo²⁴ fuaŋ²² Øa²²，çi³³ Øiəu³³ xau³¹ pəi²⁴ kə⁰（<kuo⁰），
个₀ 人 看 着 个₁坟 啊， 是 有 后 辈 个₀，

pu²² nai²² kau²⁴ nu³¹ təu³³， çi³³ Øia²²， pəi³³ xau³¹ xa³³ Øiəu³³ xau³¹ sa¹²⁻³³ tsai³³ Øa²²， ni³³ pu²²
不 能 够 乱 动， 是呀， 背 后 还 有 后 生 崽 啊， 你 不

nai²² kə²⁴（<kau²⁴） nu³¹ təu³³ kuo⁰， Øa²²。
能 够 乱 动个₀， 啊。

kuo²⁴——ka¹² ni³³——kuo²⁴ tçi²⁴ pua²⁴ tçiə⁵⁵/²² su³¹ tiə⁰ Øi³¹ xau³¹ Øa²²， kuo²⁴ tua³¹ tçi²²
个₁——□里这样——个₁ 祭 拜 结 束 嗲 以 后 啊， 个₂ 大齐⁼

kuo³³ nə³³， Øa²²， pa³³ kuo²⁴ fuaŋ²²——su³³ Øiəu³³ kə⁰（<kuo⁰）fuaŋ²² tu¹² saŋ³¹ tau²⁴ tiə⁰
家大家 呢， 啊， 把 个₂ 坟—— 所 有 个₀ 坟 都 上 到 嗲

Øa²²， çi³³ Øia²²， tsəu³¹ Øuəi²² tsai³³——Øuəi²² tsai³³ Øi⁵⁵⁻²² tçʰi³³， Øa²²， pa³³ ku⁵⁵/²² kuo²⁴
啊， 是呀， 就 围 在—— 围 在 一 起， 啊， 把 箇 个

su³³ tuai²⁴ tçʰy²⁴ kuo³¹ tçi³¹ pʰiə³³， pau¹² kua²² nuo³¹ niə²² çi³³ Øiəu³³ niəŋ²² tuo³¹ tiə⁰ səu¹² kau³³
所 带 去 个₀ 祭品， 包 括 那 年 时 有 人 □舂 嗲 松 糕

tçʰy²⁴ saŋ³¹ fuaŋ²² kə⁰（<kuo⁰） Øa²²， tuai²⁴ tiə⁰ suəi³³ ku³³ tçʰy²⁴ saŋ³¹ fuaŋ²² kə⁰（<kuo⁰）
去 上 坟 个₀ 啊， 带 嗲 水 果 去 上 坟 个₀

Øa³³， çi³³ Øia²²， xuo⁵⁵/²² tçia³³ çi³³ tuai²⁴ tiə⁰ ty²⁴ tau²² tçʰy²⁴ saŋ³¹ fuaŋ²² ku⁵⁵/²² ni⁵⁵ Øa³³——
啊， 是呀， 或 者是带 嗲 猪 头 去 上 坟 箇立⁼些 啊——

ku⁵⁵/²² ni⁵⁵ Øua⁵⁵ tçi³³， tu¹² tsai³³——Øiəu²² nau³³ tçia²² pəi²⁴ Øa²²， fuaŋ³³ tçʰy²⁴ ta⁵⁵⁻²² tua³¹
箇 立⁼些 物件东西， 都 在—— 由 老 前 辈 啊， 分 去 得给 大

tçi²² kuo¹²⁻³³ tçʰiə⁵⁵/²²。ŋ³³ tçi²⁴ tau²⁴ nuo³¹ kuo²⁴ çi³³ ka¹²⁻³³ Øa²²， Øa⁵⁵ nau³³ tçiə²² pəi²⁴ Øiəŋ³¹
齐⁼家大家 吃。 我 记 □着那 个 时 间 啊， 阿 老 前 辈 用

tau^{12}nə^{33}, pa^{33}nuo^{31}kə^{24}（＜kuo^{24}）tsai^{33}ty^{12}tau^{22}kə^{0}（＜kuo^{0}）Øiəu^{55}Øa^{22}, Øi$^{55-22}$
刀呢，把那个　　　　　整猪头个0　　　　肉啊，一
k^{h}ua^{24}Øi$^{55-22}$k^{h}ua^{24}, çi^{33}Øia^{22}, ku$^{55/22}$xuo^{33}nai^{22}, fuəŋ^{12}tçy^{24}ta$^{55-22}$ŋ^{33}niə^{31}（＜tiə^{31}）
块一　块，是呀，割下来，分去得给我咃们
çi^{24}kə^{24}ti^{31}tç^{h}iə$^{55/22}$。Øiəŋ^{12}Øuəi^{22}nə^{33}, su^{33}tuai^{24}tçy^{24}kuo^{0}tçi^{24}p^{h}iə^{33}, çi^{33}Øia^{22},
细个咃孩子们吃。因为呢，所带去个0祭品，是呀，
pau^{12}kua^{22}çiaŋ^{12}tçi^{33}, p^{h}au^{24}ku$^{55/22}$ni^{55}Øua$^{55/22}$tçi^{31}Øa^{22}, xau^{33}tçiaŋ^{31}kau^{12}Øa^{33}、Øiəu^{55}
包括香纸、炮筒立些物件东西啊，好像比如糕啊、肉
Øa^{33}, tu^{12}pu^{22}nai^{22}kə^{24}（＜kau^{24}）tuai^{24}Øuəi^{22}kuo^{0}Øa^{22}, tu^{12}pu^{22}nai^{22}kau^{24}tuai^{24}
啊，都不能够　　　　带回个0，啊，都不能够带
Øuəi^{22}tçy^{24}, tu^{12}Øiau^{24}tsai^{33}məi^{31}tau^{24}, çiaŋ^{12}tçi^{33}Øiau^{24}sau^{12}Øyə^{22}, su^{33}Øiəu^{33}kuo^{0}
回去，都要在外头，香纸要烧圆完，所有个0
Øua$^{55/22}$tçi^{31}Øiau^{24}tç^{h}iə$^{55/22}$Øyə^{22}, pu^{22}nai^{22}kə^{24}（＜kau^{24}）kai^{22}Øuəi^{33}, çi^{33}Øia^{22}。
物件东西要吃圆完，不能够　　　　□拿回，是呀。
Øuəi^{22}nai^{22}, nuo^{31}kuo^{31}çi^{22}ka$^{12-33}$, Øuəi^{22}tau^{24}tsɿ^{22}taŋ^{22}miə^{31}tçiə^{22}, tsɿ^{22}taŋ^{22}Øi^{33}
回来，那个时间，回到祠堂面前，祠堂以
xau^{31}, Øuəi^{22}tau^{24}tsɿ^{22}taŋ^{22}miə^{31}tçiə^{22}Øi^{33}xau^{31}nə^{33}, çi^{24}kə^{24}（＜kuo^{24}）ti^{31}tu^{12}Øiau^{24}
后，回到祠堂面前以后呢，细个咃孩子们　　都要
kuəi^{31}tau^{0}tsai^{33}ku$^{55/22}$kuo^{24}tsɿ^{22}taŋ^{22}miə^{31}tçiə^{22}, Øa^{22}, Øiəu^{22}kuo^{24}nau^{33}tçiə^{22}pəi^{24}nə^{33},
跪□着在箇个祠堂面前，啊，由个2老前辈呢，
pau^{24}sai^{24}pəi^{31}kuo^{24}kuo^{12}p^{h}u^{33}, çi^{33}Øia^{22}。Øi$^{55-22}$tau^{24}pəi^{31}pu^{22}fəi^{31}, niaŋ^{33}tau^{24}sa^{12}
报信教背个2家谱，是呀。一道遍背不会，两道三
tau^{24}, Øi$^{55-22}$tsɿ^{22}tau^{24}pəi^{31}fəi^{31}Øuəi^{22}tçi^{33}, tsai^{22}çi^{33}nai^{22}kə^{24}（＜kau^{24}）tç^{h}iə$^{55/22}$xuo^{31}。
道，一直到背会为止，才是能够　　　　吃饭。
sai^{22}niə^{22}niəŋ^{22}, Øa^{55}tua^{33}kuo^{24}ti^{31}nə^{33}, tsəu^{31}çi^{33}Øa^{22}, Øaŋ^{24}pəi^{24}fuəŋ^{31}, Øa^{22}, pua^{12}
成年人，阿大个咃大人呢，就是呀，按辈分，啊，排
təi^{24}, fuəŋ^{12}k^{h}uai$^{12-33}$pua^{22}təi^{24}, Øa^{22}, fu^{24}çiaŋ$^{12-33}$tsɿ^{33}tçiəŋ$^{12-33}$çiaŋ^{12}niəŋ^{31}çi^{22}
队，分开排队，啊，互相之间相认识
çiau^{33}ta$^{55-22}$——niau^{33}ka^{33}xuo^{33}tsɿ^{33}Øa^{22}, ni^{33}tsɿ^{31}tçi^{33}çi^{33}nuo^{33}Øi$^{55-22}$kə^{24}（＜kuo^{24}）
晓得——了解下子啊，你自己是哪一个

pəi²⁴fuəŋ³¹kuo⁰, çi³³Øia²², çi³³səŋ²²muo³³——səŋ²²muo³³tsɿ³¹xau³¹kuo⁰, çi³³Øia²²,
辈 分 个0, 是呀, 是什么—— 什么字号个0, 是呀,
miə³³ta⁵⁵⁻³¹nə³³Øi³³xau³¹Øa²², təu²²pəi²⁴kuo⁰niəŋ²²Øa²², tsau³¹sai³¹kuo²⁴pəi²⁴su²⁴pu²⁴
免得 呢以后啊, 同辈个0人啊, 造 成 个2 辈数不
fuəŋ¹²Øa²², nu³¹xuo³³, nu³¹tsʰai¹²xu¹²⁻³³, çi³³Øia²², pəŋ³³nai²²çi³³xuo³³Øa⁵⁵maŋ³³kuo⁰,
分 啊, 乱 喊, 乱 称 呼, 是呀, 本 来 是 喊 阿□叔 个0,
ni³³xuo³³Øa⁵⁵kuo³³, çi³³Øa⁵⁵kuo³³kuo⁰nə³³, ni³³xuo³³Øa⁵⁵Øio²², na¹²ni³³tçiəu³¹nu³¹tiə⁰
你喊 阿 哥, 是 阿 哥 个0呢, 你喊 阿爷伯, 那里那样就 乱 嗲
nuəŋ²², çi³³Øia²²。
伦, 是呀。

普通话梗概

　　清明节，整个家庭一起祭祖叫做"上众坟"，凡是走得动的男性都要去参加上坟的活动。上坟这一天，当年有男孩出生的家庭都要舂一个松糕，并且买一个整猪头去祭祖。上坟的时候，老前辈负责在前面带路到各个坟头，青壮年就负责割坟头上的草丛、杂树、荆棘等，然后在坟上添一点新土。接下来，老人们就摆祭品，孩子们就烧香、插纸标子、跪下磕头，求老祖宗保佑。老前辈还要逐一介绍坟主的名字及辈分，让后辈认识自家的坟。在过去，上坟插的纸标子是用一条小竹棍的一端夹上一张红纸，每个坟头插三到九支。如果没有竹子，就用泥巴或石块将三到九张红纸压在墓碑上，使过往的人知道这个坟是有后人的，不能乱动。祭拜活动结束以后，大家就围在一起，分吃猪头等祭品。我记得那时候，老前辈用刀把整猪头的肉割下来分给我们小孩子吃。所带去的祭品都是不能够带回的，香纸要烧完，食物要吃完。

　　扫墓回来，小孩们都要跪在祠堂前，在老前辈带领下背诵家谱，一遍背不下来，就两遍、三遍……一直到背出来才能吃饭。成年人就按辈分分开排队，相互认识，了解自己是哪一个辈分、什么字号等，以免造成辈数不分，称呼混乱，比如说，本来是该叫叔叔的，你却叫成了哥，而哥哥却被你叫成了伯伯，那样的话就乱了辈分了。

（四）清明酒

taŋ^{12}çi^{22}kə^0（＜kuo^0）tsʰai^{12}mai^{22}tçiəu^{33}nə^{33}，tçi^{33}çi^{33}nuo^{22}kuo^0——nuo^{22}tsʅ^{33}
当　时　个$_0$　　　　清　明　酒　呢，只　是　男　个$_0$男子——男　子

tsʰuo^{12}kuo$^{12-33}$，Øa^{22}，kə^{24}（＜kuo^{24}）çi$^{55/22}$nə^{33}——tçiəu^{33}çi$^{55-22}$Øa^{22}，nuo^{31}kuo^{24}
参　加，　啊，　个$_2$　　席　呢——酒　席　啊，那　个

çi^{22}ka$^{12-33}$çi^{33}Øi^{33}fu^{31}tau^{22}，Øaŋ^{24}puo^{55}kuo^{24}nieŋ^{22}Øi$^{55-22}$tsau$^{55/22}$，çi^{33}Øia^{22}，puo^{55}
时　间　是以户　头，按　八　个　人　一　桌，　是呀，八

kə^{24}（＜kuo^{24}）nieŋ^{22}Øi$^{55-22}$tsau$^{55/22}$，nieŋ^{22}nieŋ^{22}——fəu^{55}nuo^{22}tai$^{12-33}$Øa^{22}，nieŋ^{22}
个　　　人　一　桌，　人　人——逢凡是男　丁　啊，人

nieŋ^{22}Øiəu^{33}fuəŋ^{31}nai^{22}pʰiə^{12}tsau^{55}kə^0（＜kuo^0）。
人　有　份　来　编　桌　个$_0$。

kuo^{24}tçiəu^{33}çi$^{55-22}$saŋ^{31}nə^{33}，tçi^{33}Øiəu^{33}xuo^{31}tsʰai^{24}，Øia^{22}Øiəu^{33}tçiəu^{33}，tçiəu^{33}
个$_2$ 酒　席　　上　呢，只　有　饭　菜，囗没　有　酒，酒

çi^{33}tsʅ^{31}tçi^{33}kai^{22}kuo^0。Øa^{22}，su^{33}tçʰiə$^{55/22}$kə^0（＜kuo^0）Øu^{33}kʰua^{24}，Øa^{22}，tsai^{24}
是　自　己 囗带　个$_0$。啊，所　吃　　个$_0$　　　碗　筷，　啊，载

tsʰai^{24}kə^0（＜kuo^0）pəŋ^{22}Øa^{12}çi^{33}tsʅ^{31}tçi^{33}tuai^{24}tçʰy^{24}kə^0（＜kuo^0），Øa^{22}。nuo^{31}kuo^{24}
菜　个$_0$　　　　盆 也 是 自 己 带　去　个$_0$，　啊。那　个

çi^{22}ka$^{12-33}$Øa^{22}，tsʰai^{24}mai^{22}fəi^{31}nə^{33}，Øi$^{55-22}$——məi^{33}niə^{22}tçy^{33}——puo^{31}Øi$^{55-22}$tsʰʅ^{33}
时　间 啊，　清　明　会　呢，　一——每　年　举——办　一　次

nuo^{33}，çi^{33}Øia^{22}。Øa^{55}tsʰai^{24}su^{24}fəi^{12}tsaŋ^{22}kə^0（＜kuo^0）fəu^{12}fu^{24}，tçiəŋ^{12}tsaŋ^{22}çi^{33}
啰，是 呀。阿　菜 数菜品非　常　个$_0$　　　　丰　富，经　常　是

tçʰiə$^{55/22}$pu^{22}Øyə^{22}kuo^0。çi^{33}Øia^{22}，tçʰiə$^{55/22}$pu^{22}Øyə^{22}nə^{33}，tsəu^{31}Øiəu^{22}kau^{55}fu^{31}
吃　不　圆完个$_0$，是呀，吃　不　圆完呢，就　由　各　户

Øa^{22}，Øaŋ^{24}fu^{31}tau^{22}，kau^{55}fu^{31}fuəŋ^{22}Øuəi^{22}tçʰy^{24}，kai^{22}Øuəi^{22}tçʰy^{24}tçʰiə$^{55/22}$。ŋ^{33}tçi^{33}
啊，按　户　头，　各　户　分　回　去，囗带　回　去 吃。我记

ta$^{55-22}$Øa^{22}——ŋ^{33}tçi^{24}tau^{0}Øa^{22}，nuo^{31}kuo^{24}çi^{22}ka$^{12-33}$，ŋ^{33}tiə^{31}tsəŋ^{22}tsʰai^{12}mai^{22}fəi^{31}
得　啊——我　记 囗着啊，那　个　时　间，　我 咄们从　清　明　会

saŋ³¹ kuo⁵⁵ Øuəi²² nai²² kə⁰（＜kuo⁰）Øiəu⁵⁵ tsʰai²⁴ Øa²²，Øiau²⁴ tɕi³³ ni⁵⁵ᐟ²² tsai²² ɕi³³ tɕʰiə⁵⁵ᐟ²²
上 夹 回 来 个。   肉 菜 啊，要 几 日 才 是 吃
taº Øyə²² ，ɕi³³ Øia²²。Øiəŋ¹² Øuəi²² nuo³¹ kə²⁴（＜kuo²⁴）ɕi²² ka¹²⁻³³，tʰuo¹² kə⁰（＜kuo⁰）
得 圆完，是 呀。 因 为 那 个   时 间， 它 个。
tsʰai¹² nə³³，tɕy³³ Øiau²⁴ tɕiəu³¹ ɕi³³ Øi³³ nuo³¹ kuo²⁴ tua³¹ kʰua²⁴ tua³¹ kʰua²⁴ kə⁰（＜kuo⁰）Øiəu⁵⁵
菜 呢， 主 要 就 是 以 那 个 大 块 大 块 个。   肉
Øa²²，Øiəu³³ ni⁵⁵ ɕi³³ Øi⁵⁵⁻²² niaŋ³³ Øi³¹ niaŋ³³ Øi⁵⁵⁻²² kʰua²⁴ kə⁰（＜kuo⁰），tɕy³³ səu³¹ tiə⁰。
啊，有 立＝些是 一 两 二 两 一 块 个。 煮 熟 嗲。
Øuəi²² nai²² Øi³³ xau³¹ nə³³，Øuo²²，pəŋ³³ kə²⁴（＜kuo²⁴）tsʰəŋ¹²，tɕiaŋ³¹ ŋ³³ tiə³¹
回 来 以 后 呢， 哦， 本 个   村， 像 我 咄们
tsʰəŋ¹² saŋ³¹，ŋ³³ tiə³¹ Øyə²² nai²² tɕʰy²⁴ saŋ³¹ nau²⁴ tsu³³，tau²⁴ saŋ³¹ tɕiəŋ²² kə³³（＜kuo¹²）
村 上， 我 咄们原 来 去 上 老 祖，到 上 秦 家
tsʰəŋ¹² tɕʰy²⁴ Øa³³，ɕi³³ Øia²²。ti³¹ Øi³¹ ni⁵⁵ᐟ²² Øuəi²² tau²⁴ tsʰəŋ¹² saŋ³¹ Øi³³ xau³¹，Øuəi²² tau²⁴
村 去 啊，是 呀。第 二 日 回 到 村 上 以 后，回 到
ŋ³³ tiə³¹ ɕiəŋ¹² tsai³¹ ni³¹ Øi³³ xau³¹ nə³³，tsai³³ kuo²⁴ tsʰəŋ¹²，Øa²²，xa²² Øiau²⁴ kau³³ Øi⁵⁵⁻²² tsʰɻ²⁴
我 咄们 新宅里村名 以 后 呢， 整 个 村， 啊， 还 要 搞 一 次
tɕi²⁴ tsu³³ kuo⁰。ɕi³³ Øia²²，Øiəŋ¹² Øuəi²² kuo²⁴ tsʰəŋ¹² saŋ³¹ Øa²²，Øa¹² Øiəu³³——nuo³¹ kuo²⁴
祭 祖 个。是 呀， 因 为 个₁村 上 啊， 也 有—— 那 个
ɕi²² ka¹²⁻³³ Øa¹²——Øa¹² Øiəu³³ kuo²⁴——kuo²⁴ tsʰai¹² mai²² fəi³¹ kə⁰（＜kuo⁰）tiə²² ti³¹，
时 间 也—— 也 有 个₁—— 个₁清 明 会 个。   田 地，
Øiəu³³——Øiəu³³ tsai³³ tsʰuo³³ kə⁰（＜kuo⁰）。ɕi³³ Øia²²，tsai²⁴ tɕʰy²⁴ saŋ³¹ Øi⁵⁵⁻²² tsʰɻ²⁴
有—— 有 财 产 个。   是 呀， 再 去 上 一 次
fuəŋ²²。saŋ³¹ fuəŋ²² kə⁰（＜kuo⁰）ɕi²² ka¹²⁻³³ nə³³，xuo²²——Øa¹² Øiəu³³ tɕʰiə⁵⁵ᐟ²² tsəŋ²⁴
坟。 上 坟 个。   时 间 呢，和—— 也 要 吃 众
xuo³¹，Øa²²，Øa¹² ɕi³³ kuo²⁴ kuo²⁴ Øi⁵⁵⁻²² tɕʰi³³ tɕʰiə⁵⁵ᐟ²² tsəŋ²⁴ xuo³¹ kuo⁰。
饭， 啊， 也 是 个 个 一 起 吃 众 饭 个。
tɕi²⁴ tsu³³，nuo³¹ kuo²⁴ ɕi²² ka¹²⁻³³ kə⁰（＜kuo⁰）ni⁵⁵ tsɻ³³ Øa¹² Øiəu³³ kuo²⁴ kaŋ³³ tai³¹
祭 祖， 那 个 时 间 个。   日 子 也 有 个 讲定说法，
Øa²²，Øi⁵⁵ tai³¹ ɕi³³ tsai³³ tsʰai¹² mai²² kə⁰（＜kuo⁰）——tsʰai¹² mai²² tɕʰiə⁵⁵ᐟ²² nuo³¹ Øi⁵⁵⁻²²
啊， 一 定 是 在 清 明 个。——   清 明 节 那 一

ni$^{55/22}$ kə^0 (＜kuo^0) tɕiə^{22} sa^{12} ni$^{55/22}$ xuo^{22} xau^{31} sʅ^{24} ni$^{55/22}$ ku$^{55/22}$ tɕi^{33} ni$^{55/22}$, ku$^{55/22}$
日　个。　　　　前　三　日　　或　后　四　日　箇　　几　日，　箇

kuo^{24} ni^{33} pua^{24} tɕi^{33} nəi^{31} Øiau^{24} saŋ^{31} tau^{24}, tɕʰi^{31} tʰuo^{12} kə^0 (＜kuo^0) ɕi^{22} ka$^{12-33}$ nə^{33},
个　礼　拜　之　　内　　要　　上　　到，　其　他　　个。　　　　时　间　　呢，

ɕi^{33} pu^{22} nai^{22} kau^{24} tɕy^{24} kə^0 (＜kuo^0), pu^{22} nai^{22} kə^{24} (＜kau^{24}) ti^{22} tɕiə^{22} Øa^{12} pu^{22}
是　不　能　　够　　去　个。　　　　　　不　能　　够　　　　　　提　前　　也　不

nai^{22} kə^{24} (＜kau^{24}) tʰu^{12} xau^{21}, ɕi^{33} Øia^{22}。ku$^{55/22}$ kuo^{24} ɕi^{22} ka$^{12-33}$ nə^{33}, Øyə^{22} nai^{22}
能　　够　　　　　　拖　后，　是　呀。箇　个　时　间　　呢，　原　来

kə^0 (＜kuo^0) tɕiəu^{31} ɕi$^{55/22}$ ku^{24} Øia^{22} səŋ^{22} muo^{33} xai^{12} tiə^0, ɕi^{33} Øia^{22}——Øia^{22} səŋ^{22} muo^{33}
个。　　　　旧　习　惯　　口不什么兴　嗲，　是　呀——　　口不什么

xai^{12} tiə^0 nuo^{33} ɕi^{33} Øia^{22}。ku$^{55/22}$ kuo^{24} ɕi^{22} ka$^{12-33}$ tsəu^{31} ɕi^{33} xai^{12} təu^{24} sai^{24} kə^0 (＜kuo^0)
兴　嗲　啰，　是　呀。箇　　个　时　间　　就　是　兴　同　姓　个。

kuo^{12} tsəu^{31} ni^{33} tau^{24} kə^0 (＜kuo^0) niəŋ^{22} nə^{33}, nuo^{22} nuo^{22} ny^{33} ny^{33} Øi$^{55-22}$ tɕʰi^{33} tɕʰy^{24} saŋ^{31}
家　族　里　头　个。　　　　人　呢，男　男　女　女　一　起　去　上

fuəŋ^{22} Øa^{22}, Øi$^{55-22}$ tɕʰi^{33} tɕʰiə$^{55/22}$ tsəŋ^{24} xuo^{31}, Øa^{22}。tɕʰiə$^{55/22}$ tsəŋ^{24} xuo^{31} kə^0 (＜kuo^0)
坟　啊，一　起　吃　众　饭，啊。吃　众　饭　个。

tɕiə^{22} nə^{33}, ku$^{55/22}$ kuo^{24} ɕi^{22} ka$^{12-33}$ Øia^{22} Øiəu^{33}——Øia^{22} Øiəu^{33} kuo^{24} tsʰai^{12} mai^{22} fəi^{31}
钱　呢，　箇　个　时　间　口没有——口没有　个1清　明　会

tɕi$^{55/22}$ tʰi^{33} kə^0 (＜kuo^0) tsai^{22} tsʰuo^{33} Øa^{33}, tɕiəu^{31} ɕi^{33} Øiəu^{33} tɕi$^{55/22}$ tʰi^{33} sa^{12} tsʰuo^{33} təi^{24}
集　体　个。　　　　　财　产　啊，就　是　由　集　体　生　产　队

tɕʰy$^{55/22}$, xuo$^{55/22}$ tɕia^{33} ɕi^{33} kau^{24} pu^{22} ta$^{55-22}$ nə^{33}, tɕiəu^{31} Øiəu^{22} məi^{33} kə^{24} (＜kuo^{24})
出，　或　者　是　够不得不够　呢，　就　由　每　个

niəŋ^{22} Øaŋ^{24} niəŋ^{22} tau^{22} tɕʰy$^{55/22}$ Øi$^{55-22}$ pu^{31} fuəŋ^{31}。tsai^{33} kə^{24} (＜kuo^{24}) tsʰai^{12} mai^{22}
人，　按　人　头　出　一　部　分。整　个　　　　清　明

tɕiəu^{33} tɕi^{12} pəŋ^{31} saŋ^{31} tɕiəu^{31} ɕi^{33} kuo^{24} ka^{12} kə^0 (＜kuo^0) tsai^{22} kʰuaŋ^{24} na^{33}。
酒　基　本　上　就　是　个　口这个。　　　　情　况　啦。

普通话梗概

　　过去的清明会在清明节期间需要备办酒席，叫做清明酒，只有男性可以参加。酒席是按八个人一桌来安排的，所有的男丁人人都有一份。酒席上只有饭菜，没有酒，酒需要自己带去。所用的碗筷和盛菜的盆也是自己带去的。酒席的菜非常丰富，经常是吃不完，要按户头分好带回去。我记得那时我们从清明会上夹回来的肉要几天才能吃完。当时的菜主要是以大块大块的肉为主，有些是一两或二两一块的。从清明会回自己的村庄，还要搞一次小型的祭祖活动。比如说我们秦家的新宅里也有清明会的田产，清明上坟的时候也有一次聚餐。

　　祭祖的日子一定是在清明节的前三天和后四天这一周之内，不能提前或推迟。原来的旧习俗渐渐消失了，后来变成同家族的男男女女一起去上坟扫墓、聚餐。聚餐的钱因为没有清明会的集体田产，就由生产队出，如果还不够，就按人头计算大家再上交一部分。现在已经没有清明会了。

五、风雨节

kaŋ³³ Øi⁵⁵⁻²² kuo²⁴ sa¹² Øyə⁵⁵⁻²² ɕiə³¹ tɕiəu³³ fəu¹² Øy³³ tɕiə⁵⁵′²² , Øa¹² kaŋ³³ tsʅ²⁴ " fəu¹²
讲　一　个　三　月　　十　九　风　雨　节,　也　讲制叫做　"疯

puʅ²² tsʅ³³ tɕiə⁵⁵′³¹ " 。ku²² tɕʰy²⁴ Øa²² , nau³³ niəŋ²² kə³³ (<kuo¹²) ti³¹ Øi⁵⁵⁻²² tsʅ²² tɕyə²²
婆子节"。　过　去　啊, 老　人　家　　　哋们一　直　传

xuo³³ nai²² , məi³³ niə³³ nəŋ²² nai⁵⁵⁻²² kə⁰ (<kuo⁰) sa¹² Øyə⁵⁵⁻²² ɕiə³¹ tɕiəu³³ ku⁵⁵′²² Øi⁵⁵⁻²²
下　来, 每　年　农　历　个₀　　　　三　月　十　九　箇　一

ni⁵⁵′²² nə³³ , ɕi³³ fəu¹² Øy³³ səŋ²² kə⁰ (<kuo⁰) sa¹² ni⁵⁵⁻²² 。 kuo²⁴ ɕi²² ka¹²⁻³³ Øa²² , Øa¹²
日　呢,　是 风　雨　神　个₀　　　　生　日。 个₁时　间　啊,　也

tsai²⁴ tsai²⁴ ɕi³³ nə³³ , məi³³ niə²² Øi³¹ ɕiəu³¹ sʅ²⁴ kə²⁴ (<kuo²⁴) tɕiə⁵⁵′²² ɕʰi²⁴ kə⁰ (<kuo⁰)
正正正好　是 呢, 每　年　二　十　四　个　　　　　节　气　个₀

kəu⁵⁵′²² Øy³³ tɕiə⁵⁵′²² tsu²⁴ Øiəu³¹ , ɕi³³ Øia²² 。niə⁵⁵ ɕi³³ Øi³³ nai²² Øa²² , tɕiəu³¹ Øiəu³³ Øa²²
谷　雨　节　左　右, 是 呀。 历　史　以　来　啊,　就　有　啊,

ku⁵⁵′²² kuo²⁴ " tsʰai¹² mai¹² ŋ²² kəu⁵⁵′²² Øy³³ tiau³³ , nuo²² fəu¹²⁻³³ ŋ²² pai⁵⁵ fəu¹²⁻³³ tiau³³ "
箇　个　 "清　明　鱼 谷　雨　鸟; 南　风　鱼北 风　鸟"

tɕiəu³¹ ɕi³³ kuo²⁴ kaŋ³³ xuo⁵⁵⁻²² 。 Øa¹² tsəu⁵¹ ɕi³³ kaŋ³³ , kuo²⁴ fəu¹² Øy³³ səŋ²² Øa²² , tɕi³³ Øiau²⁴
就　是个₁讲　法。 也　就　是　讲,　个₁风　雨　神　啊,　只要

Øi⁵⁵⁻²² tsʰuəi¹² kuo²⁴ pai⁵⁵ fəu¹²⁻³³ nau⁵⁵ Øy³³ nə³³ , pa⁵⁵ tiau³³ tu¹² fəi³¹ ɕiaŋ²² pai⁵⁵ fəi¹² tɕʰy²⁴
一　　吹　个₁北　风　　落　雨　呢, 百　鸟　都 会　向　北　飞　去

tɕiəŋ²² Øua⁵⁵′²² tɕi³¹ tɕʰiə⁵⁵′²², tɕʰy²⁴ fuaŋ²² tsʅ²² xau³¹ tuai³¹ 。 ɕi³³ Øia²² , su³³ Øi³³ kuo²⁴ fəu¹²
寻　物件东西　吃,　　去　繁　殖　后　代。 是 呀, 所　以　个₁风

Øy³³ səŋ²² nə³³ , məi³³ Øi³¹ niə²² tu¹² fəi³¹ tsai¹² ku⁵⁵′²² kuo²⁴ sa¹² Øyə⁵⁵⁻²² ɕiə³¹ tɕiəu³³ ku⁵⁵′²²
雨　神　呢, 每 一　年　都 会　在　箇　个　三　月　　十　九　箇

Øi⁵⁵⁻²² ni⁵⁵′²² Øa²² , ɕi³³ Øia²² , ɕiə³³ nai²² , tɕi²⁴ tyə²⁴ fəu¹² Øiəu³¹ nau⁵⁵′²² Øy³³ 。 ku⁵⁵′²²
一　 日　 啊, 是　呀, 显　灵,　既　转　风　又　落　雨。 箇

Øi⁵⁵⁻²² ni⁵⁵′²² nə³³ , nuo³³ pʰuo²⁴ ɕi³³ Øa²² , saŋ³¹ puo²⁴ (<pu²⁴) ni⁵⁵′²² tɕʰy⁵⁵′²² niə⁵⁵ tau²²,
一　 日　 呢, 哪　怕　是　呀,　上　半　　　　日　出　热　头,

Øia²² ta⁵⁵⁻²² Øi⁵⁵⁻²² sɿ¹² fəu¹², xuo³¹ puo²⁴ (＜pu²⁴) ni⁵⁵′²² Øa²², tʰuo¹² tɕiəu³¹ fəi³¹ tʰu⁵⁵′²²
□得没有一 丝风， 下半 日啊，它 就会 突

Øiəŋ²² tsɿ³³ tɕiəŋ¹²⁻³³ ka²⁴ ni³³ tɕi²⁴ Øiəu³¹ tyə²⁴ pai⁵⁵ fəu¹²⁻³³ Øiəu³¹ nau⁵⁵′²² Øy³³ 。tsai³³ kuo²⁴
然 之 间 □里地 既又 转北 风 又 落 雨。在 个₁

ɕi²² ka¹²⁻³³ nə³³, tsai³³ tiə²² tau³¹ ti³¹ saŋ²² tsɿ²⁴ sɿ³¹ kə⁰ (＜kuo⁰) niəŋ²² Øa²², tɕiəu³¹ ta⁵⁵′²²
时间 呢， 在 田 头 地 上 制做事 个₀ 人 啊， 就 得

kuo³³ kʰua²⁴ Øuəi²² tɕʰy²⁴ Øa²², tɕʰyə¹² Øi¹² saŋ²², ɕi³³ tyə²⁴ fəu¹² nau⁵⁵′²² Øy³³ pa³³, nuo⁵⁵
赶快 回 去啊， 穿 衣 裳， 是 转风 落 雨吧，□冷

tɕʰi³³ nai²² tiə⁰, Øuəi²² tɕʰy²⁴ tɕʰyə¹² Øi¹² saŋ²² Øa³³, Øiau²⁴ tɕʰy²⁴ tu³³ Øy³³ Øa³³. su³³ Øi³³ nə³³,
起来嗲， 回 去 穿 衣 裳 啊， 要 去 躲 雨 啊。 所以呢，

tsai³³ sa¹² Øyə⁵⁵⁻²² ɕiə³¹ tɕiəu³³ ku⁵⁵′²² Øi⁵⁵⁻²² ni⁵⁵′²² nə³³, tʰiə¹² tɕʰi²⁴ tɕiəu³¹ piə²⁴ xuo³¹ Øu⁵⁵
在 三 月 十 九 箇 一 日 呢， 天气 就 变化 无

tsaŋ²²。tua³¹ tɕi²² kə³³ (＜kuo¹²) nə³³ tɕiəu³¹ kaŋ³³ tsɿ²⁴ ku⁵⁵′²² Øi⁵⁵⁻²² ni⁵⁵′²² nə³³, tsəŋ¹²
常。 大齐⁼家大家 呢 就 讲制说 箇 一 日 呢， 真

tsəŋ²⁴ ɕi³³ tɕiəŋ³¹ kə²⁴ (＜kuo²⁴) fəu¹² pu²² tsɿ³³ ka¹²⁻³³ ni³³, saŋ³¹ puo²⁴ (＜pu²⁴) ni⁵⁵′²²
正是 像 个 疯 婆 子 □里那样， 上半 日

xau³³ xau³³ ——tsai²² ta⁰ xau³³ xau³³ kə⁰ (＜kuo⁰) ka¹² ni³³, xuo³¹ puo²⁴ (＜pu²⁴) ni⁵⁵′²²
好好—— 晴 得 好好 个₀ □里的， 下半 日

tʰu⁵⁵′²² Øiəŋ²² tsɿ³³ tɕiəŋ¹²⁻³³ tyə²⁴ fəu¹² nau⁵⁵′²² Øy³³, tɕiəu³¹ tɕiaŋ³¹ kuo³¹ fəu¹² pu²² tsɿ³³
突 然 之 间 转 风 落 雨， 就 像 个 疯 婆 子

Øi⁵⁵⁻²² sai⁵⁵⁻²², su³³ Øi³³ Øa¹² kaŋ³³ tsɿ²⁴ "fəu¹² pu²² tsɿ³³ tɕiə⁵⁵′²²"。
一色一样， 所以 也 讲制叫做 "疯 婆 子 节"。

普通话梗概

农历三月十九日在灵川叫"风雨节"，也叫"疯婆子节"。过去传说，每年农历三月十九日这一天是风雨神的生日，这时也大约是每年二十四个节气中的谷雨节期间。自古以来就有"清明鱼，谷雨鸟；南风鱼，北风鸟"等说法。也就是说，只要刮北风下雨，百鸟都会向北飞寻找食物，繁殖后代。风雨神每

一年就会在农历三月十九日这一天显灵,既刮风又下雨,哪怕是上午有太阳而且没有一丝风,下午也会突然既刮北风又下雨。这时在田间地头干活的人就得赶快回去加衣躲雨。农历三月十九日因为天气变化无常,大家就说这一天像个疯婆子一样,因而叫做"疯婆子节"。

六、四月初二大水节

kaŋ³³ Øi⁵⁵⁻²² kə²⁴（＜kuo²⁴）sɿ²⁴ Øyə⁵⁵⁻²² tsʰu¹² Øi³¹ tua³¹ suəi³³ tɕiə⁵⁵⁻²²，ku²⁴ tɕʰy²⁴
讲　一　个　　　　　　四　月　初　二　大　水　节，过　去
kə⁰（＜kuo⁰）fəu¹²su²²ɕi⁵⁵⁄²²ku²⁴。məi³³ niə²²Øa²²，kuo²⁴nəŋ²²nai⁵⁵⁻²²sɿ²⁴Øyə⁵⁵⁻²²
个₀　　　　　　风　俗　习　惯。每　年　啊，个₁ 农　历　四　月
fuəŋ³¹ nə³³，tsai²⁴xau³³ɕi³³kuo²⁴Øy³³ suəi³³tɕi²⁴tɕiə⁵⁵⁻²²。nau⁵⁵⁄²²tiə⁰tua³¹Øy³³Øi³³xau³¹
份　呢，正　好　是　个₂ 雨　水　季　节。落　嗲　大　雨　以　后
Øa²²，kuo²⁴fu²²suəi³³nə³³，tsəu³¹pau²⁴tsaŋ³³na²²，tsaŋ³¹tua³¹suəi³³na²²。Øi⁵⁵⁻²²tsaŋ³³
啊，个₂ 河　水　呢，就　暴　涨　啦，涨　大　水　啦。一　涨
tua³¹suəi³³nə³³，tɕiəu³¹tsʰəŋ²⁴kʰua³¹tiə⁰nəŋ²²——tiə²²ti³¹，pa³³kuo²⁴tiə²²ti³¹saŋ³¹
大　水　呢，就　冲　垮　嗲　农——田　地，把　个₂ 田　地　上
kə⁰（＜kuo⁰）tsuo⁵⁵Øu²²Øa²²，Øa¹²tsʰəŋ²⁴xua³¹tiə⁰。Øa²²，tua³¹suəi³³nə³³，xa²²fəi³¹
个₀　　　　　作　物　啊，也　冲　坏　嗲。啊，大　水　呢，还　会
tsʰəŋ²⁴xua³¹nau³³pa⁵⁵⁻²²sai²⁴kə⁰（＜kuo⁰）Øəu⁵⁵，ɕi³³Øia²²，pa³³Øəu⁵⁵tsʰəŋ²⁴xua³¹tiə⁰
冲　坏　老　百　姓　个₀　　　　　屋，是　呀，把　屋　冲　坏　嗲
tɕʰy²⁴tiə⁰Øia²²，ka¹²ni³³nai²²fu²⁴xua³¹nau³³pa⁵⁵⁻²²sai²⁴——fu²⁴xua³¹nau³³pa⁵⁵⁻²²sai²⁴。
去　嗲　呀，□里这样来祸　害　老　百　姓——祸　害　老　百　姓。
ku²⁴tɕʰy²⁴tɕyə²²suo³³kaŋ³³Øa²²，kuo²⁴nə⁰，tsəu³¹ɕi³³kə²⁴（＜kuo²⁴）fu²²səŋ²²tsai³³
过　去　传　说　讲　啊，个₁呢，就　是　个₁　　　　　河　神　在
tsuo⁵⁵⁄²²kua²⁴，Øia²²，kuo²⁴fu²²səŋ²²nə³³，tsʰəŋ²⁴tɕi¹²tɕiəu³¹xai¹²Øiau¹²tsuo⁵⁵⁄²²kua²⁴，
作　怪，呀，个₁ 河　神　呢，趁　机　就　兴　妖　作　怪，
tɕʰy⁵⁵⁄²²nai²²tɕiəŋ²²Øua⁵⁵⁄²²tɕi³¹tɕʰiə⁵⁵⁄²²，tɕʰy⁵⁵⁄²²nai²²xua³¹niəŋ²²mai³¹。Øiəŋ¹²tɕʰi³³
出　来　寻　物　件东西 吃，　出　来　害　人　命。因　此
Øa²²，fuaŋ²²ɕi³³ty³¹tau⁰tsai³³tua³¹pu³¹paŋ²²piə¹²⁻³³kə⁰（＜kuo⁰）niəŋ²²Øa²²，tu¹²fəi³¹
啊，凡　是　住□着在 大　埠　旁　边　个₀　　　　　人　啊，都　会
tsai³³sɿ²⁴Øyə⁵⁵⁻²²tsʰu¹²Øi³¹ku⁵⁵⁄²²Øi⁵⁵⁻²²ni⁵⁵⁄²²，kai²²saŋ⁵⁵Øi⁵⁵⁻²²kʰua²⁴ty¹²tau⁰Øiəu⁵⁵⁄²²，
在　四　月　初　二　箇　一　日，□带　上　一　块　猪　头　肉，

tɕiəu³¹ ɕi³³ tuai³¹ piau³³ kə²⁴（＜kuo²⁴）tsai³³ ty¹² tau²² pa²²，ɕi³³ Øia²²。xa²² Øiəu³³ nə³³，
就 是 代 表 个₂ 整 猪 头 吧， 是 呀。 还 有 呢，
pau¹² xau³³——pau¹² ni⁵⁵ tsəu²⁴ tsɿ³³，tsɿ²⁴ tsɿ²² puo¹²⁻³³ Øa²²，kai²² tɕʰi³³ Øi⁵⁵⁻²² Øu³³ xuo³¹，
包 好—— 包 立⁼些粽 子， 制做糍 粑 啊，□带 起 一 碗 饭，
tau²⁴ fu²² piə¹²⁻³³ tau²² muo³³ tau²² saŋ³¹，tɕʰi²⁴（＜tɕʰy²⁴）tɕi²⁴ pua²⁴ kuo²⁴ fu²² səŋ²²，
到 河 边 头 码 头 上， 去 祭 拜 个₁河 神，
tɕiəu²² nə³³，kuo²⁴ fu²² səŋ²² Øa²² pu²² tiau³¹ tsai²⁴ xai¹² fəu¹² tsuo⁵⁵⁄²² naŋ³¹ ka²⁴ ni³³ fu³¹ xua³¹
求 呢， 个₁河 神 啊不着不要再 兴 风 作 浪 □里那样祸 害
tiə⁰ sa¹² niə²²，fu³¹ xua³¹ niəŋ²² niə²²。tsəŋ²⁴ tɕʰi³³ Øi³³ xau³¹ nə³³，mai²² tɕiəŋ¹²⁻³³ tɕiəu¹²⁻³³
嗲生 灵， 祸 害 人 呢。 从 此 以 后 呢， 民 间 就
Øiəu³³ tiə⁰ "sɿ²⁴ Øyə⁵⁵⁻²² tsʰu¹² Øi³¹ tua³¹ suəi³³ tɕiə⁵⁵⁻²²" ku⁵⁵⁄²² Øi⁵⁵⁻²² kuo²⁴ fəu¹² su²² ɕi⁵⁵⁄²²
有 嗲"四 月 初 二大 水 节" 箇一 个 风 俗 习
ku²⁴。fuaŋ²² ɕi³³ Øa²²，ty³¹ tau⁰ tsai³³ kuo²⁴ tua³¹ fu²² piə¹²⁻³³ kuo⁰ niəŋ²² niə³³，tsai³³ sɿ²⁴
惯。 凡 是 呀， 住□着在 个₂ 大 河 边 个₀ 人 呢， 在 四
Øyə⁵⁵⁻²² tsʰu¹² Øi³¹ ku⁵⁵⁄²² Øi⁵⁵⁻²² ni⁵⁵⁄²² nə³³，tsəu³¹ fəi³¹ suo⁵⁵⁄²²——suo⁵⁵⁻²² tɕi¹²，suo⁵⁵⁄²²
月 初 二 箇 一 日 呢， 就 会 杀—— 杀 鸡， 杀
Øuo⁵⁵⁄²²，pau¹² tsəu²⁴ tsɿ³³，tuo³¹ tsɿ²² puo¹²⁻³³ ku²⁴ tɕiə⁵⁵⁄²²。piəŋ²⁴ tɕʰiə³³ nə³³ kai²² tɕʰi³³
鸭， 包粽 子，□舂糍 粑 过 节。 并 且 呢□带 起
kuo²⁴ tɕi²⁴ pʰiə³³ Øa²²，tau²⁴ fu²² piə¹²⁻³³ tau²² muo³³ tau²² saŋ³¹ tɕʰy²⁴ sau¹² ɕiaŋ¹²，tɕi²⁴ pua²⁴
个₂ 祭 品 啊， 到 河 边 头 码 头 上 去 烧 香， 祭 拜
kuo²⁴ fu²² səŋ²²。tɕi²⁴ pua²⁴ kuo⁰ ɕi²² ka¹²⁻³³ Øa²²，tsəu³¹ pa³³ Øi⁵⁵⁻²² ɕiə¹² tsəu²⁴ tsɿ³³ Øa³³，tsɿ²²
个₁河 神。 祭 拜 个₀时 间 啊， 就 把 一 些 粽 子 啊， 糍
puo¹²⁻³³ Øa²²，kuo²⁴ ty²⁴ tau²² Øiəu⁵⁵⁄²² Øa³³，mi³³ xuo³¹ Øa³³，tsəu³¹ suo⁵⁵ tau²⁴ kuo²⁴ kaŋ¹²
粑 啊， 个₂猪 头 肉 啊， 米 饭 啊， 就 撒 到 个₂ 江
fu²² ni³³ tau²² tɕʰi²⁴（＜tɕʰy²⁴），kuaŋ¹² ku⁵⁵⁄²² kuo²⁴ fu²² səŋ²² Øa²²，tɕʰiə⁵⁵⁄²² Øia²²。kuo²⁴
河 里 头 去， 供 箇 个 河 神 啊， 吃 呀。 个₁
fu²² səŋ²² nə³³，səu¹² tiə⁰ nau⁵⁵⁻²² sai²⁴ ku⁵⁵⁄²² kuo²⁴ kəu²⁴ pʰiə³³ Øa²²，tɕiəu³¹ pu²² tsai²¹
河 神 呢， 收 嗲老 百 姓 箇 个 供 品 啊， 就 不 再
nai²² fu³¹ xua³¹ nau³³ pa⁵⁵⁻²² sai²⁴ tiə⁰，tɕiəu³¹ sai²⁴ tiə⁰ ku⁵⁵⁄²² kuo²⁴ tua³¹ suəi³³ tɕiə⁵⁵⁄²²。
来 祸 害 老 百 姓 嗲， 就 成 嗲箇 个 大 水 节。

普通话梗概

四月初二叫做"大水节"。农历四月份正好是雨水季节,往往大雨之后河水就暴涨。一涨大水就会冲垮田地,把农作物冲坏,还会冲垮老百姓的房屋,祸害百姓。过去传说河神会趁机兴妖作怪,出来找东西吃,伤害人类。因此,住在大水埠及附近的人都会在四月初二这一天,带上一块猪头肉、粽子、糍粑和一碗饭到河边的码头上去祭拜河神,求它不再兴风作浪,祸害生灵。现在住在大河边的人,还会在四月初二这一天杀鸡、杀鸭、包粽子、做糍粑过节,并且带上祭品去河边的码头烧香、祭拜河神。祭拜的时候就把粽子、糍粑、猪头肉和米饭撒到河里去,供河神吃,相信那河神收了供品后就不再来祸害百姓了。

七、端午节

(一) 爬龙船

tu¹² ŋ³³ tɕiə⁵⁵⁻²² puo²² nəŋ²² ɕyə²²。xuo³¹ miə²⁴ kaŋ³³ xuo³³ ŋ³³ tiə³¹ kuo²⁴ pəŋ³³ ti³¹ Øa²²,
端 午 节 爬 龙 船。下 面 讲 下 我 哋们个₁本 地 啊,

kuo²⁴ tuŋ¹² ŋ³³ tɕiə⁵⁵⁻²² kə⁰ (<kuo⁰) tsai²² kʰuaŋ²⁴。tu¹² ŋ³³ tɕiə⁵⁵⁻²² puo²² nəŋ²² ɕyə²² nə³³,
个₁端 午 节 个₀ 情 况。端 午 节 爬 龙 船 呢,

ku²⁴ tɕʰy¹² ɕi³³,Øi⁵⁵⁻²² kuaŋ²⁴ nai²²,ɕi³³ Øia²²,tɕiəu³¹ ɕi³³ ɕiə³¹ niə tsai²² ɕi³³ Øi⁵⁵⁻²² tsʰɿ²⁴
过 去 是, 一 贯 来, 是 呀, 就 是 十 年 才 是 一 次

tua³¹ puo²²。na³³ xuo³³ "tua³¹ puo²²" nə³³?"tua³¹ puo²²" tɕiəu³¹ ɕi³³ kaŋ³³,ni²² tɕiaŋ¹²⁻³³
大 爬。 哪 喊 "大 爬" 呢?"大 爬" 就 是 讲, 漓 江

tsəŋ²² ŋ³³ tiə³¹ tua³¹——tua³¹ miə³¹ tau²⁴ kuəi²⁴ niəŋ²² ka³³ fuaŋ²⁴ tɕiau³¹ Øi³³ saŋ³³ ku⁵⁵⁄²² Øi⁵⁵⁻²²
从 我 哋们大—— 大 面 到 桂 林 解 放 桥 以 上 箇 一

tɕiə⁵⁵⁄²² Øa²²,ku⁵⁵⁄²² Øi⁵⁵⁻²²——ku⁵⁵⁄²² Øi⁵⁵⁻²² tɕʰi³³ Øiəu³³ ɕiə³¹ tɕi³³ kuo²⁴ tsʰəŋ¹² tsɿ³³,
截段啊, 箇 — — 箇 一 起一共有 十 几 个 村 子,

ɕiə³¹ sɿ²⁴ kə²⁴ (<kuo²⁴) tsʰəŋ¹² tsɿ³³。ɕi³³ Øia²²,fəu²² tua³¹ puo²² kuo⁰ ɕi³³ ka¹²⁻³³ nə³³,
十 四 个 村 子。是 呀, 逢 大 爬 个₀时 间 呢,

tsai⁵⁵ (ni³³)——ku⁵⁵⁄²² ɕiə³¹ sɿ²⁴ kuo²⁴ tsʰəŋ¹² tsɿ³³ tu¹² Øiau²⁴ puo²² nəŋ²² ɕyə²²。Øə²²——
侧꓿(里)以前—— 箇 十 四 个 村 子 都 要 爬 龙 船。呃——

Øə²²,xa²² Øiəu³³ nə³³,tɕiəu³¹ ɕi³³ nə³³,sa¹² niə²² Øi⁵⁵⁻²² ɕiau³³ puo²²。məi³³ fəu²² sa¹² niə²²
呃, 还 有 呢, 就 是 呢, 三 年 一 小 爬。 每 逢 三 年

nə³³,tsəu³¹ ɕi³³ kaŋ³³ nə³³,fu²⁴ tɕiəŋ³¹ ku⁵⁵⁄²² ni⁵⁵ tsʰəŋ¹² tsɿ³³ puo²²,Øa²²,tɕiaŋ¹² ŋ³³ tiə³¹
呢, 就 是 讲 呢, 附 近 箇 立꓿些村 子 爬, 啊, 像 我 哋们

kə⁰ (<kuo⁰)——ŋ³³ tiə³¹ tua³¹ miə³¹ Øa³³,tsəu³¹ ɕi³³ niəu²² kuo¹²⁻³³ Øa³³,ku⁵⁵⁄²²
个₀—— 我 哋们大 面 啊, 就 是 刘 家 啊, 箇

kə²⁴ (<kuo²⁴) pa³¹ sai³¹ taŋ²² Øa³³,Øa²²,tua³¹ miə³¹ ɕy¹²⁻³³ Øa³³,təu³³ kuo¹²⁻³³ xaŋ³¹
个 白 石 潭 啊, 啊, 大 面 圩 啊, 董 家 巷

Øa³³, ku⁵⁵⁻²² tɕʰi⁵⁵ puo⁵⁵⁻²² tsai⁵⁵⁻²² ɕyə²² ka¹² Øiaŋ³¹ tsʅ³³ puo²²。puo²² ɕyə²² nuo³¹ Øi⁵⁵⁻²² ni⁵⁵⁻²²
啊，箇　　　七　八　　只　船　　□样子这样　　爬。爬　船　那　一　日
nə³³，tu¹² ŋ³³ tɕiə⁵⁵⁻²² nuo³¹ Øi⁵⁵⁻²² ni⁵⁵⁻²²，tsəu³¹ ɕi³³ kuo²² kaŋ¹²——ni²² kaŋ¹²⁻³³——ŋ³³ tiə³¹
呢，端午节　　　那　一　日，　就　是　个₁江——　漓江——　我 哋们
kuo²⁴ ni¹² kaŋ¹²⁻³³ fu²² Øa²², paŋ²² piə¹²⁻³³，niaŋ³³ miə²⁴ niaŋ³³ Øuo³¹，su²² Øiəu³³ kə⁰ (< kuo⁰)
个₁漓江　　　河啊，旁边，　　两　面　两　岸，所有 个₀
tsʰəŋ¹² tsʅ³³，ni³³ tɕi³³ Øiau²⁴ Øiəu³³ kə²⁴ (< kuo²⁴) tsʰəŋ¹² tsʅ³³ kə⁰ (< kuo⁰)，Øiəu³³
村　子，你只要有　个　　　　　　　村　子 个₀，　　　　有
kə²⁴ (< kuo²⁴) tsʰəŋ¹² mai¹², tsəu³¹ Øiau²⁴ pua³³ pai¹² taŋ²²。səŋ²² muo³³ xuo³³ tsʅ²⁴ "pai¹²
个　　　　村　名，就　要　摆　兵　堂。什么 喊制叫做 "兵
taŋ²²" nə³³? tsəu³¹ ɕi³³ kaŋ³³ nə³³, pua³³ Øi⁵⁵⁻²² tsəŋ¹²⁻³³ tsau⁵⁵ tsʅ³³ Øa²², tsau⁵⁵ tsʅ³³ saŋ³¹
堂" 呢？就　是　讲　呢，摆　一　张　　　桌　子啊，桌　子上
nə³³，Øa²²，tsəu³¹ pua³³ Øiə¹²，pua³³ tɕiəu³³，pua³³ tsuo²²。ɕi³³ Øia²², tsəŋ³³ pi³¹ nə³³,
呢，啊，就　摆　烟，摆　酒，　摆　茶。是呀，准　备　呢，
ku⁵⁵⁻²² ni⁵⁵ puo²² ɕyə²² kə⁰ (< kuo⁰) niəŋ²² nə³³，Øiə¹² Øuəi²² kuo²⁴ nəŋ²² ɕyə²² Øa²²，puo²²
箇　立些爬　船　　个₀　　　　　人　呢，因为　个₂龙　船　啊，爬
saŋ³³ nai²² nə³³, tʰuo¹² məi³³ kuo²⁴ muo³³ tau²², məi³³ kə²⁴ (< kuo²⁴) tsʰəŋ¹² kə⁰ (< kuo⁰)
上　来　呢，它　每　个　　码　头，　每　个　　　　　　　村　个₀
muo³³ tau²² nə³³, tu¹² Øiau²⁴ tɕʰy²⁴ pua²⁴ fuaŋ³³ kuo⁰, ɕi³³ Øia²², tu¹² Øiau²⁴——tu¹² Øiau²⁴
码　头　呢，都　要　去　拜　访　个₀，是呀，都　要——都　要
tɕʰy²⁴ pua²⁴ fuaŋ³³。su²² Øi³³ kaŋ³³ nə³³, məi³³ Øi⁵⁵⁻²² kə²⁴ (< kuo²⁴)——məi³³ Øi⁵⁵⁻²²
去　拜　访。所以讲　呢，每　一　个　　　　　　——每　一
kə²⁴ (< kuo²⁴) tsʰəŋ¹² tu¹² Øiau²⁴ xai¹² pua³³——pua³³ ku⁵⁵⁻²² kə²⁴ (< kuo²⁴) pai¹² taŋ²²。
个　　　　村　都　要　兴　摆——摆　箇　个　　　　　　兵　堂。
taŋ¹² kuo²⁴ nəŋ²² ɕyə²², Øa²², kuo²⁴——kuo²⁴ Øiau²² tau²² tɕi²² kuo⁰ niəŋ²², xuo²² Øiəu³³
当　个₁龙　船，啊，个₁——个₁摇　头　旗　个₀人，和　有
kuo²⁴ ɕi³³ tɕyə¹² məŋ²² tsʰaŋ²⁴ ku¹² kə⁰ (< kuo⁰) niəŋ²² Øa²², təi²⁴ ku¹² nə³³, tsʰaŋ²⁴ kuo²⁴
个　是　专　门　唱　歌　个₀　　　　　人　啊，对　歌　呢，唱　个₂
nəŋ²² ɕyə²² ku¹²⁻³³ kuo²⁴ niəŋ³³ nə³³, Øi⁵⁵⁻²² tɕʰi³³ saŋ³³ Øuo³¹ nai²²。ɕi³³ Øia²², xuo²²——
龙　船　歌　　　　个₀　　　　人　呢，一　起　上　岸　来。是呀，和——

fu²⁴ɕiaŋ¹²⁻³³ tsʅ³³ tɕiəŋ¹²⁻³³ məŋ³¹ xau³³ nuo³³, tsʰaŋ²⁴——tsʰaŋ²⁴ ku¹², fu²⁴ɕiaŋ¹²⁻³³ tsʅ³³
互　相　之　间　　问　好　啰，唱——　唱　歌，互　相　之

tɕiəŋ¹²⁻³³ tsu⁵⁵⁄²² xuo²⁴ nuo³³。kuo²⁴——kuo²⁴məi³³kə²⁴（<kuo²⁴）tsʰuəŋ¹²tsuaŋ¹²⁻³³
间　　祝　贺　啰。个₁——个₁　每个　　　　　　村　庄

nə³³, tu¹²Øiau²⁴——Øiau²⁴mua³³Øi⁵⁵⁻²²kʰua²⁴xəu²²pu²⁴tsʅ³³, tua³¹kʰa²⁴Øiəu³³sa¹²
呢，都要——要　买　一　　块　红　布　子，大概　有　三

tsʰai⁵⁵⁄²²tiaŋ²², ŋ³³tsʰəŋ³⁴kʰu⁵⁵Øi⁵⁵⁻²²kʰua²⁴kə⁰（<kuo⁰）xəu²²pu²⁴tsʅ³³Øa²², kai²²
尺　　长，　五　寸　阔宽一　　块　个₀　　　红　布　子啊，口拿

tɕʰy²⁴tɕiau³³tau³nuo²⁴（nuo³¹+kuo²⁴）nəŋ²²tau²²saŋ³¹, piau³³sʅ³¹nə³³, ɕi³³Øia²²
去　　绞　　口着口（那+个）　龙　头　上，表　示　呢，是　呀，

kuo²⁴nəŋ²²nə³³, nau³³nəŋ²²nə³³, nai²²kʰuo²⁴maŋ³¹tiə⁰ŋ³³tiə³¹kə²⁴（<kuo²⁴）ti³¹
个₁　龙　呢，老　龙　呢，来　看　望　嗲我哋们个₁　　　　地

fuaŋ¹²⁻³³, ɕi³³Øia²², ŋ³³tiə³¹ta⁵⁵⁄²²kʰua²⁴xəu²²pu²⁴tsʅ³³ta⁵⁵⁄²²tʰuo¹², tɕi⁵⁵⁄²²ni³¹, ta⁵⁵⁄²²
方，　是呀，　我哋们得给　块红　布　子得给　它，吉利，得给

tʰuo¹²Øuəi²²tɕʰy²⁴。ɕi³³Øia²², taŋ¹²ni⁵⁵⁻²²ku⁵⁵⁄²²Øi⁵⁵⁻²²ni⁵⁵⁄²²nə³³, tu¹²ŋ³³tɕiə⁵⁵⁻²²
它　回　去。　是　呀，当　日　箇　一　日　呢，端　午节

ku⁵⁵⁄²²Øi⁵⁵⁻²²ni⁵⁵⁄²²xau³³nau³¹niə⁵⁵⁻²²kuo⁰, niaŋ³³miə²⁴nəŋ²²——ni²²ŋ³³tiə³¹kuo²⁴kaŋ¹²
箇　一　日　好　闹　热　个₀，两　面　龙——离我哋们个₁江

fu²²niaŋ³³miə²⁴niaŋ³³Øuo³¹, ɕi³³Øia²²。fuaŋ²⁴pʰau³³Øa³³, tsʰaŋ²⁴ku¹²Øa³³, təi²⁴ku¹²
河　两　面　两　岸，是呀。　放　炮啊，唱　歌啊，对歌

Øa³³, tsai³³kuo²⁴——kuo²⁴fu²²ni³³tau²²puo²⁴ɕyə²⁴Øa³³, xau³³tu¹²Øuo²², tau²²tɕʰy²⁴——
啊，在个₁——个₁　河里头爬　船　啊，好　多哦，到处——

sʅ²⁴miə²⁴puo⁵⁵⁄²²fuaŋ¹²⁻³³ kə⁰（<kuo⁰）niəŋ²²tu¹²nai²²kʰuo²⁴kuo⁰, niaŋ³³miə²⁴niaŋ³³
四　面　八　方　个₀　　　　　人　都　来　看　个₀，两　面　两

Øuo³¹tau²⁴ni⁵⁵mau³¹tiə⁰kə⁰（<kuo⁰）niəŋ²², ɕi³³Øia²²。
岸　倒都立站冒满嗲个₀　　　　人，　是呀。

第一章 时令、节庆

普通话梗概

　　端午节过去是十年才举行一次规模较大的龙舟赛，叫做"大爬"。参加"大爬"的是从我们大面村到桂林解放桥之间、漓江沿岸的十四个村。每逢"大爬"，这十四个村都要参加。另外是三年一次的"小爬"，只有附近的村子参加，比如说我们大面村、刘家、白石潭、大面圩、董家巷等七八只船一起划。端午节那一天，漓江两岸的所有村子，只要村子有村名的，都要摆兵堂。什么叫做"兵堂"呢？就是摆一张桌，桌上摆着烟、酒、茶等，因为划船的人都要去拜访每个村的码头，所以要摆好东西以招待这些龙船兵。

　　龙船上摇头旗的人和专门唱龙船歌的人一起上岸后，就会和村子里的人互相问好，用唱歌的方式互相祝贺。每个村庄都要买一块大概三尺长五寸宽的红布绞到龙头上，表示老龙来看望过自己的地方，得到红布的人也感到很吉利。河里划着船，两岸放着炮，人们唱着歌，两岸都站满了人，非常热闹。

（二）扔粽子

Øiəŋ¹² Øuəi²² nə³³, kuo²⁴ tu¹² ŋ³³ tɕiə⁵⁵⁻²² nə³³, ŋ³³ tiə³¹ kuo²⁴ ti³¹ fuaŋ¹²⁻³³ Øa²², xa²²
因　 为　呢，个₁端午节　 呢，我咖们个₁地　方　啊，还
xai¹² pau¹² tsəu²⁴ tsʅ³³, Øa²², tsuo³¹ xuo²² tuo³¹, tɕʰiə⁵⁵⁻²² kuo²⁴ tua³¹ kuo⁰ təu³¹ su²⁴ tau²²,
兴　包　粽　子，啊，□整 个 煮 咸 蛋，吃 个₁ 大 个⁰ 独 蒜 头，
nau³³ su²⁴ nə³³, kuo²⁴ tua³¹ su²⁴ tau²², Øi²⁴ sʅ¹²⁻³³ tsəu²⁴ ɕi³³ kaŋ³³ nə³³, tɕʰiə⁵⁵⁻²² kuo²⁴ tsəu²⁴
老　蒜　呢， 个₂大　蒜　头， 意 思 就 是 讲 呢，吃 个⁰ 粽
tsʅ³³ nə³³, pau¹² tsəu²⁴ tsʅ³³, tɕʰy²⁴ kʰuo²⁴ puo²² nəŋ²² ɕyə²² kə⁰ (<kuo⁰) ɕi²² ka¹²⁻³³ nə³³,
子　呢， 包　粽　子， 去　看　爬　龙　船　个⁰　　　 时　间　呢，
ɕi³³ Øia²², məi³³ kə²⁴ (<kuo⁰) muo³³ tau²² nə³³, ɕi³³ Øia²², təu¹² Øiau²⁴ kaŋ³¹ ti⁵⁵
是 呀，每　个　　　　　　码 头 呢， 是 呀， 都 要 □扔□
kə⁰ (<kuo⁰) tsəu²⁴ tsʅ³³ xuo³³ fu²², kuo²⁴ Øi²⁴ sʅ¹²⁻³³ Øa²², ta⁵⁵⁻²² tɕy²² Øyə²², maŋ³¹
个⁰　　　　粽　子 下　河， 个₁意 思　啊， 得给屈　原， 望
个一点　　　　 粽　子 下　河， 个₁意　思 啊， 得给屈　原，望

43

tiau³¹ tɕʰy²² Øyə²² tsʰaŋ²⁴ tɕʰi³³ ku¹² nai²² tsau³¹ niə⁵⁵, ɕi³³ Øia²², tɕʰy²² Øyə²² ɕi³³ tʰiau²⁴ suəi³³
着 屈 原 唱 起 歌 来 造 孽可怜, 是 呀, 屈 原 是 跳 水

sɿ³³ kuo⁰ pa²², tsəu³¹ ɕi³³ kaŋ³³, kaŋ³¹ tsəu²⁴ tsɿ³³ xuo³³ tɕʰy²⁴ ta⁵⁵⁄²² tʰuo¹² tɕʰiə⁵⁵⁄²², ɕi³³
死 个₀ 吧, 就 是 讲, □扔 粽 子 下 去 得给 他 吃, 是

Øia²², məi³³ kə²⁴ （<kuo²⁴） muo³³ tau²² təu¹² Øiau²⁴ kaŋ³¹ tsəu²⁴ tsɿ³³, pʰu⁵⁵⁄²² suəi³³
呀, 每 个 码 头 都 要 □扔 粽 子, 泼 水

xuo³¹, ɕi³³ Øia²², tɕi²⁴ niə³¹ kuo²⁴ tɕʰy²² Øyə²²。
饭, 是 呀, 纪 念 个₁ 屈 原。

普通话梗概

端午节我们这个地方还有包粽子、煮咸蛋、吃大独蒜头的习俗。去看划龙船的时候，每个码头的人都要扔一些粽子下河，意思是给屈原吃，因为知道他是跳水死的，感觉很可怜。每个码头的人除了扔粽子，还要泼水饭，都是给屈原的，以表纪念。

（三）避邪气

tsai²⁴ Øi⁵⁵⁻²² kə²⁴ （<kuo²⁴） tsəu³¹ ɕi³³ nə³³, tu¹² ŋ³³ tɕiə⁵⁵⁻²² ku⁵⁵⁄²² Øi⁵⁵⁻²² ni⁵⁵⁄²²
再 一 个 就 是 呢, 端 午 节 箇 一 日

Øa²², kuo¹² kuo¹²⁻³³ fu³¹ fu³¹ nə³³, tu¹² Øiau²⁴ Øiəŋ³¹ ku⁵⁵⁄²² kuo²⁴ Øa²², Øuai³¹ Øia⁵⁵⁄²²、
啊, 家 家 户 户 呢, 都 要 用 箇 个 啊, 艾 叶、

tsu³³ （<tsɿ³³） su³³、tsʰaŋ¹² pʰu²² Øa²², ku⁵⁵⁄²² tɕi³³ tsəŋ³³ tsʰau³³ Øa²², Øiau⁵⁵, tsəŋ¹²
紫 苏、菖 蒲 啊, 箇 几 种 草 啊, 药, 中

Øiau⁵⁵⁄²² tsʰau³³——tsəŋ¹² tsʰau³³ Øiau⁵⁵⁄²² kuo⁰—— kuo⁰ tsʰau³³ nə³³, kuo²⁴ tau²⁴ nuo³¹
药 草—— 中 草 药 个₀—— 个₀ 草 呢, 挂 到 那

kuo²⁴ tua³¹ məŋ²² saŋ³¹，Øi²⁴ sɿ¹²⁻³³ nə³³，kuo²⁴ kaŋ³³ nə³³，kuo²⁴ tsəu³¹ çi³³，Øa²²，pi³¹——
个   大   门   上， 意思   呢， 个₁ 讲   呢， 个₁ 就 是， 啊， 避——
pi³¹ miə³³ kuo²⁴ çiə²² tçʰi²⁴，Øa²²，tçʰi³³ tau⁵⁵ ku⁵⁵ᐟ²² kuo²⁴ tsu⁵⁵ Øiəŋ³¹。
避 免 个₂ 邪 气， 啊， 起 到 箇 个 作 用。

Øa²²，nəŋ²²——xai²² Øiəu³³ nə³³，nəŋ²² tsʰəŋ¹²⁻³³ nə³³ xa²² Øiau²²——xa²² Øiau²⁴ xai¹²
啊， 农——还 有   呢， 农 村   呢 还 要——还 要 兴
ku⁵⁵ᐟ²² kuo²⁴ tsuo³¹ ku⁵⁵ᐟ²² kuo²⁴ xuo²² tuo³¹，Øa²²，tsau³³ ta⁵⁵⁻²²——ti²² tçiə²² Øi⁵⁵⁻²² kuo²⁴
箇   个   □整个煮 箇   个   咸   蛋， 啊， 早   得——   提 前   一   个
Øyə⁵⁵ᐟ²² Øi³³ tçiə²² tçiəu³¹ pa³³ kuo²⁴ Øuo⁵⁵ᐟ²² tuo³¹ pʰau²⁴ xuo²² tiə⁰，tau²⁴ tu¹² ŋ³³ tçiə⁵⁵⁻²²
月   以 前   就   把 个₂   鸭   蛋   泡   咸   哆，   到   端   午 节
ku⁵⁵ᐟ²² Øi⁵⁵⁻²² ni⁵⁵ᐟ²² tçʰiə⁵⁵ᐟ²²。Øi⁵⁵⁻²² kuo²⁴ nə³³，çi³³ nə³³，Øa⁵⁵ tua³¹ kuo²⁴ ti³¹ Øia²²，xa²²
箇   一   日   吃。   一   个   呢， 是 呢， 阿   大   个   哋大人 呀， 还
Øiau²⁴ Øuai²⁴——çi³³ fuaŋ¹²⁻³³ fu⁵⁵ᐟ²² ti⁵⁵ ti⁵⁵⁻²² kə⁰（＜kuo⁰）çiəŋ²² fuaŋ²² tçiəŋ³³，Øia²²，
要   爱——   喜 欢   喝   □□   个₀一点点   雄   黄   酒， 呀，
tçiəu³¹ Øi²⁴ sɿ¹²⁻³³ kaŋ³³，kai²² kuo²⁴ tçiəu³³ ni³³ tau²² fuaŋ²⁴ ti⁵⁵ ti⁵⁵⁻²² kə⁰（＜kuo⁰）çiəŋ²²
就   意思   讲， □在个₁ 酒   里   头 放   □□   个₀一点点   雄
fuaŋ²²，sau³³ niaŋ³¹ kuo⁰ çiəŋ²² fuaŋ²² ŋ⁵⁵ᐟ²² tçʰy²⁴ pʰau²⁴ tçʰi³³ nə³³，niaŋ²² çi³³ kaŋ³³，
黄，   少   量   个₀ 雄   黄   入   去   泡   起   呢， 人人们 是   讲，
tçʰiə⁵⁵ᐟ²² tiə⁰ kuo⁰ çiəŋ²² fuaŋ²² nə³³，Øa²²，Øi³³ xau³¹ kuo²⁴ tçiəu³¹——pai³¹ tʰəu²⁴
吃   哆 个₂ 雄   黄   酒   呢， 啊， 以   后   个₁ 就——   病   痛
tsəu³¹ sau³³，çi³³ Øia²²，saŋ¹² fəu¹²⁻³³ kuo³³——kuo³³ mau²² tsəu³¹ sau³³ nə³³，çi³³ Øia²²，pau³³
就   少， 是 呀， 伤   风   感——   感   冒   就   少   呢， 是 呀， 保
kuo²⁴ səŋ¹² tʰi³³ tçiəŋ²⁴ kʰaŋ¹²⁻³³，tçʰi³³ ku⁵⁵ᐟ²² kuo²⁴ tsu⁵⁵ Øiəŋ³¹。çi²⁴ kə²⁴（＜kuo²⁴）ti³¹
个₂   身   体   健   康，   起   箇   个   作   用。   细   个   哋孩子们
nə³³，tsəu³¹ Øiəu²² kuo²⁴ nau³¹ niaŋ²² kuo¹²⁻³³ ti³¹ kai²² kuo²⁴ çiəŋ²² fuaŋ²² tçiəŋ³³ tsai³³ tau²²
呢， 就   由   个₂   老   人   家   哋们 □用 个₂   雄   黄   酒   在   头
saŋ³¹ tsʰuo⁵⁵，çi³³ Øia²²，xa²² kuo²⁴ tau²² saŋ³¹ Øa³³，Øa⁵⁵ tçi²² tau²² saŋ²² Øa³³，tçʰy²⁴ tsʰuo⁵⁵
上   搽，   是 呀，   行在个₂ 头   上   啊， 额 齐⁼头额头上 啊，   去   搽
Øi⁵⁵⁻²² xuo³³，Øa²²，tçʰi³³ kuo²⁴ tsu⁵⁵ᐟ²² Øiəŋ³¹。
一   下，   啊，   起   个₁   作   用。

xa²² Øiəu³³ kuo²⁴ nə³³，ŋ³¹ tiə³¹ kuo²⁴ ti³¹ fuaŋ¹²⁻³³ kuo⁰ çi⁵⁵ᐟ²² ku²⁴ nə³³，tçiəu³¹ çi³³ kaŋ³³
还 有 个 呢，我哋们 个₁ 地 方 个₀ 习 惯 呢，就 是 讲

nə³³，tsai³³ tu¹² ŋ³³ tçiə⁵⁵⁻²² nuo³¹ Øi⁵⁵⁻²² ni⁵⁵ᐟ²² Øa²²，mua³³——mua³³ Øi³¹ sa¹²⁻³³ niaŋ³³，
呢，在 端 午 节 那 一 日 啊，买——买 二 三 两，

Øi⁵⁵ Øi³¹ niaŋ³³——Øi³¹ sa¹²⁻³³ niaŋ³³ kə⁰（＜kuo⁰）fəi²² Øiəu⁵⁵ tsʅ³³ Øa²²，fəi²² kuo⁰，
一 二 两—— 二 三 两 个₀ 肥肉子肥肉 啊， 肥 个₀，

pu²² Øiau²⁴ sau²⁴ kuo⁰，tçyə²² pu³¹ çi³³ fəi²² kuo⁰。pa³³ tʰuo¹² kuo²⁴ᐟ⁰ pi²² tsʅ³³ pʰiə⁵⁵ᐟ²² tiə⁰
不 要 瘦 个₀， 全 部 是 肥 个₀， 把 它 个₀ 皮 子 撒割 嗲

tçʰy²⁴ tiə⁰。çi³³ Øia²²，tsai³³ tu¹² ŋ³³ tçiə⁵⁵⁻²² Øuo²⁴ çi³³ kə⁰（＜kuo⁰）çi²² ka¹²⁻³³——ŋ³³
去 嗲。是 呀，在 端 午 节 按＝时午时个₀ 时 间—— 午

çi²² kə⁰（＜kuo⁰）çi²² ka¹²⁻³³ nə³³，ku³³ tçʰi³³ kə²⁴（＜kuo²⁴）çiəŋ²² fuaŋ²²，pa³³
时 个₀ 时 间 呢， 裹 起 个₂ 雄 黄，把

kə²⁴（＜kuo²⁴）çiəŋ²² fuaŋ²² niə³³ sai²² fuaŋ³³ tsʅ³³ Øa³³，Øiəu⁵⁵ᐟ²² saŋ³¹ ku³³ pəŋ²² tiə⁰，
个₂ 雄 黄 碾 成 粉 子 啊， 肉 上 裹 盆＝满嗲，

kai²² kuo²⁴ sau⁵⁵ tsʅ³³ tçʰyə³³ tçʰi³³ nai²² kuo²⁴ tau⁰，tiau²⁴ tau⁰。çi³³ Øia²²，kuo²⁴ tçʰi³³ səŋ²²
□用个₂ 索 子 穿 起 来 挂□着， 吊 □着。是 呀， 个₁ 起 什

muo³³ tsu⁵⁵ Øiəŋ³¹ nə³³？Øi⁵⁵⁻²² kuaŋ²⁴ nai²² nə³³，nəŋ²² tsʰəŋ¹²⁻³³ tiə³¹ kuo²⁴ ti³¹ fuaŋ¹²⁻³³
么 作 用 呢？一 贯 来 呢， 农 村 我哋们 个₁ 地 方

nə³³，tçiəu³¹ çi³³ kaŋ³³ Øa²²，kuo²⁴ çiəŋ²² fuaŋ²² Øiəu³³ çi³³ Øi⁵⁵⁻²² tiau³³ xau³³ kuo⁰ Øiau⁵⁵，
呢， 就 是 讲 啊， 个₂ 雄 黄 油 是 一 条味 好 个₀ 药，

pu²² kuaŋ³³ çi³³ məŋ²² tiəŋ²² tiau³¹ Øa¹² xau³³，çi³³ Øia²²，səŋ²² muo³³ Øua⁵⁵ᐟ²² tçi³¹ Øau³³
不 管 是 蚊 虫 叮 □着 也 好，是 呀， 什 么 物 件东西 咬

tiau³¹ tiə⁰ tçʰi³³ pau¹² pau¹²⁻³³ Øa¹² xau³³，kuo²⁴ səŋ¹² saŋ³¹——səŋ¹² saŋ³¹，tçiau⁵⁵ saŋ³¹，
着 嗲起 包 包 也 好， 个₂ 身 上—— 身 上， 脚 上，

tau²² saŋ³¹ nuo²⁴ kuo²⁴ ti³¹ fuaŋ¹²⁻³³ Øiəŋ³³ Øa¹² xau³³，çi³³ Øia²²，tçi³³ Øiəu²⁴ Øai⁵⁵ ti⁵⁵ᐟ²²
头 上 哪 个 地 方 痒 也 好，是 呀， 只 要 □割□一点

Øai⁵⁵ ti⁵⁵ kuo⁰ xuo³³ nai Øi⁵⁵⁻²² tsʰuo⁵⁵ᐟ²² tçiəu³¹ çiau¹² tiə⁰ tçʰy²⁴ tiə⁰，tçiəu³¹ xau³³ tiə⁰ kuo⁰。
□割 个₀一点下来 一 搽， 就 消 嗲去 嗲， 就 好 嗲 个₀。

xa²² Øiəu³³ kuo²⁴ tçiau⁵⁵——tçiau⁵⁵ tçi³³ tau³³ tsʰəu¹² Øa³³，nuo³¹ Øa³³，kuo²⁴ Øua⁵⁵ᐟ²² tçi³¹
还 有 个₂ 脚—— 脚 趾 头 臭 啊， 烂 啊， 个₂ 物 件东西

第一章 时令、节庆

tu¹²kʰu³³Øi³³tsai³³　ta⁰tau⁰,　kuo²⁴çi³³tiau²²——kuo²⁴Øua⁵⁵ᐟ²²tçi³¹kʰuo⁵⁵çiə³¹çi³³Øi⁵⁵ᐟ²²
都　可　以　整治疗得□着,　个₁是条味——个₁　物件东西　确　实　是 一

tiau²²xau³³Øiau⁵⁵。Øia²²,　ŋ³³tiə³¹kə²⁴　(＜kuo²⁴)　ti³¹fuaŋ¹²⁻³³kuo¹²kuo¹²⁻³³fu³¹fu³¹tu¹²
条味　好　药。　呀,　我哋们个₁　　　　地方　　家　家　户　户都

Øiau²⁴kau³³ku⁵⁵ᐟ²²kuo²⁴——tu¹²Øiau²⁴kau³³kuo⁰Øa²²,　tu¹²ŋ³³tçiə⁵⁵⁻²²ŋ³¹tiə³¹kuo²⁴ti³¹
要　搞　箇　个——都要　搞　个₀啊,　端午节　我哋们个₁地

fuaŋ¹²⁻³³tçi¹²pəŋ³³saŋ³¹tçiəŋ³¹çi³³kuo²⁴ka¹²　kuo⁰tsai²²kʰuaŋ²⁴na⁰。
方　基　本　上　就　是个□这样　个₀情　况　啦。

普通话梗概

　　端午节这一天,家家户户都要把艾叶、紫苏、菖蒲这些中草药挂到大门上以避邪气。另外还要煮咸蛋,一个月以前就把鸭蛋泡咸了,以备端午节这天吃。

　　大人们喜欢在身上涂一点点雄黄酒,酒里也放有少量雄黄,因为他们认为雄黄酒有保健的作用,喝了以后病痛就少了。老人们会拿雄黄酒搽在小孩子们的头上或额头上。还有一个习俗就是将二三两全肥的肥肉,去皮,在正午的时候裹上雄黄粉,裹满以后,就用绳子穿起来挂着。这起什么作用呢?一贯以来,当地村民都认为雄黄油是一味好药,如果被蚊虫叮咬发痒,割一点雄黄油下来一搽就好了。另外,脚臭、脚烂的情况,都可以治得了,说明这确实是一味好药。在我们这地方家家户户都要做这个。

八、夏至节

xuo³¹ tɕi²⁴ tɕiə⁵⁵/²² 。ku²⁴ tɕʰy²⁴ tɕyə²² suo²² Øa²² , məi²² niə²² kə⁰ (<kuo⁰) xuo³¹ tɕi²⁴
夏 至 节。   过去   传   说   啊, 每   年   个₀   夏 至

tɕiə⁵⁵/²² nə³³, Øuəi²² kə²⁴ (<kuo²⁴) nau³³ tɕʰy²⁴ tsɿ³³ kuo²⁴ ny³³ kə⁰ (<kuo⁰) ni⁵⁵/²²
节   呢, 为   个₂   老   鼠   子   嫁   女   个₀   日

tsɿ³³ 。ɕi³³ Øia²², ku⁵⁵/²² Øi⁵⁵⁻²² ni⁵⁵/²² nə³³, niəŋ²² niəŋ²²——tua³¹ tɕi²² kə³³ (<kuo¹²)
子。 是 呀, 箇   一   日   呢, 人   人——   大齐⁼家大家

nə³³, tu¹² pu²² nai²² kə²⁴ (<kau²⁴) tau²⁴ tiə²² tau²² ti³¹ saŋ³¹ tɕʰy²⁴ tsɿ²⁴ sɿ³¹, Øa²², ɕi³³ tsai³³
呢, 都 不 能 够   到   田   头   地 上   去   制做事, 啊, 是 在

Øəu⁵⁵ ni³³ tau²² ɕiəu¹² ɕi³³ 。Øuəi²² səŋ²² kə²² sɿ³¹ nə³³ ?Øiəŋ¹² Øuəi²² pʰuo²² tɕi¹² ni⁵⁵⁻²² tɕʰy²⁴
屋 里 头家里 休 息。为什个₀事为什么呢? 因   为   怕   今 日 去

tiə²² tau²² ti³¹ saŋ³¹ tɕʰy²⁴ tsɿ²⁴ sɿ³¹ nə³³, tsʰəŋ¹² xuo³¹——tsʰəŋ¹² fuo³¹ (<xuo³¹) tiə⁰ kuo²⁴
田   头   地 上   去   制做事呢, 冲   犯——   冲   犯   嗲个₂

nau³³ tɕʰy³³ tsɿ², ɕi³³ Øia²², su³³ Øi³³ kuo²⁴ nau³³ tɕʰy³³ tsɿ³³ tɕiəu³¹ fəi³¹ pau²⁴ fu²² niəŋ²²,
老   鼠   子, 是 呀, 所 以 个₂ 老   鼠   子   就   会 报 复 人,

Øiau²⁴ tɕi³³ Øu²² tʰuai¹²⁻³³ Øa³³, Øa²², kʰəŋ³³ kə²⁴ (<kuo²⁴) tsuo⁵⁵ Øu²² Øa³³, səŋ³³ xua³¹
要   剪   禾   胎   啊, 啊, 啃   个₂   作   物 啊, 损   坏

tsuo⁵⁵ Øu²² Øa³³, ɕi³³ ta⁵⁵⁻²² kə²⁴ (<kuo²⁴) niəŋ²² sai³¹ kuo³³ tsʰuo³³, kə²⁴ (<kuo²⁴)
作   物 啊, 使 得   个₂   粮   食   减   产,   个₂

tsuo⁵⁵ Øu²² tɕʰiə²⁴ səu¹² 。su³³ Øi³³ ku⁵⁵/²² Øi⁵⁵⁻²² ni⁵⁵/²² nə³³, niəŋ²²——tua³¹ tɕi²²
作   物   欠   收。 所 以 箇   一   日   呢, 人——   大齐⁼

kə³³ (<kuo¹²) nə³³, tu¹² pu²² tau²⁴ tiə²² tau²² ti³¹ saŋ³¹ tɕʰy²⁴ tsɿ²⁴ sɿ³¹ kə⁰ (<kuo⁰)。
家大家   呢, 都 不 到   田   头   地 上   去   制做事个₀。

Øiəŋ¹² Øuəi²² nə³³, ku⁵⁵/ Øi⁵⁵⁻²² ni⁵⁵/²² Øa²², tua³¹ tɕi²² kuo⁻³³ tu¹² ɕi³³ tsai³³ Øəu⁵⁵ ni³³ tau²²
因   为   呢, 箇   一   日   啊, 大齐⁼家大家   都 是 在 屋里头家里

ɕiəu¹² ɕi²² Øia²², Øia²² səŋ²² muo³³ sɿ³¹ tsai²² kʰu³³ Øi³³ tsɿ²⁴ Øa³³, su³³ Øi³³ tua³¹ tɕi²²
休 息 呀, □没 什 么   事 情   可 以 制做啊, 所 以 大齐⁼

kə³³（＜kuo¹²）nə³³, tsəu³¹ɕiaŋ³³ tau²⁴Øa²², kuo³³ tau⁰Øu²² niau²² ta⁰ xai³³, Øuaŋ³³Øuaŋ³³
家大家　　　　　呢，就　想　到　啊，感□着无聊得很，往　往
nə³³, tsəu³¹ɕi³³ fuaŋ¹²⁻³³ tɕʰiau¹² pua²², Øa²², ɕi³³ fuaŋ¹²⁻³³ nə³³, Øi⁵⁵⁻²² kuo¹² niaŋ²²
呢，就　喜　欢　　锹⁼牌⁼大伙AA制吃饭, 啊，喜欢呢，一　家　人
kuo¹²⁻³³, xuo⁵⁵⁄²²tɕia³³ ɕi³³ tɕi³³ kuo¹²——tɕi³³ kuo²² niaŋ²² kuo¹²⁻³³ suo⁵⁵⁄²² Øi⁵⁵⁻²² tsai⁵⁵⁻²²
家，　或　者 是几家——几　家　人　家　杀　一　只
kau³³, Øa²², tɕiəu³¹ kai²² tɕy³³ nai²² tɕʰiə⁵⁵⁄²²。
狗，啊，就　□用煮　来　吃。

　　　ku²⁴ tɕʰy²⁴ nau³³ niəŋ²² kuo¹²⁻³³ ti³¹——ku²⁴ tɕʰy²⁴ Øiəu³³ tɕy²⁴ kaŋ³³ xuo⁵⁵⁄²², tɕiəu³¹
　　过　去　老　人　家 咄们——过　去　有　句　讲　法，　就
ɕi³³ kaŋ³³ nə³³: "xuo³¹ tɕi²⁴ pu²² suo⁵⁵⁄²² kau³³, Øuaŋ¹² tsai ɕi²⁴ saŋ³¹ tsau³³。" ɕi³³ Øia²²,
是　讲　呢: "夏　至　不　杀　狗，枉　在　世　上　走。" 是　呀，
tsai³³ kuo²⁴ Øi²⁴ sʅ¹²⁻³³ kaŋ³³ nə³³, xuo³¹ tɕi²⁴ tɕiə⁵⁵⁻²² pu²² tɕʰiə⁵⁵⁻²² kau³³ Øiəu⁵⁵⁄²² tɕiəu³¹ ɕi³³
在个₁意思讲这意思就是说呢, 夏至节　不　吃　狗　肉　就　是
pa³¹ tsai³³——pa³¹ nai²² ɕi² ka²⁴ saŋ³¹ tyə²⁴ tiə⁰ Øi⁵⁵⁻²² tyə²⁴。Øə³³ tɕʰiə³³ nə³³, nuo³¹ kuo²⁴
白　在——白　来　世　界　上　转　嗲　一　转。而且呢，那个
ɕi²² ka¹²⁻³³ xa²² Øiəu³³ kaŋ³³ tɕiəu²⁴ nə³³, tɕiəu³³ ɕi³³ kaŋ³³ nə³³, ɕyə³³ kau³³ nə³³, Øa¹² xəŋ³³
时　间　还　有　讲　究　呢，　就　是　讲　呢，选　狗　呢，也很
Øiəu³³ kaŋ³³ tɕiəu²⁴, ɕi³³ Øia²², təi²⁴ kə²⁴（＜kuo²⁴）kau³³ kə⁰（＜kuo⁰）Øiə²² sai⁵⁵⁻²²
有　讲　究，　是呀，对　个₂　　狗　个₀　　颜色
Øa²², ku²⁴ tɕʰy²⁴ kaŋ³³ Øa²², tsəu³¹ ɕi³³, Øi⁵⁵——ti³¹ Øi⁵⁵ Øuaŋ²², ti³¹ Øi⁵⁵ ɕi³³ Øuaŋ²², ti³¹
啊，过　去　讲　啊，　就　是，一——第一　黄，　第一　是　黄，　第
Øi³¹ ɕi³³ pa³¹, ti³¹ sa¹² ɕi³³ xuo¹² kau³³, ti³¹ sʅ² ɕi³³ xai⁵⁵ kau³³, ɕi³³ Øia²², Øiəu²²——Øiəu²²
二是　白，第三　是　花　狗，第四　是　黑　狗，是　呀，由——由
kuo²⁴ Øuaŋ²² kau²⁴ tsʅ³ ɕi³³ tsəi²⁴ xau³³, kuo²⁴ xai⁵⁵ kau³³ tsʅ³ tsəi²⁴ tsʰuo¹², ɕi³³ Øia²²。
个₂ 黄　狗　子　是　最　好， 个₂ 黑　狗　子　最　差， 是　呀。

　　　ku²⁴ tɕʰy²⁴ nə³³, kuo²⁴ ti³¹ tɕy³³ nau²⁴ tsai²² Øa²², tsʰai³³ Øiəu³³ tiaŋ²² kau¹²⁻³³ paŋ¹² kəu¹²
　　过　去　呢，个₂地　主　老　财　啊，请　有　长　工　帮　工
Øa³³, Øa¹² xəŋ³³——tʰuo¹² tiə²⁴ Øa¹² xəŋ³³ ɕiəŋ²⁴ mi²² ɕiəŋ²⁴ Øa²², tau²⁴ ku⁵⁵⁄²² kuo²⁴ xuo³¹ tɕi³³
啊，也　很——他 咄们也　很　信　迷　信　啊，到 箇　　个　夏　至

tɕiə⁵⁵⁄²²ku⁵⁵⁄²²øi⁵⁵⁻²ni⁵⁵⁄²²nə³³, øa¹²fəi³¹ta⁵⁵⁄²²——øa¹²fəi³¹ta⁵⁵⁄²²ku⁵⁵⁄²²ni⁵⁵⁄²²mai²²
节　箇　一　日　呢，也　会　得给——也　会　得　箇　立=些 民
kəu¹²⁻³³ti³¹øa²², kuo²⁴——kuo²⁴tiaŋ²²kəu¹²⁻³³ti³¹　øa²², fuaŋ²⁴øi⁵⁵⁻²²ni⁵⁵⁄²²kuo²⁴, øa¹²
工　哋们啊，个₂——个₂长　工　　哋们啊，放　一　日　假，也
øiau²⁴suo⁵⁵⁄²²kau³³, xuo⁵⁵⁄²²tɕia³³nə³³, ɕi³³niaŋ³¹tau³¹fu²⁴øye²²tsʅ³³, øa²², ta⁵⁵⁄²²ku⁵⁵⁄²²
要　杀　狗，或　者　呢，是　酿　豆　腐　圆　子丸子，啊，得给 箇
ni⁵⁵⁄²²tiaŋ²²kəu¹²⁻³³ti³¹tɕʰiə⁵⁵⁄²²。kuo²⁴nə³³, tsəu³¹xuo³³tsʅ²⁴øa²², "sa¹²øuo²²tɕi²⁴"。
立=些 长　工　哋们吃。 个₁呢，就　喊制叫做啊，"生　牙　祭"。

普通话梗概

　　传说过去每年的夏至为老鼠嫁女的日子，这一天大家都不能够到田间地头去干活，只能在家里休息。为什么呢？因为怕冲犯老鼠，否则老鼠就会报复人，就会剪禾胎，啃作物，使得粮食减产，作物欠收。人们在家休息，感到很无聊时，往往就会玩牌，一家或者是几家一起杀一条狗煮来吃。过去有句古话是这样讲的：夏至不杀狗，枉在世上走。意思就是说，夏至节如果不吃狗肉就是白来世上一回。而选狗也很有讲究，特别是颜色，第一是黄色，第二是白色，第三是花色，第四是黑色。也就是说，黄狗是最好的，黑狗最差。以前请了长工的地主，到了夏至节这一天会给长工们放一天假，杀狗或者做豆腐丸子给长工们吃，这个就叫做"生牙祭"。

九、六月六

kaŋ³³ ɵi⁵⁵⁻²² kə²⁴（<kuo²⁴）niəu⁵⁵ ɵyə⁵⁵⁻²² niəu⁵⁵ kə⁰（<kuo⁰）ɕi⁵⁵⁄²² su²². məi³³
讲　一　个　　　　六　月　六　个₀　　习　俗。每
niə²² kuo⁰ niəu⁵⁵ ɵyə⁵⁵⁻²² tsʰu¹² niəu⁵⁵ tsu²⁴ ɵiəu³¹, ɕi³³ ɵia²², tɕiə²² tɕʰi²⁴ niə³³——ku⁵⁵⁄²²
年　个₀ 六　月　　初　六　左　右，是呀，节　气　呢——箇
kuo²⁴ tɕi²² tɕiə⁵⁵⁻²²——ku⁵⁵⁄²² kuo²⁴ ɕi²² tɕiə²² nə³³, tɕiəu³¹ ɕi³³ ɵia²², tsai³³ maŋ²² tsəŋ²⁴
个　季　节——　箇　个　时　节　呢，就　是呀，在　芒　种
tɕiə⁵⁵⁻²² xuo²² xuo³¹ tɕi²⁴ tɕiə⁵⁵⁻²² tsɿ³³ tɕiəŋ¹²⁻³³。ku⁵⁵⁄²² kuo²⁴ ɕi²² ka¹²⁻³³, ku⁵⁵⁄²² tɕi³³
节　和　夏　至　节　之　间。　箇　个　时　间，　箇　几
ni⁵⁵⁻²² ɵa²², kuo²⁴ niə⁵⁵ tau² nə³³, ɵa²², tɕiaŋ³¹ kuo²⁴ fu⁵⁵⁻²² sai⁵⁵ kuo⁰, xau²² xəu³¹ fu³¹
日　呀，个₂ 热头太阳 呢，　啊，　像　个₂ 火　一　色一样个₀, 好 □汗＝烫
kə⁰（<kuo⁰）。ɵə² tɕʰiə³³ nə³³, ku⁵⁵⁄²² kuo²⁴ ɕi²² ka¹²⁻³³ nə³³, ɕi³³ ni⁵⁵ tsɿ³³ tiaŋ²²,
个₀。　　而　且　呢，箇　个　时　间　呢，是日子　长，
ɵio³¹——ɵio²⁴ tsɿ³³ tu³³。ku²⁴ tɕʰy²⁴ nə³³, nau³³ niə²² kə³³（<kuo¹²）ti³¹ kaŋ³³ ɵa²², "maŋ²²
夜——夜子短。过　去　呢，老　人　家　　　　她们讲啊，"芒
tsəŋ²⁴ niə⁵⁵ tau²² sua²⁴ pʰu²⁴ sai³¹ tau²²", ɵa¹² ɵiəu³³ kə²⁴（<kuo²⁴）ka¹² kə⁰（<kuo⁰）
种　热　头　晒　破　石　头"，也　有　个　　　□这样个₀
kaŋ³³ xuo⁵⁵⁻²²。kʰu³³ tɕiə²⁴ ta²⁴ ku⁵⁵⁄²² kuo²⁴ tʰiə¹² tɕʰi²⁴ kə⁰（<kuo⁰）niə⁵⁵ kə⁰（<kuo⁰）
讲　法。　可　见　得箇　个　天　气　个₀　　　热　个₀
tsai²² tu³¹。ɕi³³ ɵia²², ku⁵⁵⁄²² kuo²⁴ ɕi²² ka¹²⁻³³ nə³³, tɕʰia²² tɕʰia²² ɕi³³ kuo²⁴ ɵu²² miau²²,
程　度。是呀，箇　个　时　间　呢，恰　恰　是　个₂ 禾　苗，
kuo²⁴ nəŋ²² tsuo⁵⁵⁻²² ɵu²² ɵa²², ɕy¹² ɵiau²⁴ suəi⁵⁵ kə⁰（<kuo⁰）tɕi²⁴ tɕiə⁵⁵⁻²² ɵa²², tɕiəu³¹
个₂ 农　作　物　啊，需　要　水　个₀　　　季　节　啊，就
ɵiəu³³ ɵa²² "niəu⁵⁵ ɵyə⁵⁵⁻²² niəu⁵⁵, nau⁵⁵ ɵy³³ kau³³ tau²⁴ pu⁵⁵ tɕʰiə⁵⁵⁻²² tsəu⁵⁵" kuo⁰
有　啊　"六　月　六，落　雨　狗　倒都 不　吃　粥"　个₀
kaŋ³³ xuo⁵⁵⁻²², ɵiəŋ¹² ɵuəi²⁴ ku⁵⁵⁄²² kuo²⁴ ɕi²² ka¹²⁻³³ nə³³, tsai²⁴ tsai²⁴ ɕi³³ kə²⁴（<kuo²⁴）
讲　法，　因　为　箇　个　时　间　呢，正　正　是　个

Øu²² miau²² pau³¹ tʰuai¹², Øia²², tɕʰy⁵⁵ᐟ²²Øu²²kə⁰ （＜kuo⁰） ɕi²²ka¹²⁻³³, tiaŋ²⁴tɕiaŋ¹²
禾　苗　刨＝胎长禾胎，呀，　出　　禾　个₀　　　时　间，　胀　浆
kə⁰ （＜kuo⁰） ɕi²²ka¹²⁻³³, ɕi³³Øia²², nau⁵⁵⁻²²tiə⁰tsaŋ²²Øy³³xuo³³nai²²nə³³, ɕiə³¹——
个₀　　　　时　间，　是呀，　落　嗲　场　雨　下　来　呢，　实——
ɕiə³¹tsai²⁴ɕi³³tɕiəŋ¹²kuəi²⁴ta⁰pu²²ta⁵⁵⁻²²niau³³, Øia²²。
实　在　是　金　贵　得　不　得　了， 呀。

　　　　　　tsai³³ku⁵⁵ᐟ²²Øi⁵⁵⁻²²ni⁵⁵⁻²²nə³³, mai²²tɕiəŋ³³xa²²Øiəu³³Øi⁵⁵⁻²²kuo²⁴Øa²² "niəu⁵⁵
　　　　　　在　箇　一　日　呢，　民　间　还　有　一　　个　啊　"六
Øyə⁵⁵⁻²²niəu⁵⁵⁻²², sua²⁴xəu²²niəu⁵⁵⁻²²" kə⁰ （＜kuo⁰） ɕi⁵⁵ᐟ²²su²²。Øiəŋ¹²Øuəi²²
月　六，　晒红　绿" 个₀　　　　　习　俗。因　为
kə²⁴（＜kuo²⁴）niəu⁵⁵Øyə⁵⁵⁻²²niəu⁵⁵Øi³³xau³¹Øa³³, kuo²⁴niə⁵⁵tau²²——niə⁵⁵tau²²xau³³
个₁　　　　六　月　　六　以　后　啊，个₁热　头——热　头　好
pau²⁴fu³¹, tua³¹tɕi²²kə³³（＜kuo¹²）nə³³tsəu³¹fəi³¹pa³³Øa²², ku²⁴tiə⁰təu¹²——ku²⁴
爆汗＝暴热，大齐＝家大家　　　　　呢　就　会　把　啊，　过　嗲冬——过
təu¹², təu¹²tʰiə¹²⁻³³ni⁵⁵⁻²²tsʅ³³Øa²², su³³tɕʰyə⁰tiə⁰kuo⁰, Øa³³, kuo²⁴miə²²ka³³səŋ¹²⁻³³
冬，　冬　天　日　子　啊，所　穿　嗲　个₀，啊，个₂棉口身棉衣
Øa³³, kuai²⁴tiə⁰kə⁰（＜kuo⁰）miə³³pi³³Øa²², ɕi³³Øia²², tu¹²kai²²tɕʰy⁵⁵⁻²²nai²², kai²²
啊，　盖　嗲　个₀　　　　棉　被　啊，是呀，都口拿　出　来，口拿
tau²⁴niə⁵⁵tau²²ti³³xuo³¹tɕʰy²⁴pau²⁴sua²⁴, niaŋ³¹kuo²⁴niə⁵⁵tau²²sua²⁴, ɕi³³Øia²²。sua²⁴
到　热　头　底　下　去　爆晒，　让　个₁热　头　晒，　是呀。晒
xau³³tiə⁰Øi³³xau³¹nə³³, sua²⁴tiə⁰Øi³³xau³¹nə³³, xau³¹niə⁵⁵tɕʰi³³nai²², Øia²², pa³³ku⁵⁵ᐟ²²
好　嗲以　后　呢，　晒　嗲以　后　呢，　好　捏收拾起来，呀，把　箇
ni⁵⁵suai³³pu²²tiau³¹tiə³³kuo⁰, Øia²², Øi¹²saŋ²²Øa³³, pi³³Øu¹²⁻³³niə⁵⁵tɕʰi³³nai²², fuaŋ²²
立＝些口用不　着　嗲个₀，呀，　衣　裳　啊，被　窝　捏收拾起来，防
tɕi³³nə³³xuo⁵⁵⁻²²məi²²xuo³³tiəŋ²²tɕy²⁴。pa³³——ŋ³³tiə³¹kuo²⁴ti³¹fuaŋ¹²⁻³³nə³³, xa²²Øiəu³³
止　呢　发　霉　和　虫　蛀。把——我哦们个₁地　方　呢，还　有
kuo²⁴——xa²²Øiəu³³ni⁵⁵niəŋ²²xai²⁰Øa³³, kuo²⁴niəu⁵⁵Øyə⁵⁵⁻²²niəu⁵⁵saŋ¹²ɕiəŋ¹²kuo²⁴ᐟ⁰
个——还　有　立＝些人　兴　啊，个₁"六　月　　六　尝　新"个₀
ɕi⁵⁵ᐟ²²ku²⁴, tsəu²²ɕi³³niəu⁵⁵Øyə⁵⁵⁻²²niəu⁵⁵tsu²⁴Øiəu¹²nə³³, Øa²², ku⁵⁵ᐟ²²kuo²⁴ɕi³³ka¹²⁻³³
习　惯，　就　是　六　月　　六　左　右　呢，　啊，　箇　个　时　间

第一章 时令、节庆

Øa²², kuo²⁴ tsau³³ Øu²² tsɿ³³ Øi³³ tɕiəŋ¹²⁻³³ Øiəu³³ pu²⁴ tɕʰyə²⁴ Øuaŋ²² tiə⁰ na²², ɕi³³ Øia²²,
啊，个₂早 禾 子 已 经　　　有 半 串 黄 嗲 啦，是 呀，
kʰuai¹² ɕi³³ Øuaŋ²² tiə⁰, Øiəu³³ pu²⁴ tɕʰyə²⁴ Øuaŋ²² tiə⁰ na²²。ɕi³³ Øia²², tua³¹ tɕi²² kuo¹²⁻³³
开 始 黄 嗲，有 半 串 黄 嗲 啦。是 呀， 大齐═家大家
nə³³ tɕiəu³¹ fəi³¹ tɕʰy²⁴ Øa²², tɕiəu³¹ kʰu³³ Øi³³ tɕʰy²⁴ tiə²² ni³³ tau²² tɕʰy²⁴, Øa²², puo³¹ tɕi³³
呢 就 会 去 啊，就 可 以 去 田 里 头 去，啊， 拔 几
tɕʰyə²⁴ kəu⁵⁵ tsɿ³³ Øuəi²² nai²²。ɕi³³ Øia²², səu³³ ɕiɛ¹² nə³³, Øa²², kai²² sa¹² tɕʰy²⁴ kəu⁵⁵ tsɿ³³
串 谷 子 回 来。是 呀， 首 先 呢，啊，□拿三 串 谷 子
kuo²⁴ tau⁰ tsai³³ kuo²⁴ tua³¹ məŋ²² saŋ³¹, Øa²², kuo²⁴ tau⁰ tsai³³ kuo²⁴ tua³¹ məŋ²² kuo⁰ məŋ²²
挂 □着 在 个₂ 大 门 上，啊， 挂 □着 在 个₂大 门 个₀门
kʰuaŋ¹² kʰuaŋ¹²⁻³³ saŋ³¹。ɕi³³ Øia²², kai²² tɕi³³ tɕʰyə²⁴ kəu⁵⁵ tsɿ³³ nə³³, pau⁵⁵ tɕʰi³³ tɕi³³ kʰu³³
框 框 　　上。是 呀，□拿几 串 谷 子 呢， 剥 起 几 颗
ɕiəŋ¹² mi³³, Øa²², pa³³ kuo²⁴ ɕiəŋ¹² mi³³ pau⁵⁵ tɕʰi³³ tɕʰy⁵⁵⁻²² nai, xuo²² kuo⁰ nau³³ mi³³
新 米，啊， 把 个₂新 米 剥 起 出 　来， 和 个₂老 米
Øa²² tuo⁵⁵ tau⁰ tɕʰi³³ nai, Øi⁵⁵⁻²² tɕʰi³³ tɕy³³ nai²²——tɕy³³ nai²² tɕʰiə⁵⁵⁄²²。piəŋ²⁴ tɕʰiə³³
啊 搭 □着起 来， 一 起 煮 来——煮 来 吃。 并 且
nə³³, Øiəu³³ ni⁵⁵ ti³¹ fuaŋ¹²⁻³³ nə³³, xa²² Øiau²⁴ xai¹² suo⁵⁵⁻²² tɕi¹² suo⁵⁵⁻²² Øuo⁵⁵, ɕi³³ Øia²²,
呢， 有 立═些地方 呢， 还 要 兴 杀 鸡 杀 鸭，是 呀，
ku⁵⁵⁄²² kuo²⁴ tɕiəu³¹ kaŋ³³ tsɿ²⁴ "saŋ²² ɕiəŋ¹²"。
簡 个 就 讲制叫做 "尝 新"。

普通话梗概

　　每年的农历六月初六都在芒种节和夏至节之间，这几天昼长夜短，太阳像火一样，很烫。过去有"芒种热头晒破石头"的说法，可见天得热到什么程度。这时恰恰是禾苗等农作物需要水的季节，六月份的雨水特别宝贵，所以就有了"六月六落雨，狗倒不吃粥"的说法，就是说六月六如果下雨的话，粮食就会丰收，连狗都不需要喝粥来勉强充饥了。

再说说"六月六,晒红绿"的习俗。因为这时的太阳很猛烈,大家就会把冬天穿过的棉衣、盖过的棉被,都拿到阳光下晒。晒好了以后就收起来,把那些用不着的衣服和被子都收起来,防止发霉和虫蛀。

还有一个农历六月六尝新的习俗,因为这时的早禾已经黄了半串,大家就会到田间去,拔几串稻谷回来,首先拿三串挂在大门的门框上,然后将剩下的几串稻谷剥几颗新米,跟老米拌在一起煮来吃。有些地方还会杀鸡杀鸭。这就叫做"尝新"。

十、七月七水

xuo³¹ miə²⁴ kaŋ³³ øi³³⁻²² xuo³³ kə²⁴（＜kuo²⁴）tɕʰi⁵⁵⁄²² øyə⁵⁵⁻²² tɕʰi⁵⁵⁄²²，kə⁰⁵⁵⁄²²
下　面　讲　一　下　个₁　　　七　月　七，　七

ɕi²² tɕiə⁵⁵⁄²² kuo⁰——kə⁰（＜kuo⁰）sŋ³¹——kə⁰（＜kuo⁰）ku²⁴ sŋ³¹。tɕyə²²——nau³³
夕　节　个₀——个₀　　　事——个₀　　　故事。传——老

ɕi²² ka¹²⁻³³ tɕyə²² xuo³³ nai²² tsəu³¹ ɕi³³ kaŋ³³ nə³³，tɕʰi⁵⁵⁄²² øyə⁵⁵⁻²² tɕʰi⁵⁵⁄²² ku⁵⁵⁄²² øi⁵⁵⁻²²
时间　传　下　来　就　是　讲　呢，　七　月　七　箇　一

ni⁵⁵⁄²² øa²²，tɕʰi⁵⁵⁄²² øyə⁵⁵⁻²² tɕʰi⁵⁵⁄²² kə⁰（＜kuo⁰）——tɕʰi²² ɕiə³¹ ɕi³³ niəu⁵⁵ øyə⁵⁵⁻²²
日　啊，　七　月　七　个₀——　　其　实　是　六　月——

niəu⁵⁵⁄²² øyə⁵⁵⁻²² tsʰu²⁴ niəu⁵⁵⁄²² kuo⁰ øio³¹ xuo³³ nə³³，tau²⁴ tɕʰi⁵⁵⁄²² øyə⁵⁵⁻²² tsʰu¹² tɕʰi⁵⁵⁄²²
六　月　初　六　　个₀夜下晚上　呢，　到　七　月　初　七

øio³¹ xuo³³，tsau³³——tsʰai¹² tsau³³，tʰiə¹² saŋ³¹ nə³³，tɕʰi⁵⁵⁄²² tsŋ³³ məi³¹ øiau²⁴ xuo³³
夜下晚上，　早——　清　早，　天　上　呢，　七　姊　妹　要　下

fuaŋ²²——øiau²⁴ xuo³³ tau²⁴ fuaŋ²² tɕiəŋ¹²⁻³³ nai²²，tau²⁴ fu²⁴ ni⁵⁵ tau²⁴ ɕi³³ tsau³³。tɕyə²²——
凡——　要　下　到　凡　间　来，　到　河里头　洗　澡。传——

øi⁵⁵⁻²² nu²⁴ tɕyə²² xuo³³ nai²² nə³³，tsəu³¹ ɕi³³ kaŋ³³ nə³³，kuo²⁴ tɕʰi⁵⁵⁄²² tsŋ³³ məi³¹ xuo³³ nai²²
一　路　传　下　来　呢，　就　是　讲　呢，　个₁七　姊　妹　下　来

ɕi³³ tsau³³ kuo⁰ suəi³³ nə³³，ɕi³³ kə²⁴（＜kuo²⁴）ɕiə¹² suəi¹²，ɕi³³ øia²²。kuo²⁴ nə³³，øiəŋ¹²
洗　澡　个₀水　呢，　是　个₂　　仙　水，　是　呀。个₁呢，　因

øuə²² kuo²⁴ tɕʰi⁵⁵⁄²² tsŋ³³ məi³¹ nə³³，øiəŋ¹² øuəi²² tʰuo¹² ti³¹ ɕi³³ tsau³³ tsai³³ tʰiə¹² kuaŋ¹²——
为　个₁七　姊　妹　呢，　因　为　她咄们洗　澡　在　天　光——

tʰiə¹² xai⁵⁵⁄²² kə⁰（＜kuo⁰）nai²² ɕi³³ kə⁰（＜kuo⁰）øa³³，ni⁵⁵ ni⁵⁵⁻²² pa³¹——tʰiə¹²
天　黑　个₀　　来　洗　个₀　　啊，　日　日　白天——　天

kuaŋ¹² tiə⁰ pʰuo²⁴ niəŋ²² kʰuo²⁴ tiau¹² øa³³，ɕi³³ øia²²，tʰiə¹²——øio³¹ xuo³³ nai³³ ɕi³³，tʰiə¹²
光　嗲　怕　人　看　着　啊，　是　呀，　天——　夜下晚上来　洗，　天

kuaŋ¹² nə³³ tsəu³¹ øiau²⁴ tiau³¹ xa²² tiə⁰，tsəu³¹ øiau²⁴ saŋ³³——øi⁵⁵ tsŋ²² øiau²⁴ øuəi²²
光　呢　就　要　着得行走嗲，　就　要　上——　一　直　要　回——

Øuəi²² —— saŋ³³ tʰiə¹² tɕʰy²⁴ tiə⁰ kuo⁰。su³³ Øi³³ nə³³ —— nə³³ —— kuo²⁴ niəŋ²² —— niəŋ²²
回—— 上 天 去 嗲 个₀。所以 呢—— 呢—— 个₁ 人 人
tɕiəŋ¹²⁻³³ nə³³, tsəu³¹ɕi⁵⁵⁄²² ku²⁴ Øa²² tsai³³ kuo²⁴ tʰiə¹² kuaŋ¹² Øi³³ —— tʰiə¹² kuaŋ¹², kaŋ¹²
间 呢，就 习 惯 啊 在 个₁ 天 光 以——天 光， 刚
kaŋ¹²⁻³³ tʰiə¹² kuaŋ¹² kə⁰（＜kuo⁰）ɕi²² ka¹²⁻³³, niə⁵⁵ tau²² pu²² tsai²² tɕʰy⁵⁵⁄²² Øi³³ tɕiə²²,
刚 天 光 个₀ 时 间， 热 头 不 曾 出 以 前，
tsəu³¹ tau²⁴ fu²² ni³³ miə²⁴ tɕʰy²⁴ ɕi³³ tsau³³。Øa²², tuo¹² suəi³³ Øuəi²² nai²², kuo²⁴ tsəu³¹ xuo³³
就 到 河 里 面 去 洗 澡。啊，担 水 回 来， 个₁ 就 喊
tsɿ²⁴ "tɕʰi⁵⁵⁄²² Øyə⁵⁵⁻²² tɕʰi⁵⁵⁄²² suəi³³"。tau²⁴ fu²² ni³³ miə²⁴ tɕʰy²⁴ ɕi³³ tsau³³ kuo⁰ Øi²⁴
制叫做"七 月 七 水"。到 河 里 面 去 洗 澡 个₀ 意
sɿ¹²⁻³³ tɕiəu³¹ ɕi³³ kaŋ³³ nə³³, nuo³¹ kuo²⁴ tɕʰi⁵⁵⁄²² tsɿ³³ məi³¹ ɕi³³ tiə⁰ tsau³³ kuo⁰ suəi³³ Øa²²,
思 就 是 讲 呢， 那 个 七 姊 妹 洗 嗲 澡 个₀ 水 啊，
kuo²⁴ xuo²² niəŋ²² Øia²², tsai²⁴ ɕi³³ tsau³³ nə³³, Øi³³ xau³¹ nə³³, kə²⁴（＜kuo²⁴）səŋ¹² saŋ³¹
个₁ 凡 人 呀， 再 洗 澡 呢， 以 后 呢， 个₂ 身 上
tɕiəu³¹ pu²² sa¹² fəi²⁴ tsɿ³³, ɕi³³ Øia²², sau³³ tsau¹² pai³¹ tʰəu²⁴。
就 不 生 痱 子， 是 呀， 少 招 病 痛。
　　　　　kuo²⁴ tɕʰi⁵⁵⁄²² Øyə⁵⁵⁻²² tɕʰi⁵⁵⁄²² suəi³³ kai²² Øuai²² nai²² nə³³, tsəu³¹ kai²² kuo²⁴ taŋ³¹
　　　　　个₂ 七 月 七 水□带 回 来 呢， 就 □用 个 坛
tsɿ³³ tsai²⁴ tɕʰi³³, Øa²², tɕyə⁵⁵⁻²² —— kuo²⁴ suəi³³ muo²² tɕʰi²² kua²⁴, ɕi³³ Øia²², ni³³
子 载 起， 啊， 传 一——个₁ 水 蛮 奇 怪， 是 呀， 你
fuaŋ²⁴ kə²⁴（＜kuo²⁴）sa¹² niaŋ³³ niə²², tʰuo¹² tau²⁴ Øia²² piə²⁴ tɕi⁵⁵, pu²² tsau³³ Øuəi³¹。
放 个 三 两 年， 它 倒 都□不 变 质， 不 走跑 味。
nau³³ niəŋ²² kə³³（＜kuo¹²）ti³¹ Øi⁵⁵⁻²² nu¹² tɕyə²² xuo³³ nai²² tsəu³¹ ɕi³³ kaŋ³³ Øa²², kuo²⁴ tɕʰi⁵⁵⁄²²
老 人 家 佢们一 路 传 下 来 就 是 讲 啊， 个₁ 七
Øyə⁵⁵⁻²² tɕʰi⁵⁵⁄²² suəi³³ Øa²², Øa⁵⁵ niəŋ²² Øiəu³³ ti⁵⁵ kuo⁰ tau²² nau⁵⁵⁄²² niə⁵⁵ Øa³³, Øa⁵⁵
月 七 水 啊， 阿 人 有 □个₀一点 头脑头 发 热 啊， 阿
səŋ¹² saŋ³¹ pu²² ɕy¹² fəu³¹ Øa³³, kuo²⁴ tɕʰi⁵⁵⁄²² Øyə⁵⁵⁻²² tɕʰi⁵⁵⁄²² suəi³³ tu¹² kʰu³³ Øi³³ ka²²
身 上 不 舒 服 啊， 个₂ 七 月 七 水 都 可 以 解
tiau²⁴, tɕʰiə⁵⁵⁄²² tiə⁰ Øa⁵⁵ niəŋ²² xau³³ ɕy¹² fəu³¹。tau²⁴ ku⁵⁵⁄²² kuo²⁴ ɕi ka¹²⁻³³ nə³³, xa²²
掉， 吃 嗲 阿 人 好 舒 服。 到 箇 个 时 间 呢， 还

第一章 时令、节庆

| ɕiəu³³ niəŋ²² tɕʰy²⁴ xai¹² tau⁰ kuo⁵⁵ （ku⁵⁵⁄²² + kuo²⁴） ɕua⁵⁵⁄²² tɕi³¹ 。 taŋ¹² ɕiəŋ²² tua³¹ tu¹²
| 有 人 去 兴 □着□ （箇+个） 物件东西 。 当 然 大 多
| su²⁴ nə³³ , ɕiəŋ¹² ɕuəi²² kuo²⁴ ɕi²² ka¹²⁻³³ kʰuo¹² ɕiau³¹ xuo⁵⁵⁄²² tuo⁵⁵⁄²² tiə⁰ ɕa²² , ɕia²² tɕiaŋ³¹
| 数 呢 , 因 为 个₁时间现在 科 学 发 达 嗲 啊 , □不 像
| ɕi³³ tɕiə²² ka²⁴ xai¹² tiə⁰ nuo³³ . tɕiəu³¹ ɕi³³ kuo²⁴ ka¹² ɕiaŋ³¹ kuo⁰ tsai²² kʰuaŋ²⁴ , tɕʰi⁵⁵⁄²²
| 以 前 □那样兴嗲啰, 就 是 个 □这样 个₀情 况 , 七
| ɕyə⁵⁵⁻²² tɕʰi⁵⁵⁄²² 。
| 月 七 。

普通话梗概

传说农历六月初六到七月初七这个期间的每一天晚上，天上的七姐妹要下凡来洗澡，她们洗澡的水就是仙水。她们会在天黑以后洗澡，因为白天怕人看见，天亮就要回到天上去了。所以人们会在天刚亮的时候，日出以前就到河里洗澡，并挑水回来，这个水就叫做"七月七水"。意思是说，那七姐妹洗过澡的仙水凡人再用来洗澡的话，以后身上就不会长痱子，少招病痛。七月七水挑回来后就用坛子装好，很奇怪，放上三两年，它也不会变质。据说，如果身体不舒服，喝了七月七水就舒服了。到今天还有这个风俗，但科学发达了，就不像以前那样流行了。

十一、七月十五

xuo³¹ miə²⁴ kaŋ³³ Øi⁵⁵⁻²² xuo³³ ku⁵⁵⁄²² kuo²⁴ tɕʰi⁵⁵⁄²² Øyə⁵⁵⁻²² ɕiə³¹ ŋ³³ kuo²⁴⁄⁰ tsoŋ²² （官）
下 面 讲 一 下 箇 个 七 月 十 五 个₀ 中

Øyə²² tɕiə⁵⁵⁄²² kə⁰ （<kuo⁰） tsai²² kʰuaŋ²⁴。 tɕʰi⁵⁵⁄²² Øyə⁵⁵⁻²² tɕiə⁵⁵⁄²² nə³³, ŋ³³ tiə³¹ kuo²⁴
元 节 个₀ 情 况。 七 月 节 呢, 我 咃们 个₁

ti³¹ fuaŋ¹²⁻³³ nə³³, tɕiəu³¹ ɕi³³ xuo³³ tsʅ²⁴——Øa¹² ɕi³³ kaŋ³³ tɕʰi⁵⁵⁄²² Øyə⁵⁵⁻²² ɕiə³¹ ŋ³³ ɕi³³
地 方 呢, 就 是 喊制叫做——也 是 讲 七 月 十 五 是

kuəi³³ tɕiə⁵⁵⁄²²。 ku²⁴ tɕʰy²⁴ Øi⁵⁵⁻²² kuaŋ²⁴ kə⁰ （<kuo⁰） ɕi⁵⁵⁄²² ku²⁴ ɕi³³ ka¹² kə⁰ （<kuo⁰）,
鬼 节。 过 去 一 贯 个₀ 习 惯 是 □这样个₀,

tsəŋ²² tɕʰi⁵⁵⁄²² Øyə⁵⁵⁻²² tsʰu¹² ɕiə³¹ kʰuai¹² ɕi³³, ɕi³³ Øa²², tsəu³¹ ɕi³³ Øiau²⁴ pau²⁴ pa³¹ kəu¹²⁻³³
从 七 月 初 十 开 始, 是 呀, 就 是 要 报 白 公

pa³¹ na³³ tɕiə⁵⁵ Øuəi²² nai²², xuo³³ tsʅ²⁴ "tɕiə⁵⁵⁄²² Øuaŋ²² tɕiəu³³", Øi²⁴ sʅ¹²⁻³³ nə³³, tsəu³¹
白 奶祖先 接 回 来, 喊制叫做 "接 亡 酒"。 意 思 呢, 就

ɕi³³ tsai³³ puo⁵⁵——pua³³ Øi⁵⁵⁻²² tiau²², tsai³³ tʰai¹² saŋ³¹ Øa²²——tsai³³ tʰaŋ²² （官）——
是 在 八—— 摆 一 条, 在 厅 上 啊—— 在 堂——

tsai³³ tʰai¹² saŋ³¹ Øa²², pua³³ Øi⁵⁵⁻²² tiau²² puo⁵⁵⁄²² ɕiə¹²⁻³³ tsau⁵⁵⁄²²。 ɕi³³ Øia²², puo⁵⁵⁄²²
在 厅 上 啊, 摆 一 条 八 仙 桌。 是 呀, 八

ɕiə¹²⁻³³ tsau⁵⁵⁄²² saŋ³¹ miə²⁴ nə³³, pua³³ nə³³, səŋ³³ kuo³³ nə³³, Øi⁵⁵⁻²² tiau²² ɕiəŋ¹² ɕiəŋ¹²⁻³³
仙 桌 上 面 呢, 摆 呢, 什 个₀ 呢, 一 条 新 鲜

kuo⁰ Øau³³, xa²² tsəŋ²² tsəŋ²²——Øuo⁵⁵⁄²² Øuəi²² nai²² kuo⁰ Øau³³, tsəu³¹ ɕi³³ piau⁵⁵ sʅ³¹ nə³³,
个₀ 藕, 还在刚刚 从—— 挖 回 来 个₀ 藕, 就 是 表 示 呢,

kuo²⁴ Øi²⁴ sʅ¹²⁻³³——xaŋ²² Øi²⁴ tsəu³¹ ɕi³³ kaŋ³³ nə³³, Øi³³ xau³¹ tsʅ³¹ tɕi³³ kə⁰ （<kuo⁰） tsʅ³³
个₁ 意 思—— 含 义 就 是 讲 呢, 以 后 自 己 个₀ 子

tsʅ³³ səŋ¹² səŋ¹² Øa²², tɕiəu³¹ ɕi³³ tɕʰy⁵⁵⁄²² Øy²² Øu¹² ni²² Øa¹² Øia²² nuo⁵⁵ tʰuo²², pu²² Øiəŋ³³
子 孙 孙 啊, 就 是 出 于 污 泥 也 □没有邋 遢, 不 染

nuo⁵⁵ tʰuo²², Øa¹² tsəu³¹ ɕi³³ ka¹² Øi²⁴ sʅ¹²⁻³³, tɕiəu³¹ ɕi³³ Øi³³ xau³¹, kuo²⁴ tsʅ³³ səŋ¹²⁻³³
邋 遢, 也 就 是 □这意思, 就 是 以 后, 个₁ 子 孙

Øa²², Øi⁵⁵⁻²² səŋ¹²——Øi⁵⁵⁻²² sa¹² Øi⁵⁵⁻²² çi²⁴ tu¹² tsʰai¹² tsʰai¹²⁻³³ pa³¹ pa³¹, mai²² mai²² pa³¹
啊, 一 身—— 一 生一 世都 清 清 白 白, 明 明 白
pa³¹。ka¹² ni³³ nə³³, xa²² Øiau²⁴ kuo³³ saŋ³³ tsu³³ kəu¹²⁻³³ nau²² tsɿ³³ Øa²², tsəi²⁴ sau³³ tau²⁴
白。□里这样呢, 还 要 挂 上 祖公老子祖宗 啊, 最 少 倒 都
Øiau²⁴ sa¹² sɿ¹² tuai³¹ Øi³³ saŋ³³ kuo⁰ kuo¹² pʰu⁰ Øa², kuo²⁴ tau⁰ tsai²³ kuo²⁴ tsəŋ¹² taŋ²² pai⁵⁵⁻²²,
要 三 四 代 以 上 个₀家 谱 啊, 挂□着在 个₂中 堂 壁,
tçi²⁴ pua²⁴。Øə²² tçʰiə³³ nə³³, tçʰi⁵⁵ᐟ²² Øya⁵⁵⁻²² tçiə⁵⁵ᐟ²² ku⁵⁵ Øi⁵⁵⁻²² ni⁵⁵ᐟ²² nə³³, Øa²²,
祭 拜。而 且 呢, 七 月 节 箇 一 日 呢, 啊,
kuo²⁴ tsʰu¹² çiə³¹, tsəŋ²² tsʰu¹² çiə³¹ tçʰi³³ nə³³, Øiau²⁴ suo⁵⁵ᐟ²² kuo²⁴——Øi⁵⁵ tai³¹ Øiau²⁴
个₁ 初 十, 从 初 十 起呢, 要 杀 个—— 一 定 要
suo⁵⁵ᐟ²² kuo²⁴ kəu¹² tçi¹²⁻³³ tçiəŋ²⁴ niaŋ³¹, çi³³ Øia²², pu²² nai²² kə²⁴ (< kau²⁴) suo⁵⁵ᐟ²²
杀 个公 鸡 敬让 ⁼供奉, 是 呀, 不 能 够 杀
mu³³ tçi¹²⁻³³, Øiau²⁴ suo⁵⁵ᐟ²² kəu¹² tçi¹²⁻³³。niaŋ³¹ nuo³¹ kuo²⁴ kəu¹² tçi¹²⁻³³ nuo²⁴ (nuo³¹ + kuo²⁴)
母 鸡, 要 杀 公 鸡。让 那 个 公 鸡 □(那+个)
mi³³ puo⁵⁵ tau²² saŋ³¹ xa²² Øiəu³³ sa¹² tiau²² kəu¹² tçi¹²⁻³³ mau²² nə³³, tu⁵⁵ Øi³¹ niəu²² tau⁰, pu²²
尾 巴 头 上 还 有 三 条公 鸡 毛 呢, □二⁼特意留□着, 不
ta⁵⁵ Øiə⁵⁵ᐟ²² xuo³³ nai²², çi³³ Øia²², sa¹² tiau²² kəu¹² tçi¹²⁻³³ mau²²。Øa²², kuo²⁴ tsau⁵⁵ᐟ²²
得 曳 拽 下 来, 是 呀, 三 条 公 鸡 毛。啊, 个₁桌
tsɿ³³ nə³³, tçiəu³¹ Øi⁵⁵⁻²²——Øi⁵⁵⁻²² tsɿ²² Øiau²² pua³³ tau²⁴ tçʰi⁵⁵ᐟ²² Øya⁵⁵⁻²² çiə³¹ ŋ³³。
子 呢, 就 一—— 一 直 要 摆 到 七 月 十 五。
Øa²², tau²⁴ çiə³¹ ŋ³³ Øa²², kuo²⁴ Øio³¹ xuo³³ nə³³, ŋ³³ tiə³¹ kə²⁴ (< kuo²⁴) ti³¹ fuaŋ¹²⁻³³
啊, 到 十 五啊, 个₁夜 下晚上 呢, 我 咄们个₁ 地 方
nə³³, xai¹² sau¹² kuo²⁴ pau¹², çi³³ Øia²², səu²² Øuaŋ²²——tçiəu³¹ çi³³ səu²⁴ kuo²⁴ Øuaŋ²²
呢, 兴 烧 个₁包, 是 呀, 送 亡—— 就 是 送 个₂亡
niəŋ²², sɿ¹² Øuaŋ²² kuo⁰ niəŋ²² niə³³, xai¹² səu²⁴——səu²⁴ Øuaŋ²² Øy³³, səu²⁴ Øuaŋ²²
人, 死 亡 个₀人 呢, 兴 送——送 亡 雨七月十五晚上下的雨, 送 亡
tçiə⁵⁵ᐟ²², səu²⁴ Øuaŋ²² tçiəu³³。səu²⁴ Øuaŋ²² tçiə⁵⁵ᐟ²² kə⁰ (< kuo⁰) Øi²⁴ sɿ¹²⁻³³ tçiəu³¹ çi³³
节, 送 亡 酒。 送 亡 节 个₀ 意 思 就 是
nə³³, Øiəŋ³¹ kə²⁴ (< kuo²⁴) tua³¹——tua³¹ kə²⁴ (< kuo²⁴) tçi³³ pau¹² pau¹²⁻³³ Øa²², çi³³
呢, 用 个₂ 大—— 大个₀ 纸 包 包 啊, 是

Øia²², Øa⁵⁵tɕi³³——tɕi³³pau¹²pau¹²⁻³³saŋ³¹nə³³, suo³³mai²², ɕi³³Øia²², ɕi³³ni³³nuo³³
呀， 阿纸—— 纸 包 包 上 呢， 写 明， 是 呀， 是 你 哪
Øi⁵⁵⁻²²tuai³¹kə⁰（＜kuo⁰）pa³¹kəu¹²⁻³³, xuo⁵⁵∕²²tɕia³³ɕi³³Øa⁵⁵pa³¹, xuo⁵⁵∕²²tɕia³³ɕi³³
一 代 个₀ 白 公①， 或 者 是阿白②， 或 者 是
tʰuai²⁴kəu¹²⁻³³, xuo⁵⁵∕²²tɕia³³ɕi³³Øa⁵⁵tʰuai²⁴——tʰuai²⁴tʰuai²⁴kuo⁰mai²²tsʅ³¹, ɕi³³Øia²²,
太 公， 或 者 是 阿 太—— 太 太 个₀名 字， 是 呀，
Øi²⁴sʅ¹²⁻³³ɕi³³kaŋ³³, tɕiəu³¹ɕi³³kuo²⁴Øuaŋ³³pəi³¹nə³³, ɕi³³Øia²², səu²⁴ku⁵⁵∕²²ni⁵⁵tɕiəŋ¹²
意 思 是讲， 就 是 个₂ 晚 辈 呢， 是 呀， 送 箇 立═些金
Øiəŋ²²tsai²²pau³³ta⁵⁵⁻²²tɕiə⁰pəi³¹, ɕi³³Øia²²。kuo²⁴——kuo²⁴tsʰai¹²fu¹²⁻³³nə³³, ku²⁴
银 财 宝 得给 前 辈， 是 呀。 个₁—— 个₁ 称 呼 呢， 过
tɕʰy²⁴Øia²², tu¹²Øi⁵⁵tai³¹Øiau²⁴suo³³tsʰai¹²tsʰu³³, kuo²⁴kuo¹²pʰu³³saŋ³¹kaŋ³¹taº xəŋ³¹tsʰai¹²
去 呀， 都 一 定 要 写 清 楚， 个₁家 谱 上 讲 得很 清
tsʰu³³kuo⁰。tsəŋ²²kuo⁵⁵（ku⁵⁵∕²²+kuo²⁴）——kuo⁵⁵（ku⁵⁵∕²²+kuo²⁴）ɕi²²ka¹²⁻³³
楚 个₀。 从 □（箇+个）—— □（箇+个） 时 间
nai²²kaŋ³³nə³³, ɕiə³¹tsai²²nə³³, kuo²⁴tsʰai¹²niə²²niəŋ²²pʰuo²²maŋ³¹tɕi²¹tiə⁰, ɕi³³Øia²²,
来 讲 呢， 现 在 呢， 个₂ 青 年 人 怕 忘 记 嗲， 是 呀，
suo³³tau²⁴pu¹²fəi³¹suo³³tiə⁰, ɕi³³Øia²²。
写 倒都不 会 写 嗲， 是 呀。

tau²⁴Øio³¹xuo³³tɕʰiə⁵⁵∕²²puo³¹tiə⁰Øio³¹Øi³³xau³¹nə³³, ɕi³³Øia²², Øiəu²²Øəu⁵⁵ni³³
到 夜 下晚上 吃 罢 嗲夜晚饭以 后 呢， 是 呀， 由 屋 里
tau²²ni⁵⁵nuo³³kuo⁰, nuo²²tai¹²⁻³³nə³³, tsəu³¹kai²²tau²⁴məi³¹tau²²miə²⁴, tiə³¹təu³¹ni³³
头家里立═那些男个₀男子， 男丁 呢， 就 □带 到 外 头 面， 田 垌 里
Øa³³, xuo⁵⁵∕²²tɕia³³ɕi³³nai³³pai²²tsʅ³³saŋ³¹kʰy²⁴（＜tɕʰy²⁴）sau¹², sau¹²kuo⁰ɕi²²ka¹²⁻³³
啊， 或 者 是岭 坪 子 上 去 烧， 烧 个₀ 时 间
nə³³, Øiau²⁴xuo³¹Øi⁵⁵⁻²²kuo²⁴nu²²kuo⁰ɕʰyə¹²tɕʰyə¹²⁻³³, Øiəŋ³¹ku⁵⁵∕²²kuo²⁴sai³¹fəi¹²⁻³³,
呢， 要 画 一 个 □圆个₀ 圈 圈， 用 箇 个 石 灰，

---
① 曾祖父以上的男性祖辈。
② 曾祖母以上的女性祖辈。

第一章 时令、节庆

Øia²² sai³¹ fəi¹²⁻³³ xuo⁵⁵/²² tɕia³³ ɕi³³ Øiəŋ³¹ miə³¹ fuaŋ³³ , fuaŋ³³ tsəŋ²⁴ ɕi³³ pa³¹ kuo⁰ Øua⁵⁵/²²
□没有石灰 或 者 是 用 面 粉, 反 正 是 白 个₀ 物
tɕi³¹ , ɕi³¹ tsai²⁴ Øia²² ta⁵⁵⁻²² nə⁰ , tsəu³¹ tiə³³ niə²² ɕiaŋ¹² , kai²² kuo²⁴ ɕiaŋ¹² tiə³³ niə²² tiə⁰
件东西, 实 在 □得没有 呢, 就 点 燃香, □把个₂ 香 点 燃嗲
Øi³³ xau³¹ , tsʰuo⁵⁵/²² Øi⁵⁵⁻²² kuo²⁴ nu²² kuo⁰ tɕʰyə¹² tɕʰyə¹²⁻³³ 。Øa²² , pa³³ ku⁵⁵/²² ni⁵⁵/²²
以 后, 插 一 个 □圆个₀ 圈 圈。 啊, 把 箇 立ᵉ些
pau¹² nə³³ , tsəu³¹ fuaŋ²⁴ tau²⁴ nuo³¹ kuo²⁴ tɕyə¹² tɕyə¹²⁻³³ ni³³ tau²² sau¹² 。Øi²⁴ sʅ²⁴ nə³³ , tsəu³¹
包 呢, 就 放 到 那 个 圈 圈 里头 烧。意 思呢, 就
ɕi³³ kaŋ³³ nə³³ , ŋ³³ ku⁵⁵/²² ni⁵⁵ Øua⁵⁵/²² tɕi³¹ ɕi³³ tɕi²⁴ kʰy²⁴ (<tɕʰy²⁴) ta⁵⁵⁻²² ŋ³³ kuo²⁴
是 讲 呢, 我 箇 立ᵉ些 物件东西 是 寄 去 得给我 个₁
tɕʰiaŋ¹² niəŋ²² kuo⁰ , ni³³ tiə³¹ kə²⁴ (<kuo²⁴) Øio³³ kuəi²² pu²² tiau³¹ nai² tɕʰiaŋ³³ 。tsai³³
亲 人 个₀, 你 咃们个₁ 野 鬼 不着不要 来 抢。 在
sau¹² kə⁰ (<kuo⁰) ɕi²² ka¹²⁻³³ nə³³ , xa²² Øiau²⁴ tsai³³ paŋ²² piə¹²⁻³³ nə³³ , xa²² Øiau²⁴ suo⁵⁵/²²
烧 个₀ 时间 呢, 还要 在 旁 边 呢, 还要 撒
ti⁵⁵ kə⁰ (<kuo⁰) xuo³¹ , xuo⁵⁵/²² tɕia³³ ɕi³³ suo⁵⁵/²² ti⁵⁵ kə⁰ (<kuo⁰) mi³¹ , Øa¹² sau¹²
□个₀一点 饭, 或 者 是 撒 □个₀一点 米, 也 烧
niaŋ³³ pi²² tɕiə² tɕi³³ , tɕiəu³¹ ɕi³³ kaŋ³³ : "Øa²² , ku⁵⁵/²² ni⁵⁵ ɕi³³ ni³³ tiə³¹ kai²² kuo⁰ Øa³³ ,
两 匹 钱 纸, 就 是 讲: "啊, 箇 立ᵉ些是 你 咃们 □拿个₀ 啊,
Øa²² , ni³³ tiə³¹ pu²² tiau³¹ tɕʰiaŋ³³ ŋ³³ tiə³¹ tɕʰiəŋ¹² niəŋ²² kuo⁰ ." ɕi³³ Øia²² , Øi⁵⁵⁻²² sau¹² Øyə²²
啊, 你 咃们不着不要 抢 我 咃们 亲 人 个₀." 是呀, 一 烧 圆完
tiə⁰ Øi³³ xau³¹ nə³³ , pu²² ta⁵⁵ xuo¹² miə³¹ , ɕi³³ Øia²² , pu²² ta⁵⁵ xuo¹² miə³¹ kuo⁰ , tsəu³¹ Øuəi²²
嗲以 后 呢, 不 得 翻面回头, 是 呀, 不 得 翻面回头个₀, 就 回
nai²² tiə⁰ , tsəu³¹ Øuəi²² Øəu⁵⁵ 。tsəu³¹ ɕi³³ ka¹² (kuo⁰) tsai²² kʰuaŋ²⁴ na³³ 。
来 嗲, 就 回 屋。 就 是 □这种 (个₀) 情 况 啦。

普通话梗概

七月节也叫"七月十五"或"鬼节"。过去的习惯是,从农历七月初十开始,要通报祖辈们回来过节,摆"接亡酒"。在厅堂上摆一条八仙桌,八仙桌

上面摆一条刚刚从地里挖回来的新鲜莲藕，表示以后的子子孙孙出污泥而不染，一世都清清白白。还要在中堂壁的地方挂上最少三代以上的祖先的家谱，然后祭拜。另外，从初十起，一定要杀一个公鸡来供奉祖先。那只公鸡的尾巴上还必须留有三根毛。这桌酒席一直要摆到农历七月十五。

到农历七月十五的晚上还有送亡人的礼节，在一个大纸包上写祖先的名字，里面装满钱纸。意思是，晚辈送些金银财宝给前辈。纸包上的称呼一定要按家谱上的写清楚。现在的青年人恐怕都忘记了，不会写了。晚饭过后，由家里的男丁将写好的纸包拿到外面田野里或者小山间的平地去烧。烧的时候先用石灰画一个圆圈。如果没有石灰就用面粉，反正是白色的东西，实在没办法画，就用点燃的香插一个圆圈。然后把那些写好的纸包放到圆圈里烧，意思是我的这些东西是寄给我的亲人的，野鬼不要来抢。烧的时候还要在旁边撒一点饭或者是撒一点米，同时也烧两张钱纸，边烧边对野鬼说："这些是你们拿的啊，你们不准抢我亲人的。"一烧完就要往家里走，不能回头，就这样一路回到家里。

十二、中秋祭月

xuo³¹ miə²⁴ kaŋ³³ Øi⁵⁵⁻²² xuo³³ ŋ⁴³ tiə³¹ kə²⁴ （＜kuo²⁴） nəŋ²² tsʰəŋ¹²⁻³³ kuo⁰ fəu⁰ su²²
下　面　讲　一　　下 我 𠱾们个₁　　 农　村　个₀ 风　俗

çi⁵⁵⁄²² ku²⁴——puo⁵⁵ Øyə⁵⁵⁻²² çiə³¹ ŋ³³ pua²⁴ Øyə⁵⁵ kuo²⁴⁄⁰ fəu¹² su²² çi⁵⁵⁄²² ku²⁴。tsai³³ ŋ³³
习　惯——　八　月　十　五　拜　月　个₀　风　俗　习　惯。在　我

kə⁰（＜kuo⁰）tçi²⁴ Øi²⁴ tsəŋ¹²⁻³³ Øa²², tsai³³ sɿ²⁴ ŋ³³ çiə³¹ niə²² tuai³¹, ŋ³³ tiə³¹ xa²² çi³³
个₀　　记　忆　中　　啊, 在　四　五　十　年　代, 我𠱾们还　是

çi²⁴ kə²⁴（＜kuo²⁴）ti³¹ çi²⁴ kə⁰（＜kuo⁰）çi²² ka¹²⁻³³ nə³³, nəŋ²² tsʰəŋ¹²⁻³³ tsəŋ¹²⁻³³——
细 个𠱾孩子　　 细 小 个₀　　 时　间 呢, 农　村　中——

nəŋ²² tsʰəŋ¹²⁻³³ ni³³ tau³³ Øa²², xai¹² ku⁵⁵⁄²² kuo²⁴, Øə²², puo⁵⁵ Øyə⁵⁵⁻²² çiə³¹ ŋ³³ kə⁰（＜kuo⁰）
农　村　里 头 啊, 兴　箇 个, 呃, 八　月　十　五　个₀

Øio³¹ xuo³³ nə³³, xai¹² pua²⁴ Øyə⁵⁵——pua²⁴ Øyə⁵⁵ kuaŋ¹²⁻³³——pua²⁴ Øyə⁵⁵。tsəu³¹ çi³³
夜 下晚上 呢, 兴　拜　月——　拜　月　光——　 拜　月。 就 是

nə³³, puo⁵⁵ Øyə⁵⁵⁻²² çiə³¹ ŋ³³ kuo⁰ taŋ¹² ni⁵⁵⁄²² Øio³¹ xuo³³, çi³³ Øa³³, Øyə⁵⁵ kuaŋ¹²⁻³³ tçʰy⁵⁵⁄²²
呢, 八　月　十　五　个₀ 当　日　 夜 下晚上, 是 呀, 月　 光　 出

nai²² tiə⁰ Øi³³ xau³¹, nau³³ niəŋ²² kə³³（＜kuo¹²）ti³¹ nə³³, nau³³ tçiə²² pai²⁴ Øa²², tsəu³¹
来 嗲以 后, 老　人　家　　　𠱾们呢, 老　前　辈 啊, 就

Øiəŋ³¹ Øi⁵⁵⁻²² tiau⁰ tiaŋ²² kə³³（＜kuo⁰）tiəu⁵⁵ kau¹²⁻³³, nuo³¹ kuo²⁴ tiəu⁵⁵ kau¹²⁻³³ tai⁰ tsɿ³³
用　一　　条　长　个₀　　　　竹　篙, 那　个　竹　篙　顶　子

saŋ³¹ nə³³, tsʰuo⁵⁵⁄²² kuo²⁴ Øiəu³¹ tsɿ³³。Øa⁵⁵ Øiəu³¹ tsɿ³³ saŋ³¹ nə³³, tçiəu³¹ tsʰuo⁵⁵⁄²² mau³¹
上　呢, 插　 个　 柚　子。阿　柚　子　上　 呢, 就　 插　 冒满

tiə⁰ kuo⁰ çiaŋ¹², tiə³³ niə²² tiə³³, Øa⁵⁵ çiaŋ¹² çi³³ tiə³³ niə²² tiə⁰ kuo⁰。tsʰuo⁵⁵⁄²² mau³¹ tiə⁰
嗲 个₀ 香, 点 燃 嗲, 阿 香 是 点 燃 嗲 个₀。 插　 冒满 嗲

kə⁰（＜kuo⁰）çiaŋ¹², kai²² nuo³¹ kuo²⁴ tiəu⁵⁵ kau¹²⁻³³ nə³³, tsəu³¹ təŋ²⁴ tau⁰ tsai⁰ tsʰau⁰
个₀　　　香, □把 那　个　竹　篙　呢, 就 □竖□着 在 草

pai²² tsɿ³³ ni³³。Øa²², kə²⁴（＜kuo²⁴）tsʰəŋ¹² saŋ³¹ kə⁰（＜kuo⁰）çi²⁴ kə²⁴（＜kuo²⁴）
坪　子　里。啊, 个₁　　　　村　上　个₀　　　 细 个

ti³¹ Øa²², tɕiəu³¹ Øuəi³¹ tɕʰi³³ ——Øuəi²² tau⁰ kuo²⁴ tiəu⁵⁵ tsʅ³³ Øa²², tɕiəu³³ tsu⁵⁵/²² Øi⁵⁵/²²
呾孩子们啊，就 围 起—— 围 □着 个₁ 竹 子 啊， 紧反复作 捏，
kʰu⁵⁵/²² tau²², Øa²², pua²⁴kuo²⁴Øyə⁵⁵/²² kuaŋ¹²⁻³³。nau³³ niəŋ²² kə³³（<kuo¹²）ti³¹ nə³³,
磕 头， 啊， 拜 个₁月光月亮。 老 人 家 呾们呢，

ɕi³³ Øia²², tsəu³¹ kaŋ³³ ku²⁴ sʅ³¹ nuo³³, ɕi³³ Øia²², kaŋ³³ ku³³ nuo³³, ɕi³³ Øa²², nuo³³ ɕiau³³
是呀， 就 讲 故 事 啰， 是 呀， 讲 古 啰， 是 呀，□(那+个) 小
pa⁵⁵ Øiə²², nuo³¹ kuo²⁴ ɕi²² ka¹²⁻³³, taŋ¹² ɕi²² ŋ³³ ɕi³³ ɕiau³³ pa⁵⁵ Øiə²² Øa³³, tɕiəu³¹ Øuəi³¹
把爷小孩， 那 个 时 间， 当 时 我 是 小 把爷小孩 啊， 就 围
tau⁰——Øuəi²² tau⁰ kuo²⁴ tiəu⁵⁵ tsʅ³³ ti³¹ saŋ³¹, tʰai²² nau³³ niəŋ²² kə³³（<kuo¹²）ti³¹ kaŋ³³
□着—— 围 □着个₁竹 子 地 上， 听 老 人 家 呾们讲
ku²⁴sʅ³¹, kaŋ³³ ku³³, tsəu³¹ piə¹² kaŋ³³ piə¹² ɕiau²⁴ Øa²², tʰai²⁴ ta⁰ xau³³ Øiəu³³ Øuəi³¹ tau³¹。
故 事， 讲 古， 就 边 讲 边 笑 啊， 听 得 好 有 味 道。
nau³³ niəŋ²² kə³³（<kuo¹²）ti³¹ kuo⁰ku²⁴ sʅ³¹ nə³³, Øi⁵⁵⁻²² kuo²⁴ tɕiə⁵⁵/²² Øi⁵⁵⁻²² kuo²⁴, ɕi³³
老 人 家 呾们个₀故事 呢， 一 个 接 一 个， 是
Øia²², fu⁵⁵ kaŋ³³, Øi⁵⁵⁻²² tsʅ²² Øi⁵⁵⁻²² tsʅ²² kaŋ³³ xuo³³ tɕʰy²⁴, Øi⁵⁵⁻²² tsʅ²² Øiau kaŋ¹² tau²⁴
呀。喝＝一直讲，一 直 一 直 讲 下 去， 一 直 要 讲 到
Øa²², kuo²⁴ ——kuo²⁴ ɕiaŋ¹² nə³³, kuo²⁴ Øiəu³¹ tsʅ³³ saŋ³¹ Øa²², kuo²⁴ ——kuo²⁴ ɕiaŋ¹² sau¹²
啊， 个₁ —— 个₁ 香 呢， 个₁ 柚 子 上 啊， 个₁ —— 个₁ 香 烧
Øyə²² tiə⁰, xai⁵⁵ tiə⁰, Øa²², tsai⁵⁵ ɕi³³ pa³³ nuo³¹ kə²⁴（<kuo²⁴）tiəu⁵⁵ kau¹²⁻³³ fuaŋ²⁴ xuo³³
圆完嗲， 黑嗲， 啊， 才 是 把 那 个 竹 篙 放 下
nai²², Øa²², pa³³kuo²⁴Øiəu³¹ tsʅ³³ nə³³, tsəu³¹ pʰu²⁴ kʰuai¹²⁻³³, Øia²², fuaŋ¹² tɕʰy²⁴ ta⁵⁵/²²
来， 啊， 把 个 柚 子 呢， 就 破 开， 呀， 分 去 得给
kuo²⁴ ɕi²⁴ kuo²⁴ ti³¹ tɕʰiə⁵⁵/²²。xa²² Øiəu³³ tɕi³³ Øyə⁵⁵ kuaŋ¹²⁻³³ nuo³¹ ni⁵⁵ Øyə⁵⁵ pai³³ taŋ¹² Øa³³,
个₁ 细个呾孩子们 吃。 还 有 祭 月光月亮 那立＝些 月 饼 糖 啊，
ɕi³³ Øia²², Øa²² suəi³³ ku³³——tɕʰi²² tʰuo²² kuo⁰ suəi²² ku³³ Øa³³, tu¹² fuaŋ¹² tɕʰy²⁴ ta⁵⁵/²² kuo²⁴
是呀， 阿 水 果—— 其 他 个₀ 水 果 啊， 都 分 去 得给 个₁
ɕi²⁴ kə²⁴（<kuo²⁴）ti³¹ tɕʰiə⁵⁵/²² nuo³³。Øa⁵⁵ ɕi²⁴ kuo²⁴ ti³¹ Øiəu³³ Øua⁵⁵/²² tɕi³¹ tɕʰiə⁵⁵/²²
细个呾孩子们 吃 啰。 阿 细个呾孩子们有 物 件东西 吃
Øa²², xau³³ kau¹² xai²⁴ Øa²², ɕi³³ Øia²²。piə¹² tɕʰiə⁵⁵/²² nə³³, nau³³ niəŋ kuo¹²⁻³³ ti³¹ Øiəu³¹
啊， 好 高 兴 啊， 是 呀， 边 吃 呢， 老 人 家 呾们又

kaŋ³³——Øiəu³¹ piə¹² kaŋ³³ ku²⁴ sŋ³¹, çi²⁴ kə²⁴（＜kuo²⁴）ti³¹ nə³³, tiau²² tiau²² tsʰau³³ tsʰau³³,
讲——　又　边 讲 故 事，　细个伢孩子们　　　　呢，跳 跳 吵 吵，

tsʰau³³ tsʰau³³ nau³¹ nau³¹, tiau²² tiau²² tuo³³ tuo³³, çi³³ Øia²², xau³³ kau¹² xai²⁴。tsai³¹——
吵 吵 闹 闹，跳 跳 打 打，是 呀，好 高 兴。直——

Øi⁵⁵⁻²² tsŋ²² Øiau²⁴ tau²⁴ tiə⁰——kaŋ³³ tau²⁴ Øio³¹ səŋ¹² tiə⁰, tçiəu³¹ çi³³ kaŋ³³ tau²⁴ pu²⁴ Øio²⁴
一　直　要 到 嗲——讲 到 夜 深 嗲，就　是 讲 到 半 夜

tiə⁰, xau³³ ti²² tiə⁰ tsai²² çi³³ Øuai²² tçʰy²⁴ suəi³¹ kau²⁴ tsŋ³³。kuo²⁴ tsəu³¹ xuo³³ tsŋ²⁴ "tsəŋ¹²
嗲，好 迟 嗲 才 是 回 去 睡 觉 子。个₁ 就 喊制叫做 "中

tçʰiəu¹² tçi²⁴ Øyə⁵⁵"。
秋 祭 月"。

Øiəŋ³¹ tiəu⁵⁵ tsŋ³³, tiəu⁵⁵ tsŋ³³ tau²² səŋ³¹ tsʰuo⁵⁵⁻²²——Øa²², tsʰuo⁵⁵⁻²² kuo²⁴ Øiəu³¹
用 竹 子，竹　子 头 上 插——啊，插 个 柚

tsŋ³³, Øiəu³¹ tsŋ³³ səŋ³¹ tsʰuo⁵⁵⁻²² mau²⁴ tiə⁰ çiaŋ¹² nə³³, kuo²⁴——kuo²⁴ nəŋ²² tsʰəŋ¹²⁻³³
子，柚 子 上 插　冒满嗲香　呢，个₁——个₁ 农 村

kaŋ³³——tsəu³¹ kaŋ³³ tsŋ²⁴ nə³³——xuo³³ tsŋ²⁴ "sau¹² tʰiə¹² çiaŋ¹²⁻³³", Øa²², sau¹² tʰiə¹²
讲——　就 讲 制叫做 呢——喊 制叫做 "烧 天 香"，啊，烧 天

çiaŋ¹²⁻³³, tçy³³ Øiau²⁴ nə³³, çi³³ tçi³³ pua²⁴ kuo²⁴ tsaŋ²² Øuo²² çiə¹² ku¹²⁻³³ Øa²², tçʰi³³ tau²⁴
香，　主 要 呢，是 祭 拜 个₁ 嫦 娥 仙 姑 啊，起 到

ku⁵⁵⁻²² kuo²⁴ tsu ⁵⁵⁻²² Øiəŋ³¹。niə³¹ Øuai³¹ nə³³, tçiəu³¹ çi³³ kaŋ³³ nə³³, nau³³ niəŋ²²
箇　个　作　用。另 外 呢，就 是 讲 呢，老 人

kə³³（＜kuo¹²）ti³¹ kaŋ³³ kə²⁴（＜kuo²⁴）ku²⁴ sŋ³¹ kə⁰（＜kuo⁰）çi²² ka¹²⁻³³ nə³³, kaŋ³³
家　　　伢们讲 个₁　　　故 事 个₀　　　时 间 呢，讲

tau⁰ Øa²²——kaŋ³³ ku³³ Øa³³, tsəu³¹ çi³³: "çi²⁴ kuo²⁴ ti³¹, ni³³ tiə³¹ kʰuo²⁴ pa²², çi³³ Øia²²,
□着啊——讲 古 啊，就 是："细个伢孩子们，你伢们 看 吧，是 呀，

nuo³¹ kuo²⁴ Øyə⁵⁵ kuaŋ¹²⁻³³ səŋ³¹ Øiəu³³ tau¹² tua³¹ çy³¹, çi³³ Øia²², nuo³¹ kə²⁴（＜kuo²⁴）çy³¹
那 个 月光月亮 上 有 兜大 树，是 呀，那 个　　　树

ti³³ xuo³¹ Øiəu³³ kə²⁴（＜kuo²⁴）nau³³ niəŋ²² kə³³（＜kuo¹²）tsai³³ tsai⁵⁵⁻²² tsʰau³³ xa²²。
底 下 有 个　　　老 人 家　　　在 织 草 鞋，

ni³³ tiə³¹ kʰuo²⁴ tiau³¹ tiə⁰ Øia²² Øa²²? çi³³ Øia²², nuo³¹ kə²⁴（＜kuo²⁴）nau³³ niəŋ²²
你伢们看 着 嗲□没有啊? 是 呀，那 个　　　老 人

kə³³ (＜kuo¹²) tɕiau⁵⁵ paŋ²² piə¹²⁻³³ nə³³, xa²² Øiəu³³ tsaŋ²² Øuo²² ku¹² niaŋ²², ku⁵⁵ᐟ²²
家　　　　　　脚　旁　边　呢，还　有　嫦　娥　姑　娘，箇
kə²⁴ (＜kuo²⁴) ɕiə¹² ku¹²⁻³³ Øa²², tsəŋ²² niəŋ²² tɕiəŋ¹²⁻³³ nə³³ tuai²⁴ saŋ³³ tʰiə¹² tɕʰy²⁴——
个　　　　　　仙　姑　啊，从　人　间　　　呢　带　上　天　去——
tuai²⁴ saŋ³³ Øyə⁵⁵ᐟ²² kuaŋ¹²⁻³³ tɕʰy²⁴ Øi⁵⁵⁻²² təi²⁴ pa³¹ tʰu²⁴ tsɿ³³, ni³³ tiə³¹ kʰuo²⁴ tiau³¹ tiə⁰ Øia²²
带　上　月光月亮　　　去一　对　白　兔　子，你 㑇们看着看见 嗲□没有
Øa³³? kʰua²⁴ kʰuo²⁴ Øuo³³!"
啊？　快　看　哦！"

普通话梗概

　　记忆中，在四五十年代我还是孩子的时候，农村里时兴中秋节晚上拜月的风俗。月亮出来以后，老人就用一条长竹篙，那竹篙顶上插一个柚子，柚子上插满了香，点燃了香以后就把竹篙插到一个草坪上。村里的孩子们就围在竹篙周围，认真地反复作揖磕头拜月亮。老人们就讲故事给小孩子们听。那时还是小孩子的我，听得很入迷。老人家的故事一个接一个地讲，一直要讲到那柚子上的香都烧完了、灭了，才把竹篙放下来，把柚子破开，分给孩子们吃。另外祭月亮的月饼及其他的水果都分给孩子们吃。孩子们有东西吃，都很高兴啊！他们一边吃着，一边听老人们又开始讲故事了。孩子们吵吵闹闹，追追打打的，好不高兴，一直要闹到夜深才回去睡觉。这就叫做"中秋祭月"。

　　竹子头上插一个柚子，柚子上插满香，在农村叫做"烧天香"。烧天香，主要是祭拜嫦娥仙姑。老人家讲故事的时候会对孩子们说："你们看那月亮上有棵大树，树底下有个老人织草鞋。那个老人家的脚旁边，还有个嫦娥姑娘，这个仙姑啊，从人间带去了一对白兔子，你们看见了吗，快看哦。"

十三、轮流过中秋

kaŋ³³ Øi⁵⁵⁻²² kə²⁴ （＜kuo²⁴）pəŋ³³ ti³¹ nəŋ²² niəu²² ku²⁴ ku⁵⁵⁻²² kuo²⁴ puo⁵⁵ Øyə⁵⁵⁻²² çiə³¹
讲 一 个　　　　本 地 轮 流 过 箇 个 八 月 十

ŋ³³ kuo⁰ ku²⁴ tçiə⁵⁵ kuo⁵⁵ fəu¹² su²² çi⁵⁵⁻²² ku²⁴。məi³³ Øi⁵⁵⁻²² niə²² Øa²², tçy²² tiə⁰ kuo²⁴ ku²⁴
五 个₀ 过 节 个₀ 风 俗 习 惯。每 一　　年 啊, 除 嗲 个₂ 过

niə²² Øi³³ Øuai³¹, ku²⁴ niə²² tsʰuaŋ¹² tçiə⁵⁵⁻²² Øi³³ Øuai³¹ nə³³, puo⁵⁵ Øyə⁵⁵⁻²² tçiə⁵⁵ nə³³, çi³³
年 以 外, 过 年 春 节 以 外 呢, 八 月　　节 呢, 是

tsai²⁴ xai¹²——pəŋ³³ ti³¹ tsai²⁴ xai¹², tsai²⁴ nəŋ²² tsəŋ⁰ Øi⁵⁵⁻²² kuo²⁴ tçiə⁵⁵ ni⁵⁵⁻²²。su³³ Øi³³
最 兴—— 本 地 最 兴, 最 隆 重 一 个 节 日。 所 以

nə³³, Øuəi²² tiə⁰ fuaŋ¹² piə³³ Øa²², kuo²⁴ tçʰiəŋ¹² tçʰi²¹ pəu⁰ Øiəu³³, çi³³ Øia²², kuo²⁴ kʰa⁵⁵
呢, 为 嗲 方 便 啊, 个₂ 亲 戚 朋 友, 是 呀, 个₂ 客

tsai²² kuo¹²⁻³³ Øa²², fu²⁴ çiaŋ¹²⁻³³ tsʅ³³ tçiəŋ¹²⁻³³, ni³³ tau²⁴ ŋ³³ ku⁵⁵⁻²² xaŋ²⁴ nai²² suo³³——
情家亲戚朋友之间啊, 互 相　　之 间, 你 到 我 箇 □地方来 要——

suo³³ xuo³³, ŋ³³ tau²⁴ ni³³ nuo³¹ xaŋ²⁴ tçʰy²⁴ xa²² xuo³³, çi³³ Øia²², tsəu³¹ Øiəu³³ tiə⁰ ku⁵⁵⁻²²
耍 下, 我 到 你 那　　□地方去 行走下, 是 呀, 就 有 嗲 箇

kuo²⁴ kau⁵⁵ ti³¹——kau⁵⁵ kuo²⁴ ti³¹ fuaŋ¹²⁻³³ Øa³³, kau⁵⁵ kuo²⁴ tsʰəŋ¹²——tsʰəŋ¹² Øy³³ tsʰəŋ¹²
个 各 地—— 各 个 地 方 啊, 各 个 村—— 村 与 村

tsʅ³³ tçiəŋ¹²⁻³³ nə³³, tsəu³¹ Øiau²⁴ nəŋ²² tau⁰ ku²⁴ tçiə⁵⁵ kuo²⁴⁻⁰ fəu¹² su²² çi⁵⁵⁻²² ku²⁴。tsai³³
之 间 呢, 就 要 轮 □着过 节 个₀ 风 俗 习 惯。 在

ŋ³³ tiə³¹ kuaŋ²⁴（ku⁵⁵⁻²²＋xaŋ²⁴）nə³³, çi³³ Øia²², tsai³³ Øa²²——tsai³³ suaŋ¹² tsəu¹²⁻³³
我 咃们 □（箇＋□地方）这里 呢, 是 呀, 在 啊——在 双洲地名

Øi⁵⁵⁻²² tuai³¹, çi³³ Øia²², tçiəu³¹ xai¹² kuo²⁴ puo⁵⁵ Øyə⁵⁵⁻²² tsʰu¹² tçiəu³³。mai²² tsʅ³¹ Øa³³,
一 带, 是 呀, 就 兴 个 八 月 初 九。民 治地名啊,

nai³³ pau³³ Øa³³, nuo³¹ ni⁵⁵ ti³¹ fuaŋ¹²⁻³³ nə³³, tsəu³¹ xai¹² kə²⁴（＜kuo²⁴）puo⁵⁵ Øyə⁵⁵⁻²²
灵 宝地名啊, 那立꞊些 地 方 呢, 就 兴 个　　八 月

çiə³¹ Øi³¹, tsai³³ ŋ³³ tiə³¹ kuaŋ²⁴（ku⁵⁵⁻²²＋xaŋ²⁴）nə³³, pəŋ³³ ti³¹ nə³³, ŋ³³ tiə³¹ kuo²⁴ ti³¹
十 二, 在 我 咃们 □（箇＋□地方）这里 呢, 本 地 呢, 我 咃们个₁ 地

fuaŋ¹²⁻³³ tsəu³¹ xai¹² ɕiə³¹ sʅ²⁴, xuo⁵⁵ᐟ²² tɕiɑ³³ ɕiɑ³¹ niəu⁵⁵ Øa²²。kau⁵⁵ kuo²⁴ ti³¹——kau⁵⁵
方　　　就　兴　十四，或　　者　十六　啊。各个　地——各

kə²⁴（＜kuo²⁴）tsʰəŋ¹² Øa²², kau⁵⁵ kuo²⁴ ti³¹ fuaŋ¹²⁻³³ Øa²², tɕiəu³¹ ɕi³³ nəŋ²² niəu²² tsʰai³³
个　　　　　　村　啊，各个　地方　啊，就　是　轮　流　请

kʰa⁵⁵ ku²⁴ tɕiə⁵⁵ kə⁰（＜kuo⁰）fəu¹² su²², tɕi¹²⁻²² ni⁵⁵⁻²² ni³³ tau²⁴ ŋ³³ ku⁵⁵ᐟ²² xaŋ²⁴ nai²² ku²⁴
客　过　节　个₀　　　　　风　俗，今　日　你　到　我　箇　□地方来　过

tɕiə⁵⁵, mai²² ni⁵⁵⁻²² ŋ³³ tau²⁴ ni³³ nuo³¹ xaŋ²⁴ tɕʰiə⁵⁵⁻²² tsəu²⁴ tsʅ³³, Øa²², ɕiəŋ²² sai²² tiə⁰ kuo²⁴
节，明　日　我　到　你　那　□地方　吃　粽　子，啊，形　成　嗲个

ka¹² kuo⁰ fəu¹² su²²。
□这样个₀风　俗。

　　ku²⁴ tɕiə⁵⁵ Øi³³ tɕiə²² nə³³, kuo¹² kuo¹²⁻³³ fu³¹ fu³¹ tu¹² xai¹² pau¹² tsəu²⁴ tsʅ³³, ɕi³³ Øia²²,
　　过　节　以　前　呢，家　家　户　户　都　兴　包　粽　子，是　呀，

sau³³ kuo⁰ pau¹² ɕiə³¹ tɕi³³ tɕiəŋ¹²⁻³³ nu³¹, tu¹² kuo⁰ Øiau²⁴ pau¹² sa¹² ŋ³³ ɕiə³¹ tɕiəŋ¹² nu³¹。
少　个₀包　十几　斤　　　糯，多个₀要　包　三　五十　斤　糯。

Øə²², kuo²⁴ nə³³, tsəu²⁴ tsʅ³³ Øa²², tɕy³³ Øiau²⁴ ɕi³³ Øiəŋ³¹ nai²² ta⁵⁵ᐟ²² kʰa⁵⁵ niəŋ²², kʰa⁵⁵
呃，个₁呢，粽　子　啊，主　要　是　用　来　得　客　人，客

niəŋ²² Øuəi²² tɕʰy²⁴ kə⁰（＜kuo⁰）ɕi²² xau³¹ səu²⁴ kʰa⁵⁵ suai³³。ɕi³³ Øia²², nuo³¹ kuo²⁴ ɕi²²
人　回　去　个₀　　　　　时候送　客　□用。是呀，那　个　时

ka¹²⁻³³, tsʰai³³ puo⁵⁵ Øyə²² tɕiə⁵⁵⁻²² kuo⁰ kʰa⁵⁵ nə³³ tu¹² ɕi³³ kaŋ³³——pu²² ɕi³³ kaŋ³³ "tau²⁴
间，请　八月节　个₀客　呢都是　讲——不是　讲"到

ŋ³³ nuo³¹ xaŋ²⁴ tɕʰiə⁵⁵ᐟ²² xuo³¹, tu¹² ɕi³³ kaŋ³³ "ku²⁴ tɕiə⁵⁵, tau²⁴ ŋ³³ Øəu⁵⁵ ni²² nai²² tɕʰiə⁵⁵⁻²²
我那□那里　吃　饭"，都是　讲　"过　节，到我　屋家里来　吃

tsəu²⁴ tsʅ³³ pa²²"。tu¹² ɕi³³ ka¹² ni³³ kaŋ³³ xuo⁵⁵⁻²²。ɕi³³ Øia²², tsai³³ puo⁵⁵ Øyə²² tɕiə⁵⁵
粽　子　吧"。都是　□里这样的　讲　法。是呀，在　八　月　节

ku⁵⁵ᐟ²² ni⁵⁵ᐟ²² nə³³, tɕiəu³¹ Øiau²⁴ tsəŋ³³ pi³¹ Øyə⁵⁵ pai³³ taŋ²², tʰə⁵⁵ piə³¹ ɕi³³ kuo²⁴ Øuo⁵⁵,
箇　日　呢，就　要　准　备　月　饼　糖，特　别　是　个₂鸭，

Øi⁵⁵ tai³¹ Øiau²⁴ tsəŋ³³ pi³¹, ɕi³³ Øia²², tɕʰy²⁴ xa²² tɕʰiəŋ¹² tɕʰi²², xa²² pəu²⁴ Øiəu³³。tau²⁴
一　定　要　准　备，是呀，去　行走　亲　戚，行看望朋　友。到

puo⁵⁵ Øyə⁵⁵⁻²² tɕiə⁵⁵ nuo³¹ tɕi³³ ni⁵⁵ᐟ²² Øa²², ɕi³³ Øia²², tau²⁴ tɕʰy²⁴ nu³¹ saŋ³¹, tau²⁴ tɕʰy²⁴
八　月　节　那　几　日　啊，是呀，到　处　路　上，到　处

tia⁵⁵ᐟ²² tɕʰi³³ Øuo⁵⁵ tɕʰy xa²² tɕʰiəŋ¹² tɕʰi²² kuo⁰, ɕi³³ Øia²², kuo²⁴Øuo⁵⁵ ka²² ka²² ka²², tau²⁴
□提   起 鸭 去 行看望亲   戚   个₀, 是 呀,   个₂鸭   嘎 嘎 嘎, 到
tɕʰy²⁴ tʰai²⁴ ta⁵⁵⁻²² tiau³¹ Øuo⁵⁵ tɕiau²⁴ kuo⁰, xau³³ nau³¹ niə⁵⁵⁻²², ɕi³³ Øia²²。xa²² Øiəŋ³³ nə³³,
处 听 得 着能听到   鸭 叫 个₀, 好 闹 热热闹, 是 呀。还 有 呢,
tɕiəu³¹ kuo⁰——ku²⁴ tɕʰy nə³³, tɕiəu³¹ kə⁰（<kuo⁰）ɕi ⁵⁵ᐟ²² ku²⁴ tɕiəu³¹ ɕi³³ kaŋ³³ Øa²²
旧   个₀——过 去 呢, 旧   个₀   习   惯   就   是 讲   啊,
tsɿ³¹ tɕi³³ kə⁰ （<kuo⁰）ny³³ tɕʰy ⁵⁵ᐟ²² kuo²⁴ tɕʰy⁵⁵ᐟ²² tɕʰy²⁴ tiə⁰, ɕi³³ Øia²², kuo²⁴ ny³³ ɕy²²
自   己   个₀   女   出   嫁   出   去   嗲, 是 呀,   个₂ 女 婿
kuo¹² Øəu⁵⁵⁻²² ni³³ tau²² ku²⁴ puo⁵⁵ Øyə⁵⁵⁻²² tɕiə⁵⁵ ku⁵⁵ᐟ²² Øi⁵⁵⁻²² ni⁵⁵⁻²² nə³³, ɕi³³ Øia²², tsɿ³¹
家屋里头家里   过 八 月 节   箇   一   日   呢, 是 呀, 自
tɕi³³ kə⁰ （<kuo⁰）tɕʰiəŋ³¹ səŋ¹²⁻³³ kə⁰ （<kuo⁰）fu³¹ mu³¹ Øio²² niaŋ¹²⁻³³, xuo⁵⁵ᐟ²² tɕia³³
己   个₀   亲   生   个₀   父 母 爷 娘,   或   者
ɕi³³ fuai¹²——fuai¹² tau²² Øa⁵⁵ kuo³³, fuai¹² tau²² ti³¹, tɕiə³³ məi³¹ kuo¹²⁻³³, Øi⁵⁵ tai³¹
是 兄—— 兄 头兄弟——阿 哥,   兄 头咄兄弟们, 姐 妹 家姐妹们,   一 定
Øiau²⁴ tɕʰy²⁴ tɕʰy⁵⁵⁻²² kuo²⁴ kə⁰（<kuo⁰）kə²⁴（<kuo²⁴）Øəu⁵⁵ ni³³ tau²² tɕʰiə⁵⁵ᐟ²² tsəu²⁴
要   去 出   嫁   个₀   个₁   屋里头家里 吃 粽
tsɿ³³, fu³³ tsə²² kə⁰（<kuo⁰）xuo³¹, ni³³ pu²² tɕʰy²⁴ kə⁰（<kuo⁰）xuo³¹ nə³³, tɕiəu³¹
子, 否 则 个₀   话,   你 不 去   个₀   话   呢, 就
fəi³¹ ta⁵⁵⁻²² nuo²² fuaŋ¹²⁻³³ Øa²², nuo³¹ kuo²⁴ tsʰəŋ²² saŋ³¹ kə⁰（<kuo⁰）niaŋ²² Øa²², kʰuo²⁴
会 得被   男 方   啊, 那   个 村   上   个₀   人   啊, 看
pu²²——tɕʰiau²² pu²² tɕʰi³³ ni³³。Øiəŋ³³ Øuəi²² ni³³ niə²² məi³¹ kuo¹²⁻³³ niaŋ²² Øia²² nai³³
不——   瞧   不 起 你。因   为   你 连   外   家   人   倒都□没 来
kʰuo²⁴ ni³³。ɕi³³ Øia²², ni³³ xa²²——ni³³ xa²² Øiəu³³ səŋ²² muo³³ miə³³ tsɿ³³ Øa²², ɕi³³ Øia²²,
看   你。 是 呀, 你 还—— 你 还   有   什 么   面 子   啊, 是 呀,
su³³ Øi³³ nə³³, nuo³¹ Øi⁵⁵⁻²² ni⁵⁵ᐟ²² Øia²², tɕʰy²⁴ kə⁰（<kuo⁰）niaŋ²² Øyə⁵⁵ tu¹² Øa²², tsəu³¹
所 以 呢, 那   一   日   呀, 去 个₀   人   越 多   啊, 就
Øyə⁵⁵ səu³¹ fuaŋ¹²——Øa⁵⁵ tɕy³³ kuo¹²⁻³³ Øyə⁵⁵ fuaŋ¹² Øiəŋ²², ɕi³³ Øia²², tsai²⁴ mai³³ nə³³ tsɿ³³
越   受   欢——   阿   主   家   越   欢   迎, 是 呀,   证   明   呢 自
tɕi³³ miə³¹——miə³¹ tsɿ³³ tua³¹。ɕi³³ Øia²², Øəu⁵⁵ ni³³ məi³³ kuo¹²⁻³³ niaŋ²² tau²² tɕʰy²⁴ nai³³
己 面—— 面 子 大。 是 呀,   屋里外家人到处来娘家的亲戚从各处来

kʰuo²⁴øa²², øia²², miə³¹——miə³¹tsʅ³³xəŋ³³tua³¹. tau²⁴niaŋ¹²kuo¹²⁻³³ku²⁴tɕiə⁵⁵ku⁵⁵⁄²²
看　啊，　呀，　面——　面子很大。　到　娘　家　过节箇
øi⁵⁵⁻²²ni⁵⁵⁄²²nə³³, øa¹²ɕi³³øia²², ny³³、naŋ²², ɕi³³øia²², məi³¹sa¹²⁻³³, tʰə⁵⁵piə³¹xa²²
一　日　呢，　也是呀，　女、郎，　是呀，　外孙，　特别还
øiəu³³niəŋ³¹tiə⁰nau³³təu²²kuo⁰, ku⁵⁵⁄²²ni⁵⁵niəŋ²²øa²², øa¹²øi⁵⁵tai³¹øiau²⁴tau²⁴ku⁵⁵⁄²²
有　认嗲老同①个₀，箇立⁼些人啊，　也一定要　到　箇
øi⁵⁵⁻²²ni⁵⁵⁄²²nai²²ku²⁴tɕiə⁵⁵øa²², kuo²⁴ny³³xuo³³naŋ²²øi⁵⁵tai³¹øiau²⁴øuəi²²——øuəi²²
一　日　来过节啊，　个₁女和　郎　一定要　回——　回
tau²⁴məi³¹kuo¹²⁻³³tɕʰy²⁴nuo³³. øy²²ku³³øia²²øuəi²²nai²²kə⁰（<kuo⁰） xuo³¹nə³³, øa¹²
到外　家去啰。　如果　□不回来个₀　话呢，也
ta⁵⁵⁄²²niəŋ²²kuo¹²⁻³³kʰuo²⁴pu²²tɕʰi³³kuo²⁴ny³³——kʰuo²⁴pu²²tɕʰi³³ni³³kuo²⁴ny³³, øiəŋ¹²
得遭人　家　看不起个₁女——看不起你个₁女，因
øuəi²²ni³³ɕi³³pu²²ɕiau²⁴suəŋ³¹, ɕi³³øia²², ku²⁴ɕi²²ku²⁴tɕiə⁵⁵tau²⁴pu²²nai²²øuəi²²tɕʰy²⁴
为你是不　孝　顺，　是呀，　过时过节　倒也不能回去
kʰuo²⁴xuo³³fu³¹mu³³øio²²niaŋ¹²⁻³³, øa¹²ɕi³³pu²²ɕiəŋ²²kə⁰, ɕi³³øi⁵⁵tai³¹øiau²⁴øuəi²²tɕʰy²⁴.
看下父母爷娘，　也是不行个₀,是一定要　回去。
tau²⁴tɕiə⁵⁵ni⁵⁵⁻²²ku⁵⁵⁄²²øi⁵⁵⁻²²ni⁵⁵⁻²²nə³³, puo⁵⁵øyə⁵⁵⁻²²ɕiə³¹ŋ⁵⁵ku⁵⁵⁄²²øi⁵⁵⁻²²ni⁵⁵⁄²²
到节日箇　一　日呢，八月　十五箇一　日
nə³³, tuai³¹kʰa⁵⁵tɕy³³øiau²⁴ɕi³³øia²², øi³³kuo²⁴suo⁵⁵⁄²²øuo⁵⁵øuəi²²tɕy²², øa²², kuo¹²
呢，　待客主要是呀，　以个₂杀　鸭为主，啊，家
kuo¹²⁻³³fu³¹fu³¹tu¹²suo⁵⁵⁻²²øuo⁵⁵, ku²⁴tɕʰy²⁴øiəu³³øa²², tɕiəu³¹ɕi³³kaŋ³³ "tsəŋ¹²tɕʰiəu¹²⁻³³
家　户户都杀鸭，过去有啊，　就是讲　"中　秋
suo⁵⁵⁄²²øuo⁵⁵niə²²suo⁵⁵⁄²²tɕi¹²" kuo⁰kaŋ³³xuo⁵⁵⁻²², ɕi³³øia²², tɕiəu³¹ɕi³³kaŋ³³puo⁵⁵
杀　鸭年杀　鸡"个₀讲法，　是呀，　就是讲八
øyə⁵⁵⁻²²tɕiə⁵⁵nə³³, øi⁵⁵tai³¹ɕi³³suo⁵⁵⁄²²øuo⁵⁵pu²²suo⁵⁵⁄²²tɕi³¹. ɕi³³øia²², øaŋ²⁴tsau²⁴
月　节呢，一定是杀　鸭不杀　鸡。是呀，按照
nau³³niəŋ²²kuo¹²⁻³³ti³¹—— ku³³tuai³¹kə⁰（<kuo⁰）tɕyə²²xuo³³——tɕyə²²xuo³³nai²²
老人家唡们——古代个₀　　传下——传下来

---

① 老同：同年出生的结拜兄弟。

kuo⁰ kaŋ³³ xuo⁵⁵⁻²² tɕiəu³¹ ɕi³³ kaŋ³³ Øa²², tsai³³ ku³³ ɕi³³ xau³¹ Øa²², kuo²⁴ pai⁵⁵ fuaŋ¹²⁻³³,
个₀ 讲 法　　就 是 讲 啊，　在 古 时 候 啊，个₁ 北 方，
Øiəu³³ kuo²⁴ kaŋ³³ tsʅ²⁴ "ta²² taŋ²⁴ tsu²²" kuo⁰——kuo⁰ niəŋ²² nai²² tɕʰiəŋ²⁴ faŋ²⁴ ŋ³³ tiə³¹ tsəŋ¹²
有 个 讲制叫做 "达 旦 族"　个₀——个₀ 人 来 侵 犯 我 哋们 中
kua⁵⁵⁻²², Øa²², tɕʰiəŋ²⁴ fuaŋ²⁴ kə²⁴ (<kuo²⁴) tsəŋ¹² Øyə²², tsai³³ tsəŋ¹² tɕʰiəu¹²⁻³³
国，　啊，　侵 犯 个₁　　　中 原，在 中 秋
tɕiə⁵⁵ᐟ²² ku⁵⁵ᐟ²² Øi⁵⁵⁻²² ni⁵⁵ᐟ²² nə³³, puo⁵⁵ Øyə²² ɕiə³¹ ŋ⁵⁵ ku⁵⁵ᐟ²² Øi⁵⁵⁻²² ni⁵⁵ nə³³, Øa²²,
节 箇 一 日 呢，　八 月 十 五 箇 一 日 呢，　啊，
kau⁵⁵ ti³¹ kə⁰ (<kuo⁰) nəŋ²² mai²² Øa²², tu¹² tɕʰi³³ nai²² xuo³³ kʰaŋ²⁴, xuo³³ ta²² taŋ²⁴ tsu³¹,
各 地 个₀　　　农 民 啊，都 起 来 反 抗，　反 达 旦 族，
xuo³³ kʰaŋ²⁴ kuo²⁴ Øuai²² nai²² tɕʰiəŋ²⁴ nyə²² tsə³³。ɕi³³ Øia²², piəŋ²⁴ tɕʰiə³³ kə²⁴ (<kuo²⁴)
反 抗 个₁ 外 来 侵 略 者。是 呀，　并 且 个₁
ɕi²² ka¹²⁻³³ nə³³, ɕi³³ tai³¹ tsai³³ puo⁵⁵ Øyə²² ɕiə³¹ ŋ⁵⁵, Øia²², tsəŋ¹² tɕʰiəu¹²⁻³³ tɕiə⁵⁵⁻²²
时 间 呢，　是 定 在 八 月 十 五，　呀，　中 秋 节
ku⁵⁵ᐟ²² Øi⁵⁵⁻²² ni⁵⁵。su³³ Øi³³, kuo¹² kuo¹²⁻³³——tsəŋ¹² tɕʰiəu¹²⁻³³ tɕiə⁵⁵⁻²² ku⁵⁵ᐟ²² Øi⁵⁵⁻²²
箇 一 日。所 以，家 家——　中 秋 节 箇 一
ni⁵⁵ nə³³, kuo¹² kuo¹²⁻³³ fu³¹ fu³¹ tu¹² pau¹² tsəu²⁴ tsʅ³³。Øa²², nuo³¹ kuo²⁴ ɕi ka¹²⁻³³ pau¹²
日 呢，　家 家 户 户 都 包 粽 子。啊，　那 个 时 间 包
tsəu²⁴ tsʅ³³ xa²² Øiəu³³ Øi⁵⁵⁻²² kə²⁴ (<kuo²⁴) suai³³ tɕʰy²⁴ tsəu³¹ ɕi³³ kaŋ³³, tsuo²² Øuəi²²
粽 子 还 有 一 个　　　□用 处 就 是 讲，作 为
tɕyəŋ¹² niəŋ²² suai³³。Øuəi²² fuaŋ¹² piə³¹ tuo³³ tsaŋ²⁴ Øa³³, tuo³³ tsaŋ²⁴ pu²² xau²² tɕy³³ xuo³¹
军 粮 □用。为 方 便 打 仗 啊，　打 仗 不 好 煮 饭
Øa³³, tsəu³¹ tɕʰiə⁵⁵⁻²² tsəu²⁴ tsʅ²⁴ su²⁴ tiə⁰, ɕi³³ Øia²², ku²⁴ tɕʰy²⁴ xa²² Øiəu³³ kuo²⁴ kaŋ³³
啊，　就 吃 粽 子 算 嗲，是 呀，过 去 还 有 个 讲
xuo⁵⁵⁻²² nə³³, tɕiəu³¹ ɕi³³ kaŋ³³ Øa³³, "niə⁵⁵ tsʅ²² puo¹²⁻³³, nuo⁵⁵ tsəu²⁴ tsʅ³³" kuo⁰ kaŋ³³
法 呢，　就 是 讲 啊，"热 糍 粑，　□凉 粽 子" 个₀ 讲
xuo⁵⁵⁻²²。tsəu³¹ ɕi³³ kaŋ³³ kuo²⁴ tsəu²⁴ tsʅ³³ nə³³ nuo⁵⁵ tɕʰi²² Øa¹² kʰɯ³³ Øi³³, pu²² fəi³¹ saŋ¹²
法。　就 是 讲 个₂ 粽 子 呢 □凉 吃　　也 可 以，不 会 伤
səŋ¹² tsʅ³³。Øə²² tɕʰiə³³ nə³³, kuo²⁴ tsəu²⁴ tsʅ³³ nə³³, fuaŋ²⁴ tɕʰi³³ ni⁵⁵ᐟ²², səŋ³¹ tɕi²⁴ Øy²⁴
身 子。而 且 呢，　个₂ 粽 子 呢，　放 几 日，　甚 至 于

71

çiə³¹ ni⁵⁵⁻²² puo⁵⁵ ni⁵⁵⁻²² tu¹² pu² fəi³¹ piə²⁴ Øuəi³¹——piə²⁴ Øuəi³¹, pu²² fəi³¹ fuaŋ²⁴ fua³¹。çi³³
十 日 八 日 都 不 会 变 味—— 变 味, 不 会 放 坏。是
Øia²², su³³ Øi³³ Øa²², ku⁵⁵⁻²² ni⁵⁵ niəŋ³³ niə³³, tçiəu³¹ tuai²⁴ tçʰi³³ tsəu²⁴ tsɿ³³ taŋ²⁴ kuo²⁴
呀, 所以啊, 箇 立⁼些 人 呢, 就 带 起 粽 子 当 个₂
tçyəŋ¹² niaŋ²², taŋ²⁴ niaŋ²² sai³¹ tçʰiə⁵⁵⁻²² nuo³³。"Øuo⁵⁵——Øia²² tsɿ³³", Øy³³ kuo²⁴ "ta²²
军 粮, 当 粮 食 吃 啰。 "鸭—— 鸭 子", 与 个₁ "达
tsɿ³³", ku⁵⁵⁻²² niaŋ³³ tsəŋ³³ xuo³¹ nə³³ tçiəu³¹, Øa⁵⁵ Øiəŋ¹² çiaŋ¹² sɿ²⁴, su³³ Øi³³ nə³³, puo⁵⁵
子", 箇 两 种 话 呢 近, 阿 音 相 似, 所 以 呢, 八
Øyə⁵⁵⁻²² çiə³¹ ŋ̍³³ nə³³, tçiəu³¹ kaŋ³³ tsɿ²⁴ "pa²² Øyə²² sɿ³³ Øu⁵⁵ sa²² Øia³³"①, Øa¹² tçiəu³¹
月 十 五 呢, 就讲制叫做 "八 月 十 五 杀 鸭 子", 也 就
çi³³ "sa²² ta²² tsɿ³³", niaŋ³³ kuo²⁴ tçiəu²⁴ Øiəŋ¹² ma²², Øia²² tsɿ³³ ta²² tsɿ³³ ma²²②, çi³³ pa²²,
是 "杀 达 子", 两 个 近 音 嘛, 鸭 子 达 子 嘛, 是 吧,
su³³ Øi³³ suo⁵⁵⁻²² Øuo⁵⁵ kuo²⁴/⁰ çi⁵⁵/²² su²² nə³³ tçiəu³¹ niəu xuo³³ nai²² tiə⁰。Øia²², tçiəu³¹
所 以 杀 鸭 个₀ 习 俗 呢 就 留 下 来 嗲。 呀, 就
Øiəu³³ puo⁵⁵ Øyə⁵⁵⁻²² çiə³¹ ŋ̍³³ suo⁵⁵/²²——tçʰiə⁵⁵⁻²² tsəu²⁴ tsɿ³³ suo⁵⁵⁻²² ta²² tsɿ³³ kuo⁰ çi⁵⁵/²²
有 八 月 十 五 杀—— 吃 粽 子 杀 达 子 个₀ 习
su²²。tsai³³ kʰa⁵⁵ niaŋ²² Øuəi²² tçʰy²⁴ kuo⁰ çi²² ka¹²⁻³³ nə³³, nuo³¹ kuo²⁴ çi²² ka¹²⁻³³, kuo²⁴
俗。在 客 人 回 去 个₀ 时 间 呢, 那 个 时 间, 个₂
tçy³³ kuo¹²⁻³³ Øa²², Øiau²⁴ kai²² kuo²⁴ sau⁵⁵ tsɿ³³——nuo³¹ kuo²⁴ çi²² ka¹²⁻³³ Øia²² ta⁵⁵⁻²² pʰiə¹²
主 家 啊, 要 □用 个₂ 索 子—— 那 个 时 间 □得没有 编
tsɿ²² tuai³¹ Øia²² ta⁵⁵⁻²² səŋ²² kuo⁰ nuo⁰, Øia²² ta⁵⁵⁻²² su²⁴ niau²² tuai³¹, çi³³ Øia²², tu¹² Øiəŋ³¹
织 袋 □得没有 什个₀什么 啰, □得没有 塑 料 袋, 是 呀, 都 用
sau⁵⁵ tsɿ³³ tçʰyə¹² kuo⁰。kai²² sau⁵⁵ tsɿ³³ tau²⁴ tçʰi³³ Øi⁵⁵⁻²² tua³¹ tçʰyə²⁴, Øia²², tçi³³ çiə³¹
索 子 穿 个₀。 □用索 子 绹 起 一 大 串, 呀, 几 十
tiau²² tsəu²⁴ tsɿ³³, ta⁵⁵/²² kuo²⁴ kʰa⁵⁵ niaŋ²² kai²² Øuəi²² tçʰy²⁴ Øa²², muo³¹ muo³¹ tçʰiə⁵⁵⁻²²。
条 粽 子, 得 给 个₂ 客 人 □带 回 去 啊, 慢 慢 吃。

---

① "八月十五杀鸭子"为当地西南官话音。
② "鸭子达子嘛"为当地西南官话音。

第一章 时令、节庆

nuo³¹ kuo²⁴ ɕi²² ka¹²⁻³³ xa²² Øiəu³³ kuo²⁴ ɕi⁵⁵⁽²² su²² nə³³, tɕiəu³¹ ɕi³³ kaŋ³³ Øa²², məi³³
那 个 时 间 还 有 个 习 俗 呢, 就 是 讲 啊, 每

tau²⁴ tsəŋ¹² tɕʰiəu¹² tɕiə⁵⁵⁻²² ku⁵⁵⁽²² Øi⁵⁵⁻²² ni²² Øa²², nau³³ niəŋ²² kə³³ (<kuo¹²) ti³¹ kaŋ³³
到 中 秋 节 箇 一 日 啊, 老 人 家 哋们讲

Øa³³: "Øyə⁵⁵ kuaŋ¹²⁻³³ tau²⁴ tsəŋ¹² tɕʰiəu¹²⁻³³ fuəŋ¹² Øuai³¹ Øyə²²", fuəŋ¹² Øuai³¹ nu²² nə³³
啊:"月光月亮 到 中 秋 分 外 圆", 分 外 □圆呢

kə⁰ (<kuo⁰) Øi²⁴ sʅ¹²⁻³³. su³³ Øi³³ Øia²², Øuaŋ³³ Øuaŋ³³ nə³³, Øiəu³³ Øi⁵⁵⁻²² kuo¹² niəŋ²²,
个₀   意思。 所 以 呀, 往 往 呢, 有 一 家 人,

xuo⁵⁵⁽²² tɕia²⁴ ɕi³³ Øi⁵⁵⁻²² taŋ³³ niəŋ²², Øa²², tua³¹ tɕi²² kuo¹²⁻³³ Øuəi²² tsai Øi⁵⁵⁻²² tɕʰi³³,
或 者 是 一 党伙人, 啊, 大齐=家大家 围 在 一 起,

Øa²², tɕi²⁴ Øyə⁵⁵, kʰuo²⁴ Øyə⁵⁵ kuaŋ¹²⁻³³, saŋ³³ Øyə⁵⁵, ɕi³³ Øia²², piəŋ²⁴ tɕʰiə¹² nə³³,
啊, 祭 月, 看 月光月亮   赏 月, 是呀, 并 且 呢,

Øiəu³³ kuo²⁴ saŋ³³ Øyə⁵⁵, tɕʰiə⁵⁵⁽²² Øyə⁵⁵ pai³³ kuo⁰ ɕi⁵⁵⁽²² ku²⁴。
有 个 赏 月, 吃 月 饼 个₀习 惯。

普通话梗概

除了过年以外，中秋节是最隆重的一个节日。为了方便不同村的亲戚朋友之间相互走动，就有了村与村之间轮流过中秋的风俗。比如说，在双洲一带是农历八月十二，我们这里是农历八月十四或者十六。今天你到我这过节，明天我去你那里吃粽子。过节前，家家户户都包粽子，少的要包十几斤糯米，多的要包三五十斤。粽子主要用来招待客人，或者等客人回去的时候作为赠品。在中秋节请客的时候不是说"到我那里吃饭"，都是讲"过节，到我家里来吃粽子吧"。在中秋这一天，不仅要准备月饼，而且一定要有鸭，去走访亲戚朋友需要这些礼物。中秋节这段时间，路上到处可以听到嘎嘎嘎的鸭叫声，好不热闹。

有一个旧习俗是出嫁的女子在中秋节这段时间，一定要带上丈夫回娘家。娘家的兄弟姐妹也要到这个出嫁女子的新家去吃粽子，如果不去的话，女子就会被夫家的人看不起。谁家的人越多，谁家的面子就越大。女子回娘家过节这

一天，女婿、外孙也要一起来。如果女子不回娘家过节日，就会被认为是不孝，会被人瞧不起。特别是结拜兄弟，也一定要来。

中秋节待客以杀鸭为主，家家户户都杀鸭，过去有句话"中秋杀鸭年杀鸡"，就是说中秋节一定要杀鸭而不杀鸡。按照古代传下来的说法，古时候有个"达旦族"来侵犯中原，中秋节这一天，各地农民都起来反抗，家家户户都包粽子。粽子还有一个用处就是作军粮，打仗不方便做饭就吃粽子。过去还有个"热糍粑，冷粽子"的说法，意思是粽子吃凉的也不会伤身体，甚至十天八天也不会变质。"鸭子"和"达子"在当地方言中音近，所以"杀鸭子"就是"杀达子"的意思，所以当地中秋节就保留了吃粽子和杀鸭子的习俗。

当客人回去的时候，主人就会用绳子捆上或穿起一大串粽子给客人带回去慢慢吃，因为那时候没有编织袋或塑料袋之类的，所以只能用绳子了。老人们常说"月亮到中秋分外圆"，所以有大家围在一起祭月和吃月饼的习俗。

十四、重阳节

kaŋ³³kə²⁴（＜kuo²⁴）tsəŋ²²ɵiaŋ²²tɕiə⁵⁵⁻²²kə⁰（＜kuo⁰）ɕi⁵⁵ᐟ²²su²²。məi³³niə²²
讲　个　　　重　阳　节　　个₀　习　俗。每　年

kə⁰（＜kuo⁰）ɵa²²，tɕiəu³³ɵyə⁵⁵⁻²²tsʰu¹²tɕiəu³³，tɕiəu³¹ɕi³³kaŋ³³nəŋ²²——ɵiaŋ²²——
个₀　　啊，九　月　初　九，就　是　讲　农——阳——

ɵiəŋ¹²nai⁵⁵⁻²²nuo³³，ɕi³³ɵia²²。tɕiəu³³ɵyə⁵⁵⁻²²tsʰu¹²tɕiəu³³kuo²⁴ᐟ⁰ɕi³³ka¹²⁻³³nə³³，tsai²⁴
阴　历　啰，是呀。九　月　初　九　个₀　时　间　呢，正

xau³³ɕi³³tɕiəu³³tu³³ɕiə³¹ɵyə⁵⁵⁻²²ɕiau³³ɵiaŋ²²tsʰuəŋ¹²⁻³³kuo⁰tɕi²⁴tɕiə⁵⁵⁻²²。ɵa²²，tsəŋ²²
好　是　九赌￣十月农历九十月之间小　阳　春　　个₀季　节。啊，重

ɵiaŋ²²tɕiə⁵⁵⁻²²kuo²⁴ᐟ⁰ɕi³³ka¹²⁻³³ɵa²²，tɕʰiəu¹²kau¹²tɕʰi²⁴suaŋ³³，tɕʰi²⁴xau³¹nə³³，fəi¹²
阳　节　　个₀　时　间　啊，秋　高　气　爽，　气　候　呢，非

tsaŋ²²xau³³，fəi²²tsaŋ²²sɿ⁵⁵fu⁵⁵⁻²²kuo²⁴niəŋ²²fu⁵⁵təu³³。ku²⁴tɕʰy²⁴ɵiəu³³nə³³，ɵiəu³³kaŋ³³
常　好，　非　常　适　合　　个₂人　活　动。过　去　有　呢，有　讲

ɵa²²ɵa²²，tsəu²⁴ɕi³¹kaŋ³³ɵa²²："tɕiəu³³tɕiəu³³tsəŋ²²ɵiaŋ²²ɵiaŋ²⁴ɵiaŋ²²tʰiə¹²⁻³³"，"tsəŋ²²
啊，啊，就　是　讲　啊："九　九　重　阳　艳　阳　天"，　"重

ɵiaŋ²²tsəŋ²²kuəi²⁴xuo¹²⁻³³"，"ɕy³¹saŋ³¹kuəi²⁴xuo¹²⁻³³ɕiaŋ¹²，ti³¹saŋ³¹ky⁵⁵（＜tɕy⁵⁵）
阳　重　桂　花"，　"树　上　桂　花　香，地　上　菊

xuo¹²⁻³³ɵuaŋ²²"ku⁵⁵ᐟ²²kuo²⁴kaŋ³³xuo⁵⁵⁻²²。nəŋ²²tsʰəŋ¹²⁻³³ɵa²²，tsai³³tsəŋ²²ɵiaŋ²²tɕiə⁵⁵⁻²²
花　黄"箇　个　讲　法。　农　村　啊，在　重　阳　节

ku⁵⁵ᐟ²²ɵi⁵⁵⁻²²ni⁵⁵ᐟ²²nə³³，ɵa¹²ɵiəu³³ku²⁴tɕiə⁵⁵kə⁰（＜kuo⁰）ɕi⁵⁵ᐟ²²ku²⁴。
箇　一　日　呢，也　有　过　节　个₀　习　惯。

tsəŋ²²ɵiaŋ²²tɕiə⁵⁵⁻²²nə³³，ɵa¹²ɕi³³nau³³niəŋ²²tɕiə⁵⁵⁻²²，su³³ɵi³³ɵa²²，tsai³³ku⁵⁵ᐟ²²
重　阳　节　　呢，也　是　老　人　节，　所　以　啊，在　箇

ɵi⁵⁵⁻²²ni⁵⁵ᐟ²²nə³³，tɕy⁵⁵ᐟ²²kuo²⁴tɕʰy⁵⁵ᐟ²²tɕʰy²⁴tiə⁰kə⁰（＜kuo⁰）ku¹²niaŋ²²ɵa²²，tu¹²
一　日　呢，出　嫁　出　去　嗲　个₀　姑　娘　啊，都

ɵiau²⁴ɵuəi²²nai²²kʰuo²⁴maŋ³¹tsɿ⁴¹tɕi³³kuo⁵³fu³¹mu⁵⁵ɵio²²niəŋ¹²⁻³³。ɕi³³ɵia²²，tsəŋ²²ɵiaŋ²²
要　回　来　看　望　自　己　个₀父　母　爷　娘。　是呀，重　阳

tɕiə⁵⁵⁻²² ku⁵⁵⁄²² Øi⁵⁵⁄²² ni⁵⁵⁄²² nə³³, tsai³³ ŋ³³ tiə³¹ kuo²⁴ pəŋ³³ ti³¹ fuaŋ¹²⁻³³ Øa²², Øa¹² xai¹² pau¹²
节 箇 一 日 呢, 在 我 哋们个₁ 本 地 方 啊, 也 兴 包

tsəu²⁴ tsʅ³³, ɕi³³ Øia²², tɕʰiəŋ¹² tɕi²² kuo¹²⁻³³ fu²⁴ ɕiaŋ¹²⁻³³ nai Øuaŋ²² xa²² təu¹² kuo⁰ ɕi⁵⁵⁄²²
粽 子, 是 呀, 亲 戚 家亲戚之间 互 相 来 往 行走动 个₀ 习

ku²⁴。tsai²⁴ Øiəu³³ nə³³, tsəu³¹ ɕi³³ tsai³³ tsəŋ²² Øiaŋ²² tɕiə⁵⁵⁻²², Øa²², kuo²⁴ ɕi³³ ka¹²⁻³³ Øa²²,
惯。再 有 呢, 就 是 在 重 阳 节, 啊, 个₁ 时 间 啊,

kʰu³³ Øi³³ Øiau¹² tɕʰi³³ tɕi³³ kuo²⁴ niəŋ²² Øi⁵⁵⁻²² tɕʰi³³ tɕʰy²⁴ nai³³ saŋ³¹ tɕʰy²⁴, tsa⁵⁵⁄²² Øio²²
可 以 邀 起 几 个 人 一 起 去 岭 上 去, 摘 野

tɕy⁵⁵⁄²² xuo¹²⁻³³, ɕi³³ Øia²². tsa⁵⁵⁄²² Øio²² tɕy⁵⁵⁄²² xuo¹²⁻³³ tsʅ²⁴ səŋ²² kə³³ nə³³? tsəu³¹ ɕi³³ pa³³
菊 花, 是 呀。 摘 野 菊 花 制做什个₀ 什么呢? 就 是 把

kuo²⁴ tɕy⁵⁵⁄²² xuo¹²⁻³³ Øa²², Øio³³ tɕy⁵⁵⁄²² xuo¹²⁻³³ tsa⁵⁵⁄²² Øuəi²² nai²² Øi³³ xau³¹ Øa²², kai²²
个₂ 菊 花 啊, 野 菊 花 摘 回 来 以 后 啊, □用

kə²⁴ (< kuo²⁴) tsai²⁴ kai²⁴ tsʰuəi¹² səu³¹ tiə⁰ Øi³³ xau³¹, sua²⁴ ku¹², Øa²², tɕiəu³¹ sai²² tiə⁰
个 甑□给 炊 熟 嗲以后, 晒 干, 啊, 就 成 嗲

tsʰai¹² niaŋ²² kuo⁰ ka³³ niə⁵⁵ Øi³³ tsəŋ³³ xau³³ tsuo²² Øiə⁵⁵⁻²², Øa²², pau³³ tsəŋ²² tɕʰi³³ nai
清 凉 个₀ 解热 一 种 好 茶 叶, 啊, 保 存 起 来

Øa²², kuaŋ¹² Øi⁵⁵⁻²² niə²² sʅ²⁴ tɕi²⁴ pʰau²⁴ tsuo²² tɕʰiə⁵⁵⁻²²。ɕi³³ Øia²², kuo²⁴ tɕiəu³¹ ɕi³³ tsəŋ²²
啊, 供 一 年 四 季 泡 茶 吃。 是 呀, 个₁ 就 是 重

Øiaŋ²² tɕiə⁵⁵⁻²² kuo⁰ ɕi⁵⁵⁄²² su²²。
阳 节 个₀ 习 俗。

普通话梗概

每年的农历九月初九正好是一个小阳春的季节。重阳节前后秋高气爽,气候非常适合运动。过去有"九九重阳艳阳天""重阳重桂花""树上桂花香,地上菊花黄"等说法。重阳节也是老人节,所以在这一天,嫁出去的妇女都要回来看望自己的父母。这一天,我们这里时兴包粽子。另外,可以邀上几个人一起去山上摘野菊花。野菊花摘回来以后用甑蒸熟再晒干,就制成了清凉解热的一种好茶叶,保存起来可以供一年四季泡茶吃。

十五、甘蔗开榨节

kaŋ³³ kuo²⁴ taŋ¹² ti³¹ kə⁰（＜kuo⁰）fəu¹² su²², ɕiə³¹ Øyə⁵⁵⁻²² ɕi²² kə⁰（＜kuo⁰）
讲　个　当　地　个₀　　　　风　俗，　十　月　　时　个₀

kʰuai¹² tsuo²⁴ tɕiə⁵⁵/²², Øa¹² ɕi³³ kuo²⁴ tsuo²⁴ taŋ²² kuo⁰ tɕiə⁵⁵/²² tɕʰi²⁴。məi³³ niə²² kə⁰（＜kuo⁰）
开　榨　节，　也 是 个₁ 榨　糖　个₀ 节　气。 每　年　个₀

ɕiə³¹ Øyə⁵⁵⁻²² fuaŋ³¹, ɕiə³¹ Øyə⁵⁵⁻²² ɕi²², nəŋ²² nai⁵⁵⁻²²——nau³³ nai⁵⁵⁻²² nə³³, ɕiə³¹
十　月　　份，　十　月　　时，　农　历　——　老　历　呢，　十

Øyə⁵⁵⁻²² ɕi²² Øi⁵⁵⁻²² tau²⁴, tɕiə³¹ tau²⁴ tiə⁰ kuo²² ku¹² tsuo²⁴ Øa²², Øiau²⁴ tsuo²⁴ taŋ²² kə⁰（＜kuo⁰）
月　　时 一 到，　就　到 嗲 个₂ 甘　蔗　啊，　要　榨　糖　个₀

ɕi²² ka¹²⁻³³ na³³。 tsəŋ²² ɕiə³¹ Øyə⁵⁵⁻²² tsʰu¹² ɕiə³¹ kʰuai¹² ɕi³³ tɕiəu²⁴ Øiau²² tsɿ²⁴ kuo²⁴ tsuaŋ²² pi³¹
时　间　啦。 从　十　月　　初　十　　开　始　就　要　制 做 个₂ 准　备

kəu¹² tsuo⁵⁵⁻²²。 ku²⁴ tɕʰy²⁴ nə³³, nuo³¹ kə²⁴（＜kuo²⁴）ɕi²² ka¹²⁻³³ tsuo²⁴ taŋ²² Øia²² ta⁵⁵⁻²²
工　作。　过　去　呢，　那　个　　　　　时　间　榨　糖　□得 没有

tɕi¹² tsɿ³³ nuo³³, ɕi³³ kʰau²⁴ niaŋ⁴³ kə²⁴（＜kuo²⁴）sai³¹ tsuo²⁴ nai²² tsuo²⁴ kuo⁰。 nuo³¹
机　子 啰，　是 靠　两　个　　　　　　石　榨　来　榨　个₀。　那

kə²⁴（＜kuo²⁴）ɕi²² ka¹²⁻³³ Øa¹² Øia²² ta⁵⁵⁻²² kaŋ¹² tɕiəŋ¹²⁻³³, Øia²² Øiəu³³ suei³³ ni²², Øau²²
个　　　　　时　间　也□得 没有　　钢　筋，　□没有　水　泥，　熬

taŋ²² kuo²⁴ tsau²⁴ nə³³, Øa¹² ɕi³³ Øiəŋ³¹ kə²⁴（＜kuo²⁴）ni²² pa³³ tsʰəŋ³¹ tɕʰi³³ tsɿ²⁴ sai²² kuo⁰。
糖　个₀ 灶 呢，也 是 用　个₂　　　　　泥　巴 □舂　起 制做 成　个₀。

tsai³³ nuo³¹ kuo²⁴ ɕi²² ka¹²⁻³³, tsəŋ²² ɕiə³¹ Øyə⁵⁵⁻²² tsʰu¹² ɕiə³¹ tɕiəu³¹ kʰuai¹² ɕi³³ na³³, tua³¹
在　那　个　时　间，　从　十　月　　初　十　就　开　始 啊，　大

tɕi²² kə³³（＜kuo¹²）tɕiəu³¹ Øiau²⁴ tɕʰy⁵⁵/²² kəu¹² na³³, ɕi³³ Øia²², fəu²² Øiau²⁴ tsuo²⁴ taŋ²²
齐＝家 大家　　　　　就　要　出　工　啦，　是　呀，　逢 凡是 要 榨　糖

kuo⁰ niəŋ²² kə³³（＜kuo¹²）tɕiəu³¹ Øiau²⁴ tɕʰy⁵⁵/²² kəu¹² na³³, tɕʰy²⁴ nai³³ saŋ³¹ tɕʰy²⁴ Øa²²,
个₀ 人　家　　　　　就　要　出　工　啦，　去　岭　上　去　啊，

tɕʰy²⁴ Øuo⁵⁵ ti⁵⁵ kuo²⁴ Øuaŋ²² ni² pa³³ Øuəi²² nai²², puai²² səi²⁴, ku²⁴ xuo³³ sua¹² tsɿ³³,
去　挖　□一点 个₂ 黄　泥　巴　回　来，　□打 碎，　过　下　筛　子，

Øiau²⁴ sua¹² ta⁰ xəŋ³³ çi²⁴ nəŋ³¹ kuo⁰。sau¹² Øuəi²² fu⁵⁵ᐟ²² saŋ³¹ ti⁵⁵ kə⁰（＜kuo⁰）suəi³³ Øi³³ xau³¹
要　筛　得　很　细嫩细个₀，稍　微　和　上　□个₀一点　　水以后
Øa²²，tçiəu³¹ kai²² tau²⁴ kuo²⁴ tua³¹ tsau²⁴ saŋ³¹ ——Øyə²² nai²² tsuo⁵⁵ xau³³ tiə⁰ mu¹² puo³³
啊，就　　□拿到　个₁大　灶　上——　原来 扎 好 嗲 模 板
kə⁰（＜kuo⁰）tua³¹ tsau²⁴ saŋ³¹ kuo⁰ mu¹² puo³³ saŋ³¹ tçʰy²⁴ Øa³³，Øiəŋ³¹ kuo²⁴ niəŋ²² kəu¹²⁻³³
个₀　　　大　灶　上　个₀模　板　上　去　啊，用　个₂人　工，
çi³³ Øia²²，çiə³¹ tçi³¹ ——Øi³¹ sa¹²⁻³³ çiə³¹ kuo²⁴ niəŋ²²，məi³³ niəŋ²² səu³³ ni³³ tau²² kai²² Øi⁵⁵⁻²
是　呀，十　几 ——二　三　　十　个　人，每　人　手　里　头□拿　一
tiau²² tiəŋ²² ti⁵⁵ kə³³（＜kuo¹²）kuo⁰ məu⁵⁵ᐟ²² kuəŋ²⁴ tsʅ³³，tsai³³ kuo²⁴ ni²² pa³³ saŋ³¹ tsʰəŋ³¹，çi³³
条　重　□个₀一些　　个₀木　　棍　子，在　个₁泥　巴　上　□舂，是
Øia²²，Øi⁵⁵⁻² tsʅ²² nə³³，Øiau²⁴ pa³³ kuo²⁴ ni²² pa³³ tsʰəŋ³¹ ta⁰ xəŋ³³ tçiəŋ³³ çiə³¹，sai²² tiə⁰ Øi⁵⁵⁻²²
呀，一　　直　呢，要　把　个₁泥　巴　□舂　得　很　紧　实，成　嗲一
tua³¹ kʰua²⁴。tsəi¹²xau³¹ nə³³，tçiəu³¹ tsai³³ kə²⁴（＜kuo⁰）ni²² pa³³ saŋ³¹ kʰuai¹² sʅ²⁴ kuo²⁴ təu³¹
大　块。最　后　呢，就　在　个₁　　　泥　巴　上　开　四　个　洞
Øuo²⁴，Øuo¹² saŋ³³ kuo²⁴ ku¹² tsʅ³³，Øa²²，taŋ²² ku¹²⁻³³ tsʅ³³ nuo³³，Øiəŋ³¹ nai²² Øau²² taŋ²²
按⁼洞眼，安　上　个　锅　子，啊，糖　锅　子　啰，用　来　熬　糖
kuo⁰ tua³¹ ku¹² tsʅ³³ nuo³³，tsəŋ³³ pi³¹ Øau²² taŋ²²。Øi⁵⁵⁻²² fu³³ niəŋ²² nə³³，Øə²²，tçiəu³¹ Øiau²⁴
个₀大　锅　子　啰，准　备　熬　糖。一　伙　人　呢，呃，就　要
Øiəŋ³¹ Øi⁵⁵⁻²² kʰua²⁴ tiaŋ²² tiaŋ²² kə⁰（＜kuo⁰）xau³³ çiə³¹ kə⁰（＜kuo⁰）məu⁵⁵ᐟ²² puo³³ tsʅ³³，
用　一　块　长　长　个₀　　　　厚　实　个₀　　　木　板　子，
xuo³³ tsʅ²⁴ "tʰiə¹² Øu²² puo³³"，xa²² Øiəu³³ Øi⁵⁵⁻² kʰua²⁴ tua³¹ kə⁰（＜kuo⁰）məu⁵⁵ᐟ²² puo³³
喊制叫做"天　屋　板"，还　有　一　块　大　个₀　　　　木　板
tiə³¹ ti³³ ——tiə³¹ tau⁰ tsuo²⁴ ti³³ xuo³³ kuo⁰ nə³³ tçiəu³¹ xuo³³ tsʅ²⁴ "ti³¹ Øu²² puo³³"。Øa²²，
垫　底—— 垫　□着　榨　底　下　个₀呢　就　喊　制叫做"地屋板"。啊，
pa³³ ku⁵⁵ᐟ²² niəŋ³³ kʰua³¹ puo³³，pa³³ ku⁵⁵ᐟ²² niəŋ³³ kuo²⁴ sai³¹ tsuo²⁴ nə³³，tsai³³ ku⁵⁵ᐟ²² niəŋ³³
把　箇　两　块　板，把　箇　两　个　石　榨　呢，在　箇　两
kʰua²⁴ puo³³ tsʅ³³ tsəŋ¹² kuo¹²⁻³³ təŋ²⁴ tçʰi³³ nai²²，su²⁴ tçʰi³³ nai²²。tsai²⁴ Øiəŋ³¹ kuo²⁴ niəu²²
块　板　子　中　间，□竖　起　来，竖　起　来。再　用　个₂牛
tyə²⁴ təu³³ kuo²⁴ sai³¹ tsuo²⁴，pa³³ kuo²⁴ ku¹² tsuo²⁴ kə⁰（＜kuo⁰）suəi³³ tsuo²⁴ tçʰy⁵⁵ᐟ²² nai²²
转　动　个₁石　榨，把　个₁甘　蔗　个₀　　　　水　榨　出　来

第一章　时令、节庆

ɕau²² taŋ²²。
熬　糖。

tsəŋ³¹ pi³¹ kəu¹² tsuo⁵⁵⁻²² ɕi⁵⁵⁻²² tɕʰiə⁵⁵ tsʅ²⁴ xau³³ tiə⁰ ɕi³³ xau³¹ ɸa²², ɸa¹² ɕi³³ kaŋ³³ tua³¹
准　备　工　作　一　切　制做好　嗲以后　啊，也　是　讲　大

kʰa²⁴ ɕiau²⁴ nian³³ sa¹²⁻³³ ni⁵⁵⁻²² kə⁰（＜kuo⁰）tsəŋ³³ pi³¹ ɕi²² ka¹²⁻³³ pa²², ɕi³³ ɕia²²,
概　要　两　三　日　个０　　　准　备　时　间　吧，是　呀，

tɕiəu³¹ ɕiau²⁴ tsʰai³³ nai²² tau³¹ sʅ³¹ nau³¹ tsʅ²⁴ tau³¹ tsaŋ²², ɸa¹² tsəu³¹ ɕi³³ ku²⁴ tɕʰy²⁴ kaŋ³³
就　要　请　来　道　士　佬　制做道　场，也　就　是　过　去　讲

kə⁰（＜kuo⁰）ɸa²², ɕiau²⁴ tsʅ²⁴ kuo²⁴ "fəi²² nəŋ²² tsuo³¹ tʰu³³" kuo⁰ ɕi²⁴ sʅ¹²⁻³³, tɕiəu²²
个０　　　啊，要　制做个₁ "回　龙　谢　土" 个₀意思，　求

nə³³, səŋ²² niə²² pau³³ ɕiəu³¹ kʰuai¹² tsuo²⁴ ɸa²², pai²² ɸuo¹², pu¹² tiau³¹ tɕʰy⁵⁵⁻²² sʅ³¹ ku²⁴。
呢，神　灵　保　佑　开　榨　啊，平　安，不着不要出　　事　故。

piaŋ²⁴ tɕʰiə³³ nə³³, tsai³³ taŋ¹² ni⁵⁵⁻²² ɕi²⁴ tsuo²⁴, kʰuai¹² tsuo²⁴ kə⁰ ɕi²² ka¹²⁻³³ nə³³, tɕiəu³¹
并　且　呢，在　当　日　试　榨，开　榨　个₀时　间　呢，就

ɕiau²⁴ tɕiau¹² ɕi⁵⁵⁻²² tuo²⁴ ku¹² tsuo²⁴ saŋ³³ nai²², kʰuo³³ ɕi⁵⁵⁻²² tuo²⁴ ku¹² tsuo²⁴ nai²² nə³³, ɕi²⁴
要　交　一　担　甘　蔗　上　来，砍　一　担　甘　蔗　来　呢，试

tsuo²⁴。 taŋ¹² ni⁵⁵⁻²² ɸio³¹ xuo³³, kuo²⁴ kuo²⁴ nə³³ tsəu³¹ tsai³³ taŋ²² tsuo²⁴ ni³³ tɕʰiə⁵⁵⁻²² tsəŋ²⁴ xuo³¹。
榨。当　日　夜下₌晚上，个个大家呢　就　在　糖　榨　里　吃　众　饭。

tɕʰiə⁵⁵⁻²² puo³¹ tiə⁰ xuo³¹ ɕi³³ xau³¹, ɕia²², məi³³ niəŋ²² niə³³ tɕiəu³¹ ɕiəŋ³¹ ɕi⁵⁵⁻²² tɕiə⁵⁵⁻²²
吃　罢　嗲饭　以　后，呀，每　人　呢　就　用　一　截

ku¹² tsuo²⁴, tua³¹ kʰa³¹ ɕi³³ niaŋ²² tsʰai⁵⁵⁻²² tu¹² tiaŋ²² ɕi⁵⁵⁻²² tiau¹² ku¹² tsuo²⁴ ma²², tɕʰy²⁴
甘　蔗，大　概　是　两　尺　多　长　一　条　甘　蔗　嘛，去

tɕiau³³ saŋ³³ ti⁵⁵ kuo⁰——ɕi⁵⁵⁻²² tɕi¹²⁻³³ ma²², xuo³³ tsʅ²⁴ "nuo⁵⁵ tsəu²² taŋ²²"。 pa³³ ku¹²
搅　上　□个０一点——一　支　嘛，喊制叫做 "蜡　烛　糖"。　把　甘

tsuo²⁴ saŋ³¹ ku¹² tɕʰi³³ taŋ³¹ nə³³, ŋ³³ tiə³¹ kuo²⁴ ti³¹ fuaŋ¹²⁻³³ tɕiəu³¹ kaŋ³³ tsʅ²⁴ "nuo⁵⁵ tsəu²² taŋ²²",
蔗　上　裹　起　糖　呢，我　咄们　个₁地　方　　就　讲制叫做 "蜡　烛　糖"，

tuai²⁴ ɸuəi²² tɕʰy²⁴ ta⁵⁵⁻³² tua³¹ tɕi¹² kuo¹²⁻³³ kuo²⁴ kuo²⁴ saŋ²² ɕiəŋ²⁴。 ɸa²², taŋ¹² ni⁵⁵⁻²² ɕio³¹
带　回　去　得给大齐═家大家　个个大家　尝　新。啊，当　日　夜

xuo³³ nə³³, ɸa¹² tɕye⁵⁵ tai³¹ xau³¹ niə⁵⁵⁻²² xau³³ tiə⁰ kau¹², nəŋ²² xau³³ tiə⁰ tɕi¹² ni⁵⁵⁻²² tsʅ²⁴ nuo³³
下晚上呢，也　决　定　好　捏抓好　嗲阄，轮　好　嗲今　日　制做哪

kuo²⁴ kuo⁰, mai²² ni⁵⁵/²² tsʅ²⁴ nuo³³ kuo²⁴ kuo⁰, xau³¹ ni⁵⁵/²² tsʅ²⁴ nuo³³ kuo²⁴ kuo⁰, ɸa⁵⁵ ni⁵⁵/²²
个 个₀，明 日 制做哪 个 个₀，后 日 制做哪 个 个₀，阿 日

tsʅ³³ ɸa²² pua³³ təi²⁴，çi⁴³³ ɸia²²，tsəŋ³¹ pi³¹ kʰuai¹² tsuo²⁴ na³³。nuo³¹ kuo²⁴ çi²² ka¹²⁻³³，
子 啊 排 好 队， 是 呀， 准 备 开 榨 啦。 那 个 时 间，

tsʅ²⁴ kuo²⁴ kəu²² nə³³，tçʰy⁵⁵/²² kuo²⁴ ɸə²²——tsəŋ²⁴ kəu¹²⁻³³ nə³³，çi³³ tçʰiə⁵⁵/²² tsʅ³¹ tçi³³
制做个₂ 工 呢， 出 个₂呃—— 众工集体出工 呢， 是 吃 自 己

kuo⁰ xuo³¹ kuo⁰，çi³³ ɸia²²，ɸa⁵⁵ tsəŋ²⁴ saŋ³¹ ɸia²² kʰuai¹² xuo³¹ kuo⁰。ɸia²²，ŋ³³ tiə³¹ nuo³¹
个₀饭 个₀，是 呀， 阿 众上集体 □不 开 饭 个₀， 呀， 我 咄们那

kuo²⁴ çi²² ka¹²⁻³³ tçiəu³¹ çi³³ kaŋ³³ nə³³， tçʰiə⁵⁵/²² tsʅ³¹ tçi³³ kuo xuo³¹ tsʅ²⁴ tsəŋ²⁴ sʅ³¹，ɸə²² tçʰiə³³
个 时间 就 是 讲 呢， 吃 自 己 个₀饭 制做众事集体的事， 而 且

nə³³，ɸia²² ɸiəu³³ ɸiəŋ²⁴ xuo²² kə⁰（<kuo⁰）kəu¹² tçi²²，ɸə²²，ɸia²² ta⁵⁵⁻²² tçiə²² fu²⁴ kuo⁰。
呢，□没 有 任 何 个₀ 工 钱，呃，□得没有 钱 付 个₀。

nuo³¹ kuo²⁴ çi²² ka¹²⁻³³ ɸa¹² kaŋ³³ tsʅ²⁴ "tçʰy⁵⁵/²² fuaŋ¹² kəu¹²⁻³³"。kuo²⁴ sʅ³¹ tsai²² tsʅ²⁴ ɸyə³¹
那 个 时 间 也 讲制叫做"出 荒 工"。 个₁事情 制做圆完

tiə⁰ ɸi³³ xau³¹ nə³³，ti³¹ ɸi³¹ ni⁴⁵/²² tsəu²⁴ tsai²⁴ çi²⁴ kʰuai¹² tsuo²⁴。
嗲以 后 呢， 第 二 日 就 正 式 开 榨。

普通话梗概

  每年的农历十月份是甘蔗榨糖的季节，从农历十月初十开始，就要做好准备工作了。过去榨糖的机器是靠两个石榨来榨的，那时候没有钢筋，没有水泥，熬糖的灶也是用泥巴制成的。从农历十月初十开始，大家就要出工了。凡是要榨糖的人家，就要去山上挖黄泥巴回来，打碎，过一下筛子，要筛出很细的粉末。然后和上一点水，倒在灶上扎好的模板上，十几二十人，每人手里拿着一条很重的木棍在泥巴上舂，要把泥巴舂得很紧，等泥巴舂成一大块后，就在泥巴上开四个洞，安上糖锅子——用来熬糖的大锅，准备开始熬糖。大家伙就要用一块长长的厚实的叫"天屋板"的木板子，还有一块叫"地屋板"的大木板垫在榨底下。将两个石榨在两块板子中间竖起来，再让牛转动石榨，把甘蔗的汁水榨出来熬糖。

大概需要两三天的准备时间，等一切准备工作都做好了以后，就举行"开榨节"活动。先请道士做道场，也就是"回龙谢土"仪式，求神灵保佑开榨时平安，不能出事故，并且在当天试榨，这时每户就要交一担甘蔗上来试榨。当日晚上，人人都在糖榨里聚餐。吃完饭以后，每人就用一节甘蔗，大概是两尺多长，搅上刚榨出来的糖——叫做"蜡烛糖"，带回去给家里的每一个人尝新。当天晚上还要通过抓阄来决定哪一天榨哪一家的，排好队。出工是大家一起出，做大家的事，吃自己的饭，集体是不开饭的，这叫做"出荒工"。仪式完成后，第二天就正式开榨了。

十六、冬至节

kaŋ³³ kə²⁴（<kuo²⁴） təu¹² tɕi²⁴ tɕiə⁵⁵⁻²² kə⁰（<kuo⁰）fəu¹² su²² ɕi⁵⁵/²² ku²⁴。tsȵ³¹
讲　个　　　　　　冬　至　节　个₀　　　　风　俗　习　惯。自

ku³³ Øi³³ nai²² Øiəu³³ kaŋ³³ Øa²²，"təu¹² tua³¹ ku²⁴ niə²²" kə⁰（<kuo⁰）kaŋ³³——kaŋ³³
古　以　来　有　讲　啊，"冬　大　过　年"　个₀　　　　讲——讲

xuo⁵⁵⁻²²，Øi²⁴ ɕi¹²⁻³³（<sȵ¹²）ɕi³³ nə³³，təu¹² tɕi²⁴ tɕiə⁵⁵⁻²² pi³³ ku²⁴ niə²² tua³¹，Øiəŋ¹²
法，　意　思　　　　　　是　呢，冬　至　节　比　过　年　大，因

Øuəi³³ ɕi³³ Øa²²，ɕiə¹² ku²⁴ tiə⁰ təu¹²，xau³¹ tsai²² ɕi³³ ku²⁴ niə²²。kuo²⁴ təu¹² tɕi²⁴ tɕiə²² tɕiə¹²
为　是　呀，先　过　嗲　冬，后　才　是　过　年。　个₁ 冬　至　节　前

xau³¹ Øa²²，kuo²⁴ tʰiə¹² tɕʰi²⁴ nə³³，Øi³³ tɕiəŋ¹²⁻³³ tʰiə¹² xuo²² ti³¹ təu²⁴ tiə⁰。piəŋ²⁴ tɕʰiə³³
后　啊，个₁ 天　气　呢，已　经　　　　天　寒　地　冻　嗲，并　且

nə³³，tu¹² kʰuai¹² ɕi³³ tuo³³ pa³¹ suaŋ¹²⁻³³，səŋ³¹ tɕi²⁴ Øy²² nau⁵⁵⁻²² ɕyə⁵⁵ tiə⁰ Øa²²，tsai³³ təu¹² tɕi²⁴
呢，都　开　始　打　白　霜，　甚　至　于　落　　　雪　嗲啊，在　冬　至

tɕiə⁵⁵⁻²² nə³³，ɕi³³ Øia²²，Øi⁵⁵⁻²² niə⁵⁵ su¹² tsəŋ²⁴ kuo⁰ kau⁵⁵ tsəŋ⁵⁵ tsu⁵⁵ Øu²²，tu¹² tɕi¹² pəŋ³³
节　　　呢，是　呀，一　年　所　种　个₀　各　种　作　物，都　基　本

saŋ³¹ səu¹² ku⁵⁵/²² Øyə¹² tiə⁰，Øa²²，təu¹² Øuəi³³ tau²⁴ Øəu⁵⁵ ni³³ tau²²，tsai²⁴ Øia²⁴ ta⁵⁵⁻²² səŋ²²
上　收　割　圆完嗲，啊，都　回　到　屋　里　头家里，再　□得没有 什

muo³³ tua³¹ kə⁰（<kuo⁰）nəŋ²²——nəŋ²² niə⁵⁵⁻²² saŋ³¹ kə⁰（<kuo⁰）sȵ³¹ tsai²² kʰu³³
么　大　个₀　　　　　　农——农　业　上　　　　个₀　事　情　可

Øi³³ tsȵ²⁴ tiə⁰，Øa²²，Øa⁵⁵ niəŋ²²——niəŋ²² niə³³ tsəu³¹ pi³³ ɕiau²⁴ kʰəu²⁴ xuo²²，Øa²²，ɕiəŋ¹²
以　制做嗲，啊，阿　人——人　呢　就　比　较　空　闲，啊，辛

kʰu³³——Øiəŋ¹² Øuəi²² ɕiəŋ¹² kʰu³³ tiə⁰ Øi⁵⁵⁻²² niə²² tiə⁰ na³³，Øai²⁴ ka¹²⁻³³ ɕiə⁵⁵ Øi⁵⁵⁻²² xuo³³
苦——因　为　辛　苦　嗲一　年　嗲　啦，应　该　歇　一　下

tiə⁰ na³³。Øa²²，tsai³³ təu¹² tɕi²⁴ tɕiə⁵⁵⁻²² ku⁵⁵/²² Øi⁵⁵⁻²² ni⁵⁵/²² nə³³，fu³¹ fu³¹——kuo¹²
嗲　啦。啊，在　冬　至　节　　箇 一　日　呢，户　户——家

kuo¹²⁻³³ fu³¹ fu³¹ tu¹² fəi³¹ suo⁵⁵⁻²² tɕi¹² suo⁵⁵⁻²² Øuo⁵⁵，Øa²²，tuo³¹ kuo²⁴ tsʰai²⁴ Øiə⁵⁵⁻²² tsȵ²²
家　户　户　都　会　杀　鸡　杀　鸭，啊，□春个₁ 菜　叶　糍

第一章 时令、节庆

puo¹²⁻³³, ɕi³³Øia²², xuo⁵⁵ᐟ²²tɕia³³ɕi³³mu³¹təu¹²tau³¹fu²⁴ku²⁴tɕiə⁰, tɕʰiəŋ²⁴tsu⁵⁵⁻²²kuo²⁴
粑， 是 呀， 或 者 是 磨 冬 豆 腐 过 节， 庆 祝 个₂

fəu¹²——fəu¹²səu¹²⁻³³。ku⁵⁵ᐟ²²Øi⁵⁵⁻²²ni⁵⁵Øia²², təu¹²tɕi²⁴tɕiə⁵⁵⁻²²ku⁵⁵ᐟ²²Øi⁵⁵⁻²²ni⁵⁵ᐟ²²
丰——丰 收。 箇 一 日 呀， 冬 至 节 箇 一 日

niə³³, ny³³, kuo²⁴tɕʰy⁵⁵⁻²²tɕʰy²⁴kə⁰（<kuo⁰）ny³³, xuo²²ny³³ɕy²⁴, Øi³³tɕi²²məi³¹sa¹²⁻³³
呢， 女， 嫁 出 去 个₀ 女， 和 女婿， 以 及 外 孙

ti³¹Øa²², tu¹²Øiau²⁴Øuəi²²nai²², tua¹²tɕi²⁴kuo¹²⁻³³Øi⁵⁵⁻²²tɕʰi²⁴kə¹tɕi²⁴tɕiə²²。Øiəŋ¹²
哩们啊， 都 要 回 来， 大 齐═家大家 一 起 过 冬 至 节。 因

Øuəi²²kuo²⁴nə³³, tɕiəu³¹ɕi³³kaŋ³³Øa²², təu¹²tɕi²⁴tɕiə⁵⁵⁻²²tɕiə²⁴xau³¹nə³³, ɕi³³nuo⁵⁵ᐟ²²
为 个₁ 呢， 就 是 讲 啊， 冬 至 节 前 后 呢， 是 腊

nuo⁵⁵Øiəu⁵⁵⁻²², tsȵ²⁴kuo²⁴tau³¹fu²⁴Øy³³kuo⁰tsəi²⁴xau³³kə⁰（<kuo⁰）ɕi²²ka¹²⁻³³。ku²⁴
腊 肉， 制做个₂ 豆 腐 乳 个₀ 最 好 个₀ 时 间。 过

tɕʰy²⁴Øiəu³³tɕy²⁴xuo³¹kaŋ³³Øa²², tɕiəu³¹ɕi³³, "təu¹²——təu¹²tɕi²⁴tɕiə⁵⁵⁻²²kuo⁰nuo⁵⁵
去 有 句 话 讲 啊， 就 是，"冬——冬 至 节 个₀ 腊

Øiəu⁵⁵⁻²²nə³³——nuo⁵⁵tɕʰi³³kuo⁰nuo⁵⁵Øiəu⁵⁵⁻²²Øa²², ka⁵⁵Øuai³¹ɕiaŋ¹²; təu¹²tɕi²⁴tɕiə⁵⁵⁻²²
肉 呢—— 腊 起 个₀腊 肉 啊， 格 外 香； 冬 至 节

su³³tsȵ²⁴kə⁰（<kuo⁰）tau³¹fu²⁴Øy³³niə³³, ɕiaŋ¹²pʰiau¹²sȵ²⁴fuaŋ¹²⁻³³"kə⁰（<kuo⁰）
所 制做个₀ 豆 腐 乳 呢， 香 飘 四 方" 个₀

miəŋ²²（官）——mai²²Øiau²²。Øiəŋ¹²Øuəi²²kuo²⁴tʰiə¹²tɕʰi²⁴kə⁰（<kuo⁰）ku¹²ɕi³¹
民—— 民 谣。 因 为 个₁ 天 气 个₀ 关 系

Øia²², təu¹²tɕi²⁴tɕiə⁵⁵⁻²²Øi³³xau³¹nə³³, Øa²², kuo²⁴tɕʰi³¹xau³¹pi³³ɕiau²⁴niəŋ²²suaŋ³³,
呀， 冬 至 节 以 后 呢， 啊， 个₁ 气 候 比 较 凉 爽，

tɕiəŋ¹²tsaŋ²²ɕi³³pai⁵⁵fəu¹²⁻³³tʰiə¹²⁻³³, xəŋ³³sau³³Øiəu³³nuo²²fəu¹²⁻³³tʰiə¹²⁻³³tiə⁰, ɕi³³Øia²²
经 常 是 北 风 天， 很 少 有 南 风 天 嗲，是 呀，

su³³Øi³³kuo²⁴tau³¹fu²⁴Øy³³, Øa²², kuo²⁴nuo⁵⁵Øiəu⁵⁵⁻²²səŋ³³kə⁰（<kuo⁰）, suəi³³fuaŋ³¹
所 以 个₂豆 腐 乳， 啊， 个₂ 腊 肉 什 个₀， 水 分

Øa²², tsəu³¹Øiəŋ²²Øi²⁴tsai¹²ku¹²。kuo²⁴nuo⁵⁵Øiəu⁵⁵⁻²²nə³³, tsəu³¹nuo⁵⁵ta⁰pi³³ɕiau²⁴xau³³,
啊， 就 容 易 蒸 干。 个₂腊 肉 呢， 就 腊 得 比 较 好，

Øa²², təu¹²tɕi²⁴tɕiə⁵⁵⁻²²ku²⁴tɕʰy²⁴kaŋ³³nə³³, Øi⁵⁵⁻²²tsȵ²⁴ɕi³³ka¹²kə⁰（<kuo⁰）ɕi⁵⁵ᐟ²²
啊， 冬 至 节 过 去 讲 呢， 一 直 是 □这样个₀ 习

su²²øa³³, təu¹²tɕi²⁴tɕiə⁵⁵⁻²² su²² nuo⁵⁵⁄²² kə⁰（＜kuo⁰） nuo⁵⁵øiəu⁵⁵⁻²²øa²², tsəu³¹xəŋ³³
俗啊， 冬 至 节 所 腊 个0   腊 肉   啊，就 很
øiəŋ²²øi²⁴pau³³tsəŋ²², pau³³tsəŋ²²pu²⁴niə²²səŋ³¹tɕi²⁴øi⁵⁵⁻²²niə²²tu¹²pu²²fəi³¹piə²⁴tɕi⁵⁵,
容 易 保 存， 保 存 半 年 甚 至 一 年 都 不 会 变 质,
piə²⁴øuəi³¹, øə²²tɕʰi²²tʰuo²²təu¹²tɕi²⁴tɕiə⁵⁵⁻²²øi³³tɕiə²²nuo⁵⁵⁄²²kə⁰（＜kuo⁰）øiəu⁵⁵
变 味， 而 其 他 冬 至 节 以 前 腊 个0   肉
øa²², xuo⁵⁵⁄²²tɕia³³øi³³xau³¹nuo⁵⁵⁄²²kə⁰（＜kuo⁰）øiəu⁵⁵øa³³, øiəŋ¹²øuəi²²tʰiə¹²tɕʰi²⁴
啊，或 者 以 后 腊 个0   肉 啊， 因 为 天 气
kuo⁰ku¹²ɕi²⁴nə³³, tu¹²øiəŋ²²øi²⁴piə²⁴tɕi⁵⁵。
个0 关 系 呢， 都 容 易 变 质。

təu¹²tɕi²⁴tɕiə⁵⁵⁻²² xa²²øiəu³³nə³³tɕiəu³¹ɕi³³təu¹²tɕi²⁴tɕiə⁵⁵⁻²²kə⁰（＜kuo⁰）xau³¹, su³³
 冬 至 节， 还 有 呢 就 是 冬 至 节   个0   后，所
tsʅ²⁴kə⁰（＜kuo⁰）tau³¹fu²⁴øy³³, øa²²tʰə⁵⁵piə³¹nəŋ³¹fu³¹, tʰə⁵⁵piə³¹ɕiaŋ¹²。ku¹²tɕʰy²⁴nə³³
制做个0   豆 腐 乳, 也 特 别 嫩 和软, 特 别 香。 过 去 呢
nəŋ²²tsʰəŋ¹²⁻³³tu¹²øiəu³³øa²², təu¹²tɕi²⁴tɕiə⁵⁵⁻²²tsʅ³¹tɕi³³mu³¹øi⁵⁵⁻²²ku¹²⁻³³təu¹²tau³¹
农 村 都 有 啊, 冬 至 节 自 己 磨 一 锅 冬 豆
fu²⁴, tsʅ³¹tɕi³³tɕʰiə⁵⁵, xuo²²kai²²øi⁵⁵⁻²²ɕia¹²⁻³³——kai²²øi⁵⁵⁻²²tua²⁴pu²⁴tsʅ³¹tɕi³³tsʅ²⁴
腐, 自 己 吃， 和□留一   些 —— □留一 大 半 自 己制做
kuo⁰tau³¹fu²⁴øy³³, ɕi³³øia²², təu¹²tɕi²⁴tɕiə⁵⁵⁻²²su³³tsʅ³¹tɕʰy⁵⁵⁻²²nai²²kə⁰（＜kuo⁰）
个0 豆 腐 乳，是 呀，冬 至 节 所 制做出   来 个0
tau³¹fu²⁴øy³³øa²², nuo³¹tɕi³³ni⁵⁵⁄²², tɕiə¹²sa¹²xau³¹sʅ²⁴øa²², su³³tsʅ²⁴xau³³kə⁰（＜kuo⁰）
豆 腐 乳 啊， 那 几 日， 前 三 后 四 啊，所 制做好 个0
tau³¹fu²⁴øy³³nə³³, fuaŋ²⁴sai²²niə²²su²², səŋ²⁴tɕi²⁴niaŋ³³niə²²təu¹²pu²²fəi³¹piə²⁴tɕi⁵⁵,
豆 腐 乳 呢， 放 成年数整年， 甚 至 两 年 都 不 会 变 质,
øə²²tɕʰiə³³nə³³, ɕi³³øyə⁵⁵⁄²²fuaŋ²⁴øyə⁵⁵⁄²²ɕiaŋ¹²。kuo²⁴tau³¹fu²⁴øy³³øa²², təu¹²
而 且 呢， 是 越 放 越 香。 个2 豆 腐 乳 啊， 冬
kə⁰（＜kuo⁰）tau³¹fu²⁴øy³³nə³³, xa²²ɕi³³ku²⁴niə²²øia³³, səu²⁴ni³³øi⁵⁵⁻²²øiaŋ³¹ni³³øu²²,
 个0   豆 腐 乳 呢， 还 是 过 年 呀， 送 礼 一 样 礼 物,
kuo²⁴tau³¹fu²⁴øy³³øa²², xa²²øiəu³³øa²², kaŋ³³kuo⁰kuəi²⁴niəŋ²²sa¹²pau³³, tɕiəu¹²ɕi³³fu²⁴
个1 豆 腐 乳 啊， 还 有 啊， 讲 个1 桂 林 三 宝， 就 是 腐

tsu^{22}, tau^{31}fu^{24}Øy^{33}, nu^{24}tɕiau$^{12-33}$tɕiaŋ^{24} tɕʰi^{22} tsəŋ$^{12-33}$ kə^0 (＜kuo^0) Øi$^{55-22}$
竹，豆腐乳，辣椒　　酱　其中　　　个。　一
kə^{24} (＜kuo^{24}) pau^{33}。
个　　　　宝。

普通话梗概

　　自古以来都有"冬大过年"的说法，意思是冬至节比过年要隆重，因为是先过冬后过年。冬至节前后已经天寒地冻，开始打霜甚至下雪了。在冬至节，一年所种的各种作物基本上收割完了，没有什么大的农事可以做，人就比较空闲。因为辛苦了一年，应该歇一下了，所以冬至节这一天，家家户户都会杀鸡杀鸭，做糍粑，或者磨冬豆腐，庆祝丰收。这一天，出嫁的女儿、女婿及外孙们会回娘家过节。冬至节前后是做腊肉和豆腐乳的最好时间。过去说冬至节做的腊肉和豆腐乳特别香，因为这段时间经常是北风天，所以豆腐乳和腊肉的水分容易蒸发，很容易保存，半年甚至一年都不会变质变味，而其他时间所做的腊肉都容易变质。过去的农村都有冬至节自己磨一锅冬豆腐的习惯，其中一大半都用来做豆腐乳。冬至节前三天和后四天所做的豆腐乳可以保存一年甚至两年都不会变质，而且越放越香。豆腐乳还是过年送礼的最佳选择。桂林三宝就是腐竹、辣椒和豆腐乳。

十七、过年

（一）祭灶王爷

kaŋ³³ Øi⁵⁵⁻²² kuo²⁴ tɕi²⁴ tsau²⁴ Øuaŋ²² Øio²² kə⁰ （＜kuo⁰） ɕi⁵⁵/²² ku²⁴——fəu¹² su²²
讲　一　个　祭　灶　王　爷　个₀　　　　习　惯——风　俗

ɕi⁵⁵/²² ku²⁴。tsʅ³¹ ku³³ nai²², Øa⁵⁵ niəŋ²² Øa²², təi²⁴ kuo²⁴ tsau²⁴ Øuaŋ²² Øio²² nə³³, ɕiə³¹
习　惯。自古以来，阿人啊，对个₁灶　王　爷呢，十

fuəŋ¹²⁻³³ ka¹² ni³³ tsʰəŋ²² pua²⁴——xəŋ³³ tsʰəŋ²² pua²⁴ tʰuo¹², niəŋ³¹ Øuəi²² Øa²², kuo²⁴ tsau²⁴
分　□里地崇　拜——很　崇　拜他，认　为啊，个₁灶

Øuaŋ²² Øio²² nə³³, tsaŋ³³ Øu²² tiə⁰ kuo²⁴ niəŋ²² tɕiəŋ¹²⁻³³ kə⁰ （＜kuo⁰） tʰiə¹² ti³³ xuo³¹
王　爷呢，掌　握嗲个₁人　间　个₀　　　天　地　下

kə⁰ （＜kuo⁰） Øiə¹² fu³³。Øa⁵⁵ niəŋ²² niə³³, Øi³³ tɕʰiə⁵⁵ Øuəi²² tʰiə¹², Øia²² ta⁵⁵⁻²² tsau²⁴
个₀　　　烟　火。阿　人　呢，以　吃　为　天，□得没有灶

tɕiəu³¹ pu²² nai²⁴ kau³³ tɕy³³ tɕʰiə⁵⁵/²² kə⁰（＜kuo⁰）Øua⁵⁵/²² tɕi³¹——tɕy³³——tɕy³³ səu³³
就　不　能　够　煮　吃　个₀　　　物件东西——煮——煮熟

tɕʰiə⁵⁵/²² kə⁰ （＜kuo⁰） Øua⁵⁵/²² tɕi³¹。Øiə¹² Øuəi²² ku²⁴ tɕʰy²⁴ ku³³ tuai³¹ kə⁰ （＜kuo⁰）
吃　个₀　　　物件东西。因　为　过　去　古　代　个₀

niəŋ²² nə³³, tu¹² ɕi³³ tɕʰiə⁵⁵/²² kuo²⁴ sa¹² Øua⁵⁵/²² tɕi³¹, Øia²², Øia²² Øiəu³³ səu³¹ Øua⁵⁵/²² tɕi³¹
人　呢，都是　吃　个₂生　物件东西，呀，□得没有熟物件东西

kuo⁰, tsʅ³¹ tsəŋ²²——tsʅ³¹ tsəŋ²² kuo²⁴ niəŋ²² məŋ²²——kuo²⁴ niəŋ²² Øa²²——niəŋ²² məŋ²²
个₀，自　从——自　从　个₁人　们——个₁人　啊——人　们

xuo⁵⁵ mai²² tiə⁰ kuo²⁴ fu³³ Øi³³ xau³¹, tɕiəu³¹ Øiəu³³ tiə⁰ tsau²⁴, Øiəu³³ tiə⁰ tsau²⁴ nə³³, tɕʰi²⁴ tiə⁰
发　明嗲个₂火以后，就　有嗲灶，有嗲灶呢，砌嗲

tsau²⁴ nə³³, tɕiəu³¹ sai²²——Øiəu³³ tiə⁰ tsau²⁴ Øuaŋ²² Øio²² kə⁰ （＜kuo⁰） tsəŋ²² tsai³³。kuo²⁴
灶　呢，就　成——有嗲灶　王　爷　个₀　　　存　在。个₁

tsau²⁴ Øuaŋ²² Øio²² Øa²², tɕiəu³¹ tʰi²⁴ niəŋ²² mai²² Øa²², tʰi²⁴ kuo²⁴ niəŋ²² tɕiəŋ¹²⁻³³ kə⁰（＜kuo⁰）
灶　王　爷啊，就　替人　民　啊，替个₁人　间　个₀

niəŋ²² Øa²², sau¹² fu³³, tçy³³ səu³¹ Øua⁵⁵⁻²² tçi³¹ tçʰiə⁵⁵ᐟ²²。
人 啊， 烧 火， 煮 熟   物件东西 吃。

Øa²², ku²³ çi²² ka¹²⁻³³, kuo²⁴ tçʰi²⁴ tsau²⁴ nə³³, xəŋ³³ Øiəu³³ kaŋ³³ tçiəu²⁴ kuo⁰——tçʰi²⁴
啊， 古 时间， 个₂ 砌 灶 呢， 很 有 讲 究 个₀—— 砌

kuo²⁴ tsau²⁴ xəŋ³³ Øiəu³³ kaŋ³³ tçiəu²⁴。çiə¹² nə³³, Øiau²⁴ çyə³³ xau³³ kuo²⁴ tçʰi²⁴ tsau²⁴ kuo⁰ ti³¹
灶 很 有 讲 究。   先 呢， 要 选 好 个₂ 砌 灶 个₀ 地

tiə³³, Øi⁵⁵ᐟ²² paŋ¹² nə³³, çi³³ tsai³³ kuo²⁴ tʰiə¹² tçiəŋ³³ ni³³ tau²², ninŋ³³ miə²⁴ kə⁰（< kuo⁰）
点， 一 般 呢， 是 在 个₂ 天 井 里 头， 两 面 个₀

çiaŋ¹² fuaŋ²², xuo⁵⁵⁻²² tçia³³ çi³³ Øa²², kuo²⁴ tsai²⁴ Øəu⁵⁵⁻²² kuo²⁴ tau²⁴ tʰai¹²⁻³³ pəi²⁴, tuo³³ tsau²⁴,
厢 房， 或 者 是 啊， 个₂ 正 屋   个₀ 倒 厅 背①，   打 灶，

tçʰi²² tʰuo¹² kuo⁰ ti³¹ fuaŋ¹²⁻³³ çi³³ pu²² ta⁵⁵ nu³¹ tuo³³ tsau²⁴ kuo⁰。tçʰi²⁴ tsau²⁴ nə³³, xa²²
其 他 个₀ 地 方   是 不 得 乱 打 灶 个₀。 砌 灶 呢， 还

Øiəu³³——ku²⁴ tçʰy²⁴ xa²² Øiəu³³ kuo²⁴ kaŋ³³ xuo⁵⁵⁻²², Øa²², kuo²⁴ tsau²⁴ kə⁰（< kuo⁰）
有 —— 过 去 还 有 个 讲 法， 啊， 个₂ 灶 个₀

çiaŋ²⁴——çiaŋ²⁴ taŋ²⁴ Øa²²——çiaŋ²⁴ nuo³³ miə²⁴ çiaŋ²⁴ nuo³³ miə²⁴ kə⁰（< kuo⁰）çiaŋ²⁴
向 —— 向 当朝向啊 —— 向 哪 面 向 哪 面 个₀ 向

taŋ²⁴ Øa²², niəŋ³¹ Øuəi²² nə³³, tsau²⁴ miə³¹ çiaŋ²⁴ çi¹² nə³³ tsai³³ səŋ¹²⁻³³ niaŋ²², Øa²²,
当朝向啊，认 为 呢， 灶 面 向 西 呢 崽孙子孙 良， 啊，

tsɿ³³ səŋ¹²⁻³³ mu³³ taŋ²² kə⁰（< kuo⁰）, Øi²⁴ sɿ¹²⁻³³ nə³³, tsai³³ səŋ¹² niaŋ²²。çiaŋ²⁴ nuo²²
子 孙 满 堂 个₀，   意 思 呢， 崽孙子孙 良。 向 南

nə³³ sau¹² fu³³ Øia²² ta⁵⁵⁻²² fu³¹ Øuaŋ³³, çi³³ Øia²², tsau²⁴ miə³¹ çiaŋ²⁴ təu³¹ nə³³ kuo¹² tai²² nə³³
呢 烧 火 □得没有祸柱⁼ 祸事， 是 呀， 灶 面 向 东 呢 家 庭 呢

tsəu³¹ pai²² kʰuəŋ³³, Øia²², pu²² nai²² kau²⁴ çiəu²⁴——kuo²⁴ tsau²⁴ nə³³, Øi⁵⁵⁻²² paŋ¹² nə³³, çi³³
就 贫 困， 呀， 不 能 够 向—— 个₂ 灶 呢， 一 般 呢， 是

pu²² ta⁵⁵⁻²² çiaŋ²⁴ təu¹² miə²⁴ kə⁰（< kuo⁰）。Øa⁵⁵ tsau²⁴ miə³¹ çiaŋ²⁴ pai⁵⁵ sau¹² fu³³ nə³³ Øiəŋ²²
不 得 向 东 面 个₀。 阿 灶 面 向 北 烧 火 呢 容

Øi²⁴ tsau¹² fu³³ Øiaŋ¹²⁻³³, Øa²², kuo²⁴ kaŋ³³ xuo⁵⁵⁻²²——Øi⁵⁵⁻²² çi⁵⁵ᐟ²² su²²。kuo⁵⁵（ku⁵⁵ᐟ²² + kuo²⁴）
易 遭 火 殃， 啊， 个₁ 讲 法—— 一 习 俗。□（箇+个）

---

① 倒厅背：神龛后面的那个房间。

çi²² ka¹²⁻³³ xa²² Øiəu³³ muo²² tu¹² kuo⁰ niəŋ²² xai¹² tau¹² ku⁵⁵／²² kuo²⁴ kə⁰（＜kuo⁰）。
时　间　还　有　蛮　多　个₀ 人　兴　□着箇　个　个₀。

tçʰi²⁴ tsau²⁴ nə³³，su³¹ suai³³ kə⁰（＜kuo⁰）tçyə¹² tau²² ku³³ Øa²²，Øa¹² xəŋ³³ kaŋ³³
砌　灶　呢，　所　□用 个₀　　砖头古＝砖头 啊，　也　很　讲

tçiəu²⁴，Øi⁵⁵⁻²² ny⁵⁵ Øiau²⁴ tiau³¹ Øiəŋ³¹ kə²⁴（＜kuo⁰）çiəŋ¹² kə⁰（＜kuo⁰）tçyə¹²，xuo⁵⁵／²²
究，　一　律　要　着必须要用 个₂　　　 新　个₀　 砖，　或

tçia³³ çi³³，Øa²²，kuo²⁴ nau³³ kə⁰（＜kuo⁰）tsau²⁴ Øyə²² nai²² kə⁰（＜kuo⁰）tçyə¹² nai²²
者　是， 啊， 个₂老 个₀　　灶　原　来　个₀　　砖　来

tçʰi²⁴。pu²² nai²² kau²⁴ suai³³ tçʰi²⁴ tʰuo¹² kə⁰（＜kuo⁰）tçiəu³¹ tçʰy¹²⁻³³，nuo⁵⁵ tʰuo²²
砌。不　能　够　□用 其　他　个₀　　　 旧　砖，邋遢

tçyə¹² tçʰi²⁴ tsau²⁴。Øa²²，ku⁵⁵／²² kuo²⁴ tsai³³ tçʰi²⁴——pai⁵⁵ Øəu⁵⁵ kə⁰（＜kuo⁰）Øi³³
砖　砌　灶。啊，　箇　个　在　砌——□搬屋家个₀　　以

tçiə²² Øa²²，Øi⁵⁵⁻²² paŋ¹² tsai³³ pai²⁴ Øəu⁵⁵ kə⁰（＜kuo⁰）Øi³³ tçiə²² nə³³，tsəu³¹ Øiau²⁴
前 啊，　一　般　在 □搬屋家个₀　　　 以　前　呢，就　要

tçiaŋ¹² kuo²⁴——pa³³ kuo²⁴——pa³³ kuo²⁴ tsau²⁴ tçʰi²⁴ xau³³。Øy²² ku³³ çi³³ Øa²²，Øyə²² nai²²
将　个₂——把 个₂——把 个₂ 灶　砌　好。 如　果 是 啊， 原　来

kə⁰（＜kuo⁰）tsau²⁴ Øuai³¹ xua³¹ tiə⁰，çi³³ Øia²²，pu²² nai²² kau²⁴ sau¹² fu³³ tçy³³ xuo³¹ tiə⁰
个₀　　　 灶　□弄　坏 嗲，是 呀，不　能　够　烧 火 煮 饭 嗲

niə³³，tçiəu³¹ pi⁵⁵ çy¹²⁻³³ Øiau²⁴ tsai³³ məi³³ niə²² kuo⁰ çiau³³ niə²²——çiau³³ niə²²
呢，　就　必　须　要　在　每　年　个₀ 小　年——小　年

kə⁰（＜kuo⁰）çi²² ka¹²⁻³³，Øa¹² tsəu³¹ çi³³ Øa²²，çiə³¹ Øi³¹ Øyə⁵⁵⁻²² Øi³¹ çiə³¹ sŋ²⁴ pu²⁴ Øio³¹ çi³¹
个₀　　　 时　间，　也　就　是 啊，十　二　月　　二十四半夜时腊月二十四

kuo⁰ tsu²⁴ Øiəu³¹ sa¹² ni⁵⁵⁻²² tçi³¹ nəi³¹ təu¹² pu²² nai²² kau²⁴ tçʰi²⁴ tsau²⁴——nai²²
个₀　 左　右　三　日　　之　内　都　不　能　够　砌　灶——来

çiəu¹² tsau²⁴，pu⁵⁵／³³ Øiəu²² kə⁰（＜kuo⁰）xuo³¹ tçiəu³¹ fəi³¹ tsʰəŋ¹²——xuo³¹ tiau³¹ kuo²⁴
修　灶，不　然　个₀　　　 话　就　会　冲——犯　着 个₁

tsau²⁴ Øuaŋ²² Øio²²，kuo³¹ tsau²⁴ Øuaŋ²² Øio²² tçiəu³¹ fəi³¹ ta⁵⁵／²² niəŋ²² tuai²⁴ nai²² muo²² xuo²²
灶　王　爷，个₁ 灶　王　爷　就　会　得给 人　带　来　麻　烦

xuo²² tsai¹² nuo³¹，Øə²² tçʰiə³¹ nə³³，məi³³ niə²² kə⁰（＜kuo⁰）Øi³¹ çiə³¹ sŋ²⁴ puo²⁴（＜pu²⁴）
和　灾　难，而　且　呢，每　年　个₀　　　 二十四半夜时腊月二十四

Øio³¹ çi²² çi³³ tçi²⁴ tsau²⁴ Øuaŋ²² kə⁰ (< kuo⁰) ni⁵⁵／²² tsʅ³³ 。niəŋ²² —— məi³³ —— niəŋ²²
  是 祭 灶 王 个₀ 日 子。人—— 每 —— 人
məŋ²²Øa²² , Øa⁵⁵ niəŋ²²Øa²² , tsai³³ ku⁵⁵／²² Øi⁵⁵⁻²² ni⁵⁵／²² nə³³ , Øiau²⁴ tsai³³ kuo²⁴ tsau²⁴ tau²²
们 啊, 阿 人 啊, 在 箇 一 日 呢, 要 在 个₁ 灶 头
saŋ³¹ , xuo³³ tçia³³ kuo²⁴ tsau²⁴ miɛ³¹ , tʰiə⁵⁵ Øi⁵⁵⁻²² kʰua²⁴ çi²⁴ kə⁰ (< kuo⁰) xəu²² tçi³³ ,
上, 或 者 个₁ 灶 面, 贴 一 块 细 个₀ 红 纸,
Øa²² , Øiau²⁴ suo⁵⁵／²² Øi⁵⁵⁻²² kuo²⁴ kəu¹² tçi¹²⁻³³ , Øiəŋ³¹ kə²⁴ (< kuo²⁴) çyə⁵⁵ ti²⁴ tsai³³
啊, 要 杀 一 个 公 鸡, 用 个₁ 血 滴 在
kə²⁴ (< kuo²⁴) tsau²⁴ kə⁰ (< kuo⁰) sʅ²⁴ tsəu¹²⁻³³ Øuəi²² nai²² tçi²⁴ pua²⁴ kə²⁴ (< kuo²⁴)
个₁ 灶 个₀ 四 周 围 来 祭 拜 个₁
tsau²⁴ səŋ²² , nai²² tçiəu¹² ta⁵⁵⁻²² Øa²² , ti³¹ Øi³¹ niə²² çi²² Øu²⁵ tsai¹² Øu²⁵ nuo³¹ , nau³³ nau³³
灶 神, 来 求 得 啊, 第 二 年 时 无 灾 无 难, 老 老
sau²⁴ sau²⁴ pai²² pai²² Øuo¹² Øuo¹²⁻³³ 。
少 少 平 平 安 安。

普通话梗概

自古以来，人们对灶王爷十分崇拜，认为他掌握了人间的烟火。民以食为天，没有灶就不能够煮吃的东西。古代的人都是吃生东西，自有了火以后，就有了灶，也就有了对灶王爷的信仰。人们认为是灶王爷替人间烧火煮熟食物。

砌灶很讲究，先要选好地点，一般是在院子里，或者在正屋的厅堂后面，其他地方是不能够搭灶的。有关灶的朝向的说法是：灶向西子孙满堂，向南时烧火没有祸殃，灶向东家庭就贫苦，向北烧火容易遭火灾。砌灶所用的砖也很讲究，一律要用新砖，老灶的砖是一定不能够用的。在搬家以前都要先将灶砌好。如果是旧灶坏了，不能够煮饭，一定不能在农历腊月二十四的前后三天修灶，否则就会跟灶王爷冲犯，给家人带来麻烦和灾难。

每年的农历腊月二十四是小年夜，也是祭灶王爷的日子。在这一天，人们要在灶头上贴一块小红纸，杀一只公鸡，把血滴在灶的四周来祭拜灶神，以求第二年无灾无难、老少平安。

（二）捣白糍粑

pa^{31} tsɿ^{22} puo$^{12-33}$ 。ku^{24} tɕ^{h}y^{24} Øa^{22} , ŋ^{33} tiə^{31} nai^{22} tɕ^{h}yə$^{12-33}$ ku$^{55/22}$ Øi$^{55-22}$ tuai^{31} nə^{33} ,

白 糍 粑。 过 去 啊，我哋们 灵 川 箇 一 带 呢，

məi^{33}Øi$^{55-22}$ niə^{22} kə^{0} (< kuo^{0}) niə^{22} ti^{33} Øia^{22} , tu^{12} Øiəu^{33} kuo^{24} tau^{33} pa^{31} tsɿ^{22} puo$^{12-33}$

每 一 年 个0 年 底呀， 都 有 个2 捣 白 糍 粑

kə^{0} （ <kuo^{0}） Øi$^{55-22}$kuo^{24} ɕi$^{55/22}$ku^{24} 。məi^{33}niə^{22}kuo^{0} , ɕi^{33}Øia^{22} , ɕiə^{31}Øi^{31}Øyə$^{55-22}$

个0 一 个 习 惯。 每 年 个0，是 呀， 十 二 月

ɕiau^{33} niə^{22} Øia^{22} , tɕiəu^{31} ɕi^{33} Øi^{31} ɕiə^{31} sɿ^{24} pu^{24} Øio^{31} ɕi^{22} tsu^{24} Øiəu^{31} ,

小 年 呀， 就 是 二十四半夜时腊月二十四 左 右，

kuo^{12} kuo$^{12-33}$ fu^{31} fu^{31} tu^{12} Øiau^{24} tsuəŋ^{33} pi^{31} tau^{33} ku$^{55/22}$ kə^{24} (< kuo^{24}) pa^{31}

家 家 户 户 都 要 准 备 捣 箇 个 白

tsɿ^{22} puo$^{12-33}$ 。nuo^{31} kuo^{24} ɕi^{22} ka$^{12-33}$ Øa^{22} , tsəi^{24} sau^{33} kə^{0} (< kuo^{0}) niəŋ^{22}

糍 粑。 那 个 时 间 啊， 最 少 个0 人

kə^{33} (< kuo^{12}) nə^{33} , tu^{12} Øiau^{24} tau^{33} Øi^{31} sa^{12} ɕiə^{31} tɕiəŋ$^{12-33}$ nu^{31} mi^{33} , tu^{12} kuo^{0} niəŋ^{22}

家 呢，都 要 捣二 三 十 斤 糯 米，多 个0人

kə^{33} (< kuo^{12}) Øa^{22} , Øiau^{24} tau^{33} Øi$^{55-22}$ pa^{55} puo$^{55/22}$ ɕiə^{31} tɕiəŋ$^{12-33}$ nu^{31} mi^{33} □

家 啊， 要 捣 一 百 八 十 斤 糯 米。

kuo^{24}tsɿ^{24}xuo$^{55-22}$nə^{33}tɕiəu^{31}ɕi^{33}kaŋ^{33}nə^{33} ,ɕiə^{12}nə^{33} ,pa^{33}kuo^{24}nu^{31}mi^{33}ɕi^{33}——xau^{22}Øi$^{55-22}$

个2 制做法 呢 就 是讲 呢， 先 呢，把 个2 糯 米 洗—— 毫=淘洗一

xuo^{33} , tsai^{24} Øiəŋ^{31} kuo^{24} ts^{h}ai^{12} suəi^{33} Øa^{22} , pa^{33} t^{h}uo^{12} p^{h}au^{24} tiaŋ^{24} 。Øiəŋ^{22} xau^{31} nə^{33} ,

下， 再 用 个2 清 水 啊， 把 它 泡 胀。 然 后 呢，

tsai^{24} Øiəŋ^{31} kə^{24} (< kuo^{24}) məu^{55} tsai^{24} , Øa^{22} , pa^{33} kə^{24} (< kuo^{24}) nu^{31} ts^{h}uəi^{12}

再 用 个 木 甑， 啊， 把 个2 糯糯米 炊

səu^{31} 。Øa^{22} , nu^{31} mi^{33} ts^{h}uəi^{12} səu^{31} tiə^{0} Øi^{33} xau^{31} , tsəu^{31} Øiau^{33} tau^{24} ku$^{55/22}$ kuo^{24} ——

熟。 啊，糯 米 炊 熟 嗲 以 后， 就 舀 到 箇 个——

ku^{24}tɕ^{h}y^{24} Øa^{22} , nuo^{31} kuo^{24} ɕi^{22} ka$^{12-33}$ Øiəu^{33} kuo^{24} tuo^{31} təi^{24} kə^{0} (< kuo^{0}) təi^{24} k^{h}u^{33} ,

过 去 啊， 那 个 时 间 有 个2 □舂 碓 个0 碓 坎，

第一章　时令、节庆

tçiəu³¹ çi³³ sai³¹ tçiəu³³ nə²², kuo⁵⁵ (ku⁵⁵ᐟ²² + kuo²⁴) çi³³ ka¹²⁻³³ kaŋ³³ kuo²⁴ sai³¹
就　是　石　臼　呢，　□（箇+个）　　时　间　讲　个₂　石

tçiəu³³ tçiəu³¹ çi³³ təi²⁴ kʰu³³ nə²², çi³³ Øia²², Øiəu³³ tau²⁴ləi²⁴ kʰu³³ ni³³ tau²² tçʰy²⁴, Øiəu²²
臼　　就　　是　碓　坎　呢。　是　呀，　舀　到　碓　坎　里　头　去，　由

niaŋ³³ kuo²⁴ niə³³ kʰai¹² Øiəu³³ nai⁵⁵ kuo⁰ çiau³³ xuo³³ tsʅ³³, məi³³ niəŋ²² Øa²², səu³³ tsəŋ¹²⁻³³
两　个　年　轻　有　力　个₀小　伙　子，　每　人　啊，　手　中

kai²² Øi⁵⁵⁻²² tiau²² məu⁵⁵ kuəŋ²⁴, tsai³³ nuo³¹ kuo²⁴ təi²⁴ kʰu³³ ni³³ tau²⁴ pa³³ ku⁵⁵ᐟ²² kuo²⁴ nu³¹
□用　一　条　木　棍，　在　那　个　碓　坎　里　头　把　箇　个　糯

mi³³ tau³³ səi²⁴ tau³³ nuo³¹。tau³³ səi²⁴ tau³³ nuo³¹ tiə⁰ Øi³³ xau³¹ nə³³, tsai²⁴ Øiəu²²
米　捣　碎　捣　烂。捣　碎　捣　烂　嗲　以　后　呢，再　由

niəŋ²² Øa²², Øiəŋ³¹ kə²⁴ (<kuo²⁴) səu³³ kəu¹²⁻³³ tsʅ²⁴ sai²² tua³¹ kʰa²⁴ çi³¹ niaŋ³³ tsu²⁴
人　啊，用　个₂　　　手　工　制做成　大　概　是　二　两　左

Øiəu³¹ Øi⁵⁵⁻²² kuo²⁴ Øi⁵⁵⁻²² kuo²⁴ kə⁰ (<kuo⁰) nu²² nu²² kuo⁰ pa³¹ tsʅ²² puo¹²⁻³³。
右　一　个　一　个　个₀　　□□圆圆个₀白　糍　粑。

　　　　ku⁵⁵ᐟ²² kuo²⁴ nə³³, Øiəŋ¹² Øuəi²² ku⁵⁵ᐟ²² kuo²⁴ —— ku⁵⁵ᐟ²² kuo²⁴ tau³³ tsʅ²² puo¹²⁻³³
　　　　箇　个　呢，因　为　箇　个　——　箇　个　捣　糍　粑

Øa²², çi³³ kə²⁴ (<kuo²⁴) pi³³ çiau²⁴ Øiau²⁴ nai⁵⁵ kə⁰ (<kuo⁰) sʅ³¹ tsai²⁴, Øuaŋ³³ Øuaŋ³³ nə³³,
啊，是　个　　　比　较　要　力　个₀　　事　情，往　往　呢，

Øia²², tsəu³³ çi³³ kə²⁴ (<kuo²⁴) niə²⁴ kʰai¹² kə⁰ (<kuo⁰) çiau³³ xuo³³ Øa²², nai²²
呀，总　是　个₂　　　年　轻　个₀　　　小　伙　子　啊，来

Øuaŋ²² sai²² kə²⁴ (<kuo²⁴) Øiəŋ²⁴ Øu³¹ nuo⁰, çi³³ Øia²²。tçi³³ kuo²⁴ kuo¹² Øəu⁵⁵⁻²² ni³³ tau²²
完　成　个₁　　　任　务　啰，　是　呀。几　个　家　屋　里　头 家族里

kuo⁰ —— tçi³³ kuo²⁴ kuo¹² Øəu⁵⁵⁻²² ni³³ kuo⁰ niə³³ kʰai¹² kə⁰ (<kuo⁰) niəŋ²² Øa²²,
个₀——　几　个　家　屋　里 家族里 个₀年　轻　个₀　　　人　啊，

fu²⁴ çiaŋ¹²⁻³³ tsʅ³³ tçiaŋ¹²⁻³³ çiə⁵⁵ᐟ²² tsu³¹, fu²⁴ çiaŋ¹²⁻³³ tsʅ³³ tçiaŋ¹²⁻³³ paŋ¹² maŋ²², çi³³
互　相　之　间　协　助，　互　相　之　间　帮　忙，　是

Øia²²。tsʅ²⁴ Øyə²⁴ tiə⁰ Øi⁵⁵⁻²² kuo¹² tsai²⁴ niə³¹ Øuai³¹ tʰiau²⁴ Øi⁵⁵⁻²² kuo¹²⁻³³ tçʰy²⁴ tsʅ²⁴。
呀。制做圆完　嗲　一　家　再　另　外　斢换　一　家　去　制做。

Øuaŋ³³ Øuaŋ³³ çi³³ Øia²², tsəŋ²² kuo²⁴——tsəŋ²² ni⁵⁵ ni⁵⁵⁻²² pa³¹ pa³¹, Øi⁵⁵⁻²² tsʅ²² kau³³ tau²⁴
往　往　是　呀，从　个₂——从　日　日　白　白 白天，　一　直　搞　到

pu²⁴ Øio²⁴ tsai²² ɕi³³ kau³³ ta⁵⁵⁻²² sai²², Øa²², tsai²² ɕi³³ Øuaŋ²² ta⁵⁵⁻²² sai²², Øiəŋ¹² Øuəi²² ɕi³³
半　夜　才　是　搞　得　成，　啊，　才　是　完　得　成，　因　为　是
Øiəu³³ xau³³ tɕi³³ kuo¹² Øiau²⁴ tau³³ Øa²², ɕi³³ Øia²²。tsɿ²⁴ xau³³ kuo²⁴ tsɿ²² puo¹²⁻³³ nə³³,
有　好　几　家　要　捣　啊，　是　呀。制做　好　个₂ 糍　粑　呢，
Øiau²⁴ pua³³ fuaŋ²⁴ xau³³, niaŋ³¹ tʰuo¹² Øiəŋ¹² ku¹², pu²² nai²² kə²⁴ (＜kau²⁴) sua²⁴,
要　摆　放　好，　让　它　阴　干，　不　能　够　　　　晒,
Øa¹² pu²² nai²² kə²⁴ (＜kau²⁴) fəu¹² tsʰuəi¹², Øiau²⁴ Øiəŋ¹² ku¹²。Øa²², Øiəu³³ ni⁵⁵ niaŋ²²
也　不　能　够　　　　风　吹，　要　阴　干。啊，　有　立＝些人
Øa²², xa²² tsai³³ kuo²⁴ pa³¹ tsɿ²² puo¹²⁻³³ kuo⁰ tsəŋ¹² kuo¹²⁻³³ nə³³, tiə³³ saŋ³³ Øi⁵⁵⁻²² kuo²⁴ ɕi²⁴
啊，　还　在　个₂ 白 糍 粑　个₀ 中　间　呢，点　上　一　个　细
ɕi²⁴ kuo⁰ xəu¹² xuo¹² tɕi²⁴ xau³¹, Øa²², xau³³ kʰuo²⁴, piau³³ sɿ³¹ kuo²⁴ tɕi⁵⁵/²² tɕʰiaŋ²²,
细 个₀ 红　花　记　号，　啊，　好　看，　表　示　个₂ 吉　祥,
tɕi⁵⁵/²² tɕʰiaŋ²² Øy²² Øi²⁴ nə³³。Øiəŋ¹² Øuəi²² Øa²², kuo²⁴ pa³¹ tsɿ²² puo¹²⁻³³ Øa²², tɕʰiə⁵⁵/²²
吉　祥　如　意　呢。因　为　啊，　个₂ 白 糍 粑　啊，　吃
xəŋ³³ fuaŋ¹² piə³¹, ɕi³³ pa²², tʰuo¹² kʰu³³ ɕi³³ tɕy³³, kʰu³³ Øi³³ tɕiə¹², Øa¹² kʰu³³ Øi³³ sau¹²
很　方　便，　是　吧，　它　可　以　煮，　可　以　煎，　也　可　以　烧
nai²² tɕʰiə⁵⁵/²²。Øa¹² ɕi³³ nə³³, ku²⁴ tɕy²⁴ ku²⁴ niə²² səu²⁴ kʰa⁵⁵ Øi⁵⁵⁻²² kuo²⁴ xau³³ kuo⁰ ni³³
来　吃。　也　是　呢，过　去　过　年　送　客　一　个　好　个₀ 礼
Øu²²。tɕʰiəŋ¹² tɕʰi¹² pəu²² Øiəu³³, fu²⁴ ɕiaŋ¹²⁻³³ tsɿ³³ tɕiəŋ¹²⁻³³ nai²² pua²⁴ niə²² Øa²²。nai²²
物。 亲　戚　朋　友，　互　相　之　间　来　拜　年　啊。来
pua²⁴ niə²² kuo⁰ ɕi²² ka¹²⁻³³ nə³³, Øuəi²² tɕʰy²⁴ kuo⁰ ɕi²² ka¹²⁻³³ Øa²², kuo²⁴ tɕy³³ niaŋ²²
拜　年　个₀ 时　间　呢，　回　去　个₀ 时　间　啊，　个₂ 主　人
kə³³ (＜kuo¹²) tsəu³¹ fəi³¹ Øa²², pa³³ ku⁵⁵/²² kuo²⁴ tsɿ²² puo¹²⁻³³ Øa²², sau³³ kuo⁰ nə³³,
家　　　　就　会　啊，把　箇　个 糍 粑　啊，　少　个₀ 呢,
ɕiə³¹ puo³³ Øi⁵⁵ ɕiə³¹ kuo²⁴, tu¹² kuo⁰ nə³³, tɕi³¹ ɕiə³¹ kuo²⁴, Øa²², niaŋ³¹ kuo²⁴ kʰa⁵⁵ niəŋ²²
十　把　一　十　个，多　个₀ 呢，　几　十　个，　啊，　让　个₂ 客　人
tuai²⁴ Øuəi²² tɕʰy²⁴, muo³¹ muo³¹ tɕʰiə⁵⁵/²²。
带　回　去，　慢　慢　吃。

xa²² Øiəu³³ kuo²⁴ xau³³ tɕʰy²⁴ tsəu³¹ ɕi³³ Øa²², nəŋ²² maŋ²² kə⁰ (＜kuo⁰) ɕi²² ka¹²⁻³³,
还　有　个　好　处　就　是　呀，　农　忙　个₀　　　　时　间,

第一章 时令、节庆

Øia²² Øiəu³³ tu¹² Øy²² kuo⁰ çi²² ka¹²⁻³³ nai²² tçy³³ xuo³¹ tshau³³ tshai²⁴, çi³³ Øia³³, na¹² ni³³ nə³³,
□没 有 多 余 个₀时间 来 煮 饭 炒 菜, 是 呀, 那 里 呢,

tsəu³¹ khu³³ Øi³³ Øa²², fuaŋ¹² piə³³ ka¹² ni³³ khu³³ Øi³³ Øa²², pa³³ tçi³³ kə²⁴ (< kuo²⁴) ——
就 可 以 啊, 方 便 □里地 可 以 啊, 把 几 个 ——

Øa²² —— Øa²² —— Øa²², Øiəŋ³¹ kə²⁴ (< kuo²⁴) ku¹² tsɿ³³ tçiə¹² tçi³³ kə²⁴ (< kuo²⁴)
啊 —— 啊 —— 啊, 用 个₂   锅 子 煎 几 个

tsɿ²² puo¹²⁻³³, xuo⁵⁵/ tçia³³ çi³³ tçy³³ tçi³³ kuo²⁴ tsɿ²² puo¹²⁻³³ nai²² tçhiə ⁵⁵/²² Øi⁵⁵⁻²²
糍 粑, 或 者 是 煮 几 个 糍 粑 来 吃 一

tshuo¹²⁻³³, çi³³ Øa²², tsəu³¹ tçhiə⁵⁵/²² pau³³ tia⁰, kuo²⁴ tçiəu³¹ fəi¹² tsaŋ²² ka¹² ni³³ səŋ³³ çi³³
餐,   是 呀,   就 吃   饱 哆, 个₁ 就 非 常 □里地 省 时

ka¹²⁻³³。 Øio³³ çi³³ nə³³, tçhy²⁴ məi³¹ tau²² miə²⁴ tçhy²⁴, ni²² kuo¹² Øa²², tçhy²⁴ məi³¹ tau²²
间。 若 是 呢, 去 外 头 面 去, 离 家 啊, 去 外 头

miə²⁴ tçhy²⁴ tsɿ²⁴ sɿ³¹, Øuo²⁴ çi³³ Øa³³, xuo³³ tçia³³ tsau³³ Øio³¹ pu²² nai²² kə²⁴ (< kau²⁴)
面 去 制做事, 晏时中午啊, 或 者 早 夜 不 能 够

Øuəi²² nai²², kuo³³ Øuəi³³ nai²² tçhiə⁵⁵/²² xuo³¹ kuo⁰ çi³³ ka¹²⁻³³ nə³³, tsəu³¹ khu³³ Øi³³ tuai¹²
回 来, 赶 回 来 吃 饭 个₀ 时 间 呢, 就 可 以 带

saŋ³³ tçi³³ kə²⁴ (< kuo²⁴) pa³¹ tsɿ²² puo¹²⁻³³ tau²⁴ məi³¹ tau²² tçhy²⁴, çi³³ Øia²²。tsai³³
上 几 个   白   糍 粑 到 外 头 去, 是 呀, 在

məi³¹ tau²² miə²⁴ nə³³, tsəi²² piə³¹ tçhy²⁴ niə⁵⁵ ti⁵⁵ kə⁰ (< kuo⁰) tsua²² fu³³, çi³³ Øia²²,
外 头 面 呢, 随 便 去 捏捡□个 0一点   柴 火, 是 呀,

sau¹² kə²⁴ (< kuo²⁴) fu³³ təi¹²⁻³³, Øiəŋ³¹ kuo²⁴ fu³³ nə³³ pa³³ kuo²⁴ pa³¹ tsɿ²² puo¹²⁻³³ xəu¹²
烧 个   火 堆, 用 个₂ 火 呢 把 个₂ 白 糍 粑 烘

Øyə³³ fu³¹, xəu¹² çiaŋ¹², nai²² tçhiə ⁵⁵/²², nai²² tshəŋ¹² tçi¹², Øa¹² çi³³ xəŋ³³ —— xəŋ³³
软 和, 烘 香, 来 吃, 来 充 饥, 也 是 很 —— 很

fuaŋ¹² piə³¹ kuo⁰。Øa²², kuo²⁴ pa³¹ tsɿ²² puo¹²⁻³³ tau³³ xau³³ tiə⁰, çi³³ Øia²², Øiəŋ¹² ku¹² tiə⁰
方 便 个₀。啊, 个₂ 白 糍 粑 捣 好 哆, 是 呀, 阴 干 哆

Øi³³ xau³¹ nə³³, tsəu³¹ suai³³ Øi⁵⁵⁻²² kuo²⁴ tua³¹ kuo⁰ suəi³³ kaŋ¹²⁻³³, çi³³ Øia²², səu³³
以 后 呢, 就 □用 一 个 大 个₀ 水 缸, 是 呀, 首

çiə¹² nə³³, pa³³ kuo²⁴ tsɿ²² puo¹²⁻³³ nə³³, Øiəŋ³¹ tshai¹² suəi³³ çi³³ Øi⁵⁵⁻²² tau²⁴, pa³³
先 呢, 把 个₂ 糍 粑 呢, 用 清 水 洗 哆 一 道, 把

nuo³¹ ni⁵⁵——kau¹² tɕʰy²⁴ nuo³¹ ni⁵⁵ fuaŋ³³ tsʅ³³ Øa²², səŋ²² kə⁰ Øua⁵⁵⁄²² tɕi³¹ ɕi³³ kuo¹² tsai³¹,
那立=些——高　处　那　立=些粉子啊，　什个0物件东西　洗干　净，
fuaŋ²⁴ tau²⁴ kaŋ¹² ni³³ tau²² tɕʰy²⁴。Øiaŋ²² xau³¹ nə³³ tɕiəu³¹ Øiəŋ³¹ kuo²⁴ tsʰai¹² suəi³³——
放　到　缸　里　头　去。然　后　呢　就　用　个2　清　水——
kuo¹² tsai³¹ kuo⁰ tsʰai¹² suəi³³ Øa²², tau²⁴ tau²⁴ kaŋ¹² ni³³ tau²² tɕʰy²⁴, tɕiaŋ¹² ku⁵⁵⁄²² kuo²⁴
干　净　个0　清　水　啊，　倒　到　缸　里　头　去，　将　箇　个
tsʅ²² puo¹²⁻³³ kuai²⁴ mu³³。ɕi³³ Øia²², Øiəŋ¹² Øuəi²² kuo²⁴——Øiəŋ¹² Øuəi²² kuo²⁴ tsʅ²²
糍粑　盖满。是呀，因　为　个2——因　为　个2糍
puo¹²⁻³³ tsai³³ suəi³³ ni³³ tau²² tɕiaŋ²⁴ tau⁰, Øiəu³³ suəi³³ mi⁵⁵ fəu¹²⁻³³, ɕi³³ Øia²² □
粑　在　水　里　头　浸　□着，　有　水　密　封，　是呀，
kuo²⁴ tsʅ²² puo¹²⁻³³ tsai³³ suəi³³ ni³³ tau²² fuaŋ²⁴ Øa²², fuaŋ²⁴ tɕi³³ kuo²⁴ Øyə⁵⁵⁄²² □ fuaŋ²⁴
个2糍粑　在　水　里　头　放　啊，放　几　个　月，　放
sa¹² sʅ²⁴ kuo²⁴ Øyə⁵⁵⁄²² tu¹² pu²² fəi³¹ xua³¹, tu¹² pu²² fəi³¹ tsʰəu²⁴。ɕi³³ Øia²²,
三　四　个　月　都　不　会　坏，都　不　会　臭。是　呀，
kuo²⁴——kuo²⁴ tsəŋ²² fuaŋ²⁴ Øa²², kuo²⁴ pau³³ tsəŋ²² nə³³, Øa¹² xəŋ³³ fuaŋ¹² piə³¹.
个2——个2　存　放　啊，　个2　保存　呢，　也　很　方　便。
　　　　kuo⁵⁵ (ku⁵⁵⁄²² + kuo²⁴) ɕi²² ka¹²⁻³³ Øa³³, tsəi²² tau⁰ kuo²⁴ sa¹² fu⁵⁵⁻²² suəi³³ pai²²
　　　　□　 (箇 + 个)　时间　啊，　随　□着个2　生　活　水　平
kə⁰ (< kuo⁰) ti²² kau¹² tiə⁰, ɕi³³ Øia²², tɕʰiə⁵⁵⁄²² kuo⁰ Øua⁵⁵ tɕi³¹ tu¹² tiə⁰, fəu¹² fu²⁴ tiə⁰,
个0　提高　嗲，是呀，吃　　个0物件东西多嗲，丰富嗲，
ɕi³³ Øia²², tɕiəu³¹ Øa²²——Øa¹² tɕiəu³¹ Øia¹² ku⁷⁷ kuo²⁴ fəu¹² su²² ɕi⁵⁵⁄²² ku²⁴ tiə⁰,
是　呀，就　啊——也　就　□没有嗲箇　个风　俗习　惯嗲，
tɕiəu³¹ tsu⁵⁵⁄²² pu³¹ tsu⁵⁵⁄²² pu³¹ tɕʰy²⁴ tiau²⁴ tiə⁰。Øy²² ku³³ Øa²², kuo⁵⁵ (ku⁵⁵⁄²² + kuo²⁴)
就　逐　步　逐　步去掉嗲。如果啊，□ (箇 + 个)
ɕi²² ka¹²⁻³³ ni²³ ɕiaŋ³³ tɕʰiə⁵⁵⁄²² tsʅ²² puo¹²⁻³³ nə³³, məi³³ niə²² niə²² ti³³ kə⁰ (< kuo⁰)
时间　你　想　吃　糍粑　呢，　每　年年　底　个0
sʅ³¹ tsaŋ²² Øa²², sʅ³¹ tsaŋ²² saŋ³¹ xa²² Øiəu³³ ɕiau¹², xa²² Øiəu³³ mua³¹。ni³³ kʰu³³ Øi³³ tɕʰy²⁴ mua³³
市　场啊，市场上　还　有　销，还　有　卖。你　可　以去　买
ti⁵⁵ kə⁰ (< kuo⁰) Øuəi²² nai²² saŋ²² Øi⁵⁵⁻²² xuo³³ Øuəi³¹ tau³¹, saŋ²² xuo³³ kuo¹² nuo³³,
□个0一点　　 回　来尝　一　下　味　道，尝下家= ("家=" 字衍)啰，

çi³³ pa²², Øa¹² pu²² çi³³ kau⁵⁵ kuo¹² kau⁵⁵ kuo¹² tsʅ³¹ tçi³³ tsʅ²⁴ tiə⁰.
是 吧， 也 不 是 各 家 各 家 自 己 制做嗲。

普通话梗概

  过去，每到年底都有做白糍粑的习惯。每年小年，也就是农历腊月二十四前后，家家户户都要准备做白糍粑。少则要捣二三十斤糯米，多则要捣百来斤糯米。具体做法如下：首先把糯米淘洗一下，再用清水泡胀，然后用木甑蒸熟。糯米蒸熟以后就舀到石臼去，由两个年轻有力的小伙子，每人手拿一条木棍，在石臼里把糯米饭捣烂，再由人用手工制成一个个圆圆的白糍粑，每个大约是二两重量。因为捣糍粑是个比较费力的活，往往是由年轻小伙子来完成这个任务。几家的年轻人互相协助，做完了一家，再到另一家去做。往往是从白天一直弄到半夜才做完。做好的糍粑要摆放好，让它阴干，不能被晒到，也不能够吹。有些人还在白糍粑的中间点上一个小小的红花记号，好看且吉祥。

  白糍粑吃起来很方便，可以煮，可以煎，还可以烤。在过去，也是过年送客的好礼物。亲戚朋友之间相互拜年，回去的时候，主人就会把糍粑——少则十来个，多则几十个——让客人带回去慢慢吃。白糍粑还有个好处就是，农忙季节，人们没有多余的时间来煮饭炒菜，就可以用锅或煎或煮几个糍粑，这样非常省时间。如果是离家去外面干活，中午或者早晚不能够赶回来吃饭，就可以带上几个白糍粑，在外面随便拾一点柴火，烧个火堆，把白糍粑烤软，就可以充饥了，这也是很方便的。

  白糍粑做好阴干了以后就用清水洗一遍，把上面的粉末洗干净，再放到一个大水缸里。然后将干净的清水倒到缸里去，浸好糍粑。糍粑在水里放三四个月都不会变质，这种存放方式也很方便。现在，随着生活水平的提高，吃的东西多了、丰富了，这个风俗习惯也就慢慢失传了。如果想吃糍粑，年底时在市场上有得卖，可以买回来尝尝，而不用各家自己去做。

（三）年货

kaŋ³³ Øi⁵⁵⁻²² kə²⁴（<kuo²⁴）ku²⁴ niə²² kə⁰（<kuo⁰）fəu¹² su²² çi⁵⁵ᐟ²² ku²⁴。məi²² niə²²
讲　一　个　　　　过　年　个₀　　　　风　俗　习　惯。每　年

kuo⁰ tsʰuəŋ¹² tçiə⁵⁵⁻²² Øa²², tu¹² çi³³ tua³¹ tçi²² kuo¹²⁻³³ tsəi²⁴ kau¹² xai²², çi³³ Øia²², tsəi²⁴
个₀ 春　节　啊，都　是　大　齐＝家大家　　最　高　兴，是　呀，最

tua³¹ kuo⁰ tçiə⁵⁵ ni⁵⁵⁻²²。tsʅ³¹ ku³³ tau²⁴ kuo⁵⁵（ku⁵⁵ᐟ²²＋kuo²⁴）çi²² ka¹²⁻³³ Øa²², tçiəu³¹
大　个₀节　日。　自　古　到　□（箇＋个）　　　时　间　啊，就

çi³³ tsʅ³¹ ku³³ Øi³³ nai²² nə³³，niə²² niə²² tu¹² çi³³ Øy²² tsʰʅ³³ kuo⁰。ku²⁴——məi³³ niə²² kuo⁰
是　自　古　以　来　呢，年　年　都　是　如　此　个₀。过——每　年　个₀

ku²⁴ niə²² Øa²², tçiəu³¹ çi³³ tsəŋ³³ çiə³¹ Øi³¹ Øya⁵⁵⁻²² Øi³¹ çiə³¹ sʅ²⁴ pu²⁴ Øio³¹ çi²² tsəu³¹
过　年　啊，　就　是　从　十二月二十四半夜时腊月二十四　　　就

su²⁴——su²⁴ tçʰi³³ ku²⁴ niə²²。çi³³ Øia²²，Øi³¹ çiə³¹ sʅ²⁴ pu²⁴ Øio³¹ çi²² nə³³, tçiəu³¹ Øuəi²²
算——算　起　过　年。是　呀，　二十四半夜时腊月二十四　呢，　就　为

çiau³³ niə²²。tsai²² çiau³³ niə²² kə⁰（<kuo⁰）çi²² ka¹²⁻³³ nə³³, Øa²², kuo¹² kuo¹²⁻³³ fu³¹
小　年。在　小　年　个₀　　　　时　间　呢，啊，家　家　户

fu³¹ Øa²², tu¹² Øiau²⁴ tuo³³ sau³³ Øəu⁵⁵ ni³³ tau⁰ kuo⁰ Øuəi³¹ sa¹²⁻³³, xuo²² tsʰəŋ¹² tçiə²² xaŋ³¹
户　啊，都　要　打　扫　屋家里头个₀　卫　生，　和　村　前　巷

kʰau³³ məŋ²² saŋ³¹ kə⁰（<kuo⁰）Øuəi³¹ sa¹²⁻³³ kəu¹² tsuo²²。piəŋ²⁴ tçʰiə¹² nə³³, tçiəu³¹
口　门上门口　个₀　　　　卫　生　工　作。　并　且　呢，就

kʰuai¹² çi³³ mua³³ ku⁵⁵ᐟ²² kuo²⁴ ku²⁴ niə²² kə⁰（<kuo⁰）Øua⁵⁵ᐟ²² tçi³¹, mua³³ kuo²⁴
开　始　买　箇　个　过　年　个₀　　　　物　件东西，买　个₂

niə²² fu²², Øa²²。nuo³¹ kuo²⁴ çi²² ka¹²⁻³³ nəŋ²² tsʰəŋ¹²⁻³³ Øa²², xa²² Øiəu³³ kuo²⁴ tau³³ pa³¹ tsʅ²
年　货，啊。那　个　时　间　农　村　啊，还　有　个₁ 捣　白　糍

puo¹²⁻³³ kuo⁰ çi⁵⁵ᐟ²² ku²⁴。ku²⁴ tiə²⁴ Øi³¹ çiə³¹ sʅ²⁴ pu²⁴ Øio³¹ çi²² kuo²⁴ᐟ⁰ çiau²⁴ niə²² Øi³³ xau³¹
粑　个₀习　惯。过　嗲　二十四半夜时腊月二十四个₀　小　年　以　后

Øa²², tçiəu³¹ kuo¹² kuo¹²⁻³³ fu³¹ fu³¹ təu¹² nəŋ² tau⁰ tau³³ pa³¹ tsʅ²² puo¹²⁻³³ ——tau³³ kuo²⁴
啊，　就　家　家　户　户　都　轮　□着捣　白　糍　粑——　捣　个₂

pa³¹tsๅ²² puo¹²⁻³³。nuo³¹ kuo²⁴ ɕi²² ka¹²⁻³³ Øa²², sau³³ kuo⁰ niəŋ²² kə¹²⁻³³ nə³³, tau³³ kuo²⁴ Øi⁵⁵
白　糍　粑。　那个　时间　啊，少个₀人　家　呢，捣个一
ɕiə³¹ tɕiəŋ¹²⁻³³, tu¹² kə⁰（< kuo⁰）nə³³, tau³³ kuo²⁴ pa⁵⁵ ɕiə³¹ tɕiəŋ¹² kuo⁰ tau²⁴ Øiəu³³,
十　斤，　　多个₀　　呢，捣个百　十　斤　个₀倒都　有，
Øa²²。tɕy³³ Øiau²² nə³³, kuo²⁴ pa³¹ tsๅ²² puo¹²⁻³³ ɕi³³ Øiəŋ³¹ nai²² Øa²², ku²⁴ niə²² kuo⁰ ɕi²² ka¹²⁻³³
啊。主　要　呢，个₂白　糍　粑　是　用　来　啊，过年个₀时　间
səu²⁴ ni³³, ɕi³³ Øia²², xuo⁵⁵ᐟ²² tɕia³³ ɕi³³ nə³³, niəu²² tau⁰ ku²⁴ puo³¹ tiə⁰ niə²² Øi³³ xau³¹,
送　礼，是　呀，或　　者　是　呢，　留 □着过 罢 嗲 年　以后，
nəŋ²² maŋ²² kə⁰（< kuo⁰）ɕi²² ka¹²⁻³³ tɕʰiə⁵⁵ᐟ²²。
农　忙　个₀　　　时　间　　吃。

　　　　tau²⁴ tiə⁰ Øa²², ku⁵⁵ᐟ²² kuo²⁴ Øi³¹ ɕiə³¹ —— nau³³ nai⁵⁵⁻²² ɕiə³¹ Øi³¹ Øyə⁵⁵⁻²² Øi³¹ ɕiə³¹
　　　　到　嗲啊，箇　个　二　十——　老　历　十　二　月　二　十
tɕʰi⁵⁵ puo⁵⁵ nə³³, kuo²⁴ ɕi²² ka¹²⁻³³ Øa²², kuo¹² kuo¹²⁻³³ fu³¹ fu³¹ nə³³, tu¹² Øiau²⁴ mu³¹ Øi⁵⁵⁻²²
七　八　呢，个₂时　间　啊，家家　户户　呢，都　要　磨一
ku¹² tau³¹ fu²⁴, Øiəu³³ ni⁵⁵ niəŋ²², tu¹² kə⁰（< kuo⁰）niəŋ²² kə³³（< kuo¹²）Øa²²,
锅豆　腐，有 立＝些人，多　个₀　　人　家　　啊，
Øiau²⁴ mu³¹ niəŋ³³ ku¹²⁻³³, Øia²², tsəŋ³¹ pi³¹ xau³³ ku²⁴ niə²² tɕʰiə⁵⁵ᐟ²²。tau²⁴ tiə⁰ Øi³¹ ɕiə³¹
要　磨两锅，　呀，准　备　好　过　年　吃。　到嗲二　十
tɕiəu³³, sa¹² ɕiə³¹ pu²⁴ Øio³¹ ɕi²² kuo⁰ ɕi²² ka¹²⁻³³ nə³³, nuo³¹ kuo²⁴ ɕi²² ka¹²⁻³³ tsəu³¹ xai¹²
九，　三十　半夜时大年三十　个₀时间　　呢，那个　时　间　　就兴
Øiau²⁴ suo⁵⁵ᐟ²² niə²² ty¹²。Øəu⁵⁵ ni³³ tau²² Øiəu³³ tua³¹ ty¹² kə⁰（< kuo⁰）Øa²², tsəu³¹ Øiau²⁴
要　杀　年　猪。屋家里头　有　大猪个₀　　啊，就要
tsai³³ Øi³¹ ɕiə³¹ tɕiəu³³, sa¹² ɕiə³¹ pu²⁴ Øio³¹ ɕi²² suo⁵⁵ᐟ²² na³³, suo⁵⁵ᐟ²² tiə⁰, xau³³ kai¹²
在　二　十　九，三十半夜时大年三十　杀　啦，杀　嗲，好 □拿
tɕʰy²⁴——kai²² tɕʰy²⁴ ɕy¹² saŋ³¹ tɕʰy²⁴ mua³¹ na³³, ɕi³³ Øia²²。tau²⁴ sa¹² ɕiə³¹ pu²⁴ Øio³¹ ɕi²²
去——　□拿　去　圩　上　去　卖　啦，　是　呀。到　三十半夜时大年三十
nuo³¹ Øi⁵⁵⁻²² ni⁵⁵ᐟ²² nə³³, Øa²², tsəi²⁴——sa¹² ɕiə³¹ pu²⁴ Øio³¹ ɕi²³³ tsəi³¹ xau³¹ Øi⁵⁵⁻²² ɕy¹²
那　一　日　呢，啊，最——三十半夜时大年三十是　最　后　一　圩
ma²², ɕi³³ Øia²², tsəu³¹ kuo³³ kʰua²⁴—— kuo²⁴ kuo²⁴ tau²⁴——tu¹² tɕʰy²⁴ kuo³³ ɕy¹²,
嘛，是　呀，就　赶　快——　个　个大家倒都——都　去　赶圩赶集,

tɕʰy²⁴ mua³³ niə²² fu²⁴, mua³³ Øua⁵⁵ᐟ²² tɕi³¹ nuo³³, tsəŋ³³ pi³¹ ku²⁴ niə²²。
去　买　年　货， 买 物件东西　　啰， 准 备 过 年。

　　ku²⁴ tɕʰy²⁴ Øa²², tau²⁴ ɕiə³¹ Øi³¹ Øyə⁵⁵⁻²² Øi³¹ ɕiə³¹ tɕiəu³³, xuo⁵⁵ᐟ²² tɕia³³ ɕi³³ sa¹² ɕiə³¹
　　过 去 啊， 到 十 二 月 二 十 九， 或 者 是三十半夜
pu²⁴ Øio³¹ ɕi²² □ tsəi²⁴ xau³¹ Øi⁵⁵⁻²² ɕy³³ kə⁰（< kuo⁰）ɕi²² ka¹²⁻³³ nə³³, kuo²⁴ sɿ³¹ tsaŋ²²
时大年三十， 最 后 一 圩 个₀ 时 间 呢， 个₂ 市 场
kə⁰（< kuo⁰）Øua⁵⁵ᐟ²² tɕi³¹ kə⁰（< kuo⁰）kuo²⁴ tɕiə²² Øa²², tu¹² fəi³¹ tsaŋ³³, ɕi³³ Øia²²,
个₀ 物件东西 个₀　　 价 钱 啊， 都 会 涨， 是 呀，
tu¹² fəi³¹ tsaŋ³³ ta⁰ xəŋ³¹ kʰua²⁴。Øiəu²² tɕʰi²² ɕi³³ nə³³, nuo³¹ kuo²⁴ ɕi²² ka¹²⁻³³ kuo⁰, Øa²²,
都 会 涨 得 很 快。 尤 其 是 呢， 那 个 时 间 个₀， 啊，
niaŋ³¹ tau³¹ fu²⁴ Øyə²² tsɿ³³ su³³ suai²² kuo⁰ Øiəu²² tau³¹ fu²⁴、ty¹² Øiəu²² xuo²² ŋ²² kuo⁰
酿 豆 腐 圆 子丸子 所 □用 个₀ 油 豆 腐、猪 肉 和 鱼 个₀
kuo²⁴ tɕiə²² Øa²², ɕi³³ pi³³ pai²² su²⁴——pai²² su²⁴ ni⁵⁵⁻²² tsɿ³³ Øiau²⁴ kuəi²⁴ Øi⁵⁵⁻²² pəi³¹, ɕi³³
价 钱 啊， 是比 平 数—— 平 数 日 子 要 贵 一 倍， 是
Øia²². su³³ Øi³¹ nuo³¹ kuo²⁴ ɕi²² ka¹²⁻³³ tsəu³¹ ɕi³³ kaŋ³³ nə³³, Øiəu³³ kə²⁴（< kuo²⁴）——
呀。 所 以 那 个 时 间 就 是 讲 呢， 有 个——
Øiəu³³ tɕy²⁴ Øa²², nau³³ niəŋ²² kə¹²⁻³³ ti³¹ kaŋ³³ Øa²²:"sa¹² ɕiə³¹ pu²⁴ Øio³¹ ɕi²² suo⁵⁵ᐟ²² tɕiəŋ³³
有 句 啊， 老 人 家 哩们 讲 啊："三 十 半 夜 时大年三十 杀 穷
kuəi³³", Øiəu³³ kə²⁴（< kuo²⁴）ka¹² kaŋ³³ xuo⁵⁵⁻²²。Øuəi³¹ səŋ²² kə⁰（< kuo⁰）sɿ³¹ nə³³？
鬼"， 有 个　　 □这样的讲 法。 为 什 个₀ 事为什么呢？
ɕi³³ Øiəŋ¹² Øuəi²² ku²⁴ tiə⁰ sa¹² ɕiə³¹ pu²⁴ Øio³¹ ɕi²² ku⁵⁵ᐟ²² tsəi²⁴ xau³¹ Øi⁵⁵⁻²² ɕy³³ Øi³³ xau³¹
是 因 为 过 嗲 三十半夜时大年三十 箇 最 后 一 圩 以 后
Øa²², Øiau²⁴ tau²⁴ ti³¹ Øi³¹ niə²² ɕi²² ɕiəu¹² niə²² kə⁰（< kuo⁰）tsʰu¹² tɕʰi⁵⁵ᐟ²² puo⁵⁵ᐟ²²,
啊， 要 到 第 二 年 时 新 年 个₀ 初 七 八，
xuo⁵⁵ᐟ²² tɕia³³ ɕi³³ tsʰu¹² puo⁵⁵ᐟ²² tɕiəu³³ tsai³¹ ɕi³³ sai²² ɕy¹²。Øiəŋ¹² Øuəi²² nuo³¹ kuo²⁴
或 者 是初 八 九 才 是 成 圩。 因 为 那 个
ɕi²² ka¹²⁻³³ Øa²², mua³³ Øua⁵⁵ᐟ²² tɕi³¹ nə³³, tu¹² kʰau²⁴ tau²⁴ ɕy¹² tsaŋ²² saŋ³¹ tɕʰy²⁴ mua³³,
时 间 啊， 买 物件东西 呢， 都 靠 到 圩 场 上 去 买，

Øia²² səŋ²² muo³³ niəŋ²² xa²² tsʰəŋ¹² kuo⁰, Øia²²。su³³ Øi³³ nə³³, tau²⁴ tiə¹² sa¹² çiə³¹ pu²⁴
□没 什 么 人 行村①   个₀, 呀。所以呢, 到 嗲 三十 半
Øio³¹ çi³¹ ku⁵⁵/²² Øi⁵⁵⁻²² çy¹²⁻³³ Øa²², pu³³ kuaŋ³³ kə²⁴ (< kuo²⁴) Øua⁵⁵/²² tçi³¹ tsai²⁴ kuəi²⁴,
夜时大年三十 箇一   圩 啊, 不管 个₂   物件东西 再 贵,
çi³³ Øia²², tu¹² Øiau²⁴ tiau³¹ mua³³ Øuəi²² nai²² kuo¹² Øa³³, Øiəŋ¹² Øuəi²² ni⁸⁸ Øiau²⁴ suai³³ Øa³³,
是 呀, 都 要 着得 买 回 来 个₀啊, 因 为 你 要 □用啊,
ku²⁴ niə²² Øiau²⁴ suai³³ Øa²², çi³³ Øia²²。
过 年 要 □用 啊, 是 呀。

普通话梗概

　　每年春节都是大家最高兴的节日,也是最大的节日,自古以来年年如此。过年是从农历腊月二十四开始,这一天被称为小年。在这一天,家家户户都要打扫屋子和村前巷口,并且开始买年货。那时候的农村还有捣白糍粑的习惯,过了小年以后家家户户轮流捣白糍粑,少的捣个十来斤,多的有百来斤。白糍粑主要是用来过年送礼,或者是保存到过年以后农忙的时间吃。

　　到了农历腊月二十七八,家家户户都要磨一锅豆腐。有的人家要磨两锅,准备过年吃。到了二十九或大年三十就要杀年猪,家里养了大猪的在这个时候就要杀了,然后拿去圩上卖。大年三十那一天,因为是最后一圩,人人都去赶圩买年货,为过年做准备。这一天什么东西都会涨价,而且涨得很高。尤其是酿豆腐丸子所用的油豆腐、猪肉和鱼,可能要比平常贵一倍。所以有句古话"大年三十杀穷鬼",意思是这一天会花掉很多钱。为什么呢?因为过了大年三十这最后一圩,接下来要到新年的初七八,或者是初八九才能成圩。那时候什么东西都得到圩场去买,没什么人挑东西到村里卖。所以到了大年三十这一圩,不管东西多贵,都要买回来,因为过年要用,没办法。

---

① 货郎挑着货物在村里走动卖货。

（四）团圆饭

tau²⁴ tiə⁰ sa¹² ɕio³¹ pu²⁴ Øio³¹ ɕi²² kə⁰（<kuo⁰）ɕi²² ka¹²⁻³³ Øa²²，tɕʰy²⁴ tau²⁴ məi³¹
到　嗲　三十半夜时大年三十　个₀　　　时　间　啊，出　到　外

tau²² miə²⁴ tɕʰy²⁴ tsʅ²⁴ sʅ³¹ kə⁰（<kuo⁰）niəŋ²² Øa²²，tɕʰy²⁴ kəu¹² tsuo⁵⁵⁻²² kə⁰（<kuo⁰）
头　面　去　制做事　个₀　　　人　啊，去　工　作　个₀

niəŋ²²，pu²² ku³³ ni³³ ɕi³³ tsai²² pəŋ³³ sa³³ xuo⁵⁵/² tɕia³³ ɕi³³ Øuai³¹ sa³³ kə⁰（<kuo⁰）niəŋ²²，
人，不　管　你　是　在　本　省　或　者　是　外　省　个₀　　　人，

tu¹² nu⁵⁵ nu⁵⁵⁻²² su²² su²² tu¹² Øiau²⁴ kuo³³ Øuəi²² nai²² ku²⁴ niə²²。sa¹² ɕiə³¹ pu²⁴ Øio³¹ ɕi²²
都　陆　陆　续　续　都　要　赶　回　来　过　年。三十半夜时大年三十

nə³³，tua³¹ kuo²⁴ ti³¹ Øa²²，tsəu³¹ maŋ²² Øa²²，suo⁵⁵/² tɕi²² Øa³³，suo⁵⁵/² Øuo⁵⁵ Øa³³，niaŋ³¹
呢，大　个哋大人　啊，就　忙　啊，杀　鸡　啊，杀　鸭　啊，酿

tau³¹ fu²⁴ Øyə²² tsʅ³³ Øa³³，ɕi³³ Øia²²，tsai¹² kʰau²⁴ Øiəu⁵⁵⁻²² Øa³³，Øa²²，maŋ²² ku⁵⁵/² kuo²⁴
豆　腐　圆子丸子　啊，是呀，蒸　扣　肉　啊，啊，忙　箇　个

niə²² Øio³¹ xuo³¹ kə⁰（<kuo⁰）tsʰai²¹。ɕi²⁴ kə²⁴（<kuo²⁴）ti³¹ nə³³，Øa²²，tɕiəu³¹ tɕʰy²⁴
年　夜　饭　个₀　　　　菜。细个哋孩子们　　呢，啊，就　去

Øa²²，pa³³ Øyə²² nai²² kuo⁰ nau³³ təi²⁴ tsʅ³³ Øa³³——nau³³ məŋ²² niə²² Øa³³，tɕiəu³¹ tiə⁰
啊，把　原　来　个₀　老　对　子　啊——老　门　联　啊，旧　嗲

kuo⁰ təu¹² sʅ³¹——Øa²²，tsʰuo⁵⁵/² kuo¹² tsai³¹，tsəŋ²² ɕiə¹² tʰiə⁵⁵/² saŋ³³ ɕiəŋ¹² kuo⁰——
个₀　都　撕——啊，擦　干　净，重　新　贴　上　新　个₀——

Øa²²，tʰiə⁵⁵/² saŋ³³ ɕiəŋ¹² kuo⁰。nuo³¹ kə²⁴（<kuo²⁴）ɕi²² ka¹²⁻³³ nə³³，ku²⁴ niə²²
啊，贴　上　新　个₀。那　个　　　时　间　呢，过　年

ku⁵⁵/² tsʰuo¹²⁻³³ niə²² Øio³¹ xuo³¹ Øa²²，ku⁵⁵/² tsʰuo¹²⁻³³ tua³¹ Øyə²²——tu²² Øyə²² xuo³¹ nə³³，
箇　餐　年　夜　饭　啊，箇　餐　大　圆——团　圆　饭　呢，

Øiau²⁴ tsəŋ³³ pi³¹ xau³³ tɕi³³ kə²⁴（<kuo²⁴）tsʰai²¹：Øi⁵⁵⁻²² kuo¹² ɕi³³ suo⁵⁵/² tɕi¹²，
要　准　备　好　几　个　　　　菜：一　个　是　杀　鸡，

xuo⁵⁵/² tɕia³³ ɕi³³ suo⁵⁵/² Øuo⁵⁵，ɕi³³ Øia²²，xa²² Øiau²⁴ niaŋ³¹——Øa²²，xa²² Øiau²⁴ tsʅ²²
或　者　是　杀　鸭，是呀，还　要　酿——啊，还　要　制做

k^hau^{24} Øiəu$^{55-22}$, niaŋ^{31} Øyə^{22}tsʅ^{33}。nuo^{31} kuo^{24} çi^{22} ka$^{12-33}$ nə^{33}, Øi$^{55-22}$ paŋ^{12} tu^{12} çi^{33} Øiəu^{33}
扣 肉， 酿 圆子丸子。那 个 时 间 呢， 一 般 都 是 有
kuo^{24} tau^{31} fu^{24}, Øa^{55} Øiəu^{22} tau^{31} fu^{24} Øa^{33}, niaŋ^{31} tau^{31} fu^{24} Øyə^{22} tsʅ^{33} kuo^{0} tu^{12}. məi^{33} Øi$^{55-22}$
个₂豆 腐，阿 油 豆 腐 啊， 酿 豆 腐 圆子丸子 个₀ 多。每 一
kuo^{12} niəŋ^{22} kuo$^{12-33}$ Øa^{22}, tu^{12} Øiau^{24} niaŋ^{31} kuo^{24} tçi^{33} tçiəŋ^{12}——xau^{33} tçi^{33} tçiəŋ^{12} kuo^{0}
家 人 家 啊， 都 要 酿 个 几 斤—— 好 几 斤 个₀
ty^{12} Øiəu$^{55-22}$ kuo^{0} tau^{31} fu^{24} Øyə^{22}tsʅ^{33}, pa^{33} tʰuo^{12} tsai^{12} səu^{31}, çi^{33} Øia^{22}, fuaŋ^{24} tau^{0}——
猪 肉 个₀豆 腐 圆子丸子，把 它 蒸 熟， 是呀， 放 □着——
niəu^{22} tau^{0} nə^{33} □ ku^{24} niə^{22} kuo^{0} çi^{22}——ku^{24} niə^{22} kə^{0}(<kuo^{0}) çi^{22} ka$^{12-33}$ Øa^{22}, tsʰai^{33}
留 □着 呢， 过 年 个₀时—— 过 年 个₀ 时 间 啊， 请
k^ha^{55} tçʰiə$^{55/22}$, tsʰai^{33} k^ha^{55} suai^{33}。nuo^{31} kuo^{24} çi^{22} ka$^{12-33}$ Øiəu^{33} kuo^{24} kaŋ^{33} xuo$^{55-22}$
客 吃， 请 客 □用。那 个 时 间 有 个 讲 法
Øa^{22}: kuo^{24} tsau^{55} tsʅ^{33} saŋ^{31}, Øia^{22}, məi^{33} Øi$^{55-22}$ tsau^{55} saŋ^{31} Øa^{22}, tu^{12} Øi^{55} tai^{31} Øiau^{24} Øiəu^{33}
啊： 个₂桌 子 上， 呀， 每 一 桌 上 啊，都 一 定 要 有
Øyə^{22}tsʅ^{33}, çi^{33} Øia^{22}, piau^{33} sʅ^{31} nə^{33}, tua^{31} tçi^{22} kuo$^{12-33}$ Øa^{22}, tu^{22} tu^{22} Øyə^{22} Øyə^{22}, çi^{33}
圆子丸子， 是呀， 表 示呢， 大齐=家大家 啊， 团团圆圆， 是
Øia^{22}。məi^{33} kuo^{24} niəŋ^{22} tu^{12} Øiau^{24} saŋ^{22} Øi$^{55-22}$ kə^{24}(<kuo^{24}) Øyə^{22}tsʅ^{33}, Øa^{22}, pu^{22}
呀。每 个 人 都 要 尝 一 个 圆子丸子， 啊， 不
ta$^{55/22}$ pu^{22} tçʰiə$^{55/22}$ kuo^{0}。kuo^{24} Øyə^{22} tsʅ^{33} çi^{33}——çi^{33} Øia^{22}, xa^{22} Øiəu^{33} kə^{24}(<kuo^{24})
得 不 吃 个₀。个 圆子丸子是—— 是呀， 还 有 个
nə^{33}, Øiau^{24} Øiəu^{33}——Øiau^{24} Øiəu^{33} ŋ^{22}。Øiəu^{33} tiau^{22} ŋ^{22}。kuo^{24} ŋ^{22} tsai^{33} nə^{33}, tsəu^{31}
呢， 要 有—— 要 有 鱼—— 有 条 鱼。个₁鱼 仔 呢， 就
çi^{33} piau^{33} sʅ^{31} Øa^{22}, niə^{22} niə^{22} Øiəu^{33} ŋ^{22}——niə^{22} niə^{22} Øiəu^{33} Øy^{22} Øa^{22}——niə^{22} niə^{22} Øiəu^{33}
是 表 示啊， 年 年 有 鱼—— 年 年 有 余 啊—— 年 年 有
ŋ^{22}, çi^{33} Øia^{22}。
鱼， 是 呀。

çi^{33} Øia^{22}, taŋ^{12} ni$^{55-22}$ Øio^{31} xuo^{33}, sa^{12} çiə^{31} pu^{24} Øio^{31} çi^{22} nə^{33}, Øa^{22}, tçy^{33} xuo^{31}
是 呀， 当 日 夜下晚上， 三 十 半 夜 时大年三十 呢， 啊， 煮 饭
kuo^{0} çi^{22} ka$^{12-33}$ Øa^{22}, xa^{22} Øiau^{24} tu^{12} fuaŋ^{24} mi^{33} tu^{12} tçy^{33} xuo^{31} Øa^{22}, tçiəu^{31} çi^{33} kaŋ^{33} nə^{33},
个₀时 间 啊， 还 要 多 放 米 多 煮 饭 啊， 就 是 讲 呢，

tɕi¹²ni⁵⁵⁻²² sai³¹ tau⁰ tiə⁰ na³³ xuo³¹, Øia²², tɕi¹² niə²² ɕi²² tɕʰiə⁵⁵/²² pu²² Øyə²² kuo⁰ niəŋ²² tau²⁴
今　日　剩 □着嗲 冷　饭，呀，今　年　时 吃　　不 圆完明个0 留 到
mai²² niə²² ɕi²² tsai²⁴ tɕʰiə⁵⁵/²², ɕi³³ Øa²², ɕi³³ kuo²⁴ ka¹² Øi²⁴ sɿ¹²⁻³³。ɕiəŋ¹² ɕiəŋ¹² kʰu³³ kʰu³³
明　年 时 再 吃，　　是　呀，是 个 □这意 思。　辛　辛　苦　苦
Øa²², tsɿ²⁴　tiə⁰ Øi⁵⁵⁻²² niə²² kə⁰（＜kuo⁰）niəŋ²², nau²² təu³³ tiə⁰ Øi⁵⁵⁻²² niə²² kuo⁰ niəŋ²²,
啊，制劳动嗲 一　年　个0　　　　人，劳 动 嗲 一　年　个0 人，
ɕi³³Øia²², ku⁵⁵/²² kuo²⁴ ɕi²² ka¹²⁻³³ nə³³, tua³¹ tɕi²² kə³³（＜kuo¹²）tɕiəu³¹ Øuo¹² Øiəŋ²²——
是　呀，箇　个　时　间　呢，大齐=家大家　　就　安　然——
tu¹² ta⁵⁵/²² tsai³³ Øi⁵⁵⁻²² tɕʰi³¹ tɕʰiə⁵⁵/²² tu¹² Øyə²² xuo³¹ na³³。Øio²² ɕi³³——tsai³³ nuo³¹ kuo²⁴ ɕi²²
都 得 在 一 起 吃 团 圆 饭 啦。若 是—— 在 那 个 时
ka¹²⁻³³——Øio²² ɕi³³ tsai³³ nuo³¹ kuo²⁴ ɕi²² ka¹²⁻³³——Øio²² ɕi³³ tsai³³ tɕʰiə⁵⁵/²² tu¹² Øyə²² xuo³¹
间——　 若 是 在 那 个 时　间——　若 是 在 吃 团 圆 饭
kuo⁰ ɕi²² ka¹²⁻³³, Øəu⁵⁵ ni²² tau³³ xa²² Øiə³³ tɕʰiəŋ¹² niəŋ²² Øia²² kuo³³ Øuəi²² nai²² tiau³¹ ku²⁴
个0 时 间，　屋家里 头 还 有　亲　人　□没赶回 来 着完成体标记 过
niə²² kuo⁰ nə³³, Øia²² Øi⁵⁵⁻²² tɕʰi³¹ tɕʰiə⁵⁵/²² tu¹² Øyə²² xuo³¹ kuo⁰ niəŋ²² nə³³, xa²² Øiau²⁴
年 个0 呢，　□没 一　起　吃　团 圆 饭 个0 人 呢，还 要
məŋ³¹——paŋ¹² tʰuo¹² Øa²², tsəŋ³³ pi³¹ xau³³ Øi⁵⁵⁻²² suaŋ¹²⁻³³ kʰua²⁴ tsɿ³³, Øi⁵⁵⁻²² tsai⁵⁵/²²
问——帮为他 啊，准　备 好 一 双　　筷 子，一 只
Øu³³, ta⁵⁵⁻²² tʰuo¹²。
碗，　得给 他。

　　　 nuo³¹ kuo²⁴ ɕi²² ka¹²⁻³³ xa²² Øiəu³³ Øi⁵⁵⁻²² kuo²⁴ ɕi⁵⁵/²² su²² tɕiəu³¹ ɕi³³ kaŋ³³ nə³³, Øəu⁵⁵
那 个 时 间　还 有 一　个 习　俗　 就 是 讲 呢，屋家
ni³³ tau²² Øiəu³³ tɕi¹² fuai¹²⁻³³ tau²², Øa²², səi¹² ɕi³³ fuəŋ¹² tiə⁰ kuo¹² kuo⁰, tɕy³³ Øiau²⁴ nə³³,
里 头 有 几 兄头兄弟，　啊，虽 是 分 嗲 家 个0，主　要 呢，
Øiəu³³ nau³³ niəŋ²² kə³³（＜kuo¹²）ti³¹ xa²² tsai³³, Øiəu³³ tɕiə²² pəi²⁴ xa²² tsai³³ ni³³ kə³³
有 老 人 家　　　　　㑔们 还 在， 有 前 辈 还 在里在世个0
（＜kuo⁰）ɕi²² ka¹²⁻³³ nə³³, ɕi³³ Øia²², tɕiəu³¹ Øiau²⁴ Øiəu³³ kuo²⁴ nau³³ niəŋ²² kə³³（＜kuo¹²）
　　　　时 间 呢，是 呀，就 要 由 个1 老 人 家
Øa²², tʰəu³³ Øi⁵⁵/²² nai²² tsai³³ kuo²⁴ kuo¹² kə⁰（＜kuo⁰）niəŋ²², ɕi³³ Øia²², Øiəu³³
啊，统　一 来 安 排 整 个0　　　　人，是 呀，有

tɕi³³ fuai¹²⁻³³ tau²² Øa¹² xau³³, ɕi³³ Øia²², tu¹² Øiau²⁴ Øi⁵⁵⁻²² tɕʰi³³ nai²² tɕʰiə⁵⁵/²² kuo²⁴
几兄头〔几兄弟〕 也 好, 是 呀, 都 要 一 起 来 吃 个₂
tu²² Øyə²² xuo³¹。ɕi³³ Øia²², nuo³¹ kuo²⁴ ɕi ka¹²⁻³³ nə³³ fəi¹² tsaŋ²² kaŋ³³ tɕiɔu²⁴ kuo²⁴ kuo¹²
团 圆 饭。是 呀, 那 个 时 间 呢 非 常 讲 究 个₂ 家
tsəu³¹ kuo⁰ tu²² tɕiə⁵⁵⁻²², Øa²²。
族 个₀ 团 结, 啊。

普通话梗概

到了大年三十，外出工作的人，不管是在本省还是外省，都陆陆续续赶回家过年。家家都忙着杀鸡、杀鸭、酿豆腐、蒸扣肉，准备年夜饭。小孩子就去把门上原来的老对联撕下来，擦干净门后重新贴上新对联。过年的团圆饭要准备好几个菜，包括一个鸡或者是鸭，还要有扣肉和丸子。每一家都要酿好几斤猪肉豆腐丸子，先蒸熟，留到过年请客吃。每一张桌上都一定要有丸子（"丸"和"圆"同音），表示大家团团圆圆，每个人都要吃一个丸子，不能不吃。还一定要有鱼，表示年年有余。当天晚上，做饭的时候还要多放米，要有剩饭，表示今年吃不完的留到明年再吃。辛辛苦苦劳动了一年的人们，这时可以安逸地坐在一起吃团圆饭啦。如果还有亲人没有及时赶回来一起吃团圆饭，就准备好一双筷子和一个碗给他。

还有个习俗，兄弟几个虽然是分了家，如果前辈还在世，就要由老人家来统一安排大家一起吃团圆饭，因为过去非常讲究家族的团结。

（五）守　岁

tɕʰiə⁵⁵⁻²² ku²⁴ tiə⁰ tu²² Øyə²² xuo³¹ Øi³³ xau³¹ Øa²², Øa²², kə²⁴ (＜kuo²⁴) niə²² Øio³¹
吃 过 嗲 团 圆 饭 以 后 啊, 啊, 个₂ 年 夜

xuo³¹ Øi³³ xau³¹ nə³³, tua³¹ tɕi²² kuo¹²⁻³³——nuo³¹ kuo²⁴ ɕi²² ka¹²⁻³³ ku²⁴ niə²² nai²² tiə⁰ na³³,
饭 以 后 呢， 大齐＝家大家—— 那 个 时 间 过 年 来 嗲啦，
tʰiə¹² tɕiəu³¹ pi³³ ɕiau²⁴ nuo⁵⁵ na³³, Øia²², tua³¹ tɕi²² kuo¹²⁻³³ tsəu³¹ sau¹² tɕʰi³³ Øi⁵⁵⁻²²
天 就 比 较 冷 啦， 呀， 大齐＝家大家 就 烧 起 一
təi¹²—— sau¹² tɕʰi³³ Øi⁵⁵⁻²² pa²² fu³³, Øa²²。tua³¹ tɕi²² kuo¹²⁻³³ nə³³, tsəu³¹ Øuəi³¹
堆—— 烧 起 一 □堆火， 啊。 大齐＝家大家 呢， 就 围
tauØi⁵⁵⁻²² pa²² fu³³ tuo²²——tuo²² tɕiəŋ³³ tsuaŋ²⁴ na³³。ɕi³³ Øia²², nau³³ niəŋ²² kə³³ (<kuo¹²)
□着一 □堆火 谈—— 谈 健＝壮聊天 啦。 是呀，老 人 家
ti³¹ Øa²², kaŋ³³ ku²⁴ sɿ³¹ ta⁵⁵⁻²² ɕi²⁴ kuo ti³¹ tʰai²⁴ na²², ɕi³³ Øia²², kaŋ³³ nə³³, niə²² kʰai¹² kuo⁰
佢们 啊，讲 故 事 得给 细 个 佢孩子们 听 啦， 是 呀， 讲 呢， 年 轻 个₀
niəŋ²² nə³³, tsəu³¹ kaŋ³³ Øi⁵⁵⁻²² niə²² nai²² su³³ Øy³¹ tiau³¹ kə⁰ (<kuo⁰) kua²⁴ sɿ³¹ tsai²²
人 呢， 就 讲 一 年 来 所 遇 着 个₀ 怪 事 情,
kau⁵⁵ tsəŋ³³ kau⁵⁵⁻²² Øiaŋ³¹ kuo⁰, tɕʰi³¹ tɕʰi²² kua²⁴ kua²⁴ kuo⁰ sɿ³¹ tsai²² Øa²², ɕi³³ Øia²²。kaŋ³³
各 种 各 样 个₀, 奇 奇 怪 怪 个₀事 情 啊， 是 呀。 讲
Øi⁵⁵⁻²² niə²² nai²² Øiəu³³ səŋ³³ muo³³ səu¹² xuo²² Øa³³, mai²² niə²² ɕi²² Øa³³, xa²² Øiəu³³ səŋ³³
一 年 来 有 什 么 收 获 啊， 明 年 时 啊， 还 有 什
muo³³ tuo³³ su²⁴ Øa³³, təŋ³³ təŋ³³ Øa²²。kaŋ³³ Øa²², niaŋ³¹ tʰuo¹² tuo²² Øuəi³¹ tau³¹ ka¹² ni³³ tuo²²
么 打 算 啊， 等 等 啊。 讲 啊， 让 他 谈 味道谈天 □里那样谈
nuo³³, Øi⁵⁵⁻²² tsɿ²² nə³³, Øiau²⁴ səu³³ tau²⁴ ɕiə³¹——Øio³³ xuo ɕiə³¹ Øi³¹ tiə³³ səŋ¹²⁻³³ tsai²²
啰， 一 直 呢， 要 守 到 十—— 夜下晚上 十 二 点 钟 才
ɕi³³ ɕiəu¹² ɕi²²。kuo³³ tsəu³¹ kaŋ³³ tsɿ²⁴ səu³³ səi²⁴, nuo³¹ kuo²² ɕi²² ka¹²⁻³³ ɕi³³ kaŋ³³ tsɿ²⁴
是 休 息。 个₁ 就 讲制叫做"守岁"， 那 个 时 间 是 讲制叫做
" səu³³ səi²⁴"。
"守 岁"。

nuo³¹ kuo²⁴ ɕi²² ka¹²⁻³³ xa²² Øiəu³³ tsəŋ³³ kaŋ³³ xuo⁵⁵⁻²² nə³³, tsəu³¹ ɕi³³ kaŋ³³ nə³³,
那 个 时 间 还 有 种 讲 法 呢， 就 是 讲 呢，
Øa²², tsəu³¹ ɕi³³ kaŋ³³ nə³³, sa¹² ɕiə³¹ pu²⁴ Øio³¹ Øio²² ɕi³³ tʰai²⁴ suəi³¹ tsau³³ tiə⁰, tsəu³¹
啊， 就 是 讲 呢， 三十半夜时大年三十 若 是 太 睡 早 嗲， 就
fəi³¹ suəi³¹——suəi³¹ pai¹² kuo²⁴ tiə²² tɕi¹²⁻³³。ɕi³³ Øia²², mai²² niə²² ɕi²² kʰuai¹² tsʰəŋ¹² kuo⁰
会 睡—— 睡 崩 个₂ 田 基。 是 呀， 明 年 时 开 春 个₀

çi²² ka¹²⁻³³ nə³³, tsəu³¹ Øiau²⁴ tiau³¹ tçʰi²⁴ tiə²² tçi¹²⁻³³, su³³ Øi³³ nə³³, tua³¹ tçi²² kuo¹²⁻³³
时 间 呢, 就 要 着得 砌 田 基, 所 以 呢, 大齐＝家大家
nə³³, tu¹² çi³³ Øiau²⁴ ku²⁴ tiə⁰ çiə³¹ Øi³¹ tiə³³ tsəŋ¹²⁻³³ tsai²² suəi³¹。nuo³¹ kə²⁴ (< kuo²⁴)
呢, 都 是 要 过 嗲 十 二 点 钟 才 睡。 那 个
çi²⁴ kə²⁴ (< kuo²⁴) ti³¹ nə³³, çi²⁴ Øia²², Øiəŋ¹² Øuəi²² nuo³¹ kə²⁴ (< kuo²⁴) çi²² ka¹²⁻³³
细个哩孩子们   呢, 是 呀, 因 为 那 个   时 间
Øiau²⁴ ku²⁴ tiə⁰ çiə³¹ Øi³¹ tiə³³ tsəŋ¹²⁻³³ Øi³³ xau³¹, Øa²², nau³³ niəŋ²² kə³³ (< kuo¹²) ti³¹ tsəu³¹
要 过 嗲 十 二 点 钟 以 后, 啊, 老 人 家   哩们就
Øiau²⁴ ta⁵⁵/²² kə²⁴ (< kuo²⁴) fəu¹² pau¹²⁻³³ ta⁵⁵⁻²² kə²⁴ (< kuo²⁴) çi²⁴ kə²⁴ (< kuo²⁴) ti³¹,
要 得给 个   封 包 得给 个₂   细个哩孩子们,
çi³³ Øia²², kaŋ³³ tsʅ²⁴ "Øuo⁵⁵/²² səi²⁴ tçiə²² "。çi³³ Øia²², çi²⁴ kə²⁴ (< kuo²⁴) ti³¹ Øiau²⁴
是 呀, 讲制叫做 "压   岁 钱"。 是 呀, 细个哩孩子们   要
nai³³ tiə⁰ kə²⁴ (< kuo²⁴) Øuo⁵⁵/²² səi²⁴ kə⁰ (< kuo⁰) tçiə²² Øi³³ xau³¹ nə³³, tsai²²
领 嗲 个₂   压   岁 个₀   钱 以 后 呢, 才
çi³³——tsai²² çi³³ suəi³¹ kau²⁴ tsʅ³³。kuo⁵⁵ (ku⁵⁵/²² + kuo²⁴) çi²² ka¹²⁻³³ Øia²² tiə⁰ nuo³³, çi³³
是——才 是 睡 觉 子。 □(箇+个)   时 间 □没有嗲 啰, 是
Øia²², kuo⁵⁵ (ku⁵⁵/²² + kuo²⁴), çi²² ka¹²⁻³³ tu¹² çi³³ tua³¹ tçi²² kuo¹²⁻³³ tsai³³ tiə³¹ sʅ³¹
呀, □(箇+个),   时 间 都 是 大齐＝家大家   在 电 视
tçi¹²⁻³³tçiə²², Øa²², Øuəi²² tau⁰ Øi⁵⁵⁻²² tçʰi²⁴ kʰuo²⁴ tiə³¹ sʅ³¹ nuo³³, Øa²², kʰuo²⁴ kuo¹²⁻³³ tsʰuəŋ¹²
机 前, 啊, 围 □着一 起 看 电 视 啰, 啊, 看 个₁ 春
tçiə⁵⁵⁻²²——tsʰuəŋ¹² tçiə⁵⁵⁻²² kuo⁰ niəŋ²²——niəŋ²² fuaŋ¹²⁻³³ Øuaŋ³³ fəi²⁴ nuo³³, çi³³
节——   春 节 个₀ 联—— 联 欢 晚 会 啰, 是
Øia²²。çiə³¹ Øi³¹ tiə³³ tsəŋ¹²⁻³³ Øi⁵⁵⁻²² tau²⁴, çi³³ Øia²², kuo¹²⁻³³ kuo¹²⁻³³ fu³¹ fu³¹ nə³³, nuo³¹ kuo²⁴
呀。十 二 点 钟 一 到, 是 呀, 家 家 户 户 呢, 那 个
çi²² ka¹²⁻³³ nə³³, Øa²², tu¹² Øiau²⁴ fuaŋ²⁴ tiaŋ²² pʰau²⁴, çi³³ Øia²², piau³³ sʅ³¹ Øa²², səu²⁴ tiau²⁴
时 间 呢, 啊, 都 要 放 长 炮, 是 呀, 表 示 啊, 送 掉
kuo²⁴ tçiəu³¹ niə²², Øiəŋ³³ nai kuo²⁴ çiəŋ¹² niə²²。
个₂ 旧 年, 迎 来 个₂ 新 年。

普通话梗概

吃过团圆饭以后，因为天比较冷，大家就烧一堆火，围着火谈天说地。老人家讲故事给小孩子听。年轻人就讲一年来所遇到的怪事情，或者讲一年的收获、来年的打算等。一直要守到晚上十二点钟才休息，叫做"守岁"。

那时还有种说法就是，大年三十如果睡得太早，就会把田埂给睡崩塌了，来年春天就要砌田埂，所以，大家都要过了十二点钟才睡。小孩子如果过了十二点钟以后才睡，老人家就要发红包，叫做压岁钱。现在变了，都是大家围坐在电视机前一起看春节联欢晚会。十二点钟一到，家家户户都要放长炮，表示送走旧年、迎来新年。

（六）初一开门红

tsʰu²¹ Øi⁵⁵ tsau³³ səŋ²², çi³³ Øia²², kʰuai¹² tua³¹ məŋ²² kə⁰ (< kuo⁰) çi²² ka¹²⁻³³ Øa²²,
初 一 早 晨， 是 呀， 开 大 门 个₀　　　　时 间 啊，

nuo³¹ kuo²⁴ çi²² ka¹²⁻³³ nə³³, xa²² xai²⁴ Øiau²⁴ fuaŋ³³ niaŋ²² tɕʰyə²⁴ pʰau²⁴, tɕiəu³¹ kaŋ³³ tsʅ²⁴
那 个 时 间 呢， 还 兴 要 放 两 串 炮， 就 讲制叫做

nə³³ " kʰuai¹² məŋ³² xəu²² ", Øa²²。tɕʰi³³ tsaŋ²² Øi³³ xau³¹, çi²⁴ kuo²⁴ ti³¹ Øa²², Øiau²⁴
呢 "开 门 红"， 啊。 起 床 以 后， 细 个 咃孩子们啊， 要

tɕʰy²⁴—— paŋ¹²—— Øiau²⁴ tɕʰy²⁴ nau³³ niəŋ²² kuo³³ (< kuo¹²) ti³¹ nuo³¹ xaŋ³¹ tɕʰy²⁴
去—— 帮—— 要 去 老 人 家　　　　咃们那□那里 去

pua²⁴ niə²², çi³³ Øia²², kʰuo²⁴ maŋ³¹ nau³³ tɕiə²² pəi²⁴。kuo²⁴ nau³³ niəŋ²² kuo³³ (< kuo¹²)
拜 年， 是 呀， 看 望 老 前 辈。个₂ 老 人 家

ti³¹ nə³³, Øa²², tsəu³¹ Øiau²⁴ ta⁵⁵⁾²²—— Øa²², tsəŋ³³ pi³¹ xau³³ Øi⁵⁵⁻²² kə²⁴ (< kuo²⁴)
咃们呢， 啊 就 要 得—— 啊， 准 备 好 一 个

fəu¹² pau¹²⁻³³ ta⁵⁵⁾ ³² tɕʰy²⁴ ta⁵⁵⁻²² çi²⁴ kə²⁴ (< kuo²⁴) ti³¹。kuo²⁴ nə³³, tsəu³¹ çi³³ kaŋ³³
封 包 得给 去 得给<介>细个咃孩子们。　　个₁呢， 就 是 讲

Øa²², çiəŋ¹² niə²² kə⁰（＜kuo⁰）xuo⁵⁵/²² tsai²², çiəŋ¹² niə²² xa²² xau³³ Øiəŋ³¹ tçʰi²⁴。
啊，新　年　个₀　　　　发　　财，新　年　行　好　运　气。
tsai³³ tsʰu¹² Øi⁵⁵/²² ku⁵⁵/²² Øi⁵⁵⁻²² ni⁵⁵/²² nə³³，tua³¹ tçi²² kuo¹²⁻³³ Øa²²，Øi⁵⁵⁻²² paŋ¹² çi³³ pu²²
在　初　一　箇　一　日　呢，大齐⁼家大家　啊，一　般　是　不
tçʰy⁵⁵/²² tua³¹ məŋ²² kə⁰（＜kuo⁰）。çi³³ Øia²²，nau³³ niəŋ²² kə³³（＜kuo¹²）ti³¹
出　　大　门　个₀。　　　　　是　呀，老　人　家　　　呲们
tsəu³¹ pau²⁴ sai²⁴ çi²⁴ kuo²⁴ ti³¹ Øa³³："Øa²², tçi¹² niə²²——tçi¹² ni⁵⁵⁻²² çi³³ ku²⁴ niə²² puo³³,
就　报　信　细　个　呲孩子们啊："啊，今　年——今　日　是　过　年　啵,
tua³¹ niə²² tsʰu¹² Øi⁵⁵ puo³³，pu²² ta⁵⁵ muo³¹ niəŋ²² kə⁰（＜kuo⁰）Øa³³，pu²² ta⁵⁵ puai²²
大　年　初　一　啵，不　得　骂　人　个₀　　　啊，不　得　□打
niəŋ²² kə⁰（＜kuo⁰）Øa³³。çi³³ kə²⁴（＜kuo²⁴）ti³¹ nə³³，pu²² ta⁵⁵ kaŋ³³ kuo²⁴ pʰi³¹ xuo³¹
人　个₀　　　　啊。细　个　呲孩子们　　呢，不　得　讲　个₂痞话
tsʅ³³ kə⁰（＜kuo⁰）Øa³³。"çi³³ Øia²²，tçiə²⁴ tiau³¹ niəŋ²² Øa²²，xa²² Øiau²⁴ suaŋ¹² səu³³
子　个₀　　　　啊。"是　呀，见　着　人　啊，还　要　双　手
fu⁵⁵ tçʰi³³ nai²² məŋ³¹ "çiəŋ¹² niə²² xau³³"，pua²⁴ niə²² kə⁰（＜kuo⁰）Øi²⁴ sʅ¹²⁻³³ nə³³。
合　起　来　问　"新　年　好"，拜　年　个₀　　　　意　思　呢。
Øa²², piəŋ²⁴ tçʰiə³³ nə³³ tsai³³ Øəu⁵⁵ ni³³ tau³³，Øa²², tsəŋ³³ pi³¹ tsʰu¹² Øi³¹ Øa²² tuai³¹ kʰa⁵⁵
啊，并　且　呢在　屋里头家里，啊，准　备　初　二　啊　待　客
kuo⁰，Øuo²²，taŋ²² ku³³ Øa²²，tsʰai³³ na³³。nuo³¹ kuo²⁴ çi²² ka¹²⁻³³ xai¹² tsuo⁵⁵/²² mi³³
个₀，哦，糖　果　啊，菜　啦。那　个　时　间　兴　炸　米
xuo¹²⁻³³，Øa²²，tsuo⁵⁵/²²mi³³ xuo¹²⁻³³ Øa³³，tsuo⁵⁵/²²Øiəu²² tsʅ²² puo³³ Øa³³，çi³³ Øia²²，
花，　啊，炸　米　花　啊，炸　油　糍　粑　啊，是　呀，
tsuo⁵⁵/² xəu²² çy²⁵ pʰiə²⁴ Øa³³，çi³³ Øia²²，muo²² tu¹² kuo sʅ³¹ Øiau²⁴ tsʅ²⁴ kuo⁰。piəŋ²⁴
炸　红　薯　片　啊，是　呀，蛮　多　个₀事　要　制做个₀。并
tçʰiə³³ nə³³，çi³³ Øia²²，Øiau²⁴ pa³³ Øyə²² nai²² su³³ nuo⁵⁵ xau³³ tiə⁰ kuo³³ nuo⁵⁵ Øiəu⁵⁵⁻²²，
且　呢，是　呀，要　把　原　来　所　腊　好　嗲　个₀腊肉，
tçʰy³³ xuo³³ nai²² tsai¹² xau³³，tsai¹² səu³¹，tai³³ tau⁰ mai²² ni⁵⁵⁻²² Øiəu³³ kʰa⁵⁵ nai tçʰiə⁵⁵/²²。
取　下　来　蒸　好，蒸　熟，　等　□着明　日　有　客　来　吃。

普通话梗概

　　大年初一早晨开大门的时侯,原来还有放两串炮的习惯,叫做"开门红"。孩子们起床以后,要去给老人家拜年。老人家要准备好一个红包,发给孩子们,祝愿他们新年发财、新年好运。初一这天一般不出大门。老人会对孩子们说大年初一不能骂人,不能打人,也不能讲痞话。大人还要教育小孩子路上遇到人时要双手合起来说"新年好",给对方拜年。同时要准备初二待客的糖果和菜肴等。那时流行炸米花、炸油糍粑、炸红薯片等,还要把原来做好的腊肉取下来蒸熟,等到第二天有客人来时吃。

(七) 拜众年

ku²⁴ tɕʰy²⁴ Øa²², tsai³³ sa⁴² ɕiə³¹ pu²⁴ Øio³¹ ɕi²², xuo⁵⁵ᐟ²² tɕia³³ tsʰu¹² Øi⁵⁵ Øi³³ xau³¹ nə³³——
过　去　啊,　在　三十半夜时大年三十,或　　者　初　一 以 后　呢——

tsʰu¹² Øi⁵⁵ nə³³, tsʰəŋ¹² Øy³³ tsʰəŋ¹² tsɿ³³ tɕiəŋ¹²⁻³³ tu¹² xai¹² tiau²² sɿ¹² tsɿ³³, pua²⁴ tsəŋ²⁴
初　一 呢,　村 与 村 之 间　　都 兴 跳 狮 子,　拜 众

niə²² Øa²², pua²⁴ tsəŋ²⁴ niə²²。sɿ¹² tsɿ³³ nə³³, tau²⁴ tiə⁰ kə²⁴ (＜ kuo²⁴) tsəŋ²⁴ tɕʰiəŋ¹²⁻³³
年 啊,　拜 众 年。 狮 子 呢,　到 嗲个₂　　众 亲①

ni³³ tau²² kə⁰ (＜ kuo⁰) tsʰəŋ¹² saŋ³¹ Øa²², məi³³ kuo¹² məi¹² fu³¹ tu¹² Øiau²⁴ tau²⁴ ɕiaŋ¹² fu³³
里 头 个₀　　　　村　上 啊,　每 家 每 户 都 要 到 香 火

miə³¹ tɕiə²² tɕʰy²⁴ pua²⁴ tau²⁴。Øa²², kuo²⁴ tɕy³³ niəŋ¹² niə³³, məi³³ fu³¹ nə³³, tsəu³¹
面　前 去　拜　到。 啊,　个₂ 主　人　呢,　每　户 呢,　就

Øiau²⁴ tsəŋ³³ pi³¹ tau⁰ Øi⁵⁵⁻²² pau¹²⁻³³ taŋ²², Øi⁵⁵⁻²² kuo²⁴ fəu¹² pau¹²⁻³³, ɕi³³ Øia²², nai²²
要 准 备 □着 一 包 糖,　一 个 封 包,　是 呀, 来

---

① 两个村子之间结成集体亲戚,这两个村互为众亲关系。

tuo⁵⁵ ɕiə²⁴ kuo²⁴ tiau²² sʅ¹² tsʅ³³ kə⁰（＜kuo⁰）niəŋ²² 。kuo²⁴ fəu¹² pau¹²⁻³³ nə³³ , nuo³¹
答 谢 个₂ 跳 狮 子 个₀   人。 个₂ 封 包 呢， 那
kuo²⁴ ɕi²² ka¹²⁻³³ nə³³ , tsəu³¹ Øiəu²² Øi⁵⁵⁻²² tiau²² tiəu⁵⁵ kau¹²⁻³³ , kau¹² kau¹² ka¹² ni³³ tɕy³¹
个 时 间 呢， 就 由 一 条 竹 篙， 高 高 囗里地 举
tɕʰi³³ nai²² , ɕi³³ Øia²² , Øiəu²² kuo²⁴ tiau²² sʅ¹² tsʅ³³ kuo⁰ ——kuo⁰ sʅ¹² tsʅ³³ təi²⁴ kuo⁰ niəŋ²²
起 来， 是 呀， 由 个₁ 跳 狮 子 个₀——个₁ 狮 子 队 个₀ 人
Øa²² , tu³¹ pau³³ tʰuo⁵⁵/²² , ɕi³³ Øia²² , niəŋ³³ tsai²² sa¹² tsai²² niəŋ²² tu³¹ tɕʰi³³ nuo³¹ , tɕʰy²⁴
啊，垛叠宝 塔， 是 呀， 两 层 三 层 人 垛叠起 啰，去
tɕʰy³³ kuo²⁴ fəu¹² pau¹²⁻³³ xuo³³ nai²² 。nuo³¹ kuo²⁴ ɕi²² ka¹²⁻³³ Øa²² , fəu¹² pau¹²⁻³³ tɕiəu³¹
取 个₁ 封 包 下 来。 那 个 时 间 啊， 封 包 就
Øyə⁵⁵ tua³¹ nə³³ , Øa²² , tsəu³¹ Øyə⁵⁵ kuo²⁴ ta⁰ kau¹² , tɕiəu³¹ Øiau²⁴ tu¹² tu³¹ niəŋ³³ tsai²² niəŋ²²
越 大 呢， 啊， 就 越 挂 得 高， 就 要 多 垛叠两 层 人
tsai²² ɕi³³ kai²² ta⁰ tau⁰ 。tsəŋ²² ——tsəi²⁴ kau¹² kuo⁰ tu³¹ ku²⁴ sʅ²⁴ tsai²² , ŋ³³ tiə³¹ maŋ³¹ tiau³¹
才 是 囗取 得囗着。曾—— 最 高 个₀ 垛叠过 四 层， 我 哦们 望见 着
ku²⁴ nə²², tu³¹ ku²⁴ sʅ²⁴ tsai²² ŋ³³ tsai²² kuo⁵ niəŋ²² tau²⁴ Øiəu²⁴ 。tau²⁴ tiə⁰ tsʰu¹² Øi⁵⁵ tsʰu¹² Øi³¹
过 呢， 垛叠过 四 层 五 层 个₀ 人 倒都 有。到 哆初 一 初 二
Øio³¹ xuo³³ nə³³ , nuo³¹ kuo²⁴ ɕi²² ka¹²⁻³³ nəŋ²² tsʰəŋ¹²⁻³³ nə³³ , xa²⁴（xa²² + Øiau²⁴）
夜下晚上 呢， 那 个 时 间 农 村 呢， 囗（还+要）
xai¹² ——xa²⁴（xa²² + Øiau²⁴）xai¹² tsʰaŋ²⁴ kuo²⁴ tai¹² ɕi²⁴ , ɕi³³ Øia²² , Øiəu³³ ni⁵⁵ nə³³ ,
兴—— 囗（还+要） 兴 唱 个₂ 灯 戏， 是 呀。 有 立꞊些呢，
ɕi³³ Øia²² , Øiəu³³ ni⁵⁵ nə³³ , tɕiəu³¹ kau¹² tiau²² səŋ²² Øuo²² Øyə³¹ , Øa²² , Øi⁵⁵⁻²² tsʅ²² nə³³
是 呀， 有 立꞊些呢， 就 搞 跳 神 还 愿， 啊， 一 直 呢
kau³³ tau²⁴ kə²⁴（＜kuo²⁴）Øyə²² ɕiau¹²⁻³³ tɕiə⁵⁵⁻²² tsai²² ɕi³³ puo³¹ 。
搞 到 个₁   元 宵 节 才 是 罢。

普通话梗概

　　过去，在大年三十或者初一，结成众亲的村与村之间都有舞狮拜众年的习惯。一个村的狮子队到了另一个村后，需要到每家每户的神龛面前舞狮祭拜。

主人需要准备好一包糖和一个红包来答谢舞狮的人。红包由一条竹篙高高地挑起，狮子队为了拿到红包，就会叠宝塔，即一个人站在另一个人的肩膀上，这样两层、三层地叠起来去取红包。红包越大就挂得越高，要多叠几层才拿得到。我亲眼见过最高的是四层，据说叠五层的都有。到了初一、初二晚上，那时的农村还流行唱灯戏，活动持续到元宵节才结束。

（八）拜　年

nuo³¹ kuo²⁴ ɕi²² ka¹²⁻³³ Øa²², kuo²⁴ ɕi⁵⁵ʼ²² ku²⁴ ɕi³³ : tsʰu¹² Øi⁵⁵ tsai³³, tsʰu¹² Øi³¹ naŋ²²,
那　个　时　间　啊，个₁习　惯　是：初　一　崽，初　二　郎，

tsʰu¹² sa¹² tsʰu¹² sʅ²⁴ nə³³, pua²⁴ tɕiəu³¹ niaŋ²², Øia²², tsʰu¹² ŋ³³ tsʰu¹² niəu⁵⁵ Øa²², ny³³
初　三　初　四　呢，　拜　舅　娘，　呀，初　五　初　六　啊，女

pua²⁴ niaŋ¹²。tɕiəu³¹ ɕi³³ kaŋ³³ nə³³, tsʰu¹² Øi⁵⁵ nə³³ pu²² tɕy⁵⁵ʼ²² məŋ²², tɕiəu³¹ ɕi³³ tsai³³
拜　娘。　就　是　讲　呢，　初　一　呢　不　出　门，　就　是　崽

Øa²², Øa²², pua²⁴ nau³³ mai³¹ tau²² tsʅ³³, ɕi³³ Øia²², pua²⁴ niaŋ¹² Øa²², ɕi³³ Øia²².
啊，啊，拜　老命头子父亲，　　是　呀，拜　娘　啊，　是　呀。

tsʰu¹² Øi³¹ Øa⁵⁵ naŋ²² tsai³³ Øa³³, ɕi³³ Øia²², kuo²⁴ tɕy⁵⁵ʼ²² tɕy²⁴ kə⁰ (< kuo⁰) ny³³
初　二　阿　郎崽女婿啊，　是　呀，嫁　出　去　个₀　　　女

xuo²² naŋ²² tsai³³ tu¹² Øiau²⁴ tiau³¹ Øuəi²²——Øuəi²² nai²² pua²⁴ niə³³ Øa²²。Øa²², tsʰu¹² sa¹²
和　郎崽女婿都要着得回——回来拜年啊。啊，初　三

tsʰu¹² sʅ²⁴ nə³³, tɕiəu³¹ tau²⁴ tɕiəu³¹——tɕiəu³¹ niaŋ²² tɕiəu³¹ Øio²² Øəu⁵⁵ ni³³ tau²² tɕʰy²⁴
初　四　呢，　就　到　舅——　舅　娘　舅　爷　屋里头家里　去

pua²⁴ niə²² na³³, ɕi³³ Øia²²。tau²⁴ tiə⁰ tsʰu¹² tɕʰi⁵⁵ʼ²² puo⁵⁵ʼ²² kə⁰ (< kuo⁰) ɕi²² ka¹²⁻³³
拜　年　啦，是　呀。到　嗲初　七　八　个₀　　　时　间

pua²⁴ niə²² kə⁰ (< kuo⁰) niə³³, kʰa⁵⁵ niəŋ²² tɕi¹² pəŋ³³ saŋ³¹ xa²² tau²⁴ tiə⁰, nai²² tau²⁴ tiə⁰
拜　年　个₀　　　呢，客　人　基　本　上　行走到嗲，来　到　嗲

Øi³³ xau³¹ nə³³, Øa²², kuo²⁴ nau³³ ti⁵⁵ kuo⁰ kə⁰（< kuo⁰）fu³¹ niaŋ²² kə³³（< kuo¹²）
以 后 呢, 啊, 个₂ 老 □个₀ 点儿个₀   妇娘家妇女
ti³¹, Øa²², tsai²⁴ çi³³ Øuəi²² məi³¹ kuo¹²⁻³³ tçʰy²⁴, kʰuo²⁴ tsʅ³¹ tçi³³ kə⁰（< kuo⁰）
哩们 啊, 才 是 回 外家娘家 去, 看 自 己 个₀
nau³³ mai³¹ niaŋ¹². Øiaŋ¹² Øuəi²² nuo⁰ kuo²⁴ çi²² ka¹²⁻³³ Øiəu³³ kuo²⁴ kaŋ³³ xuo⁵⁵⁻²² tçiəu³¹ çi³³
老命娘父母。 因 为 那个 时间 有 个 讲法 就 是
kaŋ³³ Øa²²: niəu²² çiə³¹ səi²⁴ Øa¹² tu¹² pu²² nai²² kə²⁴（< kau²⁴）tu³³ məi³¹ kuo¹²⁻³³ nu³¹
讲啊: 六 十 岁 也 都 不 能 够   断 外家娘家 路。
pu²² kuaŋ³³ tsai²⁴ nau³³ tau²⁴ xau³³, ku²⁴ niə²² kə⁰（< kuo⁰）çi²² ka¹²⁻³³, çi³³ Øia²², tu¹²
不 管 再 老 倒也好, 过 年 个₀   时间, 是呀, 都
Øiau²⁴ Øuəi²² məi³¹ kuo¹²⁻³³ tçʰy²⁴ kʰuo²⁴ Øi⁵⁵⁻²² xuo³³。
要 回 外家娘家 去 看 一 下。

tsəŋ²² tsʰu¹² Øi³¹ kʰuai¹² çi³³, xau³³, tsəu³¹ fu²⁴ çiaŋ¹²⁻³³ tsʅ³³ tçiəŋ¹²⁻³³ na³³, ni³³
从 初 二 开 始, 好, 就 互 相 之 间 啦, 你
nai²² ŋ³³ Øuaŋ³³ na³³, fu²⁴ çiaŋ¹²⁻³³ pua²⁴ niə²² na²², çi³³ Øia²²。tçiəu³¹ çi²² kə⁰（< kuo⁰）
来 我 往 啦, 互 相 拜 年 啦, 是呀。旧 时 个₀
çi⁵⁵⁄²² ku²⁴ nə³³, nuo³¹ kə²⁴（< kuo²⁴）çi²² ka¹²⁻³³ kə⁰（< kuo⁰）çi⁵⁵⁄²² ku²⁴ pua²⁴ niə²²
习 惯呢, 那个 时间 个₀ 习 惯拜 年
Øa²², tsəu³¹ çi³³ Øiəu²⁴ kai²² Øi⁵⁵⁻²² kʰua¹² Øi⁵⁵⁻²² tçiəu¹² pu²⁴ tau²⁴ niaŋ²² tçiəŋ¹²⁻³³ tiəŋ³³
啊, 就 是 要 □带一 块 一 斤 半 到 两 斤 重
tsu²⁴ Øiəu³¹ kuo⁰ nuo⁵⁵ xau³³ tiə⁰ kə⁰（< kuo⁰）nuo⁵⁵ Øiəu⁵⁵⁻²², Øa²², tuai²⁴ Øi⁵⁵⁻²²
左 右 个₀ 腊 好 嗲个₀   腊 肉, 啊, 带 一
pau¹²⁻³³ taŋ²² tsəu³¹ çiaŋ²² tiə⁰, çi³³ Øia²²。pua²⁴ puo³¹ tiə⁰ niə²² Øuəi²² tçʰy²⁴ kə⁰（< kuo⁰）
包 糖 就 行 嗲, 是呀。拜 罢 嗲 年 回 去 个₀
çi²² ka¹²⁻³³ nə³³, kuo²⁴ tçy³³ niəŋ²² nə³³ —— kuo²⁴ tçy³³ kuo¹²⁻³³ nə³³, tsəu³¹
时 间 呢, 个₂ 主 人 呢—— 个₂ 主 家 呢, 就
Øiau²⁴ səu²⁴ pa³¹ tsʅ²² puo¹²⁻³³, Øa²², sau³³ kuo⁰ çiə³¹ kuo⁰ puo⁵⁵⁄²² kuo⁰, tu¹² kuo⁰ sa¹² ŋ³³
要 送 白 糍 粑, 啊, 少 个₀十 个 八 个, 多个₀三 五
çiə³¹ kuo²⁴ ta⁵⁵⁄²² kuo²⁴ kʰa⁵⁵ niəŋ²² tuai²⁴ Øuəi²² tçʰy²⁴ tçʰiə⁵⁵⁻²²。xa⁰ Øiau²⁴, Øi⁵⁵ tai³¹ Øiau²⁴
十 个 得给 个₂ 客 人 带 回 去 吃。 还要, 一 定 要

xuo⁵⁵ʴ²² Øi⁵⁵ʴ²² kuo²⁴ xəu²² pau¹²⁻³³, fəu¹² pau¹²⁻³³ nə³³, tsəu³¹ çi³³ kaŋ³³ çiəŋ¹² niə²²
发 一 个 红 包, 封 包 呢, 就 是 讲 新 年
xuo⁵⁵ʴ²²tsai²²kə⁰ (<kuo⁰) xəu²² pau¹²⁻³³。
发 财 个₀ 红 包。

ku²⁴ tçʰy²⁴ xa²² Øiəu³³ —— xa²² Øiəu³³ kuo²⁴ kaŋ³³ xuo⁵⁵⁻²² tsəu³¹ çi³³ kaŋ³³ "tçʰiə⁵⁵ʴ²²
过 去 还 有—— 还 有 个 讲 法 就 是 讲 "吃
tsai¹² Øyə⁵⁵⁻²², suo³³ Øi³¹ Øyə⁵⁵⁻²², kəu¹² fu¹²⁻³³ suai³³ tsai³³ kə²⁴ (<kuo²⁴) sa¹² sʅ²⁴
正 月, 耍 二 月, 功 夫 □用 在 个₂ 三 四
Øyə⁵⁵⁻²²"kə⁰ (<kuo⁰) kaŋ³³ xuo⁵⁵⁻²²。su³³ Øi³³ kaŋ³³ Øa²², kuo²⁴ ku²⁴ niə²² kə⁰ (<kuo⁰)
月"个₀ 讲 法。所 以 讲 啊, 个₂ 过 年 个₀
ku⁵⁵ʴ²² tu³¹ çi²² ka¹²⁻³³ nə³³, tua³¹ tçi²² kə³³ (<kuo¹²) tu¹² kaŋ³³ tçʰiə⁵⁵ʴ²², kaŋ³³ suo³³, çi³³
箇 段 时 间 呢, 大 齐⁼家 大家 都 讲 吃, 讲 耍, 是
Øia²²。Øi⁵⁵⁻²² tsʅ²² Øiau²⁴ kau³³ tau³³ Øyə³³ çiau¹²⁻³³ tçiə⁵⁵⁻²² Øi³³ xau³¹, Øa²², ku²⁴ tiə⁰
呀。一 直 要 搞 到 元 宵 节 以 后, 啊, 过 嗲
Øyə²² çiau¹²⁻³³ tçiə⁵⁵⁻²² tsai²² çi³³ su²⁴ ku²⁴ puo³¹ tiə⁰ tua³¹ niə²²。
元 宵 节 才 是 算 过 罢 嗲 大 年。

普通话梗概

那时的旧习俗是"初一仔,初二郎,初三初四拜舅娘,初五初六女拜娘"。意思是初一不出门,儿子给父母拜年;初二是出嫁的女儿和女婿回娘家拜年;初三、初四外甥给舅舅和舅妈拜年;到了初七、初八,拜年基本上结束了。这时,年纪大一点的妇女才回娘家去看望自己的父母,因为那时有个说法是"六十岁也不能够断了娘家路"。意思是不管你有多老,过年都要回娘家去看看。

从初二开始,大家就互相之间你来我往、互相拜年了。往年的旧习俗是这样的:带上一块一斤半到两斤左右的腊肉,再加一包糖就行了。拜完年回去的时候,主人要送白糍粑,少则十个八个,多则三五十个,给客人带回去吃。另外,一定要发一个红包,祝愿对方新年发财。过去还有"吃在正月,玩在二月,功夫用在个三四月"的说法。所以说,过年的这段时间,大家都讲究吃和玩,一直到元宵节以后,才算过完了大年。

十八、前三后四

kaŋ³³ Øi⁵⁵⁻²² kuo²⁴ "tɕiə²² sa¹² xau³¹ sʅ²⁴" kə⁰ (< kuo⁰) kaŋ³³ xuo⁵⁵⁻²², Øi⁵⁵⁻²² niə²²
讲   一   个   "前   三   后   四"   个₀   讲 法,   一   年

nə³³ fuaŋ¹² Øi³¹ ɕiə³¹ sʅ²⁴ kə²⁴ (< kuo²⁴) tɕiə⁵⁵ tɕʰi²⁴。ɕi³³ Øia²², ku³³ ɕi²² ka¹²⁻³³, Øi⁵⁵⁻²²
呢   分   二   十   四   个   节   气。是   呀, 古   时   间,   一

nu²⁴ tɕyə²² xuo³³ nai²², tɕiəu³¹ ɕi³³ kaŋ³³ nə³³, məi³³ Øi⁵⁵⁻²² kuo²⁴ tɕiə⁵⁵ tɕʰi²⁴ nə³³, tʰiə¹² tu¹²
路   传   下   来,   就   是   讲   呢, 每   一   个   节   气   呢, 天   都

fəi³¹ nau⁵⁵⁻²² ti⁵⁵ kuo⁰ Øy³³, nai²² Øai²⁴ tɕiə⁵⁵。ɕi³³ Øia²², kuo²⁴ nə³³, tɕiəu³¹ ɕi³³ kaŋ³³ nə³³,
会   落   □个₀一点儿雨, 来   应   节。是   呀,   个₁ 呢,   就   是   讲   呢,

ku⁵⁵/²² kuo²⁴ tɕiə⁵⁵ tɕʰi²⁴ kuo²⁴/⁰ ɕi²² ka¹²⁻³³ Øa²², tɕiə²² sa¹² ni⁵⁵⁻²² xuo²² xau³¹ sʅ²⁴ ni⁵⁵⁻²² nə³³,
箇   个   节   气   个₀ 时   间   啊, 前   三   日   和   后   四   日   呢,

nau⁵⁵⁻²² Øy³³, Øa¹² kaŋ³³——Øa¹² ɕi³³ kaŋ³³ tsʅ²⁴ Øai²⁴ tiə⁰ tɕiə⁵⁵。ɕi³³ Øia²², xau³³ tɕiaŋ³³ kaŋ³³,
落   雨,   也   讲——   也   是   讲   制   叫做   应   嗲   节。是   呀,   好   像   讲 比如说,

ɕi³³ Øia²², "tsəŋ²² Øiaŋ³³ Øu²² Øy³³ kʰau²⁴ ɕiə³¹ sa¹², ɕiə³¹ sa¹² Øia³³ Øy³³ Øi⁵⁵⁻²² təu¹² ku¹²"
是   呀, "重   阳   无   雨   靠   十   三,   十   三 □没有雨一   冬   干"

kə⁰ (< kuo⁰) kaŋ³³ xuo⁵⁵⁻²²。ɕiə³¹ sa¹² nə³³ tɕʰia²² xau³³ ɕi³³ Øuəi²² kuo²⁴ tsəŋ²² Øiaŋ²²
个₀   讲   法。   十   三   呢   恰   好   是   为   个₂ 重   阳

tɕiə⁵⁵⁻²² xau³¹ kuo⁰ ti³¹ sʅ²⁴ ni⁵⁵⁻²² su³³ Øi³³ kaŋ³³ Øa²², xau³¹ sʅ²⁴ ni⁵⁵⁻²² nau⁵⁵⁻²² tiə⁰ Øy³³ nə³³,
节   后   个₀ 第   四   日。 所   以   讲   啊,   后   四   日   落   嗲 雨   呢,

xa²² ɕi³³ Øai²⁴ tiə⁰ kuo²⁴ tsəŋ²² Øiaŋ²² tɕiə⁵⁵⁻²² kuo⁰ kaŋ³³ xuo⁵⁵⁻²²。
还   是   应   嗲   个₂   重   阳   节   个₀ 讲   法。

tsai²⁴ Øiəu³³ nə³³ tɕiəu³¹ ɕi³³ kaŋ³³ tɕʰiə¹² fuaŋ²², tsʰai¹² mai²² tɕiə⁵⁵⁻²², Øia²², tɕi²⁴
再   有   呢   就   是   讲   迁   坟,   清   明   节,   呀,   祭

tsu³³, Øa¹² ɕi³³ nə³³, tsʰua³³ Øiaŋ³¹ kuo²⁴ tɕiə²² sa¹² xau³¹ sʅ²⁴ kuo²⁴/⁰ ni⁵⁵ tsʅ³³ nə³³ pi³³ ɕiau²⁴
祖,   也   是   呢,   采   用   个₂ 前   三   后   四   个₀   日   子   呢   比   较

xau³³。ɕi²² Øia³³, tɕiə²² nə³³, tɕiəu³¹ ɕi³³ kaŋ³³ tsʰia¹² mai²² tɕiə⁵⁵⁻²² nə³³ tsai²⁴ tɕiə⁵⁵ tɕʰi²⁴
好。 是   呀,   前   呢,   就   是   讲   清   明   节   呢 正   节   气

ku⁵⁵/²² øi⁵⁵⁻²² ni⁵⁵⁻²² nə³³ , tɕiə¹² sa¹² ni⁵⁵⁻²² xuo²² xau³¹ sʐ²⁴ ni⁵⁵⁻²² kuo²⁴/⁰ ɕi²² ka¹²⁻³³ nə³³。
箇 一 日 呢，前 三 日 和 后 四 日 个₀ 时 间 呢。
ɕi³³ øia²², øiəŋ¹² øuəi²² kuo²⁴ ɕi²² ka¹²⁻³³ nə³³, ku³³ ɕi²² ka¹²⁻³³ øi⁵⁵⁻²² nu²⁴ tɕyə²² xuo³³ nai²²
是 呀， 因 为 个₁时 间 呢， 古 时 间 一 路 传 下 来
tɕiəu³¹ ɕi³³ nə³³, ku⁵⁵/ ³³ sʐ²⁴ ni⁵⁵⁻²² xuo²² ku⁵⁵/³³ øi⁵⁵⁻²² kuo²⁴ ni³³ pua²⁴ tɕi³³ nəi³¹ øa²²,
就 是 呢，箇 四 日 和 箇 一 个 礼 拜 之 内 啊，
øia²² ta⁵⁵⁻²² tsʰuo⁵⁵ xuo³¹, øa²², tu¹² kʰu³³ øi³³ suai³³, øa²², suai³³ tiə⁰ nə³³ tsəu³¹ pa⁵⁵ øu²²
□得没有 插犯冲犯， 啊， 都 可 以 □用， 啊， □用嗲呢就 百 无
tɕiəŋ²⁴ tɕi³¹ 。øy²² ku³³ ɕi³³, øia²², tʰə⁵⁵ piə³³ ɕi³³ tɕʰiə¹² fuaŋ²², øy²² ku³³ ni³³ ɕi³³ tsai³³
禁 忌。如 果 是， 呀， 特 别 是 迁 坟， 如 果 你 是 在
tɕʰi²² tʰuo¹² kə⁰ (< kuo⁰) ɕi²² ka¹²⁻³³ təu³³ tʰu³³ nə³³, tɕʰiə¹² nə³³, tsəu³¹ fəi³¹ xuo³¹ tiau³¹
其 他 个₀ 时 间 动 土 呢， 迁 呢， 就 会 犯 着
niəŋ²²。øə²², tsəu³¹ fəi³¹ xuo³¹ tiau³¹ niəŋ²², pu²² nai²² kə²⁴ (< kau²⁴) suai³³ kuo⁰。
人。 呃， 就 会 犯 着 人， 不 能 够 □用 个₀。
tɕʰi²² tʰuo¹² ɕi²² ka¹²⁻³³ øi⁵⁵ tai³¹ øiau²⁴ kʰuo²⁴ xau³³ ——tsʰai³³ kʰuo²⁴ ti³¹ ɕiə¹² sa¹²⁻³³ kʰuo²⁴
其 他 时 间 一 定 要 看 好—— 请 看 地 先 生 看
xau³³ ni⁵⁵ tsʐ³³ tsai²² ɕi³³ ɕiəŋ²²。 su³³ øi³³ øia²², tɕiəu³¹ øiəu³³ tiə⁰ kuo²⁴ tɕiə²² sa¹² xau³¹ sʐ²⁴
好 日 子 才 是 行。 所 以 呀， 就 有 嗲个₁ 前 三 后 四
kuo²⁴/⁰ kaŋ³³ xuo⁵⁵⁻²²。
个₀ 讲 法。

普通话梗概

　　一年有二十四个节气，从古时候一直相传下来，每到一个节气，天都会下雨来应节，如果说一个节气的前三天和后四天之内下雨也叫做应了节，这就是"前三后四"的说法。民间有"重阳无雨靠十三，十三无雨一冬干"的说法，十三恰好是重阳节后的第四天，所以说，重阳节往后的第四天如果下了雨，还是算应了重阳节。

　　再说迁坟或清明节祭祖，也是采用前三后四的日子比较好,具体指的是

清明节这一天和前三天、后四天的八天内。因为古时候传下来说几天之内百无禁忌。特别是迁坟，如果在其他时间动土就会冲犯人，所以一定要请先生看好日子才行。于是就有了这个"前三后四"的说法。

第二章 婚事

一、相 亲

kaŋ³³ øi⁵⁵⁻²² kuo²⁴ ɕiaŋ²⁴ tɕʰiəŋ¹², Øa¹² ɕi³³ xuo³³ tsŋ²⁴ "kʰuo²⁴ tɕʰiəŋ¹²", kə⁰ (＜kuo⁰)
讲 一 个 相 亲， 也 是 喊制叫做 " 看 亲 "， 个₀

fəu¹²——fəu¹² su¹² ɕi⁵⁵/²² ku²⁴。tɕiəu³¹ ɕi²² ka¹²⁻³³, nuo³³ ny³³ kuo⁰ fuaŋ¹² sŋ³¹ nə³³, fuaŋ¹²
风—— 风 俗 习 惯。 旧 时 间， 男 女 个₀ 婚 事 呢， 婚

Øiaŋ¹²⁻³³ tua²¹ sŋ¹, tu¹² ɕi³³ Øiəu²² fu³¹ mu³³ tsuo²² tɕy²², Øiəu²² kuo²⁴ məi²² niaŋ²² tɕʰiə
姻 大 事， 都 是 由 父 母 作 主， 由 个₂ 媒 人 牵

ɕiə²⁴, tuo⁵⁵/²² tɕiau²²。nuo³¹ kuo⁰ ɕi²² ka¹²⁻³³ nə³³ Øa⁵⁵ nuo²² kuo⁰ tsaŋ³³ tau²⁴ ɕiə³¹ tɕiəu³³
线， 搭 桥。 那 个 时 间 呢， 阿 男 个₀男孩长 到 十 九

Øi³¹ ɕiə³¹ səi²⁴ kə⁰ (＜kuo⁰) ɕi²² ka¹²⁻³³, Øa⁵⁵ ny³³ kuo⁰ nə³³, tsaŋ³³ tau²⁴ ɕiə³¹ tɕʰi⁵⁵/²²
二 十 岁 个₀ 时 间， 阿 女 个₀女子呢， 长 到 十 七

puo⁵⁵/²² səi²⁴ kə⁰ (＜kuo⁰) ɕi²² ka¹²⁻³³, kuo²⁴ fu³¹ mu³³ Øio²² niaŋ¹²⁻³³ Øa²², tɕiəu³¹ fəi³¹
八 岁 个₀ 时 间， 个₂ 父 母 爷 娘 啊， 就 会

tɕʰy²⁴ tsʰai³³ kuo²⁴ su²⁴ mai²⁴ ɕiə²⁴ sa¹²⁻³³, Øa²², kʰuo²⁴ puo⁵⁵ tsŋ³¹, Øa²², su²⁴ puo⁵⁵ tsŋ³¹,
去 请 个 算 命 先 生， 啊， 看 八 字， 啊， 算 八 字，

piəŋ²⁴ tɕʰiə³³ nə³³, pa³³ kuo²⁴ nuo²² kuo⁰, xuo⁵⁵/²² tɕia³³ ny³³ kuo⁰ kə⁰ (＜kuo⁰) sa¹² səŋ²²
并 且 呢， 把 个₂男 个₀， 或 者 女 个₀个₀ 生 辰

puo⁵⁵ tsŋ³¹ Øiəŋ³¹ pi⁵⁵ suo³¹ xau³³ tɕi²⁴ xuo³³ nai²², Øa²², tsʰai³³ məi²² niəŋ²² pu²² nə³³, paŋ¹²
八 字 用 笔 写 好 记 下 来， 啊， 请 媒 人 婆 呢， 帮

tsu³¹ tɕʰy²⁴ tɕiəŋ²² xuo²² su²⁴ kə⁰ (＜kuo⁰) niəŋ⁰ kuo¹²⁻³³ sai²² tɕʰiəŋ¹²——tɕiə⁵⁵ tɕʰiəŋ¹²。
助 去 寻 合 算合适个₀ 人 家 成 亲—— 结 亲。

ku²⁴ tɕʰy²⁴ nə³³, kə²⁴ (＜kuo²⁴) ɕiaŋ¹² tsʰəŋ¹²⁻³³—— nəŋ²² tsʰəŋ¹²⁻³³ Øa²² tu¹² Øiəu³³
过 去 呢， 个₂ 乡 村—— 农 村 啊都 有

tsuaŋ¹² məŋ²² Øuəi³³ ku⁵⁵/²² kuo²⁴ nuo³³ ny³³ ka²⁴ sau²⁴ təi²⁴ ɕiaŋ²⁴ kə⁰ (＜kuo⁰) məi²²
专 门 为 箇 个 男 女 介 绍 对 象 个₀ 媒

niəŋ²²。kuo²⁴ məi²² niəŋ²² niə³³, Øi⁵⁵⁻²² paŋ¹² tu¹² ɕi³³ fu³¹——ɕi³³ ny³³ kuo⁰。Øa²², tʰuo¹²
人。 个₂ 媒 人 呢， 一 般 都 是 妇—— 是 女 个₀。啊， 她

tiə³¹ Øa²², tɕiəŋ¹² tsaŋ²² xa²² tsʰəŋ¹² tɕʰyə²⁴ fu³¹, tɕʰy²⁴ niau³³ ka³³ kau⁵⁵ tɕʰy²⁴ kuo⁰ pu¹² tsai²²
佢们啊， 经 常 行村串户在村里走动， 去 了解各处 个₀不曾

tɕia²² fuaŋ¹² kuo⁰ nuo²² kuo⁰ xuo²² ny³³ kuo⁰ Øa²², kə⁰（<kuo⁰）tsai²² kʰuaŋ²⁴, pau¹²
结 婚 个₀男 个₀和 女 个₀啊， 个₀ 情 况， 包

kua²² nə³³, Øa²², ku⁵⁵ᐟ²² kuo²⁴ Øa²², nuo²² kuo⁰ xuo²² ny³³ kuo⁰ kə⁰（<kuo⁰）tsaŋ³³
括 呢， 啊， 箇 个 啊， 男 个₀和 女 个₀ 个₀ 长

ɕiaŋ²⁴ Øa³³, kuo¹² tai²² tiau²² tɕia³¹ Øa³³, niə²² tɕi³³ kə⁰（<kuo⁰）tsai²² kʰuaŋ²⁴ Øa³³, ɕi³³
相 啊， 家 庭 条 件 啊， 年 纪 个₀ 情 况 啊， 是

Øia²², təŋ³³ təŋ³³ Øa²²。Øy²² ku³³ ɕi³³ pʰəŋ³¹ tiau³¹ xuo³³ su²⁴ kuo⁰, Øa²², kʰuo²⁴ tiau³¹ xuo³³
呀， 等 等 啊。 如果 是 碰 着 合算合适个₀， 啊， 看 着 合

su²⁴ kuo⁰ nuo²² ny³³ nə³³, tʰuo¹² tɕiəŋ³¹ fəi³¹ xuo³³ saŋ³³ niə³¹ Øuai³¹ Øi⁵⁵ᐨ²² kuo²⁴ məi⁰ niəŋ²²,
算合适个₀男女 呢， 他 就 会 喊 上 另 外 一 个 媒 人，

niəŋ³³ kuo²⁴ niəŋ²² fuaŋ¹² kʰuai¹²ᐨ³³ tɕʰy²⁴ nuo kuo¹²ᐨ³³ xuo²² ny³³ kuo¹²ᐨ³³, Øa²², tɕʰy²⁴
两 个 人 分 开 去 男 家 和 女 家， 啊， 去

kaŋ³³ məi²², tɕʰy²⁴ tsʅ²⁴ məi²² nə³³, ti²² tɕʰiəŋ¹²。ku²⁴ tɕʰy²⁴ nə³³, tsʅ²⁴ məi²² kə⁰（<kuo⁰）
讲 媒， 去 制做媒 呢， 提 亲。 过去 呢， 制做媒 个₀

niəŋ²² Øa²², tu¹² ɕi³³ Øi⁵⁵ᐨ²² ɕiə¹²ᐨ³³ mu³³ tsai³³ niəu²² Øiəu²², tɕia²⁴ niəŋ²² kaŋ³³
人 啊， 都 是 一 些 满 嘴 流 油， 见 人 讲

niəŋ²² xuo³¹, tɕia²⁴ kuəi³³ kaŋ³³ kuəi³³ xuo³¹——kaŋ³³ kuəi³³ xuo³¹ kuo⁰ niəŋ²²。ku²⁴ tɕʰy²⁴
人 话、 见 鬼 讲 鬼 话—— 讲 鬼 话 个₀人。 过 去

Øiəu³³ xuo³¹ kaŋ³³ Øa²² "məi²² pu²² məi²² pu²², nəŋ²² kaŋ³³ fəi³¹ kaŋ³³, sa¹² kuo⁰ kaŋ³³
有 话 讲 啊 "媒 婆 媒 婆， 能 讲 会 讲， 生 个₀讲

ta⁰ sʅ³³, sʅ³³ kə⁰（<kuo⁰）kaŋ³³ ta⁰ fu⁵⁵" kə⁰（<kuo⁰）kaŋ³³ xuo⁵⁵ᐨ²²。"xəu³³ ta⁰
得死， 死 个₀ 讲 得活" 个₀ 讲 法。 "哄 得

kuo²⁴ fu²² ni³³ fəi³¹ nu²² nu²² tyə²⁴, xəu³³ ta⁰ kuo²⁴ kʰəu³³ tɕʰiau⁵⁵ᐨ²² nə³³ fəi³¹ pʰəi²⁴——
个₂ 狐 狸 会 □□团团 转， 哄 得 个₂ 孔 雀 呢 会 配——

pʰəi²⁴ puo¹² tɕiəŋ¹²ᐨ³³" kə⁰（<kuo⁰）mai²²——mai²² Øiau²², Øa²², nau³³ pa⁵⁵ᐨ²² sai²⁴
配 斑 鸠" 个₀ 民—— 民 谣， 啊， 老 百 姓

tsʰaŋ²⁴ kə⁰（<kuo⁰）mai²² Øiau²², nai²² ɕiəŋ²² Øiəŋ²² kuo²⁴ məi²² pu²² Øa²², kuo²⁴/⁰ sa¹²
唱 个₀ 民 谣， 来 形 容 个₂ 媒 婆 啊， 个₀ 三

tsʰəŋ²⁴ pu²² nuo³¹ kuo⁰ ɕiə³¹ tsʅ³³ kuo⁰ ni³¹ xua³¹。
寸 不 烂 个₀ 舌 子 个₀ 厉害。

nau³³ ɕi²² nə³³, ny³³ tsʅ³³ tsaŋ³³ tau²⁴ ɕiə³¹ ŋ³³ niəu⁵⁵/²² səi²⁴ kə⁰（＜kuo⁰）ɕi²² ka¹²⁻³³
老 时 呢, 女 子 长 到 十 五 六 岁 个₀   时 间
Øa²², tɕiəu³¹ fəi³¹ xəŋ³³ sau³³ tɕʰy⁵⁵/²² ——tɕʰy⁵⁵/²² məŋ²², tɕʰy²⁴ tau²⁴ məi³¹ tau²² miə²⁴ tɕʰy²⁴
啊, 就 会 很 少 出—— 出   门, 去 到 外 头 面 去
na²², tɕi³³ ɕi³³ tsai³³ Øəu⁵⁵ ni³³ tau²², nuo³¹ kuo²⁴ ɕi²² ka¹²⁻³³ xai¹² ɕiəu²⁴ xuo¹² Øa²², ɕi³³
啦, 只 是 在 屋 里 头家里, 那 个 时 间 兴 绣 花 啊, 是
Øia²², Øa²², ɕiəu²⁴ Øi⁵⁵⁻²² ɕiə¹²⁻³³ xuo¹² piə¹²⁻³³ Øa³³, tsuaŋ³³ pi³¹ tɕiə⁵⁵/²² fuəŋ¹² suai³³
呀, 啊, 秀 一 些 花 边 啊, 准 备 结 婚 □用
kuo⁰ Øua⁵⁵/²² tɕi³¹ Øa³³, ɕi³³ Øia²², tsʅ²⁴ Øi⁵⁵⁻²² ɕiə¹²⁻³³ tsəŋ¹² ɕiə¹²⁻³³ fu⁵⁵⁻²², tsəŋ¹² ɕiə¹²⁻³³ kuo⁰ sʅ³¹
个₀ 物 件东西啊, 是 呀, 制做一 些 针 线 活, 针 线 个₀ 事
tsai²², tsʅ²⁴ Øi⁵⁵⁻²² ɕiə¹²⁻³³ kuo¹² Øu³¹ sʅ³¹ tsai²², pu²² tsai²⁴ tuo¹²（官）tɕiə²⁴ —— tu¹²
情, 制做一 些 家 务 事 情, 不 再 多   见—— 多
tɕiə²⁴ kuo²⁴ sa¹² taŋ²⁴ niəŋ²⁴, tʰə⁵⁵ piə³¹ ɕi³³ nuo²² tsʅ³³。Øa²², kuo²⁴ ɕi²² ka¹²⁻³³ nə³³, məi²²
见 个₂ 生当⁼人陌生人, 特别 是 男 子。 啊, 个₁ 时 间 呢, 媒
niəŋ²² niə³³, tsəu³¹ Øiau²⁴ nai²², məŋ³¹ kə²⁴（＜kuo²⁴）kau⁵⁵ kə²⁴（＜kuo²⁴）suaŋ¹²
人 呢, 就 要 来, 问 个₂   各 个   双
fuaŋ¹²⁻³³ kə⁰（＜kuo⁰）fu³¹ mu³³ Øa²², Øiau²⁴ nai²² nuo²² ny³³ kuo⁰ sa¹² səŋ²² puo⁵⁵ tsʅ³¹,
方 个₀   父母啊, 要 来 男 女 个₀ 生 辰 八 字,
Øa²², tɕiau¹² kʰy²⁴（＜tɕʰy²⁴）ta⁵⁵⁻²² təi¹² fuaŋ¹²⁻³³ kə⁰（＜kuo⁰）fu³¹ mu³³ Øio²²
啊, 交 去给   得给 对 方 个₀   父 母 爷
niaŋ¹²⁻³³ tɕʰy²⁴ tsuo²² kʰuo²⁴, kʰuo²⁴ xuo³³ kuo²⁴ nuo²² kuo⁰ xuo²² kuo²⁴ ny³³ kuo⁰, Øa²²,
娘, 去 查 看。 看 下 个₂ 男 个₀ 和 个₂ 女 个₀, 啊,
kuo²⁴ puo⁵⁵ tsʅ³¹ ɕi³³ pu²² ɕi³³ ɕiaŋ¹² fu⁵⁵/²², Øa²², ɕi³³ pu²² ɕi³³ nai²² kau²⁴ suai³³。Øy³³ ku³³
个₂ 八 字 是 不 是 相 合, 啊, 是 不 是 能 够 □用。如果
puo⁵⁵ tsʅ³¹ ɕiaŋ¹² kʰa⁵⁵ nə³³, tɕiəu³¹ pu²² nai²² kə²⁴（＜kau²⁴）suai³³, Øy³³ ku³³ kʰuo²⁴ tiə³³
八 字 相 克 呢, 就 不 能 够   □用。如 果 看 嗲
puo⁵⁵ tsʅ³¹ suaŋ¹² fuaŋ¹²⁻³³ Øyə³¹ Øi²⁴ nə³³, məi²² niəŋ²² Øa²² tɕiəu³¹ fəi³¹ Øuo¹² pua²² ɕi²² ka¹²⁻³³
八 字 双 方   愿 意 呢, 媒 人 啊 就 会 安 排 时 间

第二章 婚事

ti³¹ tiə³¹ , ɕi³³ Øia²² , niaŋ³³ fuaŋ¹² miə³¹ tɕʰy²⁴ ɕiaŋ²⁴ tɕʰiəŋ¹² , ɕi³³ Øia³³ , Øa¹² tɕiəu³¹ ɕi³³
地点，是呀，两方面去相亲，是呀，也就是
kaŋ³³ tɕʰy²⁴ tɕiə²⁴ miə³¹ nə³³ 。Øəŋ²² , tsai³³ kuo²⁴ ɕi²² ka¹²⁻³³ Øa²² , Øy²² ku³³ pu²² ku³³ ɕi³³
讲　去　见　面　呢。 嗯， 在 个₁ 时 间 　啊， 如果 不 管 是
nuo²² fuaŋ¹²⁻³³ xuo⁵⁵ˊ²² tɕia³³ ɕi³³ ny³³ kuo⁰ , Øiəu³³ Øi⁵⁵⁻²² fuaŋ¹²⁻³³ nə³³ , Øy²² ku³³ Øiəu³³
男　方　或　者　是　女　个₀, 有　一　方　呢，如果　有
tɕʰyə⁵⁵ˊ²² xaŋ²⁴ , Øiəu³³ səŋ²² muo³³ mau²² pai³¹ kuo⁰ , pi³³ Øy²² tɕiaŋ³¹ Øa²² , Øiəu³³ ni⁵⁵ tu²²
缺　陷，有什么　毛　病　个₀,比如　像　啊，有立=些驼
pəi²⁴ tsɿ³³ Øa³³ , Øiəu³³ ni⁵⁵ tsaŋ³³ ɕiaŋ²⁴ sa¹² ta⁰ Øiəu³¹ Øa³³ , Øa²² , sa¹² tɕʰi³³ kuo²⁴ muo²²
背　子啊，有立=些长　相　生　得　又　矮， 啊，生 起 个 麻
tsɿ³³ —— muo²² tsɿ³³ miə³¹ Øa³³ , kə⁰ (< kuo⁰) niəŋ²² nə³³ , kuo²⁴ ɕi²² ka¹²⁻³³ Øa²² ,
子—— 麻子　面　啊，个₀ 　　人 呢，个₁时 间　啊，
məi²² pu²² —— Øa⁵⁵ məi²² pu²² tɕiəu³¹ fəi³¹ tɕʰiə¹² fuaŋ¹²⁻³³ pa⁵⁵ tɕi²⁴ ka¹² ni³³ Øuəi³¹ tʰuo¹²
媒　婆—— 阿媒婆　就　会　千　方　百　计□里地 为　他
tiə³¹ ɕiaŋ³³ xuo⁵⁵ tsɿ³³ pa³³ ku⁵⁵ˊ²² kuo²⁴ sɿ³¹ tsai⁵² Øiəŋ³³ —— kuai²⁴ ku²⁴ tɕʰy²⁴ 。Øa²² , məi
呬们想　法子把　箇　个　事情　隐—— 盖过　去。啊，媒
pu²² nə³³ , tɕiəu³¹ xuo²⁴ ni³³ ɕiaŋ³³ xuo⁵⁵ tsɿ³³ , ka⁵⁵ tai³¹ Øi⁵⁵ —— Øi⁵⁵ —— Øi⁵⁵ tai³¹
婆　呢，就　和　你　想　法子，隔　定—— 一— 一　定
kə⁰ (< kuo⁰) tɕy²⁴ ni²² , ɕi³³ Øia²² , niaŋ³³ kə²⁴ (< kuo⁰) niəŋ²² kʰuo²⁴ —— niaŋ³³
个₀　　 　距　离，是呀，两 个　　　　人 看—— 两
kə²⁴ (< kuo²⁴) niəŋ²² tɕiə²⁴ miə³¹ 。Øa²² , nuo³¹ kuo²⁴ ɕi²² ka¹²⁻³³ nə³³ , səŋ³¹ tɕi²⁴ xa³³
个　　　　　人 见　面。啊，那 个　 时　间　呢，甚 至 还
Øiəu³³ niəŋ²² Øa²² , Øa²² , Øiaŋ¹² Øuəi³¹ tsɿ³¹ tɕi³³ kuo⁰ tsaŋ³³ ɕiaŋ²⁴ tsʰəu³³ Øa³³ , tsʰai³³
有　人　啊，啊　因　为　自　己　个₀ 长　相　丑　啊，请
niəŋ²² paŋ¹² maŋ²² ɕiaŋ²⁴ tɕʰiəŋ¹² kə⁰ (< kuo⁰) fəu¹² su²² ɕi⁵⁵ˊ²² ku²⁴ 。ɕi³³ Øia²² , xau³³
人　帮　忙　相　亲　个₀　　　 风　俗　习　惯。是呀，好
tɕiaŋ³¹ ŋ³³ Øa³³ , ŋ³³ nuo³¹ kuo²⁴ tsɿ³¹ tɕi³³ kə⁰ (< kuo⁰) tɕʰiəŋ¹² kə⁰ (< kuo⁰) nəi³¹
像比如我　啊，我　那　个　自　己 个₀ 　　 亲 个₀ 　　 内
fuai¹²⁻³³ Øa²² , tsəu³¹ ɕi³³ ŋ³³ nau³³ pu²² kuo kuo³³ nə³³ , tɕiəu³¹ ɕi³³ tsʰai³³ niəŋ²² , xa²² tɕʰy²⁴
兄　啊，就　是　我　老　婆　个₀ 哥　呢，就　是　请　人，行走去

ɕiaŋ²⁴ tɕʰiəŋ¹² kuo⁰ , Øa²² , tɕʰy²⁴ ɕiaŋ²⁴ tɕʰiəŋ¹² kuo⁰ 。Øy²² ku³³ nə³³ , ɕiaŋ²⁴
相 亲 个₀, 啊, 去 相 亲 个₀。如果 呢, 相

tɕʰiəŋ¹² kə⁰ (＜ kuo⁰) ɕi²² ka¹²⁻³³ Øa²² , Øy²² ku³³ ɕi³³ kuo²⁴ —— ny³³ fuaŋ¹²⁻³³ ɕi³³
亲 个₀ 时 间 啊, 如果 是 个—— 女方 是

kə²⁴ (＜ kuo²⁴) muo²² —— muo²² —— muo²² miə³¹ tsʅ³³ , muo²² —— muo²² pu²² tsʅ³³ Øa²²
个 麻—— 麻—— 麻面子, 麻—— 麻婆子啊,

kuo²⁴məi²² pu²² nə³³ , tɕiəŋ³¹ fəi³¹ pau²⁴ sai²⁴ ku⁵⁵ᐟ²² kuo²⁴ —— kuo²⁴ ny³³ kuo⁰ Øa²² , Øiəŋ³¹
个₂ 媒 婆 呢, 就 会 报 信 箇 个—— 个₁ 女个₀啊, 用

Øi⁵⁵⁻²² kuo²⁴ ɕi³³ səu³³ tɕiəŋ¹²⁻³³ taŋ³³ tau⁰ pu²⁴ piə¹² miə³¹ , tsaŋ¹² tsʅ²⁴ pʰuo²⁴ miə³¹ niə⁵⁵ kuo⁰
一 个 细 手 巾 挡□着半边面, 装制装作 怕 面热害羞个₀

Øiəŋ³¹ tsʅ³³ , ɕi²² Øia²² , nu³¹ ti⁵⁵ kuo⁰ miə³¹ tɕʰy⁵⁵⁻²² nai²² , pu²² nu³¹ Øyə²² , niaŋ³¹ kuo²⁴
样 子, 是呀, 露□个₀面出 来, 不露 圆完, 让 个₁

nuo²² kuo⁰ kʰuo²⁴ tiau³¹ nə³³ , kuo²⁴ niəŋ²² muo²² pʰiau²⁴ niaŋ³¹ 。Øy²² ku³³ ɕi³³ kuo²⁴ nuo²² kuo²⁴
男 个₀看 着 呢, 个₁ 人 蛮 漂 亮。如果 是 个₁ 男 个₀

ɕi³³ kuo²⁴ tu²² pəi²⁴ tsʅ³³ nə³³ , Øa²² , kuo²⁴məi²² pu²² tsəu³¹ fəi³¹ xuo³³ ku⁵⁵ᐟ²² kuo²⁴ nuo²² kuo⁰
是 个 驼 背 子 呢, 啊, 个₁媒 婆 就 会 喊 箇 个 男 个₀

məi²⁴ tɕʰi³³ Øi⁵⁵⁻²² tɕi³³ tiau³³ tɕʰiaŋ¹²⁻³³ 。Øa¹² , ka⁵⁵ ta⁰ muo²² Øyə³³ pa²² , tsaŋ¹² tsʅ²⁴ suo³¹
□背起上 一 支 鸟 枪。 啊, 隔 得 蛮 远 吧, 装制装作 射

tiau³³ kəu³³ tɕʰi³³ kuo²⁴ pəi²⁴ suo³¹ tiau³³ kuo⁰ Øiəŋ³¹ tsʅ³³ , ɕi³³ Øia²² , ɕi³³ ta⁵⁵⁻²² kuo²⁴ ny³³
鸟 拱起 个₁背 射 鸟 个₀ 样 子, 是呀, 使 得 个₁ 女

fuaŋ¹²⁻³³ nə³³ , kʰuo²⁴ tiau³¹ ku⁵⁵ᐟ²² kuo²⁴ nuo²² kuo⁰ , tɕi³³ ɕi³³ kʰuo²⁴ tiau³¹ kuo²⁴ miə³¹ ɕiaŋ²⁴
方 呢, 看 着 箇 个 男 个₀, 只 是 看 着 个 面 像

Øa²² , ɕi³³ Øia²² , kəu³³ tɕʰi³³ kuo²⁴ pəi²⁴ Øi³³ Øuəi³³ tʰuo¹² ɕi³³ tsaŋ¹² tɕʰi³³ ɕi³³ suo³¹ tiau³³ ,
啊, 是 呀, 拱起 个₁ 背 以 为 他 是 装 起 是 射 鸟,

pu²² ɕi³³ kə²⁴ (＜ kuo²⁴) pəi²⁴ tu²² kə⁰ (＜ kuo⁰) Øa²² , Øiəŋ³¹ ku⁵⁵ᐟ²² kuo²⁴ puo³¹ xuo⁵⁵⁻²²
不 是 个 背 驼 个₀ 啊, 用 箇 个 办 法

nai²² , pʰiə²⁴ tɕʰi³³ təi²⁴ fuaŋ¹²⁻³³ nai²² ɕiaŋ²⁴ —— ɕiaŋ¹² niəŋ²² 。su³³ Øi³³ Øa²² , Øi³³ xau³¹
来, 骗 起 对 方 来 相—— 相 人。所 以 啊, 以 后

nə³³ , tsai³³ ŋ³³ tiə³¹ kuo²⁴ ti³¹ fuaŋ¹²⁻³³ tɕiəu³¹ Øiəu³³ —— Øiəu³³ tiə⁰ kuo²⁴ Øa²² , "ka⁵⁵ fu²²
呢, 在 我 哋们 个₁ 地 方, 就 有—— 有 嗲个₁ 啊, "隔 河

$k^h uo^{24} tc^h iəŋ^{12}$ ", $ts^h ai^{33} piau^{33} fuai^{12-33} piau^{33} ti^{31} tuai^{31} ciaŋ^{24} tc^h iəŋ^{12} kə^0$ ($< kuo^0$) $fəu^{12}$
看　亲",　请　表兄　表弟代相亲　个₀　　　风
$su^{22} ci^{55/22} ku^{24}$ —— $kə^0$ ($< kuo^0$) $ci^{24} nuo^{33}$, $fəu^{12} su^{22} kə^0$ ($< kuo^0$) $ci^{24} nuo$, ka^{55}
俗 习 惯——　个₀　　　戏 啰，风俗　个₀　　　戏 啰，隔
$fu^{22} ciaŋ^{24} tc^h iəŋ^{12} kə^0$ ($< kuo^0$) ci^{24}.
河 相 亲 个₀　　　戏。

普通话梗概

　　相亲，也叫"看亲"。在旧社会，男女的婚事都是由父母作主，媒人牵线搭桥。那时候，男子长到十九二十岁，女子长到十七八岁，父母就会去请算命先生看八字，并将孩子的生辰八字记下来，请媒人去合适的人家说媒。过去的农村都有专门为男女介绍对象的媒人。媒人一般都是女的，她们经常走村串户，去了解各地未婚男女的情况，包括长相、年纪、家庭条件等。如果是碰到合适的男女，她就叫上另一个媒人，两个人分开去男女两家说媒、提亲。过去做媒的人都是一些油嘴滑舌，见人说人话、见鬼说鬼话的人。过去有句话是这样说的："媒婆媒婆，会讲会说，活的讲得死，死的讲得活，哄得狐狸团团转，哄得孔雀配斑鸠。"老百姓唱这首民谣来形容媒婆三寸不烂之舌的厉害。

　　旧社会，女子长到十五六岁就很少出门了，待在家里绣花，准备花边等结婚用品，以及做一些针线活和家务事，不怎么见陌生人了，特别是男子。这时，媒人就向双方的父母要来男女的生辰八字，交给对方去查看是否合适。如果八字相克就不能结婚，如果合适且双方愿意，媒人就会安排时间、地点让双方相亲。如果一方有生理缺陷，比如说驼背、个子矮、麻子脸等，媒婆就会千方百计地帮助掩盖。一般是有意将双方隔开一定的距离，有的甚至是请人代替相亲，比如说我自己的亲内兄、我老婆的哥哥，就是这样做的。相亲的时候，如果女方是麻子脸，媒婆就让她用块小手巾挡住半边脸，装作害羞的样子，脸不全露出来。如果男的是个驼背呢，媒婆就会叫他背着一支鸟枪，并且隔得很远，假装打鸟的样子，使得女方只能看见男方的面相，以为他拱着背是在打鸟。相亲的过程就是用这种方法来骗取对方的信任，因此，在我们这个地方就有了"隔河相亲"——"请表兄表弟代相亲"的那场戏。

二、过定

ɕiaŋ²⁴ tɕʰiəŋ¹² Øi³³ xau³¹ nə³³, suaŋ¹² fuaŋ¹²⁻³³ təu²² Øi²⁴ tɕiɛ⁵⁵ᐟ²² tɕiəŋ¹², tɕiəu³¹ Øiau²⁴
相　亲　以　后　呢，双　方　同　意　结　亲，就　要

ɕyə³³ xau³³ kuo²⁴ ni⁵⁵ᐟ²² tsʅ³³, tɕiəŋ²⁴ xa²² kuo²⁴ ku²⁴ tai³¹。ku²⁴ tai³¹ nə³³, Øa²², ku²⁴ tai³¹
选　好 个₂日　子，进　行 个₂过　定。过　定　呢，啊，过　定

kə⁰（<kuo⁰）——kə⁰（<kuo⁰）ku²⁴ sai²² nə³³, tɕiəŋ³¹ ɕi³³ kaŋ³³, nuo²² fuaŋ¹²⁻³³
个₀——　　　个₀　　过　程　呢，就　是　讲，男　方

Øiau²⁴ tsəŋ³³ pi³¹ xau³³ tɕiɛ²² xuo²² niaŋ²²。ɕi³³ Øia²², kuo²⁴ tu¹² tu¹² sau³³ sau³³ nə³³, Øiəu²²
要　准　备　好　钱　和　粮。是　呀，个₂多　多　少　少　呢，由

ku⁵⁵ᐟ²² kuo²⁴ məi²² niəŋ²² Øa²² fu²⁴ tsa⁵⁵, niaŋ³³ fuaŋ¹² miə³¹ tɕʰy²⁴ ɕiɛ⁵⁵ᐟ²² saŋ¹²⁻³³, Øa²²
箇　个　媒　人　啊　负　责，两　方　面　去　协　商，啊，

ɕiɛ⁵⁵ᐟ²² saŋ¹²⁻³³ xau³³ tiə⁰, tsəu³¹ Øiəu²² ku⁵⁵ᐟ²² kuo²⁴ məi²² niəŋ²², Øa²², tau²⁴
协　商　好　嗲，就　由　箇　个　媒　人，啊，到

nuo²² kuo¹²⁻³³, Øiəŋ³¹ ku⁵⁵ᐟ²² kuo²⁴ kaŋ²⁴ fu³¹, tuai²² tɕʰi³³ tɕʰy²⁴ ny³³ kuo¹²⁻³³ tɕʰy²⁴, Øa²²,
男　家，用　箇　个　杠　盒，抬　起　去　女　家　去，啊，

ku²⁴ tai³¹。suaŋ¹² fuaŋ¹²⁻³³ nə³³, ku²⁴ tai³¹ kə⁰（<kuo⁰）ɕi²² ka¹²⁻³³ Øa²², suaŋ¹²
过　定。双　方　呢，过　定 个₀　　　时　间　啊，双

fuaŋ¹²⁻³³ nə³³, tɕiəu³¹ saŋ¹² niaŋ²² xau³³ tɕiɛ²² tɕʰiəŋ¹² kuo⁰ ni⁵⁵ tsʅ³³, tɕiɛ⁵⁵ᐟ²² tɕʰiəŋ¹²
方　呢，就　商　量　好　结　亲　个₀日　子，结　亲

tsʰai³³ tɕiəu³³ kuo⁰ ni⁵⁵ tsʅ³³ na²², fuaŋ¹² piə³¹ Øa²², məi³³ fuaŋ¹²⁻³³ nə³³, tsʰai³³ kʰa⁵⁵
请　酒 个₀日　子　啦，方　便　啊，每　方　呢，请　客，

tsəŋ³³ pi³¹ puo³¹ tɕiəu³³ na³³。ku⁵⁵ᐟ²² kə²⁴（<kuo²⁴）ɕi²² ka¹²⁻³³ kə⁰（<kuo⁰）
准　备　办　酒　啦。箇　个　　　　　时　间 个₀

ɕi⁵⁵ᐟ²² ku²⁴ nə³³, tɕiəu³¹ ɕi³³ kaŋ³³, piə²⁴ tiə⁰ nuo³³。ɕi³³ Øia²², ku⁵⁵ᐟ²² kuo²⁴ ɕi²²
习　惯　呢，就　是　讲，变　嗲　啰。是　呀，箇　个　时

ka¹²⁻³³——ɕi²² ka¹²⁻³³, kuo²⁴ nuo²² ny³³ niɛ²² Øuai²⁴ tsʅ³¹ Øiəu²², niaŋ³³ kə²⁴（<kuo²⁴）
间——　时　间，个₂男　女　恋　爱　自　由，两　个

niəŋ²² təu²² Øi²⁴ tiə⁰ Øi³³ xau³¹ nə³³, Øa²⁴, nuo²² ny³³ təu²² Øi²⁴ tiə⁰ Øi³³ xau³¹, tɕiəu³¹ Øiəu²²
人 同 意 嗲 以 后 呢， 啊， 男 女 同 意 嗲 以 后， 就 由
kuo²⁴ nuo²² fuaŋ¹²⁻³³ Øa²⁴, kai²² niaŋ³³ kuo²⁴ tɕi⁵¹, niaŋ³³ kə²⁴（< kuo²⁴）kəu¹² tɕi¹²⁻³³,
个₁ 男 方 啊，□用 两 个 鸡， 两 个 公 鸡，
sʅ²⁴ tɕiəŋ¹²⁻³³ Øiəu⁵⁵, sʅ²⁴ pai²² tɕiəu³³, Øa²², sʅ²⁴ tɕiəŋ¹²⁻³³ miə³¹, tuai²⁴ tɕʰi³³ ka²⁴ sau²⁴
四 斤 肉， 四 瓶 酒， 啊， 四 斤 面， 带 起 介 绍
niəŋ²², tuai²⁴ tɕʰi³³ tɕʰy²⁴ pua²⁴ Øiau⁵⁵ mu³³ niaŋ¹²⁻³³。ŋ³³ tiə³¹ kuo²⁴ ti³¹ fuaŋ¹²⁻³³ Øa¹² ɕi³³
人， 带 起 去 拜 岳 母 娘。 我 㑉们 个₁ 地 方 也 是
kaŋ³³ tsʅ²⁴ "kaŋ³¹ tsəŋ¹² taŋ²² pai⁵⁵⁻²²"。ɕi³³ Øia²², Øy²² ku³³ ɕi³³ Øa⁵⁵ nuo²² fuaŋ¹²⁻³³, Øa⁵⁵
讲 制叫做 "□扔 中 堂 壁"。 是 呀， 如 果 是 阿 男 方， 阿
nuo²² tsʅ³³ Øa²², pa³³ ku⁵⁵⁻²² kuo²⁴ ni³³ Øu²² fuaŋ²⁴ tau⁰ kuo²⁴ Øiau⁵⁵ mu³³ niaŋ¹²⁻³³ Øəu⁵⁵ ni³³
男 子 啊， 把 箇 个 礼 物 放 □着个₁ 岳 母 娘 屋家里
tɕʰy²⁴ Øi³³ xau³¹, Øiau⁵⁵ mu³³ niaŋ¹²⁻³³ Øəu⁵⁵ ni³³ tau²² nə³³ təu²² Øi²⁴ tiə⁰ nə³³, tɕiəu³¹ fəi³¹
去 以 后， 岳 母 娘 屋 里头家人呢 同 意 嗲 呢， 就 会
tɕiaŋ¹² kuo²⁴ ni³³ Øu²² səu¹² xuo³³ nai²², piaŋ²⁴ tɕʰiə³³ nə³³ tsau²⁴ tuai³¹ xau³³ məi²² niəŋ²² xuo²²
将 个₁礼 物 收 下 来， 并 且 呢 招 待 好 媒 人 和
kuo²⁴ nuo²² kuo⁰。Øy²² ku³³ ɕi³³ pu²² təu²² Øi²⁴ Øia²², pu²²——pu²² təu²² Øi²⁴ ku⁵⁵⁻²² məŋ²² fuaŋ¹²
个₁ 男 个₀。如 果 是 不 同 意 呀， 不—— 不 同 意 箇 门 婚
sʅ³¹ nə³³, tɕiəu³¹ Øiau²⁴ pa³³ kuo²⁴ ni³³ Øu²² tʰəi²⁴ kʰy²⁴（< tɕʰy²⁴）ta⁵⁵⁻²² nuo²² fuaŋ¹²⁻³³,
事 呢， 就 要 把 个₁礼 物 退 去 得给 男 方，
Øa²², tʰəi²⁴ tɕʰy²⁴ ta⁵⁵⁻²² kuo²⁴ nuo²² fuaŋ¹²⁻³³, piau³³ sʅ³¹ kə²⁴（< kuo²⁴）fuaŋ¹²
啊， 退 去 得给 个₁ 男 方， 表 示 个₁ 婚
sʅ³¹—— kə²⁴（< kuo²⁴）fuaŋ¹² tɕiə⁵⁵⁻²² pu²² sai²², niaŋ³³ kə²⁴（< kuo²⁴）niəŋ²²
事—— 个₁ 婚 结 不 成， 两 个 人
pu²² fu⁵⁵⁻²²。
不 合合适。

ku⁵⁵⁻²² kuo²⁴ ɕi³³ ka¹²⁻³³ nə³³——nuo³¹ kuo²⁴ ɕi³³ ka¹²⁻³³ Øa²², nuo²² kuo⁰ xuo²² ny³³ kuo⁰
箇 个 时 间 呢—— 那 个 时 间 啊， 男 个₀和 女 个₀
tɕi³³ tɕiə²⁴ ku¹² Øi⁵⁵⁻²² miə³¹, ɕi³³ Øia²², xuo⁵⁵⁻²² tɕia³³ ɕi³³ nə³³, Øiəu³³ ni⁵⁵⁻²² tɕiəu³¹ ka¹² pəŋ²²
只 见 过 一 面， 是 呀， 或 者 是 呢， 有 立些 就 根 本

Øia²² tçiə²⁴ tiau³¹ miə³¹。çi³³ Øia²², çi³³ Øiəu²² nuo²² fuaŋ¹²⁻³³ kə⁰（<kuo⁰）——kə⁰（<kuo⁰）
□没见　着　面。是呀，是　由　男　方　个₀——　　　个₀
niəŋ²² xuo²² ny³³ fuaŋ¹²⁻³³ kə⁰（<kuo⁰）Øio²² niəŋ¹²⁻³³ tçʰy²⁴ kʰuo²⁴ niəŋ²²，
人　和　女　方　　个₀　　　爷娘父母　　去　看　人，
tçʰy²⁴ çiaŋ²⁴ niəŋ²² kuo⁰, çi³³ Øia²², niəŋ³³ kə²⁴（<kuo²⁴）niəŋ²² ka¹² pəŋ³³ tçiəu³¹ Øia²²
去　相　人　个₀，是呀，两　个　　　　人　根　本　就　□没
tçiə²⁴ tiau³¹ miə³¹。Øə²² tçʰiə³³ nə³³, tsai³³ puo³¹ sʅ³¹ tçiə⁵⁵⁄²² fuəŋ¹², Øa²², pua²⁴ taŋ²²
见　着　面。而　且　呢，在　办　事　结　　婚，啊，拜　堂
kə⁰（<kuo⁰）çi²² ka¹²⁻³³ nə³³, kə²⁴（<kuo²⁴）ny³³ kə⁰（<kuo⁰）——
个₀　　　　时　间　呢，　个₁　　　　女　个₀——
kə²⁴（<kuo²⁴）çiaŋ¹² niəŋ²²——çi¹² fu³¹ niaŋ²² Øa²², Øa⁵⁵ tau²² saŋ³¹ Øiəu³¹ kuai²⁴ tau⁰
个₁　　　　新　娘——媳妇娘啊，阿头上又　盖□着
kʰua²⁴ tau²² tçiəŋ¹²⁻³³, ka¹² pəŋ³³ Øia²² nu³¹ miə³¹, çi³³ Øia²², kʰuo²⁴ pu²² tiau³¹。çi³³
块　头　巾，　　根　本　□不　露　面，是　呀，看　不着看不见。是
Øia²², tçʰy²⁴ kʰuo²⁴ nau³¹ niə⁵⁵⁻²² kə⁰（<kuo⁰）niəŋ²² Øa²², tsʰəŋ¹² fuaŋ¹²⁻³³ kuo¹²⁻³³
呀，去　看　闹　热热闹 个₀　　　人　啊，村坊家本村的人
Øa²², tu¹² çiau³³ pu²² ta⁵⁵⁻²² kuo²⁴ ny³³ kə⁰（<kuo⁰）tsaŋ³³ kə⁰（<kuo⁰）tsaŋ³³ çiaŋ²⁴
啊，都　晓　不　得　　个₁ 女个₀　　　　长　个₀　　　　长　相
kuo⁰。Øa²², tçi³³ Øiəu³³ tai³³ tau²⁴ ŋ⁵⁵⁄²² tiə⁰ çiəŋ¹² fuaŋ²², Øiəu² kuo²⁴ çiəŋ¹² naŋ²² kəu¹²⁻³³
个₀。啊，只有等到入哆新房，由个₁新　郎　公
Øa²², tçʰiəŋ¹² tsʅ³¹ çiau¹² kʰuai¹² tiə⁰ ku⁵⁵⁄²² kuo²⁴ kuai²⁴ tau²² pu²⁴, tsai²²——niaŋ³³
啊，亲　自　□揭　开　哆箇　个　盖　头　布，才——两
kə²⁴（<kuo²⁴）niəŋ²² tsai²² çi³³ nai²² kə²⁴（<kau²⁴）fu²⁴ çiaŋ¹²⁻³³ kʰuo²⁴ tsʰai¹² tsʰu³³
个　　　　人　才　是　能　够　　　　互　相　看　清　楚
təi²⁴ fuaŋ¹²⁻³³ kə⁰（<kuo⁰）tsaŋ³³ çiaŋ²⁴ tau²⁴ ti³³ çi³³ na³³ kə⁰（<kuo⁰）。çi³³ Øia²²,
对　方　个₀　　　长　相　到　底　是　哪　个₀如何。　是　呀，
ku⁵⁵⁄²² kuo²⁴ çi²² ka¹²⁻³³ nə³³, Øi³³ tçiəŋ¹²⁻³³ pua²⁴ tiə⁰ tʰiə¹² ti³¹ Øia³³, pua²⁴——pua²⁴ tiə⁰
箇　个时　间　呢，已　经　　拜哆天地呀，拜——拜　哆
tçʰiəŋ¹²——fu³¹ mu³³ Øio²² niaŋ¹²⁻³³ Øa³³, pua²⁴ tiə⁰ tçʰiəŋ¹² tçʰi²² pəu²² Øiəu³³ tiə⁰ na³³
亲——父母爷娘父母　　啊，拜　哆　亲　戚　朋　友　哆　啦，

kuo²⁴ sa¹² mi³³ Øi³³ tɕiəŋ¹²⁻³³ tɕy³³ sai²² tiə⁰ səu³¹ xuo³¹, Øa²², mi³³ tau²⁴ tɕy³³ sai²² tiə⁰ səu³¹
个₁ 生米 已经   煮 成 嗲 熟 饭, 啊, 米 倒 都 煮 成 嗲 熟

xuo³¹ tiə⁰ nuo³³, pu²² nai²² kə⁰ (＜kau²⁴) xuo³³ fəi³³ Øa³³。su³³ Øi³³ Øa²², tɕiəu³¹ pu²²
饭 嗲 啰, 不 能 够   反 悔 啊。所 以 啊, 就 不

nəŋ³¹ kə²⁴ (＜kuo²⁴) tsaŋ³³ ɕiaŋ²⁴ tsai²⁴ Øy²² xuo²², niaŋ³³ kə²⁴ (＜kuo²⁴) niəŋ²² niə³³
论 个₁   长 相 再 如 何, 两 个   人 呢

tɕi³³ ta⁵⁵⁻²² tɕiə⁵⁵ᐟ²² səu³¹, ɕi²² Øia²², Øiəŋ¹² Øuəi²² xau³¹ fəi³³ Øiəu³¹ nai²² pu²² tɕi⁵⁵ tiə⁰
只 得 接 受, 是 呀, 因 为 后 悔 又 来 不 及 嗲

Øia³³。Øə²² tɕʰiə³³ nuo³¹ kuo²⁴ ɕi²² ka¹²⁻³³ Øiəu³³ kə²⁴ (＜kuo²⁴) ɕi⁵⁵ᐟ²² ku²⁴ nə³³ tɕiəu³¹
呀。而 且 那 个 时 间 有 个   习 惯 呢 就

ɕi³³ kaŋ³³, Øy²² ku³³ ɕi³³ Øiəu³³ Øi⁵⁵⁻²² fuaŋ¹² fəi³³ fuaŋ¹², tɕiəu³¹ Øiau²⁴ tʰəi²⁴ fəi²² səu²⁴
是 讲, 如 果 是 有 一 方 毁 婚, 就 要 退 回 送

tɕʰy²⁴ kə⁰ (＜kuo⁰) tai³¹ ni³³, ku²⁴ tai³¹ kə⁰ (＜kuo⁰) ni³³ ɕiaŋ²⁴ nə²² piəŋ²⁴ tɕʰiə³³
去 个₀   定 礼, 过 定 个₀   礼 信礼物 呢。并 且

nə³³, xa²² Øiau²⁴ pəi²² tsʰaŋ³³ Øi⁵⁵⁻²² tɕʰiə⁵⁵——nuo²² fuaŋ¹²⁻³³ Øi⁵⁵⁻²² tɕʰiə⁵⁵ kə⁰ (＜kuo⁰)
呢, 还 要 赔 偿 一 切—— 男 方 一 切 个₀

səŋ³³ ɕi²²——puo³¹ tɕiəu³³ ɕi⁵⁵⁻²² Øa³³, tsʰai³³ kʰa⁵⁵ kə⁰ (＜kuo⁰) səŋ³³ ɕi²²。Øə²² tɕʰiə³³
损 失—— 办 酒 席 啊, 请 客 个₀   损 失。而 且

nuo³¹ kə²⁴ (＜kuo²⁴) ɕi²² ka¹²⁻³³ nə³³, ni³³ kə²⁴ (＜kuo²⁴) nuo²² kə⁰ (＜kuo⁰) ny³³
那 个   时 间 呢, 你 个₁ 男 个₀   女

kuo⁰, ni³³ fəi³³ tiə⁰ fuaŋ¹², Øa⁵⁵ mai²² sa¹²⁻³³ Øa¹² tsʰəu²⁴ tiə⁰, Øi³³ xau³¹ nə³³, tɕiəu³¹ kəŋ²⁴
个₀, 你 毁 嗲 婚, 阿 名 声 也 臭 嗲, 以 后 呢, 就 更

nuo²² kuo²⁴——kəŋ²⁴ nuo²² tɕiəu²² niəŋ²² tiə⁰。su³³ Øi³³ Øa²², niaŋ³³ kuo²⁴ niəŋ²², niaŋ³³
难 个—— 更 难 寻 人 嗲。所 以 啊, 两 个 人, 两

kuo¹²⁻³³ niəŋ²² kə³³ (＜kuo¹²) Øa²², tɕi³³ ta⁵⁵⁻²² niəŋ³¹ mai³¹, ɕi³³ Øia²², Øia²² ta⁵⁵⁻²²
家   人 家   啊, 只 得 认 命, 是 呀, □得 没有

puo³¹ xuo⁵⁵⁻²² kʰaŋ²⁴ tɕy²⁴。Øiəŋ¹² Øuəi²² ɕi³³ Øia²², nuo²² ny³³ kə⁰ (＜kuo⁰) fuəŋ¹²
办 法 抗 拒。因 为 是 呀, 男 女 个₀   婚

Øyə²²——fuəŋ¹² Øiəŋ¹²⁻³³ tua³¹ sʅ³¹——fuəŋ¹² Øyə²² nə³³, ɕi³³ mai³¹——mai³¹ tsəŋ¹²⁻³³
缘—— 婚 姻 大 事—— 婚 缘 呢, 是 命—— 命 中

tçy^{24}tai^{31}kuo^{0}, Øia^{22}xuo$^{55/22}$kuo^{0}。

注　定个0，□没　法　个0。

普通话梗概

　　相亲以后如果双方同意结亲，就要选个好日子，进行"过定"的礼节。过定指的是男方准备好钱粮，由媒人负责去两方帮助协商。协商好了，就由媒人用杠盒抬着去女方家。过定的时候双方就商量好结婚请酒的日期，方便双方备办酒席。但这个风俗现在变了，现在是男女恋爱自由，两个人同意了以后呢，就由男方带两只公鸡、四斤肉、四瓶醋、四斤面，和介绍人去见丈母娘。我们这个地方也叫做"□[kaŋ^{31}]扔中堂壁"，就是将礼物放在神龛前的供桌上，有探问长者是否同意婚事的意思。男方把礼物送到女方家，女方父母如果同意就会将礼物收下来，并且招待好介绍人和男子。如果不同意，就把礼物退给男方。

　　以前，男子和女子只见过一面，有的甚至根本就没见过，而是由双方的父母去看人。结婚拜堂的时候，新娘的头上又盖着头巾，根本不露脸，去看热闹的人都不知道这个女人的长相如何。只有等到入了洞房，由新郎亲自揭开盖头布，两个人才能互相看清楚对方的长相。这时已经拜了天地，拜了父母和亲戚朋友了，生米已经煮成了熟饭，不能够反悔了，因此，不论长相如何，两个人都只得接受，来不及后悔了。而且那时有个习惯是，如果是女方悔婚，就要退回定礼并且赔偿男方一切损失，包括办酒席请客的损失。不论男女，如果悔了婚，那名声也就不好了，以后就很难另寻良人了。所以两个人，或者说两家人只好认命，不敢悔婚，认为男女的婚缘是命中注定的，没办法改变的。

三、□扔中堂壁[①]

xuo³¹ miə²⁴ kaŋ³³ xuo³¹ ŋ³³ tiə³¹ kə²⁴（< kuo²⁴）ti³¹ fuaŋ¹²⁻³³ Øi⁵⁵⁻²² kuo²⁴ —— Øi⁵⁵⁻²²
下　面　讲　下　我　哋们个₁　　　地　方　一　个——　一
kə²⁴（< kuo²⁴）çi⁵⁵⁄²² ku²⁴ nə³³，tçiəŋ³¹ çi³³ kaŋ³³ tsɿ²⁴ —— xuo³³ tsɿ²⁴ "kaŋ³¹ tsəŋ¹²
个　　　习　　惯呢，就　是　讲制叫做 —— 喊制叫做 "□扔 中
taŋ²² pai⁵⁵⁻²² "。tsəu³¹ çi³³ ku²⁴ tɕʰy²⁴ kuo⁰ çi²² ka¹²⁻³³ nə³³，çi³³ Øia²²，tçiəŋ²² —— tçiəŋ²²
堂　壁"。　　就　是　过　去　个₀时　间　呢，是　呀，寻——　寻
təi²⁴ çiaŋ²⁴，çi³³ Øia²²，çi³³ kaŋ³³ —— ŋ³³ tiə³¹ tʰu³³ xuo³¹ tçiəu³¹ çi³³ kaŋ³³ tçiəŋ²²
对　象，是　呀，是　讲 —— 我　哋们土　话　就　是　讲　寻 ——
tçiəŋ²² nau³³ pu²²，tʰau³³ nau³³ pu²²，Øi⁵⁵⁻²² kuo²⁴ nə³³ çi³³ Øiəu²² məi¹¹ niəŋ²² ka²⁴ sau²⁴，
寻　老　婆，讨　老　婆，一　个　呢　是　由　媒　人　介绍，
kuo⁵⁵（ku⁵⁵⁄²² + kuo²⁴）çi²² ka¹²⁻³³ nə³³，tsəu³¹ çi³³ kaŋ³³ ka²⁴ sau²⁴ niəŋ²²，çi³³ Øia²²，
□（箇+个）　　　时　间　呢，就　是　讲介绍　人，　是　呀，
ka²⁴ sau²⁴ niəŋ³³ —— nuo²² ny³³ niəŋ³³ fuaŋ¹²⁻³³ niəŋ³¹ çi²² tiə⁰ Øi³³ xau³¹，çi³³ Øia²²，
介绍　两 ——　男　女　两　方　　认　识嗲以　后，　是　呀，
niəŋ³³ —— nuo²² ny³³ niəŋ³³ fuaŋ¹²⁻³³ nə³³，niəŋ³¹ Øuəi²² kai¹² ku²⁴ Øi⁵⁵⁻²² tu³¹ Øa²²，çiaŋ¹²
两 ——　男　女　两　方　呢，认　为　经　过　一　段啊，相
tɕʰy³³，fu²⁴ çiaŋ¹²⁻³³ tsɿ³³ tçiəŋ¹²⁻³³ niau³³ ka³³，çi³³ Øia²²，niəŋ³¹ Øuəi²² kʰu³³ çi³³ tiə⁰，ŋ³³
处，　互　相　之　间　了　解，是　呀，认　为　可　以嗲，我
tiə³¹ kuo²⁴ nuo²² kuo⁰ niəŋ³¹ Øuəi²² kuo²⁴ ny³³ kuo⁰ Øa¹² kʰu³³ Øi³³，ny³³ kuo⁰ niəŋ³¹ Øuəi²² kuo²⁴
哋们个₁　男　个₀认　为　个₁女　个₀也　可　以，女　个₀认　为　个₁
nuo²² kuo⁰ Øa¹² kʰu³³ Øi³³，niəŋ³³ kə²⁴（< kuo²⁴）niəŋ²² Øia²² Øi²⁴ tçiəŋ²⁴，Øa²²
男　个₀也　可　以，两　个　　　　人　□没有意　见，啊，
ka¹² ni³³ tçi¹² pəŋ³³ saŋ³¹ nə³³，nuo³¹ tçiəu³¹ çi³³ Øyə³¹ Øi²⁴ Øa²²，piau³³ sɿ³¹ nə³³ Øyə³¹ Øi²⁴
□里这样基　本　上　呢，那　就　是　愿　意啊，表示　呢　愿意
niəŋ³³ kə²⁴（< kuo²⁴）niəŋ²² tçiə⁵⁵ fu⁵⁵⁻²²，Øa²²，niəŋ³³ kə²⁴（< kuo²⁴）niəŋ²² tçiə⁵⁵⁄²²
两　个　　　　人　结　合，　啊，两　个　　　　人　结

---

① □扔中堂壁：初探婚事。

fuaŋ¹² na³³, çi³³ Øia²², tçiəŋ⁵⁵ fu⁵⁵⁻²² tçʰi³³ nai²²。tsai²⁴ Øi⁵⁵⁻²² kuo²⁴ nə³³, Øiəu³³ tiə⁰ kuo²⁴
婚 啦，是 呀， 结 合 起来。再 一 个 呢， 有 嗲个₁
Øi²⁴ sʅ¹²⁻³³ Øi³³ xau³¹ nə³³, Øa²², tsəu³¹ Øiəu²² kuo²⁴ məi²² niəŋ²² tçʰiə¹² tau²², Øa⁵⁵ nuo²²
意思 以 后 呢， 啊， 就 由 个₂ 媒 人 牵 头， 阿男
kə⁰（＜kuo⁰）——nuo²² fuaŋ¹²⁻³³ nə³³, Øa⁵⁵ nuo²² kə⁰（＜kuo⁰）Øa²², tçiəu³¹ Øiau²⁴
个₀ —— 男 方 呢， 阿 男 个₀ 啊， 就 要
tsəŋ³³ pi³¹ Øi⁵⁵⁻²² kə²⁴（＜kuo²⁴）tua³¹ kəu¹² tçi¹²⁻³³, niaŋ³³ pai²² tçiəu³³, xa²² Øiəu³³
准 备 一 个 大公 鸡， 两瓶 酒， 还 有
Øiəu⁵⁵, xa²² Øiəu³³ miə³¹, Øiəu²² kuo²⁴ məi²² niəŋ²² niə³³, tsəu³¹ Øi⁵⁵⁻²² tçʰi³³ tuai²⁴ tçʰi³³
肉， 还 有 面， 由 个₂ 媒 人 呢， 就 一 起 带 起
tau²⁴ nuo²⁴（nuo³¹ ＋ kuo²⁴）ny³³ fuaŋ¹²⁻³³, tau²⁴ ny³³ fuaŋ¹²⁻³³ kə⁰（＜kuo⁰）Øəu⁵⁵ ni³³
到 □(那＋个) 女 方， 到 女 方 个₀ 屋里
tau²² tçʰy²⁴ Øa²², tçʰy²⁴ niəŋ³¹ çi²², çi³³ Øia²²。ŋ³³ tiə³¹ kuo²⁴ ti³¹ fuaŋ¹²⁻³³ nə³³, tçiəu³¹
头家里去 啊， 去 认 识， 是 呀。我呲们 个₁地 方 呢， 就
xuo³³ tsʅ²⁴ "kaŋ³¹ tsəŋ¹² taŋ²² pai⁵⁵⁻²²"。Øiəŋ¹² Øuəi²² kuo²⁴ ni³³ Øu²² nə³³ kai²² tau²⁴ ny³³
喊 制叫做"□扔 中 堂 壁"。 因 为 个₁ 礼 物 呢□带 到 女
fuaŋ¹²⁻³³ tçʰy²⁴ tçiəu³¹ xuo³³ tsʅ²⁴ "kaŋ³¹ tsəŋ¹² taŋ²² pai⁵⁵⁻²²"。
方 去 就 喊 制叫做"□扔 中 堂 壁"。

çi³³ Øia²², Øio²² çi³³ nuo²² fuaŋ¹²⁻³³ tuai²⁴ tçʰy²⁴ kə⁰（＜kuo⁰）ni³³ Øu²² ny³³ fuaŋ¹²⁻³³
是 呀， 若是男方 带 去 个₀ 礼 物女 方
kə⁰（＜kuo⁰）nau³³ mai³¹ niəŋ¹² tçi⁵⁵⸌²² səu³¹ tiə⁰ kuo²⁴ ni³³ Øu²² nə³³, tsəu³¹ piau³³ sʅ³¹
个₀ 老 命 娘父母 接 受 嗲个₁礼 物 呢， 就 表 示
Øia²² tiə⁰ Øi²⁴ tçiəŋ²⁴ tiə⁰, Øyə³¹ Øi²⁴ pa³³ ku⁵⁵⸌²² kuo²⁴ tsʅ³¹ tçi¹² kə⁰（＜kuo⁰）ny³³ kuo²⁴
□没有嗲意 见 嗲， 愿 意 把 箇 个 自 己 个₀ 女 嫁
tçʰy²⁴ ta⁵⁵⁻²² nuo²² fuaŋ¹²⁻³³。Øio²² çi³³ ku⁵⁵⸌²² kuo²⁴——tçʰiə⁵⁵ tiə⁰ xuo³¹ Øi³³ xau³¹ Øa²²,
去 得给 男 方。 若是 箇 个——吃 嗲 饭 以 后 啊，
Øio²² çi³³ ku⁵⁵⸌²² kuo²⁴ ny³³ fuaŋ¹²⁻³³ nə³³, pa³³ kuo²⁴ nuo²² fuaŋ¹²⁻³³ tuai²⁴ tçʰy²⁴
若是 箇 个 女 方 呢， 把 个₁ 男 方 带 去
kə⁰（＜kuo⁰）——ku⁵⁵⸌²² kuo²⁴ ni³³ Øu²² Øa²², tʰəi²⁴ kʰy²⁴（＜tçʰy²⁴）ta⁵⁵⁻²² nuo²² fuaŋ¹²⁻³³
个₀—— 箇 个礼 物 啊， 退 去 得给 男方

tiə⁰ nə³³, tɕiəu³¹ ɕi³³ piau³³ sʅ³¹ nə³³, pu²² təu²² Øi²⁴ ku⁵⁵ᐟ²² tɕiə³¹ fuəŋ¹² sʅ³¹。ɕi³³ Øia²²,
嗲呢， 就是 表 示 呢，不 同 意 箇   件 婚事。是 呀，
kuo²⁴ " kaŋ³¹ tsəŋ¹² taŋ²² pai⁵⁵⁻²² " kə⁰（＜kuo⁰）Øi²⁴ sʅ¹²⁻³³ Øa¹² ɕi³³ nə³³, tsəu³¹ ɕi³³
个₁ "□扔 中 堂 壁" 个₀   意 思 也 是 呢， 就 是
kaŋ³³, Øi⁵⁵⁻²² kə²⁴（＜kuo²⁴）tai³¹ tɕʰiəŋ¹² kuo⁰ —— kuo⁰ Øi²⁴ sʅ¹²⁻³³, tɕʰio⁵⁵ᐟ²² tai³¹
讲， 一 个   定 亲 个₀——个₀意思， 确   定
fuəŋ¹² Øiəŋ¹²⁻³³ kə⁰（＜kuo⁰）Øi²⁴ sʅ¹²⁻³³ nə³³。
婚 姻 个₀   意 思 呢。

普通话梗概

　　过去，男人找对象在当地的土话中叫做"寻老婆"或"讨老婆"，都是由媒人介绍。而现在，是男女双方经人介绍认识，经过一段时间的相处了解后，认为可以结婚了就由媒人牵头，男方准备好一只大公鸡，还有肉和面，一起到女方家去拜访，这叫做"□［kaŋ³¹］扔中堂壁"。如果女方的父母接受了男方带去的礼物，就表示没有意见，同意把自己的女儿嫁给男方。如果吃过饭以后，女方父母将男方带去的礼物都退回，就表示不同意这门婚事。"□［kaŋ³¹］扔中堂壁"就是探问女方父母是否同意婚事的意思。

四、唱歌酒

kaŋ³³ øi⁵⁵⁻²² kuo²⁴ tɕiə³¹ ɕi²² tɕiə⁵⁵⁄²² fuaŋ¹² kuo⁰ fəu¹² su²² ɕi⁵⁵⁄²² ku²⁴, səu³³ ɕiə¹² kaŋ³³
讲　一　个　旧　时　结　　婚　个₀风　俗　习　　惯，首　先　讲

kuo²⁴ puo³¹ ku⁵⁵⁄²² kuo²⁴ tsʰaŋ²⁴ ku¹²⁻³³ tɕiə³³。nuo²²——nuo²² fuaŋ¹²⁻³³ øa²², tsai³³ tɕiə⁵⁵⁄²²
个₁办　箇　个　唱　歌　酒。男——男　方　啊，在　结

fuaŋ¹² tsʰai³³ tɕiə³³ kuo⁰ tau²² øi⁵⁵⁻²² ni⁵⁵⁄²² nə³³, øiau²⁴ tsʰəŋ¹²——øiau²⁴ tsʰai³³ tsʰəŋ¹²
婚　请　酒　个₀头　一　日　　呢，要　村——　要　请　村

fuaŋ¹²⁻³³ kuo¹²⁻³³, xuo⁵⁵⁄²² tɕia³³ tɕy²² sɿ¹²⁻³³ nai²² paŋ¹² maŋ²², tsuəŋ³¹ pi³¹ ti³¹ øi³¹ ni⁵⁵⁻²²,
坊　家 同村的人，或　者　厨　师　来　帮　忙，准　备 第 二 日，

tɕiə³¹ ɕi³³ tsai²⁴ ni⁵⁵⁄²² tsɿ³³ nuo³¹ øi⁵⁵⁻²² ni⁵⁵⁄²² kə⁰ （<kuo⁰） tɕiə³³ ɕi⁵⁵⁻²²
就　是　正　日　子　那　一　日　　个₀　　　　酒　席

kə⁰ （<kuo⁰） tsʰai²⁴。
个₀　　　　菜。

tsai³³ taŋ¹² ni⁵⁵⁻³⁴ øio³¹ ɕi²² nə³³, nuo²² fuaŋ¹²⁻³³ øiau³¹ øiau³¹ puo³¹ ku⁵⁵⁄²² kuo²⁴ tsʰaŋ²⁴
在　当　日　夜　时　呢，男　方　　　又　要　办　箇　个　唱

ku¹²⁻³³ tɕiə³³。tsʰaŋ²⁴ ku¹²⁻³³ tɕiə³³ nə³³, øi⁵⁵⁻²² paŋ¹² ɕi³³ sɿ²⁴ kə²⁴ （<kuo²⁴） tsʰai²⁴,
歌　酒。唱　歌　酒　呢，一　般　是　四　个　　　　菜，

ɕi³³ øia²², kuo²⁴ ɕi⁵⁵⁄²²——tsau⁵⁵ tsɿ³³ saŋ²² nə³³, tɕi²² ɕi³³ tɕʰiə⁵⁵⁄²² tɕiə³³, øia²² tɕʰiə⁵⁵⁄²²
是　呀，个₂席——　桌　子　上　呢，只　是　吃　酒，□不　吃

xuo³¹。tsʰaŋ²⁴ ku¹²⁻³³ tɕiə³³ nə³³, tsai³³ nuo³¹ kuo²⁴ ɕi²² ka¹²⁻³³ øa²², pi⁵⁵ ɕy³¹ øiau²⁴ tsʰai³³
饭。唱　歌　酒　呢，在　那　个　时　间，　啊，必　须　要　请

ku⁵⁵⁄²² kuo²⁴ təu²² ku³³ səu³³ nai²² tsʰau³³ nau³¹ niə⁵⁵⁻²², ɕi³³ øia²², piə¹² tsʰaŋ²⁴——
箇　个　铜　鼓　手　来 吵闹热烘托气氛，是　呀，边　唱——

piə¹² tɕʰiə⁵⁵⁄²² tɕiə³³ tɕiə³¹ piə¹² tsʰaŋ²⁴ fu³¹ naŋ²² ku¹²⁻³³。fu³¹ naŋ²² ku¹²⁻³³
边　吃　酒　就　边　唱　贺　郎　歌。贺　郎　歌

nə³³, øi⁵⁵⁻²² paŋ¹² nə³³, səu³³ ɕiə¹²⁻³³ nə³³, øiəu²² kuo²⁴ nau³³ tɕiə³³ pəi²⁴ øa²², øiəu²²
呢，一　般　呢，首　先　呢，由　个₂老　前　辈　啊，由

kuo²⁴ nau³³ tɕiə²² pəi²⁴ tuai²⁴ tau²² tsʰaŋ²⁴, tɕʰi²² tuo¹² kuo⁰ niəŋ²² nə³³ tsai²² ɕi³³ kəŋ¹² tau⁰
个₂ 老 前 辈 带 头 唱， 其 他 个₀ 人 呢 才 是 跟 □着
tsʰaŋ²⁴。xau³³ tɕiaŋ³¹ ɕi³³ Øia²², nau³³ niəŋ²² kuo¹²⁻³³ kʰuai¹² tau²² tsʰaŋ²⁴ kuo⁰ ɕi³³ Øia²²：
唱。 好像是比如 呀， 老 人 家 开 头 唱 个₀是 呀：
pu²² ku³³ kʰuai¹² tʰiə¹² ɕi³³ tɕiə³¹ kʰuaŋ¹²⁻³³, Øi⁵⁵⁻²² tsau²² tɕyaŋ²² tsɿ³³ nə³³ tsəu³¹ Øi⁵⁵⁻²²
盘 古 开 天 是 乾 坤， 一 朝 君 子 呢 就 一
tsau²² tsəŋ²², nuo³¹ fuaŋ¹² ny¹² kuo³¹ sai²² fu¹² fu³¹, Øuo³¹ ku¹² niəŋ²² tɕya²² tau²⁴ Øy²² tɕiəŋ¹²
朝 臣， 男 婚 女 嫁 成 夫 妇， 万 古 流 传 到 如今。
ɕi³³ Øia²², tsai²⁴ tsʰaŋ²⁴ Øi⁵⁵⁻²² tsai⁵⁵/²² nə³³ tɕiəu³¹ ɕi³³ kaŋ³³：Øi⁵⁵⁻²² tsaŋ¹²⁻³³ xəu²² tɕi¹² sɿ²⁴
是 呀， 再 唱 一 只 呢 就 是 讲： 一 张 红 纸 四
sɿ²⁴ fuaŋ¹²⁻³³, Øi⁵⁵⁻²² tʰiə⁵⁵ tʰiə⁵⁵⁻²² tsai²² tʰai¹² saŋ³¹ tsai²⁴ təu¹² fuaŋ¹²⁻³³, ɕiaŋ¹² naŋ²²
四 方， 一 贴 贴 在 厅 上 正 东 方， 新 郎
kəu¹²⁻³³ tua³¹ mai²² tɕi³³ saŋ³¹ suo³³, tua³¹ mai²² tsʰəŋ²²（官）tɕʰi³³ Øi³³ xau³¹ nə³³ tɕiəu³¹
公 大 名 纸 上 写， 大 名 从 此 以 后 呢 就
tɕyə²² sɿ²⁴ fuaŋ¹²⁻³³。
传 四 方。

Øa²²，ku⁵⁵/²² kuo²⁴ nau³³ tsuo³³ tsʰaŋ²⁴ puo³¹ tiə⁰ Øi³³ xau³¹ nə³³，tɕʰi²² tʰuo¹² kuo⁰ niəŋ²²
啊， 箇 个 老 者 唱 罢 嗲 以 后 呢， 其 他 个₀人
nə³³，tɕiəu³¹ tsai²⁴ tsʰaŋ²⁴ ku⁵⁵/²² kuo²⁴ kuaŋ¹² fu³¹ Øa²²，kuo²⁴ ɕiaŋ¹² naŋ²² kəu¹²⁻³³
呢， 就 再 唱 箇 个 恭 贺 啊， 个₂ 新 郎 公新郎
kə⁰（＜kuo⁰）ku¹² na⁰，ɕi³³ Øia²²。kuo²⁴ tsʰaŋ²⁴ ku¹²⁻³³ tɕiəu³³ nə³³，ɕi³³ Øia²²，ɕi³³
个₀ 歌 啦， 是 呀。 个₂ 唱 歌 酒 呢， 是 呀， 是
kuo¹² tsəu³¹ ni³³ tau²² kə⁰（＜kuo⁰）niəŋ²²，xuo⁵⁵/²² tɕia³³ ɕi³³ tsʰəŋ¹² fuaŋ¹²⁻³³ kuo¹²⁻³³，
家 族 里 头 个₀ 人， 或 者 是 村坊家同村的人，
məi³³ Øi⁵⁵⁻²² fu³¹ tu¹² Øiau²⁴ Øiəu²⁴ Øi⁵⁵⁻²² kuo²⁴ niəŋ²² tsʰuo¹² kuo¹²⁻³³，ɕi³³ Øia²²。Øiəŋ¹²
每 一 户 都 要 有 一 个 人 参 加， 是 呀。 因
Øuəi²² ku⁵⁵/²² kuo²⁴——ku¹² tɕʰy²⁴ kə⁰（＜kuo⁰）puo⁵⁵ ɕiə¹²⁻³³ tsau⁵⁵⁻²²——puo⁵⁵ ɕiə¹²
为 箇 个—— 过 去 个₀ 八 仙 桌—— 八 仙
tsau⁵⁵⁻²²，puo⁵⁵ kuo²⁴ niəŋ²² Øi⁵⁵⁻²² tsau⁵⁵/²²。Øa²²，tɕy²² kuo¹²⁻³³ nə³³，tsai³³ ku⁵⁵/²²
桌， 八 个 人 一 桌。 啊， 主 家 呢， 在 箇

kuo²⁴ tsʰaŋ²⁴ ku¹²⁻³³ tɕiəu³³ saŋ³¹ nə³³, xa²² Ɵiau²⁴ tsəŋ³³ pi³¹ xau³³, məi³³ fu³¹ Ɵa²², tɕiəu³¹
个　　唱　　　歌　　酒　　上　　呢　　，还　要　　准　备　　好，每　户　啊，就

ɕi³³ tɕʰy²⁴ tɕʰiə⁵⁵ᐟ²² tsʰaŋ²⁴ ku¹²⁻³³ tɕiəu³³ kuo⁰ Ɵa²², məi³³ Ɵi⁵⁵⁻²² kə²⁴ (＜kuo²⁴) niəŋ²²,
是　去　吃　　　唱　　　歌　　酒　个₀啊，每　一　　　个　　　　　　人，

Ɵi⁵⁵⁻²² kʰua²⁴ nə³³, tua³¹ kʰa²¹ ɕi³³ Ɵi³¹ niaŋ³³ tiəŋ³³ kə⁰ (＜kuo⁰) tsʰaŋ²⁴ ku¹²——
一　块　　呢，大　概　是　二　　两　　重　个₀　　　　唱　　歌——

tsʰaŋ²⁴ ku¹² kə⁰ (＜kuo⁰) səu³¹ Ɵiəu⁵⁵ᐟ²²。 ɕi³³ Ɵia²², xa²² Ɵiau²⁴ Ɵiəŋ³¹ Ɵi⁵⁵⁻²² suaŋ¹²
唱　歌　个₀　　　　　熟　肉。　是　呀，还　要　用　一　　双

ɕiəŋ¹² kə⁰ (＜kuo⁰) xəu²² kʰua²⁴ tsɿ³³ tɕʰyə¹² tɕʰi³³ nai²², Ɵa²², ta⁵⁵ᐟ²² kuo²⁴ kʰa⁵⁵
新　　　个₀　　　　红　　筷　子　穿　　起　来，啊，得给　个₁客

niəŋ²²——ta⁵⁵ᐟ²² tɕʰiə⁵⁵ᐟ²² tsʰaŋ²⁴ ku¹²⁻³³ tɕiəu³³ kə⁰ (＜kuo⁰) niəŋ²² tuai²⁴ Ɵuəi²² tɕʰy²⁴。
人——　得给　吃　　　唱　　　歌　　酒　个₀　　　　人　　带　回　去。

kuo²⁴ tsəu³¹ xuo³³ tsɿ²⁴ "tsʰaŋ²⁴ ku¹²⁻³³ tɕiəu³³"。
个₁就　　喊制叫制"唱　　　歌　　酒"。

普通话梗概

　　男方要在结婚的头一天晚上请村里人或者厨师来帮忙准备第二天的酒席。当天晚上也要置办的酒席，叫做"唱歌酒"。唱歌酒一般是四个菜，只喝酒，不吃米饭。同时必须要请铜鼓手来奏乐烘托气氛，一边喝酒一边唱贺郎歌。一般首先由老前辈带头唱，其他的人跟着唱。老人家开头唱的一般是这样的：盘古开天是乾坤，一朝君子一朝臣，男婚女嫁成夫妇，万古流传到如今。再唱一场是：一张红纸四四方，一贴贴在厅上正东方，新郎大名纸上写，大名从此以后就传四方。老人唱罢，其他人再唱恭贺新郎的歌。家族里，或者说全村，每一户都要有一个人参加。过去的八仙桌，八个人一桌。主人在唱歌酒上还要为每户准备好一块大概是二两重的唱歌肉——一块熟肉，用一双新红筷子穿起来，让来参加唱歌酒的客人带回去。这个风俗就叫做"唱歌酒"。

五、哭嫁酒

tsai³³ ny³³ fuaŋ¹²⁻³³ nə³³ , təu²² ni⁵⁵⁻²² Øio³¹ xuo³³ nə³³ , təu²² Øi⁵⁵⁻²² kuo²⁴ Øio³¹ xuo³³ Øa²² ,
在　女　方　　　呢,　同　日　夜　下晚上　呢,　同　一　个　夜　下晚上啊,

Øa¹² tɕiəu³¹ Øiau²⁴ puo³¹ ku⁵⁵′²² kuo²⁴ kʰəu⁵⁵′²² Øuəi¹²⁻³³ tɕiəu³³ , ɕi³³ Øia²² , Øiau²⁴ puo³¹
也　就　要　办　箇　个　哭威＝哭嫁　酒,　是　呀,　要　办

kʰəu⁵⁵′²² Øuəi¹²⁻³³ tɕiəu³³ 。kʰəu⁵⁵′²² Øuəi¹²⁻³³ tɕiəu³³ nə³³ , Øi⁵⁵⁻²² paŋ¹² tu³¹ ɕi³³ fu³¹ ny³³
哭威＝哭嫁　酒。哭威＝哭嫁　酒　　　呢,　一　般　都　是　妇　女

tsʰuo¹² kuo⁰, Øa⁵⁵ nuo²² kuo⁰ pu²² taŋ²⁴ tsʰuo¹² kuo¹²⁻³³ kuo⁰, pu²² tsʰuo¹² kuo¹²⁻³³ kuo⁰,
参　加, 阿　男　个₀不当不宜　参　加　个₀, 不　参　加　个₀,

Øia²² 。kʰəu⁵⁵′²² Øuəi¹²⁻³³ tɕiəu³³ Øiəu²² tɕiəu³¹ niaŋ²² Øuəi²² tɕy³³ , ɕi³³ Øia²² , Øiəu²²
呀。哭威＝哭嫁　　　酒　由　舅　娘　为　主,　是　呀,　由

tɕiəu³¹ niaŋ²² tuai²⁴ tau²² tsʰaŋ²⁴, tɕʰi²² tʰuo¹² kuo⁰ niaŋ²², tsʰəŋ¹² fuaŋ¹²⁻³³ kuo¹²⁻³³,
舅　娘　带　头　唱,　其 他　个₀人,　村坊家同村的人,

tsɿ³³ məi³¹ kuo¹²⁻³³ Øa³³, Øa²², tɕiəu³¹ pəi²² tsʰaŋ²⁴ 。tsai²⁴ nə³³ , Øiəu²² kuo²⁴ ny³³ , Øa²² ,
姊妹家姐妹们　　啊,　啊,　就　陪　唱。再　呢,　由　个₁女,　啊,

tɕʰy⁵⁵⁻²² kuo²⁴ kuo⁰ ny³³ tsɿ³³ tsai²⁴ tsʰaŋ²⁴ 。tɕiəu³¹ niaŋ²² tsʰaŋ²⁴ kuo⁰ ku¹² kuo⁰ tua³¹ Øi²⁴
出　嫁　个₀女　子　再　唱。舅　娘　唱　个₀歌　个₀大　意

Øiəu³³ Øa²² , Øia²² : tɕiəu³¹ niaŋ²² tsʰaŋ²⁴ ku¹² Øa⁵⁵ məi²⁴ tʰai¹² tsən⁷², tsʰau¹² tiə⁰ tiə¹² niaŋ²²
有　啊,　呀: 舅　娘　唱　歌　阿　妹　听　真,　操　嗲　爹　娘

Øi⁵⁵⁻²² pʰiə²⁴ ɕiəŋ¹², niaŋ³³ tsʰaŋ²⁴ tɕiau⁵⁵′²² puo³³ Øiaŋ³³ tua³¹ ni³³ Øia²², mai ni⁵⁵⁻²² ni³³
一　片　心,　两　寸　脚　板　养　大　你啊,　明　日　你

tɕʰy⁵⁵′²² kuo²⁴ ni²⁴ kʰuai¹² niaŋ¹² tɕʰiəŋ¹² 。kuo⁰ ɕi³³ tɕiəu³¹ niaŋ²² tsʰaŋ²⁴ kuo⁰ 。ɕi³³ Øia²² ,
出　嫁　离　开　娘　亲。个₁是　舅　娘　唱　个₀。是　呀,

kuo²⁴ pəi²² tsʰaŋ²⁴ kuo⁰, tsɿ³³ məi³¹ kuo¹²⁻³³ Øa²², xuo⁵⁵′²² tɕia³³ tsʰəŋ¹² fuaŋ¹²⁻³³ nə³³ tɕiəu³¹
个₁陪　唱　个₀, 姊妹家姐妹们　　啊,　或　者　村　坊　呢　就

tsʰaŋ²⁴ Øa²² : Øa⁵⁵ məi²⁴ Øa⁵⁵ məi²⁴ tʰai¹² ŋ³³ tsʰaŋ²⁴, Øa⁵⁵ məi²⁴ pu²² tiau³¹ kʰəu¹², ni³³
唱　啊: 阿　妹　阿　妹　听　我　唱,　阿　妹　不　着不要　哭,　你

t^hai^{24} ŋ^{33} tsʰaŋ^{24}, fu^{31} mu^{33} Øio^{22} niaŋ$^{12-33}$ kuo^0 Øəŋ^{12} tsai^{22} pu^{22} nai^{22} kə^{24}（< kau^{24}）maŋ^{31},
听 我 唱，父母爷娘_{父母} 个₀ 恩 情 不 能 够 忘,
nuo^{22} kuo^0 kuo^{12} tai^{31} Øiau^{24} kau^{33} xau^{33} Øa^{22}, xa^{22} Øiau^{24} çiaŋ^{33} tau^0 niəŋ^{12} kuo$^{12-33}$ niəŋ^{22},
男 家 家 庭 要 搞 好 啊，还 要 想 □着 娘 家 人,
çiaŋ^{33} tau^0 məi^{31} kuo$^{12-33}$ niəŋ^{22} Øa^{22}, Øa^{12} kʰu^{33} Øi^{33} kaŋ^{33} tsɿ^{24} çiaŋ^{33} tau^0 məi^{31}
想 □着 外 家 人 啊， 也 可 以 讲_{叫做} 想 □着 外
kuo$^{12-33}$ niəŋ^{22}。
家 人。

ku$^{55/22}$ kuo^{24} ny^{33} kə^0（< kuo^0），kə^{24}（< kuo^{24}）ny^{33} nə^{33}，tɕʰy$^{55-22}$
箇 个 女 个₀， 个₁ 女 呢， 出
kuo^{24} kuo^0 çi^{12} fu^{31}，kuo^{24}——kuo^{24} nə^{33}，tsəu^{31} tsʰaŋ^{24}：ŋ^{33} kuo^0 tɕʰiəŋ^{12} tiə^{12}，ŋ^{33} tɕʰiəŋ^{12}
嫁 个₀ 媳 妇， 个₁—— 个₁ 呢， 就 唱： 我 个₀ 亲 爹， 我 亲
kə^0（< kuo^0）niaŋ^{22}（官），ny^{33}——ny^{33} Øə^{22} tɕʰy$^{55-22}$ kuo^{24} nə^{33}，kə^{24}（< kuo^{24}）
个₀ 娘， 女—— 女 儿 出 嫁 呢， 个₁
çiəŋ^{12} nuo^{22} Øuo^{12}，Øio^{22} çi^{33} ŋ^{33} çi^{33} nuo^{22} tsɿ^{33} səŋ^{12} Øa^{22}，fu^{55} pi$^{55-22}$——tɕiəu^{31} pu^{22} tiau^{31}
心 难 安，若 是 我 是 男 子 身 啊，何 必—— 就 不 着_{不用}
ni^{22} kʰuai^{12} ŋ^{33} kə^0（< kuo^0）tɕʰiəŋ^{12} tiə^{12} niaŋ^{22}。ny^{33} Øio^{22} çi^{33} nuo^{22} tsɿ^{33} səŋ^{12} Øa^{22},
离 开 我 个₀ 亲 爹 娘。 女 若 是 男 子 身 啊,
tsəŋ^{12} tsəŋ^{24} tɕiəu^{31} pu^{31} fəi^{31} ni^{22} kʰuai$^{12-33}$ ŋ^{33} tɕiəŋ^{22} sai^{24} kə^0（< kuo^0）məŋ^{22}。nuo^{33}
真 正 就 不 会 离 开 我 秦 姓 个₀ 门。 哪
kuo^{24} sai^{24} tɕiəu^{31} kaŋ^{33} nuo^{33} kuo^{24} sai^{24} kuo^0，tsʰaŋ^{24} nuo^{33} kuo^{24} sai^{24} nuo^{33}，çi^{33} Øia^{22}，ŋ^{33}
个 姓 就 讲 哪 个 姓 个₀， 唱 哪 个 姓 啰， 是 呀， 我
çi^{33} tɕiəŋ^{22} sai^{24} nuo^{33}，çi^{33} Øia^{22}。tsai^{33} kuo^{12} nə^{33}，xau^{33} sai^{24} tuai^{31} fəu^{31} fu^{31} mu^{33} tau^{24}
是 秦 姓 啰， 是 呀。 在 家 呢， 好 姓⁼_{好好地待} 服服侍_父 母 到
niə^{22} nau^{33} Øa^{22}，tɕiəŋ^{31} tau^{31} ny^{33} kə^0（< kuo^0）çiau^{24} tɕiəŋ^{24} çiəŋ$^{12-33}$——çiəŋ^{12}。
年 老 啊， 尽 到 女 个₀ 孝 敬 心—— 心。
Øa^{22}，tsəi^{31} xau^{31} tsʰaŋ^{24} nə^{33}：ny^{33}——ny^{33} tɕʰy$^{55/22}$ kuo^{24}，tiə^{12} niaŋ^{22} Øiau^{24} kʰuai^{12}
啊， 最 后 唱 呢： 女—— 女 出 嫁， 爹 娘 要 开——
Øiau^{24} kʰu$^{55-22}$——Øiau^{24} fuaŋ^{24} kʰuai^{12} çiəŋ^{12}，pau^{33} tsəŋ^{31} ni^{33} tiə^{31} kə^0（< kuo^0）səŋ^{12}
要 阔_宽—— 要 放 开 心， 保 重 你 哋_们 个₀ 身

t^hi^{33} Øa^{22} tsai^{24} Øiau^{24} tçiəŋ^{33}。ny^{33} nə^{33}，Øiəu^{33} k^{h}əu^{24} tçiəu^{31} Øuəi^{22} niaŋ^{12} kuo$^{12-33}$ xa^{22}，
体 啊 最 要 紧。 女 呢， 有 空 就 回 娘 家 行走，
pau^{24} tuo$^{55-22}$ fu^{31} mu^{33} kuo^{24} Øiaŋ^{33} Øy^{22} Øəŋ^{12}。
报 答 父 母 个₀ 养 育 恩。

　　Øa^{22}，tsai^{33} kuo^{24} k^{h}əu$^{55/22}$ Øuəi$^{12-33}$ tçiəu^{33} kuo^0 kuo^{24} sai^{22} tçiəu^{31} çi^{33} tçiau^{24} Øy^{22}
　　啊， 整 个 哭 威=哭嫁 酒 个₀ 过 程 就 是 教 育
xau^{33}Øa^{22}，ku$^{55/22}$ kuo^{24}——kuo^{24} çi^{12} fu^{31} niaŋ^{22} Øa^{22}，kuo^{24} kuo^{24} tç^{h}y$^{55/22}$ kuo^{24} kuo^0
好 啊， 箇 个₂ —— 个₂ 媳 妇 娘 啊， 个₂ —— 个₂ 出 嫁 个₀
çi^{12}fu^{31} niaŋ^{22} Øa^{22}，çi^{33} Øia^{22}。kaŋ^{33}——Øiau^{24} t^{h}uo^{12} çiau^{33} ta$^{55-22}$ tsɿ^{24} fu^{31} mu^{33}——fu^{31}
媳 妇 娘 啊，是 呀。讲—— 要 她 晓 得明白 制做父 母—— 父
mu^{33} Øio^{22} niaŋ$^{12-33}$——tsɿ^{24} fu^{31} mu^{33} Øio^{22} niaŋ$^{12-33}$ kuo^0 ts^{h}au^{12} çiəŋ^{12} tiə^0 Øi$^{55-22}$ çi^{24}，
母 爷 娘父母—— 制做父 母 爷 娘 个₀ 操 心 嗲 一 世，
Øiaŋ^{33} Øy^{22} Øa^{22}，tsɿ^{31} tçi^{33} kə^0（<kuo^0）tsai^{33} ny^{33} pu^{22} Øiəŋ^{22} Øi^{24}，çi^{33} Øia^{22}。tçiau^{24}
养 育 啊， 自 己 个₀ 仔女儿女不 容 易，是 呀。 教
Øy^{22} kuo^{24} ny^{33} nə^{33}，pu^{22} Øiau^{24} maŋ^{31} tçi^{31} tiə^0 fu^{31} mu^{33} Øio^{22} niaŋ$^{12-33}$ kuo^0 Øiaŋ^{33} Øy^{22} tçi^{31}
育 个₂ 女 呢， 不 要 忘 记 嗲 父 母 爷 娘父母 个₀ 养 育 之
Øəŋ^{12}。Øiau^{24} tçiəŋ^{12}tsaŋ^{22} Øa^{22}，tç^{h}y$^{55/22}$ kuo^{24} Øi^{33} xau^{31} nə^{33}，Øiəu^{33} k^{h}əu^{24} Øiau^{24} tçiəŋ^{12}
恩。 要 经 常 啊， 出 嫁 以 后 呢， 有 空 要 经
tsaŋ^{22} Øuəi^{22} nai^{22} k^{h}uo^{24} xuo^{33} nau^{33} niəŋ^{22}——k^{h}uo^{24} maŋ^{31} nau^{33} niəŋ^{22} kuo$^{12-33}$ Øa^{22}。xa^{22}
常 回 来 看 下 老 人—— 看 望 老 人 家 啊。 还
tçiau^{24} Øy^{22} kuo^{24} ny^{33} nə^{33}，kuo^{24} tau^{24} nuo^{22} fuaŋ$^{12-33}$ tç^{h}y^{24} Øi^{33} xau^{31} nə^{33}，Øiau^{24} çiau^{33}
教 育 个₂ 女 呢， 嫁 到 男 方 去 以 后 呢，要 孝
tçi^{24} fu^{31} mu^{33}，təŋ^{33} ta$^{55-22}$ tsɿ^{24} niəŋ^{22}。çi^{33} Øia^{22}，Øiau^{24} çiə$^{55/22}$ tsu^{31} nuo^{22} fuaŋ$^{12-33}$
敬 父 母， 懂 得 制做人。是 呀，要 协 助 男 方
kau^{33} xau^{31} tsɿ^{31} tçi^{33} kuo^0 kuo^{12} tai^{22}，Øa^{22}，təŋ^{33} təŋ^{33} nə^{33}。Øi$^{55-22}$ tsɿ^{22} Øa^{22}，ts^{h}aŋ^{24} tau^{24}
搞 好 自 己 个₀ 家 庭， 啊， 等 等 呢。 一 直 啊， 唱 到
Øio^{31} xuo^{33} xau^{33} ti^{22} tsai^{33} çi^{33}——tsai^{22} çi^{33} ts^{h}aŋ^{24} puo^{31}。kuo^{24} tçiəu^{31} çi^{33}，Øuo^{22}，
夜 下晚上 好 迟 才 是—— 才 是 唱 罢。 个₁ 就 是， 哦，
k^{h}əu$^{55/22}$Øuəi$^{12-33}$ tçiəu^{33} kə^0（<kuo^0）tsai^{22} k^{h}uaŋ^{24} nuo^{33}。
哭 威= 酒 个₀ 情 况 啰。

普通话梗概

（唱歌酒的）同一天晚上，女方要举办"哭威=酒"，就是哭嫁酒，一般都是妇女参加，男人一般不宜参加。哭嫁酒由舅妈带头唱，其他人，比如说邻里姊妹们就陪唱，出嫁的女子再唱。舅妈唱的歌大意如下："阿妹听好，爹娘操了一片心，两寸脚板养大你啊，明天你出嫁离开娘亲。"这是舅妈唱的，那些陪唱的姊妹们就接着唱："阿妹，阿妹听我唱，阿妹你不要哭，你听我唱，父母的恩情不能忘，自己的家庭要搞好，还要想着娘家人。"出嫁的新娘再接着唱："我的亲爹我的亲娘，女儿出嫁心难安，若是我是男子身啊，何必离开我亲爹娘；女儿若是男子身啊，就不会离开我秦（是哪个姓唱哪个姓）姓的门，在家好好服侍父母到年老，尽到自己的孝敬心；女儿出嫁后，爹娘要放宽心，保重身体最要紧，女儿有空就回娘家门，报答父母的养育恩。"

整个哭嫁酒的过程就是为了教育新娘，让她知道父母操心养儿女不容易，教育她不要忘记了父母的养育之恩，要经常回来看望老人；还教育新娘嫁到夫家以后也要孝敬父母，懂得做人，要协助丈夫搞好自己的家庭等。哭嫁酒一直唱到深夜。这就是哭嫁酒的情况。

六、起 亲

ti³¹ øi³¹ ni⁵⁵′²² nə³³, tɕiəu³¹ ɕi³³ tɕʰi³³ tɕʰiəŋ¹²⁻³³ nuo³³, ɕi³³ øia²². tɕʰi³³ tɕʰiəŋ¹² nə³³,
第 二 日 呢, 就 是 起 亲 啰, 是 呀。 起 亲 呢,

øa¹² kaŋ³³ tsʅ²⁴ tɕiə⁵⁵′²² tɕʰiəŋ¹². ɕi³³ øia²², kuo²⁴ tɕiə⁵⁵′²² tɕʰiəŋ¹² kə⁰ (< kuo⁰) niəŋ²²
也 讲制叫做 接 亲。 是 呀, 个₁ 接 亲 个₀   人

su²⁴ nə³³, øi⁵⁵⁻²² paŋ¹² nə³³ ɕi³³ tɕʰy²⁴ ɕi²² —— tɕʰy²⁴ kə⁰ (< kuo⁰) ɕi²² ka¹²⁻³³ nə³³,
数 呢, 一 般 呢 是 去 时—— 去 个₀ 时 间 呢,

tɕʰy²⁴ tɕʰi³³ tɕʰiəŋ¹² kə⁰ (< kuo⁰) ɕi²² ka¹²⁻³³ nə³³, ɕi³³ tuo¹² su²⁴, ɕi³³ øia²², tɕiə⁵⁵′²²
去 起 亲 个₀ 时 间 呢, 是 单 数, 是 呀, 接

ɕiəŋ¹² fu³¹ niaŋ²² øuəi²² nai²² kuo⁰ ɕi²² ka¹²⁻³³ nə³³, tɕiəu³¹ øuəi²² suaŋ¹² su²⁴, ɕi³³ øia²².
新 妇 娘 回 来 个₀ 时 间 呢, 就 为 双 数, 是 呀。

kuo²⁴ ɕiəŋ¹² naŋ²² kəu¹²⁻³³ øa²², tɕiəu³¹ tɕʰy¹² xau³³ tɕiəu³¹ øio²² tɕiəu³¹ niaŋ²², øia²²,
个₁ 新 郎 公新郎 啊, 就 穿 好 舅 爷 舅 娘, 呀,

paŋ¹² tʰuo¹² tɕi²⁴ kuo⁰ ɕiəŋ¹² øi¹²⁻³³ —— ɕiəŋ¹² øi¹²⁻³³ ɕiəŋ¹² mau³¹, øa¹², tɕʰy²⁴ tɕʰi³³
帮 他 寄买 个₀ 新 衣—— 新 衣 新 帽, 啊, 去 起

tɕʰiəŋ¹², øiəu²² kuo²⁴ məi²² niəŋ²² tsai³³ miə³¹ tɕiə²² tuai²⁴ nu³¹, ɕi³³ øia²². fəu²² ɕi³³ ——
亲, 由 个₁ 媒 人 在 面 前 带 路, 是 呀。 逢 是凡是——

ku⁵⁵′²² təi²⁴ niəŋ²² øa²², fəu²² ɕi³³ kuo²⁴ tɕiau²², ku²⁴ —— kai¹² ku²⁴ tsʰəŋ¹² tsʅ³³ kuo⁰ ɕi²²
箇 队 人 啊, 逢 是凡是 过 桥, 过—— 经 过 村 子 个₀ 时

ka¹²⁻³³ nə³³, tu¹² øiau²⁴ fuaŋ²⁴ pʰau²⁴, ɕi³³ øia²², tʰəu¹² fu³¹ sʅ²⁴ fuaŋ¹²⁻³³. øy²² ku³³
间 呢, 都 要 放 炮, 是 呀, 通盒⁼通报四 方。 如 果

ɕi³³ ku²⁴ tɕiau²², øy³¹ tiau³¹ ku²⁴ tɕiau²² nə³³, kə²⁴ (< kuo²⁴) məi²² niəŋ²² xa²² øiau²⁴ kaŋ³¹
是 过 桥, 遇 着 过 桥 呢, 个₁   媒 人 还 要 □扔

niaŋ³³ kə²⁴ (< kuo²⁴) tɕy³³ səu³¹ tiə⁰ kə⁰ (< kuo⁰) xəu²² tɕi¹² tuo³¹ tau³¹ tɕiau²² ti³¹ xuo³¹
两 个   煮 熟 嗲 个₀   红 鸡 蛋 到 桥 底 下

tɕʰy²⁴. øa⁵⁵ məi²² niəŋ²² kə²⁴ (< kuo²⁴) pəi²⁴ xau³¹ nə³³, tɕiəu³¹ ɕi³³ øiəu³³ niaŋ³³ kuo²⁴
去。 阿 媒 人 个₀   背 后 呢, 就 是 有 两 个

kuo⁵⁵ sɿ³¹ naŋ²², ɕi³³ Øia²², Øi⁵⁵⁻²² təi²⁴ kuo⁵⁵ sɿ³¹ naŋ²², niaŋ³³ kə²⁴ (< kuo²⁴) ——
夹仕郎花童，只是男孩，是呀，一 对 夹 仕 郎， 两 个——

niaŋ³³ kə²⁴ (< kuo²⁴) nuo²² kə⁰ (< kuo⁰) ni²⁴ kuo²⁴ tsai³³ nə³³, səu³³ kai²² tau⁰
两　个　　　　男　个₀　　　　　　□　个 崽小孩 呢，手　□拿□ 着

tai¹² nəu²², kuo²⁴ tai¹² nəu²² nə³³ tɕiəu³¹ xuo³³ tsɿ²⁴ tiaŋ²² mai tai¹²⁻³³。kuo²⁴ tai¹² nə⁰,
灯笼， 个₁灯笼 呢　就　喊制叫做 长　明　灯。 个₁ 灯 呢,

tɕʰy²⁴ tɕʰi³³ tɕʰiəŋ¹² Øuəi³³ nai²² Øi³³ xau³¹, Øa²², Øi⁵⁵⁻²² tsɿ² Øiau²⁴ fuaŋ²⁴ tau⁰ tsai³³ Øa²²
去 起 亲 回 来 以 后， 啊，一 直 要 放 □着在 啊,

kuo²⁴ tʰai¹² saŋ³¹, fuaŋ²⁴ tʰu³³ ti³¹ ti³³ Øa²², Øi⁵⁵⁻²² tsɿ²² Øiau²⁴ tiə³, Øi⁵⁵⁻²² tsɿ²² Øiau²⁴
个₁ 厅　上， 放　土　地 底①啊，一　　直　要 点，一　　直 要

niaŋ³¹, pu²² nai²² kau²⁴ xai⁵⁵。Øa²², ka¹² ni³³ nə³³, ku²⁴ tɕʰy²⁴ nə³³, kə²⁴ (< kuo²⁴) ——Øa²²,
亮， 不 能 够 黑灭。啊，□里这样 呢， 过 去 呢， 个₁—— 啊,

ɕiəŋ¹² naŋ²² kəu¹²⁻³³ Øa²², Øi⁵⁵⁻²² paŋ¹² Øiau²⁴ tɕʰy²⁴, tɕi²² muo³³ tɕʰy²⁴ tɕiə⁵⁵̠²² ——tɕʰi³³
新　郎 公 啊，一　 般 要 去， 骑 马 去 接—— 起

tɕʰiəŋ¹², ɕi³³ Øia²², ɕi³³ ——ɕi³³ tɕʰy²⁴ tɕʰi³³ tɕʰiəŋ¹² kuo⁰.
亲， 是 呀， 是—— 是 去 起 亲 个₀。

　　tɕʰi³³ tɕʰiəŋ¹² kə⁰ (< kuo⁰) ɕi²² ka¹²⁻³³ Øa²², nuo²² fuaŋ¹²⁻³³ nə³³, Øa²², xa²²
　　起 亲 个₀　　　　时 间 啊， 男 方　　 呢， 啊， 还

Øiau²⁴ tsaŋ³³ pi³¹ xau³³ Øi⁵⁵⁻²² fuaŋ²⁴ sɿ²⁴ tɕiəŋ¹²⁻³³ tsu²⁴ Øiəu³¹ kuo⁰ ŋ³³ xuo¹²⁻³³ Øiəu⁵⁵⁻²²,
要 准 备 好 一 份 四 斤　 左 右 个₀五 花 肉,

tɕʰiə⁵⁵̠²² sai²² niaŋ³³ kʰua²⁴, tsəu³¹ ɕi³³ Øiəu³³ Øi⁵⁵⁻²² tɕiə³¹ Øiəu²⁴ niə²² tau⁰, pu²² nai²²
切　 成 两 块， 就 是 有 一 截端 要 连 □着，不 能

kə²⁴ (< kau²⁴) tɕʰiə⁵⁵̠²² tu³³, kuo²⁴ tɕiəu³¹ xuo³³ tsɿ²⁴ ——kaŋ³³ tsɿ²⁴ "tɕʰi³³ tɕʰiəŋ¹²⁻³³
够 切 断， 个₁ 就 喊制叫做—— 讲制叫做 "起 亲

Øiəu⁵⁵̠²² ", tɕʰi³³ tɕʰiəŋ¹² kə⁰ (< kuo⁰) Øiəu⁵⁵̠²² nə³³。xa²² Øiau²⁴ tsəŋ³³ pi³¹
肉"， 起 亲 个₀　　　　肉 呢。还 要 准 备

xau³³ Øi⁵⁵⁻²² kə²⁴ (< kuo²⁴) tua³¹ fəu¹² pau¹²⁻³³, kuo²⁴ səŋ³³ kə⁰ (< kuo⁰) nə³³, kuo²⁴
好 一 个　　　 大 封 包， 个₁ 什 个₀什么　　　 呢， 个₁

---

① 土地底：神龛下方供奉土地神的神位。

tua³¹ fəu¹² pau¹²⁻³³ ɕi³³ səŋ²² kuo⁰ ɕi²⁴ sɿ¹²⁻³³ nə³³, tɕiəu³¹ ɕi³³ ɕia⁵⁵ᐟ²² ɕiaŋ¹² fu³³ kuo⁰ tɕiə²²,
大 封 包 是 什个₀什么意思 呢, 就 是 压 香 火 个₀钱,
ɕia²², tau²⁴ ny³³ kuo¹²⁻³³ tɕʰy²⁴ tɕʰi³³ tɕʰiəŋ¹² ɕia⁵⁵ᐟ²² ɕiaŋ¹² fu³³ kuo⁰ tɕiə²² ɕa²²。xa²² ɕiau²⁴
呀, 到 女 家 去 起 亲 压 香 火 个₀钱 啊。还要
tsəŋ³³ pi³¹ pu²² sau³³ kuo⁰ ɕi²⁴ fəu¹² ——ɕi²⁴ xəu²² pau¹²⁻³³, tɕiəu³¹ ɕi³³ kaŋ³³ tsɿ²⁴ "kʰuai¹²
准 备 不 少 个₀细 封—— 细 红 包, 就 是 讲制叫做 "开
məŋ²² xəu²² pau¹²⁻³³", ɕa¹² kaŋ²⁴ tsɿ²⁴ "tɕiau²⁴ məŋ²² xəu²² pau¹²⁻³³——fəu¹² pau¹²⁻³³"。
门 红 包", 也 讲制叫做 " 叫 门 红 包—— 封 包"。

普通话梗概

（唱歌酒的）第二天就是迎亲，也叫"接亲"。接亲的人数，去的时候是单数，将新娘接回的时候为双数。新郎穿上舅舅和舅妈买来的新衣新帽，由媒人在前面带路，凡是过桥或经过村子的时候，都要放炮来通报四方。如果是过桥，媒人还要扔两个煮熟的红鸡蛋到桥底。媒人身后还跟着两个男孩，叫做"夹仕郎"，他们手里拿着的灯笼叫做"长明灯"。迎亲回来以后，长明灯就一直放在神龛下方土地神的神位，要一直点着，直到灯油点完。

过去，新郎一般是骑马去迎亲。男方要事先准备一份四斤左右的五花肉，切成两块，但一端还是连着的，不能切断，叫做"起亲肉"。新郎要准备好一个大红包，这个大红包就是压香火的钱，是要放在祖宗神位前所用的。新郎还要准备不少的小红包，叫"开门红包"，也称"叫门红包"。

七、关 门

tɕʰi³³ tɕʰiəŋ¹²⁻³³ təi²⁴ nai²² tau²⁴ tiə⁰ kuo²⁴ ny³³ kuo¹²⁻³³ məŋ²² saŋ³¹ kuo⁰ ɕi²² ka¹²⁻³³ øa²²,
起 亲迎亲 队 来 到 嗲个₁ 女 家 门 上门口个₀ 时 间 啊,
ny³³ kuo¹²⁻³³ niəŋ²² nə³³, nuo³¹ kuo²⁴ ɕi²² ka¹²⁻³³ øa²², ny³³ kuo¹²⁻³³ niəŋ²² niə³³, tsəu³¹
女 家 人 呢, 那 个 时 间 啊, 女 家 人 呢, 就
øiau²⁴ pa³³ tua³¹ məŋ²² kʰuai¹² tɕʰi³³ nai²¹, øia²², pu²² ta⁵⁵ᐟ²² ku⁵⁵ᐟ²² ni⁵⁵ niəŋ²² ŋ⁵⁵ tɕʰy²⁴.
要 把 大 门 关 起 来, 呀, 不 得让 箇 立些 人 入 去。
kuo²⁴ ɕi²² ka¹²⁻³³ nə³³, kuo²⁴ məi²² niəŋ²² nə³³, tɕiəu³¹ fəi³¹ tɕiə⁵⁵ tau⁰ øuaŋ³³ kuo²⁴ məŋ²² ni²²
个₁ 时 间 呢, 个₁ 媒 人 呢, 就 会 接□着 往 个₁ 门 里
tau²² kaŋ³¹ fəu¹² pau¹²⁻³³. ɕi³³ øia²², øyə⁵⁵ kaŋ³¹ ta⁰ tu¹² øa²²——ni³³ kaŋ³¹ ta⁰ sau³³ nə³³,
头 □扔 封 包。 是 呀。 越 □扔 得 多 啊—— 你 □扔 得 少 呢,
kuo²⁴ tua³¹ məŋ²² øia²² kʰuai¹². ni³³ kaŋ³¹ tu¹² tiə⁰ nə³³——kaŋ³¹ tu¹² tiə⁰ nə³³, tua³¹ məŋ²²
个₁ 大 门 □不 开。 你□扔 多 嗲呢——□扔 多 嗲呢, 大 门
tsai²² ɕi³³ kʰuai¹²。
才 是 开。

普通话梗概

迎亲队来到女方门口的时候,女方就要把大门关起来,不让迎亲的人进去,这时媒人就会接连往门内扔红包。扔得越多越好,迎亲的人扔少了大门就不会开,扔多了大门才会开。

八、拜岳母娘岳头子

Øa²², kʰuai¹² tiə⁰ tua³¹ məŋ²² Øi³³ xau³¹ Øa²², kuo²⁴ ɕiəŋ¹² naŋ²² kəu¹²⁻³³ nə³³, ŋ⁵⁵ nai²² Øi³³
啊， 开 嗲 大 门 以 后 啊， 个₁ 新郎公_{新郎} 呢， 入 来 以

xau³¹ nə³³, ɕiə¹² Øiau²⁴ tsai³³ —— pua²⁴ ɕiaŋ¹² fu³³ Øa²², ni⁵⁵ tau⁰ tsai³³ ɕiaŋ¹² fu³³ miə³¹
后 呢， 先 要 在—— 拜 香 火 啊， 立□着 在 香 火 面

tɕiə²², piəŋ²⁴ tɕʰiə¹² nə³³, Øiau²⁴ tɕiaŋ¹² —— Øiau²⁴ tɕiaŋ¹² Øa²², kaŋ¹² tsai²² kaŋ³³ nuo³¹
前， 并 且 呢， 要 将—— 要 将 啊， 刚 才 讲 那

kuo²⁴ Øa²², Øia⁵⁵ᐟ²² ɕiaŋ¹² fu³³ nuo³¹ kuo²⁴ tɕiə²² nə³³, fuaŋ²⁴ tau⁰ kuo²⁴ tɕiəŋ²⁴ tsau⁵⁵⁻²²
个 啊， 压 香 火 那 个 钱 呢， 放□着 个₁ 敬 桌①

saŋ³¹。kuo²⁴ ɕi²² ka¹²⁻³³ nə³³, kuo²⁴ ɕi¹² fu³¹ niaŋ²² Øəu⁵⁵ ni³³ tau²² kuo⁰ Øiau⁵⁵ mu³³ Øio²²
上。 个₁ 时 间 呢， 个₁媳 妇 娘 屋 里 头 个₀ 岳 母 爷

niaŋ¹²⁻³³——Øiau⁵⁵ mu³³——Øiau⁵⁵ mu³³ niaŋ¹²⁻³³ xuo²² Øiau⁵⁵ tau²² tsʅ³³ nə³³, tsai²² ɕi³³
娘_{岳父岳母}——岳 母—— 岳 母 娘 和岳头子_{岳父} 呢， 才 是

tɕʰy⁵⁵ᐟ²²nai²² tɕiə²⁴ miə³¹。Øa²², ɕiaŋ¹² naŋ²² kəu¹²⁻³³ nə³³, tɕiəŋ³¹, Øiau²⁴, səu³³ ɕiə¹²
出 来 见 面。 啊， 新 郎 公 呢， 就， 要， 首 先

tsəu³¹ Øiau²⁴ pua²⁴ Øiau⁵⁵ tau²² tsʅ³³ xuo²² kuo²⁴ Øiau⁵⁵ mu³³ niaŋ¹²⁻³³。kuo²⁴ ɕi²² ka¹²⁻³³ nə³³,
就 要 拜 岳头子_{岳父} 和 个₁ 岳 母 娘。 个₁ 时 间 呢，

Øiau⁵⁵ tau²² tsʅ³³ xuo²² Øiau⁵⁵ mu³³ niaŋ¹²⁻³³ nə³³, ɕi³³ Øia²², tsəu³¹ Øiau²⁴ səu²⁴ Øi⁵⁵ tai³¹
岳头子_{岳父} 和 岳 母 娘 呢， 是 呀， 就 要 送 一 定

kə⁰(< kuo⁰) ni³³ Øu²² ta⁵⁵⁻²² kuo²⁴ ɕiəŋ¹² naŋ²² kəu¹²⁻³³。xau³³ tɕiaŋ³¹ ku²⁴ tɕʰy²⁴ Øuai²⁴
个₀   礼 物 得_给 个₁ 新 郎 公。 好像_{比如} 过 去 爱

səu²⁴ kuo⁰ nə³³ ɕi³³ ka²⁴ tɕi³³ tsʅ³³ Øa³³, ɕi³³ Øia²², kuaŋ¹² Øiaŋ²² Øa³³, xau³³ tsʅ³³ Øa³³,
送 个₀ 呢 是 戒 指 子 啊， 是 呀， 光 洋 啊， 毫子_{小银钱}啊，

Øi⁵⁵⁻²² ɕiə¹²⁻³³ tɕi²⁴ niə³¹ pʰiə³³, ta⁵⁵⁻²² kuo²⁴ ɕiəŋ¹² naŋ²² kəu¹²⁻³³。
一 些 纪 念 品， 得_给 个₁ 新 郎 公。

---

① 神龛前摆供品的桌。

普通话梗概

新郎迎亲来到岳母娘家,先要拜香火,站在祖宗的神位前,将压香火的钱放到供桌上。这时,岳父岳母才出来见面,新郎就要拜岳父和岳母。岳父和岳母也要送一定的礼物给新郎,比如说,过去流行送戒指、银元等。

九、挑面条，盖头巾

Øa²², kuo²⁴ —— kuo²⁴ sɿ³¹ tsai²² kau³³ puo³¹ tiə⁰ Øi³³ xau³¹, kuo²⁴ —— kuo²⁴ Øa²²,
啊， 个₁—— 个₁ 事 情 搞 罢 嗲 以 后， 个₁—— 个₁ 啊，
kuo²⁴ tɕiə²⁴ miə³¹ ni²³ kau³³ puo³¹ tiə⁰ Øi³³ xau³¹ nə³³, ny³³ fuaŋ¹²⁻³³ Øa²², kuo²⁴ ny³³ kuo¹²⁻³³
个₁ 见 面 礼 搞 罢 嗲 以 后 呢， 女 方 啊， 个₁ 女 家
Øa²², tɕiəu²¹ Øiau²⁴ tsəŋ³³ pi³¹ xau³³ Øa²², ku⁵⁵⁄²² kuo²⁴ tɕʰi³³ tɕʰiŋ¹²⁻³³ miə³¹, tiaŋ²² səu³¹
啊， 就 要 准 备 好 啊， 箇 个 起 亲 面， 长 寿
miə³¹。kuo²⁴ miə³¹ nə³³, miə³¹ tiau²² nə³³, tsai³³ kuo²⁴ —— Øa¹² ɕi³³ tsai³³ ku⁵⁵⁄²² kuo²⁴
面。 个₁ 面 呢， 面 条 呢， 在 个₁—— 也 是 在 箇 个
tɕiəŋ²⁴ —— tsai³³ kuo²⁴ tʰu³³ ti³¹ ti³³, tɕiəŋ²⁴ tsau⁵⁵⁻²² tai²⁴ tsɿ³³ saŋ³¹ nuo⁰, pua³³ saŋ³³
敬—— 在 个₁ 土 地 底， 敬桌凳子神龛前摆供品的桌 上 啰， 摆 上
Øi⁵⁵⁻²² tiau²² ɕi²⁴ tsau⁵⁵ tsɿ³³, ɕi³³ Øia²², fuaŋ²⁴ saŋ³³ sa¹² Øu²³ tɕy³³ xau³³ tiə⁰ kuo⁰ miə³¹
一 条 细 小 桌 子， 是 呀， 放 上 三 碗 煮 好 嗲 个₀ 面
tiau²² —— sɿ²⁴ Øu³³ tɕy³³ xau³³ tiə⁰ kuo⁰ miə³¹ tiau²². məi³³ Øu³³ miə³¹ tiau²² saŋ³¹, kau¹²
条—— 四 碗 煮 好 嗲 个₀ 面 条。 每 碗 面 条 上， 高
tɕʰy²⁴ nə³³, xa²² Øiau²⁴ fuaŋ³³ tɕy³³ —— sɿ²⁴ kuo²⁴ Øiəu⁵⁵ Øyə³³ tsɿ³³, piau³³ sɿ³¹ nə³³ sɿ²⁴ tɕi²⁴
处 呢， 还 要 放 煮—— 四 个 肉 丸 子， 表 示 呢 四 季
tu²² Øyə²². kuo²⁴ ɕi³³ ka¹²⁻³³ Øa²², tsəu³¹ Øiəu²² ku⁵⁵⁄²² kuo²⁴ ɕiəŋ¹² naŋ²² kəu¹²⁻³³, ɕiəŋ¹²
团 圆。 个₁ 时 间 啊， 就 由 箇 个 新 郎 公， 新
niaŋ²² Øa²², Øə²⁴（ < kə²⁴ < kuo²⁴）ɕi¹² fu³¹ niaŋ², xuo⁵⁵⁄²² tɕia³³ ɕi³³ pəi¹² naŋ²² pəi²²
娘 啊， 个₁ 媳妇娘已婚妇女， 或 者 是 陪 郎 陪
niaŋ²², Øa²², kau⁵⁵ niəŋ²² niə³³, Øiəŋ³¹ kə²⁴（ < kuo²⁴）Øi⁵⁵⁻²² suaŋ¹²⁻³³ kʰua²⁴
娘， 啊， 各 人 呢， 用 个₂ 一 双 筷
tsɿ³³ —— Øi⁵⁵⁻²² suaŋ¹²⁻³³ ɕiəŋ¹² kʰua²⁴ tsɿ³³ Øa²², pa³³ kuo²⁴ miə³¹, pa³³ ku⁵⁵⁄²² Øu³³ miə³¹
子—— 一 双 新 筷 子 啊， 把 个₁ 面， 把 箇 碗 面
nə³³, tʰiau¹² təu²³ Øi⁵⁵⁻³³ xuo³³ Øa²², tʰiau¹² tɕi³³ xuo³³, ku⁵⁵⁄²² Øu³³ miə³¹ Øi⁵⁵⁻²² paŋ¹²
呢， 挑 动 一 下， 啊， 挑 几 下， 箇 碗 面 一 般

nə³³, ɕi⁵⁵ᐟ²² ku²⁴ ɕi³³ pu²² tɕʰiə⁵⁵ᐟ²² kuo⁰, tʰiau¹² tiə⁰ xuo³³ tɕiəu³¹ ɕiaŋ²² tiə⁰。
呢，　习　惯　是　不　吃　　个₀，挑　嗲　下　　就　行　嗲。

tɕʰiə⁵⁵ᐟ²² Øyə²² tiə⁰ miə³¹ Øi³³ xau³¹, Øa²², tɕiəu³¹ Øiəu³¹ ku⁵⁵ᐟ²² kuo²⁴ tɕiəu³¹ niaŋ²², paŋ¹²
吃　　圆完嗲　面　以　后，啊，　就　由　箇　个　舅　娘，帮

ku⁵⁵ᐟ²² kuo²⁴ ɕi¹² fu³¹ niaŋ²² nə³³, kuai²⁴ saŋ³³ ku⁵⁵ᐟ²² kuo²⁴ xəu²² tau²² tɕiəu¹²⁻³³, Øiaŋ³¹
箇　　个　媳　妇　娘　呢，盖　上　箇　　个　红　头　巾，　用

Øi⁵⁵⁻²² kʰua²⁴ xəu²² pu²⁴, pa³³ tau²² saŋ³¹ kuai²⁴ xuo³³ nai²², pa³³ tsai³³ kə²⁴（< kuo²⁴）
一　块　红　布，把　头　上　盖　下　来，把　整　个

miə³¹ tu¹² taŋ²³ tau⁰, ɕi³³ Øia²²。kuai²⁴ xəu²² tau²² tɕiaŋ¹²⁻³³ kə⁰（< kuo⁰）ɕi²² ka¹²⁻³³
面　都　挡　□着，是　呀。盖　红　头　巾　　个₀　　时　间

nə³³, ɕi³³ Øia²², Øa⁵⁵——Øa⁵⁵ tɕiəu³¹ niaŋ²² xa²² Øiau²⁴ tsʰaŋ²⁴ Øa²²——xa²² Øiau²⁴ tsʰaŋ²⁴
呢，　是　呀，阿——阿　舅　娘　还　要　唱　啊——还　要　唱

Øa²²：Øi⁵⁵ᐟ²² kuai²⁴ Øuaŋ²² tɕiaŋ¹²⁻³³ Øuo³¹ nian³³, ti³¹ Øi³¹ kuai²⁴ nə³³, tɕʰiə⁵⁵ᐟ²² tɕʰyə¹²
啊：一　　盖　黄　金　　万　两，第　二　盖　呢，吃　　穿

pu²² tsau²², ti³¹ sa¹² kuai²⁴ Øi³³ xau³¹ tu¹² tsai³³ tu¹² fəu⁵⁵ᐟ²²。kaŋ³³——kaŋ³³ ti⁵⁵
不　愁，　第　三　盖　以　后　多　崽　多　福。　讲——讲　□一些

tɕi⁵⁵ᐟ²² ni³¹ kə⁰（< kuo⁰）xuo³¹。
吉　　利　个₀　　　话。

普通话梗概

　　新郎迎亲来到女方家，见面礼结束以后，女方家就要准备起亲面。要在神龛前的敬桌上摆一条小桌子，桌上再放四碗煮好的面条，每碗面条上还要放四个肉丸子，表示四季团圆。这时就由新郎、新娘、伴郎和伴娘各自用一双新筷子，把面条挑动几下，一般是不吃的，挑完动几下就行了。挑完面条以后，就由舅妈替新娘盖上红头巾，把整个脸遮住。盖红头巾的时候，舅妈还要唱：一盖黄金万两，二盖吃穿不愁，三盖以后多子多福。

十、送 嫁

kuo²⁴ ni³³ tçiə⁵⁵⁻²² Øi³³ xau³¹ nə³³, tsəu³¹ Øiəu²² ku⁵⁵/²² kuo²⁴ çi¹² fu³¹ niaŋ²² kə⁰ (<kuo⁰)
个₁礼节盖头巾 以 后 呢， 就 由 箇 个 媳妇 娘 个₀
tua³¹ fuai¹²⁻³³ xuo²² tçia³³ çi³³ nau³³ ta³³, Øia²² Øiəu³³ tua³¹ fuai¹²⁻³³ nau³³ ta³³ kə⁰ (<kuo⁰)
大兄兄长， 或 者 是 老 弟，□没有 大 兄 老 弟 个₀
nə³³, xuo⁵⁵/²² tçia³¹ çi³³ tsai³¹ tsai³³ —— xuo⁵⁵/²² tçia³³ çi³³ tsai³¹ —— tsai³¹ —— tsai³¹
呢， 或 者 是 侄 崽—— 或 者 是 侄—— 侄—— 侄
fuai¹²⁻³³ tsai³¹ ti³¹, çi³³ Øia²², məi²⁴ ku⁵⁵/²² kuo²⁴ çiəŋ¹² çiəŋ¹²⁻³³ çi¹² fu³¹ niaŋ²² nə³³, saŋ³³
兄 侄 弟①，是呀，□背 箇 个 新 新 媳妇娘新娘 呢， 上
tçiau³¹。çi³³ Øia²², nuo³¹ kuo²⁴ çi²² ka¹²⁻³³ nə³³, tua³¹ fuai¹²⁻³³ nau³³ ta³³ Øa²², xuo²² tçiəu³¹
轿。 是呀， 那 个 时 间 呢， 大兄老弟兄弟们 啊， 和 舅
niaŋ²² çi³³ Øi⁵⁵ tai³¹ Øiau²⁴ tsu³³ tçiau³¹ kuo⁰, Øia²², Øiəŋ³¹ tçiau³¹ tuai²² tçʰy²⁴ kuo⁰, Øa²²,
娘 是 一 定 要 坐 轿 个₀， 呀， 用 轿 抬 去 个₀，啊，
tçʰi²² tʰuo¹² kuo⁰ niaŋ²² Øa²², Øa¹² kʰu³³ Øi³³ xa²² nu³¹。 ny³³ —— nuo²⁴ (nuo³¹ + kuo²⁴)
其 他 个₀人啊， 也 可 以 行走路。 女—— □（那+个）
ny³³ fuaŋ¹²⁻³³ nə³³, çi³³ Øia²², kuo²⁴ çi¹² fu³¹ niaŋ²² ku⁵⁵/²² fuaŋ¹²⁻³³ nə³³, su³³ səu²⁴ kuo⁰
女 方 呢， 是呀， 个₁媳 妇 娘 箇 方 呢，所 送 个₀
kuo²⁴ tsaŋ¹²⁻³³, tçiəu³¹ çi³³ pəi²² kuo²⁴ kə⁰ (<kuo⁰) Øua⁵⁵/²² tçi³¹, çi³³ Øia²², tsəu³¹
嫁 妆， 就 是 陪 嫁 个₀ 物件东西， 是呀， 就
Øiəu²² ny³³ fuaŋ¹²⁻³³ Øa²², niaŋ³³ kuo²⁴ nuo²² kuo⁰, Øa¹² çi³³ tuai²² kaŋ²⁴ fu³¹ səu²⁴ tçʰy²⁴ nuo²²
由 女 方 啊， 两 个 男 个₀，也 是 抬杠盒抬嫁妆的工具送去 男
fuaŋ¹²⁻³³ nuo³³, çi³³ Øia²²。kuo²⁴ —— ku⁵⁵/²² kuo²⁴, Øa²², kuo²⁴ —— kuo²⁴ tiə²² kə⁰ (<kuo⁰)
方 啰， 是呀。 个—— 箇 个， 啊， 个₁—— 个₁ 填送个₀
Øua⁵⁵ tçi³¹ nə³³, tiə²² kə⁰ (<kuo⁰) kuo²⁴ tsaŋ¹²⁻³³ nə³³, Øi³³ ku⁵⁵/²² kuo²⁴ pi³³ Øu¹²⁻³³
物件东西 呢， 填送个₀ 嫁 妆 呢， 以 箇 个 被 窝

---

① "侄兄侄弟"为口误，应该是"堂兄堂弟［taŋ²² fuai¹²⁻³³ taŋ²² ti³¹］"。

Øuəi²² tçy³³, tsaŋ²² saŋ³¹ kə⁰ (< kuo⁰) pi³³ Øu¹²⁻³³ Øuəi²² tçy³³ 。Øiəŋ¹² Øuəi²² ku²⁴ tçʰy²⁴
为 主， 床 上 个₀ 被 窝 为 主。因 为 过 去
kaŋ³³ Øa³³, çi³³ Øia²², " pi³³ Øu¹²⁻³³, pi³³ Øu¹²⁻³³ çi³³ kə²⁴ (< kuo²⁴) Øu¹² ", sau³³ tiə⁰
讲 啊， 是 呀，" 被 窝， 被 窝 是 个 窝"，少 嗲
pi³³ Øu¹²⁻³³ tçiəu³¹ pu²² çiəŋ²² kə⁰ (< kuo⁰) 。tçʰi²² tʰuo¹² kuo⁰ xa²² Øiəu³³ tsaŋ²⁴ tsɿ³³ Øa³³,
被 窝 就 不 行 个₀。 其 他 个₀还 有 帐 子 啊，
tsai³¹ tsɿ³³ Øa³³, çi³³ Øia²², tsəŋ³³ tau²² Øa³³, tsai²⁴ xa²² Øiəu³³ nə³³, tçiəu³¹ çi³³ pai²² tsaŋ²²
席 子 啊， 是 呀， 枕 头 啊， 再 还 有 呢， 就 是 平 常
ni⁵⁵ᐟ²² tsɿ³³ su³³ suai³³ kə⁰ (< kuo⁰) Øua⁵⁵ᐟ²² tçi³¹ Øa³³, çi³³ Øia²², xuo⁵⁵ᐟ²² tçia³³ çi³³ ny³³
日 子 所 □用 个₀ 物 件东西 啊， 是 呀， 或 者 是 女
fuaŋ¹²⁻³³ kuo²⁴ kʰa⁵⁵ niəŋ²² səu²⁴ tçʰy²⁴ ta⁵⁵⁻²² kuo²⁴ ——kuo²⁴ ny³³ tçʰy⁵⁵ᐟ²² kuo²⁴ kuo⁰, tiə²²
方 个₀客 人 送 去 得给 个₁—— 个₁女 出 嫁 个₀, 填
kuo²⁴ kuo⁰ Øua⁵⁵ᐟ²² tçi³¹ nə³³, tu¹² Øi³³ tçʰi³³ Øiau²⁴ Øiəŋ³¹ kaŋ²⁴ fu³¹ tuai²² tau²⁴ nuo²² kuo¹²⁻³³
嫁陪嫁个₀物 件东西 呢， 都 一 起 要 用杠盒抬嫁妆的工具抬 到 男 家
tçʰy²⁴, çi³³ Øia²², tuai²² tau²⁴ nuo²² kuo¹²⁻³³ tçʰy²⁴ 。taŋ¹² Øiəŋ³¹ kuo²⁴ kaŋ²⁴ fu³¹ nə³³,
去， 是 呀， 抬 到 男 家 去。 当 然 个₁ 杠 盒 呢，
tçiəu³¹ kʰuo²⁴ kuo²⁴ ny³³ fuaŋ¹²⁻³³ kuo⁰ tiə²² ——tiə²² kuo²⁴ kuo⁰ Øua⁵⁵ᐟ²² tçi³¹, çi³³ Øia²²
就 看 个₁ 女 方 个₀ 填—— 填 嫁 个₀ 物 件东西， 是 呀，
çi³³ tu¹² çi³³ sau³³ nai³³ tçye⁵⁵ tai³¹ çi³³ tçi³³ kuo²⁴ nuo²², çi³³ Øia²² 。tçiəu³¹ çi³³ nə³³, tsəi²⁴
是 多 是 少 来 决 定 是 几 个 啰， 是 呀。 就 是 呢， 最
sau³³ Øa²², kuo²⁴ kaŋ²⁴ fu³¹ Øa²², tsəi²⁴ sau³³ tsəi²⁴ sau³³ tu¹² pu²² nai²² kə²⁴ (< kau²⁴)
少 啊， 个₁ 杠 盒 啊， 最 少 最 少 都 不 能 够
ti¹² Øy²² —— sau³³ Øy²² niəŋ³³ kuo²⁴, çi³³ Øia²² 。ku⁵⁵ᐟ²² kuo²⁴ çi³³ ka¹²⁻³³ nə³³, Øi³³ xau³¹
低 于—— 少 于 两 个， 是 呀。 箇 个 时 间 呢， 以 后
nə³³, ka³³ fuaŋ²⁴ tiə⁰ Øi³³ xau³¹ Øa³³, çi³³ Øia²², tsu⁵⁵ pu³¹ ka³³ Øuəi²² tiə⁰ Øa³³, Øiəŋ³¹ tuo³¹
呢， 解 放 嗲以 后 啊， 是 呀， 逐 步 改 为 嗲啊， 用 担
tsɿ³³ tuo¹², çi³³ Øia²² Øia²² —— Øia²², Øiəu³³ ni⁵⁵ ti³¹ fuaŋ¹²⁻³³ Øia²² tiə⁰ kaŋ²⁴ fu³¹ Øa²²,
子 担， 是 呀，□没有——□没 有， 有 立些地方 □没有 嗲 杠 盒 啊，
tsəu³¹ Øiəŋ³¹ niəŋ²² ——tsʰai³³ niəŋ²² Øiəŋ³¹ tuo²⁴ tsɿ³³ tuo¹², xuo⁵⁵ᐟ²² tçia³³ çi³³ tsʰai³³ tsʰuo¹²
就 用 人—— 请 人 用 担 子 担， 或 者 是 请 车

tsɿ³³, kai²² tsʰuo¹² tsɿ³³ tsaŋ³³ tɕʰi˙³³ xa²²。Øa²², kuo²⁴ tɕʰi˙³³ tɕʰiəŋ¹² kə⁰（＜kuo⁰）təi²⁴,
子，□用 车 子 装 起 行走。啊， 个₂ 起 亲 个₀　　 队,

kə⁰（＜kuo⁰）—— kə⁰（＜kuo⁰）—— kə⁰（＜kuo⁰）niəŋ²² nə³³, Øa²², Øia²²
个₀——　　　　　 个₀——　　　　　 个₀　　　　　 人 呢， 啊， □不

tɕiaŋ³¹Øi³³ tɕiə²² ka¹² ni³³ tsu³³ tɕiau³¹ tiə⁰, ɕi³³ Øia²², ɕi³³ tsu³³ tsʰuo¹² tsɿ³³ xuo⁵⁵∕²² tɕia³³ ɕi³³
像 以 前 □里那样 坐 轿 哆， 是 呀， 是 坐 车 子 或 者 是

xa²² nu³¹ tiə⁰。
行走路 哆。

普通话梗概

（挑面条和盖头巾）这个礼节之后，就是"送嫁"的礼节，一般是由新娘的兄长或者弟弟，没有兄弟的话堂兄弟也行，背新娘上轿，然后再和舅妈及其他人一起送新娘去男方家。兄弟和舅妈是一定要坐轿子的，其他人可以走路去。嫁妆由女方的两个男子亲友用杠盒抬着送去男方。嫁妆以被子为主，因为过去说"被窝，被窝是个窝"，少了被子就不行。其他的嫁妆还有蚊帐、席子、枕头等。再有就是一些日用品，或者是女方的客人送给新娘的陪嫁品，都要一起用杠盒抬到男方家去。杠盒的数量就由女方陪嫁的数量来决定，至少两个。新中国成立以后，就逐步改为用担子挑了，送亲的人也不像以前那样需要坐轿了，而是选择坐车或者是走路。

十一、媳妇娘入屋

tau^{24} nuo^{22} kuo$^{12-33}$ kə^0（< kuo^0）məŋ^{22} saŋ^{31} kə^0（< kuo^0）ɕi^{22} ka$^{12-33}$ nə^{33}, Øa^{22},
到 男 家 个₀ 门上门口 个₀ 时 间 呢，啊，

ku$^{55/22}$ Øi$^{55-22}$ tɵi^{24} niaŋ^{22} Øa^{22}, tau^{24} nuo^{22} kuo$^{12-33}$ kə^0（< kuo^0）ɕi^{22} ka$^{12-33}$ nə^{33},
箇 一 队 人 啊, 到 男 家 个₀ 时 间 呢,

kuo^{24}——kuo^{24} ɕi^{12} fu^{31} niaŋ^{22} nə^{33}, tɕiəu^{31} Øiau^{24} Øiəu^{31} ku$^{55/22}$ kuo^{24} pəi^{22} niaŋ^{22} xuo^{22} nuo^{22}
个₁—— 个₁媳妇 娘 呢, 就 要 由 箇 个 陪 娘 和 男

fuaŋ$^{12-33}$ Øi$^{55-22}$ kə^{24}（< kuo^{24}）tsai^{33} ny^{33} suaŋ^{12} tɕyə^{22} kə^0（< kuo^0）, fəu^{55} tɕʰi^{24} xau^{33}
方 一 个 崽女儿女 双 全 个₀, 福 气 好

kuo^0 fu^{31} ny^{33} Øa^{22}, fu^{22} tau^0 kuo^{24} ɕi^{12} fu^{31} niaŋ^{22}, ɕi^{33} Øia^{22}, kʰua^{33} ku^{24} Øi$^{55-22}$ kə^{24}（< kuo^{24}）
个₀妇 女 啊, 扶□着个₁ 媳 妇 娘, 是 呀, 跨 过 一 个

fu^{33}——sau^{12} niə^{22} tiə^0 tʰuo^{24} fu^{33} kə^0（< kuo^0）fu^{33} pəŋ^{22}, tsai^{22} ɕi^{33} nai^{22} kə^{24}（< kau^{24}）
火—— 烧 燃 嗲 炭 火 个₀ 火 盆, 才 是 能 够

ŋ$^{55/22}$ Øəu^{55}。kuo^{24} Øi^{24} sŋ$^{12-33}$ tsəu^{31} ɕi^{33} kaŋ^{33} nə^{33}, Øa^{22}, kʰua^{33} ku^{24} kə^{24}（< kuo^{24}）
入 屋。 个₁意 思 就 是 讲 呢, 啊, 跨 过 个₁

fu^{33} pəŋ^{22}, fu^{33} pəŋ^{22} ni^{33} Øiəu^{33} fu^{33} Øa^{22}, ɕi^{33} Øia^{22}, tsəu^{31} ɕi^{33} niaŋ^{31} kuo^{24} ɕi^{12} fu^{31} niaŋ^{31}
火 盆, 火 盆 里 有 火 啊, 是 啊, 就 是 让 个₁媳 妇 娘

nə^{33}, pa^{33} su^{33} Øiəu^{33} kuo^0 məi^{22} tɕʰi^{24} tsŋ^{33}, Øuəi^{24} tɕʰi^{24} tsŋ^{33} tu^{12} sau^{12} tiau^{24} tiə^0——tɕʰy^{31}
呢, 把 所 有 个₀ 霉 气 子, 畏＝气子晦气 都 烧 掉 嗲—— 去

tiau^{24} tiə^0 Øi^{33} xau^{31} tsai^{24} ŋ$^{55/22}$ ɕiaŋ^{12} Øəu$^{55-22}$, ɕi^{33} Øia^{22}。Øa^{22}, ŋ$^{55/22}$ Øəu^{55} Øi^{33} xau^{31}
掉 嗲以 后 再 入 新屋新家, 是 呀。啊, 入 屋 以 后

nə^{33}, ɕi^{33} Øia^{22}, pu^{22} nai^{22} kə^{24}（< kau^{24}）tau^{24} piə^{31} ti^{31}——piə^{31} kə^{24}（< kuo^{24}）ti^{31}
呢, 是 呀, 不 能 够 到 别 地—— 别 个 地

fuaŋ$^{12-33}$ tɕʰi^{24} kə^0（< kuo^0）, tɕi^{33} tsai^{33}——ni^{55} tau^0 tsai^{33} ku$^{55/22}$ kə^{24}（< kuo^{24}）
方 去 个₀, 只 在—— 立□着在 箇 个

tɕiaŋ^{24} tsau$^{55-22}$ kə^0（< kuo^0）miə^{31} tɕiə^{22}, ɕiaŋ^{12} fu^{33} miə^{31} tɕiə^{22} nə^{33}, tai^{33} tau^0
敬桌神龛前摆供品的个₀ 面 前, 香 火 面 前 呢, 等□着

第二章 婚事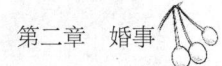

ku$^{55/22}$kuo^{24}pua^{24}taŋ^{22}。
箇　个　拜　堂。

普通话梗概

　　迎亲队回到男方家大门口的时候，新娘就要由伴娘和男方家一个儿女双全的妇女扶着，跨过燃烧着炭火的火盆后才能够进家。跨过火盆的意思是，让火盆里的火把新娘身上的霉气、晦气都烧掉以后再进新家。进新家以后，不能到别的地方去，得先站在神龛前面等着拜堂。

十二、拜 堂

xuo³¹ miə²⁴ kaŋ³³ kuo²⁴ —— Øi³³ xau³¹ nə³³，pua²⁴ taŋ²²。tɕʰiəu³¹ ɕi²² ka¹²⁻³³
下 面 讲 个—— 以 后 呢， 拜 堂。 旧 时 间 过去

Øa²²，tɕiəu³¹ ɕi³³ nə³³，pua²⁴ taŋ²² kə⁰（＜kuo⁰）ɕi²² ka¹²⁻³³ nə³³，Øiau²² tsʰai³³ ku⁵⁵ʹ²²
啊，就 是 呢，拜 堂 个₀ 时 间 呢，要 请 箇

kə²⁴（＜kuo²⁴）təu²² ku³³ səu³³，ɕi³³ Øia²²，Øiəu²² kuo²⁴ təu²² ku³³ səu³³ nai²² tsʰuəi¹²
个 铜 鼓 手， 是 呀， 由 个₂ 铜 鼓 手 来 吹

təu²² ku³³，Øiəu²² Øi⁵⁵⁻²² kuo²⁴ nau³³ niəŋ²² kuo¹²⁻³³，ɕi³³ Øia²²，niə²² tɕi³³ tua³¹ kə⁰（＜kuo⁰）
铜 鼓， 由 一 个 老 人 家， 是 呀，年 纪 大 个₀，

pi³³ ɕiau²⁴ nau³³ kə⁰（＜kuo⁰）—— tua³¹ kə⁰（＜kuo⁰）nə³³ tsʰaŋ²⁴ ku⁵⁵ʹ²² kuo²⁴
比 较 老 个₀—— 大 个₀ 呢 唱 箇 个

pua²⁴ tsʰɿ²²，ɕi³³ Øia²²，pua²⁴ taŋ²² kuo⁰ pua²⁴ tsʰɿ²²。Øi⁵⁵⁻²² təi¹² ɕiəŋ¹² niəŋ²² nə³³，
拜 词， 是 呀， 拜 堂 个₀ 拜 词。 一 对 新 人 呢，

tɕiəu³¹ ɕi³³ kaŋ³³ ɕi³³ ɕi¹² fu³¹ niəŋ²² xuo²² ɕiəŋ¹² naŋ²² kəu¹²⁻³³ nə³³，ɕi³³ Øia²²，tsəu³¹ tsai³¹
就 是 讲 是 媳 妇 娘 和 新 郎 公 呢， 是 呀， 就 在

kə²⁴（＜kuo²⁴）tʰu³³ ti³¹ ti³³ ku⁵⁵ʹ²² kuo²⁴ ti³¹ fuaŋ¹²⁻³³，pʰu¹² Øi⁵⁵⁻²² tsaŋ¹² tsai³¹ tsɿ³³，
个₁ 土 地 底①箇 个 地 方， 铺 一 张 席 子，

kuəi³¹ tau⁰，xa²² ku⁵⁵ʹ²² kuo²⁴ kuəi³¹ pua²⁴ ni³³。məi³³ tsʰaŋ²⁴ Øi⁵⁵⁻²² tsʰɿ²⁴ nə³³，ɕi¹² fu³¹
跪 □着，行 箇 个 跪 拜 礼。 每 唱 一 次 呢，媳 妇

niaŋ²² nə³³，xuo²² kuo²⁴ ɕiəŋ¹² naŋ²² kəu¹²⁻³³ tsəu³¹ Øiau²⁴ ɕiaŋ²⁴ kə²⁴（＜kuo²⁴）tʰu³³
娘 呢，和 个₁ 新 郎 公 就 要 向 个₁ 土

ti³¹ ti³³ ku⁵⁵ʹ²² miə²⁴ pua²⁴ Øi⁵⁵⁻²² tsʰɿ²⁴，kuo²⁴—— kuo²⁴，Øa⁵⁵ təu²² ku³³ səu³³ nə³³，Øa¹²
地 底 箇 面 拜 一 次， 个₁—— 个₁，阿 铜 鼓 手 呢， 也

Øiau²⁴ tsʰuəi¹² Øi⁵⁵⁻²² tsʰɿ²⁴ Øiau⁵⁵ tɕʰi²⁴。kuo²⁴ tsʰaŋ²² tsʰɿ²² Øa²²，Øi⁵⁵⁻²² paŋ¹² tsəu³¹ ɕi³³
要 吹 一 次 乐 器。 个₁ 唱 词 啊， 一 般 就 是

Øia²²：Øi⁵⁵ pua²⁴ tʰiə¹² tiaŋ²² ti³¹ tɕiəu³³，Øi³¹ pua²⁴ tsu³³ tsəŋ¹²⁻³³ ɕiaŋ¹² fu³³，sa¹² pua²⁴
呀： 一 拜 天 长 地 久， 二 拜 祖 宗 香 火， 三 拜

---

① 土地底：神龛下方土地神的神位。

tɕiəu³¹ Øio²² —— fu³¹ mu³³ Øio²² niaŋ¹²⁻³³, sɿ²⁴ pua²⁴ nə³³ tɕiəu³¹ Øio²² tɕiəu³¹ niaŋ²², ŋ³³
舅 爷—— 父母爷娘父母, 四 拜 呢 舅 爷 舅 娘, 五
pua²⁴ səu⁵⁵ pa⁵⁵ səŋ³³ mu³³, niəu⁵⁵ pua²⁴ ku¹² Øio²² Øa⁵⁵ ku²⁴, tɕʰi⁵⁵ pua²⁴ tɕio³³ fu¹²⁻³³ məi³¹
拜 叔 伯 婶 母, 六 拜 姑爷姑父阿姑姑妈, 七 拜 姐 夫 妹
fu¹²⁻³³, puo⁵⁵ pua²⁴ fuai¹² ti³¹ tɕiə³³ məi³¹ —— tsɿ³³ məi³¹, tɕiəu³³ pua²⁴ fu¹² tɕʰi¹²⁻³³ fu²⁴
夫, 八 拜 兄 弟 姐 妹—— 姊 妹, 九 拜 夫 妻 互
pua²⁴, ti³¹ ɕiə³¹ səu²⁴ ŋ⁵⁵／²² təu³¹ fuaŋ²²。Øa²², tsai³³ kə²⁴ (< kuo²⁴) —— kuo²⁴ pua²⁴
拜, 第 十 送 入 洞 房。啊, 整 个—— 个₁ 拜
taŋ²² kə⁰ (< kuo⁰) —— kuo⁵⁵ (ku⁵⁵／²² + kuo²⁴) ɕi⁵⁵／²² su²² nə³³, tsəu³¹ tɕi¹² pəŋ¹²⁻³³
堂 个₀—— 囗 (箇+个) 习 俗 呢, 就 基 本
saŋ³¹ tɕiə⁵⁵ su³¹ tiə⁰。
上 结 束 嗲。

普通话梗概

在过去, 拜堂的时候要请铜鼓手来吹铜鼓, 还要请一位年龄较大的老人来唱拜堂的拜词。这对新人就在神龛前铺张席子跪着, 行跪拜礼。每唱一句, 新娘和新郎就要向神龛拜一次, 铜鼓手也要吹一次乐器。唱词一般就是: 一拜天长地久, 二拜祖宗香火, 三拜父母爷娘, 四拜舅爷舅娘, 五拜叔伯婶母, 六拜姑爷阿姑, 七拜姐夫妹夫, 八拜兄弟姊妹, 九拜夫妻互拜, 第十送入洞房。这样, 拜堂就结束了。

十三、敲门帘布

kuo²⁴ çi²² ka¹²⁻³³ nə³³, kuo²⁴ çiəŋ¹² naŋ²² kəu¹²⁻³³ xuo²² kuo²⁴ çi¹² fu³¹ niaŋ²² nə³³,
个₁ 时 间 呢，个₁ 新 郎 公 和 个₁ 媳 妇 娘 呢，

tsəu³¹ Øi⁵⁵⁻²² tçʰi³³ ŋ⁵⁵/²² tau²⁴ ku⁵⁵/²² kuo²⁴ çiəŋ¹² fuaŋ²² ni³³ tau²⁴ tçʰy²⁴。kuo²⁴ çiəŋ¹² fuaŋ²²
就 一 起 入 到 箇 个 新 房 里头 去。 个₂ 新 房

nə³³ tsai³³ ku²⁴ tçy³³ çi³³ kaŋ³³ tsʅ²⁴ "tsaŋ²⁴ fuaŋ²²", Øia²² kaŋ³³ "çiəŋ¹² fuaŋ²²" kuo⁰,
呢 在 过 去 是 讲制叫做"帐 房"，□不讲 "新 房" 个₀,

Øa²²。ŋ⁵⁵/²² tiə⁰ tsaŋ²⁴ fuaŋ²² Øi³³ xau³¹ nə³³, Øa²², tsai²⁴ Øiəu²² ku⁵⁵/²² kuo²⁴ çi¹² fu³¹ niaŋ²²
啊。入 嗲 帐 房 以 后 呢，啊，再 由 箇 个 媳 妇 娘

Øa²², nuo³¹ tçiə¹² tau²² kuo⁰ tua³¹ fuai¹²⁻³³, xuo²² tçia³³ çi³³ nau³³ ta³³, Øa²², kʰau¹² məŋ²²
啊，那件头那边 个₀ 大 兄哥哥，或 者 是 老 弟，啊，敲 门

niəŋ²² pu²⁴, tsəu³¹ çi³³ nə³³, Øiəŋ³¹ Øi⁵⁵⁻²² kʰua²⁴ pu²⁴ tsʅ³³, tiaŋ²² tiaŋ²² kuo⁰ pu²⁴ tsʅ³³,
帘 布，就 是 呢，用 一 块 布 子，长 长 个₀ 布 子，

Øa²², tai¹² tau⁰ kuo²⁴ çiəŋ¹² fuaŋ²² kə⁰（< kuo⁰）məŋ²² kʰuaŋ¹²⁻³³ saŋ³¹。kuo²⁴——
啊，钉□着 个₁ 新 房 个₀ 门 框 上。个₁——

kuo²⁴——kuo²⁴ tai¹² kuo⁰ Øi²⁴ sʅ¹²⁻³³, kə²⁴（< kuo⁰）tsu⁵⁵ Øiəŋ³¹ tçiəu³¹ çi³³ kaŋ³³ nə³³,
个₁——个₁ 钉 个₀ 意 思， 个₀ 作 用 就 是 讲 呢，

Øiəŋ¹² Øuəi²² Øa²², xa³³ tsai³³ çiəŋ¹² çiəŋ¹²⁻³³ nai²² kə⁰（< kuo⁰）çi¹² fu³¹ niaŋ²²——çi¹²
因 为 啊，还在 刚刚 新新刚刚 来 个₀ 媳 妇 娘—— 媳

fu³¹ niaŋ²², Øa²², kaŋ¹² ŋ⁵⁵/²² məŋ²², pu²² səu³¹ çi²² ti³¹ fuaŋ¹²⁻³³, Øa²², pu²² niəŋ³¹ ta⁵⁵⁻²²
妇 娘， 啊，刚 入 门， 不 熟 悉 地 方， 啊， 不 认 得

ti³¹ fuaŋ¹²⁻³³, kuo²⁴ saŋ³³ tiə⁰ ku⁵⁵/²² kuo²⁴ məŋ²² niə¹² pu²⁴ Øi³³ xau³¹ nə³³, çi³³ Øia²², Øa⁵⁵ çiəŋ¹²
地 方， 挂 上 嗲 箇 个 门 帘 布 以 后 呢， 是 呀， 阿 心

ni³³ tau²² çiau³³ ta⁵⁵⁻²² tiə⁰, Øa²², kuo²⁴ çi³³ çiəŋ¹² fuaŋ²², fuaŋ²² tçi³³ xa²² tsʰu²⁴
里 头 晓 得 嗲， 啊， 个₁ 是 新 房， 防 止 行走 错

məŋ²², çi³³ Øia²²。tçiaŋ³¹ ku⁵⁵/²² kuo²⁴ çi²² ka¹²⁻³³ nə³³, kuo²⁴ nuo²² kuo¹²⁻³³ Øa²², tsəu³¹
门， 是 呀。像 箇 个 时 间 呢， 个₁ 男 家 啊， 就

ɕiau²⁴ fu²⁴ tɕʰy²⁴ ta⁵⁵⁻²² kuo²⁴ tua³¹ fuai¹²⁻³³ nau³³ ta³³, ɕi⁵⁵⁻²² kə²⁴ (< kuo²⁴) tua³¹ xəu²² pau¹²⁻³³。
要 付 去 得给 个₁ 大兄老弟兄弟, 一 个 大 红 包。

普通话梗概

（拜堂）以后，新娘和新郎就一起进入新房。新房在过去是叫做"帐房"，不叫"新房"的。新郎和新娘进新房以后，就由新娘的兄长或弟弟敲门帘布了，就是用一块长布，钉在新房的门框上。意思是，新来的媳妇刚进门，不熟悉地方，挂上了这块门帘布可以提醒新娘这是新房，防止走错门。然后，男方就给敲门帘的人一个大红包。

十四、担水洗面

Øa²², kuo²⁴ tɕiəu³¹ ɕi⁵⁵⁻²², tɕiə⁵⁵ tau⁰ xuo³³ nai²² nə³³, tsəu³¹ pua³³ tɕiəu³¹ ɕi⁵⁵⁻²² nuo³³, ɕi³³
啊，个₁ 酒 席， 接 □着下 来 呢， 就 摆 酒 席 啰， 是

Øia²²。kuo²⁴ tɕiəu³¹ ɕi⁵⁵⁻²² nə³³, tɕʰiə⁵⁵⁄²² puo³¹ tiə⁰ tɕiəu³³ ɕi⁵⁵⁻²² Øi³³ xau³¹ nə³³, nuo²²
呀。 个₁ 酒 席 呢， 吃 罢 嗲 酒 席 以 后 呢， 男

kuo¹²⁻³³ Øa²², tɕiəu³¹ fəi³¹, Øa²², Øiəu²² Øi⁵⁵⁻²² kuo²⁴ nau³³ fu³¹ niaŋ²² kuo¹²⁻³³, ɕi³³ Øia²²,
家 啊， 就 会， 啊， 由 一 个 老 妇 人 家， 是 呀，

tuai²⁴ kuo²⁴ ɕiəŋ¹² fu³¹ niaŋ²² tau²⁴ fu²² —— fu²² piə¹²⁻³³ —— kaŋ¹² piə¹²⁻³³ tau²², xuo⁵⁵⁄²² tɕia³³
带 个₁ 新 妇 娘 到 河 —— 河 边 —— 江 边 头， 或 者

ɕi³³ tsai³³ piə¹²⁻³³ tau²² tɕʰy²⁴ tuo¹² suəi³³ Øa²², tuo¹² kuo²⁴ ɕiəŋ¹² suəi³³ Øuəi²² nai²², sau¹² tsuo²²
是 井 边 头 去 担 水 啊， 担 个₁ 新 水 回 来， 烧 茶

xuo²² sau¹² ɕi³³ miə³¹ suəi³³。ku⁵⁵⁄²² kuo²⁴ ɕi²² ka¹²⁻³³ nə³³, ɕi¹² fu³¹ niaŋ²² tuo¹² suəi³³ Øa³³,
或 烧 洗 面 水。 箇 个 时 间 呢， 媳 妇 娘 担 水 啊，

ku⁵⁵⁄²² kuo²⁴ ɕi²² ka¹²⁻³³ nə³³, ɕiau³³ xuo³³ tsɿ³³ —— Øa⁵⁵ tsʰai¹² niə²² ɕiau³³ xuo³³ tsɿ³³ Øa³³, ɕi³³
箇 个 时 间 呢， 小 伙 子—— 阿 青 年 小 伙 子 啊， 是

Øia²², tsəu³¹ kʰuai¹² Øuaŋ²² ɕiau²⁴ na³³, Øa²², pa³³ kuo²⁴ sai³¹ tau²² ku³³ Øa²², fuaŋ²⁴ tau²⁴
呀， 就 开 玩 笑 啦， 啊， 把 个₂ 石 头 古＝石头啊， 放 到

suəi³³ tʰəu³³ ni²² tau²² tɕʰy²⁴, niaŋ³¹ kə²⁴ (<kuo²⁴) ɕi¹² fu³¹ niaŋ²² tuo¹²。ɕi³³ Øia²², ɕi³³
水 桶 里 头 去， 让 个₁   媳 妇 娘 担。 是 呀， 试

xuo³³ —— ɕiaŋ³³ ɕi²⁴ xuo³³ kuo²⁴ ɕi¹² fu³¹ niaŋ²² nai⁵⁵ tɕʰi²⁴ Øy²² xuo²², tau²² ti²² nai⁵⁵ tɕʰi²⁴ xau²⁴
下—— 想 试 下 个₁ 媳 妇 娘 力 气 如 何， 到 底 力 气 好

pu²² xau³³, ɕi³³ Øia²²。Øuəi²² nai²² Øi³³ xau³¹ nə³³, ɕi³³ Øia²², Øa⁵⁵ ɕiəŋ¹² naŋ²² kəu¹²⁻³³ xuo²²
不 好， 是 呀， 回 来 以 后 呢， 是 呀， 阿 新 郎 公 和

kuo²⁴ ɕi¹² fu³¹ niaŋ²² nə³³, Øiau²² ɕiə¹² tau²² suəi³³ ta⁵⁵⁻²² kuo²⁴ tsaŋ³³ pəi²⁴, Øa²², fu³¹ mu³³
个₁ 媳 妇 娘 呢， 要 先 倒 水 得给 个₂ 长 辈， 啊， 父 母

Øio²² niaŋ¹²⁻³³ Øa³³, ɕi³³ ɕi³³ ɕiə¹² nuo³³, ɕi³³ Øia²²。ɕi³³ tiə⁰ Øi³³ xau³¹ nə³³, tsai²⁴ ta⁵⁵⁄²²
爷 娘父母 啊， 洗 —— 洗 先 啰， 是 呀。 洗 嗲 以 后 呢， 再 得让

第二章 婚事

ku⁵⁵ᐟ²² kuo²⁴ təu²² pəi²⁴ kuo⁰ niəŋ²², xuo²² tɕia³³ ɕi³³ nai²² paŋ¹² maŋ²² kə⁰ (< kuo⁰) niəŋ²²
箇　　个　同　辈　个₀ 人，或　者　是 来　帮　忙　个₀　　　　 人
ɕi³³ miə³¹, kuo²⁴ kuo²⁴ tu¹² Øiau²⁴ ɕi³³ tau²⁴, Øi²⁴ sɿ¹²⁻³³ tɕiəu¹² ɕi³³ kaŋ³³ nə³³, Øia²², fu³¹
洗　面，个个人人都　要　洗　到， 意思　　就　是　讲　呢，呀，父
mu³³ Øio²² niəŋ¹²⁻³³ tsʰau¹² tiə⁰ ɕiəŋ¹², nai²² paŋ¹² maŋ²² kuo⁰ niəŋ²² niə³³ ɕiəŋ¹² kʰu³³ tiə⁰,
母爷娘父母　　　 操　嗲　心，来　帮　忙　个₀ 人　呢　辛　苦　嗲，
kuo³³ ɕiə²⁴ tʰuo¹² tiə³¹。Øa²², tsai³³ ɕi³³ miə³¹ kuo⁰ ɕi²² ka¹²⁻³³ Øa²², ku⁵⁵ᐟ²² ni⁵⁵ ɕiau³³ xuo³³
感　谢　他 咃们。啊，在　洗　面　个₀ 时间　啊，箇立ᵌ些 小　伙
tsɿ³³ Øa²², Øiəu³¹ Øuai²⁴ ── tsəi²⁴ Øuai²⁴ kʰuai¹² Øuaŋ²² ɕiau²⁴ na³³, ɕi³³ Øia²²。niəŋ²²
子 啊，又　爱── 最　爱　开　玩　笑　啦，是呀，人
kuo¹²⁻³³ Øi⁵⁵⁻²² kuo²⁴ niəŋ²² kaŋ¹² kaŋ¹² ɕi³³ ──ɕi³³, pa³³ miə³¹ ɕi³³ tiə⁰, ɕi³³ kuo¹² tsai³¹
家　一　　个 人　刚　刚， 洗── 洗，把 面　洗 嗲，洗　干　净
tiə⁰, Øa²², tʰuo¹² tsəŋ²² pəi²⁴ xau³¹ tʰu⁵⁵ Øiəŋ²² tsɿ³³ tɕiəŋ¹²⁻³³ Øiəŋ³¹ ti⁵⁵ kuo⁰ ku¹² nu²² məi³¹
嗲，啊，他 从　背　后　突　然　之　间，　用 □个₀点儿锅　炉　煤
Øa³³, xuo⁵⁵ᐟ²² tɕia³³ ɕi³³ nuo⁵⁵ tʰuo¹² Øua⁵⁵ᐟ²² tɕi³¹ Øa²², pa³³ niəŋ²² kə¹²⁻³³ nuo⁰ kuo²⁴ miə³¹
啊，或　者　是 邋　遢　物件东西　　 啊，把 人　家　那　个　面
Øiəu³¹ tsuo²² xai⁵⁵ tiə⁰, tsuo²² nuo⁵⁵ tʰuo²² tiə⁰。ɕi³³ ka¹² ni³³ nə³³, kuo²⁴ ɕi¹² fu³¹ niəŋ²² nə³³,
又　搭　黑 嗲，搭　邋　遢 嗲。是 □里这样 呢，个₁媳　妇　娘　呢，
Øiəu³¹ Øiau²⁴ ta⁵⁵ᐟ²² tsəŋ²² tɕia¹² tau¹² suai³³, tsəŋ²² ɕiəŋ¹² tʰiau³³ kʰua²⁴ səu³³ tɕiəŋ¹²⁻³³ ta⁵⁵ᐟ²²
又　要　得　重　新　倒　水，重　新　斠换　块 手　巾　　得让
tʰuo¹² ɕi³³, ɕi³³ Øia²², Øi⁵⁵⁻²² tsɿ²² Øiau²⁴ pa³³ tʰuo¹² kə⁰ (< kuo⁰) miə³¹ saŋ³¹ nuo⁵⁵ tʰuo²²
他　洗，是呀，一　直　要　把　他　个₀　　　　 面　上　邋　遢
Øua⁵⁵ᐟ²² tɕi³¹ ɕi³³ kuo¹² tsai³¹ tɕʰy²⁴ tsai³³ ɕi³³ ɕiəŋ²²。su³³ Øi³³ Øuaŋ³³ Øuaŋ³³ Øa²², Øa⁵⁵ ɕi¹²
物件东西　　 洗　干　净　去　才　是　行。所以往　往　啊，阿媳
fu³¹ niəŋ²² Øiəu³³ xau³³ tu¹² kuo⁰ ɕiəŋ¹² səu³³ tɕiəŋ¹²⁻³³ tu¹² pu²² kau²⁴ suai³³ Øa²²。
妇　娘　有　好　多　个₀新　手　巾　　都 不 够　□用 啊。

普通话梗概

　　新娘入洞房后就开始宴席。宴席结束以后,男家就会请一个老妇人带着新娘来到河边或井边挑水,回去烧茶和洗脸。新娘挑水的时候,青年们就开玩笑,把石头放到水桶里让新娘挑,想试试新娘的力气如何。挑回来以后,新郎和新娘要先倒水给长辈洗脸,然后再给同辈及来帮忙的人洗,而且要每个人都要洗脸。意思是,让父母操心了,来帮忙的人辛苦了,感谢他们。这些小伙子最爱在洗脸的时候开玩笑了,别人刚刚把脸洗干净了,他们从背后突然用锅炉灰,或者是别的脏东西,把别人的脸又搽黑,新娘又得重新倒水,再换一条手巾给洗脸的人,一直要把脸洗干净才行。所以,往往是新娘有多少新手巾也都不够用。

十五、闹 茶

ɕi³³ puo³¹ tiə⁰ miə³¹ Øi³³ xau³¹ nə³³, tɕiə⁵⁵ tau⁰ nə³³, tɕiəu³¹ ɕi³³ tɕiəŋ²⁴ tsuo²², Øa¹² kaŋ³³
洗 罢 嗲 面 以 后 呢, 接 □着 呢, 就 是 敬 茶, 也 讲
tsʅ²⁴ nau³¹ tsuo²² nuo³³。Øa²², ku³³——nuo³¹ kuo²⁴ ɕi³³ ka¹²⁻³³ Øiəu³³ Øa²², Øiəu³³ tɕy²⁴ kaŋ³³
制"闹茶闹洞房"啰。啊, 古—— 那 个 时 间 有 啊, 有 句 讲
xuo⁵⁵⁻²² nə³³, tɕiəu³¹ ɕi³³ kaŋ³³ Øa²², tɕiə⁵⁵⁄²²——ɕiəŋ¹² fuəŋ¹² kuo⁰ sa¹² ni⁵⁵⁻²² nə³³, pu²²
法 呢, 就 是 讲 啊, 结—— 新 婚 个₀三 日 呢, 不
fuəŋ¹² tua³¹ ɕi²⁴, Øia²² tua³¹ ɕi²⁴, ɕi³³ Øia²², tu¹² kʰu²⁴ Øi³³ fu²⁴ ɕiaŋ¹²⁻³³ tsʅ³³ tɕiəŋ¹²⁻³³ kʰuai¹²
分 大细大小, □没有大 细, 是 呀, 都 可 以 互 相 之 间 开
Øuaŋ²² ɕiau²⁴ Øa²², Øa¹² kaŋ³³ tsʅ²⁴ nau³¹ tsuo²²。ɕiəŋ¹²——ɕiəŋ¹² niaŋ²²——ɕiəŋ¹² naŋ²²
玩 笑 啊, 也 讲制叫做 闹茶闹洞房。新—— 新 娘—— 新 郎
kəu¹²⁻³³ xuo²² ɕi¹² fu³¹ niaŋ²² nə³³, niaŋ³³ kə²⁴ (<kuo²⁴) niaŋ²² tuai²² Øi⁵⁵⁻²² kuo²⁴ tsuo²²
公 和 媳 妇 娘 呢, 两 个 人 抬 一 个 茶
pu²², nuo³¹ kuo²⁴ ɕi²² ka¹²⁻³³——nuo³¹ kuo²⁴ ɕi²² ka¹²⁻³³, nau³¹ ɕi²² ka¹²⁻³³ ɕi³³ suai³³
盘, 那 个 时 间—— 那 个 时 间, 老 时 间 是 □用
tsuo²² pu²² tuai²² kuo⁰, Øia²² tɕiaŋ³¹ ku⁵⁵⁄²² kuo²⁴ ɕi²² ka¹²⁻³³ kai²² səu³³ kai²² kuo⁰, ɕi³³ pa²²,
茶 盘 抬 个₀, □不 像 箇 个 时 间 □用 手 □端 个₀, 是 吧,
niaŋ³¹ kuo²⁴ tsaŋ³³ pəi²⁴ nə³³ tɕʰiə⁵⁵⁄²² tsuo²²。Øa²², tɕiə²² pəi²⁴, ku⁵⁵⁄²²ni⁵⁵ nau³³ tɕiə²² pəi²⁴
让 个₂ 长 辈 呢 吃 茶。啊, 前 辈, 箇立些老 前 辈
Øa²², tɕʰiə⁵⁵⁄²² tsuo²² kuo⁰ ɕi²² ka¹²⁻³³ nə³³, nau³³ niaŋ²² kə¹²⁻³³ ti³¹ nə³³, Øiau²⁴ kaŋ³³ tsʰai³³
啊, 吃 茶 个₀时 间 呢, 老 人 家 咃们呢, 要 讲 彩
tau²² xuo³¹, Øa²², xa²² Øiau²⁴ ta⁵⁵⁄²² kuo²⁴ ɕi²⁴ kuo⁰ xəu⁰ pau¹²⁻³³ ta⁵⁵⁻²² ku⁵⁵⁄²² təi²⁴ ɕiəŋ¹²
头 话, 啊, 还 要 得给 个 细小个₀ 红 包 得给 箇 对 新
niaŋ²²。tsai³³ ku⁵⁵⁄²² kuo²⁴ ɕi²² ka¹²⁻³³ nə³³, nau³¹ tsuo²² Øa²², tʰə⁵⁵ piə³¹ ɕi³³ ku⁵⁵⁄²² kuo²⁴
人。在 箇 个 时 间 呢, 闹茶闹洞房啊, 特 别 是 箇 个
tua³¹——kuo²⁴ tsʅ³¹ tɕi³³ kə⁰ (<kuo⁰) Øa²², tɕʰiəŋ¹² kə⁰ (<kuo⁰) piau³³ kuo³³ piau³¹
大—— 个₂ 自 己 个₀ 啊, 亲 个₀ 表 哥 表

ti³¹ Øa²², çi³³ Øia²², ku⁵⁵ᐟ⁼ ni⁵⁵ nau³³ piau³³ kuo¹²⁻³³ Øa²², tsəi²⁴ tsʰau³³ ta⁰ tçʰi³³, Øa²²,
弟啊，是呀，箇立⁼些老表家_{表兄弟们} 啊，最 吵 得起，啊，
tsəi²⁴ kau³³ taº tçʰi³³ na²², çi³³ Øia²²。Øiəu³³ ni⁵⁵ nə³³, Øa²², Øiau²⁴ kuo²⁴ Øi⁵⁵⁻²² təi²⁴ çiəŋ¹²
最 搞 得起 啦，是 呀。有立⁼些呢，啊，要 个₁一 对 新
niəŋ²² tsʰai¹² mi³¹ Øa³³, tsʅ²⁴ kua²⁴——kua²⁴ ni³³ kua²⁴ tçʰi²⁴ kə⁰（＜kuo⁰）təu³³ tsuo²² Øa³³,
人 猜 谜啊，制_做怪—— 怪 里怪 气个₀ 动 作啊，
xau³³tçiaŋ³¹ Øiau²⁴ çiəŋ¹² naŋ²² kəu¹²⁻³³ pau³³ tçʰi³³ çi¹² fu³¹ niaŋ²² Øa³³, niaŋ³³ kə²⁴（＜kuo²⁴）
好像_{比如} 要 新 郎 公 抱 起 媳妇 娘啊，两 个
niəŋ²² tçʰiəŋ¹² tsai³³ Øa³³, niaŋ³³ kuo²⁴ niəŋ²² tçʰiə⁵⁵ᐟ²² Øi⁵⁵⁻²² kuo²⁴ suəi³³ kuo³³ Øa³³, tai³³
人 亲 嘴啊，两 个 人 吃 一 个 水 果 啊，等
tai³³ kua²⁴ ni³³ kua²⁴ tçʰi²⁴ kə⁰（＜kuo⁰）sʅ³¹ tsai²²。Øə²² tçʰiə³³ nə³³, kuo²⁴ çiəŋ¹² çiəŋ¹²⁻³³
等 怪 里怪 气个₀ 事 情。而 且 呢，个₁ 新 新
çi¹² fu³¹ niaŋ²² nə³³, pi⁵⁵ᐟ²² çy¹²⁻³³ nə³³ Øiau²⁴ Øi⁵⁵⁻²² tsʅ²⁴ tau²⁴——Øi⁵⁵ Øi⁵⁵⁻²² tsʅ²⁴ tau²⁴
媳妇 娘 呢，必 须 呢 要 一 一 制_做到 一 一 制_做到
Øa²², ku⁵⁵ᐟ⁼ ni⁵⁵ nau³³ piau³³ ti³¹ nə³³, tsai²² çi³³ kʰai³³ tçʰiə⁵⁵ᐟ²²——tçʰiə⁵⁵ᐟ²² tsuo²²。çi³³
啊，箇立⁼些老 表 哋们呢，才 是 肯 吃 —— 吃 茶。是
Øia²², Øio²² çi³³ Øia²²——pu kʰai³³ tsʅ²⁴, çi¹² fu³¹ niaŋ²² pʰuo²⁴ miə³¹ niə⁵⁵, pu²² kʰai³³ tsʅ²⁴
呀，若 是 □_不—— 不 肯 制_做，媳妇 娘 怕 面热_{害羞}，不 肯 制_做
nə³³, na¹² ni³³ nau³³ piau³³ ti³¹ tçiəŋ³¹ pu²² fəi³¹ tçʰiə⁵⁵ᐟ²² ku⁵⁵ᐟ⁼ pəi¹² tsuo²², Øi⁵⁵ᐟ²² tsʅ²²
呢，那里_{那样}老 表 哋们 就 不 会 吃 箇 杯 茶，一 直 ——
Øi⁵⁵ᐟ²² tsai Øiau²⁴ tai³³ xuo³³ tçʰy²⁴。su³³ Øi³³ ku²⁴ tçʰy²⁴ kə⁰（＜kuo⁰）nau³¹ tsuo²² nə³³,
一 直 要 等 下 去。所 以 过 去个₀ 闹茶_{闹洞房}呢，
Øuaŋ³³ Øuaŋ³³ Øiau²⁴ kau³³ taº xau³³ ti²² xau³³ ti²², çi³³ Øia²², tsai çi³³ niaŋ³¹ ku⁵⁵ᐟ⁼ təi²⁴ çiəŋ¹²
往 往 要 搞 得 好 迟 好 迟，是 呀，才 是 让 箇 对 新
niəŋ²² çiəu¹² çi²², kau³³ tau²⁴ tua³¹ pu²⁴ Øio²⁴ tsai³³ çi³³——tʰuo¹² tsai²² çi³³ Øuai³¹ ta⁵⁵⁻²²
人 休息，搞 到 大 半 夜 才 是—— 他 才 是 □_得_{得以}
çiəu¹² çi²², tu⁵⁵ Øi³¹ kau³³ tʰuo²⁴ tiə³¹ kə⁰（＜kuo⁰）pa²², çi³³ Øia²²。
休 息，□二⁼_{故意搞} 他 哋们个₀ 吧，是 呀。

普通话梗概

　　洗脸以后,接着就是"敬茶",也叫做"闹茶",就是闹洞房的意思。过去有句话是这样说的:"新婚三日不分大小。"不分大小就是不论辈分和年龄,互相之间都可以开玩笑,这就叫做"闹茶"。新郎和新娘两个人抬一个茶盘,让长辈喝茶。过去是用茶盘抬的,不像现在用手端。长辈喝茶的时候要讲彩头话,还要送一个小红包给这对新人。这个时候,小伙子们,特别是自己的亲表兄弟是闹得最厉害的。有些人会要这对新人猜谜,或做各种怪里怪气的动作,比如说要新郎抱起新娘、两个人亲嘴、两个人吃一个水果等。新人要一一做到,那些表兄弟才同意喝茶。如果说新娘害羞不肯完成,表兄弟们就一直等下去。所以,过去的"闹茶"往往要搞到很晚,直到大半夜才让这对新人休息。

十六、回 门

tsəi²⁴ xau³¹ Øi⁵⁵⁻²² kuo²⁴ nə³³, Øi⁵⁵⁻²² kuo²⁴ çi⁵⁵ᐟ²² su²² tçiəu³¹ çi³³ kaŋ³³ Øa²², xuo³³ tsʅ²⁴
最 后 一 个 呢， 一 个 习 俗 就 是 讲 啊，喊制叫做
"Øuəi²²——Øuəi²² məŋ²²", Øa¹² kaŋ³³ tsʅ²⁴ "Øuəi²² niaŋ¹²——Øuəi²² niaŋ¹² kuo¹²⁻³³"。
"回—— 回 门"， 也 讲制叫做"回 娘—— 回 娘 家"。
puo³¹ Øuaŋ²² tiə⁰—— puo³¹ Øyə²² tiə⁰ kuo²⁴ çi³³ tçiəu³³ kə⁰ (< kuo⁰) ti³¹ Øi³¹ ni⁵⁵ᐟ²² tsau³³
办 完 嗲—— 办 圆完 嗲个₁喜 酒 个₀   第 二 日 早
səŋ²² tau²² Øa²², Øa²², kə²⁴ (< kuo²⁴) çi¹² fu³¹ niaŋ²² kə⁰ (< kuo⁰) Øəu⁵⁵ ni³³ tau²² nə³³,
晨头早晨 啊， 啊， 个₁   媳 妇 娘 个₀   屋 里 头家里 呢，
niaŋ¹² kuo¹²⁻³³ nə³³, kə²⁴ (< kuo²⁴) tua³¹ fuai¹²⁻³³ nau³³ ta³³ ti³¹ tçiəu³¹ Øi⁵⁵ tai³¹ Øiau²⁴ tçʰy²⁴
娘 家 呢， 个₁   大 兄 老弟兄弟咄们 就 一 定 要 去
tçiə⁵⁵ kə²⁴ (< kuo²⁴) tçio³³ fu¹²⁻³³ xuo³³ tçia³³ çi³³ məi³¹ fu¹²⁻³³, kuo²⁴ tçiə³³ xuo²² tçia³³ çi³³
接 个₁   姐 夫 或 者 是 妹 夫， 个₁ 姐 或 者 是
məi²⁴, Øa²², Øuəi²² nai² tçʰiə⁵⁵ᐟ²² tsʰuo¹²⁻³³ xuo³¹。Øa²², kuo²⁴ məi³¹ kuo¹²⁻³³ niaŋ²² nə³³,
妹， 啊， 回 来 吃 餐 饭。 啊， 个₁ 外 家 人 呢，
tsəu³¹ Øiau²⁴ tsai¹² Øi⁵⁵⁻²² tsai²⁴ səu¹² kau¹²⁻³³, Øa²², xa²² Øiau²⁴ tsəŋ³³ pi³¹ çiə¹²⁻³³ tçʰi²² tʰuo³³
就 要 蒸 一 甑 松 糕， 啊， 还 要 准 备 些 其 他
kuo⁰ ni³³ Øu²², Øa²², səu²⁴ kuo²⁴ ny³³ xuo²² kuo²⁴ ny³³ çy²⁴ Øuəi²² tçʰy²⁴。səu²⁴ tʰuo¹² tiə³¹ kuo⁰
个₀ 礼 物， 啊， 送 个₁女 和 个₁女 婿 回 去。 送 他 咄们 个₀
çi²² ka¹²⁻³³ nə³³, Øa⁵⁵ niaŋ¹² nə³³, çi³³ Øia²², kə²⁴ (< kuo²⁴) Øiau⁵⁵ mu³³ niaŋ¹²⁻³³ Øa²²,
时 间 呢， 阿 娘 呢， 是 呀， 个₁   岳 母 娘 啊，
Øa¹² Øiau²⁴ Øi⁵⁵⁻²² tçʰi³³ tçʰy²⁴, kuo²⁴ tsəu³¹ kaŋ³³ tsʅ²⁴ "tsʰai²⁴ kuo¹²⁻³³ mu³³ fəi³¹ miə³¹", çi³³
也 要 一 起 去， 个₁ 就 讲制叫做"亲 家 母 会 面"， 是
Øia²², niaŋ³³ kuo¹²⁻³³ niaŋ²² təi²⁴ tiə⁰ tçʰiəŋ¹² pa²², niaŋ³³ kə²⁴ (< kuo²⁴)—— niaŋ³³
呀， 两 家 人 对 嗲亲 吧， 两 个——   两
niaŋ²² çiaŋ³³ tçiə²⁴, tsai²⁴ pu²² fuaŋ¹² ni³¹。ku²⁴ tsʰy²⁴ xa²² Øiəu³³ Øi⁵⁵⁻²² tsəŋ³³ kaŋ³³ xuo⁵⁵ᐟ²² nə³³,
人 相 见， 再 不 分 离。过 去 还 有 一 种 讲 法 呢，

ɕiəu³³ɕi⁵⁵⁻²² tsəŋ³³ kaŋ³³ xuo⁵⁵′²² tsəu³¹ ɕi³³ kaŋ³³ nə³³：" ɕia²² sʅ³¹ pu²² saŋ³¹ —— pu²² saŋ³¹
有 一 种 讲法 就 是 讲 呢：" □无 事 不 上 —— 不 上
tsʰai²⁴kuo¹²⁻³³ məŋ²²。"ɕi³³ ɕia²², niaŋ³³ kuo¹²⁻³³ niəŋ²² nə³³, ɕia²² səŋ²² muo²² sʅ³¹ tsai ɕi¹²
亲 家 门。" 是呀， 两 家 人 呢 □没有 什 么 事 情 一
paŋ¹²tu¹² xəŋ³³ sau²² ɕuaŋ³³ kuo²。ɕi³³ ɕia²², tɕiəu³¹ ka¹² ɕiaŋ³¹ tsʅ³³ nə³³, kuo²⁴ ɕi³³ sʅ³¹
般 都 很 少 来 往 个₀。是 呀， 就 □这 样 子 呢， 个₁ 喜事
nə³³ tsəu³¹ tɕiə⁵⁵ su³¹ tiə⁰。
呢 就 结 束 哆。

普通话梗概

结婚礼节的最后一个环节叫做"回门"，也叫"回娘家"。办完喜酒的第二天早晨，娘家的兄弟一定要去接新娘和新郎回来吃一顿饭。娘家父母要蒸一甑松糕，还要准备些其他的礼物，送给女儿和女婿。送他们回去的时候，岳母也要一起去，这叫做"亲家母会面"。过去还有这样一句话就是："无事不上亲家门。"意思是亲家之间一般是很少来往的。进行完这个环节，喜事就结束了。

十七、舅爷盘⁼外甥

kaŋ³³ Øi⁵⁵⁻²² kə²⁴ (< kuo²⁴) pəŋ³³ ti³¹ Øi⁵⁵⁻²² kuo²⁴ fəu¹² su²² çi⁵⁵/²² ku²⁴ , tsəu³¹ çi³³ xuo³³
讲　一　个　　　本　地一　个风　俗习　惯，就　是喊

tsʅ²⁴ " tçiəu³¹ Øio²² pu²² məi³¹ sa¹²⁻³³ " 。" niaŋ¹² tçʰiəŋ¹²⁻³³ tçiəu³¹ tua³¹ , Øio²² tçʰiəŋ¹²⁻³³
制叫做"舅　爷　盘⁼供养外甥"。 "娘　亲　　　舅　大，爷　亲

səu⁵⁵ tua³¹ 。" su³³ Øi³³ nə³³ , kuo²⁴ məi³¹ sa¹²⁻³³ nə³³ , xuo³³ kuo²⁴ nau³³ tçiəu³¹ nə³³ , tçiəu³¹
叔大。" 所以呢，个₂外　甥　呢，喊个₂老　舅　呢，就

çi³³ xuo³³ tsʅ²⁴ " tçiəu³¹ Øio²² " kuo⁰ , çi³³ Øia²² , xuo³³ kuo²⁴ tçiəu³¹ —— tçiəu³¹ ma³³ nə³³ ,
是 喊制叫做"舅　爷"　个₀，是呀，喊　个₂舅——　舅　妈　呢，

tçiəu³¹ xuo³³ tsʅ²⁴ " tçiəu³¹ niaŋ²² —— tçiəu³¹ niaŋ²² " , Øy³³ tʰuo¹² tsʅ³¹ tçi³³ kə⁰ (< kuo⁰)
就　喊制叫做"舅　娘——　舅　娘"，与　他 自　己个₀

tçʰiəŋ¹² sa¹²⁻³³ fu³¹ mu³³ Øi⁵⁵⁻²² sai⁵⁵/²² kə⁰ (< kuo⁰) 。su³³ Øi³³ Øa²² , tsai³³ kə²⁴ (< kuo²⁴)
亲　生　父　母一色一样　个₀。　　　所以啊，在　个₂

məi³¹ sa¹²⁻³³ sai²² niaŋ²² tçiə⁵⁵/²² fuəŋ¹² kə⁰ (< kuo⁰) çi²² ka¹²⁻³³ nə³³ , Øa²² , kuo²⁴ tsʅ²⁴
外　甥　成　人　结　婚　　个₀　　　时　间　呢，啊，个₂制做

ny³³ kə⁰ (< kuo⁰) —— kuo²⁴ tçʰy⁵⁵/²² kuo⁰ kuo⁰ ny³³ —— ny³³ Øa²² , tsəu³¹ Øi⁵⁵ tai³¹ Øiau²⁴
女女儿个₀——　　个₂　出　嫁　个₀女——女啊，就　一　定要

ta⁵⁵/²² Øuəi²² məi³¹ kuo¹²⁻³³ tçʰy²⁴ , Øuəi²² niaŋ¹² kuo¹²⁻³³ tçʰy²⁴ , Øa²² , Øiəu²² niaŋ¹² kuo¹²⁻³³
得　回　外　家　去，回　娘　家　去，啊，由　娘　家

niaŋ²² niə³³ , tuai²⁴ tçʰi³³ tçʰy²⁴ tçi²⁴ tsu³³ fuəŋ²² , saŋ³¹ fuəŋ²² 。çi³³ Øia²² , tau²⁴ fuəŋ²² tau²²
人　呢，带　起　去祭祖　坟，　上　坟。是呀，到　坟　头

saŋ³¹ nə³³ , tʰəu³¹ fu³¹ kuo²⁴ tʰuo¹² tiə³¹ —— tsʰai³³ tʰuo¹² tiə³¹ nə³³ , nuo³³ Øi⁵⁵⁻²² ni⁵⁵/²² nuo⁰
上　呢，通盒⁼告诉个₁他 咃们——　请　他 咃们呢，哪　一 日 哪

Øi⁵⁵⁻²² ni⁵⁵/²² , məu³³ məu³³ ni⁵⁵/²² Øa²² , tçiəu³¹ çi³³ kaŋ³³ , Øə²² —— Øə²² , tçʰiə⁵⁵⁻²²
一　日，某　某　日　啊，就　是讲，呃——呃，吃

tçiəu³³ nuo³¹ Øi⁵⁵⁻²² ni⁵⁵/²² nuo³³ , Øi⁵⁵⁻²² tçʰi³³ tçʰy²⁴ tçʰiə⁵⁵/²² çi³³ tçiəu³³ 。Øa²² , tsəu³¹ çi³³
酒　那　一　日　啰，一　起　去　吃　喜酒。啊，就　是

第二章 婚事

$\emptyset i^{55}\,tai^{31}\,\emptyset iau^{24}\,t^h\vartheta u^{12}\,fu^{31}\,s_{\gamma}^{31}\,tc y^{24}\,k\vartheta^0\,(<kuo^0)\,ni\vartheta\eta^{22}\,,ka\eta^{33}\,ku^{55/22}\,ky^{24}\,(<tc y^{24})\,xuo^{31}$。
一 定 要 通盒=告诉死 去 个0 人, 讲 箇 句 话。

$kuo^{24}\,ny^{33}\,n\vartheta^{33}\,,\emptyset u\vartheta^{22}\,m\vartheta i^{31}\,kuo^{12-33}\,k\vartheta^0\,(<kuo^0)\,ci^{22}\,ka^{12-33}\,\emptyset a^{22}\,,\emptyset iau^{24}\,kai^{22}$
个₁女呢, 回 外 家 个0 时 间 啊, 要 □带

$tci^{12}\,,mua^{33}\,\emptyset i\vartheta u^{55}\,mua^{33}\,tci\vartheta^{33}\,,\emptyset a^{22}\,,xa^{22}\,\emptyset iau^{24}\,mua^{33}\,ti^{31}\,kuo^0\,ta\eta^{33}\,\emptyset a^{33}\,,su\vartheta i^{33}\,ku^{33}\,tai^{33}$
鸡, 买 肉 买 酒, 啊, 还 要 买 □个0点糖啊, 水 果 等

$tci\vartheta^{31}\,\circ\,\emptyset io^{22}\,ci^{33}\,m\vartheta i^{31}\,kuo^{12-33}\,\emptyset i\vartheta u^{33}\,nia\eta^{33}\,fuai^{12-33}\,ti^{31}\,,nia\eta^{33}\,fuai^{12-33}\,tau^{22}\,xuo^{55/22}\,tci\vartheta^{33}$
件等等。若 是 外 家 有 两 兄 弟, 两 兄 头兄弟 或 者

$sa^{12}\,fuai^{12-33}\,tau^{22}\,kuo^0\,,\emptyset a^{22}\,,xa^{22}\,\emptyset iau^{24}\,ts^h ai^{33}\,t^h uo^{12}\,ti\vartheta^{31}\,tsai^{33}\,\emptyset i^{55-22}\,tc^h i^{33}\,tc i\vartheta^{55/22}$
三 兄 头兄弟 个0, 啊, 还 要 请 他 咂们 在 一 起 吃

$ts^h uo^{12-33}\,xuo^{31}\,,ci^{33}\,\emptyset ia^{22}\,,sa\eta^{33}\,nia\eta^{22}\,xau^{33}\,kuo^{24}\,m\vartheta i^{31}\,sa^{12-33}\,\emptyset a^{22}\,,puo^{31}\,kuo^{24}\,fua\eta^{55}\,s_{\gamma}^{31}$
餐 饭, 是 呀, 商 量 好 个₁ 外 甥 啊, 办 个₁ 婚 事

$k\vartheta^0\,(<kuo^0)\,s_{\gamma}^{31}\,tsai^{22}\,na^{33}\,\emptyset ia\eta^{31}\,ts_{\gamma}^{33}\,puo^{31}\,xau^{33}\,,tsa^{12}\,tci\vartheta u^{22}\,kuo^{24}\,tci\vartheta^{31}\,\emptyset io^{22}\,ti^{31}$
个0 事 情 哪样子怎么 办 好, 征 求 个₁ 舅 爷 咂们

$k\vartheta^0\,(<kuo^0)\,\emptyset i^{24}\,tci\vartheta\eta^{24}$。
个0 意 见。

$\emptyset a^{22}——\emptyset a^{22}\,,tsai^{33}\,tci\vartheta u^{33}\,ci^{55-22}\,sa\eta^{31}\,,tsai^{33}\,kuo^{24}\,tc^h i\vartheta^{55/22}\,kuo^0\,ta\eta^{12}\,ts\vartheta\eta^{12-33}\,\emptyset a^{22}\,,$
啊—— 啊, 在 酒 席 上, 在 个₁ 吃 个0 当 中 啊,

$ts\vartheta u^{31}\,pau^{24}\,sai^{24}\,kuo^{24}\,tci\vartheta u^{33}\,\emptyset io^{22}\,k^h uo^{55}\,tai^{31}\,xau^{33}\,kuo^{24}——\emptyset a^{22}\,,nuo^{33}\,\emptyset i^{55-22}\,ni^{55/22}\,puo^{31}$
就 报信要求 个₂ 舅 爷 确 定 好 个₂—— 啊, 哪 一 日 办

$tci\vartheta u^{33}\,ci^{55-22}\,ts^h ai^{33}\,k^h a^{55}$。$\emptyset a^{22}\,,pi\vartheta\eta^{24}\,tc^h i\vartheta^{33}\,n\vartheta^{33}\,,\emptyset i^{55}\,tai^{31}\,\emptyset iau^{24}\,ka\eta^{33}\,ts^h ai^{33}\,kuo^{24}\,kuo^{24}$
酒 席 请 客。 啊, 并 且 呢, 一 定 要 讲 请 个 个

$\emptyset i^{55-22}\,tc^h i^{33}\,tc^h y^{24}\,nau^{31}\,nau^{31}\,ni\vartheta^{55-22}\,ni\vartheta^{55-22}\,kuo^0$。$tci\vartheta^{55/22}\,tau^{24}\,xuo^{33}\,nai^{33}\,n\vartheta^{33}\,,kuo^{24}$
一 起 去 闹 闹 热 热 个0。 接 □着 下 来 呢, 个₁

$tci\vartheta u^{31}\,\emptyset io^{22}\,xuo^{22}\,tci\vartheta u^{31}\,nia\eta^{12-33}\,\emptyset a^{33}\,,tci\vartheta u^{31}\,f\vartheta i^{31}\,suai^{33}\,\emptyset i^{55-22}\,tua^{31}\,pi^{55/22}\,,\emptyset i^{55-22}\,tua^{31}$
舅 爷 和 舅 娘 啊, 就 会 □花 一 大 笔, 一 大

$pi^{55/22}\,k\vartheta^0\,(<kuo^0)\,tci\vartheta^{22}\,,t^h i^{31}\,kuo^{24}\,m\vartheta i^{31}——pa^{33}\,kuo^{24}——t^h i^{24}\,kuo^{24}\,m\vartheta i^{31}\,sa^{12-33}\,\emptyset a^{22}\,,$
笔 个0 钱, 替 个₁ 外—— 把替个₁—— 替 个₁ 外 甥 啊,

$tsu\vartheta\eta^{33}\,pi^{31}\,xau^{33}\,ni^{31}\,\emptyset u^{22}\,,\emptyset a^{22}\,,\emptyset iau^{24}\,ni\vartheta^{33}\,,pa\eta^{12}\,kuo^{24}\,m\vartheta i^{31}\,sa^{12-33}\,ts\vartheta\eta^{22}\,tau^{22}\,tau^{24}$
准 备 好 礼 物, 啊, 要 呢, 帮为 个₂ 外 甥 从 头 到

tɕiau⁵⁵⁽²² , tu¹² Øiau²⁴ mua³³ ɕiəŋ¹² kə⁰ (< kuo⁰), tɕi²⁴ ɕiəŋ¹² Øua⁵⁵⁽²² tɕi³¹ , xau³³ tɕiaŋ³¹
脚， 都 要 买 新 个₀， 　寄＝买新 物件东西， 好像比如

Øa⁵⁵ Øi¹² saŋ²² Øa³³ ， mau³¹ tsʅ³³ Øa³³ ， xa²² muo⁵⁵ Øa³³ ， ɕi³³ Øia²² ， tu¹² ta⁵⁵⁽²² tɕi²⁴ ɕiəŋ¹² kuo⁰ 。
阿衣裳啊， 帽子啊， 鞋袜啊， 是呀， 都 得 寄＝买新 个₀。

tɕʰy²⁴ tɕʰiə⁵⁵⁽²² tɕiəu³³ kuo⁰ ɕi²² ka¹²⁻³³ nə³³ ， Øa³³ ， xa²² Øiau²⁴ ， Øi⁵⁵ tai³¹ Øiau²⁴ ， pu²²
去 吃 酒 个₀时 间 呢， 啊， 还要， 一 定 要， 不

ɕi³³ xa²² Øiau²⁴ Øa²² ， Øi⁵⁵ tai³¹ Øiau²⁴ tsai¹² Øi⁵⁵⁻²² tsai²⁴ kau¹² , tsai¹² Øi⁵⁵⁻²² tsai¹² səu¹²
是还要啊， 一定要蒸一 甑糕， 蒸 一 甑松

kau¹²⁻³³ , piau³³ sʅ³¹ nə³³ , tsu⁵⁵⁽²² fu²⁴ kuo²⁴ məi³¹ sa¹²⁻³³ kau¹² sai¹²⁻³³ 。xa²² Øiau²⁴ tuai²⁴
糕， 表 示 呢， 祝 贺 个₁ 外甥 高升。 还要带

Øi⁵⁵⁻²² tua³¹ kʰua²⁴ Øiəu⁵⁵ , tua³¹ kʰa²⁴ sʅ²⁴ tɕiəŋ¹²⁻³³ tsu Øiəu³¹ , sʅ²⁴ tɕiəŋ¹²⁻³³ tɕiəu³³
一 大 块 肉， 大概 四斤 左右， 四斤 酒，

Øi⁵⁵⁻²² tuai³¹ mi³³ ， Øi⁵⁵⁻²² kuo²⁴ tua³¹ kuo⁰ kuaŋ¹² fu³¹ kə⁰ (< kuo⁰) xəu²² pau¹²⁻³³ , xa²²
一 袋 米， 一 个大 个₀ 恭 贺 个₀ 红 包， 还

Øiau²⁴ tsuaŋ³³ pi³¹ xau³³ Øiəu³³ tua³¹ pʰau²⁴ , Øi⁵⁵⁻²² tiaŋ²² —— Øi⁵⁵⁻²² tɕyə³³ tua³¹ pʰau²⁴
要 准 备 好 有 大 炮， 一 长—— 一 卷大 炮

Øa³³ 。tɕiəu³¹ kə⁰ (< kuo⁰) ɕi²² ka¹²⁻³³ , ku²⁴ tɕʰy²⁴ kə⁰ (< kuo⁰) ɕi²² ka¹²⁻³³ , Øiəu²²
啊。 旧 个₀ 时 间， 过 去 个₀ 时 间， 由

niaŋ³³ kə²⁴ (< kuo²⁴) nuo²² kə⁰ (< kuo⁰) ni²⁴ kə⁰ (< kuo⁰) tsai³³ Øiəŋ³¹ kə²⁴ (< kuo²⁴)
两 个 男 个₀ □个崽小孩 用 个₂

kaŋ²⁴ fu³¹ , Øa²² , tuai²² tau²⁴ kuo²⁴ ny³³ ɕy²⁴ kə⁰ (< kuo⁰) Øəu⁵⁵ ni³³ tau²² , Øa²² , tuai²²
杠 盒， 啊， 抬 到 个₂ 女 婿 个₀ 屋 里头家里， 啊， 抬

tau²⁴ ny³³ ɕy²⁴ nuo²⁴ xaŋ²⁴ tɕʰy²⁴ , Øa²² , tɕʰiə⁵⁵⁻²² tɕiəu³³ 。kə⁰ (< kuo²⁴) tsəu³¹ kaŋ³³ tsʅ
到 女 婿 那 □地方去， 啊， 吃 酒。 个₁ 就 讲制叫做

" tɕiəu³¹ Øio²² pu²² məi³¹ sa¹²⁻³³ " 。
" 舅 爷 盘＝供养外 甥 " 。

su³³ səu²⁴ kə⁰ (< kuo⁰) —— ku⁵⁵⁽²² kuo²⁴ —— tau²⁴ tua³¹ məŋ²² kə⁰ (< kuo⁰)
所 送 个₀—— 箇 个—— 到 大 门 个₀

ɕi²² ka¹²⁻³³ nə³³ , Øa²² , tau²⁴ ny³³ kuo¹²⁻³³ kuo⁰ —— kə²⁴ (< kuo²⁴) ny³³ Øa²² —— kuo²⁴
时 间 呢， 啊， 到 女 家 个₀——个₂ 女 啊—— 个₂

ny³³ ɕy²⁴ tua³¹ məŋ²² kə⁰（＜kuo⁰）ɕi²² ka¹²⁻³³ ɵa²², ɕiau²⁴ fuaŋ²⁴——ɕiə¹² ɵiau²⁴ fuaŋ²⁴
女婿　大　门　个₀　　　　时间　　啊，要　放——　先　要　放

ɵi⁵⁵⁻²² tɕʰyə²⁴ tiaŋ²² pʰau²⁴, ɵa²², kuaŋ¹² fu³¹ kuo¹² tɕy³³ niəŋ²² kuo⁰。ɵa²², kuo²⁴ ny³³ ɕy²⁴
一　串　长　炮，啊，恭　贺　个₂主　人　个₀。啊，个₂女　婿

tʰai²⁴ tiau³¹ fuaŋ²⁴ pʰau²⁴ ɕiaŋ³³ nə³³, ɵa²², tɕiəu³¹ ɕiau³³ ta⁵⁵⁻²² ɵi⁵⁵ tai³¹ ɕi³³ məi³¹ kuo¹²⁻³³
听　着　放　炮　响　呢，啊，就　晓　得　一　定　是　外　家

niəŋ²² nai²² tiə⁰ na³³, tɕiəu³¹ ɵiau²⁴ ɵuo¹² pua²² niəŋ²² tɕʰy²⁴ tɕiə⁵⁵/²² kaŋ²⁴ fu³¹, xuo⁵⁵/²²
人　来　嗲　啦，就　要　安　排　人　去　接　　杠　盒，或

tɕia³³——kuo⁵⁵（ku⁵⁵/²²＋kuo²⁴）ɕi²² ka¹²⁻³³ xai¹² kuo²⁴ tuo²⁴ tsɿ³³ ɵa²², tɕiəu³¹ xuo⁵⁵ tsɿ²⁴
者——　□（箇＋个）　　　时间　　兴　个₂担　子　啊，就　喊制叫做

tɕʰy²⁴ tɕiə⁵⁵/²² tuo²⁴ tsɿ³³, ɵa²², pa³³ kuo²⁴ tuo²⁴ tsɿ³³——kuo²⁴ kaŋ²⁴ fu³¹ ɵa²², tuai²⁴ tau²⁴
去　接　担　子，啊，把　个₂担　子——　个₂杠　盒　啊，抬　到

kuo²⁴ tʰai¹² saŋ³¹, pa³³ kuo²⁴ tʰu³³ ti³¹ ti⁴⁴——pa³³ tɕiəu³¹ ɵio¹² tɕiəu³¹ niaŋ²² ɵa²², su³³ tuai²⁴
个₂厅　上，把　个₂土　地　底——　把　舅　爷　舅　娘　啊，所　带

kuo⁰ ni³³ pʰiə³³, tu¹² pua³³ tau⁰ kuo²⁴ tɕiəŋ²⁴ tsau⁵⁵⁻²² saŋ³¹, niaŋ³¹ tua³¹ tɕi²² kuo¹²⁻³³, ɕi³³
个₀礼　品，都　摆　□着　个₂　敬　　桌　上，让　大　齐＝家大家，是

ɵia²², nai²² tsɿ²⁴ kʰa⁵⁵ kuo⁰ niəŋ²² ɵa³³, xuo²⁴ tsʰəŋ¹² fuaŋ¹² kuo¹²⁻³³ kʰuo⁰。ku⁵⁵/²² kuo²⁴
呀，来　制做客　个₀人　啊，和让　村坊家同村的人　　看。箇　个

nə³³ tɕiəu³¹ ɕi³³ kaŋ³³ ɵa²², su³³ səu²⁴ kuo⁰ ni³³ ɵu²² ɵyə⁵⁵/²² kau¹² tɕi²² tsəu³¹ ɵyə⁵⁵/²²
呢　就　是　讲　啊，所　送　个₀礼　物　越　　高　级　就　越

tʰi³³ miə³¹, tɕiəu³¹ kaŋ³³ mai²² nə³³, kuo²⁴ məi³¹ kuo³³ niəŋ²² fəi¹² tsaŋ²² kʰuo²⁴ ta⁵⁵⁻²² tɕʰi³³
体　面，就　讲　明　呢，个₂外　家　人　非　常　看　得　起

kuo²⁴ tɕy³³ niəŋ²², kʰuo²⁴ ta⁵⁵⁻²² tɕʰi³³ kuo²⁴ ny³³ ɕy²⁴。ɵiəŋ¹² tsʰɿ³³ ɵa²², kuo²⁴ ny³³——
个₂主　人，看　得　起　个₂女　婿。因　此　啊，个₂女——

kuo²⁴ ny³³ ɕy²⁴ nə³³ miə³¹ tsɿ³³ nə³³, tɕiəu³¹ kəŋ²⁴ tua³¹ ɵia²²。kuo²⁴　kuo²⁴ ɵi³³ xau³¹
个₂女　婿　呢　面子　呢，就　更　大，呀。个₂——　个₂以　后

nə³³, ɵa²², kuo²⁴ ny³³ ɕy²⁴ kuo¹²⁻³³——kuo²⁴ tɕy³³ kuo³³ ɵa³³, tɕiəu³¹ ɵiau²⁴ tau²⁴ tsuo²²
呢，啊，个₂女　婿　家——　个₂主　家　啊，就　要　倒　茶——

tau²⁴ taŋ²² tsuo²², pu²² nai²² kau²⁴ tau²⁴ pa³¹ suəi³³, ɵi⁵⁵ tai³¹ ɵiau²⁴ tau²⁴ taŋ²² tsuo²², xa²²
倒　糖　茶，不　能　够　倒　白　水，一　定　要　倒　糖　茶，还

Øiau²⁴ pua³³ taŋ²², pua³³ çi³³ taŋ²², nai²² tsau¹² tuai³¹ kuo²⁴ su³³ nai²² kuo⁰ kʰa⁵⁵ niəŋ²², səu²⁴
要 摆 糖， 摆 喜 糖， 来 招 待 个₂ 所 来 个₀ 客 人， 送
kuo²⁴ ny³³——səu²⁴ çi¹² fu³¹ niaŋ²² kuo⁰ niəŋ²² Øa³³。tsai³³ kuo²⁴ taŋ¹² tsəŋ¹²⁻³³ nə³³, paŋ¹²
个₂ 女—— 送 媳 妇 娘 个₀ 人 啊。在 个₁ 当 中 呢， 帮
maŋ²² kə⁰（<kuo⁰）niəŋ²² Øa²², tsəu³¹ tçi⁵⁵ tçi⁵⁵⁻²² maŋ²² maŋ²² ka¹²⁻³³ ni³³, Øiau²⁴ pua³³
忙 个₀ 人 啊， 就 急 急 忙 忙 □里地， 要 摆
çi⁵⁵⁽²² na³³, Øia²²。pua³³ çi⁵⁵⁽²² nə³³ Øa¹² Øiəu³³ kaŋ³³ tçiəu²⁴, tçiəu³¹ çi³³ kuo²⁴ məi³¹
席 啦， 呀。摆 席 呢 也 有 讲 究， 就 是 个₂ 外
kuo¹²⁻³³ kuo⁰ Øi⁵⁵⁻²² tsau⁵⁵⁻²² nə³³, kuo²⁴ məi³¹ kuo¹²⁻³³ tua³¹ tçiəu³¹ ku⁵⁵⁽ Øi⁵⁵⁻²² tsau⁵⁵⁽²²
家 个₀一 桌 呢， 个₂ 外家大舅₍舅舅家₎ 箇 一 桌
Øa²², Øi⁵⁵ tai³¹ Øiau²⁴ pua³³ tsai³³ nuo³¹ kuo²⁴ tʰai¹² saŋ³¹——tsai³³ tʰai¹² saŋ³¹ kə⁰（<kuo⁰）
啊， 一 定 要 摆 在 那 个 厅 上—— 正 厅 上 个₀
tsu²⁴ saŋ³¹ kau⁵⁵⁽²²。kuo²⁴ tçiəu³¹ çi³³ nə³³, Øaŋ²⁴ tsau²⁴ nəŋ²² tsʰəŋ¹²⁻³³ kə⁰（<kuo⁰）
左 上 角。 个₁ 旧 时 呢， 按 照 农 村 个₀
çi⁵⁵⁽²² ku²⁴ kaŋ³³ nə³³, tçiəu³¹ çi³³ Øiau²⁴ tsu³³ saŋ³¹ çi⁵⁵⁻²²。
习 惯 讲 呢， 就 是 要 坐 上 席。

Øa²², tçy²² fuaŋ²² ni³³ nə³³, xa²² Øiau²⁴ tçyə¹² məŋ²² suo⁵⁵⁽²² kuo²⁴ tçi¹² tçy³³ xau³³, piəŋ²⁴
啊， 厨 房 里 呢， 还 要 专 门 杀 个 鸡 煮 好， 并
tçiə³³ nə³³ xa²² Øiau²⁴ tsəŋ³³ pi³¹ sʅ²⁴ kuo²⁴ tsʰai²⁴, çi³³ Øia²², xau³³ tçiaŋ³¹ Øiəu³³ ty¹² ku¹² Øa³³、
且 呢 还 要 准 备 四 个 菜， 是 呀， 好像₍比如₎ 有 猪 肝 啊、
xuo³¹ suəi³³ Øa³³、tu³¹ tsʅ³¹ Øa³³、sau²⁴ Øiəu⁵⁵⁻²² pʰiə²⁴ Øa³³, təŋ³³ təŋ³³ Øa³³, sʅ²⁴ kə²⁴（<kuo²⁴）
下 水 啊、肚 子 啊、瘦 肉 片 啊， 等 等 啊， 四 个
tsʰai²⁴, tʰə⁵⁵ piə³¹ tsau¹² tuai³¹ Øa²², kuo²⁴ tçiəu³¹ Øio²² tçiəu³¹ niaŋ²² ku⁵⁵⁽ Øi⁵⁵⁻²² tsau⁵⁵。
菜， 特 别 招 待 啊， 个₁ 舅 爷 舅 娘 箇 一 桌。
Øiəŋ¹² Øuəi²² nə³³, kuo²⁴ Øi²⁴ sʅ¹²⁻³³ tçiəu³¹ çi³³ kaŋ³³ nə³³, kuo²⁴ tçiəu³¹ Øio²² tçiəu³¹ niaŋ²²
因 为 呢， 个₁意 思 就 是 讲 呢， 个₁ 舅 爷 舅 娘
Øuəi³¹ tiə⁰ kuo²⁴ məi³¹ sa¹²⁻³³, Øə²², kə²⁴（<kuo²⁴）fuaŋ¹² sʅ³¹ tsʰau¹² tiə⁰ pu²² sau³³
为 嗲 个₁ 外 甥， 呃， 个₁ 婚 事 操 嗲 不 少
kə⁰（<kuo⁰）çiəŋ¹², suai³³ tiə⁰ pu²² sau³³ kə⁰（<kuo⁰）tçiə²², su³³ Øi³³ Øiau²⁴ tʰə²²
个₀ 心， □花 嗲 不 少 个₀ 钱， 所 以 要 特

piə³¹ tsau¹² tuai³¹。tɕiəu³¹ kə⁰（< kuo⁰）ɕi⁵⁵ᐟ²² ku²⁴ nə³³, tɕiəu³¹ ɕi³³ kuo²⁴ tɕiəu³¹ Øio²²
别   招待。   旧 个₀   习   惯   呢, 就   是   个₂ 舅 爷
xuo²² kuo²⁴ tɕiəu³¹ niaŋ²² xa²² pu²² tsai²² kuaŋ¹² fu³¹ kə⁰（< kuo⁰）ɕi²² ka¹²⁻³³ nə³³, Øa²²,
和   个₂   舅   娘 还 不 曾   恭   贺   个₀   时   间   呢, 啊,
tɕiəu³¹ Øio²² tɕiəu³¹ niaŋ²² pu²² saŋ³³ ɕi⁵⁵ kə⁰（< kuo⁰）ɕi²² ka¹²⁻³³ nə³³, tɕʰi²² tʰuo¹²
舅   爷   舅   娘   不 上   席 个₀   时 间   呢, 其   他
kə⁰（< kuo⁰）niaŋ²², pu²² kuaŋ³³ ni³³ ɕi³³ Øiəŋ²⁴ xuo²² niaŋ²², tu¹² pu²² nai²² kə²⁴（< kau²⁴）
个₀   人, 不   管   你   是   任   何   人, 都   不   能   够
kʰuai¹² ɕi⁵⁵, tu¹² pu²² nai²² kau²⁴ ɕiə¹² tɕʰiə⁵⁵⁻²² xuo³¹——ɕiə¹² tɕʰiə⁵⁵ᐟ²²。
开   席, 都   不   能   够   先   吃   饭——先   吃。
ɕi³³ Øia²², kuo²⁴ məi³¹ kuo¹²⁻³³ niaŋ²², kuo²⁴ tɕiəu³¹ Øio²² tɕiəu³¹ niaŋ²² Øuəi²² tɕʰy²⁴ kuo⁰
是 呀, 个₂   外 家 人,   个₂   舅   爷   舅   娘   回   去   个₀
ɕi²² ka¹²⁻³³ nə³³, Øa²², Øiau²⁴ pa³¹ ku⁵⁵ᐟ²² kuo²⁴ tuai²⁴ nai²² kə⁰（< kuo⁰）tɕiəu³³ Øa³³、
时   间   呢, 啊, 要   把   箇   个   带   来   个₀   酒   啊、
Øiəu⁵⁵ Øa³³、mi²² Øa³³, tʰəi²⁴ Øi⁵⁵⁻²² pu²² Øuəi²² tɕʰy²⁴, tʰəi²⁴ Øi⁵⁵⁻²² pu²² niaŋ³¹ kʰa⁵⁵ niaŋ²²
肉   啊、米   啊, 退   一   半   回   去, 退   一   半   让   客   人
kai²² Øuəi²² tɕʰy²⁴, ku⁵⁵ᐟ²² kuo²⁴ tsəu³¹ kaŋ³³ tsʅ²⁴"fəi——Øuəi²² ni³³"。Øa²², su³³ Øi³³
□带   回   去,   箇   个   就   讲   制叫做"回——回 礼"。啊, 所   以
tsai³³ ku⁵⁵ᐟ²² kuo²⁴——nau³³ ɕi⁵⁵⁻²² ku²⁴ tɕiəu³¹ ɕi³³ kaŋ³³ Øa²², tsai³³ taŋ¹² ni⁵⁵⁻²² Øio³¹ xuo³³,
在 箇   个——老   习   惯   就   是   讲   啊, 在   当   日   夜下晚上,
kuo²⁴ puo³¹ tɕiəu³³ ɕi⁵⁵⁻²² kə⁰（< kuo⁰）taŋ¹² ni⁵⁵⁻²² Øio³¹ xuo³³ nə³³, Øa²², nuo²²
个₁   办   酒   席   个₀   当   日   夜下晚上 呢, 啊, 男
fuaŋ¹²⁻³³ nə³³, tsəu³¹ ɕiə¹² puo³¹ tsʰaŋ²⁴ ku¹²⁻³³ tɕiəu³³。Øə³³, tau²⁴ ŋ³³ ka¹²⁻³³——ŋ³³
方   呢, 就   先   办   唱   歌   酒。   呢, 到   五 更—— 五
ka¹²⁻³³ tʰiə¹²⁻³³ kə⁰（< kuo⁰）ɕi²² ka¹²⁻³³, tʰiə¹² niaŋ³¹——kʰua²⁴ niaŋ³¹——tʰiə¹² niaŋ³¹,
更   天   个₀   时   间,   天   亮—— 快   亮—— 天   亮,
xuo²² niaŋ³¹ kə⁰（< kuo⁰）ɕi²² ka¹²⁻³³ nə³³, kuo²⁴ ɕiəŋ¹² naŋ²² kəu¹²⁻³³, tsəu³¹ Øiau²⁴ tau²⁴
和   亮   个₀   时   间   呢, 个₁ 新   郎   公,   就   要   到
kuo²⁴ niaŋ¹² kə⁰（< kuo⁰）fuaŋ²² ni³³ tau²² tɕʰy²⁴, Øiəu²² kuo²⁴ niaŋ¹² tɕʰiəŋ¹² tsʅ³¹ nə³³,
个₁ 娘   个₀   房   里   头   去,   由   个₁ 娘   亲   自   呢,

pa³³ kuo²⁴ ɕiəŋ¹² naŋ²² kəu¹²⁻³³ tʰiau³³ saŋ³³ Øa²², tɕiəu³¹ Øio²² tɕiəu³¹ niaŋ²² su³³ səu²⁴ nai²²
把为个¹ 新 郎 公   戴换上啊，   舅爷 舅 娘 所 送 来

kuo⁰ xa²² mau³¹ Øi¹² muo⁵⁵, ɕi³³ Øia²², Øi⁵⁵⁻²² tɕʰi³¹ tɕʰy²⁴ tɕʰi³³ tɕʰiəŋ¹² —— tɕʰy²⁴ tɕiə⁵⁵⁻²²
个⁰ 鞋 帽 衣 袜，   是 呀， 一 起   去 起 亲——   去   接

tɕʰiəŋ¹². tsai³³ kuo²⁴ kuo²⁴ tsai²² tɕiəu³¹ ɕi³³ ka¹² kə⁰ (＜kuo⁰).
亲。   整 个   过   程   就   是 □如此个⁰。

普通话梗概

俗话说："娘亲舅大，爷亲叔大。"外甥把舅舅叫做"舅爷"，把舅妈叫做"舅娘"，他们的地位和自己的亲生父母一样。所以在外甥成人、结婚的时候，出嫁的女儿（外甥的母亲）就一定要回娘家，由娘家人带去上坟祭祖，去坟头上告知逝去的先祖们结婚的日子，并请他们回家喝喜酒。女儿在回娘家的时候要带鸡、猪肉、酒以及水果等。如果是娘家有几个兄弟，还要请他们一起吃饭，商量好该怎样操办外甥的婚事，征求他们的意见。在酒席上，请舅舅们确定好哪一天办酒席请客。接下来，舅舅和舅妈就要花一大笔钱，替外甥准备好礼物，要给外甥从头到脚都要买新的，包括衣服、帽子、鞋袜等。去吃喜酒的时候，舅舅一定要蒸一甑松糕，表示祝福外甥高升，因为"糕"和"高"谐音。还要带一大块四斤左右的肉、四斤酒、一袋米、一个大红包和一长卷大炮，由两个男孩用杠盒抬到女婿家去喝喜酒。这就叫做"舅爷盘=供养外甥"。

舅舅和舅妈来到门前的时候，先要放一串长炮恭贺主人。女婿听到炮响，就知道一定是娘家人来了，他要安排人去接杠盒，现在叫做"去接担子"。先把担子或者杠盒抬到厅堂上的神龛前，把舅舅和舅妈所带的礼品都摆在供桌上，让客人和邻里们来看。所送的礼物越高级就越体面，说明娘家人非常看得起这个女婿，这个女婿的面子也就越大。接下来主人就该倒糖茶，不能倒白开水，还要摆喜糖来招待客人。同时，帮忙的人就赶紧准备摆酒席啦。摆酒席也很有讲究，舅舅和舅妈这一桌一定要摆在正厅的左上角，按照过去农村的习惯说就是"坐上席"。厨房里要专门杀个鸡煮好，另外还要准备四个菜，有猪肝、下水、猪肚、瘦肉片等，来特别招待舅舅和舅妈这一桌。意思是，舅舅和舅妈为了外甥的婚事操了不少心，花不少钱，所以要特别招待。过去还有一个习惯是，如果舅舅和舅妈还没有赶到，或者还没有入坐的时候，不管是谁都不能先开席吃饭。

  舅舅和舅妈回去的时候，要将他们所带来的酒、肉、米退一半回去，这就叫"回礼"。当天晚上，男方就举办唱歌酒。到五更天时间，天快亮或刚亮的时候，新郎就要到母亲的房间，由母亲帮忙换上舅舅和舅妈所送来的鞋帽衣袜，和接亲队一起去接亲。

十八、寡婆子改嫁

kaŋ³³ niaŋ³³ kə²⁴（＜kuo²⁴）nau³³ ɕi²² ka¹²⁻³³ kə⁰（＜kuo⁰）ku²⁴ sʅ³¹。Øi⁵⁵⁻²²
讲　两　个　　　　老　时　间　个₀　　　故　事。一
kə²⁴（＜kuo²⁴）nə³³，tsəu³¹ ɕi³³ kuo³³ pu²² tsʅ³³ ka³³ kuo²⁴。tʰai²⁴ nau³³ niəŋ²² kə³³（＜kuo¹²）
个　　　　　呢，就　是　寡　婆　子寡妇改　嫁。听　老　人　家
ti³¹ kaŋ³³ Øa²²，ku²⁴ tɕʰy²⁴ Øiəu³³ Øi⁵⁵⁻²² tsəŋ³³ tɕiəu³¹ kuo⁰ nau³³ ɕi⁵⁵/²² ku²⁴，tsəu³¹ ɕi³³ kaŋ³³
呭们讲　啊，过　去　有　一　　种　旧　个₀ 老习　惯，就　是　讲
nə³³，Øa⁵⁵ nuo²² niəŋ²² sʅ³³ tiə⁰ Øi³³ xau³¹，kuo²⁴ nau³³ pu²² Øa²²，Øiau²⁴ tsai³³ kuo²⁴ nuo²²
呢，阿　男　人　死　嗲以　后，个₂ 老　婆 啊，要　在　个₂ 男
kuo¹²⁻³³ səu³³ ɕiau²⁴ sa¹² niə²² Øi³³ xau³¹ tsai²² ɕi³³ nai²² kə²⁴（＜kau²⁴）tɕʰy⁵⁵/²² kuo²⁴。nuo³¹
家，　守　孝　三　年　以　后　才　是　能　够　　　　　出　嫁。那
kuo²⁴ ɕi²² ka¹²⁻³³ kə⁰（＜kuo⁰）ɕi⁵⁵/²² ku²⁴ tsəu³¹ ɕi³³ Øia²²，fu³¹ ny³³ Øa²²，kuo²⁴ fu³¹ ny³³
个　时　间　个₀　　　　习　惯　就　是　呀，妇　女　啊，个₂ 妇女
nə³³，tsʅ³¹ tɕi³¹ kə⁰（＜kuo⁰）nuo²² niəŋ²² sʅ³³ tiə⁰，ka³³ kuo²⁴ nə³³，pu²² ɕi³³ Øi⁵⁵⁻²² tɕiə⁰
呢，自　己　个₀　　　　男　人　死　嗲，改　嫁　呢，不　是　一　件
kuaŋ¹² tsʰai³³ kə⁰（＜kuo⁰）sʅ³¹ tsai²²。ɕi³³ Øia²²，pu²² nai²² kə²⁴（＜kau²⁴）tua³¹ tsaŋ¹²
光　彩　个₀　　　　事　情。是　呀，不　能　够　　　　大　张
tɕi²² ku³³ ka¹² ni³³ puo³³ ɕi³³ sʅ³¹，tɕi³³ nai²² kau²⁴，Øa²²，tɕʰiau¹² tɕʰiau¹² ka¹² ni³³ tɕʰy⁵⁵/²²
旗　鼓　□里地办　喜　事，只　能　够，啊，悄　悄　□里地出
kuo²⁴。nuo³¹ kuo²⁴ ɕi²² ka¹²⁻³³，fu³¹ ny³³ ka³³ kuo²⁴ nə³³，ny³³ kuo¹²⁻³³ nə³³，Øa¹² pu²² nai²²
嫁。那　个　时　间，　妇　女　改　嫁　呢，女　家　　呢，也　不　能
kə²⁴（＜kau²⁴）tsʰai³³ tɕiəu³³，puo³¹ tɕiəu³³ ɕi⁵⁵⁻²²。Øə²² tɕʰiə³³ Øa²²，tsai³³ tɕʰy⁵⁵/²² kuo²⁴
够　　　　请　酒，办　酒　席。而　且　啊，在　出　嫁
kuo⁰ tau²² ni⁵⁵⁻²² Øi³¹ xuo³³ nə³³，Øiau²⁴ pai²⁴ tɕʰy⁵⁵/²² tau²⁴ məi³¹ kuo¹²⁻³³ kə⁰（＜kuo⁰）
个₀ 头　日　夜　下晚上呢，要　□搬　出　到　外　家　个₀
Øəu⁵⁵，tau²⁴ məi³¹ tau³³ miə⁰ tɕʰy²⁴ ty⁵⁵ Øi⁵⁵⁻²² Øio²⁴，Øə²²，tau²⁴ tsʅ³¹ tɕi³³ kə⁰（＜kuo⁰）
屋，到　外　头　面　去　住　一　　夜，啊，到　自　己　个₀

tsʰau³³ Øəu⁵⁵⁻²² ni³³ Øa³³, xuo²² tɕia³³ paŋ²² piə¹²⁻³³ kə⁰ (< kuo⁰) fua³¹ Øəu⁵⁵ʼ²² ni³³ Øa²²,
草　屋　里啊，或者 旁 边　个₀　　　坏 屋 里啊，
tɕʰy²⁴ ty³¹ Øi⁵⁵⁻²² Øio²⁴, tsai³³ Øiəu²² nə³³ kuo²⁴ nuo²² fuaŋ¹²⁻³³ tau²⁴ tsʰau³³ Øəu⁵⁵⁻²² ni³³ tɕʰy²⁴
去　住　一　夜，再 由 呢 个₁男　方　　到 草 屋 里 去
pa³³ ku⁵⁵ʼ²² kuo²⁴ kuo³³ pu²² tsɿ³³ tɕiə⁵⁵ tɕʰi³³ xa²². nuo³¹ kuo²⁴ ɕi²² ka¹²⁻³³ nə³³, pu²² nai²²
把 箇　个 寡 婆 子寡妇 接 起 行走。那 个 时 间 呢，不 能
kə²⁴ (< kau²⁴) tau²⁴ kuo²⁴ Øəu⁵⁵ ni³³ tau²², tsai³¹ tɕi⁵⁵ (< tɕiə⁵⁵) tau²⁴ Øəu⁵⁵ ni³³ tau²²
够　　　 到 个₁屋 里 头，直 接 　　到 屋 里头家里
tɕʰy²⁴ tɕiə⁵⁵ʼ²²——tɕiə⁵⁵ʼ²² niaŋ²².
去 接—— 接 人。

Øa²², kə²⁴ (< kuo²⁴) ny³³ kuo⁰, kuo²⁴ kuo³³ pu²² tsɿ³³ Øa²², tɕʰy⁵⁵ʼ²² kuo²⁴ kə⁰ (< kuo⁰)
啊，个₂　　　　女 个₀, 个₂寡 婆 子 啊，出　嫁 个₀
ɕi²² ka¹²⁻³³, nuo³¹ kuo²⁴ ɕi²² ka¹²⁻³³ xai¹² tsu³³ tɕiau³¹ Øa³³, ɕi³³ Øia²², Øa¹² Øiəu³³ xa²² nu³¹
时 间，　那 个 时 间 兴 坐 轿 啊，是 呀，也 有 行走路
kuo⁰ Øa³³, Øiəu³³——Øiəu³³ niaŋ³³ tsəŋ³³ na⁰, ɕi³³ Øia²². pu³³ kuaŋ³³ ɕi³³ tsu³³ tɕiau³¹,
个₀啊，有—— 有 两 种 啦，是 呀。不 管 是 坐 轿，
xa²² ɕi³³——xuo⁵⁵ʼ²² tɕia³³ ɕi³³ xa²² nu³¹, kuo²⁴ ny³³ kuo⁰ nə³³, səu³³ saŋ³¹ tu¹² Øiau²⁴ tsʰa²⁴
还 是—— 或 者 是 行走路，个₂女 个₀呢，手 上 都 要 □撑
Øi⁵⁵⁻²² puo³³ Øy³³ suo³³.ku²⁴ tɕʰy²⁴ nuo³¹ kuo²⁴ ɕi²² ka¹²⁻³³ nə³³ ɕi³³ Øiəu²² tɕi³³ suo³³ nuo⁰, pu²²
一　把 雨 伞。过 去 那　个　时　间　呢是 油 纸 伞 啰，不
ɕi³³ pu²⁴ suo³³, pu²⁴ suo³³ xəŋ³³ sau³³ kuo⁰.ɕi³³ Øia²², ɕi³³ tɕi³³ tsɿ²⁴ tɕʰi³³ kuo⁰ Øiəu²²
是 布 伞，布 伞 很 少 个₀，是 呀，是 纸 制做 起 个₀油
tɕi³³ suo³³. tʰuo¹² kə⁰ (< kuo⁰) Øi²⁴ sɿ¹²⁻³³ nə³³ tsəu³¹ ɕi³³ kaŋ³³ Øa²², ku⁵⁵ʼ²² kuo²⁴ kuo³³
纸 伞。它 个₀　　　　意 思 呢 就 是 讲 啊，箇　个 寡
pu²² tsɿ³³ tɕʰy⁵⁵ʼ²² kuo²⁴ kə⁰ (< kuo⁰) ɕi²² ka¹²⁻³³ nə³³, pu²² nai²² kə²⁴ (< kau²⁴) taŋ¹²
婆 子 出　嫁 个₀　　　　时 间 呢，不 能 够　　　　当
tsəŋ²⁴, taŋ¹² tau⁰ tua³¹ tɕi³³ kuo¹²⁻³³ Øa²² nu³¹ miə³¹, Øiau²⁴ tsʰa²⁴ Øi⁵⁵⁻²² puo³³ suo³³, taŋ³³ tau²²
众，当 □着大齐=家大家 啊露 面，要 □撑一 把 伞，挡 □着
tsɿ³¹ tɕi³³ kə⁰ (< kuo⁰) miə³¹, tɕʰy⁵⁵ʼ²² kuo²⁴ tɕʰy⁵⁵ʼ²² tɕʰy²⁴.ŋ⁵⁵ʼ²² məŋ²² Øi³³ xau³¹ nə³³,
自 己 个₀　　　　面，出 嫁 出 去。入 门 以 后 呢，

çi³³ Øia²², Øa⁵⁵ kuo³³ pu²² tsŋ³³ kuo²⁴ tau²⁴ ti³¹ Øi³¹ kə²⁴（< kuo²⁴）nuo²² niəŋ²² Øəu⁵⁵ məŋ²²
是 呀，阿 寡 婆 子 嫁 到 第 二 个　　　男 人 屋 门

kə⁰（< kuo⁰）çi³³ ka¹²⁻³³ nə³³，ku⁵⁵ᐟ²² puo³³ suo³³ tçi³³ nai²² kə²⁴（< kau²⁴）çi³³ Øiəu²²
个₀　　　时 间 呢， 箇 把 伞 只 能 够　　　 是 由

ku⁵⁵ᐟ²² kuo²⁴ məi²² niəŋ²² pu²² səu¹² tçʰi³³ nai²², tçʰi²² tʰuo¹² kuo⁰ niəŋ²² çi³³ pu²² nai²²
箇　个 媒 人 婆 收 起 来， 其 他 个₀人 是 不 能

kə²⁴（< kau²⁴）nu³¹ səu¹², tçi³³ Øiəu³³ tʰuo¹² Øi⁵⁵⁻²² kuo²⁴ niəŋ²² tsai³³ nai²² kə²⁴（< kau²⁴）
够　　　乱 收，只 有 她 一 个 人 才 是 能 够

səu¹²。Øia²², su³³ Øi³³ nə³³, nuo³¹ kuo²⁴ çi²² ka¹²⁻³³ Øa²², Øi⁵⁵⁻²² tsŋ²² tau²⁴ ku⁵⁵ çiaŋ³³, tu¹²
收。呀，所 以 呢，那 个 时 间 啊，一　 直 到 箇想⁼现在，都

xa²² Øiəu³³ kuo²⁴ ka¹² kuo⁰ kaŋ³³ xuo⁵⁵⁻²² nuo³³, çi³³ Øia²², kʰuo²⁴ tiau³¹ Øa²², Øiəu³³ niəŋ²²
还 有 个 □这样个₀讲 法 啰， 是 呀， 看 着 啊， 有 人

tsʰa²² suo³³ tçʰy⁵⁵ᐟ²² kuo²⁴ kuo⁰ çi³³ ka¹²⁻³³ nə³³, tsəu³¹ çiau³³ ta⁵⁵⁻²² çi³³ kuo³³ pu²² tsŋ³³ tçʰy⁵⁵ᐟ²²
□撑 伞 出　 嫁 个₀时 间 呢， 就 晓 得 是 寡 婆 子 出

kuo²⁴。ku⁵⁵ᐟ²² tsəŋ³³ çi⁵⁵ᐟ²² ku²⁴ Øa²², xau³¹ nai²² tsəu³¹ piə²⁴ tiə⁰ na²², ku⁵⁵ᐟ²² kuo²⁴ çi²²
嫁。箇　种 习 惯 啊，后 来 就 变 嗲 啦， 箇 个 时

ka¹²⁻³³ piə²⁴ tiə⁰ na²², çi³³ Øia²², Øiəu³³ ni⁵⁵ çi¹² fu³¹ niaŋ²² Øa²², çi³³ Øia²², çiəŋ¹² çiəŋ¹²⁻³³
间　变 嗲 啦， 是 呀， 有 立⁼些媳 妇 娘 啊， 是 呀， 新 新

çi¹² fu³¹ niaŋ²², pu³³ kuaŋ³³ çi³³ tʰiə¹² tsai²² Øa²², xuo²² tçia³³ çi³³ nau⁵⁵⁻²² Øy³³ tçʰy⁵⁵ᐟ²² kuo²⁴,
媳 妇 娘， 不 管 是 天 晴 啊， 或 者 是 落　雨 出 嫁，

pu²² ku³³ çi³³ tsu³³ tsʰuo¹² xuo²² tçia³³ çi³³ xa²² nu³¹, tu¹² Øuai²⁴ tsʰa²⁴ Øi⁵⁵⁻²² puo³³ suo³³。Øy²²
不 管 是 坐 车 或 者 是 行走路，都 爱 □撑 一　 把 伞。于

çi³³ Øia²², Øy²² ku³³ Øiəu³³ ti⁵⁵ niə²² tçi²⁴ kə⁰（< kuo⁰）nau³³ niəŋ²² kə³³（< kuo¹²）ti³¹
是 呀， 如 果 有 □点 年 纪 个₀　 老 人 家 咻们

Øa²², tsəu³¹ fəi³¹ kaŋ³³ na³³, çi³³ Øia²², kuo²⁴ tsəŋ¹² tsəŋ¹² çiau²⁴ xuo³¹, çi³³ Øia²²,
啊， 就 会 讲 啦， 是 呀， 个₁真 真 是 笑 话， 是 呀，

pəŋ²² nai²² çi³³ tau²⁴ fuaŋ¹²⁻³³ kuo⁰, tsəŋ³³ muo³³ piə²⁴ sai²² tiə⁰ Øi³¹ fuaŋ¹²⁻³³, ti³¹ Øi³¹ tau²⁴
本 来 是 头 婚　 个₀，怎 么 变 成 嗲二 婚， 第 二 道次

tçiə⁵⁵ᐟ²² fuaŋ¹²。Øiəŋ¹² Øuəi²² ku²⁴ tçʰy²⁴ çi³³ kuo³³ pu²² tsŋ³³ tsai²² çi³³ tsʰa²⁴ suo³³ pa²², tau²²
结 婚。因 为 过 去 是 寡 婆 子 才 是 □撑 伞 吧， 头

第二章 婚事

fuaŋ$^{12-33}$ kə^0 (＜kuo^0) çiəŋ^{12} çiəŋ$^{12-33}$ çi^{12} fu^{31} çi^{31} Øia^{22} tsʰa^{24} suo^{33} kə^0 (＜kuo^0), çi^{33}
婚　个$_0$　　　　　新　新　　媳妇是　□不□撑　伞　个$_0$,　　　是

Øia^{22}, su^{33} Øi^{33} nau^{33} niəŋ^{22} kə$^{12-33}$ ti^{31} kʰuo^{24} pu^{22} ku^{24} tsəu^{31} Øiəu^{33} ku^{55}╱$^{\underline{22}}$ kuo^{24} kaŋ^{33} xuo$^{55-22}$。
呀，所以老人家佢们看不惯就有箇个讲法。

kə^{24} (＜kuo^{24}) kuo^{33} pu^{22} tsʅ^{33} kuo^{24} tiə^0 nuo^{22} niəŋ^{22} Øi^{33} xau^{31} nə^{33}, Øio^{33} çi^{33} kuo^{24} nuo^{22}
　 个$_2$　　　寡 婆 子 嫁 嗲 男　人 以 后 呢，若是个$_1$ 男

kə^0 (＜kuo^0) Øəu^{55} ni^{33} tau^{22}, tʰuo^{12} kə^0 (＜kuo^0) tau^{22} kə^{24} (＜kuo^{24}) nau^{33} pu^{22}
个$_0$　　　　 屋里头家里,　他 个$_0$　　　头 个　　　　老 婆

Øiaŋ^{33} Øiəu^{33} çi^{24} kə^{24} (＜kuo^{24}) ti^{31}, tʰə^{55} piə^{31} çi^{33} Øiəu^{33} tsai^{33} kuo^0。Øa^{22}, kuo^{24} kuo^{33}
养　有　细 个　　　　　佢孩子, 特别是 有　崽 个$_0$, 啊,　 个$_1$ 寡

pu^{22}tsʅ^{33} kuo^{24} ku^{24} tɕy^{24} Øi^{33} xau^{31} nə^{33}, pi^{55} çy^{12} Øiau^{31} niəŋ^{22} kuo^0 tsʅ^{31} tɕi^{33} kuo^0 nuo^{22} kuo^0
婆 子 嫁 过 去　以 后 呢, 必 须　要　认 个$_2$ 自己 个$_0$ 男 个$_0$

tɕiə^{22} miə^{31} nuo^{31} kuo^{24} nau^{33} pu^{22} kə^0 (＜kuo^0) məi^{31} kuo$^{12-33}$, niəŋ^{31} kuo^{24} niəŋ^{12} kuo$^{12-33}$
前　面　那 个 老 婆 个$_0$　　　　外　家, 认　个$_2$ 娘　家

tɕʰiəŋ$^{12-33}$ ma^{22}, çi^{33} Øia^{22}, fəu^{22} niə^{22} ku^{24} tɕiə^{55} tu^{12} Øi$^{55-22}$ sai$^{\underline{55/22}}$ kuo^0, niaŋ^{33} miə^{24} tu^{12}
亲　　嘛, 是 呀, 逢 年 过 节 都 一　色一样 个$_0$, 两 面 都

Øiau^{24} tɕʰy^{24}, tɕʰy^{24} pua^{24} niə^{22}, tɕʰy^{24} kʰuo^{22}, kʰuo^{24} maŋ^{31}, xau^{31} tɕiaŋ^{31} çi^{33} tsʅ^{31}
要 去,　去 拜 年,　去 看 啊, 看 望,　好 像 是比如 自

tɕi^{33} kuo^0 məi^{31} kuo$^{12-33}$ Øi$^{55-22}$ sai$^{\underline{55/22}}$。kuo^{24} nuo^{22} kə^0 (＜kuo^0) nə^{33}, Øa^{12} Øiau^{24} niəŋ^{31}
家 个$_0$ 外　家　　一色一样。　 个$_2$ 男 个$_0$　　　　呢, 也 要 认

niaŋ^{33} tɕiə^{31} tau^{22}, çi^{33} Øia^{22}, tsəu^{31} çi^{33} kaŋ^{33} Øa^{22}, tɕiə^{22} miə^{31} Øa^{55} nau^{33} pu^{22} kuo^0 Øiau^{55}
两截头两头,　是 呀,　就 是 讲 啊,　前　面　阿 老 婆 个$_0$ 岳

mu^{33} niaŋ^{22} Øiau^{55} tau^{22} tsʅ^{33} Øiau^{24} kʰy^{24} (＜tɕʰy^{24}) niəŋ^{31}, kuo^{24} xau^{31} tʰau^{31} kə^0 (＜kuo^0)
母　娘 岳头子岳父　要 去　　　　　　认,　个$_1$ 后 讨 个$_0$

nau^{33} pu^{22} Øəu^{55} ni^{33} tau^{22} kuo^0 Øiau^{55} mu^{33} niaŋ^{22}, çi^{33} Øia^{22}, Øiau^{55} tau^{22} tsʅ^{33} nə^{33} Øa^{12} Øiau^{24}
老 婆　屋里头家里 个$_0$ 岳 母　娘,　是 呀, 岳头子岳父 呢 也 要

niəŋ^{31}, Øa^{22}, su^{33} Øi^{33} nə^{33} tɕiəŋ^{31} piə^{24} sai^{22} tiə^0 Øiəu^{33} tiə^0 niəŋ^{33} kuo$^{12-33}$ məi^{31} kuo$^{12-33}$ niəŋ^{22}。
认,　啊,　所 以 呢　就　变　成 嗲　有 嗲　两　家　　 外　家　人。

普通话梗概

过去有一种旧风俗，丈夫死后，妻子要在男家守孝三年才能够改嫁。人们认为，妇女死了男人后改嫁是一件不光彩的事情，不能大张旗鼓地办喜事，只能悄悄地出嫁，女方家还不能办酒席。在出嫁的前一天晚上，出嫁的女子要搬出娘家，到外面去住一夜，在娘家的草屋，或者旁边的坏了的屋子里去住一夜，再由男方到草屋或坏的屋子里去把寡妇接走，是不能直接到正屋去接人的。寡妇出嫁一般都坐轿子，也有走路的，不管是坐轿子还是走路，女子手上都要撑一把雨伞。过去是油纸伞，不是布伞。撑伞的意思就是这个寡妇出嫁不能当众露脸，要撑一把伞挡着自己的脸嫁出去。寡妇进门的时候，这把伞只能由媒婆收起来，其他人是不能乱收的。所以一直到现在都还有这样的说法：有人撑伞出嫁的话，就知道是寡妇出嫁。

这种习惯后来就变了，有些新娘不管是天晴还是下雨，出嫁不管是坐车还是走路，都爱撑一把伞。于是上点年纪的老人就会说：真是笑话啊，本来是头婚，怎么变成二婚了？因为过去是寡妇改嫁才撑伞，头婚的新娘是不撑伞的，所以老人家看不惯，就有了这个说法。如果男人的前妻生有孩子，特别是男孩，寡妇嫁过去以后，必须要认前妻的娘家，逢年过节都要去看望，就像是自己的娘家一样。男人也认两个岳母——前妻和现任妻子的岳父岳母都要认，所以就有了两个"外家"。

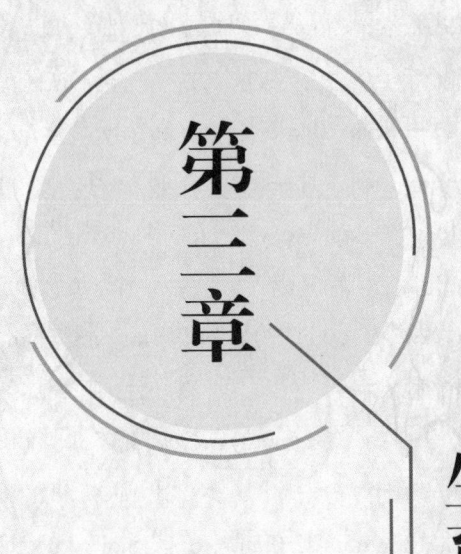

第三章

生育、寿辰

一、报 喜

xuo³¹ miə²⁴ kaŋ³³ Øi⁵⁵⁻²² kuo²⁴ ŋ³³ tiə³¹ kə⁰ (< kuo⁰) ti³¹ fuaŋ¹²⁻³³ Øa²², fu³¹ ny³³ Øiaŋ³³
下 面 讲 一 个 我 哋们个₁ 地 方 啊, 妇 女 养
çi²⁴ kuo²⁴ ti³¹, pau²⁴ çi³³, xuo³³ tsʅ²⁴ nu³³ —— mu³³ Øyə⁵⁵⁻²² —— nu³³ Øyə⁵⁵⁻²² tçiəu³³ kuo⁰
细个哋孩子, 报 喜, 和 制做暖—— 满 月—— 暖 月 酒 个₀
fəu¹² su²² çi⁵⁵/²² ku²⁴ 。ku²⁴ tçʰy²⁴ Øa²², tçʰy⁵⁵/²² kuo²⁴ tçʰy⁵⁵/²² tçʰy²⁴ kuo⁰ ny³³ nə³³, Øiaŋ³³
风 俗 习 惯。 过 去 啊, 出 嫁 出 去 个₀女 呢, 养
çi²⁴ kə²⁴ (< kuo²⁴) ti³¹ —— Øiaŋ³³ çi²⁴ kə²⁴ (< kuo²⁴) ti³¹ Øi³³ xau³¹ nə³³, kuo²⁴ nuo²²
细个哋孩子—— 养 细个哋孩子 以 后 呢, 个₂男
kuo¹²⁻³³ Øa²², çi³³ Øia²², tçiəu³¹ çi³³ kuo²⁴ —— kə²⁴ (< kuo²⁴) ny³³ çy²⁴ nə³³, kə²⁴ (< kuo²⁴)
家 啊, 是 呀, 就 是 个₂—— 个₂—— 女 婿 呢, 个₂
nuo²² kuo¹²⁻³³ nə³³, Øiau²⁴ sa¹² ni⁵⁵/²² tçi³³ nəi³¹, Øiau²⁴ tçʰy²⁴ məi³¹ kuo¹²⁻³³ tçʰy²⁴
男 家 呢, 要 三 日 之 内, 要 去 外 家 去
pau²⁴ çi³³, çi³³ Øia²² 。tçʰy²⁴ pau²⁴ çi³³ Øi³³ xau³¹ nə³³, məi³¹ kuo¹²⁻³³ —— məi³¹ kuo¹²⁻³³ niəŋ²²
报 喜, 是 啊。 去 报 喜 以 后 呢, 外 家—— 外 家 人
niə³³, tsəu³¹ Øiau²⁴ Øa²², Øa²², pa³³ kuo²⁴ tçi¹², xuo⁵⁵/²² tçia³³ çi³³ tçi¹² tuo³¹ Øa²², ta⁵⁵/²²
呢, 就 要 啊, 啊, 把 个 鸡, 或 者 是 鸡 蛋 啊, 得让
ku⁵⁵/²² kuo²⁴ pau²⁴ çi³³ kə⁰ (< kuo⁰) niəŋ²² tuai²⁴ Øuəi²² tçʰy²⁴, çi³³ Øia²², ta⁵⁵/²² tçʰy²⁴
箇 个 报 喜 个₀ 人 带 回 去, 是 呀, 得送 去
ta⁵⁵⁻²² ku⁵⁵/²² kuo²⁴ tsu³¹ —— sa¹² —— Øiaŋ³³ çi²⁴ kə²⁴ (< kuo²⁴) ti³¹ kuo⁰ Øyə⁵⁵ pu²² tsʅ³³
得给 箇 个 住—— 生—— 养 细个哋孩子 个₀月 婆 子
tçʰiə⁵⁵/²², pu²² Øi⁵⁵⁻²² pu³³ səŋ¹² tsʅ³³ 。ku²⁴ tçʰy²⁴ nə³³, Øiəu³³ —— Øiəu³³ Øi⁵⁵⁻²² tsəŋ³³
吃, 补 一 补 身 子。 过 去 呢, 有—— 有 一 种
kaŋ³³ xuo⁵⁵⁻²², tçiəu³¹ çi³³ kaŋ³³, kuo²⁴ Øyə⁵⁵ pu²² tsʅ³³ xuo²² Øiaŋ³³ xuo³³ nai²² kuo⁰
讲 法, 就 是 讲, 个₂月 婆 子 和 养 下 来 个₀
çi²⁴ kə²⁴ (< kuo²⁴) ti³¹, sa¹² ni⁵⁵/²² tçi³³ nəi³¹ pu²² nai²² kə²⁴ (< kau²⁴) tçiə sa¹² niəŋ²²。
细个哋孩子, 三 日 之 内不 能 够 见 生 人。

第三章 生育、寿辰

Øio²² çi³³ tçiə²⁴ tiə⁰ sa¹² niəŋ³² niə³³, tçiəu³¹ Øiəŋ²² Øi²⁴ ta⁵⁵ᐟ²² ku⁵⁵ᐟ²² kuo²⁴ tçʰi⁵⁵ tiə³³ fəu¹²⁻³³
若 是 见 嗲 生 人 呢， 就 容 易 得 箇 个 七 点 疯

pai³¹, tsəu³¹ çi³³ ŋ³³ tiə³¹ kuo²⁴ çi²² ka¹²⁻³³ kaŋ³³ kə⁰（<kuo⁰）"tçʰi²⁴ tai²⁴ foŋ¹²⁻³³（官）"
病， 就 是 我 㗑们 个₀ 时 间 讲 个₀ "脐 带 疯

nə³³, nuo³¹ kuo²⁴ çi²² ka¹²⁻³³ kaŋ³³ kə⁰（<kuo⁰）"tçʰi⁵⁵ tiə³³ fəu¹²⁻³³ kuəi³³"。Øa²², su³³
呢， 那 个 时 间 讲 个₀ "七 点 疯 鬼"。 啊， 所

Øi³³ Øa²², sa¹² ── Øa²², sa¹² ni⁵⁵ᐟ²² Øi³³ ── sa¹² ni⁵⁵ᐟ²² Øi³³ xau³¹ Øa²², kuo²⁴ məi³¹ pu²²
以 啊， 三 ── 啊， 三 日 以 ── 三 日 以 后 啊， 个₂ 外 婆

nə³³, xa²² Øiau²⁴ pi³¹ ── tsuəŋ³³ pi³¹ ku⁵⁵ᐟ²² kuo²⁴ Øa²², tçi¹² tuo³¹、tçi¹², çi²⁴ kuo²⁴ ti³¹ su³³
呢， 还 要 备 ── 准 备 箇 个 啊， 鸡 蛋、 鸡， 细 个 㗑孩子所

tçʰyə¹² su³³ tuai²⁴ kuo⁰ Øi¹² Øu²² ── Øi¹² saŋ²², mau³¹ tsɿ³³、xa²² tai³³, Øa²², tau²⁴ ny³³
穿 所 戴 个₀ 衣 物 ── 衣 裳、 帽 子、 鞋 等， 啊， 到 女──

ny³³ çy³³ kuo¹² Øəu⁵⁵⁻²² ni³³ tau¹² tçʰy²⁴ kʰuo³¹ maŋ³¹ kuo ny³³ Øa²², kʰuo²⁴ maŋ³¹ tsɿ³¹ tçi³³ kuo⁰
女 婿 家屋家 里 头 去 看 望 个₂女 啊， 看 望 自 己 个₀

ny³³, piəŋ²⁴ tçʰiə³³ nə³³, Øy³³ kuo²⁴ nuo²² ── xuo²² kuo²⁴ nuo²² kuo¹²⁻³³ nə³³, saŋ¹² niaŋ²²
女， 并 且 呢， 与 个₂男 ── 和 个₂男 家 呢， 商 量

xau³³ nuo³³ Øi⁵⁵⁻²² ni⁵⁵ᐟ²² tsʰai³³ ku⁵⁵ᐟ²² kuo²⁴ nu²² Øyə⁵⁵⁻²² tçiəu³³。kuo²⁴ pu²² çi³³ ── pu²²
好 哪 一 日 请 箇 个 暖 月 酒。 个₁不 是 ── 不

çi³³ mu¹² Øyə⁵⁵⁻²² tçiəu³³, Øa²², çi³³ xuo³³ tsɿ²⁴ "nu³³ Øyə⁵⁵⁻²² tçiəu³³ ── nuaŋ³³ Øyə⁵⁵⁻²²
是 满 月 酒， 啊， 是 喊制叫做 "暖 月 酒 ── 暖 月

tçiəu³³ ── nu³³ Øyə⁵⁵⁻²² tçiəu³³"。Øa²², tsai³³ çi²⁴ kə²⁴（<kuo²⁴）ti³¹ tçʰy⁵⁵ᐟ²² sa¹²
酒 ── 暖 月 酒"。 啊， 在 细 个 㗑孩子 出 生

xau³¹ kuo⁰ ti³¹ tçiəu³³ xuo⁵⁵ᐟ²² tçia³³ çi³¹ tçiə³³ Øi³¹ ni⁵⁵ᐟ²², Øa²², tsʰai³³ ku⁵⁵ᐟ²² kuo²⁴ tçʰiəŋ¹²
后 个₀第 九 或 者 是 第 十 二 日， 啊， 请 箇 个 亲

tçʰi²² pəu²² Øiəu³³ nai²² tçʰiə⁵⁵ᐟ²² ku⁵⁵ᐟ²² kuo²⁴ nu³³ Øyə⁵⁵⁻²² tçiəu³³。nai²² kə⁰（<kuo⁰）
戚 朋 友 来 吃 箇 个 暖 月 酒。 来 个₀

kʰa⁵⁵ niəŋ²² niə³³, Øi⁵⁵⁻²² paŋ¹² nə³³ tu¹² çi³³ ny³³ kuo⁰ Øa²²。nuo²² kuo çi³³ tçi⁵⁵ᐟ²² sau³³ səu²⁴,
客 人 呢， 一 般 呢 都 是 女 个₀啊。 男 个₀是 极 少 数，

səŋ³¹ tçi²⁴ çi³³ pu²² nai²² ── Øia²² nai²² tsɿ²⁴ kuo²⁴ ── kuo²⁴ kʰa⁵⁵ kə⁰（<kuo⁰）。nai²²
甚 至 是 不 来 ── □不 来 制做 个₁ ── 个₁客 个₀。 来

kə⁰（<kuo⁰）kʰa⁵⁵ niəŋ²² Øa²²，Øa¹² tu¹² çi³³ kai²² tçi¹²，kai²² tçi¹² tuo³¹。ku⁵⁵⁄²² Øi⁵⁵⁻²²
个₀   客 人 啊，也 都 是 □带 鸡， □带 鸡 蛋。箇 一

ni⁵⁵⁄²² nə³³，Øa⁵⁵ məi³¹ pu²² kuo¹² Øəu⁵⁵⁻²² ni³³ tau nə³³，məi³¹ pu²² nə³³，xa²² Øiau²⁴ tsəŋ³³
日 呢，阿 外 婆 家屋里头家里   呢，外 婆 呢，还 要 准

pi³¹ xau³³ niəŋ²³ taŋ³¹ ku⁵⁵⁄²² kuo²⁴ nu³¹ mi²³ xuo³¹ xau³³ kə⁰（<kuo⁰）tiə²² tçiəu³³，Øa²²
备 好 两 坛 箇   个 糯 米 下酿 好 个₀   甜 酒， 啊，

Øi⁵⁵⁻²² tçʰi³³ nə³³，səu²⁴ tau²⁴ kuo²⁴ ny³³ çy²⁴ Øəu⁵⁵ ni³³ tau²²。çi³³ Øia²²，kuo²⁴ tçy³³ kuo¹²⁻³³
一   起   呢，送 到 个₂女 婿 屋里头家里。是 呀，个₂主 家

nə³³，tsəu³¹ Øiəŋ³¹ kuo²⁴ məi³¹ pu²² Øa²²，səu²⁴ nai²² kuo⁰ tiə²² tçiəu³³ tçy³³ tçi¹² tuo³¹，çi³³
呢， 就   用   个₂外 婆 啊，送 来 个₀甜 酒 煮 鸡 蛋， 是

Øia²²，tsau¹² tuai³¹ ku⁵⁵⁄²² ni⁵⁵ kʰa⁵⁵ niəŋ²²。Øa²²，piəŋ²⁴ tçʰiə²² nə³³，xa²² Øiau²⁴ puo²⁴
呀， 招 待 箇   立等些客 人。 啊， 并   且   呢，还 要 办

tçiəu³³ çi⁵⁵⁻²² tsʰai³³ kʰa⁵⁵ niəŋ²² tçʰiə⁵⁵⁄²² kuo²⁴ nu³³ Øyə⁵⁵⁻²² tçiəu³³。Øa²²，tçiəu³³ çi⁵⁵⁻²²
酒   席   请   客 人   吃   个₂ 暖 月   酒。   啊， 酒 席

puo³¹ tiə⁰ Øi²³ xau³¹，kuo²⁴ kʰa⁵⁵ niəŋ²⁴ Øuəi²⁴ tçʰy²⁴ kə⁰（<kuo⁰）çi²² ka¹²⁻³³ nə³³，
罢   嗲以后，个₂客 人   要   回 去 个₀   时 间 呢，

tçy³³ kuo¹²⁻³³ Øa²²，xa²² Øiau məi³³ fu³¹——məi³³ kuo²⁴——məi³³ Øi⁵⁵⁻²² kə²⁴（<kuo²⁴）
主   家   啊，还 要 每   户—— 每 个—— 每 一 个

kʰa⁵⁵ niəŋ²² Øa²²，Øiau²⁴——Øiau²⁴ xuo⁵⁵⁄²² sɿ²⁴——sɿ²⁴ kuo²⁴ tçy³³ səu³¹ tiə⁰ kuo⁰ xəu²² tçi
客   人 啊， 要——   要 发   四—— 四 个 煮 熟 嗲 个₀红 鸡

tuo³¹。Øa²²，xa²² Øiəu³³ nə³³，kʰuo²⁴ nuo⁵¹ kə²⁴（<kuo²⁴）tçi¹² kə⁰（<kuo⁰）tua³¹ çi²⁴，
蛋。啊， 还 有   呢， 看   那 个   鸡 个₀   大 细大小，

Øio²² çi³³ nuo³¹ kə²⁴（<kuo²⁴）tçi¹²——suo⁵⁵ kə⁰（<kuo⁰）tçi¹² tua³¹ nə³³，tsəu³¹ sɿ¹²
若 是 那 个   鸡—— 杀 个₀   鸡 大 呢， 就   四

fuəŋ³¹ tʰəi²⁴ Øi⁵⁵⁻²² fuəŋ³¹，tʰəi²⁴ Øi⁵⁵⁻²² tʰəi³³。Øio²² çi³³ nuo²⁴（nuo²⁴+kuo²⁴）tçi¹² çi²⁴
份 退 一 份，   退 一   腿， 若 是 □(那+个)   鸡 细

nə³³，tçiəu³¹ Øiau²⁴ tʰəi²⁴ pu²² kuo²⁴ tçi¹² ta⁵⁵⁄²² kuo²⁴ kʰa⁵⁵ niəŋ²² tuai²⁴ Øuəi²² tçʰy²⁴。Øa²²，
呢，   就   要   退 半 个 鸡 得让 个₂客 人 带   回   去。 啊，

ku⁵⁵⁄²² kuo²⁴ tsəu³¹ kaŋ³³ tsɿ²⁴ "fəi²² ni³³"。
箇   个   就 讲 制叫做 "回 礼"。

普通话梗概

妇女生孩子以后有"报喜"和办"暖月酒"的风俗。在过去,嫁出去的女儿生了孩子以后,男方家要在三天之内去丈母娘家报喜。丈母娘则要把鸡或者鸡蛋让报喜的人带回去给产妇吃,补补身子。过去有一种说法,产妇和新生儿三天之内不能见陌生人,如果遇见了陌生人就容易染上七点疯病,就是我们现在说的脐带疯,那时叫"脐带疯鬼"。所以三天以后,外婆才会备好鸡和鸡蛋,以及小孩所穿戴的衣服、帽子、鞋等去看望自己的女儿,并且与男方家商量好哪一天请暖月酒(也就是下文将要讲述的"狗畏=酒",而不是"满月酒")。

在孩子出生的第九天,或者是第十二天,要请亲戚朋友来吃暖月酒。来的客人一般都是女的,男的是极少数,甚至不来。礼物一般是鸡和鸡蛋。这一天,外婆家还要准备好两坛糯米甜酒,一起送到女婿家。主人就用外婆送来的甜酒煮鸡蛋招待客人,并且还要办酒席请客人吃暖月酒。酒席结束客人回去的时候,主人还要给每个客人发四个煮熟的红鸡蛋,另外还要送鸡肉,根据鸡的大小,如果是大鸡,就给客人四分之一;如果是小鸡,就给半只鸡让客人带回去。这叫"回礼"。

二、狗畏⁼酒

xuo³¹ miə²⁴ kaŋ³³ Øi⁵⁵⁻²² xuo³³ niəŋ²² sa¹² kə⁰ (<kuo⁰) tɕi³³ tsʰʅ²⁴ , niəŋ²² sa¹² kə⁰ (<kuo⁰)
下　面　讲　一　下　人　生　个₀　　　几　次, 人　生　个₀

sa¹² ni⁵⁵⁻²² Øa²² tɕi³³ tsʰʅ²⁴ kə⁰ (<kuo⁰) tɕiəu³³ ɕi⁵⁵⁻²² Øa²² , tsʰai³³ tɕiəu³³ kə⁰ (<kuo⁰)
生　日　啊　几　次　个₀　　　酒　席　啊, 请　酒　个₀

tsai²² kʰuaŋ²⁴ 。Øa⁵⁵ niəŋ²² niə³³ , tsəŋ²² tɕʰy⁵⁵⁄²² sa¹² xuo³³ nai²², tsəŋ²² niəŋ¹² tu³³ ni³³ tiə⁵⁵
情　况。阿　人　呢, 从　出　　生　下　来, 从　娘　肚　里　跌

xuo³³ nai²² nə³³ , ti³¹ Øi⁵⁵ tsʰʅ²⁴ tsʰai³³ tɕiəu³³ nə³³ , tɕiəu³¹ xuo³³ tsʅ²⁴ " kau³³ Øuəi²⁴ tɕiəu³³ " 。
下　来　呢, 第　一　次　请　酒　呢, 就　喊制叫做 " 狗　畏⁼酒 " 。

kau³³ Øuəi²⁴ tɕiəu³³ nə³³ , Øi⁵⁵⁻²² paŋ¹² ɕi³³ tsai³³ tsʅ³¹ tɕi³³ tɕʰy⁵⁵⁄²² sa¹² kə⁰ (<kuo⁰)
狗　畏⁼酒　呢, 一　般　是　在　自　己　出　　生　个₀

tɕiəu³³ ni⁵⁵⁄²² , xuo⁵⁵⁄²² tɕia³³ ɕi³³ ɕiə³³ Øi³¹ ni⁵⁵⁄²² kə⁰ (<kuo⁰) ɕi²² ka¹²⁻³³ nə³³ tsʰai³³
九　日, 或　者　是　十　二　日　个₀　　　时　间　呢　请

kʰa⁵⁵ 。kuo²⁴ tsʰai³³ kʰa⁵⁵ kə⁰ (<kuo⁰) —— Øiəu³³ —— Øiəu³³ —— Øiəu³³ kə²⁴ (<kuo²⁴)
客。　个₂ 请　客　个₀——　　　有——　有——　有　个

məu⁵⁵ ti²² —— Øiəu³³ kuo²⁴ Øi²⁴ sʅ¹²⁻³³ kuo⁰ nə³³ : nəŋ²² tsʰəŋ¹²⁻³³ tɕiəu³¹ ɕi³³ kaŋ³³ Øa²² , nuo³¹
目　的——　有　个　意　思　个₀呢: 农　村　　就　是　讲　啊, 那

kuo²⁴ ɕi³³ ka¹²⁻³³ sa³³ fu⁵⁵⁻²² tiau²² tɕiə³¹ pi³³ ɕiau²⁴ kʰuaŋ²⁴ nuo²² , pi³³ ɕiau²⁴ kʰu³³ , ɕi³³ Øia²² ,
个　时　间　生　活　条　件　比　较　困　难, 比　较　苦, 是　呀,

tɕʰiə⁵⁵⁄²² ta⁵⁵⁻²² pi³³ ɕiau²⁴ kʰu³³ , Øiəu¹² Øuəi²² ku⁵⁵⁄²² kuo²⁴ ny³³ niəŋ²² kə³³ (<kuo¹²) tsu³¹
吃　得　比　较　苦, 因　为　箇　个　女　人　家　　　　住

tiə⁰ Øyə⁵⁵ tsʅ³³ , Øiaŋ³³ tiə³³ ɕiau³³ pa⁵⁵ Øiə²² , Øiau²⁴ pu³³ tsʰəŋ¹²⁻³³ Øiəŋ²² Øiaŋ³³ , su³³ Øi³³
嗲　月　子, 养　嗲　小　把　爷小孩, 要　补　充　营　养, 所　以

tsai³³ Øiaŋ³³ tiə³¹ ɕi³¹ kə²⁴ (<kuo²⁴) ti³¹ tɕiəu³³ tau²⁴ ɕiə³¹ Øi³¹ ni⁵⁵⁄²² , tɕiəu³³ ni⁵⁵⁄²² xuo⁵⁵⁄²²
在　养　嗲　细　个　呲孩子　　九　到　十　二　日, 九　日　或

tɕia³³ ɕi³³ ɕiə³¹ Øi³¹ ni³³⁄²² kə⁰ (<kuo⁰) ɕi²² ka¹²⁻³³ nə³³ , tsəu³³ Øiau²⁴ tsʰai³³ kʰa⁵⁵ niəŋ²²
者　是　十　二　日　个₀　　　时　间　呢, 就　要　请　客　人

nai^{22}。k^{h}a^{55} nai^{22} —— k^{h}a^{55} —— nai^{22} kuo^0 k^{h}a^{55} nə^{33}, tɕy^{33} Øiau^{24} tsəu^{31} ɕi^{33} tuai^{24} ku$^{55/22}$
来。客 来—— 客—— 来 个₀ 客 呢, 主 要 就 是 带 箇
kuo^{24} tɕi^{12} tuo^{31}, tuai^{24} tɕi^{12} Øia^{33} nai^{22}, tɕ^{h}i^{33} ta$^{55-22}$ kuo^{24} Øy$ə^{55}$ pu^{22} tsɿ^{33} nə^{33} pu^{33} ts^{h}əŋ$^{12-33}$
个 鸡 蛋, 带 鸡 呀 来,起到得给 个₂月 婆 子 呢 补 充
Øiəŋ^{22} Øiaŋ^{33}, tsəu^{31} tɕ^{h}i^{33} tau^{24} ku$^{55/22}$ kuo^{24} tsu$^{55/22}$ Øiəŋ^{31} kuo^0。
营 养, 就 起 到 箇 个 作 用 个₀。

> **普通话梗概**
>
> 　　孩子从娘胎里出来的第一次请酒叫做"狗畏⁼酒",一般是出生后的第九天或者第十二天请客。农村那时的生活条件比较差,而女人生了孩子需要补充营养,所以就在产后第九天或第十二天请客人来,给产妇带来鸡和鸡蛋。这次请客的目的就是请亲朋好友帮忙给产妇补充营养。

三、满月酒

Øa²², tsʅ²⁴ puo³¹ tiə⁰ ku⁵⁵⁾²² kuo²⁴ mu³³ Øyə⁵⁵⁻²² tɕiəu³³ Øi³³ xau³¹ ── kuo²⁴ ── kuo²⁴
啊， 制做罢 哆箇 个 满 月 酒 以 后── 个₂ ── 个₂
kau³³ Øuəi²² tɕiəu³³ Øi³³ xau³¹ nə³³, Øi⁵⁵⁻²² kuo²⁴ Øyə⁵⁵⁾²² nə³³, Øiəu³¹ tsʅ²⁴ ku⁵⁵⁾²² kuo²⁴ mu³³
狗 畏⁼ 酒 以 后 呢，一 个 月 呢，又 制做箇 个 满
Øyə⁵⁵⁾²² tɕiəu³³。mu³³ Øyə⁵⁵⁾²² tɕiəu³³ kə⁰ (＜kuo⁰) Øi²⁴ sʅ¹²⁻³³ tɕiəu³¹ ɕi³³ kaŋ³³ nə³³, Øi²⁴
月 酒。满 月 酒 个₀   意思   就 是 讲 呢，是
ɕia²², ku⁵⁵⁾²² kuo²⁴ ── ku⁵⁵⁾²² kə²⁴ (＜kuo²⁴) ny³³ niəŋ²² kə³³ (＜kuo¹²) ti³¹ Øa²²,
呀， 箇 个── 箇 个   女 人 家   哋们啊，
Øiəŋ³³ ɕiau³³ pa⁵⁵ Øiə²² nə³³, Øi³³ tɕiəu¹²⁻³³ kau²⁴ tiə⁰ Øi⁵⁵⁻²² kuo²⁴ Øyə⁵⁵, tsu³¹ Øyə⁵⁵ nə³³ Øi³³
养 小把爷ₛ_{小孩} 呢，已 经   够 哆一 个 月，住月 呢 已
tɕiəŋ¹²⁻³³ tɕʰy⁵⁵⁾²² Øyə⁵⁵ tiə⁰。Øiəŋ¹² Øuəi²² tʰuo¹² tsai³³ Øyə⁵⁵ tsʅ³³ ni³³ tau²² kə⁰ (＜kuo⁰)
经   出 月 哆。因 为 她 在 月 子 里 头 个₀
ɕi²² ka¹²⁻³³ nə³³, pu²² nai²² kə²⁴ (＜kau²⁴) tɕʰy⁵⁵⁾²² məŋ²², kəŋ²⁴ pu²² nai²² kə²⁴ (＜kau²⁴)
时 间 呢，不 能 够   出 门，更 不 能 够
tau²⁴ niəŋ²² kə³³ (＜kuo¹²) tɕʰy²⁴。tɕi³³ Øiəu³³ tɕʰy⁵⁵⁾²² tiə⁰ Øyə⁵⁵ Øi³³ xau³¹ nə³³, Øa²²,
到 人 家   去。只 有 出 哆 月 以 后 呢， 啊，
tsai²² ɕi³³ nai²² kau²⁴ tɕʰy⁵⁵⁾²² məŋ²² tɕʰy²⁴ suo³³, tsai²² ɕi³³ nai²² kə²⁴ (＜kau²⁴) tsʰuaŋ²⁴
才 是 能 够 出   门 去 耍，才 是 能 够   串
niəŋ²² kə³³ (＜kuo¹²) ── tsʰuaŋ²⁴ məŋ²² tɕʰy²⁴ suo³³。su³³ Øi³³ Øa²², Øi⁵⁵⁻²² kuo²⁴ Øyə⁵⁵⁾²²
人 家──   串 门 去 耍。所 以 啊，一 个 月
Øa²², kuo²⁴ mu³³ Øyə⁵⁵⁻²² tɕiəu³³ ɕi³³ pi⁵⁵ ɕy¹²⁻³³ Øiau²⁴ tsʅ²⁴ kə⁰ (＜kuo⁰), Øiau²⁴ tua³¹
啊， 个₂ 满 月 酒 是 必 须   要 制做个₀, 要 大
tsʰai³³ kʰa⁵⁵。kʰa⁵⁵ niəŋ²² tu¹² Øiau²⁴ nai²² kə⁰ (＜kuo⁰) Øa²², tu¹² Øiau²⁴ ── Øa¹² Øiau²⁴
请 客。客 人 都 要 来 个₀   啊，都 要 ── 也 要
kai²² ni³³ Øu²² xuo⁵⁵⁾²² ɕi³³ nə³³, Øiəu³³ ni⁵⁵⁻²² xa Øiau²⁴ tuai²⁴ ── ku⁵⁵⁾²² kə²⁴ (＜kuo²⁴)
□带 礼 物。或 是 呢，有 立⁼些 还 要 带 ── 箇 个

tsɿ³¹ tɕi³³ pi³³ ɕiau²⁴ tɕʰiəŋ¹² ni²⁴ kə⁰ (< kuo⁰) tɕʰiəŋ¹² —— tɕʰiəŋ¹² niəŋ¹² niə³³ , xa²² Øiau²⁴
自 己 比 较 亲   □些个₀   亲——   亲 人 呢, 还要

pa³³ kə²⁴ (< kuo²⁴) ɕi²⁴ kə²⁴ (< kuo²⁴) ti³¹ kə²⁴ (< kuo⁰) Øi¹² saŋ²² kʰu²⁴ tsɿ³³ Øa³³ 、mau³¹
把 个₂   细个 咄孩子   个₀   衣 裳 裤 子 啊、帽

tsɿ³³ Øa³³ , tu¹² Øiau²⁴ —— tu¹² Øiau²⁴ tuai²⁴ tɕʰi³³ nai²² 。ka¹² ni³³ nə³³ , kuo⁵⁵ (ku⁵⁵ᐟ²² + kuo²⁴)
子 啊, 都 要—— 都 要 带 起 来。□里这样 呢, □(箇 + 个)

ɕi²² ka¹²⁻³³ nə³³ , tsəŋ²² —— ku⁵⁵ᐟ²² kuo²⁴ ɕi³³ Øyə²² nai²² xai¹² kə⁰ (< kuo⁰) ɕi⁵⁵ᐟ²² ku²⁴ nuo³³ 。
时 间 呢, 从—— 箇 个 是 原 来 兴 个₀   习 惯 啰。

普通话梗概

老习惯是，女人在月子里是不能出门，更不能到别人家去的。满月酒的意思就是，女人生完孩子已经满一个月了，坐月子的时间结束了，可以外出串门了。所以这个满月酒是必须要请的，还要大宴宾客，请到的客人都要来，而且都要带礼物。一些比较亲近的人还要给小孩带衣物，包括衣裤和帽子等。

四、出月子

kaŋ³³ Øi⁵⁵⁻²² kuo²⁴ nau³³ ɕi²² ka¹²⁻³³ kə⁰ (< kuo⁰) ɕi⁵⁵/²² ku²⁴, kaŋ³³ tsɿ²⁴ "tɕʰy⁵⁵/²²
讲 一　个 老 时 间　个₀　　　　习　惯, 讲制叫做 " 出

Øyə⁵⁵/²²tsɿ³³". Øi³³ tɕiə²² Øa²², kuo²⁴ fu³¹ ny³³ tɕʰy⁵⁵/²² kuo²⁴ Øi³³ xau³¹ Øa²², Øiaŋ³³ tiə⁰ ɕi²⁴
月　子"。以 前 啊,　个₂ 妇 女 出　　嫁 以 后 啊, 养 嗲 细

kə²⁴ (< kuo²⁴) ti³¹ Øia²², ɕi²² Øia²², tsai³³ kuo²⁴ ɕi²⁴ kə²⁴ (< kuo²⁴) ti³¹ mu³³ Øyə⁵⁵/²²
个哋小孩　　　呀, 是 呀, 在　个₂　细个哋孩子　　满 月

Øi³³ xau³¹, tsəu³¹ ɕi³³ kaŋ³³ tsɿ²⁴ tiə⁰ " mu³³ Øyə⁵⁵ tɕiəu³³ "。Øi³³ xau³¹ nə³³, Øiau²⁴ Øuəi²²
以 后,　就 是 讲制叫做 嗲 " 满 月 酒"。以 后 呢, 要 回

məi³¹ kuo¹²⁻³³ tɕʰy²⁴ ty³¹ Øi⁵⁵⁻²² Øio²⁴, ti³¹ Øi³¹ ni⁵⁵⁻²² Øia²² tsai²⁴ Øiəu²² kuo²⁴ məi³¹ kuo¹²⁻³³
外　家　　去 住 一　夜, 第 二 日 呀 再 由　个₂ 外　家

niəŋ²² səu²⁴ Øuəi²² nai, kuo²⁴ tsəu³¹ kaŋ³³ tsɿ²⁴ " tɕʰy⁵⁵/²² Øyə⁵⁵ tsɿ³³"。ku²⁴ tɕʰy²⁴ kə⁰ (< kuo⁰)
人　送　回 来,　个₁ 就　讲制叫做 " 出　月 子"。过 去　个₀

tɕiəu³¹ ɕi⁵⁵/²² ku²⁴ nə³³, kuo²⁴ ny³³ Øa²², tuai²⁴ tiə⁰ ɕi²⁴ kə²⁴ (< kuo²⁴) ti³¹ Øuəi²² məi³¹
旧　习　惯 呢,　个₂ 女 啊, 带 嗲　细个哋孩子　　回 外

kuo¹²⁻³³ tɕʰy²⁴ Øa²², Øuəi²² nai kuo⁰ ɕi²² ka¹²⁻³³ nə³³, məi³¹ kuo¹²⁻³³ Øəu⁵⁵ ni³³ ── məi³¹
家娘家 去 啊, 回　来　个₀ 时 间　呢, 外　家　　屋 里家里 ──外

kuo¹²⁻³³ niəŋ²² Øa²², tɕiəu³¹ Øiau²⁴ tsəŋ³³ pi³¹ xau³³ Øi⁵⁵⁻²² təi²⁴ ɕi²⁴ tɕi¹² tsai³³, Øa²², ta⁵⁵/²²
家　　人 啊,　就　要　准　备　好 一　对 细 鸡 仔, 啊, 得给

kuo²⁴ ny³³ xuo²² kuo²² ɕi²⁴ məi³¹ sa¹²⁻³³ tuai²⁴ Øuəi²² nai Øiaŋ³³ Øa²², kuo²⁴ tɕi¹² nə³³, nuo³¹
个₂ 女 和 个₂细小 外　孙　带　回　来 养　啊,　个₂ 鸡 呢, 那

kuo²⁴ ɕi²² ka¹²⁻³³ kaŋ³³ tsɿ²⁴ " kəŋ¹² tɕiau⁵⁵/²² tɕi¹²⁻³³"。Øio²² ɕi³³ Øa²², kuo²⁴ fu³³ ny³³ Øiaŋ³³
个　时　间　讲制叫做 " 跟　脚　鸡"。若 是 呀,　个₂ 妇 女 养

xuo³³ nai²² kə⁰ (< kuo⁰) ɕi²⁴ kə²⁴ (< kuo²⁴) ti³¹ tsai³³ Øyə⁵⁵/²² tsɿ³³ ni³³ tau²² pu²² ɕiəŋ²⁴⁻³³
下　来　个₀　　　　细个哋孩子　　　在 月　子 里 头 不 幸

ka¹² ni³³ sɿ²¹ tɕʰy³¹, Øia²² tuai²⁴ tua³¹, Øia²² tuai²⁴ tau⁰ nə³³, Øa²² Øiau²⁴ Øuəi²² niəŋ¹² kuo¹²⁻³³
□里地 死　去, □没有 带 大, □没有 带 □着 呢, 也　要　回　　娘　家

tɕʰy²⁴, tsau²⁴ Øiaŋ³¹ Øiau²⁴ tɕʰy²⁴ tɕʰy⁵⁵⁄²² Øyə⁵⁵⁄²²。tɕʰy²⁴ tɕʰy⁵⁵⁄²² Øyə⁵⁵⁄²² kə⁰（＜kuo⁰）
去， 照样   要 去 出 月。 去 出 月   个₀
ɕi²² ka¹²⁻³³ nə³³。kuo²⁴ niəŋ²² tɕiəu³¹ Øiau²⁴ ta⁵⁵⁄²² tʰuo¹² tuai²⁴ Øi⁵⁵⁻²² kuo²⁴ ɕi²⁴ kau³³ tsai³³
时   间   呢。个₂ 人   就   要 得给 她 带 一   个 细狗崽小狗
Øuəi²² nai²² Øiaŋ³³，Øə²² tɕʰiə³³ nə³³ Øiaŋ³³ kuo²⁴ kau³³ nə³³，pu²² nai²² kə²⁴（＜kau²⁴）
回   来 养， 而 且 呢 养   个₁ 狗 呢， 不 能 够
mua³¹，kəŋ²⁴ pu²² nai²² kə²⁴（＜kau²⁴）suo⁵⁵，Øi⁵⁵⁄²² tsʅ²² Øiau²⁴ Øiaŋ³³ tau⁰ kuo²⁴ kau³³
卖， 更 不 能   够   杀， 一 直 要 养□着 个₁ 狗
Øa³³，niaŋ³¹ tʰuo¹² nau³³ sʅ³³ tɕʰy²⁴，pa³³ tʰuo¹² mua²² tiau²⁴。kuo²⁴ kau³³ nə³³ tɕiəu³¹ xuo³¹ tsʅ²⁴
啊， 让 它 老 死 去， 把 它 埋 掉。 个₁ 狗 呢 就 喊制叫做
"kəŋ¹² tɕiau⁵⁵⁄²² kau³³"。ta⁵⁵⁄²² kuo²⁴ kau³³ ta⁵⁵⁄²² kuo²⁴ fu³¹ ny³³ tuai²⁴ Øuəi²² nai²² Øiaŋ³³ Øi³³
"跟   脚   狗"。得送 个₁ 狗 得给 个₁ 妇 女 带 回 来 养 以
xau³¹ nə³³，tsai²² ɕi³³ pau²² tsai²² kuo²⁴ fu³¹ ny³³ ti³¹ Øi³¹ tʰuai¹²⁻³³ kə⁰（＜kuo⁰）ɕi²² ka¹²⁻³³
后   呢， 才 是 保 证 个₁ 妇 女 第 二 胎   个₀   时   间
Øuo¹² tɕyə²² tʰuai²⁴ pai²²。nuo³¹ kuo²⁴ ɕi²² ka¹²⁻³³ xa²² Øiəu³³ kə²⁴（＜kuo²⁴）ɕi⁵⁵⁄²² ku²⁴
安   全   太   平。 那   个   时   间   还   有   个   习   惯
tɕiəu³¹ ɕi³³ kaŋ³³ nə³³，kə²⁴（＜kuo²⁴）fu³¹ ny³³ Øiaŋ³³ tiə⁰ ɕi²⁴ kuo²⁴ ti³¹ Øi³³ xau³¹ Øa²²，Øi⁵⁵
就   是 讲 呢，个₂   妇   女   养 嗲 细个咃孩子 以 后 啊，一
tai³¹ Øiau²⁴ Øuəi²² məi³¹ kuo¹²⁻³³ tɕʰy²⁴ tɕʰy⁵⁵⁄²² tiə⁰ Øyə⁵⁵⁄²² tsai²² ɕi²² nai²² kə²⁴（＜kau²⁴）
定 要 回 外 家   去 出 嗲 月   才 是 能 够
tɕʰy²⁴tɕʰyə²⁴ məŋ²²，tsai²² ɕi³³ nai²² kau²⁴ xa²² tau²⁴ niəŋ²² kə³³（＜kuo¹²）Øəu⁵⁵ ni³³ tau²² tɕʰy²⁴,
去 串 门， 才 是 能 够 行走 到 人   家   屋里头家里 去,
pu²² Øiaŋ²² kə⁰（＜kuo⁰）xuo³¹，niəŋ²² kə³³（＜kuo¹²）ɕi³³ pu²² kau¹² xai²⁴，ɕi³³ pu²²
不 然 个₀   话， 人   家   是 不 高   兴， 是 不
ta⁵⁵⁄²² ŋ⁵⁵⁄²² Øəu⁵⁵ kə⁰（＜kuo⁰）。ku⁵⁵⁄²² kuo²⁴ tsəu³¹ kaŋ³³ tsʅ²⁴ "tɕʰy⁵⁵⁄²² Øyə⁵⁵⁄²² tsʅ³³"。
得允许 入 屋 个₀。   箇   个   就   讲制叫做 " 出   月   子"。

普通话梗概

　　以前的妇女在孩子的满月酒以后，要回娘家去住一夜，第二天再由娘家人送回来，这叫做"出月子"。女儿带着新生儿回到了娘家，娘家人就要准备好一对小鸡，给女儿和外孙带回去养起来。这鸡在那时叫"跟脚鸡"。如果新生儿在月子里头不幸死去，未能养大，产妇也要回娘家去，照样要去出月，这时娘家人就要给她带一条小狗回来养，而且不能够卖，更不能够杀，一直要等它老死后才把它埋掉。这条狗就叫做"跟脚狗"，产妇只有带回"跟脚狗"才能保证第二胎安全太平。那时还有个习惯就是，妇女生孩子以后一定要回娘家去出了月，才能去别人家串门，不然的话别人是不高兴的，是不受欢迎的。

五、百日酒

tsəi²⁴ tɕiəŋ³¹ ku⁵⁵⁻²² tɕi³³ niə²² nə³³, Øiəu³¹ xai¹² tɕʰi³³ kuo²⁴ pa⁵⁵⁻²² ni⁵⁵⁻²² tɕiəu³³。tsəŋ²²
最　近　箇　几　年　呢，又　兴　起　个₂百　日　酒。从
kuo²⁴ ɕi²⁴ kə²⁴（＜kuo²⁴）ti³¹ mu³³ tiə⁰ Øi⁵⁵⁻²² pa⁵⁵ ni⁵⁵⁻²²，ɕi³³ Øia²², tsai²⁴ tsʰai³³ tɕiəu³³。
个₂　细个吔小孩　　满嗲一　百　日，　是呀，再　请　酒。
kuo²⁴——kuo²⁴ xaŋ²² Øi²⁴——kuo²⁴ Øi²⁴ sɿ¹²⁻³³ tsəu³¹ ɕi³³ kaŋ³³ nə³³，kə²⁴（＜kuo²⁴）ɕi²⁴
个₁——个₁含　义——个₁意思　　就　是　讲　呢，个₁　　　细
kə²⁴（＜kuo²⁴）ti³¹ mu³³ tiə⁰ Øi⁵⁵⁻²² pa⁵⁵ ni⁵⁵⁻²² tsʰai³³ tɕiəu³³，tɕiəu³¹ ɕi³³ Øia³³，ɕi³³
个吔孩子　　　满嗲一　百　日　请　酒，　就　是呀，是
kə²⁴（＜kuo²⁴）xau³³——xau³³ kə²⁴（＜kuo²⁴）tsʰua³³——tsʰai³³ tau²²。Øa²²，Øi³³
个　　　　好——好个　　　　彩——彩　头　啊，以
xau³¹ nə³³ tɕiəu³¹ nai²² kə²⁴（＜kau²⁴）tiaŋ²² mai³¹ pa⁵⁵ səi²⁴。Øa²²，tɕiəu³¹ ɕi³³ kə²⁴（＜kuo²⁴）
后　呢　就　能　够　　　长　命　百　岁。啊，就　是　个
ka¹² Øi²⁴ sɿ¹²⁻³³。
□这样的意思。

普通话梗概

最近这几年又兴起办百日酒，孩子出生满了一百天摆宴席请客，意思是孩子满了一百天请客是个好彩头，也寄托了长辈希望他以后能够长命百岁的美好祝愿。

六、出花园门酒

tsəi²⁴ xau³¹——xau³¹——xau³¹ miə²⁴ øi⁵⁵⁻²²——øi⁵⁵⁻²² kə²⁴ (＜kuo²⁴)——səi²⁴ su²⁴
最后（口误）——后， 后面 —— 一 个 岁 数
tsʰai³³ tɕiəu³³ nə³³, tsəu³¹ ɕi³³ ɕiə³¹ niəu⁵⁵ səi²⁴。kuo²⁴ niəŋ²² pu²² kuaŋ³³ ɕi³³ nuo²² kuo²⁴ ny³³
请 酒 呢， 就 是 十 六 岁。个₂ 人 不 管 是 男 个₀ 女
kuo⁰ ɕi²⁴ kə²⁴ (＜kuo²⁴) ti³¹ øia²², mu³³ tiə³³ ɕiə³¹ niəu⁵⁵ səi²⁴ nə³³, øi⁵⁵ tai³¹ øiau²⁴ tsʰai³³
个₀ 细个呦孩子 呀， 满 嗲 十 六 岁 呢，一 定 要 请
tɕiəu³³。tsʰai³³ tɕiəu³³——kuo²⁴ tsʰai³³ tɕiəu³³ kuo⁰ øi²⁴ sŋ¹²⁻³³ nə³³ tsəu³¹ ɕi³³ kaŋ³³ nə³³,
酒。 请 酒—— 个₁ 请 酒 个₀ 意 思 呢 就 是 讲 呢，
kuo²⁴ niəŋ²² øi²³ tɕiəŋ¹²⁻³³ tsaŋ³³ tua³¹ sai²² niəŋ²² tiə⁰, ɕi³³ øia²², øi⁵⁵⁻²² tu³³ tsəŋ¹² tsəŋ²⁴——
个₂ 人 已 经 长 大 成 人 嗲， 是 呀， 一 朵 真 正——
øi⁵⁵⁻²² tu³³ xuo¹² kuo⁰ ɕi²⁴ ka¹²⁻³³, tɕiəŋ³¹ tu³³ xuo¹² ka¹² ni³³。ɕi³³ øia²², mu³³ tiə³³ niəu⁵⁵
一 朵 花 个₀ 时 间， 像 朵 花 □里那样。是 呀， 满 嗲 十 六
səi²⁴, tɕiəu³¹ tɕʰy⁵⁵⁄²² tiə⁰ ku⁵⁵⁄⁼ kuo²⁴ xuo¹² øyə²² məŋ²² tiə⁰。ɕi²² pa³³, tʰuo¹² tsəu³¹ tsŋ³³
岁， 就 出 嗲 箇 个 花 园 门 嗲。 是 吧， 他 就 自
tɕi³³ nai²² kə²⁴ (＜kau²⁴) tsu⁵⁵ pu³¹ tsu⁵⁵⁻²² pu³¹, tsŋ³¹ tɕi³³ nai²² kə²⁴ (＜kau²⁴) sa¹²
己 能 够 逐 步 逐 步， 自 己 能 够 生
fu⁵⁵⁻²² tiə⁰ na²², ɕi³³ øia²², nai²² kə²⁴ (＜kau²⁴) tsŋ³¹ tɕi³³ sa¹² fu⁵⁵⁻²², tsŋ³¹ tɕi³³ øiaŋ³³
活 嗲 啦， 是 呀， 能 够 自 己 生 活， 自 己 养
tsŋ³¹ tɕi³³ tiə⁰ na²²。kuo²⁴——kuo²⁴ tɕiəu³³ nə³³, tsai²⁴ nai²² kaŋ³³ nə³³, ɕi²⁴ ɕi²² kə⁰ (＜kuo⁰)
自 己 嗲 啦。 个₁—— 个₁ 酒 呢， 再 来 讲 呢， 细 时 个₀
ɕi²² ka¹²⁻³³ nai²² ɕi³³, kuo²⁴ tɕiəu³³ ɕi³³ pi³³ ɕiau²⁴ tua³¹ kə⁰ (＜kuo⁰), ku⁵⁵⁄⁼ kuo²⁴ ɕiə³³
时间小时候 来 是， 个₁ 酒 是 比 较 大 个₀， 箇 个 十
niəu⁵⁵ səi²⁴——ku⁵⁵⁄²² kuo²⁴ "tɕʰy⁵⁵⁄²² xuo¹² øyə²² məŋ²²" ku⁵⁵⁄²² kuo²⁴ tɕiəu³³。
六 岁—— 箇 个 "出 花 园 门" 箇 个 酒。

普通话梗概

不管是男孩还是女孩,满了十六岁一定要"请酒"。"请酒"的意思是已经长大成人了,像一朵花一样盛开。满了十六岁,能够开始独立生活了,比喻成可以出花园门了。十六岁这个出花园门的酒席,在五六十年前还算是比较大的酒席。

七、生日酒

tsai²⁴ Øi⁵⁵⁻²² kə²⁴ (< kuo²⁴) tɕiəu³¹ ɕi³³ kaŋ³³ Øa²², tsʅ²⁴ tiə⁰ kə²⁴ (< kuo²⁴) pa⁵⁵ ni⁵⁵⁻²²
再 一 个 就 是 讲 啊, 制做 嗲 个₁ 百 日

tɕiəu³³ Øi³³ xau³¹ nə³³, kʰu³³ nai²² tsəu³¹ Øiau²⁴ tsʅ²⁴ ku⁵⁵/²² kuo²⁴ sa¹² ni⁵⁵⁻²² tɕiəu³³ na³³。ɕi³³
酒 以 后 呢, 可 能 就 要 制做 箇 个 生 日 酒 啦。是

Øia²², Øi⁵⁵⁻²² paŋ¹² kuo²⁴ ɕi²⁴ kuo²⁴ ti³¹ nə³³, tɕiəu³¹ ɕi³³ kaŋ³³ nə³³, tsəŋ²² sa¹²——sa¹² səi²⁴
呀, 一 般 个₂ 细个啝孩子 呢, 就 是 讲 呢, 从 三—— 三 岁

tɕʰi³³, niəu⁵⁵ səi²⁴, tɕiəu³³ səi²⁴, ɕiə³¹ Øi³¹ səi²⁴, Øi⁵⁵⁻²² paŋ¹² ku⁵⁵/²² sʅ²⁴ kə²⁴ (< kuo²⁴)
起, 六 岁, 九 岁, 十 二 岁, 一 般 箇 四 个

pi³³ ɕiau²⁴ tua³¹ kə⁰ (< kuo⁰) səi²⁴ kə⁰ (< kuo⁰) ni⁵⁵/²² tsʅ³³ nə³³, tu¹² Øiau²⁴ tsʅ²⁴
比 较 大 个₀ 岁 个₀ 日 子 呢, 都 要 制做

tɕiəu³³, ɕi³³ Øia²², tsʰai³³ kʰa⁵⁵, xuo³³ ku⁵⁵/²² kuo²⁴ tɕʰiəŋ¹² tɕʰi²² pəu³³ Øiəu³³ kuo²⁴ kuo²⁴
酒, 是 呀, 请 客, 喊叫 箇 个 亲 戚 朋 友 个 个

nai²² suo³³ Øi⁵⁵⁻²² xuo³³, tɕy²⁴ Øi⁵⁵⁻²² xuo³³。na¹² Øiəu³³ tɕiə²² kə⁰ (< kuo⁰) niəŋ²²
来 耍 一 下, 聚 一 下。那那么 有 钱 个₀ 人

kə³³ (< kuo¹²) nə³³, Øiəu³³ ni⁵⁵/²² niəŋ²² niə³³, tʰuo¹² Øa¹² niə²² niə²² tsʅ²⁴ kə⁰ (< kuo⁰)
家 呢, 有 立ᵗ些 人 呢, 他 也 年 年 制做 个₀

Øa¹² Øiəu³³。pu²² kuo²⁴ nə³³, ku⁵⁵/²² tsəŋ³³ tsai²² kʰuaŋ²⁴ nə³³, kʰuo²⁴ kau⁵⁵ niəŋ²² kə⁰ (< kuo⁰)
也 有。不 过 呢, 箇 种 情 况 呢, 看 各 人 个₀

kuo¹² tai²² tsai²² kʰuaŋ²⁴ nai²² tai³¹ kuo⁰, ɕi³³ Øia²²。kuo¹² tai²² xau³³ kuo⁰ Øa²², kʰu³³ Øi³³ niə²²
家 庭 情 况 来 定 个₀, 是 呀。家 庭 好 个₀ 啊, 可 以 年

niə²² kau²² Øi⁵⁵⁻²² xuo³³。kuo¹² tai²² tsʰuo¹²——kuo¹² tai²² pu²² xau³³ kə⁰ (< kuo⁰) nə³³, tɕi³³
年 搞 一 下。家 庭 差—— 家 庭 不 好 个₀ 呢, 只

ɕi³³ sa¹² səi²⁴, niəu⁵⁵ səi²⁴, tɕiəu³³ səi²⁴, ɕiə³¹ Øi³¹ səi²⁴。
是 三 岁, 六 岁, 九 岁, 十 二 岁。

tsai²⁴ xuo³³ nai²² nə³³, tɕiəu³¹ ɕi³³ tsəŋ²² ɕiə³¹ niəu⁵⁵ səi²⁴ Øi³³ xau³¹, Øiəu³³ ni⁵⁵/²² niəŋ²²
再 下 来 呢, 就 是 从 十 六 岁 以 后, 有 立ᵗ些 人

kə³³（<kuo¹²）Øa²², sa¹² fu⁵⁵⁻²² tiau²² tçiə³¹ pi³³ çiau²⁴ xau³³ ni²⁴ kuo³³ kə⁰（<kuo⁰），
家　　　　　啊，生活　条件　比较　好　□□些　个₀，
çi³³ Øia²², Øiəu³³ ni⁵⁵ᐟ²² kaŋ³³ ti⁵⁵ kuo⁰ fəu¹² tçiə²⁴ mi²² çiəŋ²⁴ kə⁰（<kuo⁰）nə³³, tçiəu³¹
是呀，　有　立͇些　讲　□个₀点　封　建　迷　信　个₀　　　呢，就
çi³³ məi³³ Øi⁵⁵⁻²² niə²² Øa²², çi³³ Øia²², tu¹² Øiau²⁴ tsɿ²⁴ Øi⁵⁵⁻²² xuo³³ kə²⁴（<kuo²⁴）sa¹²
是　每　一　　年啊，是呀，都　要　制做一　下　个₂　　　生
ni⁵⁵⁻²² tçiəu³³ Øuo²²。pu²² kaŋ³³ səi²⁴ su²⁴, məi³³ niə²² təu¹² Øiau²⁴ tsɿ²⁴, Øiəu³³ ku⁵⁵
日　酒　哦。不　讲　岁　数，每　年　都　要　制做，有　箇
kə²⁴（<kuo²⁴）ka¹² kə⁰（<kuo⁰）tsai²² kʰuaŋ²⁴。Øi⁵⁵⁻²² paŋ¹² kə⁰（<kuo⁰）niəŋ²²
个　　　　　□这样个₀　　　情　况。一　般　个₀　　　人
kə³³（<kuo¹²）nə³³, çi³³ xəŋ³³ sau³³ tsɿ²⁴ kə⁰（<kuo⁰）, kai¹² tçi²⁴ kʰuəŋ²⁴ nuo²⁴ Øi⁵⁵⁻²²
家　　　　　呢，是　很　少　制做个₀，　　　经　济　困　难　一
paŋ¹² çi³³ Øia²² tsɿ²⁴ kə⁰（<kuo⁰）。çi³³ Øia²², kai¹² tçi²⁴ tiau²² tçiə³¹ xau³³, çi³³ Øia²²,
般　是　□不制做　个₀。　　　是　呀，经　济　条　件　好，是呀，
kə²⁴（<kuo²⁴）niəŋ²² kə¹²⁻³³ tsai²² çi³³ kau³³。
个₁　　　　　人　家　才　是　搞。

普通话梗概

办了"百日酒"以后，就要办"生日酒"。一般来说，小孩从三岁起、六岁、九岁、十二岁这四个生日一般要办酒请客，都要叫上亲戚朋友来聚一下。经济条件好的家庭可以年年办酒，家庭条件不好的只是三岁、六岁、九岁、十二岁这几个生日办酒席了。接下来，就是从十六岁以后，有些人生活条件比较好的，每一年都要举办生日酒席。一般的人家是很少办生日酒席的，经济困难的一般就不办了。

八、寿 酒

tsəi²⁴ xau³¹ nə³³ , tsəi²⁴ xau³¹ tsəu³¹ tau²⁴ səu³³ tɕiəu³¹ na²² , Øi⁵⁵⁻²² kə²⁴ (<kuo²⁴) niəŋ²²
最 后 呢， 最 后 就 到 寿 酒 啦， 一 个 人
niə³³ tɕiəu³¹ ɕi³³ mu³³ tiə⁰ niəu⁵⁵ ɕiə³¹ səi²⁴ Øi³³ xau³¹ , ɕi³³ Øia²² , tɕiəu³¹ ɕi³³ Øiau²⁴ tsʅ²⁴ səu³¹
呢 就 是 满 嗲 六 十 岁 以 后， 是 呀， 就 是 要 制做 寿
tɕiəu³³ 。 ɕi³³ Øia²² , Øəŋ¹² Øuəi²² kuo²⁴ niəŋ²² nə³³ —— niəŋ²² kaŋ³³ Øa²² , niəu⁵⁵ ɕiə³¹
酒。 是 呀， 因 为 个₂ 人 呢—— 人 讲 啊， 六 十
səi²⁴ Øuəi²² Øi⁵⁵⁻²² tua³¹ səu³¹ Øa²² 。 niəu⁵⁵ ɕiə³¹ kuo⁵⁵ tsʅ³³ Øa²² , Øuəi²² —— Øuəi²² Øi⁵⁵⁻²²
岁 为 一 大 寿 啊。 六 十 甲 子 啊， 为—— 为 一
kuo²⁴ kuo⁵⁵ tsʅ³³ niəŋ²² , mu³³ tiə⁰ niəu⁵⁵ ɕiə³¹ səi²⁴ ɕi³³ , Øa²² , su³³ Øi³³ Øi⁵⁵⁻²² kə²⁴ (<kuo²⁴)
个 甲 子 年， 满 嗲 六 十 岁 是， 啊， 所 以 一 个
niəŋ²² niə³³ , ɕi³³ kaŋ³³ , tɕʰiə⁵⁵/²² ta⁵⁵⁻²² —— tɕʰiə⁵⁵/²² ta⁵⁵⁻²² mai³¹ ɕi³³ muo²² tiaŋ²² tiə⁰ na²² ,
人 呢， 是 讲， 吃 得—— 吃 得 命 是 蛮 长 嗲 啦，
ɕi³³ Øia²² , tɕiəu³¹ ɕi³³ mu³³ səu³¹ tɕiəu³³ 。
是 呀， 就 是 满 寿 酒。

tsʅ²⁴ tiə⁰ mu³³ səu³¹ tɕiəu³³ Øi³³ xau³¹ nə³³ , Øi⁵⁵⁻²² paŋ¹² nə³³ , Øia²² , kuo²⁴ nau³³ niəŋ²²
制做 嗲 满 寿 酒 以 后 呢， 一 般 呢， 呀， 个₂ 老 人
kə³³ (<kuo¹²) ti³¹ Øa²² , xa²² Øiau²⁴ tsʅ²⁴ ku⁵⁵/²² kuo²⁴ ɕi¹² səu³¹ tɕiəu³³ , Øia²² , fəu²²
家 哋们 啊， 还 要 制做箇 个 稀 寿 酒， 呀， 逢
ɕiə³¹ Øa³³ , niəu⁵⁵ ɕiə³¹ ɕi³³ mu³³ səu³¹ tɕiəu³³ Øa³³ 。 tɕʰi⁵⁵ ɕiə³¹ səi²⁴ nə³³ tɕiəu³¹ tsʅ²⁴ kuo²⁴
十 啊， 六 十 岁 是 满 寿 酒 啊。 七 十 岁 呢 就 制做 个₂
ɕi¹² səu³¹ tɕiəu³³ 。 tau²⁴ puo⁵⁵ ɕiə³¹ səi²⁴ nə³³ , tɕiəu³¹ tsʅ²⁴ kə²⁴ (<kuo²⁴) tiə²² səu³¹ tɕiəu³³ 。
稀 寿 酒。 到 八 十 岁 呢， 就 制 个₂ 耋 寿 酒。
tau²⁴ tɕiəu³³ ɕiə³¹ səi²⁴ nə³³ , tsəu³¹ tsʅ²⁴ kə²⁴ (<kuo²⁴) mau²⁴ səu³¹ tɕiəu³³ 。ɕi³³ Øia²² ,
到 九 十 岁 呢， 就 制做个₂ 耄 寿 酒。 是 呀，
ku⁵⁵/²² tɕi³³ kə²⁴ (<kuo²⁴) tɕiəu³³ nə³³ , Øi⁵⁵ tai³¹ Øiau²⁴ tsʅ²⁴ kə⁰ (<kuo⁰) 。nai²²
箇 几 个 酒 呢， 一 定 要 制做个₀ 。 能

kə²⁴（＜kau²⁴）fu⁵⁵⁽²² tau²⁴ Øi⁵⁵⁻²² pa⁵⁵ səi²⁴ kə⁰（＜kuo⁰）nə³³，tsəu³¹ kəŋ²⁴ nau³¹ niə⁵⁵⁻²²，
够　　　　活 到 一　百 岁 个₀　　　　呢，就 更 闹热闹，
tɕiəu³¹ xuo³³ tsɿ²⁴ Øi⁵⁵⁽²² tɕʰi²² ── Øi⁵⁵⁻²² tɕʰi²² səu³¹ səu³¹，ku⁵⁵⁽²² kuo²⁴ Øa²²，niəŋ²²
就　喊制叫做　颐 期──　颐 期 寿 酒，箇　个 啊，人
kə³³（＜kuo¹²）── tsəu³¹ ɕi³³ tsʰəŋ¹² fuaŋ¹²⁻³³ kuo¹²⁻³³ Øa²²，sɿ²⁴ fuaŋ¹²⁻³³ puo⁵⁵⁻²² miə³¹
家──　　　　就　是　村坊家同村的人　　　啊，四 方 八 面
tu¹² Øiau²⁴ nai²² kuəŋ²² fu³¹ kə⁰（＜kuo⁰）na³³。ɕi³³ Øia²²，ŋ³³ tiə³¹ kuo²⁴ ti³¹ fuaŋ¹²⁻³³
都　要 来 恭 贺 个₀　　　　啦。是 呀，我 哋们 个₁地　方
Øyə²² nai²² nau³³ kə⁰（＜kuo⁰）ɕi⁵⁵⁽²² ku²⁴ tsəu³¹ ɕi³³ kaŋ³³ Øa²²，Øiəu³³ sɿ¹² tsɿ¹² tai¹²⁻³³，
原 来 老 个₀　　　　习　惯就 是 讲 啊，有 狮 子 灯，
tiau²² sɿ¹² tsɿ³³ kə⁰（＜kuo⁰）Øiau²⁴ tiau²² sɿ¹² tsɿ³³ nai³³ kuəŋ¹² fu³¹ Øa²²，Øiəu³³ pua²² tai¹²⁻³³
跳 狮 子 个₀　　　　　要 跳 狮 子 来 恭 贺 啊，有 排 灯
Øa³³，səŋ²² muo²² nai²² kuəŋ¹² fu³¹ na³³。Øa²²，ŋ³³ kaŋ³³ Øi⁵⁵⁻²² niə²²── kə²⁴（＜kuo²⁴）
啊，什 么 来 恭 贺 啦。啊，我 讲 一　年── 个₂
niəŋ²² nə³³，ku⁵⁵⁽²² Øi⁵⁵⁻²² pəi³¹ tsɿ³³ kə⁰（＜kuo⁰）sa¹² ni⁵⁵⁽²²，tsəu³¹ tɕi¹² pəŋ³³ saŋ³¹ ɕi³¹
人 呢，箇 一　辈 子 个₀　　　　生 日，就 基 本 上 是
ka¹²（kuo⁰）tsai²² kʰuaŋ²⁴。ŋ³³ tiə³¹ kuo²⁴ ti³¹ fuaŋ¹²⁻³³ kuo⁰ fəu¹² su²² ɕi⁵⁵⁽²² ku²⁴ nə³³，
□这样（个₀）情　况。我 哋们　个₁地 方　个₀ 风 俗 习　惯 呢，
tɕiəu³¹ ɕi³³ kə²⁴（＜kuo³³）ka¹²（kuo⁰）tsai²² kʰuaŋ²⁴ na³³。
就 是 个　　　　　□这样（个₀）情　况 啦。

普通话梗概

　　一个人满了六十岁以后就要办寿酒。每隔六十年有一个甲子年，满了六十岁就算长命了，该办一个满寿酒，办了满寿酒以后就是老人家了。以后每逢整十的岁数都要办酒，六十岁是满寿酒，七十岁为稀寿酒，八十岁为耋寿酒，到九十岁就为耄寿酒，这几个酒席一定要办。能够活到一百岁的，那就更热闹了，一百岁叫颐期寿。办颐期寿酒的时候，四面八方的亲戚邻里都要来恭贺。依我们这个地方的习俗，还会安排练狮子灯、排灯、舞狮的人们来恭贺。

九、寿称和寿酒

kaŋ³³ kə²⁴ (<kuo²⁴) tsʅ²⁴ səu³¹ tɕiəu³³ kə⁰ (<kuo⁰) ɕi⁵⁵⁻²² su²², səu³¹ Øa²², Øi⁵⁵⁻²²
讲 个　　　　制做 寿　酒　个₀　　　习　俗，寿 啊，一

kə²⁴ (<kuo²⁴) niəŋ²² kə⁰ (<kuo⁰) səu³¹ tsʰai¹²⁻³³ nə³³, Øi⁵⁵⁻²² səi²⁴ Øi³³ xuo³³ nə³³, Øa²²
个　　　　人　个₀　　　寿　称　　呢，一　岁 以 下　呢，啊

tsai³³ ŋ³³ tiə³¹ kə⁰ (<kuo⁰) ti³¹ fuaŋ¹²⁻³³ kə⁰ (<kuo⁰) ɕi²² su²², tɕiəu³¹ ɕi³³ kaŋ³³ Øi⁵⁵⁻²²
在 我 咃们个₁　　　　地　方　　　个₀　　　习 俗，就　是　讲　一

səi²⁴ Øi³³ xuo³³ su²² Øy²² tu³³ mai³¹ kuəi³³。ɕi³³ Øia²², Øi⁵⁵⁻²² səi²⁴ tau²⁴ ɕiə³¹ niəu⁵⁵ səi²⁴ nə³³,
岁 以 下　属 于 短　命　鬼。是 呀，一　岁 到 十　六　岁　呢，

tɕiəu³¹ ɕi³³ tsʰai¹² tsʅ²⁴ Øiau¹² səu³¹, Øia²²。Øi³¹ ɕiə³¹ səi²⁴ nə³³, tsəu³¹ ɕi³³ niau⁵⁵ səu³¹。sa¹²
就　是　称制叫做 夭　寿，呀。二　十　岁　呢，就　是　弱　寿。三

ɕiə³¹ səi²⁴ nə³³, ɕi³³ tsuaŋ²⁴ səu³¹。sʅ²⁴ ɕiə³¹ ɕi³³ tɕiaŋ²² səu³¹, ŋ³³ ɕiə³¹ ɕi³³ Øai²⁴ səu³¹,
十 岁　呢，是　壮　寿。四 十 是　强　寿，五 十 是　艾⁼寿，

niəu⁵⁵ ɕiə³¹ tsai²² ɕi³³ mu³³ səu³¹, tɕʰi⁵⁵ ɕiə³¹ Øuəi¹² səu³¹, puo⁵⁵ ɕiə³¹ tsəu³¹ Øuəi¹²
六 十 才 是 满　寿，七 十 为 稀 寿，八 十 就 为

tiə²² səu³¹。Øia²², puo⁵⁵ ɕiə³¹ ŋ³³ səi²⁴ Øi³³ saŋ³³, xuo²² puo⁵⁵ ɕiə³¹ ŋ³³ səi²⁴ nə³³ tsəu³¹
耋 寿。呀，八 十 五 岁 以 上，和 八 十 五 岁 呢　就

Øuəi²² —— puo⁵⁵ ɕiə³¹ ŋ³³ səi²⁴ nə³³, tsəu³¹ Øuəi³¹ mau²⁴ səu³¹。Øia²², Øiau²⁴ tau²⁴ tɕiəu³³
为——　八 十 五 岁 呢，就 为 耄 寿。呀，要 到 九

ɕiə³¹ ŋ³³ səi²⁴ Øi³³ saŋ³³ nə³³, tsəu³¹ tsʰai¹² tsʅ²⁴ Øi⁵⁵⁄²² tɕʰi¹²⁻³³ səu³¹。ɕi³³ Øia²², kuo²⁴ səu³¹
十 五 岁 以 上　呢，就　称制叫做 颐　期　寿。是 呀，个₂ 寿

tsai³³ ŋ³³ tiə³¹ kə⁰ (<kuo⁰) ti³¹ fuaŋ¹²⁻³³ nə³³ tɕiəu³¹ ɕi³³ ka¹² ni³³ fuəŋ¹² —— kʰy¹² (<tɕʰy¹²)
在 我 咃们个₁　　　　地　方　　呢 就　是　□里这样分——　区

fuaŋ¹²⁻³³ kuo⁰。Øa²², ŋ³³ tiə³¹ kə²⁴ (<kuo²⁴) ti³¹ fuaŋ¹²⁻³³ Øi⁵⁵⁻²² kuaŋ²⁴ kə⁰ (<kuo⁰)
分　　　　个₀。啊，我 咃们个₁　　　　地　方　一 贯　个₀

kaŋ³³ xuo⁵⁵⁻²² tɕiəu³¹ ɕi³³ kaŋ³³ ŋ³³ ɕiə³¹ səi²⁴　ŋ³³ ɕiə³¹ ŋ³³ səi²⁴ Øi³³ xuo³³, ɕi³³ Øia²²,
讲　法　　就　是　讲 五 十　岁——　五 十 五 岁 以 下，是 呀，

Øi⁵⁵⁻²² paŋ¹² tu¹² pu²² çi³³ kaŋ³³ səu³¹ tçiəu³³ kuo⁰, çi³³ sa¹² ni⁵⁵⁻²² tçiəu³³, Øia²². Øiau²⁴ ŋ³³
一　　 般　 都　不　是　 讲　 寿　 酒　 个₀,是生　日　　酒, 呀。要 五

çiə³¹ ŋ³³ səi²⁴ Øi³³ saŋ³³, mu³³ tiə⁰ niəu⁵⁵ çiə³¹ səi²⁴, tsai²² çi³³ nai²² kə²⁴（＜kau²⁴）tsï²⁴
十　 五 岁 以 上,　满 嗲 六　十 岁,　才 是 能　 够　　　 制做

səu³¹, tsai²² çi³³ kaŋ³³ səu³¹ tçiəu³³, çi³³ Øia²². tçiəu³¹——nau³³ çi²² ka¹²⁻³³ kə⁰（＜kuo⁰）
寿,　 才 是 讲 寿 酒,　是 呀。旧—— 老 时　间　 个₀

çi⁵⁵⁻²² ku²⁴ Øa²², tçiəu³¹ çi³³ kaŋ³³ Øa²², Øio³³ çi³³ Øəu⁵⁵ ni³³ tau²², fu³¹ mu³³ Øio²² niaŋ¹²⁻³³
习　 惯　啊,　就　 是 讲　啊, 若　是　屋 里 头家里, 父母爷娘父母

niaŋ³³ kuo²⁴ niəŋ²², nau³³ niəŋ²² kuo¹²⁻³³ tu¹² tsai³³ kə⁰（＜kuo⁰）çi²² ka¹²⁻³³ nə³³, Øə³³
两　 个　 人,　老 人 家　　都 在 个₀　　 时 间　呢,而

tçʰiə³³ tu¹² mu³³ tiə⁰ Øa²², ŋ³³ çiə³¹ ŋ³³ səi²⁴, kʰu³³ Øi³³ tsï³¹ səu³¹ kə⁰（＜kuo⁰）niə²² niə²²
且　 都 满 嗲 啊, 五 十 五 岁, 可　 以 制做 寿 个₀　　　 年　 龄

Øi³³ tçiəŋ¹²⁻³³ tau²⁴ tiə⁰, çi³³ Øia²², Øa¹² çi³³ tçi³³ Øuəi²² kuo²⁴ nuo²² sai²⁴, Øuəi²⁴ kə²⁴（＜kuo²⁴）
已 经　　 到 嗲,　是 呀, 也 是 只 为　 个₂男　 性, 为　 个₂

nuo²² kə⁰（＜kuo⁰）tsï²⁴ səu³¹, çi³³ Øia²². çi³³ Øia²², ny³³ kə⁰（＜kuo⁰）nə³³, Øi⁵⁵⁻²²
男 个₀　　　 制做 寿, 是 呀。是 呀, 女 个₀　　　 呢, 一

paŋ¹² pu²² tsï²⁴ səu³¹, çi³³ Øia²², kə²⁴（＜kuo²⁴）ny³³ kə⁰（＜kuo⁰）Øiau²⁴ tai³³ kuo²⁴
般　 不 制做 寿, 是 啊, 个₂　　　女 个₀　　　 要 等 个₂

nuo²² kuo⁰ ku²⁴ tiə⁰ çi²⁴ tçʰy²⁴ Øi³³ xau³¹, Øia²², pu²² tsai³³ tiə⁰ Øi³³ xau³¹ tsai²² çi³³ nai²²
男 个₀过　 嗲　世　去 以　后, 呀, 不 在 嗲 以　后 才 是 能

kə²⁴（＜kau²⁴）tsï²⁴ səu³¹。ŋ³³ tiə³¹ kuo²⁴ ti²¹ fuaŋ¹²⁻³³ çi³³ ka¹² kə²⁴（＜kuo²⁴）çi⁵⁵⁻²² ku²⁴
够　　　　 制做 寿。我 㑚们 个₁地　方　　　 是 □如此个₀　　 习　 惯

nuo⁰, Øa²²。Øa²², tsï²⁴ səu³¹ kə⁰（＜kuo⁰）ni³³——ni³³ Øu²² nə³³, Øa²², Øi⁵⁵⁻²² paŋ¹²
啰,　啊。啊, 制 寿 个₀　　 礼—— 礼 物　呢, 啊, 一　　 般

çi³³ səu³¹ miə³¹、səu³¹ tçiəu³³、kəu¹² tçi¹²⁻³³, çi³³ Øia²², xa²² Øiəu³³ taŋ²² Øa³³, çi³³ Øia²²,
是 寿　面、 寿　酒、　公　 鸡,　是 呀,　还 有 糖　啊, 是 呀,

taŋ²² ku³³ Øa³³, kuo²⁴ Øua⁵⁵⁻³⁷ tçi³¹ nuo³³, çi³³ Øia²²。nau³³ niəŋ²² kə¹²⁻³³ ti²⁴ tsï²⁴ səu³¹ nuo³³
糖　 果 啊, 个₁ 物　件东西 啰, 是 呀。 老　 人 家　 㑚们制做 寿 那

Øi⁵⁵⁻²² ni⁵⁵⁄²² nə³³, çi³³ Øia²², tsai³³ ny³³, tsai³³ tsai³³ ny³³ ny³³, Øa²², ny³³ çy²⁴——
一　 日　 呢,　是 呀, 崽女儿女, 崽 崽 女 女,　 啊, 女 婿——

naŋ²² tsai³³, ɕia²², ku⁵⁵ᐟ²² ni⁵⁵ᐟ²² ɕia²², fəu²² ɕi³¹ xau³¹ pəi²⁴ kuo⁰, ɕuaŋ³³ pəi²⁴ kuo⁰, tu¹² ɕiau²⁴
郎崽_{女婿}，呀，箇立=_些呀，逢是_{凡是}后 辈 个₀，晚 辈 个₀，都 要
ɕuəi²² nai²² pua²⁴ səu³¹, ɕa²², ɕuəi²² nai²² tɕʰiə⁵⁵ᐟ²² kuo²⁴ səu³¹ miə³¹, ɕa²², ɕio²² ɕi³³
回 来 拜 寿，啊，回 来 吃 个₂ 寿 面， 啊， 若 是
niəŋ³¹ nau³³ təu²², ɕiəu³³ ni⁵⁵ niəŋ³¹ tiə³³ nau³³ təu²⁴ kuo⁰ nau³³ təu²² kuo¹²⁻³³ ɕa²², tsai³³ tsɿ²⁴
认 老 同， 有 立=_些认 哆 老 同① 个₀ 老同家_{结拜兄弟之间}啊，在 制做
səu³¹ ku⁵⁵ᐟ²² ɕi⁵⁵⁻²² ni⁵⁵ᐟ²² ɕa²², kəŋ²⁴ ɕi³³ tai³¹ ɕiau²⁴ nai²², ɕa²², tɕʰi¹² tʰuo¹² kə⁰ (< kuo⁰)
寿 箇 一 日 啊，更 一 定 要 来，啊， 其 他 个₀
tɕʰiəŋ¹² tɕʰi⁵⁵⁻²² pəu²² ɕiəu³³ nə³³, ɕa¹² ɕiau²⁴ nai²² tsu⁵⁵ᐟ²² səu³¹, xuo²⁴ səu³¹。fəu²² ɕi³³
亲 戚 朋 友 呢，也 要 来 祝 寿， 贺 寿。逢是_{凡是}
ɕa²², niəu⁵⁵ ɕiə³¹ tɕiəu³³、tɕʰi⁵⁵ ɕiə³¹ tɕiəu³³、puo⁵⁵ ɕiə³¹ tɕiəu³³, ku⁵⁵ᐟ²² kuo²⁴ tɕiəu³¹ su²²
啊， 六 十 九、 七 十 九、 八 十 九， 箇 个 就 属
ɕy²² tua³¹ səu³¹, ɕa²², ŋ³³ tiə³¹ kuo²⁴ ti³¹ fuaŋ¹²⁻³³ tsəu³¹ kaŋ³³ tsɿ²⁴ " tua³¹ sa¹² ni⁵⁵⁻²² "。ɕi³³
于 大 寿， 啊，我 哋_们个₁ 地 方 就 讲_{叫做}" 大 生 日 "。是
ɕia²², tsai³³ nau³³ niəŋ²² kuo¹²⁻³³ tsɿ²⁴ tua³¹ sa¹² ni⁵⁵⁻²² ku⁵⁵⁻²² ɕi⁵⁵⁻²² niə³³, ɕi⁵⁵⁻²² paŋ¹²
呀， 在 老 人 家 制做 大 生 日 箇 一 日 呢， 一 般
nə³³, ɕa⁵⁵ kuo¹² tsəu³¹ ni³³ kə⁰ (< kuo⁰) niəŋ²² —— tsʰəŋ¹² saŋ³¹ ni⁵⁵ —— ɕa⁵⁵ kuo¹² tsəu³¹
呢，阿 家 族 里 个₀ 人—— 村 上 □_{那些}——阿 家 族
ni³³ kə⁰ (< kuo⁰) niəŋ²², ɕa¹² fəi³¹ tuo³³ kuo¹² fəu¹² pau¹²⁻³³ nai²², ɕa²², tɕʰiə⁵⁵ᐟ²² səu³³
里 个₀ 人，也 会 打 个 封 包 来， 啊， 吃 寿
miə³¹, nai²² kuaŋ¹² tɕʰi³³ kuo²⁴ nau³³ niəŋ²² kuo¹²⁻³³。ɕa²², ɕio²² ɕi³³ tsʰəŋ¹² saŋ³¹ nə³³,
面， 来 恭起=_{恭贺}个₁ 老 人 家。啊， 若 是 村 上 呢，
ɕiəu³³ tiau²² sɿ¹² tsɿ³¹ tai¹²⁻³³ kə⁰ (< kuo⁰), suo³³ pua²² tai¹²⁻³³ kə⁰ (< kuo⁰), ɕa¹²
有 跳 狮 子 灯 个₀， 耍 排 灯 个₀， 也
fəi³¹ —— ɕa¹² kʰu³³ ɕi³³ ɕiau¹² tɕʰi³³ ɕi⁵⁵⁻²² taŋ³³ niəŋ²² nai²² tiau²² sɿ¹² tsɿ³³, suo³³ pua²²
会， 也 可 以 邀 起 一 党伙 人 来 跳 狮 子， 耍 排
tai¹²⁻³³, xuo⁵⁵ᐟ²² tɕia ɕi³³ tsʰaŋ²⁴ ɕi²⁴, nai²² paŋ³³ kuo²⁴ nau³³ niəŋ²² kuo¹²⁻³³ ti³¹ tsu⁵⁵ᐟ²² səu³¹。
灯， 或 者 是 唱 戏， 来 帮 个₂ 老 人 家 哋们祝 寿。

---

① 老同：同年出生的结拜兄弟。

第三章　生育、寿辰

Øia²² , tʰə⁵⁵ piə³¹ ɕi³³ nuo³¹ ni⁵⁵　tə²² kau¹² Øuaŋ²⁴ tsoŋ²⁴（官）Øa²² , xəŋ³¹ səu³¹ niəŋ²² tsai¹²
呀，　特　别　是　那立⁼些　德　高　望　重　　啊， 很　受　人　尊

tɕiəŋ²⁴ kə⁰（< kuo⁰） nau³³ niəŋ²² kuo¹²⁻³³ ti³¹ Øia²² , nai²² kə⁰（< kuo⁰） niəŋ²² tsəu³¹
敬　　个₀　　　老　人　家　咄们　呀，　来　个₀　　　人　就

Øyə⁵⁵⸍²² tu¹² 。ɕi³³ Øia²² , nai²² kə⁰（< kuo⁰） niəŋ²² tsəu³¹ Øyə⁵⁵⸍²² tu¹² 。nai²² kə⁰（< kuo⁰）
越　　多。是　呀，来　个₀　　　人　就　越　　多。来　个₀

kʰa⁵⁵ niəŋ²² nə³³ , Øi¹² paŋ¹² nə³³ ɕi³³ tuai²⁴ sʅ²⁴ tɕiəŋ¹²⁻³³ miə³¹ , ɕi³³ Øia²² , Øy²² ku³³ ɕi³³
客　人　呢，一　般　呢　是　带　四　斤　　面，　是　呀，如　果　是

kə²⁴（< kuo²⁴） nuo²² kə⁰（< kuo⁰） tsʅ²⁴ səu³¹ nə³³ , tsəu³¹ tɕiəu³³ ɕi³³ Øi⁵⁵ tai³¹ Øiau²⁴ tuai²⁴
个　　　　男　个₀　　　制　做　寿　呢，就　酒　　是　一　定　要　带

kuo⁰ 。ɕi³³ Øia²² , tɕʰi²² tʰuo¹² tsai²⁴ tuai²⁴ tɕi¹² Øia³³ —— kai²² tɕi³¹、taŋ²² ku³³ tai³³ tɕi³¹ ,
个₀。是　呀， 其　他　 再　带　鸡　呀——□带鸡、糖　果　等件等东西,

Øia³³ , ɕi³³ Øia²² 。
呀， 是　呀。

　　nai²² tau²⁴ kuo²⁴ tɕy³³ kuo¹²⁻³³ Øəu⁵⁵ ni³³ kuo⁰ ɕi²² ka¹²⁻³³ nə³³ , Øə²² , kuo²⁴ tɕy³³ niəŋ²²
　　来　到　个₂主　家　屋　里　个₀ 时　间　 呢， 呃，个₂主　人

niə³³ tɕiəu³¹ ɕiə¹² Øiau²⁴ tɕy³³ miə³¹ —— tɕy³³ miə³¹ tiau²² , xuo³³ tsʅ²⁴ " səu³¹ miə³¹ " Øa²² ,
呢　 就　 先　 要　 煮　面—— 煮　面　条，　喊制叫做 "寿　面"　啊，

Øiəŋ¹² Øuəi²² kə²⁴（< kuo²⁴） miə³¹ nə³³ , Øiəu³¹ tiaŋ²² Øiəu³¹ ɕi²⁴ , ɕi³³ Øia²² , su³³ Øi³³
因　　为　个₂　　　　面　呢，又　长　又　细，是　呀， 所　以

tɕiəu³¹ tɕʰy³³ tʰuo¹² kuo²⁴⸍⁰ mai²² tsʅ³¹ kaŋ³³ tsʅ²⁴ " səu³¹ miə³¹ " , Øa²² , tiaŋ²² səu³¹ miə³¹
就　　取　它　个₀　　名　字　讲制叫做 " 寿　面 "，啊， 长　寿　面,

tɕy³³ səu³¹ tiə⁰ miə³¹ —— nuo²⁴（nuo³¹ + kuo²⁴） miə³¹ tɕy³³ səu³¹ tiə⁰ Øi³³ xau³¹ ,
煮　熟　嗲　面—— □（那+个）　面　煮　熟　嗲　以　后,

nuo²⁴（nuo³¹ + kuo²⁴） saŋ³¹ miə³¹ , nuo²⁴ Øu³³ saŋ³¹ miə²⁴ nə³³ , kuai²⁴ sʅ²⁴ kə²⁴（< kuo²⁴）
□（那+个）　　上　面，□（那+个）碗上　面　呢，盖　四　个

ɕi²⁴ ni²⁴ kə⁰（< kuo⁰） kuo⁰ Øyə²² tsʅ³³ , ɕi³³ Øia²² , Øiəu⁵⁵ Øyə²² tsʅ³³ nə³³ , ka¹² ni³³ nə³³ ,
细□个₀一点　　　个₀丸　子，是　呀，肉　丸　子　呢。□里这样 呢，

tsəu³¹ kai²² nai²² pua²⁴ səu³¹ —— nai²² pua²⁴ səu³¹ kə⁰（< kuo⁰） niəŋ²² tɕʰiə⁵⁵⸍²² na³³ ,
就　□拿来　拜　寿—— 来　拜　寿　个₀　　　人　吃　啦,

Øia²² 。Øio²² çi³³ Øy³¹ tiau³¹ tua³¹ səu³¹ kuo⁰ çi²² ka¹²⁻³³ nə³³ , tsɿ²⁴ tua³¹ səu³¹ , fəu²² çiə³¹
呀。 若 是 遇 着 大 寿 个₀时 间 呢, 制做大 寿, 逢 十

kə⁰ (< kuo⁰) çi²² ka¹²⁻³³ , çi³³ Øia²² , kuo²⁴ kuo¹² Øəu⁵⁵⁻²² ni³³ kuo⁰ nau³³ səu³¹ çiəŋ¹²⁻³³
个₀ 时 间, 是 呀, 个₂ 家屋里家里 个₀ 老 寿 星

nə³³ , xa²² Øiau²⁴ tsʰai³³ niəŋ²² paŋ¹² maŋ⁵¹ puo³¹ kuo²⁴ səu³¹ tçiəu³³ , puo³¹ tçiəu³³ çi⁵⁵⁻²²
呢, 还 要 请 人 帮 忙 办 个₂ 寿 酒, 办 酒 席,

tsau¹² tuai³¹ kʰa⁵⁵ niəŋ²² 。Øy²² ku³³ çi³³ sa¹² ni⁵⁵⁻²² tçiəu³³ nə³³ , Øi⁵⁵⁻²² paŋ¹²⁻³³ tsəu³¹ pu
招 待 客 人。 如 果 是 生 日 酒 呢, 一 般 就 不

puo³¹ səu³¹ tçiəu³³ nuo³³ , pu²² tsɿ²⁴ tçiəu³³ , tçiəu³¹ çi³³ sau¹² xuo³³ nu¹² tsɿ³³ tsau²⁴ , tsau¹²
办 寿 酒 啰, 不 制做 酒, 就 是 烧 下 炉子灶简单的火锅, 招

tuai³¹ kə²⁴ (< kuo²⁴) kʰa⁵⁵ niəŋ²² tsəu³¹ çiəŋ²² tiə⁰ , pu²² puo³¹ tçiəu³³ çi⁵⁵⁻²² 。Øia²² , tsai³³
待 个₂ 客 人 就 行 嗲, 不 办 酒 席。 呀, 在

kuo²⁴ tçiəu³³ çi⁵⁵⁻²² kə⁰ (< kuo⁰) çi²² ka¹²⁻³³ , kʰuai¹² çi⁵⁵ kə⁰ (< kuo⁰) çi²² ka¹²⁻³³ nə³³ ,
个₁ 酒 席 个₀ 时 间, 开 席 个₀ 时 间 呢,

səu³³ çiə¹² Øiau²⁴ tçiəŋ²⁴ kuo²⁴ nau³³ niəŋ²² kuo¹²⁻³³ kə⁰ (< kuo⁰) tçiəu³³ , Øia²² , kuo²⁴
首 先 要 敬 个₂ 老 人 家 个₀ 酒, 呀, 个₂

xau³¹ pəi²⁴ ti³¹ Øia²² , kuo²⁴ kuo²⁴ Øiau²⁴ tçiəŋ²⁴ tau²⁴ , tsai²² çi³³ ——tsɿ³¹ tçi³³ tsai²² çi³³ nai²²
后 辈 咄们 呀, 个 个 要 敬 到, 才 是—— 自 己 才 是 能

kə²⁴ (< kau²⁴) tçʰiə⁵⁵⁻²² , tsai²² nai²² kə²⁴ (< kau²⁴) kʰuai¹² çi⁵⁵ tçʰiə⁵⁵⁻²² 。
够 吃, 才 能 够 开 席 吃。

xa²² Øiəu³³ kuo²⁴ çi⁵⁵⁻²² ku²⁴ —— xa²² Øiəu³³ kə²⁴ (< kuo²⁴) çi⁵⁵⁻²² su²² , tçiəu³¹ çi³³
还 有 个 习 惯—— 还 有 个 习 俗, 就 是

kaŋ³³ nə³³ , fuaŋ²² çi³³ ——fəu²⁴ tçiəu²⁴ çi³³ tsɿ²⁴ tua³¹ səu³¹ ku⁵⁵⁻²² Øi⁵⁵⁻²² ni⁵⁵⁻²² , tsɿ²⁴ səu³¹
讲 呢, 凡 是—— 逢见是凡是 制做 大 寿 箇 一 日, 制做 寿

kə⁰ (< kuo⁰) nau³³ səu³¹ sai¹²⁻³³ nə³³ , tsai³³ kə²⁴ (< kuo²⁴) kʰa⁵⁵ niəŋ²² Øuəi²² tçʰy²⁴
个₀ 老 寿 星 呢, 在 个₂ 客 人 回 去

kə⁰ (< kuo⁰) çi²² ka¹²⁻³³ , məi²⁴ kə²⁴ (< kuo²⁴) niəŋ²² tu¹² Øiau²⁴ xuo⁵⁵⁻²² Øi⁵⁵⁻²² tsai⁵⁵⁻²²
个₀ 时 间, 每 个 人 都 要 发 一 只

səu³¹ Øu³³ , Øa²² , kə²⁴ (< kuo²⁴) səu³¹ Øu³³ ni³³ tau²² nə³³ , fuaŋ²⁴ kə²⁴ (< kuo²⁴) fəu²²
寿 碗, 啊, 个₂ 寿 碗 里 头 呢, 放 个 封

pau¹²⁻³³, xuo⁵⁵/²² tɕia³³ fuaŋ²⁴ ti⁵⁵ kə⁰ (<kuo⁰) taŋ²² ——taŋ²² ku³³ tsai³³ ni³³ tau²² ɵia²²,
包， 或 者 放 □ 个₀—点点 糖—— 糖果 在 里 头， 呀，

ta⁵⁵/²² kuo²⁴ kʰa⁵⁵ niəŋ²² tuai²⁴ ɵuəi²² tɕʰy²⁴, ku⁵⁵/²² ɵi²⁴ sɿ¹²⁻³³ nə³³, tɕiəu³³ ɕi³³ kaŋ³³ nə³³,
得给 个₂ 客 人 带 回 去， 箇 意思 呢， 就是 讲 呢，

tua³¹ tɕi²² kə³³ (<kuo¹²) tu¹² ɵiəu³³ xuo³¹, ɵiəu³³ xuo³¹ tɕʰiə⁵⁵/²² ɵa²². tsɿ²⁴ kʰa⁵⁵ su³³
大齐⁼家大家 都 有 饭， 有 饭 吃， 啊。制做 客 所

səu²⁴ nai²² kə⁰ (<kuo⁰) ni³³ ɵu²² nə³³, pi³³ ɵy²² kuo²⁴ səu³¹ miə³¹ 、tɕiəu³³ ɵa³³, ɕi³³ ɵia²²,
送 来 个₀ 礼 物 呢， 比 如 个₂ 寿 面、 酒 啊， 是 呀，

kuo²⁴ tɕy³³ kuo¹²⁻³³ ɵa²², ɵi⁵⁵⁻²² paŋ¹² nə³³ tɕi³³ ɕi³³ səu¹² ɵi⁵⁵⁻²² pu¹², ɕi³³ ɵia²², niəu²² xuo³³
个₂ 主家 啊， 一 般 呢 只是 收一 半， 是 呀， 留 下

ɵi⁵⁵⁻²² pu²⁴ nə³³, ta⁵⁵/²² kuo²⁴ kʰa⁵⁵ niəŋ²² tuai²⁴ ɵuəi²² tɕʰy²⁴, kuo²⁴ ɵi²⁴ sɿ¹²⁻³³ tɕiəu³¹ ɕi³³
一 半 呢， 得给 个₂ 客 人 带 回 去， 个₂ 意思 就 是

kaŋ³³ nə³³, səu³¹ ɕia¹²⁻³³ ɵa²², ɵia²² tɕiə⁵⁵/²² ɵyə²², ɵia²² tɕʰiə⁵⁵/²² ɵyə²² ni³³ tiə³¹ kuo⁰,
讲 呢， 寿 仙 啊，□没 接 圆完，□没 吃 圆完 你 㑚们 个₀,

fuaŋ¹² ɵu³³ xuo³¹ ta⁵⁵⁻²² ni³³ tiə³¹ tɕʰiə⁵⁵⁻²². ɵa²², kuo²⁴ miə³¹ ta⁵⁵⁻²² ni³³ tiə³¹ kai²² ɵuəi²²
分 碗 饭 得给 你 㑚们 吃。 啊， 个₂ 面 得让 你 㑚们□带 回

piau³³ sɿ³¹ ku⁵⁵/²² kuo²⁴ ɵa²², tiaŋ²² miə³¹, tua³¹ tɕi²² kuo¹²⁻³³ ɕiaŋ³³ səu³¹, ɵa²², tɕʰy³³ tau⁰
表 示 箇 个 啊， 长 面， 大齐⁼家大家 享 受， 啊， 取 □着

kuo²⁴ ɵi²⁴ sɿ¹²⁻³³ nuo³³, ɕi³³ ɵia²². tsai³³ kə²⁴ (<kuo²⁴) kuo²⁴ sai²² tɕiəu³¹ ɕi³³
个₁ 意思 啰， 是 呀。 整 个 过 程 就 是

ka¹² kə⁰ (<kuo⁰)。

□这样 个₀。

普通话梗概

依我们这里的习俗，一岁以下就离世的属于短命鬼，一岁到十六岁叫做夭寿，二十岁为弱寿，三十岁是壮寿，四十是强寿，五十是艾寿，六十才是满寿，七十为稀寿，八十就为耋寿，八十五岁以上为耄寿，要到九十五岁以上称作"颐期寿"，我们这里的"寿称"就是这样区分的。

五十五岁以下的生日酒，一般都不能称为寿酒的，而是说生日酒，要五十五岁以上才能做寿，所办的酒席才可以称作寿酒。按照当地的说法，若是夫妻两人都满了五十五岁，都到了可以做寿的年龄了，也是只为男的做寿，女的一般不做寿的。只有在丈夫去世以后，子女才能为母亲做寿。

老人家做寿的那一天，儿女、女婿等所有的晚辈都要回来"拜寿"，吃寿面。如果晚辈有结拜兄弟的，这些结拜兄弟也要去。他的亲戚朋友也要来祝寿。凡是六十九岁、七十九岁、八十九岁就属于大寿。我们这个地方叫做"大生"。在老人家做大生的这一天，家族里的人也会带个红包来吃寿面，来恭贺这位老人家。如果村里有跳狮子灯、耍排灯的，或者是唱戏的人们，他们都会来祝寿的。如果是那些德高望重、受人尊敬的老人做寿，来的人就更多。

祝寿的礼物一般是寿面、寿酒、公鸡、糖果等。面条一般是带四斤，如果是为男人做寿，这是一定要带的礼物。去到主人家的时候，主人会为客人煮面条，因为面条又长又细，所以就给它取名"寿面""长寿面"。面煮熟了以后，碗上会放四个肉丸子，再端出来给拜寿的人吃。如果是遇上大寿，同族里的老寿星还要请人帮忙办寿酒。如果只是生日酒，一般就不另办寿酒，只烧一个炉子灶而已。烧炉子灶就是在炉子上煮一个简单的火锅就行了，不办酒席。在酒席开席前，每个后辈要先向寿星公敬酒，然后才开席。

还有个习惯是，凡是大寿这一天，在客人回去的时候，要给他们每个人发一只寿碗，里面放个包子，叫做"寿包"，或者放一点糖给客人带回去，这意思就是让大家都有饭吃。客人所送来的礼物，比如面条和酒，主人一般只是收一半，留下一半给客人带回去，意思就是寿星分碗饭给你吃，大家一起分享。

第四章 丧葬

一、守生孝

kaŋ³³ Øi⁵⁵⁻²² kə²⁴（<kuo²⁴）pa³¹ sʅ³¹ tɕiəu³³，Øa¹² kaŋ³³ tsʅ²⁴ sʅ³³ niəŋ²² tɕiəu³³
讲 一 个　　　白 事 酒， 也 讲制叫做 死 人 酒

kuo⁰fəu¹² su²²ɕi⁵⁵/²² ku²⁴。kuo¹²——kuo¹² Øəu⁵⁵⁻²² ni³³ tau²² Øa²²，Øy²² ku³³ ɕi³³ nau³³ niəŋ²²
个₀风　俗 习　　惯。家——　家屋 里 头家里　啊，如 果 是 老 人

kuo¹²⁻³³ pai³¹ tiə⁰ xəŋ³³ tɕiəu³³，Øa²²，muo²² nuo²² xau³³ tiə⁰。Øa²²，pai³¹ ta⁰ pu²² ɕiəŋ³³
家 病 嗲 很　久，　啊，蛮 难 好 嗲。啊，病 得 不 行

tiə⁰ kuo⁰ ɕi²² ka¹²⁻³³ nə³³，tsai³³ səŋ¹² piə¹²⁻³³ tau²² nə³³，pu²² ku³³ ɕi³³ ni⁵⁵ ni⁵⁵⁻²² pa³¹ xuo²²
嗲 个₀ 时 间　　呢，在 身 边　 头 呢，不 管 是 日 日　 白白天或

tɕia³³ ɕi³³ Øio³¹ xuo³³，tu³³ pu²² nai²² kə²⁴（<kau²⁴）ni²² kʰuai¹²⁻³³ niəŋ²²。ku⁵⁵/²² kuo²⁴
者　是　夜 下晚上， 都 不 能 够　　　　 离 开　　 人。箇 个

ɕi⁵⁵/²² ku²⁴ tsəu³¹ ɕi³³ kaŋ³³ tsʅ²⁴ səu³³ sa¹² ɕiau²⁴。Øa²²，Øuaŋ³³ Øuaŋ³³ nə³³ Øa¹² Øiəu³³ tʰə⁵⁵
习　惯 就　是 讲制叫做"守 生 孝"。啊， 往　　往　 呢 也 有 特

su¹²⁻³³ kə⁰（<kuo⁰）tsai²² kʰuaŋ²⁴，tsəu³¹ ɕi³³ kaŋ³³ Øa²²，nau³³ niəŋ²² kə¹²⁻³³ ti³¹ Øiəu³³
殊 个₀　　　 情　 况，就　是　讲　啊，老 人　家　　咃们 有

kaŋ³³ Øa²²，"tɕiəu³³——Øa²²，pai³¹ tɕiəu³³ tiə⁰，tsaŋ²² tɕiə²² Øia²²——Øia ta⁵⁵⁻²² ɕiau²⁴
讲 啊，"久—— 啊，病　久　嗲，　床 前，　 □没有——□得没有 孝

tsʅ³³"kuo⁰ kaŋ³³ xuo⁵⁵⁻²²。tsəu³¹ ɕi³³ kaŋ³³ nə³³，səu³³ ɕiau²⁴ kuo⁰ niəŋ²²，Øa²²，Øiəŋ¹²
子" 个₀ 讲　 法。　 就　 是　 讲　呢， 守　孝　个₀ 人，　 啊， 因

Øuəi²² tʰai²⁴ ɕi²² ka¹²⁻³³ tiaŋ²² tiə⁰ pa²²，səu³³ xuo³³ səi²⁴ tiə⁰，ni²² kʰuai¹²⁻³³ Øi⁵⁵⁻²² xuo³³。
为　 太　 时 间　 长　 嗲 吧，守 烦 碎烦 嗲， 离 开　 一　 下。

Øuaŋ³³ Øuaŋ³³ nə³³，ku⁵⁵/²² kuo²⁴ ɕi²² ka¹²⁻³³ nə³³，nau³³ niəŋ²² kə³³（<kuo¹²）nə³³
往　　 往　 呢，箇　个　 时 间　　呢，老 人　家　　　　　　 呢

tɕiəu³¹ fəi³¹ tu³³ tɕʰi²⁴，Øa²²，tsai³³ tsaŋ³³ saŋ³¹。Øə³³，ku⁵⁵/²² kuo²⁴ tsəu³¹ kaŋ³³ tsʅ²⁴
就　会 断　 气， 啊， 在　床　上。 呃，箇 个　就　讲制叫做

"məi²⁴ tsaŋ²² puo³³ tsʅ³³ sʅ³³"nuo³³。ɕi³³ Øia²²，kuo²⁴ ɕi⁵⁵/²² ku²⁴——kuo²⁴ Øa²²，kuo²⁴
"□背 床　板 子　死" 啰。 是 呀， 个₁ 习　 惯——　 个₁ 啊， 个₁

sๅ³¹ tsai²² çi³³ xəŋ³³ pu²² xau³³ kuo⁰。
事 情 是 很 不 好 个₀。

øa²², øi⁵⁵⁻²² paŋ¹² nə³³, øiau²⁴ tsai³³ nau³³ niəŋ²² kuo¹²⁻³³ kʰua²⁴ tu³³ tçʰi²⁴ øi³³ tçiə²²,
啊， 一 般 呢， 要 在 老 人 家 快 断 气 以 前，

tçiəu³¹ pau³³ tau²⁴ kuo²⁴ tʰai³¹ saŋ³¹ nai²²。çi³³ øia²², øuo²⁴ tsau²⁴ kuo²⁴ nuo²² tsu²⁴ ny³³ øiəu³¹,
就 抱 到 个₂ 厅 上 来。是 呀， 按 照 个₂ 男 左 女 右，

kai²² kə²⁴ (<kuo²⁴) niəu²² tsʰau²⁴ tsai³³ tʰai¹² saŋ³¹, pʰu¹² kə²⁴ (<kuo²⁴) ti³¹ pʰu¹²⁻³³,
□用个₂ 牛 草 在 厅 上， 铺 个₂ 地 铺，

øa²², pa³³ kuo²⁴ nau³³ niəŋ²² kə³³ (<kuo¹²) øa²², tau²² çiaŋ²⁴ çiaŋ¹² fu³³,
啊， 把 个₂ 老 人 家   啊，头 向 香 火，

tçiau⁵⁵ᐟ²² çiaŋ²⁴ tua³¹ məŋ³³ kuo⁰ fuaŋ¹² çiaŋ²⁴ suəi³¹ xau³³, øa²², niaŋ³¹ ku⁵⁵ᐟ²² kə²⁴ (<kuo²⁴)
脚 向 大 门 个₀ 方 向 睡 好， 啊， 让 箇 个₂

nau³³ niəŋ²² kə³³ (<kuo¹²) nə³³ øuo¹²⁻³³ øuo¹² øiə²² øiə²² ka¹² ni³³ tu³³ tçʰi²⁴,
老 人 家 呢 安 安 然 然 □里地 断 气，

tçʰy²⁴ çi²⁴。øa²², tçiəu³¹ kuo⁰ çi⁵⁵ᐟ²² ku²⁴ kaŋ³³ nə³³, øio²² çi³³ kə²⁴ (<kuo²⁴) pai³¹
去 世。啊， 旧 个₀ 习 惯 讲 呢， 若 是 个   病

niəŋ²² tsๅ³³, øa²², tsai³³ tsaŋ²² saŋ³¹ tu³³ tçʰi²⁴ nə³³, tsəu³¹ xuo³³ tsๅ²⁴——kaŋ³³ tsๅ²⁴
人ₒ子病人， 啊， 在 床 上 断 气 呢， 就 喊制叫做—— 讲制叫做

"məi²⁴ tsaŋ²² puo²⁴ tsๅ³³ sๅ³³" nuo³³, kuo²⁴ (<ku⁵⁵ᐟ²² kuo²⁴) çi³³ çiaŋ¹² taŋ¹²⁻³³
"□背 床 板 子 死" 啰， 个₁   是 相 当

pu²²—— pu²² ni³¹ kuo⁰。øa²², paŋ²² niəŋ²² tsəu³¹ fəi³¹ kaŋ³³ tʰuo¹² kuo⁰ tsai³³ ny³³, øa²²,
不—— 不 利 个₀。啊， 旁 人 就 会 讲 他 个₀ 崽女儿女， 啊，

səŋ¹² tsai³³ səŋ¹² ny³³ təi²⁴ kuo²⁴ nau³³ niəŋ²² kuo¹²⁻³³ tʰai²⁴ pu²² çiau²⁴ suəŋ³³ tiə⁰。çi³³ øia²²,
孙 崽 孙 女 对 个₂ 老 人 家 太 不 孝 顺 嗲。是 呀，

ø ə³³ tçʰiə³³ tçʰy⁵⁵ᐟ²² çiə²⁴ kə²⁴ (<kuo²⁴) sๅ³¹ tsai²² nə³³, təi²⁴ kuo¹² kuo¹² øəu⁵⁵⁻²² ni³³
而 且 出 现 个₁ 事 情 呢， 对 个₂ 家 屋 里

tau²² øa²², øa¹² çi³³ pu²² ni³¹ kuo⁰, øa²², øa¹² çi³³ pu²² ni³¹。su³³ øi²² ku⁵⁵ᐟ²² kuo²⁴ sๅ³¹ tsai²²
头家里啊， 也 是 不 利 个₀ 啊， 也 是 不 利。所以箇 个 事 情

øa²², øuaŋ³³ çi²² ka¹²⁻³³ øa²²——nau³³ çi²² ka¹²⁻³³ kʰuo²⁴ ta⁵⁵⁻²² xəŋ³³ tsəŋ³¹ øiau²⁴, øi⁵⁵
啊， 往 时 间 啊—— 老 时 间 看 得 很 重 要， 一

tai³¹ ɕiəu³³ niəŋ²² ɕiau²⁴ səu³³ tau⁰。
定　有　人　　在　守　□着。

普通话梗概

家里的老人如果是病了很久，很难康复，也就是病得不行了的时候，不管是白天还是黑夜身边都不能缺人陪护。这个习惯叫做"守生孝"。往往也有特殊情况，"久病床前无孝子"，守生孝的人守得时间太长了，守烦了，离开一下，往往在这个时间老人就会断气，会死在床上，这叫"背床板死"，这种情况是很不吉利的。旁人就会说这个儿女对老人家太不孝顺了。这种事情在过去被看得很重，所以病重的老人身边一定要有人守着。老人家快要断气时，一般就会被抱到厅堂上来，按照男左女右的规矩，用稻草在厅堂上打一个地铺，使老人按照头朝神龛、脚向大门的方向躺好，让老人家安然地离世。

二、落气和买水

xuo³¹ miə²⁴ nə³³ tɕiəu³¹ ɕi³³ kaŋ³³ xuo³³ nau⁵⁵⁻²² tɕʰi²⁴ xuo²² mua³³ suəi³³ kə⁰ (< kuo⁰)
下 面 呢 就 是 讲 下 落 气 和 卖 水 个₀
ɕi⁵⁵⁻²² ku²⁴ nuo³³。tɕiəu³¹ ɕi³³ kaŋ³³ Øa²², kuo²⁴ nau³³ niəŋ²² kuo¹²⁻³³ tu³³ tiə⁰ tɕʰi²⁴ Øi³³
习 惯 啰。 就 是 讲 啊, 个₂ 老 人 家 断 嗲 气 以
xau³¹, Øa²², səu³³ ɕiə¹² nə³³ Øiau²⁴ kai²² Øi⁵⁵⁻²² tiau²² tiaŋ²² kə⁰ (< kuo⁰) tiəu⁵⁵
后, 啊, 首 先 呢 要 □用 一 条 长 个₀ 竹
kau¹²⁻³³, tsai³³ ku⁵⁵/²² kuo²⁴ nau³³ niəŋ²² kuo¹²⁻³³ su³³ suəi³¹ kə⁰ (< kuo⁰) tsaŋ²² təi²⁴
篙, 在 箇 个 老 人 家 所 睡 个₀ 床 对
kə⁰ (< kuo⁰) Øəu⁵⁵ pəi²⁴ saŋ³¹, tsʰau³¹, ɕiaŋ²⁴ kə²⁴ (< kuo²⁴) Øəu⁵⁵ pəi²⁴ Øa³³, Øəu⁵⁵
个₀ 屋 背屋顶 上, 戳, 向 个₂ 屋 背 啊, 屋
Øuo³³ Øa³³, tsʰau³¹ Øi⁵⁵⁻²² kʰua²⁴ ɕi²⁴ kə⁰ (< kuo⁰) təu³¹ Øuo³³。kuo²⁴ tsəu³¹ kaŋ³³ tsʅ²⁴
瓦 啊, 戳 一 块 细 个₀ 洞按=洞眼, 个₁ 就 讲 制叫做
" tʰəu¹² tɕʰi²⁴ Øuo³³ ", Øa¹² kaŋ³³ tsʅ²⁴ tsʰau³¹ tɕʰi²⁴ Øuo³³ "。Øa²², tsʰau³¹ tiə⁰ tɕʰi²⁴ Øuo³³
"通 气 眼", 也 讲 制叫做 "戳 气 眼"。啊, 戳 嗲 气 眼
Øi³³ xau³¹ nə³³, tɕiəu³¹ tau²⁴ tua³¹ məŋ²² saŋ³¹ fuaŋ²⁴ Øi⁵⁵⁻²² tɕʰyə²⁴ pʰau²⁴ Øa²², piau³³ sʅ³¹
以 后 呢, 就 到 大 门 上大门口 放 一 串 炮 啊, 表 示
nə³³ —— ku⁵⁵/²² tɕʰyə²⁴ pʰau²⁴ Øi⁵⁵⁻²² ɕiaŋ³³ nə³³, tɕiəu³¹ ɕi³³ piau³³ sʅ³¹ ku⁵⁵/²² kuo²⁴ nau³³
呢—— 箇 串 炮 一 响 呢, 就 是 表 示 箇 个 老
niəŋ²² kuo¹²⁻³³ ku²⁴ ɕi²⁴ tiə⁰, xa²² nu³¹ tiə⁰。kuo²⁴ ɕi³³ ka¹²⁻³³ Øa²², kuo²⁴ ɕiau²⁴ tsʅ³³
人 家 过 世 嗲, 行 路去世嗲。个₁ 时 间 啊, 个₂ 孝 子
ɕiau²⁴ səŋ¹² nə³³, tɕiəu³¹ Øiau²⁴ tau²⁴ fu²² piə¹²⁻³³ tau²², xuo⁵⁵/²² tɕia³³ ɕi³³ tsai³³ piə¹²⁻³³ tau²² □
孝 孙 呢, 就 要 到 河 边 头, 或 者 是 井 边 头,
tɕy²⁴ kai²² ti⁵⁵ kə⁰ (< kuo⁰) suəi³³ Øuəi²² nai²²。kuo²⁴ tsəu³¹ kaŋ³³ tsʅ²⁴ mua³³ suəi³³ Øuəi²²
去 □ 挑□个₀一点 水 回 来。 个₁ 就 讲 制叫做 买 水 回
nai²², Øa²², paŋ²² ku⁵⁵/²² kuo²⁴ sʅ³³ tɕʰyə²⁴ kə⁰ (< kuo⁰) niəŋ²² ɕi³³ miə³¹, tsəŋ³³ pi³¹
来, 啊, 帮 箇 个 死 去 个₀ 人 洗 面, 准 备

ŋ$^{55/22}$ məu^{55}。

入　木。

普通话梗概

老人家断气以后，首先要拿一条长竹篙，在老人家所躺的正上方的屋顶上，戳一个小洞，这就叫做"通气眼"，也叫做"戳气眼"。断了气眼以后就到大门口放一串炮，表示这位老人去世了，孝子孝孙们就要到河边或者是井边去取一点水回来，叫做"买水"，帮死者洗脸，准备装入棺材。

三、入木

ŋ⁵⁵⁾²² məu⁵⁵ kə⁰（＜kuo⁰）çi⁵⁵⁾²² ku²⁴ çi³³ ka¹² kə⁰（＜kuo⁰）nuo³³，çi³³ Øia²²，
入　木　个₀　　　　习　惯　是　□这样个₀　　　　　啰，是呀，

kuo¹² məŋ²² saŋ³¹ kə⁰（＜kuo⁰）niəŋ²²，tçi³³ Øiau²⁴ tʰai²⁴ tiau³¹ Øi⁵⁵⁻²² tçʰyə²⁴ pʰau²⁴ çiaŋ³³
家门上家族里　个₀　　　　人，只要听着　一　串　炮　响

Øa²²，tçiəu³¹ fəi³¹ çiau³³ ta⁵⁵⁻²² çi³³ məu³³ kuo²⁴——məu³³ kə⁰（＜kuo²⁴）niəŋ²² ku²⁴ çi²⁴
啊，就会晓得是某个——某个　　　人过世

tiə⁰。Øiəŋ¹² Øuəi²³ ŋ³³ tiə³¹ ku⁵⁵⁾²² kuo²⁴ ti³¹ fuaŋ¹²⁻³³ Øiəu³³ kuo²⁴ çi⁵⁵⁾²² su²²，fuaŋ²⁴ pʰau²⁴
嗲。因　为　我　哋们箇　个　地　方　　有　个　习　俗，放　炮

nə³³，tçiəu³¹ çi³³ kaŋ³³ Øa²²，tʰai²⁴ tiau³¹ Øi⁵⁵⁻²² tçʰyə²⁴ pʰau²⁴ çiaŋ³³ nə³³，tçiəu³¹ tçyə⁵⁵
呢，就　是　讲　啊，听着一　串　炮　响　呢，就　绝

təi²⁴ pu²² çi³³ xau³³ sɿ³¹，Øi⁵⁵ ta i³¹ çi³³ pa³¹ sɿ³¹。çi³³ Øia²²，su³³ Øi³³ pu²² kuaŋ³³ səŋ³³ muo³³
对　不　是　好　事，一　定　是　白　事。是　呀，所　以　不　管　什　么

sɿ³¹ tsai²² Øa¹² xau³³，fuaŋ²⁴ pʰau²⁴ kuo⁰ çi³³ xau³¹ tu¹² pu²² nai²² kə²⁴（＜kau²⁴）tuo¹²
事　情　也　好，放　炮　个₀时　候　都　不　能　够　　　　单

tuo¹²⁻³³ fuaŋ²⁴ Øi⁵⁵⁻²² tçʰyə²⁴，Øiau²⁴ fuaŋ²⁴ niaŋ³³ tçʰyə²⁴ Øi³³ saŋ³³，tsəu³¹ çi³³ kuo²⁴
单　放一　串，要　放　两　串以上，就　是　个₁——

kuo²⁴ çiə²⁴ çiaŋ²⁴。tsʰəŋ¹² fuaŋ¹²⁻³³ kuo¹²⁻³³ nə³³，çiau³³ ta⁵⁵⁻²² tiə⁰，tʰai²⁴ tiau³¹ pʰau²⁴
个₁现　象。村坊家同村的人　　　　呢，晓　得　嗲，听着　炮

çiaŋ³³ tiə⁰ Øi³³ xau³¹ Øa²²，tu¹² fəi³¹ tçy³³ təu³³ ka¹² ni³³ nai²² paŋ¹² maŋ²² niau³³ ni³³ ku⁵⁵⁾²² kuo²⁴
响　嗲以后啊，都　会　主　动　□里地　来　帮　忙　料　理　箇　个

xau³¹ sɿ³¹。ku²⁴ tçʰy²⁴ Øiəu³³ nə³³，Øiəu³³ kaŋ³³ Øa²² "niəŋ²² sɿ³³ xuo³¹ məŋ²² kʰuai¹²，
后　事。过　去　有　呢，有　讲　啊"人　死　饭　门　开，

pu²² tçʰiəŋ³³ tsɿ³¹ Øiəŋ²² nai²²" kə⁰（＜kuo⁰）tçiəu³¹ çi⁵⁵⁾²² su²² kuo⁰——tçiəu³¹
不　请　自　然　来"个₀　　　旧　习　俗　个₀——旧

çi⁵⁵⁾²² ku²⁴ kə⁰（＜kuo⁰）kaŋ³³ xuo⁵⁵⁻²²。piəŋ²⁴ tçʰiə³³ nə³³ xa²² Øiəu³³ "sɿ³³ niəŋ²²
习　惯　个₀　　　　讲法。　并　且呢还有　"死　人

Øuəi²² tua³¹ "kə⁰ (< kuo⁰) kaŋ³³ xuo⁵⁵⁻²² 。Øa²², pu²² nəŋ³¹ ku²⁴ tɕʰy²⁴ Øa²², kuo¹² Øy³³
为　　大　　个₀　　　　　讲　法。　啊，　不　论　过　去　啊，　家　与

kuo¹² tsʅ¹²⁻³³ tɕiəŋ¹²⁻³³, niəŋ²² Øy³³ niəŋ²² tsʅ³³ tɕiəŋ¹²⁻³³, Øiəu³³ səŋ²² muo⁰ ku²⁴ tɕiə⁵⁵⁻²²,
家　之　间，　　　　人　与　人　之　间，　　　有　什　么　过　节，

Øa²², nau³¹ pu²² tu²² tɕiə²², nau³¹ mau²² təŋ³¹, səŋ³¹ tɕi²⁴ Øy²² təi²² ku²⁴ kau¹² tsʅ³³ kuo⁰。
啊，　闹　不　团　结，　闹　矛　盾，　甚　至　于　捶过交子打过架　个₀。

tu¹² pu²² fəi³¹ tɕʰy²⁴ tɕi²⁴ ɕiau²⁴ ku⁵⁵⁄²² ni⁵⁵ 。Øa²², tɕi³³ Øiau²⁴ nau³³ niəŋ²² kuo¹²⁻³³ Øi⁵⁵⁻²²
都　不　会　去　计　较　箇立ˉ些。　啊，　只　要　老　人　家　一

xa²² tiə⁰ nu³¹ Øa²², tu¹² Øiau²⁴ nai²² paŋ²² maŋ²² 。ɕi³³ Øia²², Øiəŋ³³ Øuəi²² nuo³¹ kuo²⁴ ɕi³¹
行嗲路去世了啊，　都　要　来　帮　忙。　是　呀，　因　为　那　个　时

ka¹²⁻³³, nau³³ niəŋ²² kuo¹²⁻³³ ti³¹ kaŋ³³ ── tɕyə²² ku³³ ── tɕyə²² xuo³³ nai²² Øa²² : nuo³³
间，　老　人　家　㑚们讲──　传　古──　传　下　来　啊：哪

kuo¹²⁻³³ ── nuo³³ kuo¹²⁻³³ niəŋ²² kə³³ (< kuo¹²) kə⁰ (< kuo⁰) məŋ²² saŋ³¹ Øa²² tu¹²
家──　哪　家　人　家　　　个₀　　　　门上门口　啊　都

fəi³¹ Øiəu³³ kʰua²⁴ tʰuo⁵⁵ puo³³ sai³¹ 。ɕi³³ Øia²², ni³³ niəŋ²² pu²² tɕiəu²² niəŋ²² sʅ³¹ Øiau²⁴
会　有　块　踏　板　石。　是　呀，　你　人　不　求　人　事　要

tɕiəu²² niəŋ²² kuo⁰。su³³ Øi³³ Øa²², tɕʰy⁵⁵⁄²² ɕiə²⁴ tiə⁰ ku⁵⁵⁄²² kə²⁴ (< kuo²⁴) tsai²²
求　人　个₀。　所以　啊，　出　现　嗲　箇　个　　　　　情

kʰuaŋ²⁴ nə³³, tu¹² fəi³¹ tɕy³³ ── tɕy³³ təu²² ka¹² ni³³ nai²² paŋ¹² maŋ²² 。tsai³³ ku⁵⁵⁄²² kuo²⁴
况　呢，　都　会　主──　主　动　口里地　来　帮　忙。　在　箇　个

kuo²⁴ tsʰəŋ²² taŋ¹² tsəŋ¹²⁻³³ Øa²², Øa²², Øəu⁵⁵ ni³³ tau²² kə⁰ (< kuo⁰) ɕiau²⁴ tsʅ³³ ɕiau²⁴
过　程　当　中　啊，　啊，　屋里家里　头　个₀　　　　孝　子　孝

səŋ¹² nə³³, tsəu³¹ paŋ¹² ku⁵⁵⁄²² kuo²⁴ Øa²², sʅ³³ niəŋ²² tɕʰyə³³ Øi¹² saŋ²², Øa²², niə⁵⁵ kuo⁵⁵⁻²²
孙　呢，　就　帮　箇　个　啊，　死　人　穿　衣　裳，　啊，　捏夹收拾

xau³³ 。paŋ¹² maŋ²² kuo⁰ niəŋ²² nə³³, Øa²², səu³³ ɕiə¹² nə³³, tsəu³¹ kai²² tɕi³³ puo³³
好。　帮　忙　个₀　人　呢，　啊，　首　先　呢，　就　口拿　几　把

niəu²² tsʰau²² Øa³³, tau²⁴ ku⁵⁵⁄²² kuo²⁴ tai²² saŋ¹²⁻³³ ti³¹ saŋ³¹ kʰy²⁴ (< tɕʰy²⁴) ──
牛草稻草　啊，　到　箇　个　停丧地①　　上　去──

---

① 村口的一块小平地，送葬时棺材必须在这里停留，进行"敲子孙钉"等仪式，待仪式结束后才正式去墓地。

k^hy^{24}（<$tɕ^hy^{24}$）sau^{12}。$Øa^{22}$，tai^{33} kuo^{24} $niəu^{22}$ ts^hau^{33}，kuo^{24} $fəi^{12-33}$——$niəu^{22}$ ts^hau^{33}
去　　（　　　）烧。啊，等　个₂　牛草稻草，　　个₂灰——　　牛草稻草

$fəi^{12}Øa^{22}$，nuo^{55} $tiə^{0}$ $Øi^{33}$ xau^{31} kai^{22} $Øuəi^{22}$ nai^{22}，$tsəŋ^{33}$ pi^{31} $nə^{33}$ $Øi^{33}$ xau^{31} $tiə^{22}$ $kə^{24}$（<kuo^{24}）
灰啊，□冷嗲以　后□带　回　来，准　备　呢以　后　垫　个₂

$səu^{31}$ $məu^{55-22}$ $suai^{33}$。$Øa^{22}$，$piəŋ^{24}$ $tɕiə^{33}$ $nə^{33}$，$fuaŋ^{12}$ fu^{24} $niəŋ^{22}$ $tɕ^hy^{24}$ pa^{33} $ku^{55/22}$ kuo^{24}
寿　木　　□用。啊，并　且　呢，吩咐　人　去　把箇　个

nau^{33} $niəŋ^{22}$ $kə^{33}$（<kuo^{12}）kuo^{0} $səu^{31}$ $məu^{55-22}$，$Øa^{22}$，$tuai^{22}$ tau^{24} $Øəu^{55}$ ni^{33}
老　人　家　　　　　　个₀寿　木，　　　啊，抬　到　屋　里

ta^{22}（<tau^{22}）nai^{22}。
头　　　　　　来。

　　　　ku^{24} $tɕ^hy^{24}$ $kə^{24}$（<kuo^{24}）$sɿ^{33}$ $tiə^{0}$ $kə^{0}$（<kuo^{0}）$niəŋ^{22}$ $Øa^{22}$，$Øio^{22}$ $tɕia^{33}$ $ɕi^{33}$ ny^{33}
　　　　过　去　个₂　　　　　死　嗲个₀　　　　　人啊，若者是_{如果是}女

$kə^{0}$（<kuo^{0}）$nə^{33}$，tsu^{24} $səu^{33}$ $tɕiəu^{31}$ $Øiau^{24}$ kai^{22} $Øi^{55-22}$ k^hua^{24} $ɕi^{24}$ $kə^{0}$（<kuo^{0}）
个₀　　　　　呢，左　手　就　要　□握一　块　细　个₀

$səu^{33}$ $tɕiəŋ^{12-33}$，$Øa^{22}$，ts^hai^{12} pu^{24} $səu^{33}$ $tɕiəŋ^{12-33}$ $Øa^{22}$，$xuo^{55/22}$ $tɕia^{33}$ $ɕi^{33}$ kai^{22} $Øi^{55-22}$
手　巾，　　　啊，青　布　手　巾　　　啊，或　者　是□握一

k^hua^{24} ts^hai^{12} pu^{24}，$Øiəu^{31}$ $səu^{33}$ $nə^{33}$ $tɕiəu^{31}$ $tsuo^{24}$ $Øi^{55-22}$ pau^{12-33}，$Øa^{22}$，$Øiəŋ^{31}$ kuo^{24}
块　青　布，右　手　呢　就　　□抓一　包，　　啊，用　个₂

$xəu^{22}$ $tɕi^{33}$ pau^{12} xau^{33} $tiə^{0}$ $kə^{0}$（<kuo^{0}）mi^{33} xuo^{31}。$Øa^{22}$，nuo^{22} $kə^{0}$（<kuo^{0}）$nə^{33}$，
红　纸　包　好　嗲个₀　　　　　米　饭。　啊，男　个₀　　　　呢，

$Øiəu^{31}$——tsu^{24} $səu^{33}$ $nə^{33}$，kai^{22} $Øi^{55-22}$ pau^{12-33}，$Øa^{12}$ $ɕi^{33}$ kai^{22} $Øi^{55-22}$ pau^{12-33} na^{33} xuo^{31}，
右——　左　手　呢，　□拿一　包，　也是　□拿一　包　冷　饭，

$Øiəu^{31}$ $səu^{33}$ $nə^{33}$ $tsəu^{31}$ kai^{22} $Øi^{55-22}$ puo^{24} $tɕi^{33}$ $ɕiə^{33}$，$xuo^{55/22}$ $tɕia^{33}$ $ɕi^{33}$ tu^{33} $ɕiə^{24}$ $Øa^{22}$，ku^{24}
右　手　呢　就　□拿一　把　纸　扇，或　者　是团　扇啊，过

$tɕ^hy^{24}$ $ku^{55/22}$ kuo^{24} $kaŋ^{33}$ xuo^{55-22} $tsəu^{31}$ $ɕi^{33}$ $kaŋ^{33}$ $tsɿ^{24}$ $Øa^{22}$ "$sɿ^{33}$ $niəŋ^{22}$ $tsuo^{24}$ na^{33} xuo^{31}"。
去　箇　个　讲　法　　就　是　讲制_{叫做}啊 "死　人　□抓冷饭"。

$Øa^{22}$，$Øio^{22}$ $ɕi^{33}$ $ɕi^{33}$ ny^{33} kuo^{0} $nə^{33}$，xa^{22} $Øiau^{24}$ $Øiəŋ^{31}$ $tɕ^hi^{55}$ $tiau^{22}$ kuo^{0} xai^{55} $ɕiə^{24}$，$Øa^{22}$，
啊，若是是　女　个₀　　　呢，还　要　用　七　条　个₀黑　线，啊，

$k^huəŋ^{33}$ tau^{0} kuo^{24} $Øiau^{12}$，$k^huəŋ^{33}$ tau^{0} kuo^{24} ny^{33} $kə^{24}$（<kuo^{24}）——$kə^{24}$（<kuo^{24}）
捆　　□着个₁腰，　　捆　　□着个₁女　个₀——　　　　　个₁

sꞏ³³ niəŋ²² kə⁰（< kuo⁰）Øiau¹² saŋ³¹ Øa²², kuo⁵⁵（ku^{55/22} + kuo²⁴）tɕiəu³¹ ɕi³³
死　人　个0　　　　　　 腰　 上　啊， □（箇+个）　　　　　　　就　　 是
kaŋ³³ tsꞏ²⁴ "kʰuəŋ³³ Øiau¹² tuai²⁴"。
讲制叫做　 "捆　 腰　带"。

　　ɕi³³ Øia²², Øa²², tɕiə⁵⁵ tau⁰ nə³³, tɕiəu³¹ ɕi³³ tsai³³ ku⁵⁵/²² kə²⁴（< kuo²⁴）səu³¹
　　是　呀，啊，接　□着呢，　就　是　在箇　个　　　　 寿
məu⁵⁵⁻²²ti˙³³ xuo³¹, Øa²², ɕiə¹² pʰu¹² saŋ³³ Øi⁵⁵⁻²² tsai²² nuo⁵⁵ tiə⁰ kə⁰（< kuo⁰）niəu²² tsʰau³³
木　 底　下，啊， 先　铺　上　一　 层　□冷 嗲个0　　　　 牛草稻草
fəi¹²⁻³³, mau²² fəi¹²⁻³³ nə³³, tsai²⁴ tiə³¹ saŋ³³ ŋ³³ tsaŋ¹²⁻³³ tɕiə²² tɕi³³, tɕiə²², tsai³³
灰，　茅　灰　呢，　再　垫　上　五　 张　　 钱　纸，　钱， 在
səu³¹ məu⁵⁵⁻²² kuo⁰ miə³¹ tɕiə¹² niaŋ³³ tsaŋ¹²⁻³³, pəi²⁴ xau³¹ niaŋ³³ tsaŋ¹²⁻³³, tsəŋ¹² kuo¹²⁻³³
寿　 木　 个0 面 前 两　张，　 背　后　两　张，　 中　间
Øi⁵⁵⁻²² tsaŋ¹²。piəŋ²⁴ tɕʰiə²⁴ nə³³, tsai³³ kuo²⁴ tɕiə³³ tɕi³³ saŋ³¹ Øa²², Øia²⁴ Øiau⁵⁵ xau³³ təu²²
一　 张。并　 且　呢，　在 个1 钱　纸　上　啊，　要　压　好　铜
tɕiə²²。ku²⁴ tɕʰy²⁴ nə³³ Øi⁵⁵⁻²² paŋ¹² tu¹² ɕi³³ Øia⁵⁵/²² ku⁵⁵/²² kuo²⁴ nai²² tɕiə²² tsꞏ³³ Øa³³。ɕi³³
钱。过　去　呢一　般　 都　是　压　 箇　 个　　 厘钱子小铜钱 啊。是
Øia²², Øiəu³³ tɕiə²² kə⁰（< kuo⁰）niəu²² kə³³（< kuo¹²）niə³³ tɕiəu³¹ fuaŋ²⁴ kuaŋ¹²
呀，　有　 钱 个0　　　　 人家　　　　　　 呢就　 放光
Øiaŋ²²Øa³³, fuaŋ²⁴ xau²² tsꞏ³³ Øa³³。ɕi³³Øia²², tʰuo¹² kə⁰（< kuo⁰）Øi²⁴ sꞏ¹²⁻³³ tsəu³¹ ɕi³³
洋　啊，　放　毫子小银钱啊。是　呀， 它 个0　　　　　　 意　思　 就　是
kaŋ³³ Øa²², ɕi³³ ta⁵⁵⁻²² kuo²⁴ sꞏ³³ tiə⁰ kuo⁰ niəŋ²² Øa²², tau²⁴ Øiaŋ¹² tɕiəŋ¹²⁻³³ Øi³³ xau³¹ tɕʰy²⁴
讲　啊，　使得　个2死 嗲个0 人 啊，　到　阴　 间　　 以　后　去，
ɕi³³ Øia²², fəi³¹ suəi³¹ tau⁰ tsai³³ kə²⁴（< kuo²⁴）tɕiə²² təi¹²⁻³³ tsꞏ³³ saŋ³¹ Øa²², Øiəu³³
是　呀，　会　睡　□着 在 个2　　　　　 钱　堆　子　上　啊，　 有
tɕʰiə⁵⁵Øiəu³³ tɕʰyə¹², tɕiə²² tsai²² suəi³³ pu²² niau³³。Øa²², kau³³ xau³³ tiə⁰ Øi³³ xau³¹ Øa²²,
吃　 有　穿，　钱　财　□用 不 了。　啊， 搞　好　嗲以　后　啊，
tɕiəu³¹ Øiəu²² ku⁵⁵/²² kuo²⁴ ɕiau²⁴ tsꞏ³³ ɕiau²⁴ səŋ¹² Øa²², pa³³ ku⁵⁵/²² kuo²⁴ sꞏ³³ niəŋ²² pau³³
就　 由　箇　个　孝　子　孝　孙　 啊，把　箇　个　死 人 抱
tau²⁴ məu⁵⁵——pau³³ ŋ⁵⁵/²² məu⁵⁵ na²², pau³³ tau²⁴ səu³¹ fuaŋ³³ ni³³ tau²² tɕʰy²⁴ na³³。
到　木——　 抱　入　 木　啦，　抱　到　 寿枋棺材 里头　去　啦。

Øa²², xa²² Øiəu³³ kuo²⁴ sɿ³¹ tsai²² Øiau²⁴ tʰə⁵⁵ piə³¹ tɕy³¹ Øi²⁴ kuo⁰, tsəu³¹ ɕi³³ kaŋ³³,
啊， 还 有 个 事 情 要 特 别 注 意 个₀， 就 是 讲，
kuo²⁴ niəŋ²² sɿ³³ tiə⁰, nau⁵⁵ᐟ²² tiə⁰ tɕʰi²⁴ Øi³³ xau³¹, kə²⁴ (< kuo²⁴) səŋ¹² piə¹²⁻³³ Øa²²,
个₂ 人 死 嗲， 落 嗲 气 以 后， 个₁ 身 边 啊，
Øi⁵⁵ tai³¹ pu²² nai²² kə²⁴ (< kau²⁴) ni²² kʰai¹²⁻³³ niəŋ²², Øa²², xa²² Øiau²⁴ kai²² Øi⁵⁵⁻²²
一 定 不 能 够 离 开 人， 啊， 还 要 □用 一
tsaŋ¹²⁻³³ tɕiə²² tɕi³³ kuai²⁴ xau³³ kuo²⁴ sɿ³³ tiə⁰ kuo⁰ niəŋ²² kuo⁰ miə³¹, Øa²², Øi³³ fuaŋ¹² nə³³,
张 钱 纸 盖 好 个₁死 嗲 个₀ 人 个₀面， 啊， 以 防 呢，
fuaŋ²² tɕi³³ Øa²², kuo²⁴ kau³³ Øa³³, mau²⁴ Øi³³, Øa²², tɕʰy²⁴ tɕiə⁵⁵⁄²² tɕiəŋ³¹ kuo²⁴
防 止 啊， 个₂ 狗 啊， 猫姨＝猫 啊， 啊， 去 接 近 个₁
niəŋ²², tɕʰy²⁴ Øuəŋ²² kuo⁰ niəŋ²²。ku³³ ɕi²² ka¹²⁻³³ tɕyə²² xuo³³ nai²² tɕiəu³¹ ɕi³³ kaŋ³³ Øa²²,
人， 去 闻 个₁ 人。 古 时 间 传 下 来 就 是 讲啊，
Øy²² ku³³ kuo²⁴ niəŋ²² kaŋ¹² kaŋ¹²⁻³³ tu³³ tɕʰi²⁴, ta⁵⁵⁄²² kə²⁴ (< kuo²⁴) kau³³ xuo²² mau²⁴ Øi²²
如 果 个₂ 人 刚 刚 断 气， 得被 个₂ 狗 和 猫姨＝猫
Øuəŋ²² tiə⁰ nə³³, tʰuo¹² tsəu³¹ fəi³¹ tyə²⁴ sa¹² ku²⁴ nai²², Øa²², tɕʰi³³ sa¹² ku²⁴ nai²², tɕiəu³¹
闻 嗲 呢， 他 就 会 转生复活 过 来， 啊， 起生复活 过 来， 就
fəi³¹ sai³³ ku²⁴ nai²² nə³³, fəi³¹ tsu³³ tɕʰi³³ nai²², səŋ¹² tɕi³³ fəi³¹ ni⁵⁵ tɕʰi³³ nai²², xəŋ³³
会 醒 过 来 呢， 会 坐 起 来， 甚 至 会 立 起 来， 很
xa⁵⁵⁄²² niəŋ²²。Øa²², su³³ Øi³³ nə³³, pi⁵⁵ ɕy¹²⁻³³ Øiau²⁴ Øiəu³³ niəŋ²² səu³³ xau³³。Øi⁵⁵⁻²²
吓 人。 啊， 所 以 呢， 必 须 要 有 人 守 好。 一
tɕʰiə⁵⁵⁻²² kə²⁴ (< kuo²⁴) sɿ³¹ tsai²² tsɿ²⁴ xau³³ tiə⁰ Øi³³ xau³¹ nə³³, Øa⁵⁵ səu³¹ fuaŋ³³
切 个₀ 事 情 制做 好 嗲 以 后 呢， 阿 寿枋棺材
tiə²² xau³³ tiə⁰ Øi³³ xau³¹ Øa³³, tsəu³¹ fuaŋ³¹ Øi⁵⁵⁻²² tɕʰyə²⁴ pʰau²⁴。pʰau²⁴ ɕiaŋ³¹ Øi³³ xau³¹
垫 好 嗲 以 后 啊， 就 放 一 串 炮。 炮 响 以 后
Øa²², paŋ¹² maŋ²² kə⁰ (< kuo⁰) niəŋ²² nə³³, tsəu³¹ pa³³ ku⁵⁵⁄²² kə²⁴ (< kuo²⁴) ——
啊， 帮 忙 个₀ 人 呢， 就 把 箇 个——
kə²⁴ (< kuo²⁴) səu²² məu⁵⁵⁻²² Øa²², tuai²² saŋ³³ tua²⁴ tai²⁴ tsɿ³³。Øa²², Øio²² ɕi³³ kuo²⁴ sɿ³³
个₁ 寿 木 啊， 抬 上 大 凳 子。 啊， 若 是 个₂ 死
niəŋ²² Øa²², ɕi³³ su²² Øy²² Øuaŋ³³ pəi²⁴, su²² Øy²² xau²² pəi²⁴, Øa²², tʰuo¹² kə⁰ (< kuo⁰)
人 啊， 是 属 于 晚 辈， 属 于 后 辈， 啊， 他 个₀

nə³³, tau²² saŋ³¹ nə³³, Øiəu³³ nau³³ mai³¹, xa²² Øiəu³³ niaŋ¹² tsai³³ ni³³ kuo⁰ çi²² ka¹²⁻³³
呢， 头 上 呢， 有 老命父亲， 还 有 娘 在 里在世个₀ 时 间
Øa²², tçiəu³¹ pu²² ta⁵⁵ saŋ³³ tua³¹ tai²⁴ tsʅ³³ kə⁰（＜kuo⁰），tçi³³ nai²² kə²⁴（＜kau²⁴）fuaŋ²⁴
啊， 就 不 得能上 大 凳 子 个₀， 只 能 够 放
tsai³³ Øa³³ tai²⁴ tsʅ³³ saŋ³¹ tiə³¹ tau⁰, çi³³ Øia³³, piəŋ²⁴ tçʰiə³¹ nə³³ tsai³³ səu³¹ məu⁵⁵⁻²²
在 矮 凳 子 上 垫 □着。 是 呀， 并 且 呢 在 寿 木
tsəŋ¹² kuo¹²⁻³³ Øa²², tsai³³ səu³¹ fuaŋ³³ niaŋ³³ kə²⁴（＜kuo²⁴）tsʅ³¹ kə⁰（＜kuo⁰）tsəŋ¹²
中 间 啊， 在 寿 枋 两 个 字 个₀ 中
kuo¹²⁻³³ nə³³, Øiau²⁴ kʰuaŋ³³ saŋ³³ Øi⁵⁵⁻²² tiau²² pa³¹ pu²⁴, çiau²⁴ pu²⁴ nə³³, kuo²⁴ tsəu³¹
间 呢， 要 捆 上 一 条 白 布， 孝 布 呢， 个₁ 就
xuo³³ tsʅ²⁴ tuai²⁴ çiau³⁴。pu²² çi³³ tuai²⁴ kə⁰（＜kuo⁰）çiau²⁴, çi³³ tuai³¹, Øiəŋ¹² Øuəi³³
喊制叫做 戴 孝， 不 是 戴 个₀ 孝， 是 代， 因 为
tʰuo¹² xa²² Øiəu³³ fu³¹ mu³³ Øio²² niaŋ¹²⁻³³ tsai³³ saŋ³¹ Øa³³, tʰuo¹² tsəu³¹ sʅ³³ tiə⁰, tʰuo¹² çi³³
他 还 有 父 母 爷娘父母 在 上 啊， 他 就 死 嗲， 他 是
kə²⁴（＜kuo²⁴）tu³³ mai³¹ kuəi³³ Øa³³。Øa²², tçi⁵⁵⁻²² çi³³ tau²⁴ tiə⁰ Øiəŋ¹² tçiəŋ¹²⁻³³, xa²²
个 短 命 鬼 啊。 啊， 即 使 到 嗲 阴 间， 还
Øiau²⁴ Øuəi²² nau³³ mai³¹ niaŋ¹² tuai²⁴ çiau²⁴, tçiəu³¹ çi³³ ku⁵⁵/ kuo⁰ Øi³³ sʅ¹²⁻³³ nə³³。
要 为 老命娘父母 戴 孝， 就 是 箇 个 意 思 呢。
Øa²², tsai³³ kuai²⁴ səu³¹ fuaŋ³³ kuai²⁴ kuo⁰ çi²² ka¹²⁻³³ nə³³, çi³³ Øia²², tsai³³ kʰau¹²
啊， 在 盖 寿枋棺材 盖 个₀ 时 间 呢， 是 呀， 在 靠
tçiəŋ³¹ tau²² ku⁵⁵/ Øi⁵⁵⁻²² tçiə³¹, Øiau²⁴ tiə³¹ Øi⁵⁵⁻²² tiau²² məu⁵⁵/²² kuaŋ²⁴ tsʅ³³, ku²⁴ tçʰy²⁴
近 头 箇 一 截端， 要 垫 一 条 木 棍 子， 过 去
nə³³, tsəu³³ çi³³ Øiəŋ³¹ kuo²⁴ paŋ³¹ təi²² Øa³³, məu⁵⁵/²² paŋ³¹ təi²² Øa³³, çi³³ Øia²², Øa²²,
呢， 总 是 用 个₂ 棒 槌 啊， 木 棒 槌 啊， 是 呀， 啊，
tsai²² çi³³ pa³³ kuai²⁴ kuai²⁴ kuai²⁴ saŋ³³。kuo³³ nə³³ tçy³³ Øiau³¹ tçiəu³¹ çi³³ fuaŋ²³ tçi³³, kuo²⁴
才 是 把 盖 盖 盖 上。 个₁ 呢 主 要 就 是 防 止， 个₂
niəŋ²² Øa²², sʅ³³ tiə⁰ ku²⁴ tçʰy²⁴ Øi³³ xau³¹, səi¹² Øiəŋ²² ŋ⁵⁵/²² tiə⁰ məu⁵⁵/²², pʰuo²⁴ tʰuo¹²
人 啊， 死 嗲过 去 以 后， 虽 然 入 嗲 木， 怕 他
tsai²⁴ fəi²² ku²⁴ tçʰi²⁴, sa¹² ku²⁴ nai²¹, çi³³ Øia²², kuo²⁴ Øi³³ sʅ¹²⁻³³。kuo²⁴ sʅ³³ tsai²² tsʅ³³
再 回 过 气， 生 过 来， 是 呀， 个₁ 意 思。 个₁ 事 情 制做

xau³³ tiə⁰ Øi³³ xau³¹ nə³³, tɕiəu³¹ tsəŋ³³ pi³¹ Øiau²⁴ pua³³ nai²² taŋ²² na³³。
好　嗲以　后　呢，就　准备　要　摆灵　堂　啦。

普通话梗概

"入木"的习俗是这样的，同宗同族的人只要听着一串炮响，就知道是某个人过世了。因为我们这地方有个习俗，如果听见一串炮响就绝对不是好事，一定是白事，所以不管什么事情，只要不是白事，放炮的时候都不能单单只放一串，要放两串以上。同村邻里听见炮响以后都会主动地来帮忙料理后事。过去有"人死饭门开，不请自然来"的旧习俗。还有"死人为大"的说法，无论过去，家与家之间，人与人之间，有什么过节，甚至打过架的，都不会再去计较了。只要老人家一走都要来帮忙，因为有句古话"哪个门口没有一块踏板石"，字面意思是，谁家门口都会有块踏板石，喻义是说谁家都会有事求人的时候。人不求人，事要求人的。所以，如果有人去世，邻里都会主动地来帮忙。同时，家里的孝子孝孙就给死者穿衣服，收拾好。然后拿几把稻草到停丧地上去烧，等稻草灰冷却以后拿回来，准备垫棺材用，同时吩咐人去把棺材抬到屋里来。

过去，如果死者是女性，左手就要握一块小黑布手巾或者一块黑布，右手抓一包用红纸包好的米饭。如果死者是男性，左手拿一包冷饭，右手拿一把纸扇，或者是蒲扇，这在过去就叫做"死人抓冷饭"。如果是女性，还要用七条黑线捆着腰，叫做"捆腰带"。

接下来就是在棺材底部先铺上一层冷却的稻草灰，再垫上五张钱纸，靠前的位置两张，靠后两张，中间一张。并且在钱纸上要压好铜钱，过去一般都是压小铜钱，有钱的人家放光洋或银毫。完成这些后，就由孝子孝孙把死人抱到棺材里去。

还有个事情要特别注意，人死了，断气以后，身边一定不能无人照看，还要用一张钱纸盖好死者的脸，以防狗或猫去接近他，去闻他。所以，必须要有人守好。棺材垫好后，就放一串炮。炮响以后，帮忙的人就把棺材抬上大凳。若是死者还有长辈在世的话是棺材不能放上大凳的，只能够放在矮凳上。棺材中间要捆上一条白布，这叫做"代孝"，不是"戴孝"，因为死者还有父母在上。

在盖棺的时候，在靠近头的这一端，要垫一条木棍，过去总是会用木棒槌，这样以防盖严。这个环节完成以后，就准备要摆灵堂啦。

四、摆灵堂

$ɕi^{33}$ $Øia^{22}$，pua^{33} nai^{22} $taŋ^{22}$，pua^{33} nai^{22} $taŋ^{22}$ $kə^{0}$（＜kuo^{0}）$ɕi^{22}$ ka^{12-33} $nə^{33}$，$Øiau^{24}$
是 呀， 摆 灵 堂， 摆 灵 堂 个0　　　　　　时 间 呢， 要
$tsʰai^{33}$ —— $tsʰai^{33}$ $niəŋ^{22}$ $Øa^{22}$，suo^{33} xau^{33} nai^{22} pua^{22}，kuo^{24} xau^{33} $tsaŋ^{22}$ pu^{22}，$ɕi^{33}$ $Øia^{22}$，
请—— 请 人 啊， 写 好 灵 牌， 挂 好 幛 布， 是 呀，
pua^{33} xau^{33} sau^{12} $tɕiə^{33}$ $tɕi^{33}$ sau^{12} $ɕiaŋ^{12}$ $kə^{0}$（＜kuo^{0}）$ɕiaŋ^{12}$ nu^{22} pu^{22} xuo^{22} sau^{12} $tɕiə^{12}$
摆 好 烧 钱 纸 烧 香 个0　　　　　　香 炉 钵 和 烧 钱
$tɕi^{33}$ —— $tɕiə^{22}$ $tɕi^{33}$ kuo^{0} $pəŋ^{22}$。$Øa^{22}$，$sɿ^{31}$ $tsai^{22}$ $tsɿ^{24}$ $Øyə^{22}$ $tiə^{0}$ $Øi^{33}$ xau^{31}，kuo^{24} $tɕy^{22}$
纸—— 钱 纸 个0 盆。 啊， 事 情 制做 圆完 嗲 以 后， 个2 主
kuo^{12-33} $Øa^{22}$，$tɕiəu^{31}$ pi^{55} $ɕy^{24}$ $Øiau^{24}$ $xuo^{55/22}$ $tɕʰy^{24}$ ta^{55-22} nai^{22} $paŋ^{12}$ $maŋ^{22}$ kuo^{0} $niəŋ^{22}$，$ɕi^{33}$
家 啊， 就 必 须 要 发 去 得给 来 帮 忙 个0 人， 是
$Øia^{22}$，$Øi^{55-22}$ $kə^{24}$（＜kuo^{24}）$xəu^{22}$ pau^{12-33}，$Øi^{55-22}$ $kə^{24}$（＜kuo^{24}）ni^{31} $sɿ^{31}$ ——
呀， 一 个　　　　　　红 包， 一 个　　　　　　利 是——
ni^{31} $sɿ^{31}$ $tɕiə^{22}$ $nə^{33}$，$Øa^{12}$ $kaŋ^{33}$ $tsɿ^{24}$ ni^{31} $sɿ^{31}$ $tɕiə^{22}$。$məi^{33}$ $kə^{24}$（＜kuo^{24}）$niəŋ^{22}$ $təu^{12}$ $Øiau^{24}$
利 是 钱① 呢， 也 讲 制叫做 利 是 钱。 每 个 人 都 要
$xuo^{55/22}$ tau^{24}，pu^{22} nai^{22} $kə^{24}$（＜kau^{24}）nau^{31} $tiau^{24}$。$Øa^{22}$，kuo^{24} $tsəu^{31}$ $ɕi^{33}$ $kaŋ^{33}$ $nə^{33}$，
发 到， 不 能 够　　　　　漏 掉。 啊， 个1 就 是 讲 呢，
$Øa^{22}$，pu^{22} $tiəu^{31}$ fuo^{31}（＜xuo^{31}）$tiau^{31}$ nuo^{33} kuo^{24} $niəŋ^{22}$，$ta^{55/}$ ^{22} kuo^{24} kuo^{24} tu^{12} $tʰuai^{12}$
啊， 不着不要 犯　　　　　　着 哪 个 人， 得让 个 个 都 太
$tʰuai^{24}$ pai^{22} pai^{22}，pai^{22} pai^{22} $Øuo^{12}$ $Øuo^{12-33}$ ka^{12} ni^{33}。
太 平 平， 平 平 安 安 □里那样的。

$tsəi^{22}$ xau^{31} $nə^{33}$，$tsəu^{31}$ $Øiau^{24}$ $Øuo^{12}$ pua^{22} $niəŋ^{22}$ $tɕʰy^{24}$ $Øa^{22}$，kau^{55} $kə^{24}$（＜kuo^{24}）
随 后 呢， 就 要 安 排 人 去， 啊， 各 个
ti^{31} $fuaŋ^{12-33}$ $tɕʰy^{24}$ pau^{24} $kʰa^{55}$ nuo^{0}。$ɕi^{33}$ $Øia^{22}$，ku^{24} $tɕʰy^{24}$ $xəu^{22}$ $sɿ^{31}$ $tsəu^{31}$ xuo^{33} $tsɿ^{22}$
地 方 去 报 客 啰。 是 呀， 过 去 红 事 就 喊制叫做

---

① 利是钱：主人发给探望病人的亲友或奔丧者的红包，有去除晦气的含义。

"tsʰai³³ kʰa⁵⁵", pa³¹ sʅ³¹ nə³³ pu²² nai²² kə²⁴ (< kau²⁴) xuo³³ "tsʰai³³ kʰa⁵⁵", ɕi³³
"请客",　　白事呢不能够　　喊　"请客"，是
kaŋ³³ tsʅ²⁴ "pau²⁴ kʰa⁵⁵"。Øa²², kuo¹² tɕʰi³³ tsʰai³³ kə²⁴ (< kuo²⁴) kuəi³³ sʅ¹²⁻³³ nau³³
讲制叫做　"报　客"。啊， 加 起 请 个　　　鬼师佬道士
nai²² niə³¹ kai¹², tsʅ²⁴ xuo⁵⁵ sʅ³¹, tsʰau¹² tu³¹ kuo²⁴ sʅ³³ niəŋ²²。
来 念 经，制做法 事， 超 度 个₂ 死 人。

普通话梗概

　　摆灵堂的时候要请人写好灵牌，挂好幛布，摆好烧香烧纸的的香炉。来帮忙的人，主人家要给每人都发一个"利是"（红包），以去除晦气。每个人都要发到，不要落下了任何人，让大家都平平安安的。随后就该安排人去各处"报客"，是报丧的意思。过去喜事叫做"请客"，丧事是不能叫做"请客"的。

五、报丧和奔丧

kaŋ³³ Øi⁵⁵⁻²² kə²⁴（＜kuo²⁴）taŋ¹² ti³¹ pau²⁴ saŋ²⁴ kə⁰（＜kuo⁰）çi⁵⁵ᐟ²² ku²⁴。Øaŋ²⁴
讲 一 个   当 地 报 丧 个₀   习 惯。按
tsau²⁴ taŋ¹² ti³¹ kə⁰（＜kuo⁰）çi⁵⁵ᐟ²² ku²⁴ Øa²², kə²⁴（＜kuo²⁴）niəŋ²² sʅ³³ tiə⁰ Øi³³ xau³¹,
照 当 地 个₀   习   惯 啊, 个₂   人 死 嗲 以 后,
kuo¹² tsəu³¹ ni³³ tau²² kə⁰（＜kuo⁰）niəŋ²² nai²² paŋ¹² maŋ²² niau²⁴ ni¹³ xau³¹ sʅ³¹, Øa²²,
家 族 里 头 个₀   人 来 帮 忙 料 理 后 事, 啊,
pa³³ kuo²⁴ sʅ³³ niəŋ²² Øa²² tɕʰyə¹² xau³³ Øi¹² saŋ²², niə⁵⁵ kuo⁵⁵⁻²² xau³³, Øa²², tuai² ŋ⁵⁵ᐟ²²
把帮 个₂ 死 人 啊 穿 好 衣 裳, 捏夹收拾 好, 啊, 抬 入
tiə⁰ məu⁵⁵ tau²² Øi³³ xau³¹, piəŋ²⁴ tɕʰiə³³ nə³³, saŋ³³ tua³¹ tai²⁴ tsʅ³³ Øi³³ xau³¹。saŋ³³ tua³¹
嗲 木 头 以 后, 并 且 呢, 上 大 凳 子 以 后。上 大
tai²⁴ tsʅ³³ nə³³, xa²² Øiəu³³ kuo²⁴ kaŋ³³ xuo⁵⁵⁻²² nə³³——xa²² Øiəu³³ kuo²⁴ çi⁵⁵——çi⁵⁵ᐟ²² su²²
凳 子 呢, 还 有 个 讲 法   呢—— 还 有 个 习—— 习 俗
nə³³, tɕiəu³¹ çi³³ kaŋ³³ Øa²², Øy²² ku³³ çi³³ kuo²⁴ sʅ³³ niəŋ²² xa²² Øiəu³³ tsaŋ³³ pəi²⁴ tsai³³ çi²⁴
呢, 就 是 讲 啊, 如 果 是 个₂ 死 人 还 有 长 辈 在 世
kə⁰（＜kuo⁰）çi²² ka¹²⁻³³, çi³³ pu²² ta⁵⁵ᐟ²² saŋ³³ tua³¹ tai²⁴ tsʅ³³ kuo⁰, Øa²², tɕi³³ çi³³ nə³³
个₀   时 间, 是 不 得能 上 大 凳 子 个₀, 啊, 只 是 呢
kai²² niəŋ³³ tiau²² Øa³³ tai²⁴ tsʅ³³ fuaŋ²⁴ saŋ³³ tɕʰy²⁴。Øa²², kuo²⁴ Øuaŋ²² niəŋ²² Øa²², saŋ³³ tiə⁰
□拿 两 条 矮 凳 子 放 上 去。啊, 个₂ 亡 人 啊, 上 嗲
tua³¹ tai²⁴ tsʅ³³ Øi³³ xau³¹ nə³³, tsai³³ nuo²⁴ tʰai¹² saŋ³¹ Øa²², saŋ³³ tiə⁰ tua³¹ tai²⁴ tsʅ³³ Øi³³ xau³¹,
大 凳 子 以 后 呢, 在 个₂ 厅 上 啊, 上 嗲大 凳 子 以 后,
tsəu³¹ sə²² kuo²⁴ niəŋ²² tʰaŋ²² nuo⁰, çi³³ Øia²²。pa³³ kuo²⁴ nai² taŋ², çi³³ Øia²², pua³³
就 设 个 灵 堂 啦, 是 呀。把 个₂ 灵 堂, 是 呀, 摆
xau³³ tiə⁰ Øi³³ xau³¹ nə³³, tɕiəu³¹ Øuo¹² pua²² niəŋ²² tɕʰyə²⁴ tɕʰiəŋ¹² tɕʰi¹² pəu²² Øiəu²²
好 嗲 以 后 呢, 就 安 排 人 去 亲 戚 朋 友
Øəu⁵⁵ ni³³ tau²² tɕʰy²⁴ pau²⁴ saŋ²⁴。
屋 里 头家里 去 报 丧。

第四章 丧葬

tçiəu³¹ çi⁵⁵ᐟ²² ku²⁴ tçiəu³¹ çi³³ nə³³, çi³³ Øia²², puo³¹ çi³³ sʅ³¹ xuo³³ tsʅ²⁴ "tsʰai³³
旧 习 惯 就 是 呢, 是 呀, 办 喜 事 喊制叫做 "请

kʰa⁵⁵", tsʰai³³ kʰa⁵⁵ nə³³ Øi⁵⁵⁻²² paŋ¹² çi³³ Øiəu³³ tçy³³ niəŋ²² kuo¹²⁻³³, tçy³³ kuo¹²⁻³³ niəŋ²²
客", 请 客 呢, 一 般 是 由 主 人 家, 主 家 人

Øa²², tsʅ³¹ tçi³³ tçʰiəŋ¹² tsʅ³¹ tçʰy²⁴ tsʰai³³。puo³¹ saŋ²⁴ sʅ³¹ nə³³, çi³³ Øia²², tçy³³ niəŋ²² çi³³
啊, 自 己 亲 自 去 请。 办 丧 事 呢, 是 呀, 主 人 是

pu²² nai²² kau²⁴ tçʰy²⁴ kuo⁰ Øa²²。tçiəu³¹ Øiəu²² —— tçi³³ Øiəu³³ xuo³³ paŋ¹² maŋ²² kə⁰ (< kuo⁰)
不 能 够 去 个₀啊。 就 由—— 只 有 喊 帮 忙 个₀

niəŋ²², tçʰy²⁴ pau²⁴ —— tçʰy²⁴ pau²⁴ kʰa⁵⁵, Øa²², xuo⁵⁵ᐟ²² tçia³³ çi³³ kaŋ³³ tsʅ²⁴ "pau²⁴
人, 去 报—— 去 报 客, 啊, 或 者 是 讲制叫做 "报

saŋ²⁴"。pau²⁴ kʰa⁵⁵ kə⁰ (< kuo⁰) niəŋ²² Øa²², pu²² nai²² kə²⁴ (< kau²⁴) Øiəu²² tçy³³
丧"。 报 客 个₀ 人 啊, 不 能 够 由 主

kuo¹²⁻³³ kə⁰ (< kuo⁰) niəŋ²² tçʰiəŋ¹² tsʅ³¹ tçʰy²⁴ pau²⁴。Øuəi²² saŋ²² kə⁰ (< kuo⁰) sʅ³¹
家 个₀ 人 亲 自 去 报。 为什个₀事为什么

nə³³? Øiəŋ¹² Øuəi²² kuo²⁴ tçy³³ kuo¹²⁻³³ Øa²², tʰuo¹² tçiə⁵⁵ᐟ²² tsu¹² tiə⁰ kuo⁰ sʅ³³ niəŋ²²,
呢? 因 为 个₂主 家 啊, 他 接 触 嗲个₁死 人,

Øa²², Øi⁵⁵⁻²² saŋ¹² nə³³ nio³³ saŋ³³ tiə⁰ Øuəi²⁴ tçʰi²⁴, çi³³ pu²² nai²² kau²⁴ tau²⁴ niəŋ²²
啊, 一 身 呢 惹 上 嗲 畏⁼气晦气, 是 不 能 够 到 人

kə³³ (< kuo¹²) —— piə³¹ kuo²⁴ niəŋ²² kə³³ (< kuo¹²) Øəu⁵⁵ ni³³ tau²² tçʰy²⁴ kuo⁰,
家—— 别 个 人 家 屋 里 头 去 个₀,

Øia²², pi⁵⁵ çy¹² Øiau²⁴ Øiəu²² tsʰəŋ¹² saŋ³¹ paŋ¹² maŋ²² kuo⁰ niəŋ²², tçʰy²⁴ Øuaŋ²² sai²⁴
呀, 必 须 要 由 村 上 帮 忙 个₀人, 去 完 成

kuo²⁴ Øiəŋ²⁴ Øu³¹。ku⁵⁵ᐟ²² ni⁵⁵ niəŋ²² nə³³, tsəu³¹ Øaŋ²⁴ tsau²⁴ tçy³³ kuo¹²⁻³³ Øa²², pau²⁴ sai²⁴
个₁ 任 务。 箇 立⁼些人 呢, 就 按 照 主 家 啊, 报信告诉

kə²⁴ (< kuo²⁴) tsʰəŋ¹² tsʅ³³ mai²², xuo²² nuo³¹ kuo²⁴ kʰa⁵⁵ niəŋ²² pəu²² Øiəu³³ kuo⁰ sai²⁴
个₁ 村 子 名, 和 那 个 客 人 朋 友 个₀姓

mai²², tçʰy²⁴ pau²⁴ kʰa⁵⁵。pau²⁴ kʰa⁵⁵ kuo⁰ niəŋ²² Øa²², pu²² nai²² kə²⁴ (< kau²⁴) tsai³³
名, 去 报 客。 报 客 个₀人 啊, 不 能 够 在

ku⁵⁵ᐟ²² kuo²⁴ kʰa⁵⁵ —— kʰa⁵⁵ kuo¹²⁻³³, xuo⁵⁵ᐟ²² tçia³³ tçʰiəŋ³³ tçʰi²² pəu²² Øiəu³³ kuo¹²⁻³³
箇 个 客—— 客 家, 或 者 亲 戚 朋 友 家

t^hai^{24} tai^{12} $tɕiəŋ^{33}$, $kəŋ^{24}$ pu^{22} nai^{22} kau^{24} $tsai^{33}$ k^ha^{55} $niəŋ^{22}$ $xuo^{55/\underline{22}}$ $tɕia^{33}$ $pəu^{22}$ $Øiəu^{33}$ ——
太　呆　久，　更　不　能　够　在　客　人　或　者　朋　友——

$pəu^{22}$ $Øiəu^{33}$ $Øŋ^{55}$ ni^{33} tau^{22} $niəu^{22}$ xuo^{33} nai^{22} $tɕ^hiə^{55/22}$ xuo^{31} , $tɕi^{33}$ $ɕi^{33}$ pa^{33} kuo^{24} $sɿ^{33}$ $niəŋ^{22}$
朋　友　屋里头_{家里}　留　下　来　吃　饭，只　是　把　个₁ 死　人

$tɕ^hy^{24}$ $ɕi^{24}$ kuo^0 $ɕi^{22}$ ka^{12-33} pau^{24} sai^{24} $Øa^{22}$ —— $kaŋ^{33}$ ts^hai^{12} ts^hu^{12} nuo^{33} $Øi^{55-22}$ $ni^{55/\underline{22}}$ ——
去　世　个₀时　间　　报信_{通报}啊——　讲　清　楚　哪　一　日——

nuo^{33} $Øi^{55-22}$ $ni^{\underline{55/22}}$ $tɕ^hy^{55/22}$ $məŋ^{22}$ 。$ɕi^{33}$ $Øia^{22}$, $Øi^{55-22}$ —— $Øi^{55-22}$ kuo^{24} nuo^{31} kuo^{24} $ɕi^{22}$
哪　一　日　出　门。是　呀，一——　一　个　那　个　时

ka^{12-33} $kə^0$ ($<kuo^0$) $ɕi^{\underline{55/22}}$ su^{22} $nə^{33}$, $Øi^{55-22}$ $paŋ^{12}$ $ɕi^{33}$ sa^{12} $ni^{55/\underline{22}}$ $tɕi^{33}$ $nəi^{31}$ nuo^{33} , $tsəu^{31}$
间　个₀　　　习　俗　呢，一　般　是　三　日　之　内　啰，就

$Øiau^{24}$ $tɕ^hy^{55/22}$ $məŋ^{22}$ nuo^{33} 。$tɕiəu^{31}$ $Øuəi^{22}$ nai^{22} 。
要　出　门　啰。（通报者）就　回　来。

kuo^{24} k^ha^{55} $niəŋ^{22}$ $Øa^{22}$, $ɕiau^{24}$ ta^{55-22} $tiə^0$ $Øi^{33}$ xau^{31} $nə^{33}$, $tsai^{33}$ $taŋ^{12}$ $ni^{55/\underline{22}}$, $tsəi^{24}$ ti^{22}
个₁ 客　人　啊，晓　得　哆　以　后　呢，在　当　日，　最　迟

$ɕi^{33}$ ti^{31} $Øi^{31}$ $ni^{55/\underline{22}}$ $Øi^{55-22}$ ts^hai^{12} $tsau^{33}$, $tsəu^{31}$ $Øiau^{24}$ $tsəŋ^{31}$ pi^{31} xau^{33} $ɕiaŋ^{12}$ 、$tɕiə^{22}$ $tɕi^{33}$ 、
是　第　二　日　一　清　早，就　要　准　备　好　香、钱　纸、

nuo^{55} tsu^{22} , $ɕi^{33}$ $Øia^{22}$ 。$ɕi^{33}$ $Øia^{22}$, $ɕi^{33}$ ny^{33} , ny^{33} $ɕy^{24}$ $nə^{33}$, xa^{22} $Øiau^{24}$ $tsəŋ^{33}$ pi^{31} xau^{33}
蜡　烛，是　呀。是　呀，是　女，女　婿　呢，还　要　准　备　好

$Øuaŋ^{33}$ nai^{22} , $tsaŋ^{22}$ pu^{24} , $Øa^{22}$, kai^{22} $saŋ^{33}$ $Øi^{55-22}$ $tɕ^hyə^{33}$ p^hau^{24} , xa^{22} $Øiau^{24}$ $nə^{33}$, $Øiəŋ^{31}$
挽　帘，幛　布，啊，□_带上　一　串　炮，还　要　呢，用

$Øi^{55-22}$ $tsaŋ^{12-33}$ pa^{31} $tɕi^{33}$ pau^{12} $saŋ^{33}$ ti^{55} $kə^{33}$ ($<kuo^{12}$) $tɕiə^{22}$, $ɕi^{33}$ $Øia^{22}$, kuo^{24} $tɕiəu^{31}$
一　张　白　纸　包　上　□□_点　　钱，是　呀，个₁ 就

$ɕi^{33}$ $tsaŋ^{24}$ —— $saŋ^{24}$ ni^{33} $tɕiə^{22}$ $Øa^{22}$, $Øa^{12}$ $Øiəu^{33}$ $niəŋ^{22}$ $kaŋ^{33}$ $tsɿ^{24}$ "nuo^{55} tsu^{22} $tɕiə^{22}$" ,
是　葬——　丧　礼　钱　啊，也　有　立=些人 讲制_{叫做}"蜡　烛　钱"，

$tɕ^hy^{24}$ tau^{24} $Øa^{22}$ $sɿ^{33}$ $niəŋ^{22}$ kuo^{12} $Øəu^{33}$ ni^{55-22} $tɕy^{24}$ $pəŋ^{12}$ $saŋ^{24}$ 。
去　到　啊死人　家_{屋家}　里　去　奔　丧。

ku^{24} $tɕy^{24}$ $Øa^{22}$, xa^{22} $Øiəu^{33}$ $ku^{55/\underline{22}}$ kuo^{24} $Øa^{33}$ $k^həu^{55/\underline{22}}$ $saŋ^{24}$ kuo^0 $fəu^{12}$ su^{22} $ɕi^{55/22}$ ku^{24} ,
过　去　啊，还　有　箇　个　啊哭　丧　个₀风　俗　习　惯，

$fuaŋ^{22}$ $ɕi^{33}$ nai^{22} $tsɿ^{24}$ k^ha^{55} —— $tsɿ^{24}$ k^ha^{55} kuo^0 ny^{33} $niəŋ^{22}$ kuo^{12} ti^{31} $nə^{33}$, $Øi^{55-22}$ $ŋ^{\underline{55/22}}$ kuo^{24}
凡　是　来　制_做客——　制_做客　个₀ 女　人　家_{她们}呢，一　人　个₁

tua³¹ məŋ²², tsəu³¹ Øi⁵⁵⁻²² nu²⁴ kʰəu⁵⁵ᐟ²², kʰəu⁵⁵ᐟ²² tau²⁴ kuᐟ⁵⁵ kuo²⁴ Øa²², səu³¹ fuaŋ³³
大 门, 就 一 路 哭, 哭 到 箇 个 啊, 寿枋棺材
miə³¹ tɕiə²², tsai³³ kə²⁴ (< kuo²⁴) paŋ³³ piə¹²⁻³³ tsəŋ²² tau⁰ kʰəu⁵⁵ᐟ²², kuo²⁴ tsəu³¹ xuo³³
面 前, 在 个₁ 旁 边 蹲 □着哭, 个₁ 就 喊叫
" kʰəu⁵⁵ᐟ²² saŋ²⁴ "。nuo²² kə⁰ (< kuo⁰) nə³³, tsəu³¹ kuəi³¹ tau⁰ tsai³³ kuo²⁴ nai²² taŋ²²
"哭 丧"。男 个₀ 呢, 就 跪 □着在 个₁ 灵 堂
tɕiə²², kuəi³¹ tau⁰ tsai³³ kuo²⁴ səu³¹ fuaŋ³³ miə³¹ tɕiə²², sau¹² ɕiaŋ¹², sau¹² tɕiə²² tɕi³³。sau¹²
前, 跪 □着在 个₁寿枋棺材 面 前, 烧 香, 烧 钱 纸。烧
ɕiaŋ¹², sau¹² tɕiə²² tɕi³³ sau¹² Øyə²² tiə⁰ Øi³³ xau³¹ nə³³, tsəu³¹ tsai³³ kuo²⁴ nai²² taŋ²² Øa²²,
香, 烧 钱 纸烧 圆完嗲以 后 呢, 就 在 个₁ 灵 堂 啊,
kuo²⁴ tsau⁵⁵ tsʅ³³ saŋ³¹, kai²² Øi⁵⁵⁻²² kuo²⁴ tɕy³³ niəŋ²² Øa²², səu³³ ɕiə¹² tsəŋ³³ pi³¹ xau³³ tiə⁰
个₁ 桌 子 上, □拿一 个 主 人 啊, 首 先 准 备 好嗲
kuo⁰ Øiəŋ³¹ Øi⁵⁵⁻²² tsəŋ¹²⁻³³ xəu²² —— ɕi²⁴ xəu²² tɕi³³ Øa²², pau¹² saŋ³³ Øi⁵⁵⁻²² kə²⁴ (< kuo²⁴)
个₀ 用 一 张 红 —— 细 红 纸啊, 包 上 一 个
nai²² tɕia²² tsʅ³³, xuo⁵⁵ᐟ tɕia³¹ ɕi³³ xau³¹ tsʅ³³ kə⁰, kuo²⁴ tsəu³¹ kaŋ³³ tsʅ²⁴ ni³¹ sʅ³¹ tɕiə³³, Øa²²,
厘钱子小铜钱, 或 者 是 毫子小银钱个₀, 个₁ 就 讲制叫做利 是 钱, 啊,
ni³³ sʅ³¹ tɕiə²²。Øi³³ xau³¹ nə³³, tɕiəu³¹ tau²⁴ tua³¹ məŋ²² saŋ³¹ tɕʰyə²⁴ fuaŋ²⁴ Øi⁵⁵⁻²² tɕʰyə²⁴
利 是 钱。以 后 呢, 就 到 大 门 上 去 放 一 串
pʰau²⁴, ka¹² ni²² Øa²², Øa⁵⁵ tɕy³³ kuo¹²⁻³³ tsai²² ɕi³³ tɕiə⁵⁵ tuai³¹ kʰa⁵⁵ niəŋ²²。Øa²², kuo²⁴
炮, □里这样啊, 阿 主 家 才 是 接 待客 人。啊, 个₂
kʰa⁵⁵ niəŋ²² nai²² kʰəu⁵⁵ᐟ²² saŋ²² kuo⁰ ɕi²² ka¹²⁻³³ nə³³, tɕy³³ kuo¹²⁻³³ niəŋ²² Øa²², Øa¹²
客 人 来 哭 丧 个₀时 间 呢, 主 家 人 啊, 也
Øiau²⁴ pəi²² kʰəu⁵⁵ Øa²², tɕy³³ kuo¹²⁻³³ pu²² fəi³¹ kʰəu⁵⁵ nə³³, səŋ³¹ tɕi²⁴ Øiau²⁴ tsʰai³¹
要 陪 哭, 啊, 主 家 不 会 哭 呢, 甚 至 要 请
niəŋ²² nai²² pəi²² kʰəu⁵⁵。tsəi²⁴ xau³¹ tsai²⁴ Øiəu²² tɕy³³ niəŋ²² — tɕy³³ kuo¹²⁻³³ niəŋ²² Øa²²,
人 来 陪 哭。最 后 再 由 主 人 —— 主 家 人 啊,
nai²² kʰyə²⁴ (< tɕʰyə²⁴) kuo²⁴ kʰa⁵⁵ niəŋ²² Øa²², pu²² tiau³¹ kʰəu⁵⁵ tiə⁰, niəŋ²² Øi²²
来 劝 个₁客 人 啊, 不 着 哭 嗲, 人 已
tɕiəŋ¹²⁻³³ sʅ³³ tiə⁰, ɕi³³ Øia²², su²⁴ tiə⁰ pa²², na¹² ni³³ tsai²² ɕi³³ tai²² kʰəu⁵⁵。
经 死 嗲, 是 呀, 算 嗲 吧, 那 里那样才 是 停 哭。

tɕy³³ kuo¹²⁻³³ nə³³, məi³³ niəŋ²² xuo⁵⁵⁻²² tɕʰy²⁴ ta⁵⁵⁻²² —— məi³³ kə²⁴ (＜ kuo²⁴)
主　家　　呢，每　人　　发　　去得给—— 每　个

nai²² tsʅ²⁴ kʰa⁵⁵ kuo⁰ niəŋ²² Øa²², Øi⁵⁵⁻²² kʰua²⁴ pa³¹ pu²⁴ —— pa³¹ ɕiau²⁴ pu²⁴, Øa²²,
来　制做　客　个₀　人　啊，一　　块　　白　布—— 白　孝　布，啊，

xuo⁵⁵/²² Øi⁵⁵⁻²² kʰua²⁴ —— məi³³ niəŋ²² xuo⁵⁵/²² Øi⁵⁵⁻²² kʰua²⁴ pa³¹ ɕiau²⁴ pu²⁴。ku⁵⁵/²²
发　一　　块—— 每　人　　发　一　　块　白　孝　布。箇

kʰua²⁴ ɕiau²⁴ pu²⁴ nə³³, kʰa⁵⁵ niəŋ²² Øa²², xuo⁵⁵/²² tɕia³³ ɕi³³ tsʰəŋ¹² fuaŋ¹²⁻³³ kuo¹²⁻³³
块　孝　布　呢，客　人　啊，或　者　是　村坊家

Øa²², tu¹² pu²² nai²² kau²⁴ tuai²⁴ Øuəi³¹ tɕi³³ Øəu⁵⁵ ni³³ tau²² kuo⁰, ɕi³³ Øia²²,
啊，都　不　能　够　带　回　自　己　屋里头家里　个₀，是　呀，

Øiəu³³ sʅ³¹ tsai²² tɕʰy²⁴ kuo⁰ ɕi²² ka¹²⁻³³ nə³³, Øiau²⁴ pa³³ ɕiau²⁴ pu²⁴ fuaŋ²² tau⁰ tsai³³ Øəu⁵⁵
有　事　情　去　个₀时　间　呢，要　把　孝　布　放　□着在　屋

məi³¹ tau²² miə²⁴ ŋ⁵⁵/²² Øəu⁵⁵ —— ŋ⁵⁵/²² kuo²⁴ sʅ³³ niəŋ²² kuo⁰ Øəu⁵⁵ nə³³, tsai²⁴ Øiəi³¹
外　头　面，入　屋—— 入　个₁ 死　人　个₀ 屋　呢，再　又

tuai²⁴ tɕʰi³³ ɕiau²⁴ pu²⁴, kuo²⁴ ɕiau²⁴ pu²⁴ nə³³, tɕiəu³¹ ɕi³³ Øa²², Øiau²⁴ tɕiaŋ¹² kuo²⁴ sʅ³³
戴　起　孝　布，个₁ 孝　布　呢，就　是　啊，要　将　个₁ 死

niəŋ²² səu²⁴ saŋ³³ tiə⁰ suo¹², tau²⁴ tiə⁰ fuaŋ²² saŋ³¹ tɕʰy²⁴ mua²² xau³³ tiə⁰ Øi³³ xau³¹, Øa²²,
人　送　上　嗲山，到　嗲　坟　上　去　埋　好　嗲以　后，啊，

pa³³ kuo²⁴ ɕiau²⁴ pu²⁴ niau²⁴ tau⁰ tsai³³ kuo²⁴ fuaŋ²² tau²² saŋ³¹, niəŋ²² nə³³, Øaŋ²⁴ tsau²⁴
把　个₁ 孝　布　摺　□着在　个₁ 坟　头　上，人　呢，按　照

Øyə²² nai²² səu²⁴ tsaŋ²⁴ kuo⁰ nu³¹ ɕiə²⁴ xa²² Øuəi²⁴ nai²², pu²² ta⁵⁵ nu³¹ xa²² kuo⁰。pu²² ta⁵⁵
原　来　送　葬　个₀ 路　线　行走回　　来，不　得能 乱　行走个₀。不　得能

tɕiəŋ²² tɕiəŋ³¹ nu³¹ xa²² nə²², xa²² nuaŋ²⁴ (nuo³³ + xaŋ²⁴) tɕʰy²⁴ tɕiəŋ³¹ Øiau²⁴ xa²²
寻　近　路行走呢，行走 □（哪+□地方）哪里　去　就　要　行走

nuaŋ²⁴ (nuo³³ + xaŋ²⁴) Øuəi²⁴。Øuəi²² nai²² kuo⁰ ɕi²² ka¹²⁻³³ nə³³, Øiau²⁴ tsai³³ kuo²⁴
□（哪+□地方）哪里　回。回　来　个₀ 时　间　呢，要　在　个₁

məŋ²² saŋ³¹, Øa²², Øiəŋ³¹ ku⁵⁵/²² kuo²⁴ tɕy³³ kuo¹²⁻³³ səu³³ ɕiə¹² Øiəŋ³¹ kuo²⁴ tau¹² tsʅ³³
门上门口，啊，用　箇　个　主　家　　首　先　用　个₂ 桃　子

ɕy³¹ Øiə⁵⁵/²² xuo²² Øiəi³¹ tsʅ³³ Øiə⁵⁵/²² sau¹² xau³³ tiə⁰ kə⁰ (＜ kuo⁰) suəi³³, ɕi³³ tiə⁰
树　叶　和　柚子　树　叶　烧　好　嗲个₀　　水，洗　嗲

səu³³ tsai²² çi³³ nai²² kau²⁴ ŋ⁵⁵ᐟ²² ∅əu⁵⁵。
手 才 是 能 够 入   屋。

普通话梗概

　　按照当地的习惯，人死了以后，家族里的人来帮忙料理后事，帮死者穿好衣服，收拾好，入殓以后就抬上大凳。如果死者还有长辈在世的话是不能上大凳的，只能放在两条矮凳上。死者上了大凳后就可以设灵堂了，摆好灵堂就安排人去亲戚朋友家里报丧。依照习俗，办喜事叫"请客"，请客一般是由主人亲自去请。办丧事，就只能请帮忙的人去"报客"，或者叫"报丧"，报丧不能由主人亲自去。报丧的人不能在别人家呆得太久，更不能吃饭，只需要说清楚死者是哪一天去世，哪一天下葬就行了。按照当地的习俗，一般是三日之内就要下葬。客人得知丧事日期以后，在当天，最迟是第二日清早，就要准备好香、纸、蜡烛。如果是逝者的女婿的话，还要准备好挽帘、幛布以及一串炮，还要用一张白纸包上丧礼钱，也有些人说成"蜡烛钱"，一起带上去奔丧。

　　凡是来奔丧的女人，一进大门，就开始哭，一直哭到棺材旁边，再蹲着哭，这就叫"哭丧"。男人们就跪在棺材前烧香纸，烧完以后就在灵堂前的桌子上拿一个主人预先准备好的用小红纸包好的一个小铜钱，或者是银毫，叫做"利是钱"，然后就到大门口去放一串炮，这时主人家才接待客人。客人哭丧的时候，主人也要陪哭，如果主人不哭可以请人来陪哭的。最后由主人来劝客人不要哭了，说"人已经死了，算了吧"，这样客人才停止哭泣。

　　接着，主人给每一位客人发一块白孝布。客人或邻里都不能带这块孝布回自己家，有事离开主人家的话，就要把孝布放在屋外，回来时再戴上它。将死者送上山下葬了以后，才把孝布放在坟头。送葬者要按照原来送葬的路线走回来，不得乱走，不能抄近路，要沿原路返回。回来的时候，门口有主人事先用桃树叶和柚子树叶烧好的水，送葬者洗了手才能够进家门。

六、守灵和烧香

Øa²², Øa⁵⁵ səu³¹ fuaŋ³³ miə³¹ tɕiə²², kuo²⁴ nai²² tɕiə²² Øa²², səu³³ ɕiə¹² Øiəu²² ku⁵⁵⁻²²
啊，阿 寿枋棺材 面 前， 个₁ 灵 前 啊， 首 先 由 箇
kuo²⁴ ɕiau²² tsɿ³³ ɕiau səu³¹ tiə³³ saŋ³³ ɕiə¹² xuo⁵⁵⁻²² tɕia³³ ɕi³³ nuo⁵⁵ tsəu³³, sau¹² tɕiə²² tɕi³³
个 孝 子 孝 孙 点 上 香 或 者 是 蜡 烛， 烧 钱 纸
tɕi²⁴ pua²⁴ Øi³³ xau³¹, Øia²², tɕʰi²¹ tʰuo¹² kuo⁰ niəŋ²² tsai²⁴ nai²² tɕi²⁴ pua²⁴。Øa²², kuo²⁴
祭 拜 以 后， 呀， 其 他 个₀ 人 再 来 祭 拜。 啊， 个₁
ɕiaŋ¹² xuo²² ku⁵⁵⁻²² kuo²⁴ tɕiə¹² tɕi³³ nə³³, pu²² kuaŋ³³ —— Øi³³ xau³¹ Øa²², pu³³ kuaŋ³³ ɕi³³
香 和 箇 个 钱 纸 呢， 不 管—— 以 后 啊， 不 管 是
ni⁵⁵ ni⁵⁵⁻²² pa³¹ xuo²² ɕi³³ Øio³¹ xuo³³, Øa²², ɕiau²⁴ tsɿ³³ nə³³ təu¹² Øi⁵⁵⁻²² tsɿ²² Øiau²⁴ səu³³
日 日 白天 或 是 夜下晚上， 啊， 孝 子 呢 都 一 直 要 守
tsai³³ kuo²⁴ —— kuo²⁴ səu³¹ fuaŋ³³ paŋ³³ piə¹²⁻³³, Øa²², fu²⁴ tsa⁵⁵ nə³³, Øa⁵⁵ —— Øa⁵⁵
在 个₁—— 个₁ 寿枋棺材 旁 边， 啊， 负 责 呢， 阿—— 阿
ɕiaŋ¹² xai⁵⁵ tiə⁰ tsəu³¹ tɕiə⁵⁵⁻²² ɕiaŋ¹², Øa²², tɕiəu²² pu²² tɕiəu³³ sau¹² tɕiə²² tɕi³³。ɕi³³
香 黑 嗲 就 接 香， 啊， 久 不 久 烧 钱 纸。 是
Øia²², tsʰəŋ¹² fuaŋ¹²⁻³³ kuo¹²⁻³³, ɕiau³³ ta⁵⁵⁻²² tiə⁰ kuo²⁴ niəŋ²², nau³³ niəŋ²² kuo¹²⁻³³
呀， 村坊家同村的人， 晓 得 嗲 个₁ 人， 老 人 家
tɕʰy²⁴ ɕi³³ tiə⁰ niə³³, tɕiəu¹² məi³³ kuo¹²⁻³³ niəŋ²² kuo¹²⁻³³, xuo⁵⁵⁻²² tɕia³³ ɕi³³ məi³³ kuo²⁴
去 世 嗲 呢， 就 每 家 人 家， 或 者 是 每 个
niəŋ²² Øa²², tu¹² Øiau²⁴ kai²² sa¹² tɕi³³ ɕiaŋ¹², tɕiəu³³ tsaŋ³³ tɕi³³ tɕi³³, Øia²², Øi⁵⁵⁻²²
人 啊， 都 要 □拿 三 支 香， 九 张 钱 纸， 呀， 一
tɕʰyə¹² pʰau²⁴, Øa²², xa²² tuo³³ Øi⁵⁵⁻²² kə²⁴ (< kuo²⁴) fəu¹² pau¹²⁻³³ nuo³³。kuo²⁴ fəu¹²
串 炮， 啊， 还 打 一 个 封 包 啰。 个₁ 封
pau¹²⁻³³ niə³³, nuo³¹ kuo²⁴ ɕi²² ka¹²⁻³³ nə³³, tɕiəu³¹ suo³¹ fəi³¹ tɕiəu³¹ kaŋ³³ tsɿ²⁴ "nuo⁵⁵
包 呢， 那 个 时 间 呢， 旧 社 会 就 讲制叫做 "蜡
tsu²² tɕiə²²"。ɕi²² Øia²², kuo²⁴ tɕiəu³¹ Øa¹² kaŋ³³ tsɿ²⁴ "ni³³ ɕiəŋ²⁴ tɕiə²² nə³³, ɕi³³
烛 钱"。 是 呀， 个₁ 就 也 讲制叫做 "礼 信 钱" 呢， 是

kə²⁴（<kuo²⁴） ka¹²kuo⁰Øi³³sʅ¹²⁻³³, nai²²tɕʰiə⁵⁵/²²tɕiəu³³ nə³³, ni³³ ɕiəŋ²⁴tɕiə²²。
个　　　□这样个0 意思，　　来 吃　　酒 呢，礼 信 钱。

nai²² tau²⁴ kuo²⁴ səu³¹ fuaŋ³³ miə³¹ tɕiə²², kuəi³¹ tau⁰, sau¹² ɕiaŋ¹², sau¹² tɕiə²² tɕi³³,
　　来 到 个 寿枋棺材　面 前，　跪　□着, 烧 香，　烧　钱 纸,

kʰu⁵⁵/²² tau²², pua²⁴。kuo²⁴ ɕi²² ka¹²⁻³³ nə³³, kuo²⁴ ɕiau²⁴ tsʅ³³ tsəu³¹ Øi⁵⁵ tai³¹ Øiau²⁴ tsai³³
磕　头，拜。个1时 间 　呢，个1 孝 子　就 一　定　要　在

kuo²⁴səu³¹fuaŋ³³paŋ²²piə¹²⁻³³, xuo⁵⁵/²²tɕiə³³ɕi³³səu³¹fuaŋ³³ti³³xuo³¹, kuəi³¹xuo³³nai²²,
个1寿枋棺材　旁 边，　或　　者　是寿枋棺材　底 下，　跪 下 来,

Øa²², fəi²² pua²⁴。kuo²⁴ tsəu³¹ kaŋ³³ tsʅ²⁴ " ɕiau²⁴ tsʅ³³ ɕiə²⁴ "。Øa²², tɕiəu³¹ ɕi³³ Øi²⁴
啊，回 拜。个1　就　 讲制叫做 " 孝　子　谢 "。　啊，　就　 是 意

sʅ¹²⁻³³ nə³³, kaŋ³³ ɕiau²⁴ tsʅ³³ nə³³, ɕiə²⁴ ɕiə²⁴ Øa²², ku⁵⁵/²² kuo²⁴ Øa²², tu¹² sai³¹ ku⁵⁵/²²
思　呢，讲　孝　子　呢，谢　谢　啊，箇　　个　啊，多　谢　箇

kuo²⁴ Øa³³, nai²² sau¹² ɕiaŋ¹² tɕi²⁴ pua²⁴ kuo⁰ niəŋ²²。piəŋ²⁴ tɕʰiə³³ nə³³, ɕi³³ Øia²², ɕi³³
个 啊，来 烧　香　祭 拜 个0 人。 并 　且　呢，是 呀，是

Øuaŋ³³ pəi²⁴ kuo⁰ nə³³, tsəu³¹ Øiau²⁴ fuo⁵⁵/²²（<xuo⁵⁵）Øi⁵⁵⁻²² tiau²² pa³¹ pu²⁴, tsuo⁵⁵/²²
晚　辈 个0 呢，就　要　发　　　一　条 白 布，作

Øuəi²²tuai²⁴ɕiau²⁴。təu²²pəi²⁴Øi⁵⁵⁻²²paŋ¹²nə³³tɕiəu³¹pu²²xuo⁵⁵/²²ɕiau²⁴pu²⁴, ɕi³³Øia²²,
为　戴孝。同辈 一　般 呢 　就　不　发　孝　布，是呀,

təu²² pəi²⁴ pu²² fuo⁵⁵（<xuo⁵⁵）kuo⁰。ɕi³³ Øia²², Øə²² tɕʰiə³³ nə³³ sau¹² ── məi³³
同 辈 不 发　　　　　　个0。是 呀，而　且　呢 烧── 每

kə²⁴（<kuo²⁴）sau¹² ɕiaŋ¹² kə⁰（<kuo⁰）niəŋ²², Øa²², təu¹² Øiau²⁴ kai³¹, tsai³³
个　　　烧　香　个0　　　　人，啊，都　要　□拿，在

kə²⁴（<kuo²⁴）səu³¹ fuaŋ³³ miə³¹ tɕiə²² Øa²², tʰuo¹² tɕy³³ kuo¹²⁻³³ fuaŋ²⁴ tau⁰ ── kai²²
个1　　寿枋棺材　面 前 啊，他 主 家　放 □着── □用

kə²⁴（<kuo²⁴）xəu²² tɕi³³ pau¹² tɕʰi³³ kə⁰（<kuo⁰）xau³³ tsʅ³³ kuo⁰，Øa¹² ɕi³³ su²² Øy²² ni³¹ sʅ³¹
个2　　　红　纸　包　起 个0　　　毫子小银钱个0，也 是 属 于 利 是

tɕiə²²。məi³³ kə²⁴（<kuo²⁴）niəŋ²²sau¹²puo³¹tiə⁰Øi³³xau³¹niə³³，tsʅ³¹tɕʰiau⁵⁵ka¹²ni³³,
钱。　每 个　　　　　　人 烧 罢 哆 以　后 呢，自 觉 □里地,

Øa²², məi³³ niəŋ²² tɕʰy²⁴ kai³¹ Øi⁵⁵⁻²² kuo²⁴。
啊，每　人　去　□拿 一　个。

çi³³ Øia²², xa²² Øiəu³³ —— tçiəu³¹ suo³¹ fəi³¹ Øiəu³³ kə⁰ (<kuo⁰) çi⁵⁵ᐟ²² ku²⁴ Øa²² ,
是 呀， 还 有—— 旧 社 会 有 个 习 惯 啊，
tçiəu³¹ çi³³ kaŋ³³ nə³³ , fəu²² çi³³ tsai³³ məi³¹ tau²² miə²⁴ sʅ³³ kə⁰ (<kuo⁰) niəŋ²² , pau¹²
就 是 讲 呢， 逢是凡是 在 外 头 面 死 个₀ 人， 包
kua²² tsai³³ Øi¹² Øyə³¹ ni³³ sʅ³³ kə⁰ (<kuo⁰) Øa³³ , pai³¹ sʅ³³ kə⁰ (<kuo⁰) Øa³³ , xuo⁵⁵ᐟ²²
括 在 医 院 里 死 个₀ 啊，病 死 个₀ 啊， 或
tçia³³ çi³³ tçʰy⁵⁵ᐟ³¹ tsʰuo¹² fu²⁴ Øa³³ , Øa²² , tʰiau²⁴ taŋ²² —— tʰiau²⁴ suəi³¹ sʅ³³ kə⁰ (<kuo⁰)
者 是 出 车 祸 啊， 啊， 跳 塘—— 跳 水 死 个₀
Øa³³ , ku⁵⁵ᐟ²² ni⁵⁵ niəŋ²² nə³³ , tçiəu³¹ pu²² nai²² kə²⁴ (<kau²⁴) —— tu¹² pu²² nai²²
啊，箇 立ᵘ 些人 呢， 就 不 能 够—— 都 不 能
kə²⁴ (<kau²⁴) Øa³³ , tsai³³ Øəu⁵⁵ ni³³ tau²² pua³³ nai²² taŋ²², Øa²², pu²² nai²² kə²⁴ (<kau²⁴)
够 啊，在 屋 里头家里 摆 灵 堂， 啊，不 能 够
tsai³³ Øəu⁵⁵ ni³³ tau²² tai²² saŋ¹² 。tçi³³ nai²² kə²⁴ (<kau²⁴) tsai³³ tsʰəŋ¹² tsʅ³³ Øuai³¹ ——
在 屋 里头家里 停 丧。 只 能 够 在 村 子 外——
məi³¹ tau²² —— məi³¹ tau²² miə²⁴ , çi³³ Øia²² , pua²² nai²² taŋ²², Øa²², tsai³³ məi³¹ tau²²
外 头—— 外 头 面， 是 呀， 摆 灵 堂， 啊， 在 外 头
miə²⁴ tai²² saŋ¹² 。Øi⁵⁵⁻²² tçʰiə⁵⁵ kə⁰ (<kuo⁰) sʅ³¹ tsai² , çi³³ Øia²², tu¹² tsai³³
面 停 丧。一 切 个₀ 事 情， 是 呀， 都 在
tsʰəŋ¹² —— tsai³³ —— tsai³³ —— tsai³³ tsʰəŋ¹² Øuai³¹ tçiəŋ²⁴ xa²², pu²² ta⁵⁵ ŋ⁵⁵⁻²² tsʰəŋ¹²
村—— 在—— 在—— 在 村 外 进 行，不 得能 入 村
kuo⁰ , çi³³ Øia²²。
个₀, 是 呀。

普通话梗概

灵堂的棺材前，首先由孝子孝孙们点上香或者蜡烛，烧纸祭拜以后，其他的人再来祭拜。不管是白天还是黑夜，孝子要一直守在棺材旁边，香灭了以后又接着点上，时不时烧钱纸。这叫做"守灵"。邻里得知老人家去世以后，每户人家都要带上三支香、九张钱纸、一串炮，来到棺材前跪着烧香、烧纸、磕头、跪拜。

这叫"烧香",就是吊唁的意思。邻里们来烧香,还要带一份帛金,就是来吊唁的礼钱。这礼钱在旧社会叫"蜡烛钱"或"礼信钱"。邻里来吊唁跪拜的时候,孝子们一定要在棺材旁边或者是下面,跪下回拜,这叫做"孝子谢",意思是多谢来烧香祭拜的人。如果是来者是逝者的晚辈,就要发一条白孝布,同辈一般就不发孝布。每个烧香的人,都会在棺材前拿一个用红纸包好的小银毫(现在是硬币),主人事先放好的,也是属于利是钱。

以前有个习惯,凡是在外面死的人,包括在医院里死的,或者是出车祸、跳塘或跳河死的,是不能在家里摆灵堂和停丧的,也不能进村,只能够在村子外进行这些丧事活动。

七、选墓地

ɕyə³³ mu³¹ ti³¹ ,Øa²² ,tɕiəu³¹ ɕi³³ mua²² —— mua²² niəŋ²² kə⁰ (< kuo⁰) ti³¹ fuaŋ¹²⁻³³。
选 墓 地， 啊， 就 是 埋—— 埋 人 个₀ 地 方。
ti³¹ Øi³¹ ni⁵⁵⁄²² ,Øa⁵⁵ niəŋ²² sɿ³³ tiə⁰ kuo⁰ ɕi³¹ Øi³¹ ni⁵⁵⁄²² ,kuo²² niəŋ²² niə³³ ,Øi⁵⁵⁻²² paŋ¹²
第 二 日， 阿 人 死 嗲 个₀ 第 二 日， 个₂ 人 呢， 一 般
nə³³ ,sɿ³³ niəŋ²² Øi⁵⁵⁻²² paŋ¹² tsai³³ Øəu⁵⁵ ni³³ tau²² Øa²² ,Øi⁵⁵⁻²² paŋ¹² ɕi³³ fuaŋ²⁴ sa¹² ni⁵⁵⁄²²
呢， 死 人 一 般 在 屋里头家里 啊， 一 般 是 放 三 日
tsu²⁴ Øiəu³¹ ,Øiəŋ¹² Øuəi¹² nə³³ ,nuo³¹ kuo²⁴ ɕi²² ka¹²⁻³³ kuo⁰ ,Øiəu³³ kuo²⁴ ɕi⁵⁵⁄²² ku²⁴
左 右， 因 为 呢， 那 个 时 间 个₀， 有 个 习 惯，
tɕiəu³¹ ɕi³³ kaŋ³³ Øa²² ,sa¹² ni⁵⁵⁻²² tɕi³³ nəi³¹ Øia²² Øiəu³³ tsʰuo⁵⁵⁄²² xuo³¹ 。sa¹² ni⁵⁵⁻²² Øi³³
就 是 讲 啊， 三 日 之 内 □没 有 插犯冲犯。 三 日 以
xau³¹ nə³³ ,tɕiəu³¹ Øiau²⁴ ta⁵⁵⁄²² kʰuo²⁴ ni⁵⁵ tsɿ³³ ,pua²² puo⁵⁵ tsɿ³¹ ,pʰuo²⁴ xuo³¹ tiau³¹
后 呢， 就 要 得 看 日 子， 排 八 字， 怕 犯 着
niəŋ²²。Øa²² ,nuo³¹ kuo²⁴ ɕi²² ka¹²⁻³³ Øiəu³³ kə²⁴ (< kuo²⁴) tɕiəu³¹ ɕi⁵⁵⁄²² ku²⁴ ,tɕiəu³¹
人。 啊， 那 个 时 间 有 个 旧 习 惯， 就
ɕi³³ kaŋ³³ Øa²² ,məi³³ fəu²² tsʰu¹² Øi⁵⁵ ɕiə³¹ ŋ³³ ,xuo²² məi³³ niə²² kə⁰ (< kuo⁰) Øi³¹ ɕiə³³
是 讲 啊， 每 逢 初 一 十 五， 和 每 年 个₀ 二 十
sɿ²⁴ kə²⁴ (< kuo²⁴) tɕi⁵⁵⁄²² tɕʰi²⁴ kə⁰ (< kuo⁰) tɕiə⁵⁵ ni⁵⁵⁻²² ,ɕi³³ Øia²² ,kuo²⁴ sɿ³³
四 个 节 气 个₀ 节 日， 是 呀， 个₂ 死
niəŋ²² tu¹² pu²² nai²² kə²⁴ (< kau²⁴) tɕʰy⁵⁵⁄²² məŋ²² ,ɕi³³ Øia²² 。tɕiəu³¹ ta⁵⁵⁄²² ——
人 都 不 能 够 出 门， 是 呀。 就 得——
Øio²² ɕi³³ Øy³¹ tau⁰ ku⁵⁵⁄²² kuo²⁴ tsai³³ kʰuaŋ²² nə³³ ,tɕiəu³¹ Øiau²⁴ ta⁵⁵⁄²² tsai³³ Øəu⁵⁵ ni³³ tau²²
若 是 遇 □着 箇 个 情 况 呢， 就 要 得 在 屋 里 头
tu¹² fuaŋ²⁴ Øi⁵⁵⁻²² ni⁵⁵⁄²²。Øa²² ,ti²² ku⁵⁵⁄²² Øi⁵⁵⁻²² ni⁵⁵⁄²² nə³³ ,Øa²² ,kuo²⁴ ɕiau²⁴ tsɿ³³ ,
多 放 一 日。 啊， 迟 箇 一 日 呢， 啊， 个₁ 孝 子，
ɕi³³ Øia²² ,xuo³³ tɕia³³ ɕi³³ kuo²⁴ kuo¹² məŋ²² saŋ³¹ kuo⁰ nau³³ tɕia²² pəi²⁴ Øa²² ,nau³³ niəŋ²²
是 呀， 或 者 是 个₁ 家 门 上家族里 个₀ 老 前 辈 啊， 老 人
kuo¹²⁻³³ ,Øa²² ,tɕiəu³¹ fəi³¹ —— kuo²⁴ —— tuai²⁴ tɕʰi²⁴ kuo²⁴ kʰuo²⁴ ti³¹ ɕiə¹² sa¹²⁻³³ ,
家， 啊， 就 会—— 个₂—— 带 起 个₂ 看 地 先 生，

Øi$^{55-22}$ tɕʰi^{33} tɕʰy^{24} tɕiəŋ^{22} kuo^{24} fuaŋ^{22} ti^{31}, Øa^{22}, mua^{22} kuo^{0} ti^{31} fuaŋ$^{12-33}$。ɕyə^{33} xau^{33} tiə^{0}
一　起　去　寻　个₁ 坟地，啊，　埋　个₀地　方。　　选　好　嗲

kuo^{24} ti^{31} Øi^{33} xau^{31} nə^{33}, səu^{31} ɕiə^{22} tsəu^{31} Øiə^{22} kuo^{24} ɕiau^{24} tsʅ^{33}, ɕi^{33} Øia^{22}, sau^{12} ɕiaŋ^{12},
个₁地　以　后　呢，首　先　就　由　个₁ 孝　子，是呀，烧香，

sau^{12} tɕiə^{22} tɕi^{33}, kuəi^{31} tau^{0} pua^{24}。pua^{24} puo^{31} tiə^{0} kə^{24}(<kuo^{24}) tʰu^{33} ti^{31} Øi^{33} xau^{31}
烧　钱　纸，跪　□着拜。拜　罢　嗲个₁　　　土地以　后

Øa^{22}, Øa^{22}, tsai^{24} Øiəŋ^{31} kuo^{24} tsəu^{22} tau^{22} nə^{33}, tsai^{33} ku$^{55/22}$ kuo^{24} ti^{31} fuaŋ$^{12-33}$ nə^{33},
啊，啊，再　用　个₂ 锄　头　呢，在　箇　个　地　方　呢，

Øuo$^{55/22}$ sa^{12} xuo^{33}, Øa^{22}, Øi^{33} piau^{33} sʅ^{31} nə^{33}, kuo^{24} tɕy^{33} niəŋ^{22} Øi^{33} tɕiəŋ$^{12-33}$ təu^{22} Øi^{24}
挖　三　下，啊，已　表　示　呢，个₂ 主　人　已　经　同　意

tiə^{0} ku$^{55/22}$ kuo^{24} ti^{31} fuaŋ$^{12-33}$, Øa^{22}, təu^{22} Øi^{24} tiə^{0} ku$^{55/22}$ kuo^{24} fuaŋ^{22} mua^{22} tsai^{33} kuo^{24} ti^{31}
嗲箇　个地　方，　啊，同意嗲箇　个坟　埋　在　个₁地

fuaŋ$^{12-33}$ tiə^{0} na^{33}。pəi^{24} xau^{31} nə^{33}, paŋ^{12} maŋ^{22} kə^{0}(<kuo^{0}) niəŋ^{22}, tsai^{22} ɕi^{33} nai^{22}
方　　嗲啦。背后然后呢，帮　忙　个₀　　　人，才是能

kə^{24}(<kau^{24}) Øuo$^{55/22}$。kuo^{24} tsəu^{31} ɕi^{33} Øia^{22}, tɕiəŋ^{22} fuaŋ^{22}——mu^{31} ti^{31} kə^{0}(<kuo^{0})
够　　　挖。个₁就　是呀，寻　坟——　墓地个₀

ɕi$^{55/22}$ su^{22}。
习　俗。

普通话梗概

死者去世后一般在家里停放三天左右，过去的习俗认为，三天之内送葬不会有冲犯。三天以后就要选日子了，因为怕犯到人。另外，旧习俗还认为每逢初一、十五和每年的二十四个节气，死者都不能够下葬。如果遇到这种情况，就得在家里多放一天。死者去世的第二天，孝子或者是家族里的老前辈就会去选坟地。选好了坟地以后，首先就由孝子烧香烧纸、跪拜。拜了土地以后，再用锄头挖三下，表示主人已经同意了埋在这个地方。然后帮忙的人才能够开挖。这就是选墓地的习俗。

八、吊孝

xuo³¹ miə²⁴ tsəu³¹ çi³³ kaŋ³³ xuo⁰ kuo²⁴ —— kuo²⁴ tiau²⁴ çiau²⁴ , çi³³ Øia²² , tsəu³¹ çi³¹
下　面　就　是　讲　下　个₁——　个₁　吊　孝，　是　呀，　就　是

Øiəu³³ niəŋ²² nai²² sau¹² tçiə²² tçi³³ sau¹² çiaŋ¹² , nai²² pua²⁴ sʅ³³ niəŋ²² kuo⁰ çi³³ ka¹²⁻³³ nuo³³ ,
有　人　来　烧　钱　纸　烧　香，　来　拜　死　人　个₀时　间　啰，

çi³³Øia²²。ti³¹ Øi³¹ —— tçiəu³¹ çi³¹ kaŋ³³ , kuo²⁴ niəŋ²² sʅ³³ tiə⁰ Øi³³ xau³¹ kuo⁰ ti³¹ Øi³¹ ni⁵⁵ᐟ²² ,
是　呀。第　二——　就　是　讲，　个₂人　死　嗲 以　后　个₀第　二　日，

xuo³³ tçia³³ çi³¹ , Øa²² , Øiəŋ¹² Øuəi²² nau³³ niəŋ²² kuo¹²⁻³³ sʅ³³ ta⁰ tsau²² , tsau³³ səŋ²² ,
或　者　是，　啊，　因　为　老　人　家　死　得　早，　早　晨，

xuo⁵⁵ᐟ²² tçia³³ çi³¹ saŋ³¹ pu²⁴ ni⁵⁵ᐟ²² , xəŋ³³ tsau³³ sʅ³³ kə⁰ (< kuo⁰) Øa²² , xuo⁵⁵ᐟ²² tçia³³
或　者　是　上　半　日，　很　早　死　个₀　　　啊，或　者

çi³³ taŋ¹² ni⁵⁵ᐟ²² —— taŋ³¹ ni⁵⁵ᐟ²² Øa²² , tçiəu³¹ Øiau²⁴ kai²² tau²⁴ kuo²⁴ —— Øa²² , niəŋ²²
是　当　日——　当　日　啊，　就　要　□拿　到　个——　啊，人

tçiəu³¹ Øiau²⁴ tuai²⁴ tau⁰ kuo²⁴ çiaŋ¹² tçi³³ —— çiaŋ¹² 、tçiə²² tçi³³ 、pʰau²⁴ , Øa²² , xa
就　要　带　□着　个₂ 香　纸——　香、　钱　纸、　炮，　啊，还

Øiau²⁴ kai²² kə²⁴ (< kuo²⁴) pa³¹ kə⁰ (< kuo⁰) tçi³³ nə³³ , fəu¹² Øi⁵⁵⁻²² kə²⁴ (< kuo²⁴)
要　□拿 个₂　　　　　 白　个₀　　　　　纸　呢，　封　一　个

fəu¹² pau¹²⁻³³ , çi³³ Øia²²。kuo²⁴ nə³³ , tçiəu³¹ çi³³ —— nuo³¹ kuo²⁴ çi³³ ka¹²⁻³³ çi³³ xuo³³ tsʅ³³
封　包，　是　呀。个₁呢，　就　是——　那　个　时　间　是　喊制叫做

" nuo⁵⁵ tsəu²² tçiə²² " nuo³³。Øa²² , nai²² tau²⁴ kuo²⁴ nai²² tsaŋ²² , nai²² tau²⁴ ku⁵⁵ᐟ²² kuo²⁴
" 蜡　烛　钱 "　啰。啊，来　到　个₁灵　堂，　来　到　箇　个

səu³¹ fuaŋ³³ miə³¹ tçiə²² , sau¹² çiaŋ¹² , kʰu⁵⁵ᐟ²² tau²²。nai²² kə⁰ (< kuo⁰) niəŋ²² nə³³ ,
寿 枋棺材 面　前，　烧　香，　磕　头。来　个₀　　　　　人　呢，

kə²⁴ (< kuo²⁴) tçy³³ kuo¹²⁻³³ Øa²² , məi³³ kuo²⁴ niəŋ²² nə³³ , Øa²² , Øiau²⁴ xuo⁵⁵ᐟ²² Øi⁵⁵⁻²²
个₂　　　　　 主　家　啊，　每　个　人　呢，　啊，要　发　一

kʰua²⁴ , kuo²⁴ çiau²⁴ pu²⁴ , Øuəi²² ku⁵⁵ᐟ²² kuo²⁴ sʅ³³ niəŋ²² tuai²⁴ çiau²⁴。nai²² tiau²⁴ çiau²⁴
块，　个₂孝　布，为　箇　个　死　人　戴　孝。来　吊　孝

kə⁰ (< kuo⁰) niəŋ²² nə³³, ɕio²² tɕia³³ ɕi³³ ɕi³³ ny³³ ɕa²², tsʅ³¹ tɕi³³ kə⁰ (< kuo⁰)
个₀   人   呢, 若者是ᵢ如果   是 女女儿啊, 自 己   个₀

tɕʰiəŋ¹² ny³³ ɕa²², nai²² kə⁰ (< kuo⁰) ɕi²² nə³³, xa²² ɕiau²⁴ tsəŋ³³ pi³¹ xau³³, ɕi⁵⁵⁻²²
亲   女 啊, 来 个₀   时 呢, 还   要   准   备   好,   一

kə²⁴ (< kuo²⁴) tsaŋ²² fu²² pi³³, ɕi³³ ɕia²², nai²² kə⁰ (< kuo⁰) ɕi²² ka¹²⁻³³ nə³³,
个   床   服 被, 是 呀, 来 个₀   时   间   呢,

səu³³ ɕiə¹² tsəu³¹ fuaŋ²⁴ tau³³ tsai³³ səu³¹ fuaŋ³³ tau²² saŋ³¹, tai³³ tau⁰ ɕi³³ xau³¹ suai³³。
首   先   就   放   □着 在   寿枋ᵢ棺材 头   上,   等 □着 以后   □用。

普通话梗概

吊孝，就是人们烧香烧纸祭拜死者的活动，和前面提到的"烧香"是一回事。死者去世的第二天，如果是在早晨或上午去世的话，客人可以在当天就带上香、纸、炮等，还有一个白纸包的帛金，当时叫做"蜡烛钱"，来到棺材前烧香磕头。主人要给每人发一块孝布。来吊孝的人如果是亲生女儿，还要准备好一张"床服被"，就是给逝者盖的被子，先放在棺材头上，待到以后用。

九、哭 丧

ku²⁴ tɕʰy²⁴ Øia²² , kuo²⁴ niəŋ²² sʅ³³ tiə⁰ Øi³³ xau³¹ nə³³ , Øiəu³³ ku⁵⁵ᐟ²² kuo²⁴ kʰəu⁵⁵ᐟ²² saŋ²⁴ ,
过 去 呀， 个₂ 人 死 嗲 以 后 呢， 有 箇 个 哭 丧，
kə⁰（＜kuo⁰）kʰəu⁵⁵ᐟ²² sʅ³³ niəŋ²² kə⁰（＜kuo⁰）fəu¹² su²² ɕi⁵⁵ᐟ²² ku²⁴ 。Øa²² , kʰa⁵⁵
个₀ 哭 死 人 个₀ 风 俗 习 惯。啊， 客
niəŋ²² kuəi³¹ tau⁰ tsai³³ kə²⁴（＜kuo²⁴）miə³¹ tɕia²² , xuo⁵⁵ᐟ²² tɕia³³ tsəŋ²² tau⁰ tsai³³
人 跪 □着 在 个₁ 面 前， 或 者 蹲 □着 在
kə²⁴（＜kuo²⁴）səu³¹ fuaŋ³³ paŋ²² piə¹²⁻³³ , kʰəu⁵⁵ᐟ²² 。Øa²² , tɕy³³ kuo¹²⁻³³ nə³³ , Øa¹²
个₁ 寿枋棺材 旁 边， 哭。 啊， 主 家 呢， 也
Øiau²⁴ tiau³¹ niəŋ²² pəi⁰ tau⁰ Øi⁵⁵⁻²² tɕʰi³³ kʰəu⁵⁵ 。Øa²² , Øiəu³³ ni⁵⁵ᐟ²² ti³¹ fuaŋ¹²⁻³³ Øa²² ,
要 着安排 人 陪 □着 一 起 哭。 啊， 有 立＝些 地 方 啊，
pu²² fəi³¹ kʰəu⁵⁵ᐟ²² , səŋ³¹ tɕi²⁴ xa²² Øiəu³³ Øa²² , tsʰai³³ niəŋ²² nai²² tuai³¹ kʰəu⁵⁵ᐟ²² kuo⁰
不 会 哭， 甚 至 还 有 啊， 请 人 来 代 哭 个₀
fəu¹² su²² ɕi⁵⁵ᐟ²² ku²⁴ 。ɕi³³ Øia²² , kʰəu⁵⁵ kʰəu⁵⁵⁻²² ti²² ti²² Øa²² , xau³³ tɕʰi¹² niəŋ²² kuo⁰ ,
风 俗 习 惯。是 呀， 哭 哭 啼 啼啊， 好 凄 凉 个₀,
nuo³¹ kuo²⁴ Øa²² 。ɕi³³ Øia²² , tʰai²⁴ tiau³¹ kə⁰（＜kuo⁰）niəŋ²² , tsʅ³¹ Øiəŋ²² Øə²² Øiəŋ²²
那 个 啊。是 呀， 听 着 个₀ 人， 自 然 而 然
ka¹² ni³³ nə³³ , Øiau³³ niəu²²——Øiau²⁴ tʰəi²⁴ Øuo³³ ni³¹。
□里地 呢， 要 流—— 要 推流 眼 泪。
Øa²² , ku⁵⁵ᐟ²² kuo²⁴ kʰəu⁵⁵ᐟ²² saŋ²⁴ kuo⁰ niəŋ²² nə³³ , tɕy³³ Øiau²⁴ ɕi³³ kaŋ³³ , tsʰaŋ³³
啊， 箇 个 哭 丧 个₀ 人 呢， 主 要 是 讲， 唱
Øa²² , kʰəu⁵⁵ Øa²² , kaŋ³³ kuo²⁴ nau³³ niəŋ²² kuo¹²⁻³³ Øi⁵⁵⁻²² sa¹² Øi⁵⁵⁻²² ɕi²⁴ , tsəŋ³³ muo³³
啊， 哭 啊， 讲 个₁ 老 人 家 一 生 一 世， 怎 么
tsəŋ³³ muo³³ Øiaŋ³¹ tsʅ³¹ ɕiaŋ¹² kʰu³³ , ɕi³³ Øia²² , tsəŋ³³ muo³³ tsəŋ³³ muo³³ Øiaŋ³¹ tsʅ³³ Øuəi²²
怎 么 样 子 辛 苦。是 呀， 怎 么 怎 么 样 子 为
kuo²⁴ xau³¹ pəi²⁴ tsuo⁰ ɕiaŋ³³ 。Øa²² , ka¹² ni³³ nə³³ , Øa⁵⁵ ny³³ kuo⁰——ny³³ , ɕi³³ Øia²² ,
个₁ 后 辈 着 想。 啊， □里这样 呢， 阿 女 个₀—— 女， 是 呀，

xuo²² tɕia³³ ɕi³³ tsʅ³³ məi³¹ Øuəi²² nai²², ɕi³³ Øia²², nau³³ niəŋ²² kuo¹²⁻³³ xa²² tiə⁰, tsai²⁴ Øa¹²
或 者 是 姊 妹 回 来，是 呀，老 人 家 行走嗲，再 也

kʰuo²⁴ pu²² tiau³¹ tiə⁰ nau³³ niəŋ²² kə³³ (< kuo¹²) kə⁰ (< kuo⁰) miə³¹ tiə⁰。ɕi³³ Øia²²,
看不着看不见 嗲 老 人 家 个₀ 面 嗲。是 呀，

Øia²² —— tsʅ³¹ tɕi³³ nə³³ Øia²² tɕiəŋ³¹ tau²⁴ tsʅ²⁴ tsai³³ ny³³, ɕi³³ Øia²², kə⁰ (< kuo⁰)
□没有——自 己 呢 □没有 尽 到 制做崽女儿女，是 呀，个₀

ɕiau²⁴ ɕiəŋ¹²⁻³³, xəŋ³³ təi²⁴ pu²² tɕy³¹ nau³³ niəŋ²² kuo¹²⁻³³, ɕi³³ Øia²², su³³ Øi³³ nə³³,
孝 心， 很 对 不 住 老 人 家， 是 呀，所 以 呢，

tɕiəu³¹ Øiəu³³ kuo²⁴ kʰəu⁵⁵ʼ²² saŋ²⁴ kuo⁰fəu¹² su²² ɕi⁵⁵ʼ²² ku²⁴ nuo³³。
就 有 个₁ 哭 丧 个₀风 俗 习 惯 啰。

普通话梗概

过去，有哭丧的风俗。客人跪在棺材的前面或者蹲在旁边哭。主人也要派人陪着一起哭，有些地方不会哭的，甚至还有请人来代哭的风俗习惯。大家在棺材前哭哭啼啼的，气氛悲伤。听到别人哭，一般人会自然而然地流眼泪。哭丧主要是或讲或唱这个老人家的一生，如何辛苦，如何为后辈着想等。女儿或者是姊妹回来，看见老人家走了，感觉心里很难过，当然会哭。所以就有了哭丧的风俗。

十、停 丧

Øio²² ɕi³³ kuo²⁴ Øa²², nau³³ niəŋ²² kə³³ （< kuo¹²）nə³³, ɕi³³——Øa²², niə²²
若 是 个₁啊， 老 人 家 呢， 是—— 啊， 年

tɕi²⁴——tʰuo¹² Øa²², tau²⁴ tiə⁰ Øi⁵⁵ tai³¹ kuo⁰ səu³¹ Øiə²² Øa²², Øaŋ²⁴ səu³¹ Øiə²² pua²² kuo⁰。
纪—— 他 啊， 到 嗲 一 定 个₀ 寿盐=岁数啊， 按 寿盐=岁数排 个₀。

ɕi³³ Øia²², səu³¹ Øiə²² Øyə⁵⁵ tiaŋ²² nə³³, tsəu³¹ Øyə⁵⁵ tsai³³ Øəu⁵⁵ ni³³ tau²² Øa²², Øiəu³³ ni⁵⁵
是 呀， 寿盐=岁数越 长 呢， 就 越 在 屋 里 头家里 啊， 有 立=些

niəu³³（< Øiəu³³）tɕiə²² kə⁰（< kuo）niəŋ²² Øa²², tsəu³¹ kʰu³³ Øi³³ fuaŋ²⁴ Øi⁵⁵⁻²² kuo²⁴
有 钱 个₀ 人 啊， 就 可 以 放 一 个

ni³³ pua²⁴。Øiəu³³ ni⁵⁵ ɕiə³¹ tɕi³¹ ni⁵⁵⁻²² tau²⁴ fuaŋ²⁴, ɕi³³ Øia²², ku²⁴ tɕʰy²⁴ Øiəu³³ kuo²⁴
礼 拜。 有 立=些 十 几 日 倒都 放， 是 呀， 过 去 有 个

ka¹² kə⁰（< kuo⁰）fəu¹² su²² ɕi⁵⁵⁻²² ku²⁴, tɕiəu³¹ ɕi³³ kaŋ³³, Øiəŋ¹² Øuəi²² kə²⁴（< kuo²⁴）
□这样个₀ 风 俗 习 惯， 就 是 讲， 因 为 个₁

ɕi²² ka¹²⁻³³——ni⁵⁵ tsɿ³³ ɕi²² ka¹²⁻³³ pu²² tɕi⁵⁵ ni³¹, tsəu³¹ pu²² mua²², fuaŋ²⁴——fu⁵⁵
时 间—— 日 子 时 间 不 吉 利， 就 不 埋， 放——活=一直

fuaŋ²⁴ tau⁰ tsai³³ Øəu⁵⁵ ni³³ tau²²。Øiau²⁴ Øiə²² kuo²⁴ kʰuo²⁴ ti³¹ ɕiə¹² sa¹²⁻³³ kʰuo²⁴ xau³³ ni⁵⁵
放 □着 在 屋里头家里。 要 由 个₂ 看 地 先 生 看 好 日

tsɿ³³, nuo³³ Øi⁵⁵⁻²² ni⁵⁵⁻²² tsai³³ ɕi³³ nai kə²⁴（< kau²⁴）tɕʰy⁵⁵⁻²² məŋ²²。Øio²² ɕi³³ tsai³³
子， 哪 一 日 才 是 能 够 出 门。 若是 在

nə³³, kuo²⁴ Øa²², sɿ³¹ niəŋ²² Øa²², pu²² ɕi³¹ nau³³ niəŋ²² kuo⁰, Øia²² ta⁵⁵⁄²² səu³¹ Øiə²² kuo⁰
呢， 个₁啊， 死 人 啊， 不 是 老 人 家， □得没有 寿盐=岁数个₀

nau³³ niəŋ²² kuo¹²⁻³³ nə³³, su²² Øy²² tu³³ mai³¹ kuəi³³ kuo⁰, tɕiəu³¹ ɕi³³ ŋ³³ ɕiə³¹ ŋ³³ səi²⁴
老 人 家 呢， 属 于 断 命 鬼 个₀， 就 是 五 十 五 岁

Øi³³ xuo³³ ku⁵⁵⁄²² tsaŋ³³ niəŋ²² nə³³, tsəu³¹ su²² Øy²² tu³³ mai³¹ kuəi³³ Øa²²。ku⁵⁵⁄²² ni⁵⁵ su²²
以 下 箇 种 人 呢， 就 属 于 断 命 鬼 啊。 箇立=些 属

Øy²² nə³³, pu²² tsai²⁴ tsaŋ²² kə⁰（< kuo⁰）sɿ³³ Øuaŋ²², Øa²², Øuaŋ³³ Øuaŋ³³ nə³³, ɕi³³
于 呢， 不 正 常 个₀ 死 亡， 啊， 往 往 呢， 是

tsai³³ pəi³¹ sʅ³³ kə⁰ (< kuo⁰) taŋ¹² ni⁵⁵⁻²², xuo⁵⁵ᐟ²² tɕia³³ ɕi³³, tsəi²⁴ tu¹² ɕi³³ fuaŋ²⁴ Øi⁵⁵⁻²²
在　被　死　个₀　　　　　当　日，　或　　者　是，　最　多　是　放　一
ni⁵⁵ᐟ²², tɕiəu³¹ Øiau²⁴ ta⁵⁵ᐟ²² mua²² —— tɕiəu³¹ Øiau²⁴ ta⁵⁵ᐟ²² mua²² tɕʰy²⁴, pu²² nai²²
日，　就　要　得　埋——　就　要　得　埋　去，不　能
kə²⁴ (< kau²⁴) fuaŋ²⁴ tɕiəu³³, ɕi³³ Øia²², pu²² nai²² kə²⁴ (< kau²⁴) fuaŋ²⁴ tɕiəu³³。
够　　　　放　久，是　呀，不　能够　　　　放　久。
Øa²², kuo²⁴ tɕiəu³¹ ɕi³³ —— Øa¹² ɕi³³ kuo²⁴ ɕi⁵⁵ᐟ²² su²² —— fəu¹² su²² ɕi⁵⁵ᐟ²² ku²⁴ nuo³³。
啊，　个₁　就　是——　也　是　个　习　俗——　风　俗　习　惯　啰。

> **普通话梗概**
>
> 　　逝者的寿命越长，在家里停丧的时间就越长，有些有钱人家会停放一个礼拜甚至十几天。过去有个风俗，如果日子不吉利是不下葬的，要放在家里，请一个先生选好一个吉日才能送老人出门。如果是五十五岁以下就去世的人，属于不正常死亡的，往往会在当天或者最多放一天，就要得下葬。

十一、装仓瓶

xuo³¹ miə²⁴ nə³³, tsai²⁴ kaŋ³³ Øi⁵⁵⁻²² kuo²⁴ nə³³, tɕiəu³¹ ɕi³³ nə³³, tɕʰy⁵⁵⁻²² məŋ²² Øi³³
下　面　呢， 再　讲　一　个　呢，　就　是　呢，出　门　以

tɕiə²² tsaŋ¹² tsʰaŋ¹² pai²² —— tsaŋ¹² tsʰaŋ¹² kə⁰（＜kuo⁰）fəu¹² su²² ɕi⁵⁵⁻²² ku²⁴。tsai³³
前　装　仓　瓶——　装　仓 个₀　　　　风　俗　习　惯。 在

kuo²⁴ sʅ³³ niəŋ²² tɕʰy⁵⁵⁻²² məŋ²² Øi³³ tɕiə²² nə³³, Øiau²⁴ tsəŋ³³ pi³¹ xau³³ ŋ³³ kəu⁵⁵⁻²² tsuo³¹
个₂ 死　人　出　门　以　前呢，要　准　备　好 五　谷　杂

niəŋ²²、na³³ xuo³¹、tɕiəu³³、tsuo²²、Øa²², nai²² tɕiə²² tsʅ³³、Øa²², ku⁵⁵⁄²² kuo²⁴ ɕi²²
粮、　冷　饭、酒、　茶、　啊，厘钱子小铜钱，啊，箇　个　时

ka¹²⁻³³ ɕi³³ suai²² Øa³¹ pi³¹ nuo³³, Øi³³ tɕiə²² ɕi²² nai²² tɕiə²² tsʅ³³ nuo³³, ɕi³³ Øia²², tai³³ tau⁰
间　是 □用 硬　币　啰， 以　前　是 厘钱子小铜钱　啰， 是　呀， 等 □着

tsaŋ¹² tsʰaŋ¹² suai³³。Øa²², mua³³ Øuəi²² niəŋ³³ kə²⁴（＜kuo²⁴）tsʰaŋ¹² pai²², ɕi³³ Øia²²,
装　仓 □用，啊，　买　回　两　个　　　　仓　瓶， 是　呀，

Øiəŋ³¹ kə²⁴（＜kuo²⁴）xəu²² tɕi³³ suo³³ saŋ³³ "tsu²⁴" "Øiəu³¹" niəŋ³³ kə²⁴（＜kuo²⁴）
用　个₂　　　　红　纸　写　上　"左"　"右"　两　个

tsʅ³¹, fuaŋ¹² piə²² tʰiə⁵⁵⁄²² tsai³³ kə²⁴（＜kuo²⁴）tsʰaŋ¹² pai²² saŋ³¹。Øa²², Øiəu²² ku⁵⁵⁄²²
字，　分　别　贴　在 个₁　　　　仓　瓶 上。　啊，　由　箇

kuo²⁴ ɕiau²⁴ tsʅ³³ tuai²⁴ tau⁰ kʰuai²¹ ɕi³³ kuəi³¹ tau⁰ tsai³³ kə²⁴（＜kuo²⁴）səu³¹ fuaŋ³³ miə³¹
个　孝　子　带　头　开　始　跪 □着在 个₁　　　　寿　枋　面

tɕiə²², tsai³³ kə²⁴（＜kuo²⁴）nai²² tɕiə²² Øa²², tsu²⁴ səu³³ tsuo¹² Øi⁵⁵⁻²² tsuo²⁴ fuaŋ²⁴ tau²⁴
前，　在 个₁　　　　灵　前啊，　左　手　抓　一 □把　放　到

kə²⁴（＜kuo²⁴）suo³³ Øiəu³³ "tsu²⁴" tsʅ³¹ kə⁰（＜kuo⁰）tsʰaŋ¹² pai²², Øiəu³¹ səu³³
个₂　　　　 写　有　"左"　字 个₀　　　　仓　瓶， 右　手

tsuo¹² Øi⁵⁵⁻²² tsuo²⁴ fuaŋ²⁴ tsai³³ Øiəu³¹ —— Øiəu³¹ səu³³ —— tsʅ³¹ kə⁰（＜kuo⁰）——
抓　一　 □把　放　在　右——　右　手——　字 个₀——

Øiəu³¹ —— Øiəu³¹ miə³¹ kə⁰（＜kuo⁰）tsʰaŋ¹² pai²²。Øa²², fuaŋ²⁴ xau³³ tiə⁰, tsuo¹² tiə⁰
右——　右　面 个₀　　　　仓　瓶。 啊，　放　好 嗲， 抓 嗲

第四章　丧葬

xuo³¹ Øi³³ xau³¹ nə³³, məi³³ kuo²⁴ tsʰaŋ¹² pai²² ni³³ tau²² xa²² Øiau²⁴ pi⁵⁵ ti⁵⁵ kuo⁰ tɕiəu³³, pi⁵⁵ ti⁵⁵
饭 以 后 呢，每 个 仓 瓶 里 头 还 要 滗 □ 个₀一点酒，滗 □

kə⁰ (< kuo⁰) tsuo²² ŋ⁵⁵/²² tɕʰi²⁴ (< tɕʰy²⁴), ɕi³³ Øia²², Øə²², tau²⁴ tsʰaŋ¹² pai²²
个₀一点　　　茶 入 去，　　　　　　是 呀，呃，到 仓 瓶

ni³³ tɕi²⁴ (< tɕʰy²⁴) nuo³³。tɕʰi²⁴ tsʰʅ²⁴ nə³³, Øa²², tɕiəu³¹ ɕi³³ —— tsai²² ɕi³³ nəŋ²²
里 去　　　　　　啰。其 次 呢，啊，就 是 —— 才 是 轮

tau²⁴ tsai³³, səŋ¹² Øa³³, ɕi¹² fu³¹ Øa³³, ɕi³³ Øia²², Øəu⁵⁵ ni³³ kuo⁰ tɕʰiəŋ¹² su²² Øa³³, Øi⁵⁵⁻²²
到　崽ル, 孙 啊，媳 妇 啊，是 呀，屋 家 里 个₀ 亲 属 啊，一

kuo²⁴ Øi⁵⁵⁻²² kuo²⁴ nai²² tsuo¹² —— nai²² tsuo¹² ŋ⁵⁵/²² tɕʰy²⁴, pa³³ ku⁵⁵/²² kuo²⁴ pa³³
个 一 个 来 抓 —— 来 抓 入 去，把 箇 个 —— 把

kə²⁴ (< kuo²⁴) —— pa³³ kə²⁴ (< kuo²⁴) Øyə²² nai²² tsuəŋ²² pi³¹ xau²⁴ ku⁵⁵/²² ni⁵⁵ Øua⁵⁵/²² tɕi³¹
个₁ —— 把 个₁ 原 来 准 备 好 箇 立= 些 物件东西

Øa²², tsuo¹² tau²⁴ kuo²⁴ tsʰaŋ¹² pai²² ni³³ tau²² tɕʰy²⁴。pa³³ kuo²⁴ tsʰaŋ¹² pai²² tsuo¹² ta⁰
啊，抓 到 个₁ 仓 瓶 里 头 去。把 个₁ 仓 瓶 抓 得

tsʰa³³ pu¹² tu¹² tiə⁰ nə³³, tsuo¹² mau³¹ tiə⁰ Øi³³ xau³¹ nə³³, kə²⁴ (< kuo²⁴) tsʰaŋ¹² pai²² saŋ³¹
差 不 多 嗲 呢，抓 冒 满嗲 以 后 呢，个₂ 仓 瓶 上

səu³³ miə²⁴ Øiau²⁴ Øiəŋ³¹ Øi⁵⁵⁻²² tsaŋ¹²⁻³³ xəu²² tɕi³³ kuai²⁴ saŋ³³。səu³³ ɕiə¹² kuai²⁴ Øi⁵⁵⁻²²
手 面上面 要 用 一 张 红 纸 盖 上。首 先 盖 一

tsaŋ¹²⁻³³ xəu²² tɕi³³, pəi²⁴ xau³¹ nə³³, tsai²² ɕi³³ kuai²⁴ saŋ³³ kuo²⁴ tsʰaŋ¹² pai²² kə⁰ (< kuo⁰)
张　红 纸，背 后然后 呢，才 是 盖 上 个₂ 仓 瓶 个₀

kuai²⁴ kuai²⁴ tsʅ³³。ɕi³³ Øia²², ku⁵⁵/²² kuo²⁴ tɕiəu³¹ ɕi³³ tsaŋ¹² —— xuo³³ tsʅ²⁴ "tsaŋ¹²
盖盖子盖ル。是 呀，箇　个 就 是 装 —— 喊制叫做 "装

tsʰaŋ¹² pai²²"。
仓　瓶"。

普通话梗概

送葬出门以前有"装仓瓶"，也叫"装仓"的风俗习惯。首先准备好五谷杂粮、冷饭、酒、茶、小铜钱（现在是用硬币），等着装仓时用。另外买回两个装

粮食的大瓶，叫做"仓瓶"，用红纸写上"左""右"两个字，分别贴在两个仓瓶上。然后由孝子带头跪在棺材前面，左手抓一把粮食放到写有"左"字的仓瓶，右手抓一把放在写有"右"字的仓瓶，然后每个仓瓶里还要倒点酒和茶进去，其次才轮到儿孙儿媳等人。家里的亲人一个接一个，轮流把原来准备好的粮食都抓到仓瓶里去，差不多盛满的时候，先盖上一张红纸，最后才盖上瓶盖。

十二、封棺出门

tɕʰy⁵⁵⁾²² məŋ²², tɕʰy⁵⁵⁾²² məŋ²² kuo⁰ ɕi²² ka¹²⁻³³ Øa²², səu³³ ɕiə¹² tsəu³¹ Øiəu²² kuo²⁴
出　门，　出　门　个₀时　间　啊，首　先　就　由　个₂

kuəi¹³ sʅ¹²⁻³³ nau³³ Øa²², səu³³——Øa⁵⁵ səu³³ ni³³ təu²² kai¹² təu⁰ kuo²⁴ təŋ²² kuo⁰ nai²²
鬼师佬道士，　　啊，手——阿手里头 □拿□着个铜　个₀铃

taŋ¹²⁻³³ nuo³³, Øa²², tsəi³³ ni³³ miə²⁴ niə³¹ kai¹², tiəŋ³³ tiəŋ³³ taŋ³³ taŋ³³ tiəŋ³³ tiəŋ³³ taŋ³³
铛　啰，　啊，　嘴里面　念经，　叮　叮　铛　铛　叮　叮　铛

ka¹² ni³³ ɕiaŋ³³, tsəi³³ puo⁵⁵ ni³³ təu²² tsəu³¹——ɕiau³³ pu²² ta⁵⁵⁻²² tɕiə³¹ səŋ²² muo³³ fu²²
□里那样响，　嘴　巴　里头　就——　晓不得不知道 贱=胡说 什　么　胡

xuo³¹, ŋ³³ tiə³¹ tʰai²⁴ pu¹² təu³³ nuo³³, ɕi³³ Øia²², fuaŋ³³ tsəŋ³³ tʰuo¹² kaŋ³³ tsʅ²⁴ niə³¹ kai¹²。
话，　我咂们听　不　懂　啰，　是呀，　反　正　他　讲制叫做　念　经。

kuo²⁴ ɕiau²⁴ tsai³³ ɕiau²⁴ səŋ¹² nə³³, tsəu³¹ kəŋ¹² tau⁰ tsai³³ kuo²⁴ kuəi³³ sʅ¹²⁻³³ nau³³ pəi²⁴
个₂ 孝　崽　孝　孙呢，　就　跟 □着在　个₂ 鬼师佬道士　背

xau³¹, kəŋ¹² tau⁰ kuo²⁴——kuo²⁴ səu³¹ məu⁵⁵⁻²² tyə²⁴ ɕiə³¹ tyə²⁴, ku³³ ɕi²² ka¹²⁻³³ nə³³,
后，　跟　□着个₂——　个₂ 寿　木　转　十　转，　古　时　间　呢，

tɕiəu³¹ xuo³³ tsʅ²⁴——kaŋ³³ tsʅ²⁴ "tyə²⁴ ɕiə³¹ tsau²²", Øa²², tyə²⁴ ɕiə³¹ tsau²², tsʰau¹² tu³¹
就　喊制叫做——　讲制叫做 "转　十　朝"，啊，转　十　朝，　超　度

ku⁵⁵⁾²² kuo²⁴ sʅ³³ niən³³。Øa²², kuo²⁴ ɕiau²⁴ tsʅ³³ nə³³, tyə²⁴ tau²⁴ kuo²⁴ səu³¹ fuaŋ³³ miə³³
箇　个₂ 死　人。啊， 个₂ 孝　子　呢，　转　到　个₂ 寿枋棺材 面

tɕiə²² Øa²², xa²² Øiau²⁴ sau¹² tɕiə¹² tɕi³³, kuəi³¹ tau⁰ kʰu⁵⁵⁾²² Øi⁵⁵⁻²² tsʰʅ²⁴ tau²²。
前啊，还要　烧　钱　纸，　跪 □着磕　一　次　头。

Øa²², ku⁵⁵⁾²² kuo²⁴ Øi³³ sʅ²⁴ kau³³ Øyə²² tiə⁰ Øi³³ xau³¹ Øa²², tsəi²² xau³¹ niə³³, tɕiəu²²
啊， 箇　个₂ 仪　式　搞　圆完哆以　后啊，　随　后　呢，　就

Øiəu²² paŋ¹² maŋ³³ kuo⁰ niəŋ³³, Øə²⁴, pa³³ kuo²⁴ səu³¹ fuaŋ³³ kuai²⁴, ɕiau¹² kʰai¹²⁻³³, ɕi³³
由　帮　忙　个₀ 人，　呃，　把　个₂ 寿枋棺材 盖，　消=揭开，　是

Øia²², niaŋ³¹ kuo²⁴——niaŋ³¹ kuo²⁴ tɕʰiəŋ¹² su²² Øa²²——tɕʰiəŋ¹² niəŋ³³ Øa²², kʰuo²⁴ kuo²⁴
呀，　让　个₂——　让　个₂ 亲　属　啊——　亲　人　啊，　看　个₂

sʅ³³ niəŋ²², tsəi²⁴ xau³¹ maŋ³¹ Øi³³ xuo³³, maŋ³¹ Øi⁵⁵⁻²² Øuo³³。kuo²⁴ tsəu³¹ kaŋ³³ tsʅ²⁴
死　人，　最　后　望　一　下，　望　一　　　眼。个₁　就　讲制叫做
"tɕʰiəŋ¹² niəŋ²² fəi³¹ miə³¹"。Øa²², təu²² ɕi²² nə³³, tsai²⁴ pa³³ kʰa⁵⁵ niəŋ²², tʰə⁵⁵ piə³¹ ɕi³³
"亲　人会面"。啊，同时呢，再把客人，　特别是
tsʅ³¹ tɕi³³ kə⁰（< kuo⁰）ny³³ Øia³³, ɕi³³ Øia³³, tsʅ³¹ tɕi³³ kuo⁰ tsʅ³³ məi³¹ Øa²², kai²⁴ nai²²
自　己个₀　　　女　呀，是　呀，自　己　个₀姊　妹　啊，□带来
ku⁵⁵ᐟ²² kuo²⁴ Øa²², tsaŋ²² fu²² pi³³ nə³³, kuai²⁴ tau⁰ tsai³³ kuo²⁴ sʅ³³ niəŋ²² kə⁰（< kuo⁰）
箇　　个 啊，床　服　被 呢，　盖　□着在　个₁死　人　个₀
səŋ¹² saŋ³¹, Øa²², tsai²² ɕi³³ kuai²⁴ saŋ³³ kuai²⁴ tsʅ³³。Øa²², piəŋ²⁴ tɕʰiə³³ nə³³, nuo³¹
身　上，啊，才是　盖　上　盖　子。啊，并　且　呢，那
kuo²⁴ ɕi²² ka¹²⁻³³ Øa³³, Øiau²⁴ suai³³——Øiəŋ³¹ kə²⁴（< kuo²⁴）tau³¹ fu²⁴ xuo²² kuo²⁴ sai³¹
个　时　间　啊，要　□用——　用　个₂　　　豆　腐　和　个₂ 石
kau¹²⁻³³, ɕi³³ Øia²², xuo⁵⁵ᐟ²² tɕia³³ ɕi³³ sai³¹ fəi¹²⁻³³ nai²² tʰuo⁵⁵ tau⁰ tsai³³ kə²⁴（< kuo²⁴）
膏，　是 呀，或　者　是 石 灰，　来　踏⁼涂抹□着在 个₁
səu³¹ fuaŋ³³ saŋ³¹, ɕi³³ Øia²², tsai²² ɕi³³ kuai²⁴ kuai²⁴。kuo²⁴ tsəu³¹ xuo³³——kaŋ³³ tsʅ²⁴ Øa²²,
寿枋棺材 上，　是 呀，才 是 盖 盖。个₁　就　喊——　讲制叫做啊，
"fəu¹² ku¹²", Øa²², fəu¹²——pa³³ kuo²⁴ səu³¹ fuaŋ³³ Øa³³, fəu¹² tɕʰi³³ nai²²。
"封　棺"，啊，封——　把 个₁寿枋棺材 啊，　封 起　来。

Øa²², Øiəŋ²² xau³¹ nə³³, xa²² Øiau²⁴ Øiəŋ³¹ Øi⁵⁵⁻²² kuo²⁴ pa⁵⁵ tɕi³³ məu⁵⁵ᐟ²², xuo⁵⁵ᐟ²²
啊，　然　后　呢，　还　要 用 一　个　柏枝木柏树，　或
tɕia³³ ɕi³³ tau²² tsʅ³¹ ɕy³¹ məu⁵⁵ᐟ²², ɕiəu¹²——tsʅ²⁴ sai²² kuo²⁴——Øi⁵⁵⁻²² kə²⁴（< kuo²⁴）
者　是桃子树　木，　修——　制做成个——　一　个
tsʅ³³ səŋ¹²⁻³³ tai¹²⁻³³, tsʰuo⁵⁵ tsai³³ kuo²⁴ səu³¹ fuaŋ³³ kuai²⁴ saŋ³¹。Øa²², kuo²⁴ nə³³, Øa¹²
子 孙　　钉，　插 在　个₂寿枋棺材　盖　上。啊，个₁ 呢，也
ɕi³³ Øaŋ²⁴ tsau²⁴ nuo²² tsu²⁴ ny³³ Øiəu³¹ kə⁰（< kuo⁰）ɕi⁵⁵ᐟ²² su²² tsʰuo⁵⁵ᐟ²² saŋ³³ tɕʰy²⁴。
是　按　照　男　左　女　右 个₀　　　习　俗 插　　上　去。
Øiəŋ¹² Øuəi²² kə²⁴（< kuo²⁴）səu³¹ fuaŋ³³ Øi³³ tɕiəu²² tsau³³ tɕiəu³¹ tsuaŋ³¹ pi³¹ xau³³ tiə⁰ ku⁵⁵ᐟ²²
因　为　个₁　　　寿枋棺材 以　前　早　就　准　备　好 嗲箇
kuo²⁴——ku⁵⁵ᐟ²² kuo²⁴ təu³¹ Øuo²⁴ kuo⁰ Øa³³, ɕi³³ Øia²², Øiəŋ³¹ xaŋ²²——ku⁵⁵ᐟ²² tɕi³¹
个——　箇　　　个 洞按⁼洞眼 个₀ 啊，是 呀，样行⁼各种——　箇 件

sɿ³¹ tsai²² kau³³ xau³³ tiə⁰ Øi³³ xau³¹ , Øa²² , tɕiəu³¹ Øiəu²² puo⁵⁵ kuo²⁴ niə²² kʰai¹² kuo⁰ tsuaŋ²⁴
事 情 搞 好 嗲以后, 啊, 就 由 八 个 年 轻 个₀ 壮

niə²² ɕiau³³ xuo³³ tsɿ³³ Øa²² , suai³³ —— suai³³ səu³³ tuai²² , Øa²² , pu²² ta⁵⁵ kai²² pau⁵⁵ tau²²
年 小 伙 子 啊, □用—— □用 手 抬, 啊, 不 得 能 □用 剥⁼头 肩膀

tuai²² kuo⁰ , Øa²² 。məŋ²² saŋ³¹ —— tua³¹ məŋ²² saŋ³¹ pʰau²² Øi⁵⁵⁻²² ɕiaŋ³³ , Øa¹² ,
抬 个₀, 啊。门 上 —— 大 门 上 炮 一 响, 啊,

kuo²⁴ —— nuo³¹ kuo²⁴ ɕi¹² ka¹²⁻³³ nə³³ , nau³³ niəŋ²² kə¹²⁻³³ ti³¹ tsəu³¹ fəi³¹ xuo³³ Øa²² : təu¹²
个 —— 那 个 时 间 呢, 老 人 家 㑚们 就 会 喊 啊: 东

nuo²² ɕi¹² pai⁵⁵ tsəŋ¹² , kuo²⁴ sɿ³³ Øuaŋ²² kə⁰ (＜kuo⁰) Øuaŋ²² —— Øuaŋ²² —— sɿ³³ niəŋ²²
南 西 北 中, 个₂ 死 亡 个₀ 亡 亡 死 人

kuo⁰ Øuaŋ²² fuaŋ²² Øiau²⁴ Øiau²⁴ pu Øiau²² tɕʰi³³ ? tua³¹ tɕi²² kuo¹²⁻³³ tsəu³¹ tuo⁵⁵ Øai²⁴ kaŋ³³ Øi⁵⁵⁻²²
个₀ 亡 魂 要 不 要 起? 大齐⁼家大家 就 答 应 讲 一

sai¹²⁻³³ : tɕi³³ ! xau³³ , tsəu³¹ muo³³ saŋ³¹ pa³³ kuo²⁴ tua³¹ —— kuo²⁴ səu³¹ məu⁵⁵⁻²² Øa²² ,
声: 起! 好, 就 马 上 把 个₁ 大—— 个₁ 寿木棺材 啊,

tuai²² tɕʰy⁵⁵⁻²² tua³¹ məŋ²² —— tuai²² tɕʰy⁵⁵⁻²² kuo²⁴ tua³¹ məŋ²² 。Øa²² , tsai³³ kʰaŋ²² tau²⁴
抬 出 大 门—— 抬 出 个₂ 大 门。啊, 再 扛 到

pau⁵⁵ tau²² saŋ³¹ tɕʰy²⁴ , tuai²² tau²⁴ tai²² saŋ¹²⁻³¹ saŋ³¹ tɕʰy²⁴ , fuaŋ²⁴ tsai³³ Øyə²² nai²² pua³³
剥⁼头 肩膀上 去, 抬 到 停 丧 地上 去, 放 在 原 来 摆

xau³³ kuo⁰ ŋ³³ tʰai⁵⁵⁻²² tai²⁴ saŋ³¹ 。tɕʰy⁵⁵/²² məŋ²² kə⁰ (＜kuo⁰) ɕi²² ka¹²⁻³³ nə³³ , xa²²
好 个₀ 五 尺 凳 上。出 门 个₀ 时 间 呢, 还

Øiau²⁴ Øi⁵⁵⁻²² kə²⁴ (＜kuo²⁴) kəu¹² tɕi¹²⁻³³ , Øa²² , tau²² tau⁰ tsai³³ kuo²⁴ tsɿ³³ səŋ¹²⁻³³
要 一 个 公 鸡, 啊, 绹 □着 在 个₂ 子 孙

tai¹²⁻³³ , kuo²⁴ səu³¹ məu⁵⁵⁻²² saŋ³¹ 。Øa²² , kuo²⁴ Øi²⁴ sɿ¹²⁻³³ tsəu³¹ ɕi³³ kaŋ³³ nə³³ , kuo²⁴
钉, 个₁ 寿 木 上。啊, 个₁ 意 思 就 是 讲 呢, 个₂

kəu¹² tɕi¹²⁻³³ pau²⁴ —— pau²⁴ ɕi¹²⁻³³ , ɕi²² ta⁵⁵⁻²² kuo²⁴ Øuaŋ²² niəŋ²² nə³³ , tau²⁴ tiə⁰
公 鸡 报—— 报 时 间, 使 得 个₁ 亡 人 呢, 到 嗲

kuo²⁴ Øiəŋ¹² tsau²² ti³³ xuo³¹ nə³³ , Øa²² , Øa¹² nai²² kə²⁴ (＜kau²⁴) tʰai²⁴ tiau³¹ kəu¹² tɕi¹²⁻³³
个₁ 阴 曹 底 下 呢, 啊, 也 能 够 听 着 公 鸡

tɕiau²⁴ , ɕiau³³ ta⁵⁵⁻²² tʰiə¹² kuaŋ¹² tiə⁰ kə⁰ (＜kuo⁰) ɕi²² ka¹²⁻³³ 。
叫, 晓 得 天 光 嗲 个₀ 时 间。

普通话梗概

送葬出门的时候，首先由道士拿着一个铜铃铛，叮铛叮铛地响，嘴里念经，不知道说的什么胡话，我们听不懂，反正他说在念经。孝子孝孙们跟在道士身后，围着棺材转十圈，古时候叫"转十朝"。转十朝是为了超度死者，孝子转到棺材前还要烧钱纸，跪下磕一次头。

这个仪式完成以后，就由帮忙的人把棺材盖揭开，让亲人们最后看一眼，这叫"亲人会面"。同时把女儿或姐妹们带来的床服被盖在死者身上，然后才是盖棺。盖好后用豆腐和石膏，或者是石灰涂在棺材上，叫做"封棺"。然后用柏树或者是桃树，削成一个子孙钉，插在棺材盖上，也是按照男左女右的习俗插上去，棺材上早就准备好了一个洞。这些完成以后，由八个壮年小伙将棺材抬出门外。炮一响，老前辈就会喊啊："东南西北中，死人的亡魂要不要起？"大家就答应："起！"然后马上把棺材抬出大门，扛到肩膀上，一起抬到停丧地上去，放到原来摆好的五尺凳上。出门的时候，还要用一只公鸡绑在棺材上。

第四章 丧葬

十三、送到停丧地

tɕʰy⁵⁵/²² məŋ²² saŋ³¹ —— tɕʰy⁵⁵/²² məŋ²² kuo⁰ ɕi²² ka¹²⁻³³, øa²², səu³³ ɕiə¹² nə³³,
出　　门　　上门口——　出　　门　　个₀时　间，　　啊，　首　先　呢，

tsəu³¹ ɕi³³ ɕiau²⁴ ny³³, xuo⁵⁵/²² tɕia³³ ɕi³³ tsʅ³¹ tɕi³³ kə⁰ (< kuo⁰) tsʅ³³ məi³¹ kə⁰ (< kuo⁰),
就　是　孝　女，　或　　者　是　自　己　个₀　　姊　妹　家，

nuo³¹ kə²⁴ (< kuo²⁴) tsaŋ²⁴ —— nuo³¹ kuo²⁴ øuaŋ³³ nai²², øa¹² kʰu³³ øi³³ kaŋ³³ tsaŋ²⁴ pu²⁴
那　个　　　　　幛——　　那 个　挽　帘，　也 可 以 讲　幛　布

nə²², ŋ³³ tiə³¹ nəŋ²² tsʰaŋ¹²⁻³³ nuo³¹ kuo²⁴ ɕi²² ka¹²⁻³³ ɕi³³ kaŋ³³ tsʅ²⁴ øuaŋ³³ nai²², tsai³³
呢，我 咃们农　村　　　那 个　时　间　　是 讲 制叫做 挽　帘，在

səu³¹ fuaŋ³³ kuo tsə²⁴ miə³¹ tɕiə¹² tuai²⁴ nu³¹, kuo²⁴ ɕiau²⁴ tsʅ³³ nə³³, tsəu³¹ øiau²⁴ pʰəu³³ nai²²
寿 枋棺材 个₀最 面　前　带 路，个₂孝 子 呢，就　要 捧　灵

pua²², ɕi³³ øia²², ku⁵⁵/²² ni⁵⁵ tsai³³ səŋ¹² xuo²² tɕia³³ ɕi³³ naŋ²² tsai³³ nə³³, tsəu³¹ fu²⁴ tsa⁵⁵
牌，是 呀，箇　立⁼些崽孙儿孙 或　者　是　郎崽女婿 呢，就 负　责

kai²² kuo²⁴ tsʰaŋ¹² pai²² øa³³, pʰəu³³ ku⁵⁵/²² niaŋ³³ kə²⁴ (< kuo²⁴) tsʰaŋ¹² pai²² øa²²。
□拿 个₁ 仓　瓶 啊，捧　箇　立　两　个　　　　仓　瓶　啊。

øa²², tɕʰi²² tʰuo¹² kuo⁰ kʰa⁵⁵ niaŋ²² niə³³, ø ə²⁴, tsəu³¹ tuai²⁴ tʰuo¹² ti³¹ su³³ səu²⁴ nai²² kuo⁰,
啊，其 他 个₀客　人　呢，　呃，就 带　他 咃们所　送　来 个₀,

tiau²⁴ ɕiau²⁴ kuo⁰ tsaŋ²⁴ pu²⁴, kəŋ¹² tau⁰ pəi²⁴ xau³¹ xa²²。øa²², tsai³³ kuo²⁴ ɕi²² ka¹²⁻³³ nə³³,
吊 孝　个₀幛 布， 跟 □着 背　后　行走。啊，在　个₂时　间　呢，

xa²² øiau²⁴ øiəu²² øi⁵⁵⁻²² kə²⁴ (< kuo²⁴) nau³³ niaŋ²² kuo¹²⁻³³, xuo⁵⁵/²² tɕia³³ ɕi³³ tɕi³³ tai³¹
还 要　由　一　个　　　　老　人　家，　或　者　是指定

øi⁵⁵⁻²² kuo²⁴ niaŋ²² øa²², øi⁵⁵⁻²² nu³¹ —— øi⁵⁵⁻²² nu³¹ xa²², tɕiəu³¹ øi⁵⁵⁻²² nu³¹ øiau²⁴ kaŋ³¹
一　个　人　啊，一　路——　一　路 行走，就　一　路 要□扔

tɕiə²² tɕi³³, ɕi³³ øia²², ta⁵⁵/²² kuo²⁴ øio³³ kuəi³³ pa²²。øi²² sʅ¹²⁻³³ ɕi³³ kaŋ³³ øio³³ kuəi³³ nai²²
钱　纸，是 呀，得给 个₂野 鬼 吧。 意　思　是 讲 野 鬼 来

səu²⁴ kuo²⁴ nau³³ niaŋ²² kuo¹²⁻³³, ta⁵⁵/²² øio³³ kuəi³³ øa¹² øiau²⁴ tɕiə²²。øa²², tɕiəu³³ pu²²
送　个₁老　人　家，　得让 野　鬼　也　有　钱。　啊，久　不

tɕiəu³³ Øiau²⁴ fuaŋ²⁴ Øi⁵⁵⁻²² tɕʰyə²⁴ pʰau²⁴, piau³³ sʅ³¹ nau³¹ niə⁵⁵⁻²². ku⁵⁵ᐟ²² kuo²⁴ tsaŋ²⁴ pu²⁴
久　要　放　一　串　炮，表 示 闹 热。　箇　个　幛　布

nə³³, ɕi³³ xa²² tsai³³ tsəi²⁴ xau³¹ nuo³³, ɕi³³ Øia²². kuo²⁴ fu³¹ ny³³ nə³³, ny³³ kuo⁰ nə³³,
呢，是 行走 在 最 后 啰，是呀。个₂ 妇 女 呢， 女 个₀ 呢，

tsai³³ səu²⁴ tsaŋ²⁴ kuo⁰ ɕi²² ka¹²⁻³³ nə³³, Øa²², məi³³ kə²⁴ (< kuo²⁴) niəŋ²² səu³³ ni³³ tau²²
在 送 葬 个₀ 时 间 呢，啊，每 个　　　　人 手 里 头

Øiau²⁴ kai²² Øi⁵⁵⁻²² tiau³³ kʰəu⁵⁵ᐟ²² saŋ²⁴ kuəŋ²⁴. kuo²⁴ kʰəu⁵⁵ᐟ²² saŋ²⁴ kuəŋ nə³³, tɕiəu³¹
要　□拿一　条 哭　丧 棍。个₁ 哭　丧 棍 呢，就

ɕi³³ Øiəŋ³¹ Øi⁵⁵⁻²² tiau²² sa¹² tsʰai⁵⁵ᐟ²² tiaŋ²² tsu²⁴ Øiəu³¹ kuo⁰ nu²² təu³¹, Øa²², tsai³³
是 用 一　条 三 尺　长 左 右 个₀ 芦 笛，啊，在

kə²⁴ (< kuo²⁴) nu²² təu³¹ Øi⁵⁵⁻²² tɕiə³¹ saŋ³¹ nə³³, kuo⁵⁵ᐟ²² saŋ³³ Øi⁵⁵⁻²² tsaŋ¹²⁻³³ ——
个₁　　　芦 笛 一　截端 上 呢，夹　上 一　张——

Øi⁵⁵⁻²² tsaŋ¹²⁻³³ tɕiə²² tɕi³³, Øa²², tsəu²⁴ tɕʰi³³ xa²², Øa²², səu²⁴ kuo²⁴ Øuaŋ²² niəŋ²² tau²⁴
一　张　钱 纸，啊，挂　起 行走，啊，送 个₁ 亡 人 到

tai²² saŋ¹²⁻³³ ti³¹.
停 丧 地。

Øa²², ku²⁴ tɕʰy²⁴ kə⁰ (< kuo⁰) tɕiəu³¹ ɕi⁵⁵ᐟ²² ku²⁴, xa²² Øiəu³³ Øa²², tɕiəu³¹ ɕi³³
啊，过 去 个₀　　　　旧 习 惯，还 有 啊，就 是

kə²⁴ (< kuo²⁴) ɕiau²⁴ tsʅ³³ ɕiau²⁴ səŋ¹², ɕi³³ Øia²², xuo⁵⁵ᐟ²² tɕia³³ ɕi³³ naŋ²² tsai³³, səu²⁴
个₁　　　孝 子 孝 孙，是 呀，或　者 是 郎崽女婿，送

tsaŋ²⁴ kə⁰ (< kuo⁰) ɕi²² ka¹²⁻³³ nə³³, ɕi³³ pu²² ta⁵⁵ tɕʰyə¹² xa²² kuo⁰, Øiau²⁴ tuo³³ tsʰai⁵⁵
葬 个₀　　　时 间 呢，是 不 得 穿 鞋 个₀，要 打 赤

tɕiau⁵⁵⁻²², ɕi³³ Øia²², xuo⁵⁵ᐟ²² tɕia³³ ɕi³³ ɕiə³¹ tsai²⁴ pu²² ɕiəŋ²² nə³³, tɕʰi³³ muo³³
脚，是 呀，或　者 是 现 在 不 行 呢，起 码

Øiau²⁴ —— tɕi³³ nai²² kə²⁴ (< kau²⁴) tɕʰyə¹² tsʰau³³ xa²², pu²² nai²² kə²⁴ (< kau²⁴)
要 —— 只 能 够　　　　穿 草 鞋，不 能 够

tɕʰyə¹² xa²².
穿 鞋。

普通话梗概

　　送葬出门的时候，主人安排好村里的男子，带上孝女或者是姊妹们带来的挽帘，在棺材前带路，孝子要捧灵牌，其他的儿孙或者是女婿就负责捧仓瓶。其他的客人，就各自带上自己送来吊唁的幛布，跟在后面走。还要由一个老人或者是指定一个人一边走一边扔钱纸。时不时要放一串炮，表示热闹。幛布队伍走在最后。妇女们每人手里要柱一条哭丧棍，就是一条三尺长的芦笛，在芦笛一端夹上一张钱纸，就这样送亡人到停丧地。过去，孝子孝孙和女婿在送葬的时候是不能穿鞋的，要打赤脚，如果实在不行，也只能穿草鞋。

十四、停丧地敲子孙钉

tau²⁴ tiə⁰ tai²² saŋ¹²⁻³³ ti³¹ tɕʰy²⁴ Øi³³ xau³¹ Øa²², Øa¹² ɕi³³ Øiəu²² kuo²⁴ ɕiau²⁴ tsɿ³³ tuai²⁴
到　嗲 停　丧　 地 去 以 后 啊，也 是 由 个₁孝 子 带

tau²², səu³³ ɕiə¹² Øa²², Øiəŋ³¹ —— səu³¹ ɕiə¹² Øa²², Øiəŋ³¹ Øi⁵⁵⁻²² tsaŋ¹²⁻³³ xəu¹² tɕi³³,
头， 首　 先 啊，又—— 首　 先 啊，用 一　　 张　　 红　纸，

xuo⁵⁵ʾ²² tɕia³³ ɕi³³ xəu²² pu¹² tsɿ³³, pau¹² xau³³ tiə⁰ kuo⁰ —— kuo⁰ səu³³ tsau¹² tsɿ³³ Øa³³, ɕi³³
或　 者　 是 红　 布 子，　 包 好 嗲 个₀—— 个₀ 手　 镯　 子 啊，是

Øia²², ka²⁴ tɕi³³ tsɿ³³ Øa³³, ɕi³³ Øia²², xuo²² tɕia³³ ɕi³³ nai²² tɕiə²² tsɿ³³ Øa³³, ku⁵⁵ʾ²² ni⁵⁵ Øa³³
呀，戒　指　 子 啊， 是　呀， 或　者　是 厘　钱　 子 小铜钱 啊， 箇 立些 硬

pi³¹, tsai³³ kuo²⁴ səu³¹ fuaŋ¹² saŋ¹², ku⁵⁵ʾ²² kə²⁴ (＜kuo²) tsɿ³³ səŋ¹²⁻³³ tai¹²⁻³³ tsɿ³³ saŋ³¹
币， 在 个₁寿 枋棺材 上， 箇 个　　 子　孙　 钉 子 上

nə³³, kʰai¹² kʰai¹²⁻³³ ka¹² ni³³ Øiəŋ²⁴ sa¹² xuo³³, ɕi³³ Øia²², kuo²⁴ tsəu³¹ ɕi³³ kaŋ³³ tsɿ³¹
呢， 轻　 轻　 □里地 印 三　 下， 是 呀， 个₁ 就 是 讲制叫做

"kʰau³¹ tsɿ³³ səŋ¹²⁻³³ tai¹²⁻³³", Øi²⁴ sɿ³³ nə³³, ɕi³³ tɕiəu²² ta⁵⁵⁻²² Øi³³ xau³¹ kuo⁰ tsai³³
" 敲　 子　 孙　　 钉", 意 思 呢，是 求　 得　 以 后 个₀ 崽

tsai³³ səŋ¹² səŋ¹² mu²⁴ taŋ²², ɕi³³ Øia²², tsai³³ tsai³³ səŋ¹² səŋ¹² Øyəŋ³³ Øyə³³ tʰuai²⁴ pai²².
崽 孙　 孙　满　 堂， 是 呀， 崽 崽 孙 孙 永　 远　 太　平。

kuo²⁴ nə³³, tɕiəu³¹ Øiau²⁴ nəŋ²² tau⁰ kʰau³¹, kuo²⁴ kuo²⁴ tau²⁴ kʰau³¹ tau²⁴ kuo⁰。ɕi³³ Øia²²,
个₁ 呢， 就　 要 轮 □着 敲， 个　个 倒都 敲　到　个₀。是 呀，

kuo²⁴ ta⁵⁵ʾ²² su²³ Øiəu³³ kuo⁰ tɕʰiəŋ¹² niəŋ²², kuo²⁴ kuo²⁴ tu¹² Øiau²⁴ kʰau³¹ tau²⁴, pu³³ kuaŋ²²
个₁得让 所　有　个₀亲　 人， 个　个　都 要　 敲　 到，不 管

ɕi³³ nuo²² ny³³.
是 男 女。

普通话梗概

到了停丧地以后，也是由孝子带头，首先用一张红纸或者是红布包好手镯、戒指或者是小铜钱等形式的硬币，在棺材上的"子孙钉"上轻轻地印三下，叫做"敲子孙钉"，意思是希望以后子孙满堂，永远太平。子孙们轮流敲，每个人都要敲，不管是男女。

十五、停丧地发封包

Øa²² , səu²⁴ tau²⁴ kuo²⁴ tai²² saŋ¹²⁻³³ ti³¹ Øi³³ xau³¹ Øa²² , pu²² kuaŋ³³ çi³³ nuo²² kuo⁰ ny³³
啊，   送 到 个₂ 停   丧   地 以 后 啊， 不 管 是 男 个₀ 女

kuo⁰ , tu¹² Øi⁵⁵⁻²² ny⁵⁵ Øiau²⁴ kuəi³¹ tau⁰ tsai³³ kuo²⁴ səu³¹ fuaŋ³³ miə³¹ tçiə²² , çi³³ Øia²² , tai³³
个₀，都 一   律   要   跪 □着在 个₂ 寿枋棺材 面   前， 是 呀， 等

tau⁰ paŋ¹² maŋ²² kə⁰ (< kuo⁰) niəŋ²² pa³³ kə²⁴ (< kuo⁰) səu³¹ fuaŋ³³ kə⁰ (< kuo⁰)
□着 帮   忙 个₀   人 把 个₂   寿枋棺材 个₀

Øiau²⁴ ── Øiau²⁴ tsŋ²⁴ kə⁰ (< kuo⁰) sŋ³¹ tsai²² tsŋ²⁴ Øyə²² 。Øa²² , kuo²⁴ çi²² ka¹²⁻³³ nə³³
要── 要   制 做个₀   事 情 制做圆完。啊，个₁ 时 间 呢，

çi³³ Øia²² 。kuo²⁴ tçy³³ kuo¹²⁻³³ Øa²² ── kuo²⁴ tçy³³ niəŋ²² ── tçy³³ kuo¹²⁻³³ niəŋ²² Øa²² ,
是 呀。个₂主 家   啊── 个₂主   人── 主 家   人 啊，

tsəu³¹ Øiau²⁴ xuo⁵⁵/²² kuo²⁴ səu²⁴ saŋ²⁴ tçiə²² , səu²⁴ saŋ²⁴ kə⁰ (< kuo⁰) ni³¹ sŋ³¹ tçiə²² 。
就 要 发   个₂ 送 丧 钱， 送 丧 个₀   利 是 钱。

fəu²² çi³³ tau²⁴ tiə⁰ kuo²⁴ tai²² saŋ¹²⁻³³ ti³¹ saŋ³¹ kə⁰ (< kuo⁰) niəŋ²² , pu²² kuaŋ³³ çi³³ pəŋ³³
逢 是 凡是 到 嗲 个₂ 停   丧   地 上 个₀   人， 不 管 是 本

tsʰəŋ¹²⁻³³ kə⁰ (< kuo⁰) niəŋ²² , xuo²² tçia³³ çi³³ Øuai³¹ tsʰəŋ¹²⁻³³ kə⁰ (< kuo⁰) niəŋ²² ,
村   个₀   人， 或 者 是 外   村   个₀   人，

fuo⁵⁵/²² (< xuo⁵⁵) tçia³³ çi³³ nu³¹ ku²⁴ kə⁰ (< kuo⁰) niəŋ²² 。fuaŋ³³ tsəŋ²⁴ çi³³ su³³ Øiəu³³
或   者 是 路 过 个₀   人。 反   正 是 所 有

kə⁰ (< kuo⁰) niəŋ²² , tau²⁴ tiə⁰ tai²² saŋ¹²⁻³³ ti³¹ , tu¹² Øiau²⁴ fuo⁵⁵/²² (< xuo⁵⁵) Øi⁵⁵/²²
个₀   人，到 嗲 停 丧   地，都 要   发   一

kə²⁴ (< kuo²⁴) xəu²² pau¹²⁻³³ ── fuo⁵⁵/²² (< xuo⁵⁵) Øi⁵⁵/²² kuo²⁴ fəu¹² pau¹²⁻³³ , xuo²² tçia³³
个   红   包── 发   一 个 封   包， 或 者

çi³³ xuo⁵⁵/²² kuo²⁴ nai²² tçiə²² tsŋ³³ , nuo³¹ kuo²⁴ çi² ka¹²⁻³³ , çi³³ xuo⁵⁵/²² nai²² tçiə²² tsŋ³³ ,
是 发   个₂ 厘 钱子小铜钱， 那 个 时 间，   是 发   厘 钱子小铜钱，

Øa¹² çi³³ kaŋ³³ tsŋ²⁴ ni³¹ sŋ³¹ tçiə²² nuo³³ 。çi³³ Øia²² , Øiəŋ¹² Øuai²² niəŋ²² kə³³ (< kuo¹²)
也 是 讲制叫做利 是 钱 啰。是 呀， 因   为   人   家

nai²² —— nai²² tau²⁴ tiə⁰ —— tau²⁴ tiə⁰ kuo²⁴ tai²² saŋ¹²⁻³³ ti³¹, tɕiəu³¹ piau³³ sʅ³¹ niəŋ²²
来—— 来 到 嗲—— 到 嗲个₁ 停 丧 地, 就 表 示 人
kə³³ (< kuo¹²) nai³³ səu²⁴ tiə⁰ kuo²⁴ —— səu²⁴ tiə⁰ kə²⁴ (< kuo²⁴) sʅ³¹ niəŋ²², ni³³
家   来 送 嗲个₂—— 送 嗲个₁   死 人, 你
Øiau²⁴ tiau³¹, Øa²², Øuo²² niəŋ²² kə³³ (< kuo¹²) kuo⁰ ni³³ tɕia⁵⁵⁻²². səŋ³¹ tɕi²⁴ ɕi³³,
要 着得, 啊, 还 人 家   个₀ 礼 节。 甚 至 是,
Øiəu³³ ni⁵⁵ ɕi²⁴ Øia²² —— nuo²⁴ (nuo³¹ + kuo²⁴) ɕi²² ka¹²⁻³³ Øiəu³³ kə²⁴ (< kuo²⁴) fəu¹²
有 立⁼些 是 呀—— □(那+个)   时 间 有 个   风
su²² ɕi⁵⁵⁻²² ku²⁴ kaŋ³³ Øa²², ni³³ Øia²² fuo⁵⁵⁻²² (< xuo⁵⁵) nə³³, Øiəu³³ ni⁵⁵ niəŋ²² tʰuo¹² fəi¹²
俗 习   惯 讲 啊, 你 □不 发   呢, 有 立⁼些人 他 会
tsʅ³¹ tɕʰiau⁵⁵ kaŋ³³ : "ŋ³³ xa²² pu²² tsai²² kai²¹ tau⁰ Øuo³³ !" ɕi³³ Øia²², kuo²⁴ tɕy³³ kuo¹²⁻³³
自 觉 讲:"我 还 不 曾 □拿□着 哦!" 是 呀, 个₁ 主 家
nə³³, kuo³³ kʰua²⁴ tɕiəu³¹ Øiau²⁴ ta⁵⁵⁻²² —— pa³³ kuo²⁴ tɕiə²² Øiau²⁴ səu²⁴ kuo²⁴ tɕʰy²⁴。
呢, 赶 快 就 要 得—— 把 个₂ 钱 要 送 过 去。

普通话梗概

　　送到停丧地以后,不管男女一律要跪在棺材前,等着帮忙的人把棺材处理好,主人就要发送丧钱,也叫"利是钱"。凡是到了停丧地的人,不管是本村的、外村的,还是路过的,反正所有的人,只要到了停丧地,主家都要给他们一个人发一个封包,或者是发个小铜钱,因为人家来到了停丧地,就表示来送了死者,你就得要还人家的礼节。甚至还有这样的风俗,有的人如果没有领到,就会自觉地喊:"我还没拿到哦!"主家听到后要赶快把钱送过去。

十六、送上山

paŋ¹² maŋ²² kuo⁰ niəŋ²² Øa²², pa³³ ku⁵⁵/²² kuo²⁴ səu³¹ məu⁵⁵⁻²² Øiəŋ³¹ sau⁵⁵ tsɿ³³, ɕi³³
帮　忙　个₀人　啊，把箇　个　寿　木　用　索子绳子，是

Øia²², kʰuəŋ³³ xau³³, saŋ³³ xau³³ tiə⁰ niəŋ³³ tiau²² nəŋ²² kaŋ²⁴ Øi³³ xau³¹, Øa²², tsəu³¹
呀，捆好，上好嗲两条龙杠以后，啊，就

Øiəu²² puo⁵⁵ kuo²⁴ niəŋ²², puo⁵⁵ kuo²⁴ tsʰai¹² niə²² ɕiau³³ xuo³³ tsɿ³³, niə²² tsuaŋ²⁴ kuo⁰ niəŋ²²
由　八个人，　八个　青年　小　伙子，年　壮　个₀人

Øa²², kʰaŋ²²。tɕʰi²² tʰuo¹² paŋ¹² piə¹²⁻³³ kə⁰ (< kuo⁰) niəŋ²² nə³³, tsəu³¹ paŋ¹² maŋ²²
啊，扛。其他　旁边　个₀　　　　人呢，就帮忙

tsai³³ paŋ²² piə¹²⁻³³ —— niəŋ³³ miə²⁴ paŋ²² piə¹²⁻³³ Øa²², fu²² tau⁰ nuo³³。ɕi³³ Øia²², ɕiau²⁴
在　旁　边——　两　面　旁　边　啊，扶□着啰。是呀，孝

tsɿ³³ —— tsaŋ²⁴ pu²⁴ Øa²² —— kai²² tɕʰi³³ tsaŋ²⁴ pu²⁴ tsai³³ tɕiə²² miə³¹ —— tɕiə²² miə³¹
子—— 幛　布　啊—— □拿起幛　布　在　前　面　—— 前　面

Øiəŋ³³ nu³¹。kuəi³³ sɿ¹²⁻³³ nau³³ xuo³³ təu²⁴ ku³³ səu³¹ nə³³, tsəu³¹ kəŋ¹² tau⁰ tsai³³ kuo²⁴
引　路。　鬼师佬道士　和铜　鼓　手呢，就　跟　□着在个₁

səu³¹ fuaŋ³³ pəi²⁴ xau³¹, Øi⁵⁵⁻²² tsɿ²² ka¹² ni³³ Øa²², tsʰuəi¹² tsʰuəi¹²⁻³³ tuo³³ tuo³³ ka¹² ni³³, Øa²²,
寿枋棺材　背　后，一　直　□里地啊，吹　吹　　打　打□里地，啊，

piə¹² xa²² xa²² Øiau²⁴ piə¹² kaŋ³¹ tɕiə²² tɕi³³, piə¹² fuaŋ²⁴ pʰau²⁴。səu²⁴ tau²⁴ ku⁵⁵/²² kuo²⁴ tai²²
边 行走还　要　边 □丢　钱　纸，边　放　炮。送　到　箇　个　停

saŋ¹²⁻³³ ti³¹, Øuo²², səu²⁴ tau²⁴ kuo²⁴ mua²² —— fuaŋ²² ti³¹ —— mua²² kuo²⁴ ti³¹ fuaŋ¹²⁻³³,
丧　地，哦，送　到　个₁埋——　坟　地——　埋　个₀地方，

Øa²²。kuo²⁴ —— kuo²⁴ ɕi⁵⁵/²² ku²⁴ nə³³, tɕiəu³¹ ɕi³³ kaŋ³³ nə³³, ny³³ niəŋ²² —— ny³³
啊。个₁——　个₁习　惯呢，就　是　讲　呢，女　人——　女

niəŋ²² kə³³ (< kuo¹²) ti³¹ Øa²², Øi⁵⁵⁻²² paŋ¹² nə³³, tsəu³¹ ɕi³³ səu²⁴ tau²⁴ tai²² saŋ¹²⁻³³ ti³¹,
人　家　　　　　哋们啊，一　般　呢，就　是　送　到　停　丧　地，

tsəu³¹ ɕiəŋ²² tiə⁰, pu²⁴ tiau³¹ səu²⁴ tɕʰy²⁴ mu³¹ ti³¹ kuo⁰, ɕi³³ Øia²²。səu²⁴ tau²⁴ mu³¹ ti³¹,
就　行嗲，不着不要　送　去　墓　地　个₀，是　呀。送　到　墓地，

Øa⁵⁵ niəŋ²² ——Øa⁵⁵ səu³¹ məu⁵⁵⁻²², Øa⁵⁵ niəŋ²² tuai²² tɕʰi³³ xa²² tiə⁰ Øi³³ xau³¹ Øa²², tʰuo¹²
阿人—— 阿寿木， 阿人抬 起 行走 嗲以 后 啊， 她
tiə³¹ tsəu³¹ kʰu³³ Øi³³ Øuəi²² tɕʰy²⁴。
哋们 就 可 以 回 去。

普通话梗概

　　帮忙的人，用绳子将棺材绑上两条龙杠以后，就由八个青壮年小伙子扛起来准备上山，其他人就在旁边帮忙扶着，孝子拿着幛布在前面带路，道士和铜鼓手就跟在棺材后面，一路吹吹打打的，边走边扔钱纸，还一边放炮，一直送到送坟地。按照习惯，女性亲友送到停丧地就行了，她们是不能去墓地的，棺材抬走后，女人们就可以回去了。

十七、送葬后打扫

Øa²², tsai³³ kuo²⁴ ɕi²² ka¹²⁻³³ nə³³, Øəu⁵⁵ ni³³ tau²² nə³³, Øa¹² Øiəu³³ tɕiə³¹ sʅ³¹
啊，   在 个₁时间送上山的同时 呢， 屋里头家里 呢， 也 有 件 事

Øiau²⁴ puo³¹ kuo⁰, tsəu³¹ ɕi³³ kaŋ³³, kuo²⁴ səu³¹ fuaŋ³³, kuo²⁴ sʅ³³ niəŋ²², kʰaŋ²² tɕʰy⁵⁵⁄²²
要   办 个₀，就 是 讲， 个₂寿枋棺材， 个₂死人， 扛 出

tiə⁰ məŋ²², tɕʰy⁵⁵⁄²² tiə⁰ məŋ²² Øi³¹ xau³³ nə³³, Øa²², Øiau²⁴ Øuo¹² pua²² Øi⁵⁵⁻²² kuo²⁴ nau³³
嗲 门， 出 嗲 门 以 后 呢，啊， 要 安 排 一 个 老

fu³¹ niaŋ²² kuo¹²⁻³³ tsai³³ Øəu⁵⁵ ni³³ tau²² sau²⁴ ti³¹, Øa²², pa³³ Øəu³³ ni³³ tau²² su³³ Øiəu³³ puo³¹
妇 娘 家   在 屋里头家里 扫 地，啊， 把 屋里头家里 所 有 办

kuo²⁴ pa³¹ sʅ³¹ kuo⁰, su³³ suai³³ sai³¹ kuo⁰ Øua⁵⁵⁄²² tɕi³¹, xau³³ tɕiaŋ³¹ kə²⁴ (< kuo²⁴)
个₁ 白 事 个₀，所 □用 剩 个₀ 物件东西， 好像比如 个₂

tʰuo⁵⁵⁄²² ɕiaŋ¹²⁻³³ pu²² Øa³³ ——tsʰuo⁵⁵⁄²² ɕiaŋ¹² kə⁰ (< kuo⁰) pu²² tsʅ³³ Øa³³, ɕi³³ Øia²²,
插 香 钵 啊—— 插 香 个₀ 钵子啊，是 呀，

Øi⁵⁵⁻²² ɕiə¹² nuo⁵⁵ —— na³³ tɕi²² Øia²², səŋ²² muo³³ Øua⁵⁵⁄²² tɕi³¹ Øa³³, sau²⁴ kuo¹² tsai³¹,
一 些 邈—— 垃 圾 呀， 什 么 物件东西 啊， 扫 干 净，

Øa²², kai²² tau²⁴ kuo²⁴ tai²² saŋ¹²⁻³³ ti³¹ tɕʰy²⁴ tau²⁴ tiau²⁴, sau¹² iau²⁴。Øa²², tsai³³ kuo²⁴
啊，□带 到 个₁停 丧 地 去 倒 掉，烧 掉。 啊， 在 个₁

kuo²⁴ tsʰəŋ²² taŋ¹²⁻³³ tsəŋ¹²⁻³³ nə³³, kuo²⁴ tɕy³³ kuo¹²⁻³³ Øa²⁴ Øiau²⁴ pau¹² saŋ³³ Øi⁵⁵⁻²²
过 程 当 中 呢， 个₁主 家 也 要 包 上 一

kə²⁴ (< kuo²⁴) xəu²² fəu¹² pau¹²⁻³³, tsuo⁵⁵⁄²² tsai³³ kuo²⁴ sau³³ ku³¹ saŋ³¹ Øa²², sau²⁴ ti³¹
个   红 封 包， 扎 在 个₂扫古⁼扫把上 啊，扫 地

kuo⁰ nau³³ niəŋ²² kə³³ (< kuo¹²) nə³³, sau²⁴ puo³¹ tiə⁰ Øi³³ xau³¹, kuo²⁴ fəu¹² pau¹²⁻³³
个₀ 老 人 家   呢， 扫 罢 嗲 以 后， 个₂ 封 包

tɕiəu³¹ kuəi¹² kuo²⁴ nau³³ niəŋ²² kə¹²⁻³³ nuo⁵⁵, ɕi³³ Øia²²。kuo²⁴ kaŋ³³ tsʅ²⁴ Øa²², saŋ²⁴ sʅ³¹
就   归 个₂ 老 人 家   啰， 是 呀。 个₁讲制叫做 啊， 丧 事

Øa²², pa³³ kuo²⁴ saŋ²⁴ sʅ³¹ nə³³, sau³³ (官) ti³¹ tɕʰy⁵⁵⁄²² məŋ²², kaŋ³³ pa³³ kuo²⁴
啊， 把 个₁丧 事 呢， 扫   地 出 门， 讲 把 个₁

Øuəi²⁴ tɕʰi²⁴, pa³³ kuo²⁴ saŋ²⁴ tɕʰi²⁴ sau²⁴ tɕʰy⁵⁵/²² tiə⁰ məŋ²² Øuai³¹, Øa²²。
畏⁼气晦气，把 个₁ 丧 气 扫 出 嗲 门 外，啊。

səu²⁴ —— fəu²² səu²⁴ tsaŋ²⁴ Øuəi²² nai²² ɕi²² ka¹²⁻³³ kə⁰ (< kuo⁰) niəŋ²² nə³³, tu¹²
送 —— 逢凡是 送 葬 回 来 时 间 个₀　　　人 呢，都

ta⁵⁵/²² Øiau²⁴ tsai³¹ tua³¹ məŋ²² saŋ³¹ Øa²², Øiəŋ³¹ ku⁵⁵/²² kuo²⁴ tɕy³³ niəŋ²² Øye²² nai²² səu²⁴
得 要 在 大 门 上 啊，用 箇 个 主 人 原 来 首

ɕiə¹² Øiəŋ³¹ —— səu³³ ɕiə¹² sau¹² xau³³ tiə⁰ kə⁰ (< kuo⁰) suəi³³, Øiəŋ³¹ kə²⁴ (< kuo²⁴
先 用—— 首 先 烧 好 嗲个₀　　 水，用 个₂

tau²² tsɿ³³ Øiə⁵⁵⁻²² xuo²² kuo²⁴ Øiəu³¹ tsɿ³¹ Øiə⁵⁵⁻²² sau¹² xau³³ tiə⁰ kə⁰ (< kuo⁰) suəi³³ nə³³,
桃 子 叶 和 个₂ 柚 子 叶 烧 好 嗲个₀　　 水 呢，

ɕi³³ səu³³, tsai²² nai²² kə²⁴ (< kau²⁴) ŋ⁵⁵/²² Øəu⁵⁵, kuo²⁴ tɕiəu³¹ ɕi³³ piau³³ sɿ³¹ Øiau²⁴
洗 手，才 能 够　　　 入 屋，个₁ 就 是 表 示 要

tɕʰy²⁴ tiau²⁴ tiə⁰ kuo²⁴ Øuəi²⁴ tɕʰi²⁴ Øi³³ xau³¹, tɕʰy²⁴ tiau²⁴ tiə⁰ kuo²⁴ ɕiə²² tɕʰi²⁴ Øi³³ xau³¹,
去 掉 嗲个₁ 畏⁼气晦气 以 后，去 掉 嗲个₂ 邪 气 以 后，

tsai²² ɕi³³ nai²² kə²⁴ (< kau²⁴) ŋ⁵⁵/²² Øəu⁵⁵。
才 是 能 够　　　 入 屋。

普通话梗概

　　送葬出门后，家里同时还要做一件事情，要安排一位老年妇女在家里扫地，把家里所有办过白事的东西，比如插香钵等东西打扫干净。垃圾要拿到停丧地去倒掉并烧掉。在这个过程中，主人家要包上一个红包，扎在扫把上。打扫完成后，红包就归这位老年妇女了。这个风俗表示把丧事扫地出门。主人家事先用桃树叶和柚子树叶烧好水放在大门外，凡是送葬回来的人都得洗完手才能进家。

十八、包 坟

çi³³ Øia²², ku⁵⁵ᐟ²² kuo²⁴ səu³¹ fuaŋ³³——səu³¹ məu⁵⁵⁻²² Øa²², tuai²² tau²⁴ kə²⁴ (< kuo²⁴)
是呀，箇 个 寿枋棺材—— 寿 木 啊，抬 到 个₁
tsəŋ²⁴—— tuai²² tau²⁴ kə²⁴ (< kuo²⁴) mu³¹ —— mu³¹ ti³¹ kə⁰ (< kuo⁰) çi²² ka¹²⁻³³,
众—— 抬 到 个₁ 墓—— 墓地 个₀ 时 间，
çi³³ Øia²², səu³³ çiə¹² nə³³, tsəu³¹ fuaŋ²⁴ tau²⁴ kuo²⁴ kʰəŋ¹² kə⁰ (< kuo⁰) paŋ²² piə¹²⁻³³,
是呀，首 先 呢， 就 放 到 个₁ 坑 个₀ 旁 边，
Øa²², Øiəu²² ku⁵⁵ᐟ²² kuo²⁴ çiau²⁴ tsŋ³³ nə³³, çiə¹² Øiəŋ³¹ niəu²² tsʰau³³ pa³³ ku⁵⁵ᐟ²² kuo²⁴
啊， 由 箇 个 孝 子 呢， 先 用 牛草稻草, 把 箇 个
kʰəŋ¹² sau¹² niə⁵⁵ Øa²², tai³³ tau⁰ kuo²⁴ fu³³—— fu³³ Øa²², miə⁵⁵ tiə⁰, kə²⁴ (< kuo²⁴)
坑 烧 热， 啊， 等□着个₁ 火—— 火啊， 灭 嗲， 个₁
mau²² fəi¹²⁻³³ nə³³ nuo⁵⁵ tiə³⁶ Øi³³ xau³¹, Øa²², kuo²⁴ çiau²⁴ tsŋ³³ nə³³, Øiau²⁴ tʰiau²⁴ tau²⁴
茅 灰 呢□冷嗲以 后， 啊， 个₁ 孝 子 呢， 要 跳 到
kuo²⁴ kʰəŋ¹² ni³³ tau²⁴ tɕʰy²⁴, pua²⁴, tɕʰy²⁴ kuəi²⁴ tau⁰, tɕʰy²⁴ pua Øa²², kuo²⁴ tɕiəu²⁴
个₁ 坑 里 头 去， 拜， 去 跪 □着， 去 拜 啊， 个₁ 就
xuo³³ tsŋ²⁴ "pua²⁴ kʰu⁵⁵"。Øa²², pua²⁴ puo³¹ tiə⁰ Øi³³ xau³¹ nə³³, xa²² Øiau²⁴ tsai³³ ku⁵⁵ᐟ²²
喊制叫做 "拜 窟"。 啊， 拜 罢 嗲 以 后 呢， 还 有 在 箇
kuo²⁴ —— kuo²⁴ mau²² fəi¹²⁻³³ saŋ³¹, tɕiə²²—— tɕiə²² niaŋ³³ tsaŋ¹²⁻³³, xau³¹ niaŋ³³
个—— 个₁ 茅 灰 上， 前—— 前 两 张， 后 两
tsaŋ¹²⁻³³, tsəŋ¹² kuo¹²⁻³³ sa¹² tsaŋ¹²⁻³³, Øuo²², tsəŋ¹² kuo¹²⁻³³ Øi⁵⁵⁻²² tsaŋ¹², fuaŋ²⁴ xau³³
张， 中 间 三 张， 哦， 中 间 一 张， 放 好
kuo²⁴ tɕiə²² tɕi³³, çi³³ Øia²²。piəŋ²² tɕʰiə³³ nə³³, xa²² Øiau²⁴ tsai³³ kuo²⁴ tɕiə²² tɕi³³ saŋ³¹,
个₁ 钱 纸， 是 呀。 并 且 呢， 还 要 在 个₁ 钱 纸 上，
fuaŋ²⁴ ku⁵⁵ᐟ²² kuo²⁴ nai²² tɕiə¹² tsŋ³³。Øa²², fuaŋ²⁴ tɕiə²², tsai²² çi³³ pa³³ kuo²⁴ səu³¹ fuaŋ³³
放 箇 个 厘钱子小铜钱。 啊， 放 钱， 才 是 把 个₁ 寿枋棺材
fuaŋ²⁴ ŋ⁵⁵ᐟ²² tɕʰy²⁴, fuaŋ²⁴ tau²⁴ kuo²⁴ kʰəŋ¹² ni³³ tau²² tɕʰy²⁴。Øa²², fuaŋ²⁴ ŋ⁵⁵ᐟ²² tɕʰy²⁴ Øi³³
放 入 去， 放 到 个₁ 坑 里 头 去。 啊， 放 入 去 以

xau³¹ nə³³, tsəu³¹ ɸiau²⁴ ɸiəu²² kuəi³³ sʅ¹²⁻³³ nau³³, ɸia²², pa³³ ku⁵⁵⁄²² kuo²⁴ səu³³ fuaŋ²²
后　呢，　就　要　由　鬼　师　佬，呀，把　箇　个　寿枋棺材
ɸa²², tai³¹ xau³³ ɕiaŋ²⁴, ɕi³³ ɸia²², tai³¹ xau³³ fuaŋ¹² ɕiaŋ²⁴, pu²² nai²² kau²⁴ tsʰu²⁴ ɕiaŋ²⁴,
啊，定　好　向，　是　呀，　定　好　方　向，　不　能　够　错　向，
ni³³ tsəi²² piə³¹ mua²² ɸa²², kau³³ tsʰu²⁴ tiə⁰ fuaŋ¹² ɕiaŋ²⁴ ɸi³³ xau³¹ nə³³, ɕi³³ ɸia²², ɸa¹² ɕi³³
你　随　便　埋　啊，搞　错　嗲　方　向　以　后　呢，是　呀，也　是
pu²² ni³¹ kuo⁰, ɕi³³ ɸia²², tɕiəu³¹ kʰuai¹² ɕi³³ tiə²² tʰu³³。səu³³ ɕiə¹² nə³³, ɸiəu²² kuo²⁴
不　利　个₀，是　呀，　就　开　始　填　土。首　先　呢，　由　个₁
ɕiau²⁴ tsʅ³³ nə³³, tsʰuo³³ sa¹² tsʰuo³³ ni²² mua²² xuo³³ tɕʰy²⁴ ɕiə¹², tɕʰi²² tʰuo¹² kə⁰ (<kuo⁰)
孝　子　呢，　铲　三　铲　泥　埋　下　去　先，　其　他　个₀
niəŋ²² niə³³, tsai¹² ɕi³³ nai²² kə²⁴ (<kau²⁴)——təu³³ kəu¹², pa³³ kuo²⁴ fuaŋ²² ɸa²²
人　呢，　才　是　能　够——　　　　　动　工，把　个₁　坟　啊，
mua²² xau³³。
埋　好。

普通话梗概

棺材抬到墓地的时候，先放在墓穴旁边，孝子用稻草把坑烧热，等到火灭了、茅灰冷却以后，孝子跳到墓穴里去跪拜，这叫做"拜窟"。拜完以后，在茅灰上方放钱纸——前两张、后两张、中间一张，还要在钱纸上放个小铜钱。等这一流程做完才把棺材放进去。接下来就要由道士为棺材定好方向，方向不能错，如果搞错方向会被认为是不吉利的。最后就是填土，由孝子先铲三铲泥埋上，其他的人才能够动工，把坟砌好。

十九、复生

Øa⁵⁵ fuaŋ²² mua²² xau³³ tiə⁰ Øi³³ xau³¹ nə³³, çi³³ Øia²², çi³³——tsəu³¹ Øiau²⁴ tçiəŋ²⁴ xa²²
阿 坟 埋 好 嗲 以 后 呢， 是 呀， 是—— 就 要 进 行
ku⁵⁵ᐟ²² kuo²⁴, fəu⁵⁵ᐟ²² sa¹² kə⁰（＜kuo⁰）çi⁵⁵ᐟ²² ku²⁴。Øa²², fəu⁵⁵ᐟ²² sa¹² nə³³, tsəu³¹
箇 个， 复 生 个₀ 习 惯。啊，复 生 呢， 就
çi³³ kaŋ³³ tsai³³ kuo²⁴ fuaŋ³³ pau¹² xau³³ tiə⁰, çi³³ Øia²², pəi¹² çy²⁴ xau³³ tiə⁰ Øi³³ xau³¹ nə³³,
是 讲 在 个₁ 坟 包 好 嗲， 是 呀， 碑 竖 好 嗲 以 后 呢，
tçiəu³¹ Øiau²⁴ pʰa²⁴ kə²⁴（＜kuo²⁴）niəŋ²² Øuəi²² tau²⁴ Øəu⁵⁵ ni³³ tau²² nai²², çi³³ Øia²²,
就 要 派 个 人 回 到 屋 家 里 头 来， 是 呀，
tʰəu¹² tçi¹²⁻³³ kuo²⁴ tçy³³ kuo¹²⁻³³, Øia²², kuo²⁴ fuaŋ²² Øi³³ tçiəŋ¹²⁻³³ pau¹² xau³³ tiə⁰, ni³³
通 知 个₁主 家， 呀， 个₁ 坟 已 经 包 好 嗲，你
tiə³¹ kʰu³³ Øi³³ tçʰy²⁴ fəu⁵⁵ᐟ²² sa¹² tiə⁰, Øa²², tçʰy²⁴ fəu⁵⁵ᐟ²² sa¹² kə⁰（＜kuo⁰）çi²²
哋们 可 以 去 复 生 嗲， 啊， 去 复 生 个₀ 时
ka¹²⁻³³ Øa²², Øi⁵⁵⁻²² paŋ¹² nə³³, Øiau²⁴ tuai²⁴——Øa¹² Øiau²⁴ tuai²⁴ tçiəŋ³³ Øiəu⁵⁵ nuo³³,
间 啊， 一 般 呢， 要 带—— 也 要 带 酒 肉 啰，
tçi¹² nuo³³, suəi³³ ku³³ tai³³ tçi³¹ kuo⁰ Øua⁵⁵ᐟ²² tçi³¹ tçʰy²⁴, Øa²², tau²⁴ kuo²⁴ fuaŋ²² miə³¹
鸡 啰， 水 果 等 件等等 个₀ 物 件东西 去， 啊， 到 个₁ 坟 面
tçiə²² tçʰy²⁴, tçi²⁴ pua²⁴。kuo²⁴ tsəu³¹ kaŋ³³ tsɿ²⁴"fəu⁵⁵ᐟ²² sa¹²"。
前 去， 祭 拜。 个₁ 就 讲制叫做 " 复 生 "。
fəu⁵⁵ᐟ²² sa¹² su³³ tuai³¹ tçʰy²⁴ kuo⁰——kə⁰（＜kuo⁰）——kə⁰（＜kuo⁰）Øua⁵⁵ᐟ²² tçi³¹
复 生 所 带 去 个₀——个₀ 个₀ 物件东西
nə³³, çi³³ Øia²², xau³³ tçiaŋ³¹ ni⁵⁵ suəi³³ ku³³ Øa³³, pau¹² tsɿ³³ maŋ²² tau²² Øa³³, Øa²²,
呢， 是 呀， 好 像比如 立═些水 果 啊， 包 子 馒 头 啊， 啊，
kuo²⁴ paŋ¹² maŋ²² kuo⁰ niəŋ²² kʰu⁴³³ Øi³³ tçʰiə ⁵⁵ᐟ²² tiau²⁴, çi³³ Øia²², tuo³¹ çi³³ su³³ tuai²⁴——
个₁ 帮 忙 个₀ 人 可 以 吃 掉， 是 呀， 但 是 所 带——
tuai²⁴ tçʰy²⁴ kuo⁰ xuo³¹ Øu³³、xuo³¹ Øa³³、tçi¹² Øia³³、Øiəu⁵⁵ Øa³³、Øi⁵⁵⁻²² paŋ¹² təu¹² pu²²
带 去 个₀ 饭 碗、 饭 啊、 鸡 呀、 肉 啊， 一 般 都 不

ta⁵⁵ kai²² Øuəi²² nai²², tsəu³¹ niaŋ³¹ tʰuo¹² pʰəu⁵⁵ tau⁰ tsai³³ nuo³¹ kə²⁴ (< kuo²⁴) fuəŋ²²
得能□带 回 来， 就 让 它 仆=朝下□着 在 那 个 坟
tau²² saŋ³¹ kuo⁰。
头 上 个₀。

çiau²⁴ tsʅ³³, xuo²² ku⁵⁵ ⁄ ²² kuo²⁴ tçʰiəŋ¹² niaŋ²² Øa²², kuo²⁴ kʰa⁵⁵ tsai²², Øa²²,
孝 子， 和 箇 个 亲 人 啊， 个₁ 客情亲戚们， 啊，
tçi²⁴——tçi²⁴——tçi²⁴ puo³¹ tiə⁰ fuəŋ²²——pua²⁴ puo³¹ tiə⁰ fuəŋ²², fəu⁵⁵ ⁄ ²²——fəu⁵⁵ ⁄ ²²
祭—— 祭—— 祭罢嗲 坟—— 拜罢嗲 坟， 复—— 复
puo³¹ tiə⁰ sa¹², Øuəi²² nai²² kuo⁴ çi²² ka¹²⁻³³ nɤ³³, Øa²², Øiau²⁴ xa²² Øyə²² nai²² tçʰy²⁴ saŋ³¹
罢 嗲 生， 回 来 个₀时 间 呢， 啊， 要 行走原 来 去 上
fuəŋ²² kə⁰ (< kuo⁰) nau³³ nu³¹, pu²² nai²² kə²⁴ (< kau²⁴) tʰiau³³ Øi⁵⁵⁻²² tiau²² nu³¹,
坟 个₀ 老 路， 不 能 够 斛换 一 条 路，
kau⁵⁵ tsʅ³¹——tçiəu³¹ çi³³ kaŋ³³, kau⁵⁵ tsʅ³¹ xa²² Øi⁵⁵⁻²² tiau²² nu³¹, xa²² Øuəi²² nai²²。
各 自—— 就 是 讲， 各 自另外行走 一 条 路， 行走回 来。

çi³³ Øia²², Øuəi²² nai²² Øi³³ xau³¹ nɤ³³, Øa¹² Øiau²⁴ tsai³³, çi³³ Øia²², kə²⁴ (< kuo²⁴)
是 呀， 回 来 以 后 呢， 也 要 在， 是 呀， 个₁
Øəu⁵⁵ miə³¹ tçiə²² Øa²², Øiəŋ³¹ ku⁵⁵ ⁄ ²² kuo²⁴ tau²² tsʅ³³ Øiə⁵⁵⁻²² Øiəu³¹ tsʅ³³ Øiə⁵⁵⁻²² suəi³³ çi³³
屋 面 前 啊， 用 箇 个 桃 子 叶 柚 子 叶 水 洗
səu³³, çi³³ tiau²⁴ Øuəi²⁴ tçʰi³¹, tsai²² çi³³ nai²² kə²⁴ (< kau²⁴) ŋ⁵⁵ ⁄ ²² Øəu⁵⁵ 。Øa²², kuo²⁴
手， 洗 掉 畏=气晦气， 才 是 能 够 入 屋。 啊， 个₁
pau¹² fuəŋ²² tçʰi²⁴ fuəŋ²² su³³ suai³³ kuo⁰ kəu¹² tçy³¹ Øa²², pau¹² kua⁵⁵⁻²² tsəu²²——tsəu²²
包 坟 砌 坟 所 □用 个₀ 工 具 啊， 包 括 锄—— 锄
tau²² Øa³³, tçiəu¹² tsʅ³³ ku⁵⁵ ⁄ ²² ni⁵⁵ Øua⁵⁵ ⁄ ²² tçi³¹ Øa³³, tu¹² kau⁵⁵ niaŋ³³ nɤ³³, tu¹² pu²²
头 啊， 揪=子撮箕 箇 立=些 物 件东西 啊， 都 各 人 呢， 都 不
nai²² kau²⁴ muo³³ saŋ³¹ kai²² Øuəi²² tçʰy²⁴, Øiau²⁴ fuaŋ²² tau⁰ tsai³³ məi³¹ tau²² miə²⁴, sa¹² ni⁵⁵ ⁄ ²²
能 够 马 上 □带回 去， 要 放 □着 在 外 头 面， 三 日
xuo²² tçia³³ çi³³ tçʰi⁵⁵ ni⁵⁵ ⁄ , Øa²² 。kʰaŋ²² niaŋ²²—— kʰaŋ²² sʅ³³ niaŋ²² su³³ suai³³
或 者 是 七 日， 啊。 扛 人—— 扛 死 人 所 □用
kə⁰ (< kuo⁰) nəŋ²² kaŋ²⁴ nəŋ²² sau⁵⁵⁻²² nɤ³³, tçiəu³¹ Øiau²⁴ fuaŋ²⁴ tau²⁴ miau³¹ ni³³ tau²²,
个₀ 龙 杠 龙 索 呢， 就 要 放 到 庙 里 头，

xuo²² tɕia³³ ɕi³³ tsʅ²² taŋ²² ni³³ tau²² kuəi¹² tai³¹ kə⁰ (< kuo⁰) ti³¹ fuaŋ¹²⁻³³ tɕʰy²⁴ , pu²² nai²²
或　者　是　祠　堂　里　头　规　定　个₀　　　地　方　去，不　能
kau²⁴ nu³¹ fuaŋ²⁴ kuo⁰ , kuo²⁴ Øua⁵⁵ᐟ²² tɕi³¹ , ɕi³³ Øia²² 。ɕi³³ Øia²² , tɕi³³ Øiəu³³ tai³³ nə³³
够　乱　放　个₀，个₁　物件东西，　　是　呀。是　呀，只　有　等　呢，
ku⁵⁵ᐟ²² kə²⁴ (< kuo²⁴) fəu⁵⁵ᐟ²² sa¹² kə⁰ (< kuo⁰) niaŋ²² Øuəi²² tiə⁰ Øi³³ xau³¹ ,
箇　个　　　　　复　生　个₀　　　　人　回　嗲以后，
Øəu⁵⁵ ni³³ tau²² kə⁰ (< kuo⁰) niaŋ²² nə³³ , tsai²² ɕi³³ nai²² kə²⁴ (< kau²⁴) pua³³ ɕi⁵⁵ ,
屋里头家里　个₀　　　　人　呢，　才　是　能　够　　　　摆　席，
kʰuai¹² xuo³¹ 。
开　　饭。

普通话梗概

　　坟墓埋好了以后，就要进行"复生"习俗。坟墓砌好了、碑也竖好以后，就要派个人回到家里通知主人可以进行"复生"了。一般要带酒、肉、鸡、包子、馒头、水果等到墓地前去祭拜。所有带去的东西，帮忙的人可以吃掉，但一般都不得带回来，将碗的碗口朝下放在坟头上，孝子等亲人和亲戚们祭坟后要沿原路返回，不能走另一条路。回来以后，也要在门前用桃树叶和柚树叶烧好的水洗手后才能进家。砌坟所用的工具，包括锄头、撮箕等都不能带回家，要在外面放三到七天。抬丧所用的龙杠、龙索就要放到庙里或者是祠堂规定的地方，不能乱放。等进行完"复生"仪式的人回家以后，才能摆席开饭。

二十、吃冷豆腐

Øaŋ²⁴ tsau²⁴ tɕiəu³¹ —— nau³³ ɕi²² kə⁰（< kuo⁰）ɕi⁵⁵ᐟ²² ku²⁴ Øa²² ——
按　照　旧　——　老　时　个₀　　　　　习　　惯　啊——

kuo⁵⁵（ku⁵⁵ᐟ²² + kuo²⁴）ɕi²² ka¹²⁻³³ piə²⁴ —— piə²⁴ Øyə²² tiə⁰ nuo³³。ɕi³³ Øia²², nau³³ ɕi²²
□（箇+个）　　　　　时　间　变——　变　圆完嗲啰。　是　呀，老　时

ka¹²⁻³³ kuo⁰ ɕi⁵⁵ᐟ²² ku²⁴ nə³³ ɕi³³, pu² mu³³ —— Øia²² mu³³ puo⁵⁵ ɕiə³¹ ŋ³³ səi²⁴ Øi³³ saŋ³³ nə³³,
间　个₀习　惯　呢是, 不　满——　□未　满　八　十　五　岁　以　上　呢,

kə⁰（< kuo⁰）niəŋ²² nə³³, sɿ³³ kə⁰（< kuo⁰）niəŋ²² nə³³, tu¹² kaŋ³³ tsɿ²⁴ "tɕʰiə⁵⁵ᐟ²²
个₀　　　　　人　呢, 死个₀　　　　　人　呢, 都　讲制叫做 "吃

nuo⁵⁵ tau³¹ fu²⁴", pu²² puo²² tɕiau³³ ɕi⁵⁵⁻²² kuo⁰, ɕi³³ Øia²²。Øa²², kuo²⁴ nuo⁵⁵ tau³¹ fu²⁴
冷　豆　腐", 不　办　酒　席　个₀,是　呀。啊, 个₂冷　豆　腐

kuo⁰ tsʰai²⁴ nə³³, tɕy³³ Øiau²⁴ ɕi³³ —— tsəu³¹ ɕi³³ Øi³³ kuo²⁴ tau³¹ fu²⁴ Øuəi²² tɕy³³, miə³¹
个₀菜　呢, 主　要　是——　就　是　以　个₂豆　腐　为　主, 面

saŋ³¹ kuai²⁴ ti⁵⁵ kə⁰（< kuo⁰）Øiəu⁵⁵, Øi⁵⁵⁻²² kuo²⁴ ku¹² tsɿ³³ tsai²⁴ tɕʰi³³, Øa²², kai²²
上　盖　□个₀一点　　　肉, 一　个　锅　子　载　起, 啊, □拿

tɕʰy⁵⁵ᐟ²² tɕʰy²⁴ ta⁵⁵ᐟ kʰa⁵⁵ niəŋ²² tɕʰiə⁵⁵ᐟ²²。kuo²⁴ tsəu³¹ kaŋ³³ tsɿ²⁴ Øa²² "sau¹² nu²² tsɿ³³
出　　去　得给客　人　吃。　　　个₁就　　讲制叫做啊 "烧　炉　子

tsau²⁴", pu²² ɕi³³ puo³¹ tɕiəu³³ ɕi⁵⁵⁻²², kaŋ³³ tsɿ²⁴ sau¹² nu²² tsɿ³³ tsau²⁴"。ɕi³³ Øia²², su³³
灶", 不　是　办　酒　席,　讲制叫做 "烧　炉　子　灶"。是　呀, 所

Øi³³ nə³³, tɕiəu³¹ ɕi²² —— nau³³ ɕi²² ka¹²⁻³³ Øa²², ɕi³³ pi³³ ɕiau²⁴ tɕio⁵⁵ Øio²², Øia²², puo³¹
以　呢, 旧　时——　老　时　间　啊, 是　比　较　节　约, 呀, 办

kuo²⁴ saŋ²⁴ sɿ³¹ nə³³, ɕi³³ pi³³ ɕiau³³ tuo¹²⁻³³ kuo⁰, Øia²² tɕiaŋ³¹ ku⁵⁵ kuo²⁴ ɕi²² ka¹²⁻³³
个₁丧　事　呢, 是　比　较　简　单　个₀,□不　像　箇个　时　间

ka¹² ni³³, fəu²² sɿ³³ tiə⁰ kə²⁴（< kuo²⁴）niəŋ²² tsəu³¹ Øiau²⁴ puo³¹ tɕiəu³¹ ɕi⁵⁵⁻²², tsau²⁴
□里这样, 逢　死　嗲个　　　　　人　就　要　办　酒　席, 造

sai²² nuo³¹ fəi²⁴, ɕi³³ Øia²²。Øiəŋ¹² Øuəi²² nə³³ kuo²⁴ pa³¹ sɿ³³ nə³³, ɕi³³ Øia²² ta⁵⁵⁻²² tsuəŋ³³
成　浪　费, 是　呀。因　为　呢　个₂白　事　呢, 是　□得没有　　准

pi³¹ kuo⁰ 。ɵa²², ni³³ nə³³, ɵiau²⁴ puo³¹ tɕiəu³³ ɕi⁵⁵⁻²² nə³³, ɵiau²⁴ suai³³ muo²² tu¹² kuo⁰
备 个₀。啊, 你 呢, 要 办 酒 席 呢, 要 □用 蛮 多 个₀
tɕiə²², kə²⁴（＜kuo²⁴）tɕy³³ kuo¹²⁻³³ nə³³, fu²⁴ tuo¹²⁻³³ tsəu³¹ tiəŋ³³, ɕi³³ ɵia²², su³³
钱, 个₂   主 家 呢, 负 担 就 重, 是 呀, 所
ɵi³³ ɵi³³ tɕiə²² nə³³, tu¹² —— tsəu³³ ɕi³³ tɕʰiə⁵⁵ ⁄ ²² nuo⁵⁵ tau³¹ fu²⁴, ɵa²², sau¹² nu²²
以 以 前 呢, 都—— 总 是 吃 冷 豆 腐, 啊, 烧 炉
tsʅ³³ tsau²⁴, pu²² puo³¹ tɕiəu³³ ɕi⁵⁵⁻²²。
子 灶, 不 办 酒 席。

ɵə²² tɕʰiə³³ nə³³, xa²² ɵiəu³³ —— tɕi³³ ɵiəu³³ nə³³, mu³³ tiə⁰ puo⁵⁵ ɕiə³¹ ŋ³³ səi²⁴ ɵi³³
而 且 呢, 还 有—— 只 有 呢, 满 嗲 八 十 五 岁 以
saŋ³³ kə⁰（＜kuo⁰）niəŋ²² ɵa²², tsai²² ɕi³³ nai²² kə²⁴（＜kau²⁴）pa³³ kuo²⁴ pa³¹ sʅ³¹ ɵa²²,
上 个₀   人 啊, 才 是 能 够   把 个₂白 事 啊,
taŋ²⁴ xəu²² sʅ³¹ puo³¹。ɕi³³ ɵia²², ni³³ pa³¹ sʅ³¹ tsəu³¹ pu²² nai²² kə²⁴（＜kau²⁴）puo³¹ tɕiəu³³
当 红 事 办。是 呀, 你 白 事 就 不 能 够   办 酒
ɕi⁵⁵⁻²² ɵa³³, pəŋ³³ nai²² ɕi³³ kə²⁴（＜kuo²⁴）pəi¹² saŋ¹²⁻³³ kuo⁰ sʅ³¹ tsai²², ɕi³³ ɵia²²。
席 啊, 本 来 是 个   悲 伤 个₀事 情, 是 呀。
xəu²² sʅ³¹ nə³³, na¹² tsəu³¹ pu²² təu²² ɵa³³, ɕi³³ ɵia²², tɕiəu³¹ ɵiau²⁴ puo³¹ tɕiəu³³ ɕi⁵⁵⁻²²
红 事 呢, 那 就 不 同 啊, 是 呀, 就 要 办 酒 席
ɵia³³。ɵa²², ɵiau²⁴ mu³³ tiə⁰ puo⁵⁵ ɕiə³¹ ŋ³³ səi²⁴ ɵi³³ saŋ³³, taŋ²⁴ xəu²² sʅ³¹ puo³¹ nə³³,
呀。啊, 要 满 嗲 八 十 五 岁 以 上, 当 红 事 办 呢,
tsai²² ɕi³³ xuo⁵⁵ ⁄ ²² səu³¹ ɵu³³, ɕi³³ ɵia²², xuo⁵⁵ ⁄ ²² səu³¹ tɕiəŋ¹²⁻³³, ɕi³³ ɵia²²。ɵa²², mu³³
才 是 发 寿 碗, 是 呀, 发 寿 巾, 是 呀。啊, 满
tiə⁰ puo⁵⁵ ɕiə³¹ ŋ³³ səi²⁴ ɵi³³ saŋ³³ kə⁰（＜kuo⁰）niəŋ²², kuo²⁴ taŋ²⁴ xəu²² sʅ³¹ puo³¹
嗲 八 十 五 岁 以 上 个₀   人, 个₁当 红 事 办
kə⁰（＜kuo⁰）ɕi²² ka¹²⁻³³ ɵa²², tɕʰy²⁴ kə⁰（＜kuo⁰）niəŋ²² fuo⁵⁵ ⁄ ²²（＜xuo⁵⁵）
个₀   时 间 啊, 去 个₀   人 发
kə⁰（＜kuo⁰）——fuo⁵⁵ ⁄ ²²（＜xuo⁵⁵）kə⁰（＜kuo⁰）ɕiau²⁴ pu²⁴ nə³³, tsəu³¹ pu²² suai³³ pa³¹
个₀——   发   个₀   孝 布 呢, 就 不 □用 白
kə⁰（＜kuo⁰）, ɵiau²⁴ suai³³ xəu²² pu²⁴ tsʅ³³, tuai²⁴ xəu²² ɕiau²⁴。nau³³ ɕi²² ka¹²⁻³³ ɕi³³
个₀,   要 □用 红 布 子, 戴 红 孝。老 时 间 是

kə²⁴（＜kuo²⁴）ka¹² kə⁰（＜kuo⁰）çi⁵⁵/²² ku²⁴。xuo⁵⁵/²² xuo³³ kuo²⁴——fuo⁵⁵/²²（＜xuo⁵⁵）
个　　　　□这样个₀　　习　惯。发　下　个₂——发
səu³¹ Øu³³ kə⁰（＜kuo⁰），nuo³¹ kuo²⁴ çi²² ka¹²⁻³³ kə⁰（＜kuo⁰）Øi²⁴ sʅ¹²⁻³³ tçiəu³¹ çi³³
寿　碗　个₀，　　　那　个　时　间　个₀　　意　思　就　是
kaŋ³³ nə³³，kuo²⁴ nau³³ niəŋ²² kə³³（＜kuo¹²）tçʰy²⁴ tiə⁰，çi³³ Øia²²，ta⁵⁵/²² tsai⁵⁵/²²
讲　呢，个₂ 老　人　家　　　　去　嗲，是　呀，得 送　只
Øu³³ ta⁵⁵⁻²² tua³¹ tçi²² kuo¹²⁻³³，kuo²⁴ kuo²⁴ təu¹² Øiəu³³ fuo³¹（＜xuo³¹）tçʰiə⁵⁵/²²，çi³³
碗 得给 大齐=家大家，　个　个　都　有　饭　　　吃，　　是
Øia²²，tuo⁵⁵/²² kuo²⁴ səu³³ tçiŋ¹²⁻³³ nə³³，Øuəi²² tçʰy²⁴ kə⁰（＜kuo⁰）çi²² ka¹²⁻³³ çi³³
呀，搭　个 手　巾　　呢，回　去　个₀　　　时　间　洗
tçʰy²⁴ kuo²⁴ Øuəi²⁴ tçʰi²⁴。Øa²²，kuo²⁴ tçiəu³¹——fəu¹² su²² tçiəu³¹ tçiə⁵⁵ su³¹，çi³³ Øia²²。
去 个₂畏=气晦气，啊，个₁ 就——　风　俗　就　结　束，是　呀。
　　tçiə⁵⁵ su³¹ tiə⁰ Øi³³ xau³¹ nə³³，taŋ¹² ni⁵⁵⁻²² Øio³¹ xuo³³ nə³³，çi³³ Øia²²，kuəi³³ sʅ¹²⁻³³ nau³³
结　束 嗲以后 呢，当 日　夜下晚上 呢，是 呀，鬼　师 佬道士
nə³³，Øiau²⁴ paŋ¹² ku⁵⁵/²² kuo²⁴ tçy³³ niəŋ²² kə³³（＜kuo¹²）Øa²²，kau³³ ku⁵⁵/²² kuo²⁴
呢，要　帮　箇　个　主　人　家　　　　　啊，搞　箇　个
fəi²² nəŋ²² tsuo²² tʰu³¹ kuo²⁴/⁰——tsʅ²⁴ kuo²⁴ xuo⁵⁵ sʅ³¹，Øia²²，tçiəu²² tçi²² səŋ²² niə²² pau³³
回　龙　谢　土　个₀——制做个₁ 法　事，呀，求 期祈求 神　灵　保
fu³¹ kuo²⁴ tçy³³ kuo¹²⁻³³。çi³³ Øia²²，kuo²⁴ pa³¹——kuo²⁴ sʅ³¹ tsai²² Øi³³ tçiəŋ¹²⁻³³ ku²⁴ tçʰy²⁴
护　个₁主　家。　　是 呀，个₁ 白——　个₁事 情　已　经　　过　去
tiə⁰——kuo²⁴ pa³¹ sʅ³¹ Øi³³ tçiəŋ¹²⁻³³ ku²⁴ tçʰy²⁴ tiə⁰，Øəu⁵⁵ ni³³ tau²² tʰuai²² tʰuai²⁴ pai²² pai²²
嗲——个₁白 事 已　经　　过　去 嗲，屋 里 头家人 太　太　平　平
tiə⁰，Øa¹² Øia²² səŋ²² muo²² sʅ³¹ tiə⁰。Øa²²，tau³³ Øio³¹ xuo³³ nə³³，xa²² Øiau²⁴ tçiəŋ²⁴ xa²²
嗲，也 □得没有什 么　事 嗲。 啊， 到　夜下晚上 呢，还 要　进　行
ku⁵⁵/²² kuo²⁴ "kuəŋ³³ sʅ¹² çiəŋ²²"，pa³³ kuo²⁴——Øa²²，pa³³ kuo²⁴ kuəi³³ sʅ¹²⁻³³ nau³³
箇　个 "赶　师　行"，把 个—— 啊，把 个 鬼 师 佬道士
nə³³，Øiəŋ³¹ tiəu⁵⁵ kau¹²⁻³³ kuəŋ³³ tçʰy⁵⁵/²² tçʰy²⁴。kuo²⁴ Øi³³ tçiə²²——tçiə²² miə³¹ Øi³¹
呢，用 竹　篙　　赶　出　　去。个₁ 以　前——　前　面 已
tçiəŋ¹²⁻³³ kaŋ³³ ku²⁴ tiə⁰ "kuəŋ³³ sʅ¹² xa²²" ku⁵⁵/²² kuo²⁴ çi⁵⁵/²² su²² na³³，çi³³ Øia²²，
经　讲　过　嗲 "赶　师　行" 箇　个　习　俗　啦，是 呀，

tɕiəu³¹ pu²² pi⁵⁵ᐟ²² Øiau²⁴ tu¹² kaŋ³³ tiə⁰。
就 不必 要多 讲 嗲。

普通话梗概

　　按照旧习惯，未满八十五岁的人去世是不办酒席的，只是"吃冷豆腐"，现在全变了。吃冷豆腐的菜以豆腐为主，上面盖一点肉，盛在一个锅子里端出去给客人吃，叫做"烧炉子灶"，只是比较简单的火锅而已，不是办酒席。所以过去比较节约，不像现在这么浪费，凡是办葬礼就要办酒席，造成浪费。因为白事是没有准备（突然发生）的，办酒席就要花费不少钱，主人的负担就会很重。所以以前总是吃冷豆腐，烧炉子灶，不办酒席，只有满了八十五岁以上的人才能够把白事当喜事办。白事本来是悲伤的事情，但喜事就不同了，就要办酒席了。满八十五岁才当喜事办，才发寿碗和寿巾，这时发的孝布也是红的。过去发寿碗意思就是老人家去了，分个碗给大家，让人人都有饭吃。另外，送一条手巾的含义是回去时好洗去晦气，白事就结束了。

　　当天晚上，道士帮主人做"回龙谢土"的法事，表示白事已经过去，家里太平了。然后再进行赶师行的活动——把道士用竹篙赶出去。

二十一、赶师行

kaŋ³³ Øi⁵⁵⁻²² kə²⁴（＜kuo²⁴）nau³³ ɕi²² ka¹²⁻³³ kə⁰（＜kuo⁰）fəu¹² su²², xuo³³ tsʅ²⁴
讲　一　个　　　　老　时　间　个₀　　　风　俗，喊制叫做
"kuəŋ³³ sʅ¹² ɕieŋ²²"，Øa¹² kaŋ¹² tsʅ²⁴ "kuəŋ³³ kuəi³³ sʅ¹²⁻³³ nau³³"。Øi³³ tɕiə²² kə⁰（＜kuo⁰）
"赶　师　行"，　也 讲制叫做　"赶　鬼师佬道士"。　　以　前 个₀
nau³³ nieŋ²² kuo¹²⁻³³ Øa²², tɕʰy²⁴ ɕi²⁴ tiə⁰ Øi³³ xau³¹, ɕi³³ Øia²², tsəu³¹ Øiau²⁴ tsʰai³³ kuo²⁴
老　人　家　啊，去　世　嗲 以　后，是　呀，就　要　请　个₂
kuəi³³ sʅ¹²⁻³³ nau³³ nai²² nieŋ³¹ kai¹², tsʅ²⁴ xuo⁵⁵ sʅ³¹, tsʰau¹² tu³¹ kuo²⁴ sʅ³³ nieŋ²² kuo⁰ nai²²
鬼　师　佬　来　念　经，　制做法事，　超　度　个₁死　人　个₀灵
fuaŋ²², ɕi³³ tʰuo¹² tsau³³ Øi⁵⁵⁻²² ni⁵⁵/²² tau²² tʰuai¹²。tsai³³ ku⁵⁵/²² kuo²⁴ kuo²⁴ tsʰəŋ²²
魂，　使　他　早　一　日　投　胎。　在　箇　个　过　程
tsəŋ¹²⁻³³ nə³³, kuo²⁴ ɕiau²² tsʅ³³ ɕiau²⁴ səŋ¹² Øa²², tsəu³¹ Øiau²⁴ kəŋ¹² tau⁰ kuo²⁴ kuəi³³
中　　呢，个₁孝　子　孝　孙　啊，就　要　跟 □着 个₁鬼
sʅ¹²⁻³³ nau³³ kə⁰（＜kuo⁰）pəi²⁴ xau³¹, Øuəi²² tau⁰ kuo²⁴ sʅ³³ nieŋ²² kuo⁰ səu³¹ məu⁵⁵⁻²²,
师　佬　个₀　　　背　后身后，围 □着 个₁死　人　个₀寿　木，
ɕi³³ Øia²², tyə²⁴ ɕiə³¹ tyə³, kuo²⁴ kuəi³³ sʅ¹²⁻³³——taŋ¹² ɕi²² kuo²⁴ kuəi³³ sʅ¹²⁻³³ nau³³ nə³³,
是　呀，转　十　转，个₂鬼　师——　当 时 个₁鬼　师　佬　呢，
səu³¹ Øiau²² Øi⁵⁵⁻²² kə²⁴（＜kuo²⁴）təu²²——təu²² kə⁰（＜kuo⁰）nai²² taŋ³³, tieŋ³³
手　摇　一　个　　　　铜——　铜　个₀　　　铃　铛，叮
tieŋ³³ taŋ³³ tieŋ³³ tieŋ³³ taŋ³³ ka¹² ni³³ ɕəŋ³³。Øa²², pie¹² xa²² tsəu³¹ pie¹² nie³¹ kai¹², ɕiau²⁴
叮　当　叮　叮　当 □里地　响。啊，边 行走就边 念　经，孝
tsʅ³³ xa²² tau²⁴ kuo²⁴ səu³¹ fuaŋ³¹ mie³¹ tɕie²² nə²², tɕiəu³¹ Øiau²⁴ kuəi³¹ xuo³³ nai²² kʰu⁵⁵/²²
子 行走到 个₁寿　枋　面　前　呢，就　要　跪　下　来　磕
tau²², sau¹² tɕiə²² tɕi³³, Øa²², tɕiaŋ³¹ ka¹² ni³³ xa²² tie⁰ ɕiə³¹ tau²⁴ Øi³³ xau³¹, nuo³¹
头，烧　钱　纸，啊，像 □里那样行走嗲 十 道次以　后，那
kuo²⁴——taŋ¹² ɕi²² Øa²², tɕiaŋ³¹ ɕi³³ kaŋ³³ tsʅ²⁴ "xa²² ɕiə³¹ tsau²²"。tsʅ²⁴ Øyə² tiə⁰ ku⁵⁵/²²
个——　当 时 啊，就　是　讲制叫做"行 十　朝"。　制做圆完 嗲 箇

kuo²⁴ xuo⁵⁵ sʅ³¹ Øi³³ xau³¹ nə³³ , kuo²⁴ səu³¹ —— kuo²⁴ Øuaŋ²² niəŋ²² tsai²² çi³³ nai²²
个 法 事 以 后 呢，个₁ 寿—— 个₁ 亡 人 才 是 能

kə²⁴ (< kau²⁴) tuai²² tɕʰy⁵⁵⁻²² tua³¹ məŋ²² , tɕʰy²⁴ mua²² tiau²⁴ 。çi³³ Øia²² , nau³³ niəŋ²²
够   抬 出 大 门， 去 埋 掉。是 呀， 老 人

kə¹²⁻³³——kuo²⁴ sʅ³¹ tiau²⁴ kə⁰ (< kuo⁰) nau³³ niəŋ²² kuo¹²⁻³³ mua²² tiau²⁴ Øi³³ xau³¹ Øa²² 。
家—— 个₁ 死 掉 个₀   老 人 家 埋 掉 以 后 啊。

taŋ¹² ni⁵⁵⁻²² kə⁰ (< kuo⁰) Øio³¹ xuo³³ nə³³ , tsəu³¹ Øiəu²² kuo²⁴ kuəi³³ sʅ¹²⁻³³ nau³³ ,
当 日 个₀   夜下晚上 呢， 就 由 个₁ 鬼 师 佬，

çi³³ Øia²² , paŋ¹² tsu³¹ , tsai²⁴ tsʅ²⁴ xuo⁵⁵ sʅ³¹ , kau³³ ku⁵⁵⁄²² kuo²⁴ fəi²² nəŋ²² tsuo³¹ tʰu³³ kuo²⁴⁄⁰
是 呀， 帮 助， 再 制做法事， 搞 箇 个 回 龙 谢 土 个₀

sʅ³¹ tsai²² , çi³³ Øia²² , Øi³³ kuo³³ çiə²⁴ nə³³ kuo²⁴ tʰu³³ ti³¹ səŋ²² niəŋ²² Øa²² , paŋ¹² tsu³¹ kuo²⁴
事 情， 是 呀， 以 感 谢 呢 个₁ 土 地 神 灵 啊， 帮 助 个₁

tɕy³³ kuo¹²⁻³³ Øuaŋ²² sai²² ku⁵⁵⁄²² tsaŋ²² saŋ²⁴ sʅ³¹ 。Øa²² , tsai³³ kuo²⁴ kuo²⁴ tsai³³ Øi³³ xau³¹
主 家 完 成 箇 场 丧事。 啊， 在 个₂ 过 程 以 后

nə³³ , Øiəu²² ku⁵⁵⁄²² kuo²⁴ kuəi³³ sʅ¹²⁻³³ nau³³ Øa²² , Øiəŋ³¹ tsau³³ —— tsau³³ tɕiəŋ³¹ Øiəŋ³³
呢， 由 箇 个 鬼 师 佬 啊， 用 早—— 早 就 用

tɕi³³ xuo³¹ tɕʰi³³ tiə⁰ kuo²⁴⁄⁰ fu²² , çi³³ Øia²² , pa³³ kuo²⁴ fu²² tɕi³³ nə³³ , tʰiə⁵⁵ tau²⁴ kuo²⁴ Øəu⁵⁵
纸 画 起好 嗲 个₀ 符， 是 呀， 把 个₁ 符 纸 呢， 贴 □着 个₁ 屋

kə⁰ (< kuo⁰) sʅ²⁴ kau⁵⁵ saŋ³¹ , piau³³ sʅ³¹ nə³³ , tɕiəu³¹ çi³³ kaŋ³³ , Øa²² , kuo²⁴ nau³³
个₀   四 角 上， 表 示 呢， 就 是 讲， 啊， 个₁ 老

niəŋ²² kuo¹²⁻³³ kuo⁰ saŋ³¹ nə³³ Øi³³ tɕiəŋ¹²⁻³³ tɕiə⁵⁵ su³¹ tiə⁰ , Øi⁵⁵⁻²² tɕʰiə⁵⁵ tu¹² ku²⁴ tɕʰy²⁴
人 家 个₀ 丧事 呢 已 经 结 束 嗲，一 切 都 过 去

tiə⁰ , Øiəu³¹ fəi²² fu²² tiə⁰ Øyə²² nai²² —— Øyə²² nai²² kə⁰ (< kuo⁰) Øiaŋ³¹ tsʅ³³ 。Øa²²
嗲， 又 回 复 嗲 原 来—— 原 来 个₀   样 子。 啊，

Øi³³ xau³¹ ku⁵⁵⁄²² sʅ²⁴ fuaŋ¹²⁻³³ kə⁰ (< kuo⁰) fu²² tsəu³¹ tsəŋ²⁴ sʅ²⁴ fuaŋ¹²⁻³³ , pau³³ Øuəi³¹
以 后 箇 四 方 个₀   符 就 镇 四 方， 保 卫

kuo²⁴ tɕy³³ kuo¹²⁻³³ tʰuai²⁴ pai³¹ , çi³³ Øia²² 。
个₁ 主 家 太 平， 是 呀。

ku⁵⁵⁄²² kuo²⁴ sʅ³¹ tsai²² Øi⁵⁵⁻²² tɕʰi³³ tsʅ²⁴ Øyə²² tiə⁰ Øi³³ xau³¹ Øa²² , çi³³ Øia²² , taŋ¹²
箇 个 事 情 一 起 制做 圆完 嗲 以 后 啊， 是 呀， 当

ni:55-22 Øio31 xuo33 kuo24 tɕy33 niəŋ22 kə33（＜kuo12）Øa22，tsəu31 səu33 ɕiə12 nə33，pa33 kuo24
日　　夜下晚上个2　主　人　家　　　　啊，就　首　先　呢，把　个1
kuəi33 sɿ12-33 nau33 kuo0 tuo24 tsɿ33，thuo12——thuo12 kə0（＜kuo0）muo22 tu12 Øua55 tɕi31，
鬼　　师　　佬　个0　担　子，他——　他　个0　　　蛮　多　物件东西
kuo24 ku33 Øa33，nu22 ku33 tɕhiə55 tɕhiə55 taŋ33 taŋ33，ɕi33 Øia22，Øiaŋ31 xaŋ22 Øua55 tɕi31
个1 鼓　啊，锣　鼓　吃=吃=当当一种乐器，是　呀，样 行=什么 物件东西
tu12 Øiəu33 kə0（＜kuo0）Øa22，Øi55-22 paŋ12 thuo12 ɕi33 Øiəŋ33 kuo24 tuo24 tsɿ33 tuo12——
都　有　个0　　啊，一　般　他　是　用　个1　担　子　担——
tuo12 tɕhi:33 nai22 kə0（＜kuo0）。Øa22，tɕy33 kuo12-33 nə33，tsəu31 Øiəu22 kuo24 niəŋ22 Øa22，
担　起　来　个0。　　　　啊，主　家　呢，就　由　个　人　啊，
pa33 kuo24 kuəi33 sɿ12-33 nau33 kə24（＜kuo24）tuo24 tsɿ33 Øa22，tsəu31 səu33 ɕiə12 nə33 tuo12
把　个　鬼　师　佬　个0　　　　担　子啊，就　首　先　呢　担
tau24 kə24（＜kuo24）tshəŋ12——Øa22，kuəi33 sɿ12-33 nau33 Øiau24 Øuəi22 tɕhy24 kə0（＜kuo0）
到　个1　　　村——啊，鬼　师　佬　要　回　去　个0
nu31 saŋ31，nu31 saŋ31 kə0（＜kuo0）tshəŋ12 məi31 tau22 miə24 tɕhy24 fuaŋ24 tau0 Øa22。
路　上，路　上　个0　　　　村　外　头　面　去　放　□着啊。
Øəu55 ni33 tau22 nə33，tsəu31 Øiəu22 kuo24 kuəi33 sɿ12-33 nau33 Øa22，kə24（＜kuo24）səu33 nə33
屋里头家里　呢，就　由　个1　鬼　师　佬　啊，个1　　　手　呢
kai22——tsu24 səu33 kai22 fu33，kai22 kə24（＜kuo24）fu33 puo33，Øiəu31 səu33 nə33，tsəu31
□拿——左　手　□拿火，□拿个　　　　火　把，右　手　呢，就
kai22 Øi55-22 puo33 tɕiə24，ɕi33 Øia22，tsai24 niə31 kai12 tsɿ24 xuo55 sɿ31 nuo33，ɕi33 Øia22，
□用一　把　箭，是　呀，再　念　经　制做 法　事 啰，是　呀，
Øa22，piə12——piə12 niə31——piə12 niə31 nə33 tsəu31 piə12 xa22。tsəu31 piə12 xa22
啊，边——边　念——边　念　呢　就　边　行走。就　边　行走——
xa22——xa22 tɕhy55/22 tɕhy24 nuo33。ɕi33 Øia22，tsai33 ku55/22 kuo24 ɕi33 ka12-33 nə33，kuo24
行走——行走出　去 啰。是　呀，在 箇　个　时　间　呢，个1
tɕy33 kuo12-33 niəŋ22 kə33（＜kuo12）tsəu31 Øiau24 Øiəu22——Øiəu22 Øi55-22 kuo24 tsuaŋ24
主　家　人　家　　　　就　要　由——由　一　个　壮
niə22 kə0（＜kuo0）ɕiau24 xuo33 tsɿ33，səu33 kai22 sau24——kai22 tau0 kuo24 tiəu55
年　个0　　　　小　伙　子，手　□拿扫——□拿□着个　竹

第四章　丧葬

sau²⁴ ku³³ , tsai³³ xau³¹ tau²² miə²⁴ , tsai³³ pəi²⁴ xau³¹ —— tsai³³ kuo²⁴ kuəi³³ sʅ¹²⁻³³ nau³³ kuo⁰
扫古=扫把，在　后　头　面，在　背　后身后——　　在　个₁　鬼　师　佬　个₀

pəi²⁴ xau³¹ nə³³ , kuaŋ³³ kə²⁴ (< kuo²⁴) kuəi³³ sʅ¹²⁻³³ nau³³ , çi³³ Øia²² , Øiəu²²
背　后　呢，　赶　个₁　　　　　鬼　师　佬，　是　呀，　由

kuo²⁴ —— Øiəu²² kuo²⁴ —— xa²² Øiəu²² kuo²⁴ niəŋ²² nə³³ , Øa²² , tsəu³¹ kʰau³¹ təu²² nu²²
个—— 由　个——　还　由　个　人　呢，　啊，　就　敲　铜　锣，

kʰuaŋ²² kʰuaŋ²² kʰuaŋ²² çiaŋ³³ , xuo⁵⁵/²² tçia³³ Øia²² təu²² nu²² nə³³ tçiəu³¹ kʰau³¹ təu²² miə³¹
哐　哐　哐　响，　或　者　□没有铜锣呢就　敲　铜　面

pəŋ²² , tsai³³ xau³¹ miə²⁴ , tsai³³ pəi²⁴ xau³¹ Øa²² tsuəi¹² kuo²⁴ kuəi³³ sʅ¹²⁻³³ nau³³ , çi³³
盆，　在　后　面，　在　背　后　啊　追　个₂　鬼　师　佬，　是

Øia²² , tçʰy³¹ tçʰy⁵⁵⁻²² tçʰy²⁴ 。Øa²² , nau³³ —— nau³³ niəŋ²² kuo¹²⁻³³ ti³¹ kaŋ³³ Øa²² , kuo²⁴
呀，　出　出　去。　啊，　老—— 老　人　家　咄们讲啊，　个₁

puai²² kuo²⁴ tiəu⁵⁵ sau²⁴ ku³³ Øa²² , Øyə⁵⁵ puai²² kuo²⁴ kuəi³³ sʅ¹²⁻³³ nau³³ Øyə⁵⁵ puai²² ta⁰ ——
□打　个₁　竹　扫古=扫把啊，　越　□打　个₁　鬼　师　佬　越　□打　得——

Øyə⁵⁵ puai²² ta⁰ tiəŋ³³ , çi³³ Øia²² , Øi³³ xau³¹ nə³³ , kuo²⁴ —— kuo²⁴ kuo¹² Øəu⁵⁵⁻²² ni³³ tau²²
越　□打　得　重，　是　呀，　以　后　呢，　个₁—— 个₁　家屋家　里　头

tçiəu³¹ kəŋ²⁴ tʰuai²⁴ pai²² 。su³³ Øi³³ nə³³ , kuo²⁴ puai²² tʰəu²⁴ tiə⁰ Øa²² —— kuo²⁴ kuəi³³
就　更　太　平。　所　以　呢，　个₁　□打　痛　嗲啊—— 个₁　鬼

sʅ¹²⁻³³ —— çiau³³ xuo³³ tsʅ³³ , Øia²² , tçiəu³¹ Øiəŋ³¹ nai⁵⁵ puai²² nuo³³ 。ku⁵⁵/²² kuo²⁴ kuəi³³
师—— 小　伙　子，　呀，　就　用　力　□打　啰。　箇　个　鬼

sʅ¹²⁻³³ nau³³ nə³³ , tʰuo¹² tsəu³¹ Øa²² , puai²² tʰəu²⁴ tiə⁰ Øa³³ , tsəu³¹ kau³³ —— tsəu³¹ kai¹²
师　佬　呢，　他　就　啊，　□打　痛　嗲啊，　就　搞—— 就　□用

Øa⁵⁵ fu³³ , tuo³³ tyə²⁴ tau²² nai , çi³³ Øia²² , çiən³³ sau¹² —— kai²² Øiə¹² tçʰiəu¹² kuo²⁴ xau³¹
阿火，打转头来转过头来，是　呀，　想　烧—— □用　烟　秋=熏　个₁　后

miə²⁴ puai²² kuo⁰ çiau³³ xuo³³ tsʅ³³ 。ka¹² ni³³ Øi⁵⁵⁻²² nau³¹ , tsai³¹ tçiə⁵⁵/²² nə³³ , Øiau²⁴
面　□打　个₀　小　伙　子。　□里这样一　闹，　直　接　呢，　要

pa³³ —— pa³³ kuo²⁴ kuəi³³ sʅ¹²⁻³³ nau³³ Øa²² , kuəŋ²² tçʰy⁵⁵/²² tau²⁴ tsʰəŋ¹² tçʰy²⁴ Øi³³ xau³¹ ,
把—— 把　个　鬼　师　佬　啊，　赶　出　到　村　去　以　后，

Øə¹² , kuəi³³ sʅ¹²⁻³³ nau³³ tsəu³¹ tuo¹² tçʰi³³ tsʅ³¹ tçi³³ kə⁰ (< kuo⁰) Øua⁵⁵ tçi³¹ xa²² tiə⁰ ,
呃，　鬼　师　佬　就　担　起　自　己　个₀　　　　物件东西　行走　嗲，

Øə²². ku⁵⁵ʸ²² ni⁵⁵ kuəŋ³³ kuəi³³ sʅ¹²⁻³³ nau³³ kə⁰ (< kuo⁰) niəŋ²² niə³³ , tsai²² ɕi³³ Øuəi²² nai²². 箇立≡些赶鬼师佬个₀ 人呢, 才是回
taŋ¹² ɕi²² nuo³¹ kuo²⁴ Øa²² —— ku⁵⁵ʸ²² kuo²⁴ fu⁵⁵ təu³³ Øa²², tʰə⁵⁵ piə³¹ ɕi³³ kai¹²
来。当时那个啊—— 箇 个 活 动 啊, 特 别 是 惊
niəŋ²², tʰə⁵⁵ piə³¹ ɕi³³ xa⁵⁵⁻²² ɕi²⁴ kə²⁴ (< kuo²⁴) ti³¹ , ɕi²⁴ kə²⁴ (< kuo²⁴) ti³¹ , Øa²² ,
人, 特 别 是 吓 细个咃小孩子, 细 个 咃小孩子, 啊,
kuo²⁴ kuəŋ³³ sʅ¹² ɕiəŋ²² kuo²⁴ᐟ⁰ fu⁵⁵ təu³³ Øi⁵⁵⁻²² ɕiaŋ³³ , kuo²⁴ nu²² Øi⁵⁵⁻²² ɕiaŋ³³ nə³³ , kuo¹²
个₁ 赶 师 行 个₀ 活动 一 响, 个₁ 锣 一 响 呢, 家
kuo¹²⁻³³ fu³¹ fu³¹ tu¹² Øiau³¹ tsʰuəi¹² xai⁵⁵ tai¹² , kuai¹² məŋ²² , tsʰuəi¹² xai⁵⁵ tai¹² , sa¹² pʰuo²⁴
家 户 户 都 要 吹 黑灭灯, 关 门, 吹 黑灯, 生 怕
kuo²⁴ Øio³³ kuəi³³ tau³² tsʅ³¹ tɕi³³ Øəu⁵⁵ ni³³ tau²² nai²² 。tʰə⁵⁵ piə³¹ ɕi³³ ɕi²⁴ kə²⁴ (< kuo²⁴) ti³¹
个₂ 野 鬼 到 自 己 屋 里 头 来。特 别 是 细个咃小孩子
Øa²², xa⁵⁵ʸ²² ta⁰ Øi⁵⁵ ni³³ Øua³³ tɕiau²⁴ , sai¹² tau²⁴ pʰuo²⁴ tsʅ²⁴ , Øiəu³³ ni⁵⁵ xa⁵⁵ʸ²² ta⁰ ɕi³³。
啊, 吓 得 一≡里哇拟声词叫, 声 倒 怕 制做, 有 立≡些 吓 得 是。
ɕi³³ Øia²², tsai³³ kə²⁴ (< kuo²⁴) kuo²⁴ sai²² tɕiəu³¹ ɕi³³ ka¹² kə⁰ (< kuo⁰)。
是 呀, 整 个 过 程 就 是 □这样个₀。

普通话梗概

过去"赶师行"的风俗,也叫"赶鬼师佬",就是丧事结束后"赶走"道士的活动。以前,老人家去世以后,就要请个道士来念经,做法事。在这个过程中,孝子孝孙就要跟在道士后面,围着死者的棺材转十圈,道士就手摇一个铜铃铛,"叮叮当叮叮当"地响,边走就边念经。孝子走到棺材前跪下来磕头,烧钱纸,像这样进行十次就叫做"行十朝"。做完了这个法事,死者才能够抬出大门去埋掉。葬礼结束的当天晚上,再由道士帮助做法事,进行回龙谢土的仪式,以感谢土地神灵帮助主人完成这场丧事。回龙谢土以后,道士就把早就画好的符贴在房子的四个角上,表示老人家的葬礼已经结束了,一切都过去了,又恢复了原来的样子。以后这四方的符就镇四方,保卫主人家里太平。

第四章 丧葬

　　当天晚上，主人家先派一个人把道士的担子挑到村外，放到道士要回去的路上，担子里面是他的行头——包括锣鼓等东西。道士在屋子里左手拿火把，右手拿一把箭，一边念一边往外走。这时主人吩咐一个壮年小伙，手里拿着竹扫把，在后面赶道士，还由一个人敲铜锣，没有铜锣就敲铜盆。据老人说，用竹扫把将道士打得越重，以后家里就越平安，小伙子当然就用力打。这个道士被打痛了就转过头来，拿着火烧或用烟熏后面的小伙子。这样一路闹到到村外后，道士就担起自己的东西走了，赶道士的人才回来。那个活动特别吓人，锣一响，家家户户都要吹灭灯，关上门。特别是小孩，吓得哇哇叫或大气不敢出。

二十二、送安饭

kuo²⁴ sʅ³¹ tsai²² tɕiə⁵⁵/²² su³¹ tiə⁰ Øi³³ xau³¹ nə³³, Øa²², tɕy³³ kuo¹²⁻³³, nuo³¹ kuo²⁴ ɕi²²
个₁ 事 情 结 束 嗲 以 后 呢, 啊, 主 家, 那 个 时
ka¹²⁻³³ xa²² Øiau²⁴ xai¹² —— xai¹² səu²⁴ Øuo¹² xuo³¹。ia²², səu²⁴ Øuo¹² xuo³¹ nə³³, tɕiəu³¹
间 还 要 兴—— 兴 送 安 饭。呀, 送 安 饭 呢, 就
ɕi³³ tsai³³ kuo²⁴ niəŋ²² sʅ³³ tiə⁰ mua²² tiau²⁴ tiə⁰ Øi³³ xau³¹ Øa²², tɕy³³ kuo¹²⁻³³ niə³³, Øiau²⁴
是 在 个₁ 人 死 嗲 埋 掉 嗲 以 后 啊, 主 家 呢, 要
tɕiə⁵⁵/²² niə²² sa³ puo²⁴ (＜pu²⁴) Øio³¹ ɕi²² səu²⁴ Øuo¹² xuo³¹, ɕi³³ Øia²²,
接 连 三半夜时三个晚上 送 安 饭, 是 呀,
ti³¹ Øi⁵⁵ puo²⁴ (＜pu²⁴) Øio³¹ ɕi²² nə³³, ɕi³³ Øia²², Øiau²⁴ səu²⁴ tau²⁴ fuaŋ²² —— fuaŋ²²
第一半夜时第一个晚上 呢, 是 呀, 要 送 到 坟—— 坟
tau²² saŋ³¹, ti³¹ Øi³¹ puo²⁴ (＜pu²⁴) Øio³¹ ɕi²² nə³³, tsəu³¹ səu²⁴ tau²⁴ pu²⁴ nu³¹, Øa²²,
头 上, 第二半夜时第二个晚上 呢, 就 送 到 半 路, 啊,
ti³¹ sa¹² puo²⁴ (＜pu²⁴) Øio³¹ ɕi²² nə³³, tsəu³¹ səu²⁴ tau²⁴ tai²² saŋ¹²⁻³³ ti³¹ saŋ³¹ tsəu³¹ ɕiəŋ²² tiə⁰。
第三半夜时第三个晚上 呢, 就 送 到 停 丧 地 上 就 行 嗲。
ɕi³³ Øia²², səu¹² Øuo¹² xuo³¹ kuo⁰ niəŋ²² nə³³, Øi⁵⁵⁻²² paŋ³³ ɕi³³ ɕiau²⁴ tsʅ³³ nuo³³, ɕi³³ Øia²²,
是 呀, 送 安 饭 个₀ 人 呢, 一 般 是 孝 子 啰, 是 呀,
tɕi³³ ɕi³³ pa³³ kuo²⁴ Øuo¹² xuo³¹ fuaŋ²⁴ tau⁰ tsai³³ kuo²⁴ ti³¹ saŋ³¹ tsəu³¹ xa²² tiə⁰, pu²² nai²²
只 是 把 个₂ 安 饭 放 □着 在 个₁ 地 上 就 行走嗲, 不 能
kə²⁴ (＜kau²⁴) —— Øia²² —— pu²² ta⁵⁵ kaŋ³³ xuo³¹, Øiəu³¹ pu²² nai²² kau²⁴ xuo¹² miə³¹,
够—— □不—— 不 得能 讲 话, 又 不 能 够 翻面回头,
ɕi³³ Øia²², tsəu³¹ Øuəi²² nai²²。kuo²⁴ Øi²⁴ sʅ¹²⁻³³ tɕiəu³¹ ɕi³³ kaŋ³³ nə³³, Øa²², kuo²⁴ niəŋ²²
是 呀, 就 回 来。个₁ 意 思 就 是 讲 呢, 啊, 个₁ 人
Øa²² —— kuo²⁴ Øuaŋ²² niəŋ²² Øa²², saŋ³³ tʰiə¹² tiə⁰, tɕʰy⁵⁵/²² məŋ²² tiə⁰, ɕi³³ Øia²²,
啊—— 个₁ 亡 人 啊, 上 天 嗲, 出 门 嗲, 是 呀,
Øi⁵⁵⁻²² xuo³³ ka¹² ni³¹ niə³³, niəŋ³¹ pu²² ta⁵⁵⁻²² nu³¹, niəŋ³¹ pu²² ta⁵⁵⁻²² Øuəi²² nai²², ni³³ pu²²
一 下 □里这样呢, 认 不 得 路, 认 不 得 回 来, 你 不

søu²⁴ Øuo¹² xuo³¹, pau²⁴ sai²⁴ kuo²⁴ Øuaŋ²² niəŋ²², kuo²⁴ niəŋ²² —— kuo²⁴ fuəŋ²²
送 安 饭， 报 信 个₁ 亡 人， 个₁ 人—— 个₁ 魂

ŋa²² (< Øa²²), na³³ Øiaŋ³¹ tsʅ³³ xa²² nə³³, tʰuo¹² tsəu³¹ tɕiəŋ²² pu²² tau²² kuo²⁴ kuo¹²,
啊，　　　　哪样子怎么　　　行走呢， 他 就 寻 不 □着 个₁ 家，

tɕiəu³¹ Øiau²⁴ fəi³¹ piə²⁴——piə²⁴ Øio³³ kuəi⁵⁵ 。Øa²², tɕi³³ Øiəu³³ tau²² ni⁵⁵⁻²² Øio³¹ xuo³³ søu²⁴
就　 要 会 变—— 变 野 鬼。 啊， 只 有 头 日 夜下晚上 送

tau²⁴ fuəŋ²² tau²² saŋ³¹, ti³¹ Øi³¹ ni⁵⁵⁻²² Øio³¹ xuo³³ søu²⁴ tau²⁴ pu²⁴ nu³¹, ti³¹ sa¹² puo²⁴ (< pu²⁴)
到 坟 头 上， 第 二 日 夜下晚上 送 到 半 路，第三半第三个晚上

søu²⁴ tau²⁴ tai²² saŋ¹²⁻³³ ti³¹ saŋ³¹, tau²⁴ tiə⁰ tai²² saŋ¹²⁻³³ ti³¹ saŋ³¹ tsai²² ɕi³³ niəŋ³¹ ta⁵⁵⁻²² Øuəi²²
送 到 停 丧 地 上， 到 嗲 停 丧 地 上 才 是 认 得 回

tiə⁰ Øia³³ 。tɕiəu³¹ ɕi³³ tɕʰi³³ —— kaŋ³³ —— ku⁵⁵⁄²² kə²⁴ (< kuo²⁴) ka¹² kə⁰ (< kuo⁰)
嗲 呀。 就 是 起—— 讲—— 箇 个　　　　□这样 个₀

Øi²⁴ sʅ¹²⁻³³, ɕi³³ Øia²² 。
意 思，　是 呀。

　　Øuo¹² xuo³¹ nə³³, Øi⁵⁵⁻²² paŋ¹² tsəu³¹ ɕi³³ Øia²², sa¹² Øu³³ mi³³ xuo³¹, sa¹² tsai⁵⁵⁄²² Øu³³
　　安 饭 呢， 一 般 就 是 呀， 三 碗 米 饭， 三 只 碗

nə³³, tsai²⁴ tɕʰi³³ xuo³¹, miə³¹ saŋ³¹ nə³³, kuai²⁴ Øi⁵⁵⁻²² kʰua²⁴ Øiəu⁵⁵, ɕi³³ Øia²²,
呢， 载 起 饭， 面 上 呢， 盖 一 　块 肉， 是 呀，

fuaŋ²⁴ —— Øa²², fuaŋ³¹ Øi⁵⁵⁻²² suaŋ¹²⁻³³ kʰua²⁴ tsʅ³³, Øa²², niau²⁴ tau⁰ kuo²⁴ ti³¹ saŋ³¹
放—— 啊， 放 一 双 筷 子， 啊， 摆 □着 个₁ 地 上

tɕiəu³¹ xa²² tiə⁰, Øua⁵⁵⁄²² tɕi³¹ pu²² nai²² kə²⁴ (< kau²⁴) tuai²⁴ Øuəi²² nai²², ɕi³³ Øia²²,
就 行走 嗲， 物件东西 不 能 够　　　 带 回 来， 是 呀，

Øia²² tuai²⁴ Øuəi²² nai²² kuo⁰, tsai³¹ tɕi⁵⁵ (< tɕiə⁵⁵) niau²⁴ tsai³³ nuo³¹ xaŋ²⁴ tɕiəu³¹
□不 带 回 来 个₀， 直 接　　　　 摆 在 那 □地方 就

su²⁴ tiə⁰ 。
算 嗲。

普通话梗概

葬礼结束以后,主人家还有送安饭的习俗,就是在死者埋葬以后的接连三个晚上给死者送饭,第一天晚上要送到坟头上,第二天晚上送到半路,第三天晚上送到停丧地的位置就行了。送安饭的人一般是孝子,只是把安饭放在地上就行了,然后不能够讲话,也不能回头,径直往回走。这个意思是说,亡人上天了,不认识回家的路,如果不送安饭,告诉亡魂如何回家,他就找不到家。安饭一般是三碗米饭,上面盖一块肉,再放一双筷子,放到地上就行,东西不能带回来。

二十三、出　脚

Øuəi²² nai²² tiə⁰ Øi³³ xau³¹ nə³³ , çi³³ Øia²² , tɕʰi⁵⁵⁄²² ni⁵⁵⁄²² Øi³³ xau³¹ , kuo²⁴ tɕy³³
回　来　嗲　以　后　呢, 是　呀, 七　日　　以　后, 个₁ 主

kuo¹²⁻³³ Øa²² , ŋ³³ tiə³¹ kuo²⁴ ti³¹ fuaŋ¹²⁻³³ , xa²²——xai¹²——Øiau²⁴ Øa²² , kuo²⁴ tɕʰy⁵⁵⁄²²
家　啊, 我咄们 个₁ 地　方,　还——兴——要　啊, 个₁ 出

tɕiau⁵⁵ kə⁰ (< kuo⁰) çi⁵⁵⁄²² ku²⁴ 。tsəu³¹ çi³³ kaŋ³³ , tau²² tɕʰi⁵⁵⁄²² ni⁵⁵⁄²² , ku²⁴ tiə⁰
脚　个₀　　　 习　惯。就　是　讲, 头　七　日, 过　嗲

tɕʰi⁵⁵⁄²² ni⁵⁵⁄²² Øi³³ xau³¹ Øa²² , tɕy³³ niəŋ²²——kə²⁴ (< kuo²⁴) tɕy³³ niəŋ²² kuo¹²⁻³³ nə³³ ,
七　日　以　后　啊, 主　人——个₁　　 主　人　家　呢,

Øi⁵⁵⁻²² paŋ¹² Øiau²⁴ Øuəi²² tɕʰy²⁴ məi³¹ kuo¹²⁻³³ , tɕʰy²⁴ tɕʰiə⁵⁵⁄²² tsʰuo¹²⁻³³ xuo³¹ , Øi²⁴
一　般　要　回　去　外　家,　去　吃　餐　饭, 意

sɿ¹²⁻³³ çi³³ tɕʰy²⁴ tɕʰy⁵⁵⁄²² tɕiau⁵⁵ pa²² , xa²² tɕʰy⁵⁵⁄²² tɕʰy²⁴ tua³¹ məŋ²² pa²² 。tsai³³ pu²² tsai²²
思　是　去　出　　脚 吧, 行走出　　去　大 门 吧。在　不　曾

tɕʰy⁵⁵⁄²² tɕiau⁵⁵ Øi³³ tɕiə²² nə³³ , pu²² nai²² kə²⁴ (< kau²⁴) xa²² tau²⁴ niəŋ²² kuo¹²⁻³³ tɕʰy²⁴ ,
出　　脚　以　前　呢, 不　能　够　　　　 行走到　人　家　去,

Øa²² 。fəu³³ tsə²² kə⁰ (< kuo⁰) xuo³¹——pu²² Øiəŋ²² kuo⁰ xuo³¹ Øa²² , niəŋ²² kuo¹²⁻³³
啊。否　则　个₀　　　 话——不　然　个₀　话　啊, 人　家

tsəu³¹ pu²² kau¹² xai²⁴ , tɕʰiau²⁴ pu²² tɕʰi³³ ni³³ , kaŋ³³ ni³³ kuo²⁴ niəŋ²² pu²² təu³³ ni³³
就　不　高　兴,　瞧　不　起　你, 讲　你　个₁人　不　懂　礼

tɕiə⁵⁵⁻²² , pu²² ni³³ ni³³ kuo⁰ 。Øia²² , tɕi³³ Øiəu³³ , Øa²⁴ , tʰuo¹² kuo²⁴——tɕʰy⁵⁵⁄²² tiə⁰
节,　不　理　你　个₀。呀, 只　有, 啊, 他　个——　出　嗲

tɕiau⁵⁵ Øi³³ xau³¹ nə³³ , tsai²² çi²² nai²² kə²⁴ (< kau²⁴) xa²² tau²⁴ niəŋ²² kə³³ (< kuo¹²)
脚　以　后　呢, 才　是　能　够　　　　 行走到　人　家

tɕʰy²⁴ 。kuo⁵⁵ (ku⁵⁵⁄²² + kuo²⁴) çi²² ka¹²⁻³³ nə³³ , Øa¹² xai¹² , tɕiəu³¹ çi³³ xai¹² nə³³ ,
去。□ (箇+个)　　　时　间　呢, 也　兴, 就　是　兴　呢,

tɕiəu³¹ çi³³ kaŋ³³ , kʰu³³ Øi³³ tau²⁴ çiə³¹ sai²² Øa³³ , tau²⁴ puo⁵⁵ ni³³ ka¹²⁻³³ Øa²² , nuo³³ kuo²⁴
就　是　讲, 可　以　到　县　城　啊, 到　八　里　街　啊, 哪　个

ti³¹ fuaŋ¹²⁻³³ tɕʰy²⁴ xa²² ɵi⁵⁵⁻²² tyə²⁴ ɵuəi²² nai²², ɵa¹² ɕi³³ kaŋ³³ tsɿ²⁴ "tɕʰy⁵⁵/²² tɕiau⁵⁵".
地　方　　　去 行走一　　转　　回　来，也 是 讲制叫做 "出　　脚"。

普通话梗概

葬礼七天以后，还有"出脚"的习俗，意思是过了七天以后，主人家一般要回妻子的娘家去吃一餐饭，表示走出大门。在未"出脚"以前是不能去别人家的，否则别人会不高兴，会瞧不起你，说你不懂礼节，不愿意搭理你，所以只有"出脚"以后才能去别人家拜访。现在变了，只要到县城或是到八里街，随便哪个地方去走一遭回来，也叫"出脚"拜访。

二十四、看怄气

tɕʰy⁵⁵⁾²² tiə⁰ tɕiau⁵⁵ ɵuəi²² nai²² tɕʰi⁵⁵⁾²² ni⁵⁵⁾ ɵi³³ xau³¹ nə³³, fəŋ tɕʰiəŋ¹² tɕʰi²²
出　嗲　脚　回　来　七　　日　以　后　呢，逢凡是 亲　戚
kuo¹²⁻³³, tʰə⁵⁵ piə³¹ ɕi³³ ɵa²², ku⁵⁵⁾²² kuo²⁴ tsai³³ ny³³, ɕi³³ ɵia²², kuo²⁴ ɵuaŋ³³ pəi²⁴
家， 特 别 是 啊， 箇 个 崽女儿女，是 呀， 个₁ 晚 辈
ɵa²²——kuo²⁴ xau³¹ pəi²⁴ nə³³, ɵa²², pi³³ ɕiau²⁴ tɕʰiəŋ¹² ni²² kə⁰ (< kuo⁰) kə⁰ (< kuo⁰)
啊—— 个₁ 后 辈 呢， 啊， 比 较 亲 □个₀一点　　个₀
niəŋ²², tsəu³¹ ɵi⁵⁵⁾²² tai³¹ ɵiau²⁴ ɵuəi²² nai²², kʰuo²⁴ maŋ³¹ kuo²⁴ nau³³ niəŋ²²——nau³³
人， 就 一 定 要 回 来， 看 望 个₂老 人—— 老
niəŋ²² kuo¹²⁻³³, tsai³³ ɕi²⁴ kə⁰ (< kuo⁰) nau³³ niəŋ²² kuo¹²⁻³³, ɵa²², ɵuo¹² ɵuəi³¹
人 家， 在 世 个₀　　 老 人 家， 啊， 安 慰
tsai³³ ɕi²⁴ kə⁰ (< kuo⁰) nau³³ niəŋ²² kuo¹²⁻³³, ɕi³³ ɵia²²。kuo²⁴ tsəu³¹ kaŋ³³ tsʅ²⁴ "kʰuo²⁴
在 世 个₀　　 老 人 家，　是 呀。个₁ 就 讲制叫做"看
ɵau²⁴ tɕʰi²⁴"。
怄 气"。

ka¹² ni³³ ɵia²², ɕi³³ ɵia²², kʰuo²⁴ ɵau²⁴ tɕʰi²⁴ nə³³, ɵi⁵⁵⁻²² paŋ¹² ɕi³³ tuai²⁴
□里这样 呀， 是 呀， 看 怄 气 呢， 一 般 是 带
kə⁰ (< kuo⁰)——tsau⁵⁵⁾²² tɕi¹² ɵia²², ɕi³³ ɵia²², pu²² nai²² kau²⁴ tsau⁵⁵⁾²² ɵuo⁵⁵ kuo⁰,
个₀—— 捉带 鸡 呀，是 呀，不 能 够 捉 鸭 个₀,
ɵi⁵⁵⁻²² paŋ¹² ɕi³³ tsau⁵⁵⁾²² tɕi¹² ɵia³³。ɕi³³ ɵia²², mua³³ ti⁵⁵ kuo⁰ pu³³ pʰiə³³ ɵa²², ta⁵⁵⁻²² nau²²
一　般　是　捉　鸡 呀。是 呀，买 □个₀补 品 啊，得给 老
niəŋ²² kə³³ (< kuo¹²) ti³¹, suəi³³ ku³³ ɵa³³, ta⁵⁵⁻²² nau³³ niəŋ²² kə³³ (< kuo¹²) ti³¹
人 家　　 咃们，水 果 啊，得给 老 人 家　　 咃们
tɕʰiə⁵⁵⁾²²。ɕi³³ ɵia²², ka¹² ni³³ nə³³——kʰuo²⁴ puo³¹ tiə⁰ ɵau²⁴ tɕʰi²⁴——ka¹² ni³³ nə³³,
吃。　是 呀，□里这样呢—— 看 罢嗲 怄 气—— □里这样呢,
kuo²⁴ saŋ²⁴ sʅ³¹ tɕiəu³¹ tɕi¹² paŋ³³ saŋ³¹ tɕiə⁵⁵⁾²² su³¹ tiə⁰。
个₂丧 事 就 基 本 上 结 束 嗲。

普通话梗概

"出脚"七天以后,凡是亲戚,特别是儿女等较亲一点的人,一定要回来看望在世的老人家,安慰他们,这叫做"看怄气"。看怄气,一般是带鸡,不能带鸭回来,另外买一点补品、水果等给老人吃。到这,丧事就基本上结束了。

二十五、孕妇去世

kaŋ³³ Øi⁵⁵⁻²² kuo²⁴ fuai²² tiə⁰ səŋ¹² Øiəŋ³¹ kuo⁰ fu³¹ ny³³ sʅ³³ Øuaŋ²² mua²² tsaŋ²⁴ kuo⁰
讲　一　　个 怀 嗲 身　孕　个0 妇 女 死 亡　埋 葬 个0

Øi⁵⁵⁻²² kuo²⁴ fəu¹² su²² çi⁵⁵⁄²² ku²⁴。ku²⁴ tɕʰy²⁴ Øa²², Øiəu³³ Øi⁵⁵⁻²² tsəŋ³³ kaŋ³³ xuo⁵⁵⁻²²,
一　个 风 俗 习　　惯。过 去 啊, 有 一　　种 讲 法,

Øa²², tsəu³¹ çi³³ nə³³, fəu³¹ çi³³ tɕiə⁵⁵⁄²² tiə⁰ fuaŋ¹² kuo⁰。səŋ¹² saŋ³¹ fuai²² Øiəu³³ səŋ¹²
啊,　就　是 呢, 逢是凡是 结　　嗲 婚 个0。身　上　怀 有　身

Øiəŋ³¹ kuo⁰ fu³¹ ny³³ Øa²², Øi⁵⁵⁻²² taŋ²⁴ sʅ³³ tiə⁰ Øi³³ xau³¹, pu²⁴ kuaŋ³³ çi³³ səŋ²² muo³³ sʅ³³
孕　个0 妇 女 啊, 一　　旦　死 嗲以后, 不 管　是 什 么 死

kə⁰ (< kuo⁰), pai³¹ sʅ³³, xuo²² tɕia³³ tʰiau²⁴ suəi³³ sʅ³³, saŋ³³ kai³³ sʅ³³, tu¹² çi³³ Øi⁵⁵⁻²²
个0,　　　　病 死, 或　者　跳　水　死, 上　颈　死, 都 是 一

sai⁵⁵ nuo³³, fuaŋ²² tsəŋ³³ sʅ³³ tiə⁰ kə⁰ (< kuo⁰) niəŋ²², xuo³³ tsaŋ²⁴ kə⁰ (< kuo⁰) çi²²
色一样啰, 反　正　死 嗲 个0　　　　　人, 下　葬　个0　　　　　　时

ka¹²⁻³³ nə³³, tsai³³ ŋ̍³¹ tiə³¹ kuo²⁴ ti³¹ fuaŋ¹²⁻³³ Øa²², ku²⁴ tɕʰy²⁴ tsəu³¹ Øiəu³³ tsəŋ³³ fəu¹² su²²
间　　呢, 在 我 咂们个1 地　方　　啊, 过 去 就　有　　种　风 俗

çi⁵⁵⁄²² ku²⁴, tsəu³¹ çi³³ Øia²², kuo²⁴ sʅ³³ tiə⁰ fu³¹ ny³³ nə³³, tsai³³ ŋ̍⁵⁵⁄²² məu⁵⁵ kuo⁰ çi²²
习　　惯, 就　是 呀,　个1 死　嗲 个0 妇　女 呢, 在 入　　木 个0时

ka¹²⁻³³ nə³³, Øa²², Øiau²⁴ pau³³ tau⁰ Øi⁵⁵⁻²² kə⁰ (< kuo²⁴) tsəŋ³³ tau²², taŋ²⁴ tsʅ²⁴
间　呢, 啊, 要　抱 □着 一　个　　　　　　枕　头, 当　制做

çi²⁴ kə²⁴ (< kuo²⁴) ti³¹ Øi⁵⁵⁻²² sai⁵⁵⁄²² ka¹² ni³³ pau³³ ŋ̍⁵⁵⁄²² məu⁵⁵。
细个咂孩子　　　　一色一样　　□里地 抱 入 木。

kuo²⁴ —— ku²⁴ tɕʰy²⁴ kuo⁰ çi²² ka¹²⁻³³, nau³³ çi²² ka¹²⁻³³ kuo⁰ tsəŋ³³ tau²² nə³³, çi³³
个 那—— 过 去 个0时 间,　老 时 间　个0枕　头　呢, 是

Øia²², çi³³ Øiəŋ³¹ kuo²⁴ pu²⁴ tsʅ³³ tɕʰi³³ kuo⁰, Øi⁵⁵⁻²² paŋ¹² nə³³, çi³³ niaŋ³³ tsʰai⁵⁵⁄²² tiaŋ²²,
呀, 是 用 个2 布 制　起 个0, 一　　般　呢, 是 两　尺　长,

çi³³ Øia²², tua³¹ kʰa²⁴ nə³³, çi³³ niəu⁵⁵ tsʰəŋ²⁴ kuo⁰ ku²⁴ çiəŋ¹²⁻³³ Øi⁵⁵⁻²² sai⁵⁵⁄²², Øa²²,
是 呀,　大　概　呢, 是 六　寸　个0过心直径　一色一样,　啊,

Øi⁵⁵⁻²² kə²⁴ (< kuo²⁴) nu²² kə⁰ (< kuo⁰) tsəŋ³³ tau²² 。kə²⁴ (< kuo²⁴) tsəŋ³³ tau²²
一　　个　　　　□圆个0　　　　　　枕　头。个2　　　枕　头

ni³³ miə²⁴, ku²⁴ tɕʰy²⁴ nuo³¹ kuo²⁴ ɕi²² ka¹²⁻³³ Øa²², tu¹² ɕi³³ Øiəŋ³¹ kuo²⁴ nau³³ kʰaŋ¹²⁻³³
里　面，过　去　那　个　时　间　啊，都　是　用　个2　老　糠

kʰau⁵⁵⁽²² nai²² tsʰəŋ³¹ tɕʰi³³ kuo⁰, Øia²² tɕiaŋ³¹ ku⁵⁵ kuo²⁴ ɕi²² ka¹²⁻³³ suai³³ mu³¹ suo³¹
壳　　来　冲　起　个0，□不　像　箇　个　时　间　□用　磨⁼□棉花

səŋ²² kə⁰ (< kuo⁰) nuo³³, ɕi³³ Øia²², nuo³¹ kuo²⁴ ɕi²² ka¹²⁻³³ təu¹² ɕi³³ kʰau²⁴ nau³³
什个0什么　　　　　　啰，　是　呀，那　个　时　间　都　是　靠　老

kʰaŋ¹²⁻³³ kʰau⁵⁵⁽²² nai²² tsʰəŋ¹²。
糠　　壳　来　冲。

　　　　　　ky²⁴ (< tɕy²⁴) nau³³ niəŋ²² kə³³ (< kuo¹²) ti³¹ kaŋ³³ Øa²², ku²⁴ tɕʰy²⁴ nə³³,
　　　　　　据　　　老　人　家　　　　　哋们讲　啊，过　去　呢，

tɕiəu³¹ ɕi³³ kaŋ³³ Øa²², kuo²⁴ fuai³¹ tiə³³ səŋ¹² Øiəŋ³¹ kə⁰ (< kuo⁰) ny³³ niəŋ²² kə³³ (< kuo¹²)
就　是　讲　啊，个1　怀　嗲　身　孕　个0　　女　人　家

sɿ³³ tɕʰy²⁴ Øi³³ xau³¹ nə³³, tʰuo¹² tsəu³¹ fəi³¹ Øi⁵⁵⁻²² ɕiəŋ¹² ɕiaŋ³¹ tsɿ³¹ tɕi³³ kə⁰ (< kuo⁰)
死　去　以　后　呢，她　就　会　一　　心　想　□着自　己　个0

tsai³³ ny³³, ɕi³³ Øia²², fuaŋ²⁴ ɕiəŋ¹² pu²² xuo³³ tsɿ³¹ tɕi³³ kə⁰ (< kuo⁰) tsai³³ ny³³。Øy²²
崽女儿女，是　呀，放　心　不　下　自　己　个0　　　崽女儿女。如

ku³³ ɕi³³ tʰuo¹² səŋ¹² —— səu³³ saŋ³¹ Øia²² pau³³ tau⁰ Øi⁵⁵⁻²² Øiəŋ³¹ Øua⁵⁵⁽²² tɕi³¹ sɿ³¹ nə³³,
果　是　她　身——　手　上　□不　抱　□着一　样　物件东西　死　呢,

tʰuo¹² tsəu³¹ pu²² fəi³¹ mi²⁴ Øuo³³ tsai¹²⁻³³, Øia²², Øə²² tɕʰiə³³ nə³³, tʰuo¹² kuo²⁴⁽⁰
她　就　不　会　眯　眼睛，　呀，而　且　呢，她　个0

niəŋ²² —— nai²² fuaŋ²² nə³³, Øa¹² tɕiəu³³ tɕiəu³³ pu²² kʰai³³ ni²² tɕʰy²⁴, Øiəŋ¹² Øuəi²² tʰuo¹²
灵——　灵　魂　呢，也　久　久　不　肯　离　去，因　为　她

ɕiaŋ³³ ɕi²⁴ kə²⁴ (< kuo²⁴) ti³¹ ma²², ɕi³³ Øia²², tsəu³¹ pu²² nai²² kə²⁴ (< kau²⁴) kʰəu¹²
想　细个哋孩子　　　　　嘛，是　呀，就　不　能　够　　　空

səu³³ xa²². tua³¹ tɕi³³ kə³³ (< kuo¹²) nə³³, nuo³¹ kuo²⁴ ɕi²² ka¹²⁻³³ tsəu³¹ pʰuo²⁴ Øa²²,
手　行走。大齐⁼家大家　　　呢，那　个　时　间　就　怕　啊，

kuo²⁴ sɿ³³ niəŋ²² Øiəŋ¹² fuaŋ²² pu²² suo²⁴, ɕi³³ Øia²², pu²² kʰai³³ ni²² —— xa²² tɕʰy²⁴, pʰuo²⁴
个1 死　人　阴　魂　不　散，是　呀，不　肯　离——　行走去，怕

第四章 丧葬

Øiau³³ nu³¹ tiə⁰ , xa⁵⁵ tau⁰ tiə⁰ tʰuo¹² kə⁰ (< kuo⁰) tsai³³ ny³³ , xuo²² tçia³³ çi³³ tʰuo¹² Øəu⁵⁵
扰 乱 哆， 吓□着 哆 她 个₀   崽女儿女， 或 者 是 她 屋

ni³³ kə⁰ (< kuo⁰) niəŋ²² 。 nuo³¹ kuo²⁴ çi²² ka¹²⁻³³ xau³³ kaŋ³³ mi²² çiəŋ²⁴ , xau³³ pʰuo²⁴
里 个₀   人。 那 个 时 间   好 讲 迷 信，   好 怕

kə⁰ (< kuo⁰) Øa²² , çi³³ Øia²² , xau³³ pʰuo²⁴ kuəi³³ kə⁰ (< kuo⁰) Øa²² , çi³³ Øia²² ,
个₀   啊， 是 呀， 好 怕   鬼   个₀   啊， 是 呀，

tçiəu³¹ kai²² kə²⁴ (< kuo²⁴) tsəŋ³³ tau²² , çi³³ Øia²² , kai²² tçiəŋ³¹ çi²⁴ kə²⁴ (< kuo²⁴) ti³¹
就   □用 个   枕 头， 是 呀， □用 件   细 个   呦小孩

kuo⁰ Øi¹² saŋ²² tʰau²⁴ tçʰi³³ tsai³³ tsəŋ³³ tau²² saŋ³¹ , xau³³ tçiaŋ³¹ Øi⁵⁵⁻²² kə²⁴ (< kuo²⁴)
个₀ 衣 裳 套 起 在 枕 头 上， 好 像   一   个

çi²⁴ kə²⁴ (< kuo²⁴) ti³¹ Øi⁵⁵⁻²² sai⁵⁵⁄²² , ta⁵⁵⁄²² tʰuo¹² pau³³ tau⁰ ŋ⁵⁵⁄²² məu⁵⁵ , na¹² ni³³
细个呦孩子   一 色一样，   得 让   她 抱 □着入 木， 那 里那样

mua²² tçʰy²⁴ 。 ka¹² ni³³ nə³³ , tua³¹ tçi²² kə³³ (< kuo¹²) —— niəŋ²² mai²² Øa²² , kuo²⁴
埋   去。 □里这样呢， 大齐⁼家大家——   人   民   啊， 个

kuo²⁴ tau²⁴ niəŋ³¹ Øuəi²² Øa²² , tçʰi³³ çiəu³³ tsŋ² ka¹² ni³³ ta⁵⁵⁄²² tʰuo¹² Øa²²
个 倒都 认 为   啊， 只 有   制□里像这样 得给 她 啊——

nuo²⁴ (nuo³¹ + kuo²⁴) ny³³ niəŋ²² kə³³ (< kuo¹²) ti³¹ —— nuo³¹ kuo²⁴ çi²² ka¹²⁻³³ ——
□（那+个）   女 人   家   呦们—— 那 个 时   间——

ku²⁴ tçʰy²⁴ Øiəu³³ tsəŋ³³ kaŋ³³ xuo⁵⁵⁻²² tçiəu³¹ çi³³ kaŋ³³ tsŋ²⁴ "nua³¹ pau³¹ tçi¹²⁻³³ tuai²⁴
过 去 有 种 讲 法   就 是 讲 制叫做 "赖   葩   鸡   带

tsai³³ " 。 çi³³ Øia²² , tʰuo¹² Øiau²⁴ tuai²⁴ tau⁰ Øi⁵⁵⁻²² kuo²⁴ niəŋ³ , tuai²⁴ tau⁰ Øi⁵⁵⁻²² kuo²⁴
崽"。 是 呀， 她 要 带 □着一   个   人， 带 □着一   个

çi²⁴ kə²⁴ (< kuo²⁴) ti³¹ xa³³ tsai³³ çi³³ Øuo¹² çiəŋ¹² 。 Øa²² , tçi³³ Øiəu³³ kuo²⁴ çi⁵⁵⁻²² su²²
细个呦小孩   行走才 是 安 心。 啊， 只 有   个₁ 习 俗

nə³³ , Øa⁵⁵ kuo¹² Øəu⁵⁵⁻²² ni³³ tau²² tsai²² çi³³ tʰuai²⁴ pai²² , çi²⁴ kə²⁴ (< kuo²⁴) ti³¹
呢， 阿 家屋里头家里   才 是 太 平， 细 个 呦孩子们

tsai²² çi³³ pai²² Øuo¹² 。 kuo²⁴ (ku²² + kuo²⁴) çi³³ Øi⁵⁵⁻²² tsəŋ³³ çi⁵⁵⁄²² ku²⁴ 。
才 是 平 安。 □（箇+个）   是 一   种   习 惯。

普通话梗概

过去凡是已婚且怀有身孕的妇女死了,不管是病死、淹死还是上吊死的,下葬的风俗都是一样的,就是在装入棺材的时候,要给死者抱一个枕头,当小孩一样抱着。这叫做"赖孢鸡带崽"。枕头是用布做的,大概两尺长、六寸直径的圆柱形,里面装的都是老糠壳,不像现在用棉花做的。据老人说,已婚死去的女人会一心想着自己的儿女,放心不下,如果她手上不抱着一件东西,就不会闭眼。家里担心吓着儿女或家里其他人,相信只有这样做了,家里才会太平,孩子才会平安。

二十六、上社坟

kaŋ³³ kə²⁴ (< kuo²⁴) saŋ³¹ suo³¹ fuəŋ²² kə⁰ (< kuo⁰) ɕi⁵⁵ᐟ²² su²² 。kuo²⁴
讲　个　　　　　　上　社　坟　个₀　　　　　习　俗。个₂

kuo¹²Øəu⁵⁵⁻²² ni³³ tau²² kuo⁰ Øa²² , nau³³ niəŋ⁵⁵ kuo¹²⁻³³ ti³¹ ku²⁴ ɕi²⁴ tɕʰy²⁴ tiə⁰ Øi³³ xau³¹ nə³³ ,
家屋里头家里　　　个₀啊，老　人　家　咂们过世去　嗲　以　后　呢，

ɕi³³ Øia²² , Øa²² tsai³³ ny³³ Øa²² , Øuaŋ³³ —— xau³¹ pəi²⁴ ti³¹ Øa²² , məi³³ niə²² , ɕi³³ Øia²² ,
是　呀，阿　崽女儿女　啊，晚——　后　辈　咂们啊，每　年，　是　呀，

kuo²⁴ tsʰuəŋ¹² tʰiə¹²⁻³³ , tɕʰiəu¹² , niaŋ³³ kə²⁴ (< kuo²⁴) suo³¹ —— suo³¹ ni⁵⁵ , suo³¹
个₁春　天，　　秋，　两　个　　　　　　社——　社日，社

tɕiə⁵⁵⁻²² nə³³ , xuo²² təu¹² tɕi²⁴ tɕiə⁵⁵⁻²² ku⁵⁵ᐟ²² Øi⁵⁵⁻²² ni⁵⁵⁻²² Øia²² , tu¹² Øiau²⁴ Øa²² ,
节　呢，和　冬　至　节　箇　一　日　呀，都　要　啊，

tsəŋ³³ pi³¹ kə²⁴ (< kuo²⁴) ɕiaŋ¹² tɕi³³ nuo⁵⁵ tsuo²² (< tsu²²) , xa²² Øiau²⁴ mua³³ kuəi³¹ tsɿ³³
准　备　个₂　　　　　　香　纸　蜡　烛，　　　还　要　买　柜子

Øa³³ , mua³³ ku⁵⁵ᐟ²² kə²⁴ (< kuo²⁴) tɕiə²² pau¹²⁻³³ Øa³³ , tɕi³³ tsɿ²⁴ kə⁰ (< kuo⁰) tɕiə²²
啊，买　箇　个　　　　　　钱　包　啊，纸　制做个₀　　　　　钱

pau¹²⁻³³ Øa³³ 。kə²⁴ (< kuo²⁴) kuəi³¹ tsɿ³³ xuo²² kə²⁴ (< kuo²⁴) tɕiə²² pau¹²⁻³³ ni³³ tau²²
包　啊。个₁　　　　　　柜　子　和　个₁　　　　　　钱　包　里　头

nə³³ , ɕi³³ Øia²² , tsai²⁴ Øi⁵⁵⁻²² ɕiə¹²⁻³³ Øa²² , Øiəŋ³¹ —— kai²² tɕiəŋ¹² —— kai²² tɕi³³ tsɿ²⁴
呢，是　呀，载一　些　　啊，用——　□用　金—— □用 纸 制做

kuo⁰ tɕiəŋ¹² niəŋ²² pau³³ pəi²⁴ kə⁰ (< kuo⁰) , Øa²² , Øiəŋ³¹ tsɿ³³ kə²⁴ (< kuo²⁴) tɕiə²² ,
个₀金　银　宝　贝　个₀，　　　啊，样　子　个₀　　　　　　钱，

ɕi³³ Øia²² , xuo²² tsai²⁴ Øi⁵⁵⁻²² ɕiə¹²⁻³³ tɕiə²² tɕi³³ tsai³³ ni³³ tau²² 。xa²² Øiəu²² nə³³ , tɕiəu³¹
是　呀，和　载　一　些　钱　纸　在　里　头。还　有　呢，就

ɕi³³ kaŋ³³ Øa²² , tsai²⁴ Øi⁵⁵⁻²² ɕiə¹² nə³³ , Øiəŋ³¹ kə²⁴ (< kuo²⁴) tɕi³³ tsɿ²⁴ kuo⁰ Øi¹² saŋ³³
是　讲　啊，载　一　些　呢，用　个₂　　　　　　纸　制做　个₀ 衣　裳

Øa³³ 、mau³¹ tsɿ³³ Øa³³ 、xa²² Øa³³ 、muo⁵⁵ Øa³³ 、ɕi³³ Øia²² , ku⁵⁵ᐟ²² ni⁵⁵ Øua⁵⁵⁻²² tɕi³¹ 。pa³³
啊、帽　子　啊、鞋　啊、袜　啊、是　呀，箇立ᵗ些　　物件东西。把

ku⁵⁵/²² niaŋ³³ kuo²⁴——pa³³ kuo²⁴ kuəi³¹ tsɿ³³ Øa³³, xuo²² kuo²⁴ tɕiə²² pau¹²⁻³³ nə³³, tsai²⁴
箇　两　个——　把 个₁ 柜　子　啊， 和 个₁ 钱　包　呢， 载装

mau³¹ tsai²⁴ pəŋ²²。tuai³¹ saŋ³³ nə³³, kuo²⁴ tɕiəu³³ Øiəu⁵⁵、pau¹² tsɿ³³、suəi³³ ku³³,
冒满 载装　盆⁼满。带　上　呢，　个₂ 酒肉、　包子、　水　果，

təŋ³³ təŋ³³ kuo⁰ Øua⁵⁵ tɕi³¹ Øa³³, Øuəi²² məi³¹ kuo¹²⁻³³, ɕi³³ Øia²² Øiəu³³ kuo²⁴ niaŋ¹²
等　等 个₁ 物件东西　啊，　回　外家娘家，　　是 呀， 由　个₁ 娘

kuo¹²⁻³³ niəŋ²² niə³³, ɕi³³ Øia²², tuai²⁴ tɕʰy²⁴ fuaŋ²²——Øa²²——Øa²², ɕiəŋ¹² fuaŋ²²
家　　人　呢， 是 呀，带　去　坟——啊——啊，新　坟

saŋ³¹ tɕʰy²⁴ tɕi²⁴ pua²⁴。Øa²², tɕi³³ pua²⁴ tiə³³ Øi³³ xau³¹ nə³³, tsəu³³ pa³³ su³³ tuai³³ tɕʰy²⁴
上 去 祭 拜。 啊， 祭 拜 嗲以后 呢，就 把 所 带 去

kə⁰(<kuo⁰) Øua⁵⁵ tɕi³¹ Øa³³, tu¹² tsai³³ kuo²⁴ fuaŋ²² miə³¹ tɕiə²² sau¹² tiau²⁴, səu³³ tɕʰy²⁴
个₀　　　物件东西啊，都 在 个₁ 坟　面　前 烧　掉，送 去

ta⁵⁵⁻²² kuo²⁴ Øiəŋ¹² niəŋ²² nəu³³, ɕi³³ Øia²²。saŋ³¹ fuaŋ²² nə³³, Øia²², Øiau²⁴ tɕiə⁵⁵ su²²——
得给 个₁阴　人　喽，是 呀。上 坟　呢， 呀， 要 结 束（口误）——

tɕi³³ su²² ka¹² ni²³ Øa²²——niəŋ²² su²² ka¹¹³³ saŋ³¹ sa¹² niə³³, Øuəi²² sa¹² təu¹² niəu⁵⁵ suo³¹。
继　续□里那样啊——　连　续□里那样上　三　年，　为"三　冬　六　社"。

Øiəŋ¹² Øuəi²² nə³³, ku²⁴ tɕʰy²⁴ Øa²², kuo²⁴ suo³¹ tɕiə⁵⁵⁻²² nə³³, ɕi³³ Øia²² ŋ⁵⁵/²² tɕiə⁵⁵
因　为　呢， 过　去 啊，　个₂ 社 节　　呢， 是 □不入 节

kuo⁰, pu²² tsai³³ Øi³¹ ɕiə³¹ sɿ²⁴ kə²⁴(<kuo²⁴) tɕiə⁵⁵ tɕʰi²⁴ tɕi³³ nəi³¹ nə³³。ɕi³³ Øia²²,
个₀，不 在 二 十 四 个　　　节 气 之 内 呢。 是 呀，

ni⁵⁵⁻²² tsʰuaŋ¹² ŋ³³ ɕiə³¹ ni⁵⁵⁻²² nə³³, tsəu³³ Øuəi²² tsʰuaŋ¹² suo³¹。Øa²², ni⁵⁵/²² tɕʰiəu¹²
立　春　五 十　日　呢，　就　为　春　社。 啊， 立 秋

xau³¹ kə⁰(<kuo⁰) ti³¹ ŋ³³ kuo²⁴ Øu³¹ ni⁵⁵⁻²² nə³³, tɕiəu³¹ Øuəi²² tɕʰiəu¹² suo³¹。ɕi³³
后 个₀　　　第 五 个　戊 日　呢，　 就　为　秋　社。 是

Øia²², kuo²⁴ saŋ³¹ suo³¹ fuaŋ²² kuo⁰ ɕi⁵⁵/²² su²² nə³³, tɕiəu³¹ ɕi³³ kaŋ³³ tsɿ²⁴ Øa²², səu²⁴
呀， 个₂ 上 社 坟　个₀ 习　 俗　呢， 就 是 讲制叫做 啊，守

ɕiau²⁴ sa¹² niə²², tɕiəŋ³¹ ɕiau²⁴, tɕiəŋ³¹ tau²² tsɿ³¹ tɕi³³ kə⁰(<kuo⁰) ɕiau¹²⁻³³ nə³³
孝　 三　年， 尽　 孝， 尽　到 自 己 个₀ 　　　 孝 心 呢

sa¹² niə²²。ku³³ ɕi³³ ka¹²⁻³³ Øiəu³³ kuo²⁴ kaŋ³³ xuo⁵⁵⁻²² nə³³, tsəu³¹ ɕi³³ kaŋ³³ Øa²², "Øiaŋ³³
三　 年。古 时　间　　有 个 讲 法 呢， 就 是 讲 啊， "养

ny^{33} pu^{22} saŋ^{31} suo^{31}, sʅ^{33} niəŋ^{22} niə^{33}, tɕiəu^{31} fəi^{31} tʰiə^{12} kuaŋ^{12}——tʰiə^{12} kuaŋ^{12} Øa^{22} maŋ^{31}
女　不　上　社，死 人 呢，就　会　天　光——天　光　啊 望
tau^{24} Øio^{31} kuo^{0} kaŋ^{33} xuo$^{55-22}$。su^{33} Øi^{33} nə^{33}, ŋ^{33} tiə^{31} kuo^{24} ti^{31} fuaŋ$^{12-33}$ tɕiəu^{31} Øiəu^{33} tiə^{0}
到　夜"个0 讲 法。　　所 以 呢，我 㑇们 个1 地　方　　就　有　嗲
saŋ^{31} kuo^{24} suo^{31} fuəŋ^{22} kuo^{0} fəu^{12} su^{22} ɕi$^{55/22}$ ku^{24}。
上　 个2 社　坟　 个0 风　俗 习　 惯。

普通话梗概

　　家里的老人去世以后，女儿们需要在每年春天和秋天两个社日以及冬至节这三天去上坟，叫做"上社坟"。事先要准备好香、纸、蜡烛，还要买纸做的柜子、钱包等。钱包里装上纸做的金币银币以及一些钱纸，柜子里放上一些用纸做的衣服、帽子、鞋、袜等，柜子和包都要装满。女儿们带上酒、肉、包子、水果等回娘家，由娘家人带去新坟祭拜，把所带的东西都在坟前烧掉。这样连续上三年，称为"三冬六社"。社节是不入节的，也就是说，它不在二十四个节气之内。立春后的五十天就为春社，立秋后的第五个戊日就为秋社。上社坟的习俗就叫守孝三年，古时有个说法："养女不上社，死人天光望到夜。"所以当地就有了上社坟的风俗。

参考文献

[1] 曹志耘. 关于建设汉语方言博物馆的设想[J]. 语文研究, 2010 (2).

[2] 黄行. 语言多样性与濒危语言问题[C]. 和谐社会：社会公正与风险管理——2005学术前沿论坛论文集（下卷），2005.

[3] 教育部语言文字信息管理司, 中国语言资源保护研究中心. 中国语言生活绿皮书·中国语言资源调查手册[M]. 北京：商务印书馆, 2015.

[4] 联合国教科文组织濒危语言问题特别专家组, 范俊军, 宫齐, 胡鸿雁译. 语言活力与语言濒危[J]. 民族语文, 2006 (3).

[5] 覃远雄. 广西灵川（三街）平话语音系统[J]. 玉林师范学院学报, 2018 (3).

[6] 孙宏开. 语言濒危与非物质文化遗产保护[J]. 云南师范大学学报（哲学社会科学版），2011 (2).

[7] 田立新. 中国语言资源保护工程的缘起及意义[J]. 语言文字应用, 2015 (4).